■2025年度中学受験用

フェリス女学院中学校

10年間(＋3年間HP掲載)スーパー過去問

●収録内容一覧

入試問題と解説・解答の収録内容

2024年度（令和６年度）	算数・社会・理科・国語 実物解答用紙DL
2023年度（令和５年度）	算数・社会・理科・国語 実物解答用紙DL
2022年度（令和４年度）	算数・社会・理科・国語 実物解答用紙DL
2021年度（令和３年度）	算数・社会・理科・国語
2020年度（令和２年度）	算数・社会・理科・国語
2019年度（平成31年度）	算数・社会・理科・国語
2018年度（平成30年度）	算数・社会・理科・国語
平成29年度	算数・社会・理科・国語
平成28年度	算数・社会・理科・国語
平成27年度	算数・社会・理科・国語
平成26～24年度（HP掲載） 「カコ過去問」 （ユーザー名）koe （パスワード）w8ga5a1o	問題・解答用紙・解説解答DL **◇著作権の都合により国語と一部の問題を削除しております。** ◇一部解答のみ（解説なし）となります。 ◇９月下旬までに全校アップロード予定です。 ◇掲載期限以降は予告なく削除される場合があります。

～本書ご利用上の注意～　以下の点について，あらかじめご了承ください。

★別冊解答用紙は巻末にございます。実物解答用紙は，弊社サイトの各校商品情報ページより，一部または全部をダウンロードできます。
★編集の都合上，学校実施のすべての試験を掲載していない場合がございます。
★当問題集のバックナンバーは，弊社には在庫がございません（ネット書店などに一部在庫あり）。

JN050099

合格を勝ち取るための
『スーパー過去問』の使い方

本書に掲載されている過去問をご覧になって，「難しそう」と感じたかもしれません。でも，多くの受験生が同じように感じているはずです。なぜなら，中学入試で出題される問題は，小学校で習う内容よりも高度なものが多く，たくさんの知識や解き方のコツを身につけることも必要だからです。ですから，初めて本書に取り組むさいには，点数を気にしすぎないようにしましょう。本番でしっかり点数を取れることが大事なのです。

過去問で重要なのは「まちがえること」です。自分の弱点を知るために，過去問に取り組むのです。当然，まちがえた問題をそのままにしておいては意味がありません。

本書には，長年にわたって中学入試にたずさわっているスタッフによるていねいな解説がついています。まちがえた問題はしっかりと解説を読み，できるようになるまで何度も解き直しをしてください。理解できていないと感じた分野については，参考書や資料集などを活用し，改めて整理しておきましょう。

このページも参考にしてみましょう！

◆どの年度から解こうかな　「入試問題と解説・解答の収録内容一覧」

本書のはじめには収録内容が掲載されていますので，収録年度や収録されている入試回などを確認できます。

※著作権上の都合によって掲載できない問題が収録されている場合は，最新年度の問題の前に，ピンク色の紙を差しこんでご案内しています。

◆学校の情報を知ろう!!「学校紹介ページ」

このページのあとに，各学校の基本情報などを掲載しています。問題を解くのに疲れたら息ぬきに読んで，志望校合格への気持ちを新たにし，再び過去問に挑戦してみるのもよいでしょう。なお，最新の情報につきましては，学校のホームページなどでご確認ください。

◆入試に向けてどんな対策をしよう？「出題傾向＆対策」

「学校紹介ページ」に続いて，「出題傾向＆対策」ページがあります。過去にどのような分野の問題が出題され，どのように対策すればよいかをアドバイスしていますので，参考にしてください。

◇別冊「入試問題解答用紙編」

本書の巻末には，ぬき取って使える別冊の解答用紙が収録してあります。解答用紙が非公表の場合などを除き，（注）が記載されたページの指定倍率にしたがって拡大コピーをとれば，実際の入試問題とほぼ同じ解答欄の大きさで，何度でも過去問に取り組むことができます。このように，入試本番に近い条件で練習できるのも，本書の強みです。また，データが公表されている学校は別冊の１ページ目に過去の「入試結果表」を掲載しています。合格に必要な得点の目安として活用してください。

本書がみなさんの志望校合格の助けとなることを，心より願っています。

株式会社　声の教育社　編集部

フェリス女学院中学校

所在地	〒231-8660 神奈川県横浜市中区山手町178
電　話	045-641-0242
ホームページ	https://www.ferris.ed.jp/
交通案内	JR根岸線「石川町駅」元町口より徒歩7分 みなとみらい線「元町・中華街駅」元町口より徒歩10分

くわしい情報はホームページへ

トピックス

★例年，学校説明会（要予約）を11月に実施。
★例年,人物考査は受験生のみのグループ面接を実施（昨年度は筆記試験に変更）。

創立年 明治3年

女子校

高校募集 なし

応募状況

年度	募集数	応募数	受験数	合格数	倍率
2024	180名	431名	415名	205名	2.0倍
2023	180名	450名	432名	200名	2.2倍
2022	180名	464名	435名	200名	2.2倍
2021	180名	435名	414名	200名	2.1倍
2020	180名	405名	384名	195名	2.0倍
2019	180名	441名	420名	200名	2.1倍

入試情報（参考：昨年度）

・出願期間：①Web出願
　　2023年12月１日～2024年１月14日
　　②受験料支払（Web）
　　2024年１月６日～14日
・試験日　：2024年２月１日
・試験内容：筆記試験（国語，算数，社会，理科）
　　人物考査（面接）　※筆記試験に変更
・合格発表：2024年２月２日　13：00頃
　　〔Web上でのみ発表〕
　※合格者の保護者（１名）を対象に，2024年２月24日13：00より説明会を実施（参加必須）。

本校の特色

・中高一貫教育の観点から，中学では基礎的知識の習得に努め，高校ではその発展学習を進めていきます。
・創立より変わらぬキリスト教教育により，毎朝の礼拝，聖書の授業，修養会を行い，聖書と礼拝に関わる音楽の授業は６年間必修です。
・６年間を通して一人ひとりの個性と能力を伸ばし，自分のためだけでなく，他人にも役立つような学問を身につけるように促します。
・学期は２期制で土曜休校の週５日。日曜日の教会出席を奨励しています。また，高３は進路に応じた自由選択制度を採用し，大学などへの進学に対応。中学・高校の英語や中１の国語作文の授業などでは少人数クラス編成で，効率よく学びます。

2023年度の主な大学合格実績

＜国公立大学・大学校＞
東京大，京都大，東京工業大，一橋大，東北大，筑波大，東京外国語大，横浜国立大，東京医科歯科大，電気通信大，東京農工大，お茶の水女子大，大阪大，信州大，防衛医科大，東京都立大，横浜市立大
＜私立大学＞
慶應義塾大，早稲田大，上智大，東京理科大，明治大，青山学院大，立教大，中央大，法政大，学習院大，津田塾大，東京女子大，日本女子大，順天堂大，昭和大，東京医科大，日本医科大，星薬科大

編集部注―本書の内容は2024年2月現在のものであり，変更されている場合があります。正確な情報は，学校のホームページ等で必ずご確認ください。

算数　出題傾向＆対策

◆基本データ（2024年度）

試験時間／満点	50分／100点
問題構成	・大問数…４題 計算・応用小問１題（５問） ／応用問題３題 ・小問数…13問
解答形式	答えのほかに，図，式，計算などをかくスペースが設けられている。これらも採点の対象と考えられる。
実際の問題用紙	Ｂ５サイズ，小冊子形式
実際の解答用紙	問題用紙に書きこむ形式

◆過去10年間の出題率トップ５

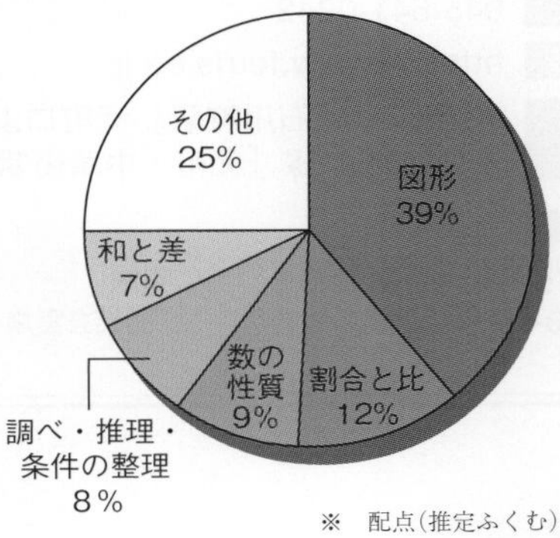

※　配点（推定ふくむ）をもとに算出

◆近年の出題内容

【　2024年度　】			【　2023年度　】		
大問	1	逆算，面積，比の性質，消去算，相似，辺の比と面積の比，条件の整理	大問	1	逆算，条件の整理，整数の性質，場合の数，割合と比
	2	素数の性質，調べ		2	つるかめ算
	3	時計算		3	平面図形－角度，面積
	4	立体図形－相似，構成		4	場合の数
				5	条件の整理

◆出題傾向と内容

単元別に見ると，計算問題は四則混合のかなり複雑なものです。**数の性質では場合の数**のほかに，約束記号や素数，数列など**整数の性質**にからんだ問題が多く見られます。比と割合の単元は，図形の単元や応用問題の単元での複合問題として出される場合が多くあります。

図形では面積や長さを求めさせるものが比較的多く，30度の角を利用して高さを求めるもの，面積比などを利用したもの，複合図形，あたえられた条件を整理して解くものなど，こみ入った内容の問題となっています。展開図や立体図形のくりぬき・切断，回転体の体積・表面積，相似比の利用など，平面・立体図形の性質に関するものも出題率の高い単元となっています。

また，**特殊算では速さと旅人算，相当算，推理算など**の出題が多く，わりあい重視されているといえそうです。

◆対策～合格点を取るには？～

まず，心がけてほしいのは計算問題の練習です。これは出題傾向のいかんに関係なく，算数の基本だからです。時間をきちんと区切って，くり返しやってみましょう。

本校は算数の全単元にわたってむらのない出題になっていますから，苦手分野のないように，どの単元も納得がいくまで学習することが必要です。

図形では基本となる面積・体積の問題よりも，ちょっとひねった問題が多いので，時間とともに変化・移動する図形や，平面図形と立体図形を結びつけたものなど，新しい傾向の問題に数多くチャレンジしてみるのがよいでしょう。決まりきった解き方になれてしまうと推理する力がうまくはたらかなくなり，新傾向問題にはついていきにくくなります。つねに**ほかの解き方はないかと考えながら取り組む**姿勢も大切です。とはいえ，ほかの分野ではあまり目新しい問題は見られず，基本的・標準的なものが多いのも本校の特ちょうです。つまり，**難問は図形の分野に集中している**わけです。図形の分野だけは他校の難問に挑戦するなど，ほかとはちがった勉強方法を自分なりにくふうするとよいでしょう。

算数　出題分野分析表

	分野＼年度	2024	2023	2022	2021	2020	2019	2018	2017	2016	2015
計算	四則計算・逆算	○	○	○	○	○	○	○	○	○	○
	計算のくふう										
	単位の計算										
和と差	和差算・分配算					○					
	消去算	○							○		
	つるかめ算		○				○				
	平均とのべ									◎	○
	過不足算・差集め算							○			
	集まり			○							
	年齢算										
割合と比	割合と比		○	○				○		○	◎
	正比例と反比例										
	還元算・相当算							○			
	比の性質	○									
	倍数算				○	○					
	売買損益								○		
	濃度			○			○				
	仕事算										
	ニュートン算										
速さ	速さ			○		○			○	○	
	旅人算							○			○
	通過算										
	流水算				○						
	時計算	○									
	速さと比			○	○		○			○	
図形	角度・面積・長さ	○	◎	◎	◎	◎	◎	●	●	●	●
	辺の比と面積の比・相似	◎						○	○	○	○
	体積・表面積				○			○		○	◎
	水の深さと体積								○		
	展開図									○	
	構成・分割	○		○			◎	○	○		
	図形・点の移動			○	○	○		◎	○	○	
表とグラフ											
数の性質	約数と倍数										
	N進数										
	約束記号・文字式				○						
	整数・小数・分数の性質	○	○	◎	○	○	○	○	○		○
規則性	植木算										
	周期算			○	○						
	数列				○	○			○		
	方陣算										
	図形と規則										
場合の数			◎	○		○	◎	○		○	
調べ・推理・条件の整理		◎	◎	○		◎	○			○	
その他											

※　○印はその分野の問題が１題，◎印は２題，●印は３題以上出題されたことをしめします。

社会　出題傾向＆対策

◆基本データ（2024年度）

試験時間／満点	30分／60点
問題構成	・大問数…３題 ・小問数…33問
解答形式	用語の記入と記号選択式が中心だが，記述問題も見られる。記号は複数選ぶものもある。記述問題は，１～２行程度で書かせるものが数問出されている。
実際の問題用紙	Ｂ５サイズ，小冊子形式
実際の解答用紙	Ｂ４サイズ

◆過去10年間の分野別出題率

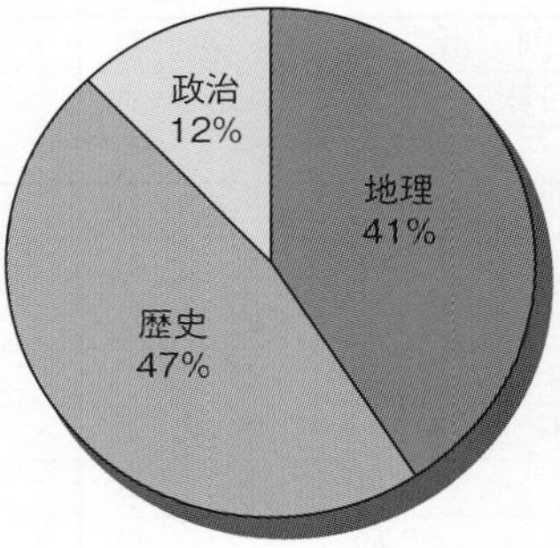

※　配点（推定ふくむ）をもとに算出

◆近年の出題内容

【　2024年度　】		【　2023年度　】	
大問	1〔総合〕地名を題材とした問題	大問	1〔地理〕日本の産業と世界の貿易
	2〔歴史〕住まいを題材とした問題		2〔地理〕米を題材とした問題
	3〔総合〕居住・移転を題材とした問題		3〔政治〕政治のしくみと現代の社会
			4〔歴史〕古代～現代の政治と文化

◆出題傾向と内容

問題量が多く，広い範囲から細部にわたって出題されます。たとえば日本地理の問題でありながら，工業や農業の歴史におよんだり，日本との貿易にはじまって，世界各国の産業や政治的なつながり，さらには時事問題にまでいたる総合問題がこの例で，一つの問題に総合的な判断力を要する設問がふくまれています。

設問の内容は知識を問うものが中心で，難解なものは少ないとはいえ，各分野とも豊富な知識が要求されます。

●地理…農業・林業・漁業の問題点や環境問題など，単に産地や地名のみでなく，各産業が現在かかえている諸問題にまでおよぶ設問が見られます。また，日本と関係のある（貿易など）国々の産業のようすなどが取り上げられることもあります。

●歴史…政治・文化・外交などの歴史や年代順にからんだ問題のほか，近代の政治・外交・経済面に焦点をあてた明治維新・近代戦争史・近代の産業史など，短い期間中のできごとを深くほり下げた質問も見られます。

●政治…憲法，三権のしくみとはたらき，地方自治と財政，選挙など，やや時事的な傾向のものが多く，現代の社会で問題となっていることがらについても問われます。時事問題はほかの分野と融合したものが多く見られます。

◆対策～合格点を取るには？～

本校では**地理と歴史の総合問題がよく出されます。**海外のニュースなどで出てきた国について，日本とのつながりやその歴史を調べてみるなど，生きた社会科の勉強法をくふうしましょう。社会はとかく暗記科目と思われがちですが，知識としての地理・歴史の学習が，最終的に現代社会に目を向けることとつながるようであってほしいものです。

政治・時事問題には毎年の重要な事件，また長い間にわたって未解決の政治・経済上の問題が登場することがあります。また，選挙や政治運営の方法などが問題として取り上げられることも多いようです。**日々の政治の動向に目を向けることも大切**といえるでしょう。

社会 出題分野分析表

分野		年度	2024	2023	2022	2021	2020	2019	2018	2017	2016	2015
日本の地理		地図の見方				○	○	○	○			○
		国土・自然・気候	○		○		○	○	○	○	○	○
		資源	○		○						○	
		農林水産業	○	○	○	○	○	○	○	○	○	○
		工業	○	○	○	○	○	○	○	○	○	○
		交通・通信・貿易	○	○	○	★		○	○		○	
		人口・生活・文化	○				○	○	○		○	
		各地方の特色			○	○	★					
		地理総合	○	★	★	★	★			★	★	★
世界の地理			○	○	○							
日本の歴史	時代	原始～古代	○	○		○	○	○	○	○	○	○
		中世～近世	○	○	○	○	○	○	○	○	○	○
		近代～現代	○	○	○	○	○	○	○	○	○	○
	テーマ	政治・法律史										○
		産業・経済史										
		文化・宗教史										
		外交・戦争史							○		○	
		歴史総合	★	★	★	★	★	★	★	★	★	
世界の歴史												
政治		憲法					○		○			○
		国会・内閣・裁判所	○		○	○			○	○	○	
		地方自治		○	○	○						
		経済		○				○				
		生活と福祉			○			○				
		国際関係・国際政治		○					○	○	○	
		政治総合		★	★	★				★	★	
環境問題												
時事問題									○			○
世界遺産								○				
複数分野総合			★				★	★	★			★

※　原始～古代…平安時代以前，中世～近世…鎌倉時代～江戸時代，近代～現代…明治時代以降

※　★印は大問の中心となる分野をしめします。

理科 出題傾向＆対策

◆基本データ(2024年度)

試験時間／満点	30分／60点
問題構成	・大問数…４題 ・小問数…22問
解答形式	記号選択や記述，数値の記入など，解答形式はさまざまである。記号選択は，択一式のものが多い。１～２行程度で書かせる短文記述も多く出題されている。
実際の問題用紙	Ｂ５サイズ，小冊子形式
実際の解答用紙	Ｂ４サイズ

◆過去10年間の分野別出題率

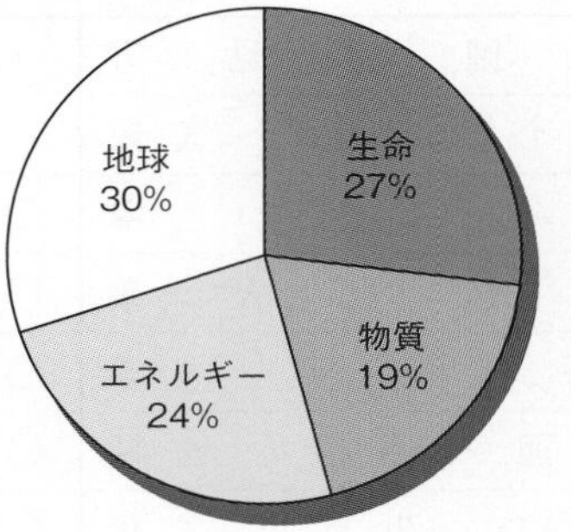

※　配点(推定ふくむ)をもとに算出

◆近年の出題内容

【　2024年度　】		【　2023年度　】	
大問	1 〔物質〕空気にふくまれている気体 2 〔エネルギー〕ニクロム線と電流 3 〔生命〕ヒトの誕生 4 〔地球〕砂や土を流れる水	大問	1 〔物質〕水溶液の性質 2 〔生命〕アサギマダラ 3 〔エネルギー〕光の進み方 4 〔地球〕水の循環

◆出題傾向と内容

各分野から広範囲に出題されており，試験時間のわりに**問題の量が多い**といえます。

出題内容は,「物質」と「エネルギー」では，理解力を見ることを主体とした設問形式をとり，実験方法や結果，その実験の結果からわかることなどを記述式で解答させるものがよく見られます。この種の問題は，読解力や相手に伝わるように簡潔にまとめる力を必要とするため，解答にはやや手間取るのではないでしょうか。また,「生命」や「地球」では，これまでは知識だけでこなせる問題が中心だったのですが，理解力・応用力を見るものが増えています。身の回りの生物の観察や図，表の読み取りなど思考力が試されるものも出ており，今後注意しなければならない分野といえるでしょう。

以上，本校の理科の特ちょうを要約すれば，**はば広い知識と深い理解力を必要とする問題**ということができるでしょう。

◆対策～合格点を取るには？～

本校の理科は，基本的なことがらについての理解や知識を問うものが中心ですが，多くが実験・観察をテーマとしているので，参考書や問題集を使った学習だけでは不十分です。日ごろから，**実験や観察を重視した学習**を心がける必要があります。学校での理科の実験・観察授業には，みずからすすんで取り組むようにするとよいでしょう。

ともすれば，知識をたくさん暗記することが理科の学習だと思われがちですが，それでは本当の理解力や思考力はつきません。理科における本当の理解力や思考力とは，実験や観察をたんねんに行ってそれを検討し，事実にもとづいて法則や結論を導き出す，そして，その法則や結論を応用してほかの問題にあたる，そういった力をいうのです。この力は，短い期間で簡単に身につくわけではありません。学校での日ごろの授業を大切にし，疑問に思ったことや考えたりしたことを先生や友達と共有していくなかで養われるのです。また,実験や観察はやりっぱなしにせず,**目的・方法・結果などをノートにきちんと整理しておく**ことが，内容をしっかりと的確に理解していくためにも大切です。

理科　出題分野分析表

分野		2024	2023	2022	2021	2020	2019	2018	2017	2016	2015
生命	植物			○		★	○				★
	動物		★	○			○				
	人体	★			★			★			
	生物と環境								★		
	季節と生物								★		
	生命総合			★			★			★	
物質	物質のすがた					★					
	気体の性質	★				○					
	水溶液の性質		★					★		★	
	ものの溶け方						★				
	金属の性質										
	ものの燃え方	○		★							★
	物質総合				★						
エネルギー	てこ・滑車・輪軸										
	ばねののび方					★					
	ふりこ・物体の運動				★						
	浮力と密度・圧力									★	
	光の進み方		★								★
	ものの温まり方			★					★		
	音の伝わり方							★			
	電気回路	★							★		
	磁石・電磁石						★				
	エネルギー総合										
地球	地球・月・太陽系		★	★			★		★		
	星と星座								○		
	風・雲と天候									★	
	気温・地温・湿度					★					
	流水のはたらき・地層と岩石	○			★			★			
	火山・地震										○
	地球総合	★									★
実験器具						○		○			★
観察											
環境問題											
時事問題											
複数分野総合											★

※　★印は大問の中心となる分野をしめします。

国語　出題傾向＆対策

◆基本データ（2024年度）

試験時間／満点	50分／100点
問題構成	・大問数…４題 文章読解題２題／知識問題２題 ・小問数…34問
解答形式	記号選択と書きぬき，適語の記入，記述問題で構成されている。記述問題には，作文が見られる。
実際の問題用紙	Ｂ５サイズ，小冊子形式
実際の解答用紙	Ｂ４サイズ

◆過去10年間の分野別出題率

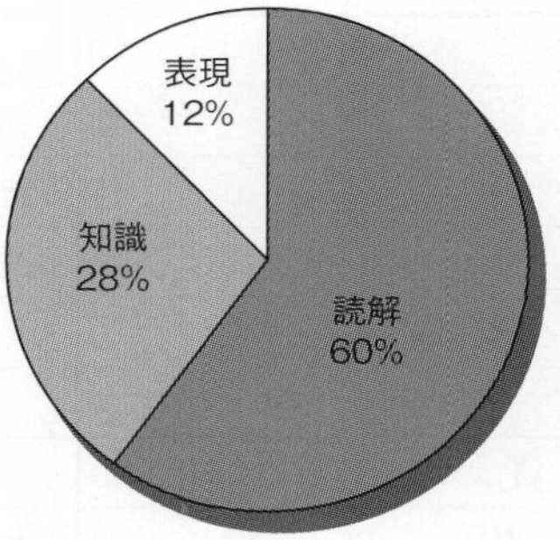

※　配点（推定ふくむ）をもとに算出

◆近年の出題内容

		【　2024年度　】			【　2023年度　】
大問	一	〔**小説**〕竹西寛子「兵隊宿」（『神馬／湖―竹西寛子精選作品集』所収）（約8700字）	大問	一	〔**小説**〕井上靖『晩夏』（約6200字）
	二	〔**説明文**〕松浦弥太郎『考え方のコツ』（約2000字）		二	〔**説明文**〕竹内悊『生きるための図書館―一人ひとりのために』（約1300字）
	三	〔**知識**〕敬語の知識		三	〔**知識**〕品詞の知識
	四	〔**知識**〕漢字の書き取りと読み		四	〔**知識**〕漢字の書き取りと読み

◆出題傾向と内容

文章読解は，**小説・物語文が１題と，説明文・論説文が１題**というスタイルが定着しており，会話・戯曲や詩・短歌・俳句などはこれまでほとんど出題されていません。設問内容を見ると，内容・心情の読み取りと文脈の理解に属するものが半分近くをしめています。このほかに，要旨，品詞の用法，語句の意味，指示語といった典型的な問題も出ていますが，どれもすぐ解けそうなものは見あたりません。

設問内容だけを考えると平易に見えますが，本校の国語はかなりの高難度です。題材の文章が，深い内容を持ち，格調の高いものが多く選ばれており，正しく読み取るのに苦労するうえに，長さも結構あるのです。

また，文章読解に加えて，感想文なども出題されています。字数が200字近くもあり，条件作文に近い印象を受けますが，これなどは文章表現力がないことには手も足も出ないでしょう。たんに読んで書かれた内容が理解できるだけでは，書くべき内容の半分も埋められません。つまり，**読解力に加えて文章表現力が必要**なのです。

◆対策～合格点を取るには？～

本校の国語は，読解力と表現力を問うものがバランスよく出題されていますから，まず読解力をつけ，そのうえで表現力を養うことをおすすめします。

読解力をつけるためには読書が必要ですが，長い作品よりも短編のほうが主題が読み取りやすいので，特に**国語の苦手な人は短編から入るとよい**でしょう。

次に表現力ですが，これには内容をまとめるものと自分の考えをのべるものとがあります。内容をまとめるものは，数多く練習することによって，まとめ方やポイントのおさえ方のコツがわかってきます。自分の考えをのべるものは，**問題文のどの部分がどのように問われるのかを予想しながら文章を読む**とよいでしょう。そうすれば，ある場面での登場人物の気持ちなどをおしはかることが自然とできるようになります。**答えとして必要なポイントをいくつか書き出し，それらをつなげる**ような練習を心がけたいものです。

国語 出題分野分析表

分野		年度	2024	2023	2022	2021	2020	2019	2018	2017	2016	2015
読	文章の種類	説明文・論説文	★	★	★	★	★	★	★	★	★	★
		小説・物語・伝記	★	★	★	★	★	★	★	★	★	★
		随筆・紀行・日記										
		会話・戯曲										
		詩										
		短歌・俳句										
解	内容の分類	主題・要旨	○		○					○	○	
		内容理解	○	○	○	○	○	○	○	○	○	○
		文脈・段落構成										
		指示語・接続語			○	○			○			
		その他	○	○	○	○	○	○	○	○	○	○
知	漢字	漢字の読み	○	○	○	○	○	○	○	○	○	○
		漢字の書き取り	○	○	○	○	○	○	○	○	○	○
		部首・画数・筆順										
	語句	語句の意味	○	○	○	○	○		○	○		○
		かなづかい										
		熟語				○						
		慣用句・ことわざ			○							
	文法	文の組み立て				★	★		★			
		品詞・用法		★				★		★		★
		敬語	★								★	
識	形式・技法											
	文学作品の知識											
	その他											
	知識総合											
表現	作文		○	○	○	○	○	○	○	○	○	○
	短文記述				★			★				
	その他											
放送問題												

※　★印は大問の中心となる分野をしめします。

カコを追いかけ
ミライをつかめ

2025年度 中学受験用

フェリス女学院中学校　10年間スーパー過去問

をご購入の皆様へ

お詫び

本書、フェリス女学院中学校の入試問題につきまして、誠に申し訳ございませんが、以下の問題は著作権上の都合により掲載することができません。設問と解説、解答は掲載してございますので、ご必要とされる方は原典をご参照くださいますよう、お願い申し上げます。

記

2024年度　国語　二　の問題文

以上

株式会社　声の教育社　編集部

2024年度 フェリス女学院中学校

【算　数】（50分）〈満点：100点〉

《注意》 1．答を出すのに必要な図や式や計算を，その問題のところにはっきりと書いてください。
2．円周率を使う場合は3.14としてください。

1 次の問いに答えなさい。

(1) 次の□にあてはまる数を求めなさい。

$$\frac{1}{3} \div \left(1.7 \div \square - \frac{1}{8}\right) \div \frac{2}{9} = 2\frac{4}{7}$$

(2) 右の図のように四角形ABCDがあり，点Pは対角線ACと対角線BDの交わる点です。三角形ABPの面積と三角形CDPの面積の比は1：3で，三角形ABCの面積と三角形DBCの面積の比は7：9です。

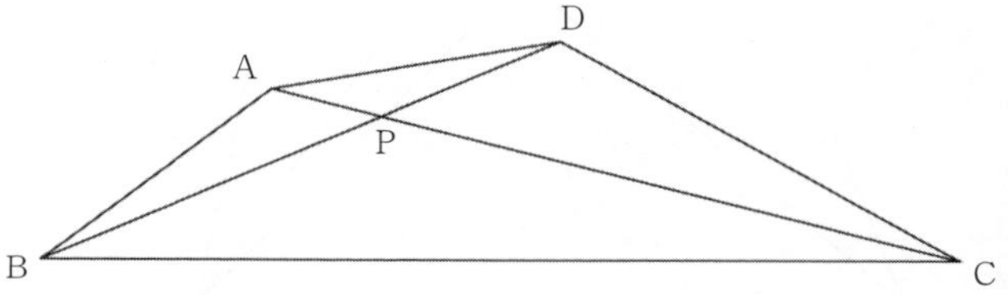

次の［ア］～［ウ］にあてはまる数を求めなさい。

① 直線APの長さと直線PCの長さの比を最もかんたんな整数の比で表すと［ア］：［イ］です。

② 三角形PBCの面積は三角形PADの面積の［ウ］倍です。

(3) 3種類のバケツA，B，Cを水で満たして，空の水そうに水を入れます。この3種類のバケツを1回ずつ使って水を入れると，水そうの容積の20%になります。バケツAを2回，バケツBを4回，バケツCを8回使って水を入れると，水そうの容積の100%になります。また，バケツAを7回，バケツBを4回，バケツCを4回使って水を入れても，水そうの容積の100%になります。

次の［ア］～［エ］にあてはまる数を求めなさい。

① 3種類のバケツの容積の比を最もかんたんな整数の比で表すと，バケツA，バケツB，バケツCの順で［ア］：［イ］：［ウ］です。

② 水そうの容積はバケツAの容積の［エ］倍です。

(4)　下の図のように直線 AD と直線 BC が平行な台形 ABCD があります。辺 AD 上に点Eがあり，台形 ABCD の面積と三角形 ECD の面積の比は４：１です。直線 CE と直線 BD の交わる点をFとします。点Fを通り，辺 AD に平行な直線が辺 AB と辺 DC に交わる点をそれぞれGとHとします。

次の ア，イ にあてはまる数を求めなさい。

①　三角形 CDE の面積は三角形 CAE の面積の ア 倍です。

②　直線 GH の長さは イ cm です。

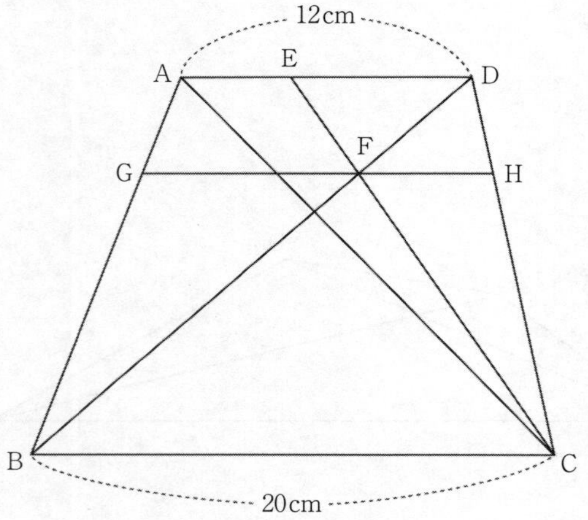

(5)　AさんとBさんがじゃんけんを何回かして，点数を得たり失ったりするゲームをします。２人のはじめの持ち点はともに10点です。

グーで勝てば１点を得て，グーで負ければ１点を失います。

チョキで勝てば２点を得て，チョキで負ければ２点を失います。

パーで勝てば３点を得て，パーで負ければ３点を失います。

じゃんけんでは２人が同じ手を出した場合は勝敗がつくまでじゃんけんをして，それを１回のじゃんけんと数えます。

次の ア ～ ウ にあてはまる数をそれぞれすべて答えなさい。

①　じゃんけんを１回して，Aさんの持ち点が11点になるとき，Bさんの持ち点は ア 点です。

②　じゃんけんを２回して，Aさんの持ち点が10点になるとき，Bさんの持ち点は イ 点です。

③　２人の持ち点のうちのどちらかが初めて５点以下となるか15点以上となったとき，このゲームを終了することにします。じゃんけんを３回してAさんの持ち点が15点以上となり，ゲームが終了しました。このときBさんの持ち点として考えられる最も高い点は ウ 点です。

2 整数を順に1，2，3，……，Nと並べて次の操作①，②，③を続けて行います。

① 7で割って1余る数は5に変える。

② 7で割って2余る数は25に変える。

③ 並んだ数をすべてかけてできる数をMとする。

例えばNが10のとき次のようになります。

1，2，3，4，5，6，7，8，9，10

↓ ↓ ↓ ↓ ↓ ↓ ↓ ↓ ↓ ↓

$M=5\times25\times3\times4\times5\times6\times7\times5\times25\times10$

次の問いに答えなさい。

(1) Nが10のとき，Mは10で何回割り切れますか。

(2) Nが25のとき，Mは10で何回割り切れますか。

(3) Nが50のとき，Mは10で何回割り切れますか。

3 長針と短針がそれぞれ一定の速さで動く時計があります。次の［ア］～［エ］にあてはまる数を答えなさい。

(1) 下の図のように時計の針が6時を指したあと，長針と短針の間の角が初めて70°になる時刻は［ア］時［イ］分です。（求め方も書きなさい。）

(2) 右の図のように時計の針が6時を指しているとき，長針と短針の間の角は，3と9の目盛りを結ぶ直線㋐によって二等分されます。このあと12時までの6時間に，長針と短針の間の角が直線㋐によって二等分されることは［ウ］回あります。ただし，6時の場合は回数に含めません。（求め方も書きなさい。）

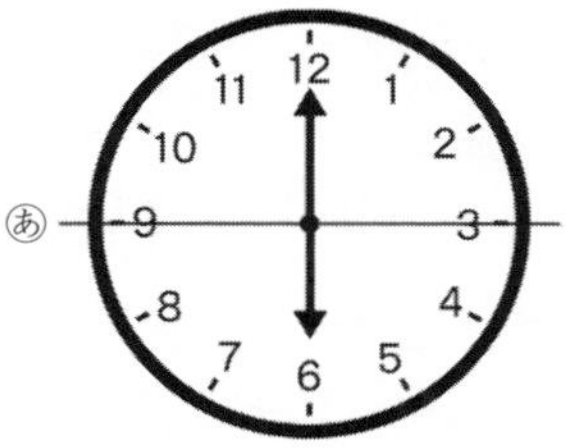

(3) (2)の場合のうち，長針と短針の間の角が最も小さくなる場合の，その角度は［エ］度です。（求め方も書きなさい。）

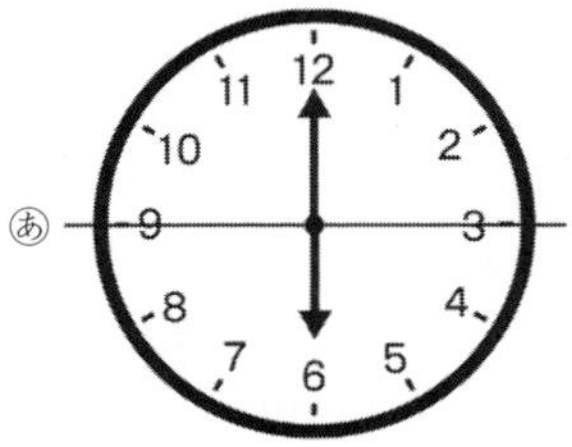

4　次の問いに答えなさい。

(1)　下の図の正三角形 ABC で，点 D，点 E はそれぞれ辺 AB，辺 AC 上の点です。直線 AD と直線 DB の長さの比は２：１で，直線 AE と直線 EC の長さの比も２：１です。

三角形 ADE の面積は，正三角形 ABC の面積の何倍ですか。

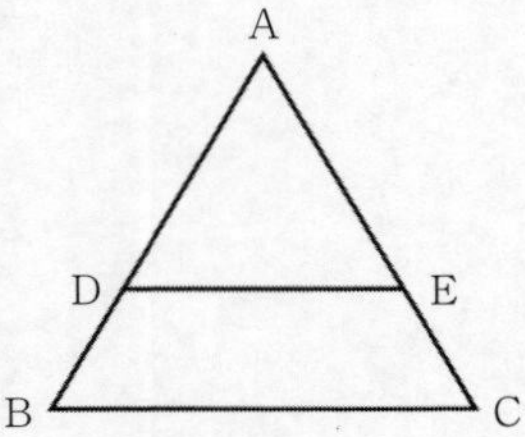

(2)　右の図のような正三角柱と正六角柱があります。それぞれの側面の面積の合計は $288cm^2$ で等しく，体積も等しいです。正三角柱の高さは16cm です。

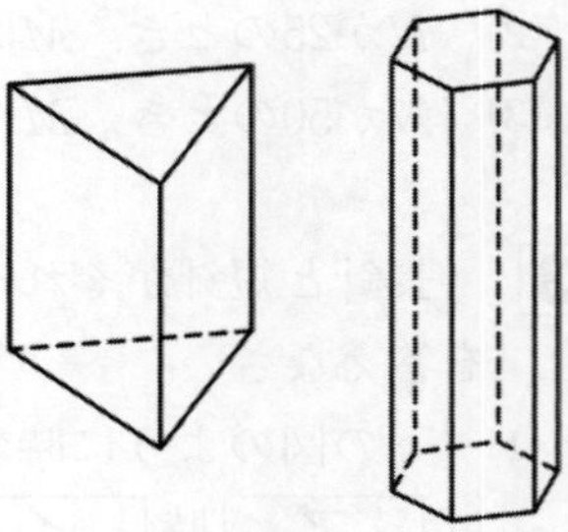

①　この正三角柱と正六角柱の底面の周りの長さの比は，

□　と等しい。□　にあてはまるものを次の**ア**～**カ**から選んで答えなさい。

ア　正三角柱と正六角柱の底面の１辺の長さの比

イ　正六角柱と正三角柱の底面の１辺の長さの比

ウ　正三角柱と正六角柱の高さの比

エ　正六角柱と正三角柱の高さの比

オ　正三角柱と正六角柱の１つの側面の周りの長さの比

カ　正六角柱と正三角柱の１つの側面の周りの長さの比

②　正六角柱の高さは何cm ですか。（求め方も書きなさい。）

【社　会】（30分）〈満点：60点〉

1　日本地図を広げると，たくさんの地名が目に飛《と》び込《こ》んできます。なぜその名前になったのだろうかと調べていくと，今まで知らなかった歴史や地理に触《ふ》れることができます。以下は地名の由来について述べている文章です。下線部についての問いに答えなさい。

A　佐賀県の「唐津《からつ》」という地名は，その地域が昔から朝鮮半島や中国，すなわち「唐《から》」との往来がさかんであったことから，唐への港という意味で唐津になったという説があります。唐津駅近くの菜畑遺跡《なばたけいせき》からは，日本最古の a 水田あとが見つかっており，古くから大陸から技術や文化が伝わってきたことがうかがえます。

やがて周辺地域とともに b 肥前国《ひぜんのくに》としてまとまり，16世紀末には c 豊臣秀吉による朝鮮出兵の拠点《きょてん》が置かれました。

近代になると，唐津では石炭採掘《さいくつ》がさかんになり，運ぱんするための鉄道も建設され，唐津港の重要性は高まりましたが，やがて d 需要《じゅよう》がおとろえ，1972年には全ての炭鉱が閉山しました。近年は，中国や韓国に近いという有利な地理的条件を活かして，美容・健康産業の一大拠点をつくる e「唐津コスメティック構想」が進められています。

a　米づくりがはじまった地域は，図の **a** の河川流域であると考えられています。この **a** の川の名前を答えなさい。

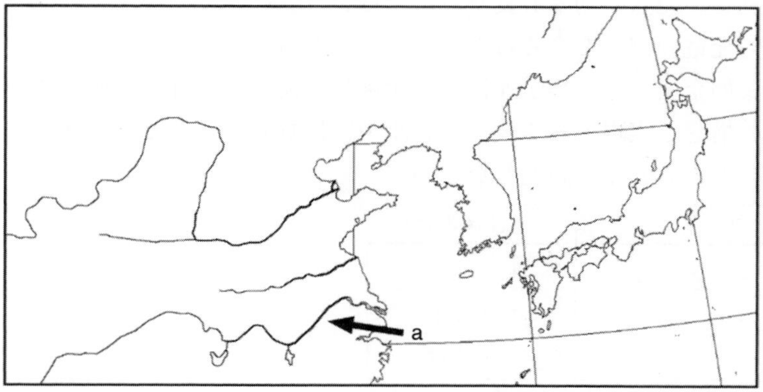

b　次の史料は奈良時代にこの国について書かれたものです。当時，こうした書物が日本各地でつくられました。この書物の名前は何ですか。

松浦《まつうら》の郡《こおり》。郡の東方にひれふりの峰《みね》がある。昔，宣化《せんか》天皇の時代に，大伴《おおとも》の狭手彦《さでひこ》を派遣《はけん》して，任那《みまな》の国をお鎮《しず》めになられた。その時，狭手彦が通った村に，弟日姫子《おとひひめこ》という名の乙女がおり，狭手彦は彼女と恋に落ちた。彼女の容貌《ようぼう》はうるわしく絶世の美女だった。

（中略）

別れの日に，弟日姫子はこの山の峰に登って狭手彦を見送り，ひれ（注：スカーフのようなもの）を振《ふ》り続けた。それで山の名をひれふりの峰としている。

（中略）

郡の西南の海に値嘉《ちか》の島がある。この島には，ビンロウ・モクレン・クチナシなどがあり，海では鮑《あわび》・サザエ・鯛《たい》や鯖《さば》などの様々な魚・海藻《かいそう》などがとれる。ここに住む漁民は，牛や馬をたくさん飼っている。西に船を停泊できる港が二か所あり，遣唐使はこの港から出発して，海を渡《わた》る。この島の漁民は，顔立ちは隼人《はやと》（注：九州南部に住んでいた人々）に似ているが，つねに馬上で弓を射ることを好み，言葉は世間の者と違っている。
（注：書物の一部を抜粋《ばっすい》し，わかりやすく書き直してあります。）

c　この時に朝鮮半島から連れてこられた職人により技術が伝わり，佐賀県の有田を中心につくられるようになった工芸品は，17世紀のヨーロッパで大人気となり大量に輸出されました。ヨーロッパの人々がこの工芸品を求めた理由としてふさわしいものを，ア～エから一つ選びなさい。

ア　表面にざらっとした土の風合《ふうあ》いがよく出る器は，ヨーロッパにはないものだったから。
イ　美しい女性をモデルとした色鮮《あざ》やかな素焼きの人形がめずらしかったから。
ウ　夜光貝《やこうがい》などの貝がらがはめこまれ，宝石のように輝《かがや》く器を所有することがお金持ちの象《しょう》徴《ちょう》とされたから。
エ　つやつやした白い器に赤や緑の華《はな》やかな絵付《えつけ》がなされ，大変美しかったから。

d　日本では1960年代に石炭の需要が急減しました。その理由として正しいものを，ア～ウから一つ選びなさい。

ア　日本の石炭はほぼ掘《ほ》りつくされてしまい，安定して生産できなくなったから。
イ　石油のほうが輸送に便利で，発熱の効率も良かったから。
ウ　化石燃料を使わない水力発電の割合を高める方針になったから。

e　これは佐賀県・唐津市・民間企業《きぎょう》・大学等が連携《れんけい》し，化粧《けしょう》品の開発，化粧品関連企業の誘致《ゆうち》などを目指すものです。この構想を実現することで，唐津市に住む人々にはどのような利点があるか，下の表からわかることをふまえて説明しなさい。

唐津市の企業が開発した商品	唐津産素材
石けん，化粧水，リップクリーム，入浴剤《ざい》	椿油《つばきあぶら》
※オールインワンクリーム	酒粕《さけかす》，トマト
石けん	白いきくらげ

※化粧水や乳液，美容液など様々な機能が一つになったクリームのこと。
唐津市ホームページより作成。

B　愛知県の「愛知」は，万葉集の和歌で詠《よ》まれる「年魚市潟《あゆちがた》」の「あゆち」に由来するそうです。現在の$_{a}$名古屋港の一帯はかつて，「年魚市潟」と呼ばれる広大な干潟《ひがた》と海でした。愛知県などの東海地方が主産地の味噌《みそ》は「赤味噌」と呼ばれています。「八丁味噌」で有名な岡崎《おかざき》市のある$_{b}$岡崎平野は河川の少ない地域で，近くの川から用水が引かれています。また渥美《あつみ》半島周辺の地域では$_{c}$（　　）用水がつくられ，$_{d}$農業がさかんです。さらに知多《ちた》半島の南端まで流れる別の用水は，岐阜《ぎふ》県の$_{e}$木曽《きそ》川から取水されています。

a　名古屋港では液化天然ガス（LNG）が多く輸入されています。次のページの上の図は，2021年のLNGの輸入先上位2か国と，かつて日本がLNGを最も輸入していた**A**国からの輸入量の推移を示しています。次のページの下の図は，2021年の原油の輸入先上位2か国と，**A**国からの輸入量の推移を示しています。**A**国の国名を，下のア～ウから選びなさい。

日本の液化天然ガス(LNG)の輸入先(単位：千トン)

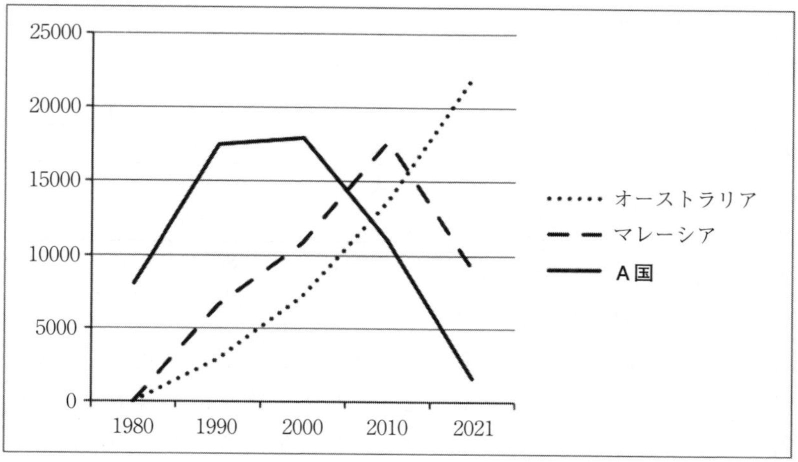

日本の原油の輸入先(単位：千キロリットル)

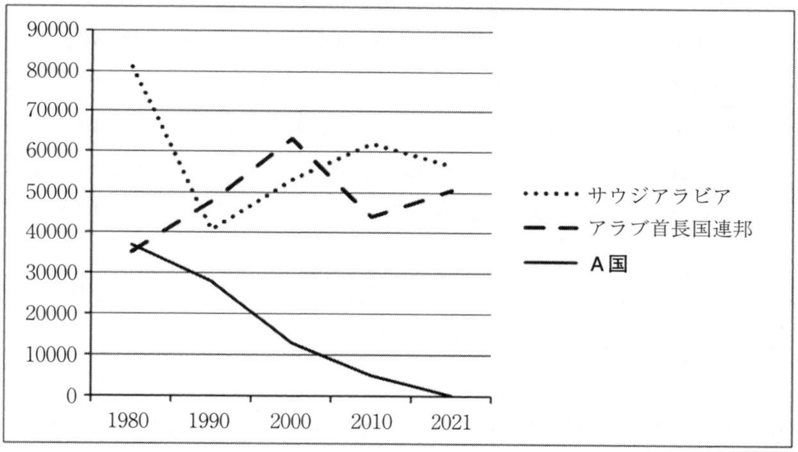

矢野恒太記念会『数字でみる日本の100年 改訂第7版』(2020年),
同『日本国勢図会 2023/24』より作成。

ア　インドネシア　　イ　ロシア(ソ連)　　ウ　アメリカ

b　次の表は，岡崎平野でさかんに養殖《ようしょく》されているある魚介《ぎょかい》類の，生産量の多い上位5県(2022年)を示しています。この魚介類を，ア～エから選びなさい。

	生産量(単位　トン)	割合(%)
鹿児島	7858	41.0
愛知	4205	22.0
宮崎	3574	18.7
静岡	2365	12.3
三重	272	1.4
全国	19155	100.0

農林水産省「令和4年漁業・養殖業生産統計」より作成。

ア　こい　　　イ　あゆ
ウ　うなぎ　　エ　ほたて

c　（　）に入る言葉を答えなさい。

d　右の表は，渥美半島周辺が一大産地となっている野菜の，収穫《しゅうかく》量の多い上位5県（2021年）を示しています。この野菜を，ア～エから選びなさい。

ア　キャベツ　　イ　ねぎ

ウ　レタス　　エ　にんじん

	収穫量（単位　トン）	割合（%）
群馬	292000	19.7
愛知	267200	18.0
千葉	119900	8.1
茨城	109400	7.4
長野	72500	4.9
全国	1485000	100.0

矢野恒太記念会『日本国勢図会 2023/24』より作成。

e　木曽川上流にある長野県の木曽谷などで伐採《ばっさい》された樹木が，明治時代まで木曽川を利用して名古屋まで運ばれていました。現在この樹木が生い茂《しげ》る木曽谷などの林は，日本三大美林の一つに数えられています。この樹木の名前を答えなさい。

C　新潟県の糸魚川市には，a親不知《おやしらず》という場所があります。地名の由来は，親子が一緒《いっしょ》に通っても，親は子を，子は親のことを気にかけることができないほど危険な場所であったからといわれています。しかし，明治時代に道が整備されると，人々の往来が容易になりました。さらに，b高速道路や鉄道が開通し，2015年にはc北陸新幹線が開業しました。

糸魚川市にあるフォッサマグナミュージアムでは，日本列島の形成過程などが紹介《しょうかい》されています。この地は2009年にd洞爺《とうや》湖有珠《うす》山，島原半島とともに，※世界ジオパークに登録されました。フォッサマグナの西の端《はし》であるe糸魚川（　　）構造線の断層沿いを通る糸魚川から松本までの道は「塩の道」として知られています。ここはf武田信玄と争っていた上杉謙信が，戦いの最中にもかかわらず，塩不足に悩《なや》む武田氏へ自国の塩を送ったという，「塩伝説」の舞《ぶ》台《たい》といわれています。

※特徴《とくちょう》的な地形を用いて，その土地に暮《く》らす人々の生活や文化を考えることができる場所

a　この地域でみられる地形的な特徴を，ア～エから一つ選びなさい。

ア　火口　　イ　湿地《しっち》　　ウ　断崖《だんがい》　　エ　滝《たき》

b　右の表は，国内の輸送機関別輸送量（2019年度）を示しており，A～Dは，鉄道・自動車・旅客船・航空のいずれかです。鉄道―航空の正しい組み合わせを，ア～カから選びなさい。

ア　A―B　　イ　A―C

ウ　A―D　　エ　B―A

オ　B―C　　カ　B―D

	輸送人員（百万人）	※輸送人キロ（百万人キロ）
A	25190	435063
B	5800	61301
C	102	94490
D	80	3076

※輸送人キロ：輸送した旅客の人員数に，それぞれの旅客の輸送距離《きょり》をかけたもの。

矢野恒太記念会『日本国勢図会 2023/24年』より作成。

c　北陸新幹線は，2024年3月に新たな区間が開業予定ですが，その区間として正しいものを，ア～エから選びなさい。

ア　新潟駅～敦賀《つるが》駅　　イ　金沢駅～京都駅

ウ　福井駅～京都駅　　エ　金沢駅～敦賀駅

d　洞爺湖と同じようにつくられた湖を，ア～エから一つ選びなさい。

ア　十和田湖　　イ　浜名湖

ウ　琵琶《びわ》湖　　エ　霞ヶ《かすみが》浦《うら》

e　（　）に入る言葉を答えなさい。

f　武田信玄について述べた文章を，ア～エから一つ選びなさい。

ア　小田原を城下町として整備し，自由な商取引の場として，商工業者を多数招いた。

イ　米沢《よねざわ》を拠点に，東北地方に勢力を拡大したが，のちに豊臣秀吉に従属した。

ウ　甲府盆地《ぼんち》を流れる河川の氾濫《はんらん》による水害を防ぐために，土木工事を行った。

エ　関ヶ原の戦いでは西軍を率いて，対立する徳川家康と戦ったが，敗れて処刑《しょけい》された。

2　次の文は，日本のなかで人々の住まいがどのように変わってきたのかを述べたものです。読んであとの問いに答えなさい。

A　a 縄文時代になると b 食生活がそれまでよりも豊かになったことなどから，人々はしだいに定住して暮《く》らすようになりました。そして，たて穴住居とよばれる，地面を掘《ほ》りさげて柱を建て，屋根をふいた家がつくられるようになりました。

弥生時代になると米づくりが始まり，収穫した米をたくわえる c 高床倉庫もつくられるようになりました。

a　この時代について述べたア～エのうち，正しいものを二つ選びなさい。

ア　この時代はおよそ1万年続いた。

イ　この時代の貝塚からオオツノジカの骨も見つかった。

ウ　この時代の中頃《ごろ》に，日本は大陸から離れ，列島になった。

エ　この時代から弓矢が使われるようになった。

b　この時代の遺跡《いせき》から見つかるもので，食物が豊富にとれるよう，自然のめぐみを祈《いの》ってつくられたと見られているものは何ですか。

c　この倉庫や水田のあとが見つかったことで有名な，静岡県の遺跡の名前を答えなさい。

B　a 7世紀末から8世紀初めにかけて，律令《りつりょう》による政治体制が成立し，大きな都がつくられるようになりました。これらの都は道路によって区画され，平城京では宮殿《きゅうでん》や役所，寺院，貴族や庶民《しょみん》の家などがつくられ，市も開かれました。しかし b 地方に住む農民たちは，たて穴住居での生活が続いていました。

8世紀末になると都が新たな場所に移され，平安時代となりました。この時代の貴族たちは c 寝殿《しんでん》造りとよばれる屋敷《やしき》に住むようになり，儀式や行事などが重視され，宮中でさかんに行われるようになりました。

a　律令による政治体制が整うと，国の仕事が細分化され，多くの役所がつくられていきました。このことをふまえて，なぜこの時代に大きな都が必要になっていったのか説明しなさい。

b　地方の農民たちは，税を納めるために都に来ることがありましたが，そのほかにも都でのつとめにあたることがありました。どのようなつとめにあたったのですか。一つ答えなさい。

c　寝殿造りの説明として，正しいものをア～ウから一つ選びなさい。

ア　屋敷の中心部に広い寝室があり，室内は畳《たたみ》が敷《し》きつめられ，大和絵の屏風《びょうぶ》で飾《かざ》られていた。

イ　屋敷の中心部に神仏をまつった部屋があり，中庭には大きな池がつくられていた。

ウ　屋敷の中心部に主人の居間があり，周りの建物とそれぞれ渡り廊下《ろうか》でつながっていた。

C　a鎌倉時代の武士たちの住まいを知る手だてとして，絵巻物があります。b一遍《いっぺん》は，時宗《じしゅう》を開き，各地で踊《おど》り念仏《ねんぶつ》を広めました。全国を布教してまわった一遍のことを描《えが》いた絵巻物には，各地のようすが描かれています。下の絵は，筑前《ちくぜん》の武士の館を訪れているところで，一遍が中庭で主人に教えを説いている場面や，その後，門から外に出て行く場面が描かれています。c館の周りには堀《ほり》や塀《へい》がめぐらされていることがわかります。

『一遍上人絵伝』（清浄光寺蔵）

a　鎌倉幕府の成立した年は，これまで源頼朝が征夷《せいい》大将軍に任命された1192年とされてきました。しかし近年，いくつかの年が幕府の成立年と考えられるようになってきました。1185年を成立年と考える場合，その理由の説明として最もふさわしいものを，ア～エから一つ選びなさい。

ア　東北で繁栄《はんえい》を誇《ほこ》った奥州藤原氏を滅《ほろ》ぼし，源氏の支配が東北までおよんだから。

イ　御家人を守護や地頭に任命することを朝廷に認めさせ，頼朝による支配が，地方にまで力をおよぼしたから。

ウ　壇ノ浦《だんのうら》の戦いで，それまで勢力を誇っていた平家一族が滅んだから。

エ　御家人をまとめる機関として侍所《さむらい》を設置し，武家政権としての体制が整ったから。

b　一遍が時宗を開いた1274年は，元が日本に攻《せ》めてきた年でもあります。元の軍が博多湾に上陸するのに先立って襲撃《しゅうげき》した島を，ア～エから一つ選びなさい。

ア　種子島《たねがしま》　　イ　隠岐島《おきのしま》　　ウ　佐渡島《さどがしま》　　エ　対馬《つしま》

c　この堀には，敵の侵入《しんにゅう》を防ぐ役割のほかに，別の重要な役割もありました。鎌倉時代の武士たちが暮らしていた場所を考えて，もう一つの役割を答えなさい。

D　「将軍のおひざもと」であったa江戸は，武士が暮らす武家地，寺などがある寺社地，町人が暮らす町人地など，身分によって住む場所が決められていました。町人のなかには自分の家を持ち，町の運営に参加する人もいましたが，大半の人は，b長屋《ながや》とよばれる借家に暮らしていました。長屋は，一棟《むね》を壁《かべ》で仕切って数世帯が住む共同住宅で，トイレや井戸は共同で使用することもありました。

a　江戸について正しく述べているものを，ア～ウから一つ選びなさい。

ア　幕府の役人である町奉行《ぶぎょう》が，江戸の行政や裁判の仕事を行った。

イ　全国から年貢米や特産物が集まり，諸大名の蔵屋敷《くらやしき》が建てられた。

ウ　江戸の人口は，同じ時代のロンドンやパリに比べると，半分ほどであった。

b　①　以下の２つのグラフは，19世紀頃の江戸の住区ごとの面積と人口を示しています。グラフを見て，長屋の暮らしについてわかることを答えなさい。

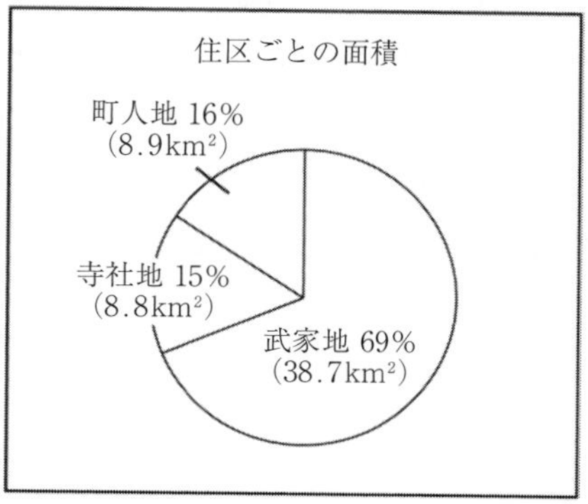

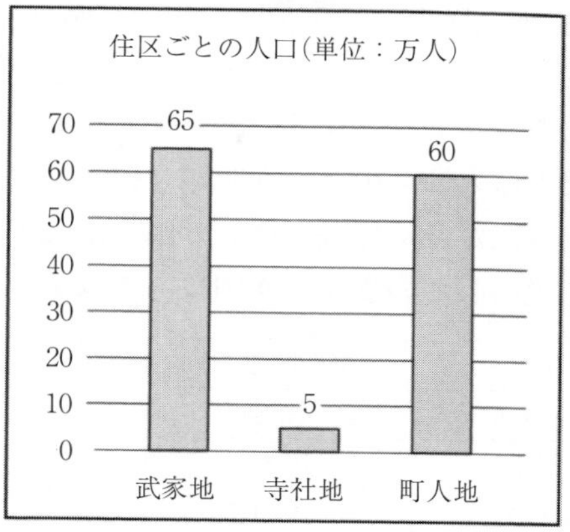

内藤　昌『江戸と江戸城』(講談社)に基づき作成。

②　『東海道中膝栗毛《ひざくりげ》』は，江戸の長屋の住人である弥次郎兵衛《やじろべえ》と喜多八《きたはち》が東海道を旅する話ですが，その作者を次のア～エから選びなさい。

ア　井原西鶴《いはらさいかく》　　イ　近松門左衛門《ちかまつもんざえもん》　　ウ　松尾芭蕉《ばしょう》　　エ　十返舎一九《じっぺんしゃいっく》

E　日米修好通商条約が結ばれた後，開港地では外国人が住む洋館がみられるようになりました。明治時代後半には，華族などが洋風建築の屋敷に住むようになり，a皇居も旧江戸城の建物から，洋風を取り入れた宮殿に新築されました。大正時代には庶民の住宅も洋風化し，関東大震災後には鉄筋コンクリートのアパートも出現しました。

太平洋戦争の時期，b都市の多くの住宅は空襲《くうしゅう》で焼けてしまい，戦後は焼け野原に廃材でつくられたバラック小屋が建ち並びました。やがてc朝鮮戦争をきっかけに日本の景気が良くなってくると，住まいもバラック小屋から新しいものに変わっていきました。

a　新築された宮殿で，大日本帝国憲法発布の式典が行われました。この憲法について述べた次のア～エのうち，正しいものを二つ選びなさい。

ア　憲法は天皇から総理大臣に授けられ，帝国議会で承認後，施行された。

イ　憲法では天皇は神のように尊い存在であり，けがしてはならないとされた。

ウ　自由民権派が作成した憲法の内容の一部が，この憲法に取り入れられた。

エ　言論・集会などの国民の権利は，法律で許された範囲内において認められた。

b　空襲に関する記述としてまちがっているものを，ア～エから一つ選びなさい。

ア　空襲から避難するために，住宅の周辺に防空壕《ごう》がつくられた。

イ　小学生は学校ごとに集団疎開《そかい》をし，地方の工場で勤労奉仕《きんろうほうし》を行った。

ウ　空襲では，火災が広がるようにつくられた焼夷弾《しょういだん》が，大量に使われた。

エ　空襲をさけるため，各家で電灯に被《おお》いをかけて暗くしなければならなかった。

c　この戦争が始まると在日米軍が出動したため，GHQ(連合国軍最高司令官総司令部)は日本に指示し，ある組織をつくらせました。この組織の名前を答えなさい。

3 次の文章を読んで，――a～cについての問いに答えなさい。

憲法が定める基本的人権の一つに居住・移転の自由があります。近年は，a海外に移住する日本人も増えていますが，人の主な移動先は日本国内です。戦後，b日本の人口は，地方から主に東京圏《けん》(東京都，埼玉県，千葉県，神奈川県)に移動してきました。現在では東京圏には，約3,700万人，つまり日本の総人口の約c(　　)％の人が住むという一極集中が起きています。この傾向《けいこう》は，新型コロナウイルスの感染拡大によって少し変化しましたが，全体的には変わらず，引き続き地方は人口減少という問題を抱《かか》えています。

a　次の表は，日本人が多く住む上位5カ国を示しており，下のア～エの文章は，表中のいくつかの国について説明しています。**A**国にあてはまる説明をア～エから一つ選びなさい。

順位	国名	人数(単位：人)
1	アメリカ	418842
2	中国	102066
3	オーストラリア	94942
4	**A**	78431
5	カナダ	74362

外務省「海外在留邦人《ほうじん》数調査統計」(2022年10月1日)より作成。
(在留邦人とは3か月以上海外にいる日本国籍《こくせき》を持つ人のことを指します)

ア　世界3位の人口を有する国で，世界各地からの移民が多く，近年はスペイン語を話す移民が増えてきている。

イ　世界で最も人口の多い国として知られていたが，人口増加を抑《おさ》える政策を実施《じっし》し，2023年には人口は世界第2位となった。

ウ　G7にも参加している主要国であり，林業が盛んで，首都は木材の集積地として発展し，国旗には樹木に関係する図柄《ずがら》が描かれている。

エ　国民の大多数が仏教徒で，首都バンコクを中心に日本の自動車部品などの工場が多数進出している。

b　次のページのグラフは，日本国内の人口移動をまとめたものです。

三大都市圏と地方圏における人口移動(※転入超過数)の推移

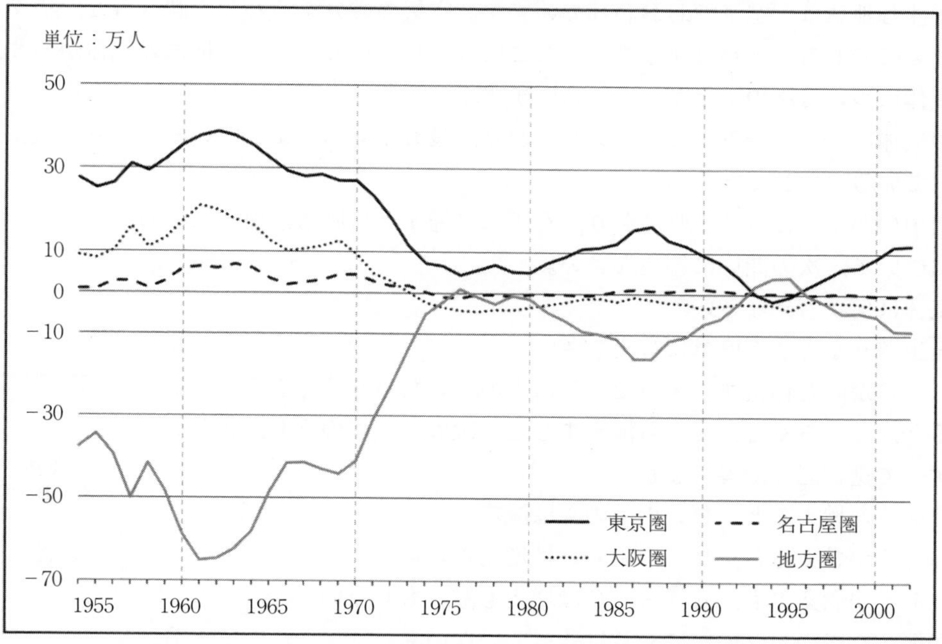

東京圏：埼玉県，千葉県，東京都，神奈川県　　名古屋圏：岐阜県，愛知県，三重県
大阪圏：京都府，大阪府，兵庫県，奈良県　　地方圏：上記の三大都市圏以外の地域

※転入超過数とは，転入者から転出者を引いた数です。
内閣府地方創生推進事務局「まち・ひと・しごと創生長期ビジョン(令和元年改訂版)」を元に作成。

① グラフの数値は，通信や地方自治を担当する省庁が，各地方自治体の情報をまとめたものが基になっています。この省庁の名前を答えなさい。

② グラフから読み取れる内容としてまちがっているものをア～ウから一つ選びなさい。

ア 所得倍増計画が出された後の数年間は，地方圏から三大都市圏へ毎年50万人以上移動していた。

イ 東京圏では，バブル経済崩壊後に初めて，転入する人よりも転出する人が多くなった。

ウ 大阪で万国博覧会が開催《かいさい》された頃から，大阪圏の人口は減少し，その5年後には，地方圏の人口より下回った。

c (　)にあてはまる数字をア～エから選びなさい。

ア 19　　イ 22　　ウ 29　　エ 36

【理　科】（30分）〈満点：60点〉

1　私たちが住む地球は，空気でおおわれています。空気の成分をくわしく調べると，様々な気体の混ざりものであることがわかります。ここにA，B，Cの異なる３種類の気体があり，それぞれの気体について次のことがわかっています。

・３種類の気体はすべて空気中にふくまれており，最も多くふくまれているのはA，次に多くふくまれているのはBである。

・Cは空気中にわずかにふくまれており，石灰水に通すと石灰水が白くにごる。

1　各気体について，次の問いに答えなさい。

(1)　Aの気体は何か答えなさい。

(2)　Bを発生させる方法を簡単に答えなさい。

(3)　A，B，Cが同じ体積ずつ入ったビンに火のついたろうそくを入れてふたをすると，しばらく燃えてから消えました。次のア～エのうち，正しいものをすべて選び記号で答えなさい。

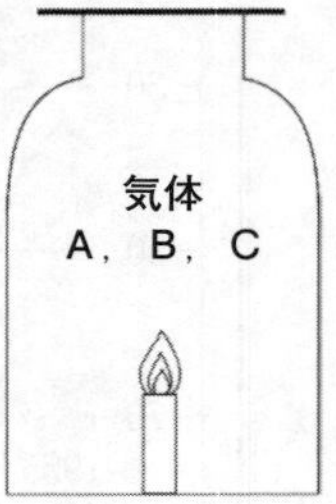

ア　ろうそくが燃えると，ビンの中のAは減る。

イ　ろうそくが燃えると，ビンの中のCは増える。

ウ　ろうそくが燃えても，A，B，Cは増えも減りもしない。

エ　火が消えた後のビンの中に，Bは残っていない。

(4)　次の気体の組み合わせのうち，(3)の実験と同じくらいろうそくが燃えるものを１つ選び記号で答えなさい。ただし，割合はすべて体積についてのものとします。

ア　AとBが１：１の割合で混ざった気体。

イ　BとCが１：１の割合で混ざった気体。

ウ　CとAが１：１の割合で混ざった気体。

エ　AとBが２：１の割合で混ざった気体。

オ　BとCが２：１の割合で混ざった気体。

カ　CとAが２：１の割合で混ざった気体。

2　各気体を１Lずつ集めて重さをはかると次のようになりました。

気体A　1.25ｇ

気体B　1.45ｇ

気体C　1.96ｇ

空気中には，体積の割合で気体Aが80％，気体Bが20％ふくまれているものとしたとき，次の問いに答えなさい。ただし，気体の温度はすべて同じとします。

(1)　空気１Lあたりの重さは何ｇになりますか。小数第三位を四捨五入して，小数第二位まで答えなさい。

(2)　空気中には，重さの割合で気体Aが何％ふくまれていますか。小数第二位を四捨五入して，小数第一位まで答えなさい。

(3)　はき出した息１Lの重さをはかると1.31ｇでした。呼吸による気体成分の変化が，「酸素の一部が二酸化炭素に置きかわる」のみとしたとき，はき出した息中にふくまれる二酸化炭素は体積の割合で何％ですか。小数第二位を四捨五入して，小数第一位まで答えなさい。

2　ドライヤーや電気コンロには，ニクロム線という金属線が使われています。これは，ニッケルとクロムを混ぜ合わせた「ニクロム」という金属(合金)でできており，電流が流れにくい性質があります。電流の流れにくさのことを「電気ていこう」といいます。

図１のような回路をつくり，AB 間に長さや断面積の異なるニクロム線をつないで，電流の流れにくさを測定する２つの実験をしました。ただし，電源装置のつまみ(電流を流すはたらきの大きさ)は一定であるとします。

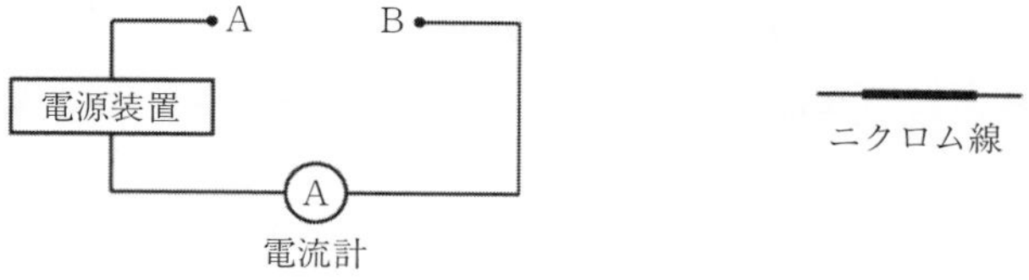

図１

実験１　断面積が$0.5mm^2$で，長さの異なるニクロム線をつなぎ，電流の大きさを記録する。

実験２　長さが10cm で，断面積の異なるニクロム線をつなぎ，電流の大きさを記録する。

結果は次の表のようになりました。この結果に基づいて，以下の問いに答えなさい。

表１

ニクロム線の長さ(cm)	5	10	15
電流計の示す値(A)	6	3	2

表２

ニクロム線の断面積(mm^2)	0.25	0.5	1
電流計の示す値(A)	1.5	3	6

1　断面積$0.5mm^2$で長さ12cm のニクロム線をつないだとき，電流計は何Aを示しますか。

2　このニクロム線を，断面積$1.5mm^2$，長さ30cm のものと取りかえると，電流計は何Aを示しますか。

3　断面積$0.5mm^2$，長さ10cm のニクロム線を図３のようにしてつなぎました。これを直列つなぎといいますが，これはニクロム線の長さを変えたものと考えることができます。このとき，電流計は何Aを示しますか。また，図２の電気ていこう(電流の流れにくさ)に比べると，図３の全体の電気ていこうは何倍になりますか。

断面積$0.5mm^2$
長さ10cm

図２

図３

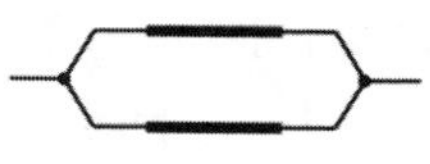

図４

4　断面積$0.5mm^2$，長さ10cm のニクロム線を図４のようにしてつなぎました。これを並列つなぎといいますが，これは断面積を変えたものと考えることができます。このとき，電流計は何Aを示しますか。また，図２の電気ていこう(電流の流れにくさ)に比べると，図４の全体の電気ていこうは何倍になりますか。

5　断面積$0.5mm^2$，長さ10cm のニクロム線を図５のようにしてつなぎました。このとき，電流計は何Aを示すかを考えました。以下の文章の｛　｝からは正しい語句を選び，(　)には数値を入れなさい。

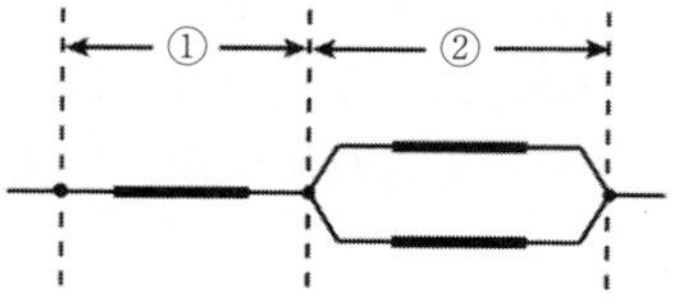

図５

ここで使われている，断面積0.5mm^2，長さ10cmのニクロム線の電気ていこうを【基準】として考えます。図5の②の部分は，【基準】のニクロム線2本が{**ア　直列**，**並列**}つなぎになっていますが，この部分は上の問題**4**から，電流が{**イ　流れやすく**，**流れにくく**，**等しく**}なっているので，1つにまとめた電気ていこうは【基準】の電気ていこうの(**ウ**)倍となります。

この，②の部分を1つにまとめた電気ていこうと，①の部分のニクロム線が{**エ　直列**，**並列**}つなぎになっていると考えると，上の問題**3**から，電流は{**オ　流れやすく**，**流れにくく**，**等しく**}なります。したがって，①・②の部分をすべてまとめた電気ていこうは，【基準】の(**カ**)倍になります。それがこの電源装置につながれているので，流れる電流は(**キ**)Aになります。

3　**1**　ヒトの誕生は次のように進みます。

女性の体内でつくられた(①)と，男性の体内でつくられた(②)が結びつき(③)ができ，女性の体内の(④)で育ちます。女性の体内で(③)が育ち，ヒトのすがたになるまで子が成長する間は，子は母の(⑤)を通じて血液中の酸素や栄養を取りこんでいます。このようにして子は成長し，ヒトのすがたになり生まれてきます。

(1)　文章中の空らん(①)～(⑤)に当てはまる言葉を答えなさい。

(2)　ヒトの(③)の大きさと，生まれてくる子の身長について，最も正しい組み合わせを，次のア～エから1つ選び，記号で答えなさい。

	(③)の大きさ	生まれてくる子の身長
ア	約0.1mm	約50cm
イ	約0.1mm	約30cm
ウ	約1mm	約50cm
エ	約1mm	約30cm

(3)　次のア～ウから子の成長についての説明として正しいものをすべて選び，記号で答えなさい。

ア　(③)は約45週間かけてヒトのすがたに育ち，子として生まれてくる。

イ　(④)の中には羊水という液体があり，しょうげきなどから子を守っている。

ウ　生まれてくるまで，自分の意志で体を動かすことはできない。

2　にんしん中の女性の体には，様々な変化があります。例えば，にんしんが進みお腹が大きくなっていくと，一度に多くの量の食事をとれなくなることがあります。またトイレに行く回数が増えてひんぱんに，にょうが出ることもあります。

にんしん中は体の中の血液の量も増加することがわかっています。出産間近になると血液の量はにんしん前の約1.5倍になります。

(1)　にんしん中に，にょうを出す回数が増える理由を説明しなさい。

(2)　にんしん中は，にんしん前とくらべると1分間に心臓が動く回数はどのように変化すると考えられますか。理由とともに説明しなさい。

4　**1**　雨が降り止んですぐに，学校の校庭で，どこに水たまりができているか調べました。校庭の運動場の砂の上に水たまりができていましたが，校庭の砂場や草が一面にはえている花だんの土の上には水たまりはできていませんでした。

雨が降り止んで，晴れた次の日，右図のように校庭の運動場の砂（A）と砂場の砂（B）を植木ばちに同じ量入れて，じょうろで同じ量の水を同時に注ぎ，植木ばちの下に置いたコップの中にしみ出た水の様子を観察しました。なお植木ばちの底にはあみが置かれていて砂は落ちないようになっています。

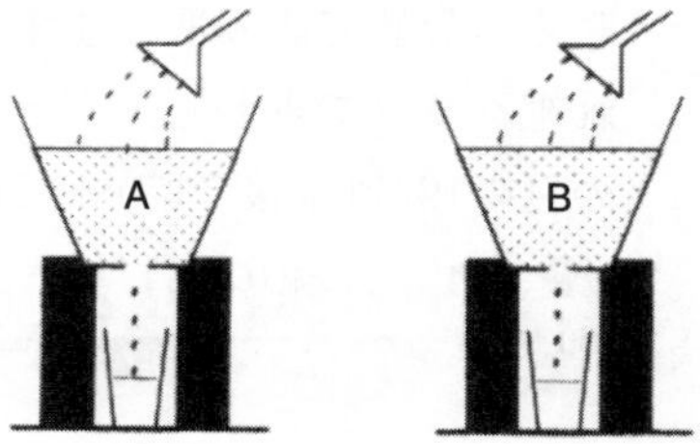

(1)　じょうろで水を注ぎ始めてからコップに水がたまるまで時間がかかったのは，次のAとBのどちらか。

A．運動場の砂　　B．砂場の砂

(2)　運動場の砂（A）と砂場の砂（B）をくらべたとき

①　指でさわった感しょくが「さらさら」「ざらざら」しているのは，それぞれどちらか。

②　砂のつぶが「小さい」「とても小さい(細かい)」のは，それぞれどちらか。

解答らんにAまたはBで答えなさい。

2　雨が降ったとき，雨水が地面のちがいによって，どのように流れていくのかを調べるために，下図のようなそう置をつくり，じょうろで同じ量の水を注ぎ，実験しました。下図のAには校庭の運動場の地面の砂とその下の土を入れ，Bには草が一面にはえている校庭の花だんの地面の土を入れました。どちらも雨が降り止んで晴れた次の日，地面から同じ深さになるように，地面をなるべくくずさないように注意しながら，切り取って箱に入れました。じょうろで1000cm^{3}の水を約1分間同じようにかけ，箱の側面の上側から流れた水と，箱の側面の下の穴から出た水の量をビーカーにためて，メスシリンダーで測り，下表にまとめました。

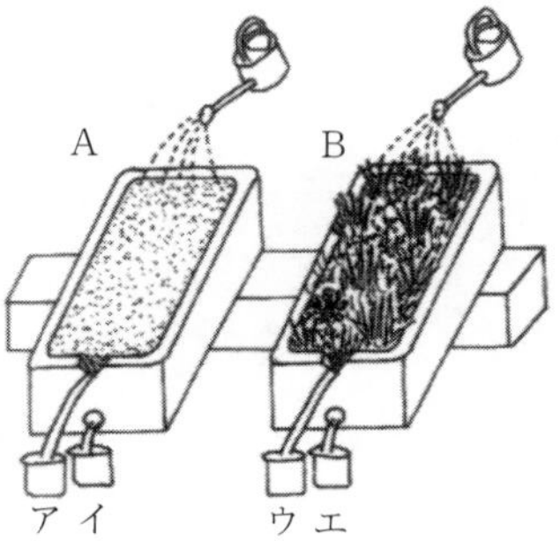

結果　ビーカーにたまった水(cm^3)

じょうろで流し始めてからの時間		0秒～20秒	20秒～30秒	30秒～1分	1分～10分	10分～20分
A	ア	250	300	60	0	0
	イ	50	20	130	100	0
B	ウ	0	40	0	0	0
	エ	25	105	145	235	50

(1)　じょうろでかけた水は，AとBでは，どのように流れていきましたか。表の結果を見てわかったことと，実際に雨が降り止んですぐに校庭で観察したことを関連づけて説明しなさい。

(2)　ア，イ，ウ，エ，それぞれのビーカーにたまった水の中で，一番にごっていたのはどれと考えられますか。

(3)　次の①～③のことがらは表の実験結果ア～エのどれともっとも関連があると考えられますか。

①　夏，日でりが続いても山の谷川の水はかれない。

②　大雨が降ると土砂くずれが起こりやすい。

③　森では大雨が降ってもこう水は起こりにくい。

3　下記のグラフは，神奈川県西部の山地に大雨が降ったとき，その山のしゃ面にある森林から雨水が流れこむ川で，雨量(降水量)と川を流れる水の流量を測って，グラフに示したものです。ただし，雨量の単位はmm(ミリメートル)で棒グラフで下向きに表わし，グラフの右側のたてじくの数値で読み取ります。また流量の単位は１秒間に流れた水量をＬ(リットル)で測り，折れ線グラフで表わし，グラフの左側のたてじくの数値で読み取ります。20時(午後８時)から次の日の19時(午後７時)までの雨量と流量を10分ごとに記録しました。

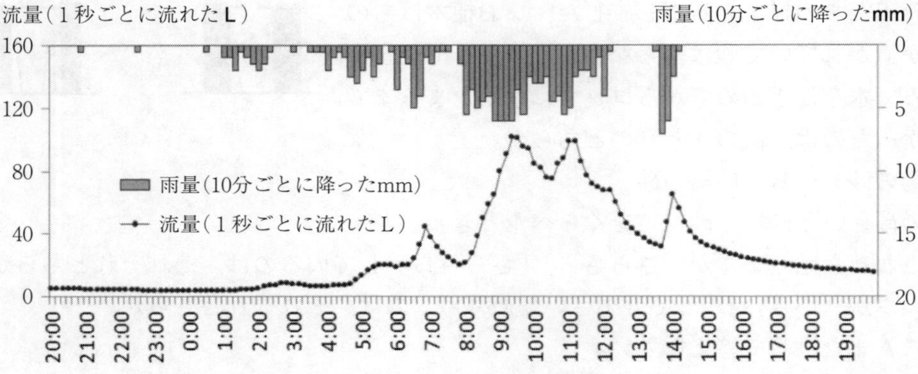

出典　「かながわの水源林」神奈川県自然環《かん》境保全センターのホームページより
(単位の表記を一部改変)

上記のグラフから「森林はこう水を防ぐ」ことが正しいとは判断できません。その理由は，森林から雨水が流れこむ場所が川の源流(上流)近くで，そこで雨量と流量を測ったからです。

【問題】

それでは，森林から雨水が山のしゃ面にそって流れこむ場所まではなれていて，その合流する場所で雨量と流量を測った場合，雨量と流量のグラフからどのような結果がわかれば，「森林はこう水を防ぐ」ことが正しいと判断されますか。

父　「登山はおじいちゃんの生きがいみたいなものだし、本人がだいじょうぶだと言っているんだから、むやみに生きがいをうばうのもどうかと思うな。それに娘もおじいちゃんと山に行くのをとても楽しみにしているし、娘がいっしょならいいんじゃないか。」

［問］　あなたはこの祖父の孫だとします。あなたはこの家族の意見をまとめるために、どのような提案をしますか。娘の立場になって、どのようにまとめればよいか、理由を示しながら二百字以内で書きなさい。

三

次の各文について敬語の用い方の正しいものには〇を、そうでないものには×を書きなさい。

1　私の写真展を拝見してくださいましたか
2　Aさんのことは昔からよく存じ上げております
3　どうぞ、そちらのソファーにおかけください
4　母は昨日Bさんのご自宅へおいでになりました
5　校長先生にこの書類をおわたししようと思います
6　先生が私の荷物をお運びしたのですか

四

次の――部1～5のカタカナの部分を漢字で書きなさい。また――部6～8の漢字の読み方をひらがなで書きなさい。

1イサギヨくあやまる
一代で2ザイを築く
選挙で3ヒョウサが開いた
季節の4スイイ
花が水を5スう
音楽を6奏でる
ケンカの7仲裁をする
春の8兆し

＊問題文に使用した作品における難しい漢字表記は、現在一ぱん的に使われている漢字またはひらがなに改めるか読みがなをほどこすかしてあります。また、送りがなを加えたりけずったりしたものもあります。

1　何も入っておらず空っぽだ
2　態度がつつましやかだ
3　まったく新しい
4　心にわだかまりがない

問二　～～部ア・イと同じ意味で用いられているものをそれぞれ選びなさい。

ア　ゆめゆめ
1　ゆめゆめこの夏は毎日体をきたえなさい
2　ゆめゆめ今日読んだマンガはつまらない
3　ゆめゆめ毎日の授業の復習をおこたるな
4　ゆめゆめ少年時代の希望がかなってきた

イ　あえて
1　Aさんの野球チームは強ごうチームの前にあえてやぶれ去ってしまった
2　Bさんは健康のためあえてエスカレーターを使わず階段をのぼった
3　Cさんの意見に賛成する人と反対する人はあえて同じくらいの数だった
4　Dさんはかさを持っていなかったのであえて夕立にぬれてしまった

問三　A・B に入るふさわしい言葉をそれぞれ三字以内で書きなさい。

問四　――部「問題となるのは、思考の第二歩」とありますが、筆者はどのような点が問題だと考えているのですか。
1　思考の第二歩で情報を集めることに走ると、答えを得たとかんちがいし、自分で考えなくなる点
2　思考の第二歩ですぐにインターネット検さくをすると、不確かな情報を信用して行動してしまう点
3　思考の第二歩で調べものの道へふみ出すと、なかなか答えが見つからず長時間調べ続けることになる点
4　思考の第二歩で知識を増やそうとすると、自分が本当に知りたかったことがわからなくなってしまう点

問五　――部「知らないことはすばらしい」と筆者が考えるのはなぜですか。文章中の言葉を用いて四十字以内で書きなさい。

問六　筆者が「考える」ことを大切にするために心がけていることを二つ書きなさい。

問七　次にあげるのはある家族の会話です。七十歳《さい》をこえた祖父は登山をしゅ味にしており、中学生の娘《むすめ》も祖父といっしょに山登りを楽しんできました。しかし、祖父の登山をめぐって家族の意見が分かれています。家族それぞれの意見をふまえて、後の問に答えなさい。

祖母「おじいさんはもう七十歳をとっくに過ぎて足腰も以前ほど強くないし、判断力もにぶっているでしょう。この間もうっかり道をまちがえて迷《まい》子になりかけたそうじゃありませんか。もう登山はやめにしてもらいたいわ。」

祖父「ワシは若い時から体をきたえているからそこいらの老人よりずっと体力があるわい。それに、この間は道案内の書き方があいまいだったからちょっと道をまちがえただけじゃ。まだまだ心配なく山に登れるぞ。」

母「私は山に登ったことがないからわからないけれど、山には危険がいっぱいあるみたいだし、最近はしきりにクマも出没《ぼつ》しているでしょう。遭《そう》難事故にあって人さまに迷わくをかけてからではおそいわ。」

まで風になびかせた」とありますが、「ひさし」が「三頭の軍馬を、思いきり走らせたかった」のはなぜですか。

1　馬はからだでものを言うと言ったやせた将校のことばを思い出し、しっぽの先で自分に別れを言っていた軍馬の姿を形に残しておきたかったから

2　三頭の軍馬に三人の将校を重ね合わせ、絵の中だけでも将校達を様々なしばりから解放させ、自由で若い生命力あふれる姿にしてやりたかったから

3　画集まで買ってくれた将校達のやさしさを思い出し、三頭の軍馬のやく動する姿に将校達の戦地での活やくと勝利への願いをこめたかったから

4　毎日軍馬を観察し続けた結果、これらの馬はじっとしている姿より走っている姿のほうが格好よく、将校達も絵を見て喜ぶだろうと思ったから

問十三　――部「自分がこれまで知らなかった新たな感情の世界に、いま、確かに一歩入ったということを知らされた」とありますが、「自分がこれまで知らなかった新たな感情の世界」とはどのようなものですか。

1　人と人とがどこかで知り合ってかけがえのない時間を共有したとしても、一人ひとりの本心など決して知り得ないという現実の前で、ぬぐえない孤《こ》独感と疎《そ》外感にさいなまれる空虚《きょ》な世界

2　人は皆いつか必ず死ぬと決まっているなら、なぜこの世に生まれてくるのかという問いの前で、答えの見えぬいら立ちやむなしさ、底知れない不安や心細さにとつ然おそわれる予測不能な世界

3　定められた運命にあらがい、もがき苦しみ続けてでも、生きることへのしゅう着や未練をどうしても捨てることができない人間のおろかさやあさましさ、みじめさなどが入り乱れる醜《しゅう》悪な世界

4　自分の望むと望まないとに関係なく、自分の命が投げ出され、それを無言で受け入れなければならないという計り知れない苦しみ悲しみ、どうにもできない無力感などがうず巻く理不尽《じん》な世界

二　**次の文章を読んで後の問に答えなさい。**

〔編集部注：課題文は著作権上の問題により掲載しておりません。作品の該当箇所につきましては次の書籍を参考にしてください〕

・松浦弥太郎 著『考え方のコツ』（朝日新聞出版　二〇一二年一〇月第二刷発行）

二四ページ冒頭～二八ページ六行目

〈注1〉　物事を進める手順

〈注2〉　インターネット上で目的の情報やウェブサイトを調べる機能

〈注3〉　未来像。将来への見通しや計画

問一　═部**a**・**b**の言葉の文章中の意味としてふさわしいものをそれぞれ選びなさい。

a　居ながらにして

1　手を加えずひとりでに

2　たちまちのうちに

3　大した苦労もしないで

4　その場を動かないで

b　まっさらだ

子供をさそうのは不可解だ

3　目的地の神社は自分にはめずらしくもないうえに、馬で行くわけでもなくつまらない

4　世話になった将校達のために、戦地からの無事の帰還《かん》を自分もいっしょに祈願したい

5　将校達をひとりで神社に連れて行けるくらい自分も成長したのだと、親に認めてもらいたい

6　せっかく知り合った将校達がこの町で最後に外出するのだから、少しでも役に立ちたい

問九　——部「ひさしは、ついて歩くだけで上気した」とありますが、このときの「ひさし」の説明としてふさわしいものを選びなさい。

1　将校達を敬う兵隊の動作の数々に接して、案内役ができる自分は皆から一目置かれる存在になったとさっ覚し、すっかり気をよくしている

2　間近にせまった戦いに備えて、きびきびとした動作で気を引きしめる将校達の様子に心をうばわれ、彼らの士気の高まりに自然と共鳴している

3　これまで知らなかった軍人達の規律正しい動きや、将校達の地位の高さを目の当たりにして、彼らのそばにいることに興奮している

4　自分の存在を気にもとめず歩を進める将校達のふるまいにちょっとしたいら立ちを覚えつつも、彼らの威《い》厳ある行動に圧とうされている

問十　「　」部とありますが、このときの「ひさし」の説明としてふさわしいものを選びなさい。

1　戦争に行く将校達にすこぶる明るく楽しい記おくを残してあげたいと願っている自分に気づき、おどろいている

2　いよいよ戦地におもむく将校達に不吉な未来を予感させる傷病兵や戦死者の墓地などを見せてはいけないと、内心必死になっている

3　将校達といっしょに歩いているとすれちがう兵隊達に敬礼されて気はずかしいので、境内に人が少なくて安心している

4　川によく来る馬は見られずに、傷病兵や戦死者の墓地だけを見て帰るのは、将校達にとってもつまらないだろうと残念に思っている

問十一　——部「ひさしは、将校達と、とりたてて言うほどの話をしたわけではないのに、三人に対する自分の気持が、出かけて行く時とははっきりちがっていることに気づいていた」とありますが、帰宅後の「ひさし」の説明としてふさわしいものを選びなさい。

1　将校達にとってこの神社参拝は死ぬ覚悟《ご》を持って戦地におもむく最後の別れだったのだと意識され、もの悲しい気分になり始めている

2　いつもよりも馬の話を聞かせてくれ、軍馬の画集まで買ってくれた将校達に好意をいだき、年がはなれていても友情が芽生えた気がしている

3　神社で頭を垂れて真けんに祈る将校達の姿を見て、恐ろしい戦争に真っ向からいどむ勇ましい彼らにあこがれをいだき始めている

4　厳しい軍隊の規律に何も言わずひたすら従う将校達の姿にふれ、自分らしさをうばわれて生きなければならない彼らに深く同情している

問十二　——部「じっとしている馬は、今朝はかきたくなかった。毎朝、三人をむかえに来た三頭の軍馬を、思いきり走らせたかった。たてがみだけでなく、しっぽの先

なさい。

1　いくら短期間だからといって宿だけ貸すというのは物おしみをしているようでいやなので、禁止されていないはん囲で兵士達をねぎらってやりたい気持をおさえきれないでいる

2　隣組の組長から世話をたのまれた大切な客人達なのであまりぞんざいな対応をするわけにもゆかず、貴重なあまい物でも食べさせて体面をつくろおうとやっきになっている

3　この土地には客人の年れいを問わずお茶とお菓子を出してもてなす習慣があるので、たとえ相手が年若い兵隊であっても軽視せず一人前のおとなとしてあつかってやろうと意気ごんでいる

4　少なからず縁ができた相手に対して無関心でいることはできず、ましてやかこくな運命を背負っている若者のために少しでもできることをしてやりたいという気持でいっぱいになっている

問五　——部「けれどもこの餅つきも、人手が思うにまかせぬようになり、父親もまた世の中を気にして万事自しゅく気味になり始めてから、簡素化された」とありますが、このころ「世の中」はどのような様子になっているのですか。

1　男性が皆《みな》戦争にかり出され、国全体に娯《ご》楽をつつしむ風潮がまん延している様子

2　男性は工場の仕事でいそがしく、各家庭でお正月の準備をするひまもない様子

3　戦争によって貧しい人が増え、ゆう福な家庭が肩《かた》身のせまい思いをせざるを得ない様子

4　機械化が進んで工場から人が減り、伝統行事を楽しむふん囲気が町から失われている様子

問六　□部にあてはまるものを選びなさい。

1　ふがいないのであった　2　あわれであった

3　いとおしいのであった　4　みじめであった

問七　——部「かく度に初めてのおどろきとよろこびを味わった。不安もまたその都度、新しかった」とありますが、このときの「ひさし」の説明としてふさわしいものを選びなさい。

1　毎日間近に見る三頭の軍馬がいつもちがう目や動きをしていることにすっかりとりこになりながら、この三頭の馬もまもなく将校とともにいなくなってしまうことにいちまつのさびしさを感じている

2　くる日もくる日も三頭の馬をかけることに言いようのないしあわせを感じながら、絵に夢中になっている自分を見た父親が心配して画用紙をくれなくなってしまうのではないかと案じている

3　何度も自分に宿題の馬をかいてほしいとたのむ友達がいることにほこりを持つと同時に、いつか自分が代わりにかいていることが先生に見破られてしまうのではないかとこわくなっている

4　何回馬をかいてもあらためて馬の魅《み》力を感じると同時に、自分の力では自分が見ているとおりの馬をどうしてもかき得ないことをも感じ、人間の力をこえた目に見えない何かにおそれを感じている

問八　「　」部とありますが、このときの「ひさし」の気持としてふさわしいものを二つ選びなさい。

1　馬に乗れないのは残念だが、格好いい将校達と連れ立って歩くのはそれなりに気分がいい

2　出発前の最後の思い出作りだというのに、親類でもない宿の

の世話に対する礼が述べられ、自分達は元気で軍務についていること、ご一家のご多幸をいのるという主旨《し》のことがむだなく書かれていた。

写真は、神社の葉桜を背景にとったもので、真ん中に立っているひさしの後ろから、背の高い将校がかがみこむようにしてひさしの両かたに手をかけ、ふとった将校は、軍刀の柄《つか》の上に白手ぶくろを重ねてひさしの右に、やせた将校はひさしの左に立って、なぜかこの人だけ、とんでもない方向に顔をあお向けている。

封とうの裏書きに、三人の居場所は明記されていない。部隊名だけが記され、その〈注11〉気付《づけ》となっていて、表には「〈注12〉検閲済《けんえつずみ》」のスタンプがおしてある。ひさしは、三人の将校が、家族の中で自分だけにしてくれた別れの意味を考えようとしながら、にわかにわき出してきたとりとめのないかなしみの中で、**問十三**自分がこれまで知らなかった新たな感情の世界に、いま、確かに一歩入ったということを知らされた。父親にも母親にも言えないまま、じっとその思いをかみしめていた。

（竹西寛《ひろ》子『神馬《め》／湖――竹西寛子精選作品集』所収「兵隊宿」）

〈注1〉軍隊で上の位の人
〈注2〉土・石灰《せっかい》・にがりなどを混ぜてつき固めて仕上げた土間のこと。玄関の土足で入る部分
〈注3〉釜《かま》の上にのせて、もち米やまんじゅうなどを蒸す道具
〈注4〉穀物や餅をつくときに使う木や石をえぐって作った器
〈注5〉臼に入れた穀物や餅をつく木製の道具
〈注6〉餅をつくとき、手につけた水で臼の中の餅をしめらすこと
〈注7〉たたみやゆかの上に敷くもの
〈注8〉馬の世話をする職業の人
〈注9〉軍隊がとどまっている場所
〈注10〉四本の足を持つ動物の前足と後ろ足
〈注11〉住所ではなく、立ち寄り先などであるという断り書き
〈注12〉そのままでよいかどうか調べること。特に、国家機関が郵便物や出版物などの表現内容を調べて取りしまること

問一　次の問に答えなさい。
①「ひさし」は何年生くらいですか。
②「三人の将校」が「ひさし」の家に泊《と》まった季節はいつですか。

問二　――部「そして、ちょっと不服そうな声で言う」とありますが、「小母さん」はどのようなことに不服があるのですか。あてはまるものに○、そうでないものには×を書きなさい。
1　宿を引き受けるのは自分達だが、利益は隣組の組長のものになってしまうこと
2　食事・入浴・洗たくなど兵隊の生活の全てを自分ひとりで世話しなければならないこと
3　宿に泊まる兵隊達が表座敷を何日にもわたってわが物顔で占《せん》領すること
4　ひさしの父母が宿の割り当てに文句も言わず、隣組の組長の言いなりになっていること
5　隣組の組長が、引き受けて当然だという態度で無遠りょに宿を割り当てること
6　いくら天気の都合とはいえ、宿を引き受ける期間を隣組の組長が勝手に延長すること

問三　自分の家が「兵隊宿」になっている間、「ひさし」はどのような気持でしたか。十字以内でぬき出しなさい。

問四　――部「ただひさしの母親の性格から、お茶とお菓子だけは厚くもてなした。そうしないではいられなかった」とありますが、このときの「ひさしの母親」の説明としてふさわしいものを選び

馬と一体になった自分達のかげをゆらめかせて小休止をとっているのは、ひさしにはいく度見ても見あきないながめだった。人馬の動きの止まったしゅん間、それがみごとな埴《はに》輪の列に見えることもあった。

四人は、馬のいない川のほとりでしばらく休んだ。

ひさしは、この近くの練兵場へは、友達とよく模型飛行機を飛ばしに来るのだと言い、練習を終わった騎兵隊の馬は、いつもどのあたりから、どのようにしてこの川のほとりに出てくるのかを細かに説明した。

「ひさし君は、よほど馬が好きなんだなあ。馬はかしこいからね。」

と、背の高い将校が言った。

「どれくらいかしこい?」

とひさしが聞いた。

「時によっては人間よりも。」

とふとった将校が答えた。

やせた将校は、ただ静かに笑っていた。それからしばらくたって、

「ものが言えなくても、からだでものを言うし、人の心ははっきり読む。」

とひとりごとのように言った。

神社の境だいは、葉桜のさかりであった。

問十 ひさしは、ここではよく、外出を許可された陸軍病院の傷病兵が、白衣に軍靴のいでたちで、面会に来た家族らしい人たちとベンチに腰かけているのを見かけるが、午前中とあって、ここでもまだそれらしい人の姿は見られなかった。ひさしは、そのことにむしろほっとした。ここに来るまでは予想もしなかった安どだった。

三人の将校は、軍帽《ぼう》をとると、長い間本殿《でん》に向かって頭を垂れていた。ひさしはその後ろから、見習って同じように頭を垂れていた。神社の裏手には、戦死者の墓地がある。ひさしは、将校達がその墓地に気づかないうちに早くこの境だいから連れ出さなければとあせっていた。参詣《けい》人はまばらであった。

陽《ひ》にやけた顔でひさしが帰って来たのは、もう夕方だった。わきに、軍馬の画集のようなものをかかえている。背の高い将校は母親に、

「ありがとうございました。責任もって、ひさし君をおわたしいたします。」

と言った。

ひさしは、母親からその日一日のことをたずねられても、あまりくわしいことは言わなかった。神社へ行ったあと郊《こう》外電車に乗ったということ。町中《まちなか》へ帰って来て食事をしてから、町でいちばん大きな本屋に入り、自分が買ってほしいとせがんだわけではないのにあの人達はこの画集を買ってくれた、その程度のことしか話さなかった。

問十一 ひさしは、将校達と、とりたてて言うほどの話をしたわけではないのに、三人に対する自分の気持が、出かけて行く時とははっきりちがっていることに気づいていた。

めいわくだなあ、という思いはいつのまにか消えていた。それで、母親に対する報告も、何となくはずまないのだった。

「行ってよかった?」

と母親に聞かれてうなずきはしたが、からだ全体でうなずいているわけでもなかった。

今朝、将校達が引き上げて行ってから、ひさしは勉強部屋に入って夢中で三頭の馬をかき続けた。**問十二** じっとしている馬は、今朝はかきたくなかった。毎朝、三人をむかえに来た三頭の軍馬を、思いきり走らせたかった。走らせずにはいられなかった。たてがみだけでなく、しっぽの先まで風になびかせた。

一と月ばかりたって、ひさしの父親あてに、三人の将校の連名で封《ふう》書が届いた。一枚の写真と、簡単な文面の手紙で、そこには、滞在中

責任をもちますから、明日一日、ひさし君を自分達に預けて下さい。」

その神社というのは、ひさしが低学年のころ、学校の遠足でいく度も行っている神社で、春は境だいの桜に、別の土地からも大勢の人が集まった。近くには川もある。ひさしの母親は、

「ありがとうございます。本人はきっとよろこびますでしょうが、主人がもどりましたら相談しまして、改めてご返事させていただきます。」

と言って引きさがった。

問八 ひさしに、どう？ とさぐると、一日中馬といられると思って、行く、行く、とはしゃいだが、たまらなくなったひさしが直接将校達に、

「明日も、馬で行くんでしょう？」

とたずねると、背の高い将校が、

「明日は電車だよ。」

と答えたのにはひさしもがっかりした。

ただ、子供心にも、将校達がこの町を出発してからの運命というものをばく然とながら思わずにはいられないので、自分が断るのは気の毒だという気持も起こった。しかし半分は、ぼくを連れ出すなんてめいわくだなあ、という気持だった。あの人達は、この土地の人ではないからあの神社がめずらしいのだろう。桜といっても、今は葉っぱばかり。用心しないと枝や葉から毛虫が落ちてくる。でも、やっぱり行こう。決めた。お父さんが行っていいと言うなら、ぼくが案内役だ。

そのあくる朝、冷たい麦茶を入れた水とうを母親から受け取ったひさしが、将校達といっしょに家を出たのは、九時過ぎだった。

「どうぞよろしくお願いいたします。」

母親は腰を深く曲げて将校にたのんだ。

電車の中でも、道を歩いていても、彼らがほとんど口をきかないことがひさしにはありがたかった。ひさしは、学校の帰りに、買い物から帰って来る小母さんと出会ったりすると、気が重くなった。小母さんは、

「今日はどうでした？ お弁当はみんなあがりましたか？ 宿題は多いんですか？」

とか、

「夕方から工場の人が見えるんだそうですよ。おふろは、食事の前にします？ それとも後にします？」

などと言いながら、ひさしにしきりに返事を求めてくる。人中《ひとなか》で家の者に声をかけられるのは何となくはずかしい。また、そればかりでなく、ひさしはいつも、話すか歩くか、どっちかにしてほしいと思っていた。若いほうの手伝いの女に対しても、母親に対しても同じように思っていた。

将校達は、別に急いで歩いているふうではなかったが、歩はばが広いので、ひさしはどうしても急ぎ足になった。背の高さに関係なく三人が歩調をそろえているので、ひさしは、訓練というのはすごいものだと感心する。途中、兵隊と出会うと、兵隊のほうは一様に歩調をとって、将校達に敬礼を送った。白手ぶくろが、きびきびした動きで挙手の礼を返す。問九 ひさしは、ついて歩くだけで上気した。

参道に入るところで川のながめがひらけた。

川に、馬はいなかった。

ひさしは、

「練兵場で演習を終わった騎兵隊の馬が、よくこの川に入って来るんだけど、早いから、今日はまだ、いない。」

と、言い訳をするような表情で言った。日も暮れ近くなって、一列に並んだ騎馬の兵士が、たづなをあやつりながら土手のしゃ面を静かに下って川の中に馬を進め、だいだい色にかがやいて流れる水の面《おもて》に、

いちばん美しいのはこの馬だったので、よかったと思った。

背の高い将校が、皮ぶくろに入っている腰《こし》の日本刀を、ぬいて見せようかと言ったことがある。しかしひさしは首をふった。刀よりも馬のほうに興味があった。

馬は、からだの大きさの割には不釣《つり》合なほど目がいいとはよく人が言うけれど、どうしてあんなにやさしい目をしているのだろうとひさしは思った。馬の目を見ていると、それが馬の目だということをよく忘れた。それに、〈注10〉前肢《し》後肢の動きは何度ながめてもおどろくばかりで、その動きの複雑さは、不思議をこえて、そういう生きものをつくった目に見えない何かをひさしにこわいと思わせた。すばらしいと思わせた。

ひさしはよく、周囲にだれもいないのを確かめてからたたみの上に四つんばいになり、馬と同じように歩いてみようとするのだった。けれども、何秒も数えないうちにあっけなくひっくり返ってしまう。ひっくり返ってもひっくり返ってもくり返してみる。もしも今の自分をだれかが見ていたらと思うと何となくきまりが悪くなって、腹を見せてもがいている金ぶんぶんのように、ひっくり返ったまま手足をばたつかせてひとりで笑った。

毎日、三頭の馬を間近に見られることが、ひさしをいきいきとさせた。ひさしは、学校で自由画というといつでも馬の絵をかいた。図画の先生は、ひさし君の馬は、クラスの他のだれがかく馬ともちがって生きている、そう言ってよくほめた。新聞社主さいの小学校の図画の展覧会に、本人にはだまってひさしの馬を出品して、特賞をとらせたこともある。ひさしは、うれしくはなかったが、賞に対しての格別のしゅう着はなかった。賞より馬、だった。

宿題の絵をひさしにたのむ友達がいた。先生に見破られると、君も困るだろう、だから、君が、これで半分の出来上がりだと思うところまでかいてほしい。あとは自分がかく。友達はそう言った。ひさしはこの友達に何度馬をかいてやったかしれない。しかし、友達にかいてやっているという気持には一度もならなかった。あの馬の目の深いやさしさと、四本の肢《あし》のおどろくべき動きを、何とかあらわしたい一念であった。かけばかくほど、実際の馬の目はいよいよやさしく、四本の肢の動きはいよいよすばらしいものに思われ、かくことで自分がそれに近づいているような気もするのに、逆に遠ざかっていくような感じもあって、**問七** かく度に初めてのおどろきとよろこびを味わった。不安もまたその都度、新しかった。

父親が毎日一枚しか四つ切の画用紙をあたえないのにはそれなりの理由がある。父親はひさしに、用紙をむだづかいしないようにと言った。けれども父親は、ひさしが宿題とは関係なく、毎日好きでかく絵に熱中しはじめると、時を忘れて打ちこむのを内心ではたのもしく思いながらも、健康のことも気になるので、一枚の絵ならどんなに時間をかけてもという見通しから、むだづかいせぬよう、一枚だけという約束をひさしと取りかわした。

また、いつでも、せめてもう一枚用紙があればという気持を残させることが、ひさしの絵のためにはかえってよいだろうという考えもこの父親にはあった。学用品は全部母親がととのえてくれるのに、この画用紙だけは父親の管かつだった。学校とは関係がないからだろうとひさしは思った。（中略）

三日前の夜のことである。

馬で帰って来た将校達は、いったん座敷にくつろぐと、背の高い将校が代表格になって、ひさしの母親にこう申し出た。

「長い間、ごやっかいをおかけして申し訳ありません。自分達の出発も、あと二、三日後にせまりました。ついては、出発前に、ひさし君を連れて、神社参拝をしてきたいと思います。まちがいのないよう、だんに供えに走ったりした。熱いもち米をしゃもじにほんのひとすくい茶わんによそってもらって食べたり、工場の人達ともなれない話をしたりしてこの日はいそがしく、気持よくつかれた。男達は、おきよめの酒にいいきげんになって、酒くさい息をはきながら杵をふった。ひさしの勉強部屋と、部屋に続く広縁《えん》には、この日ばかりは〈注7〉上《うわ》敷がしかれ、ここが急ごしらえの丸餅製造場になった。ひさしの母親と手伝いの若い女は、つきたての餅を木箱にとると、す早く手と餅に粉をふり、片手でしぼり出すようにしながら、一方の手でどんどん千切り取って小さな丸餅をつくってゆく。

ひさしは、いくら母親に教わっても、千切り方も丸め方もていねい過ぎるので、途《と》中で餅が冷えてしまい、あとは、ねん土細工に四苦八苦するような工合《ぐあい》であった。指先やてのひらにからんだ餅がそのまま固くなってしまうと、熱いお湯にでもひたさなければ、容易に元の手にはもどらない。

問五 けれどもこの餅つきも、人手が思うにまかせぬようになり、父親もまた世の中を気にして万事自しゅく気味になり始めてから、簡素化された。父親は、出入りの男にたのんで、臼は石臼、杵は一本、それも手でふるのではなく、足でふむと杵が上がり、足を外すとひとりでに杵が落ちて臼の中のものをつくという装置を軒《のき》下につくらせた。これなら男手はなくても餅つきが出来る。

兵隊宿の割り当てが来るようになったころは、もうこの石臼に変わっていた。小母さんが杵をふみ、母親が手水をさし、ひさしがそのまわりをちょろちょろして草餅が出来上がった。本を読みながらでもお餅がつけるから、わたしゃ女二宮金次郎《ろう》よ、と小母さんは得意気だった。よもぎは新しかったので、香りの高い草餅になった。

しかしこの時、兵隊に草餅を食べさせることは出来なかった。将校が手をつけなかったので、兵隊はそれにならうほかなかった。

「お心づかいに感謝します。」

兵隊は、玄関で直立不動の姿勢をとり、ひさしの母親に挙手の礼をすると、あわただしく将校のあとを追った。

「あのばか将校が。」

小母さんは流しで洗いものをしながらひとりでおこっていた。

「折角なのに、なぜ部下に食べさせないのか。部下の心もくめずにいい指揮ができるわけがない。」

小母さんはののしり続けた。

ひさしの母親も、小母さんの言うのが当たっているような気がした。あの将校は、部下の心どころかわたし達の気持さえ、と思いかけてまた考え直した。いやあの将校もつらくなかったはずはない。部下にあたえるほうがどんなに気持が楽だったろう、そう思うと、部下だけでなく、将校も**問六**［　　　　］。

今朝《けさ》ひさしの家を発《た》って行った将校達は、ひさしの母親には、いずれもまだ二十代の若さに見えた。彼《かれ》らは滞《たい》在中、毎朝早く、〈注8〉馬丁が馬をひいてむかえに来た。三人の将校は、それぞれ馬に乗って出かけて行き、ひづめの音とともに帰って来た。隣組の組長の話では、あまり遠くない所に、〈注9〉軍の駐屯《ちゅうとん》所らしいものがあるということだった。

ひさしは毎朝、表に出て騎《き》馬の将校を見送った。夏休みがさいわいした。ひさしの父親は、いつの時でも、泊《とま》りの軍人には会わなかった。世話はもっぱら母親と小母さんの仕事で、将校達は一体に口数が少なかったが、それでも言葉をかわすのはひさしがいちばん多かった。

ひさしの目には、それぞれの将校の乗る馬はいつも決まっていた。いちばん背の高い将校の馬が姿がもっともよく、その次に姿のよい馬にはふとった将校が乗った。背の低い、そしてやせた将校には、それらしい馬のあてがわれているのがひさしにはおかしかったが、毛並の

「旅館がいっぱいになって、港に近い町家に宿をたのんでくるのは仕方がないと思うけれど……」

「旦那《だんな》さまも奥《おく》さまも、少しお気がよ過ぎます。いつだって、はい、はい。わたしゃそれもじれったい。船を待っている人の身になれば、そりゃわたしだって奥さまと同じです。わたしが言いたいのは、組長さんのことですよ。時にはもう少し困らせたほうがいい。」

ひさしはこの一週間、いつもは土蔵へ行く通路をもかねている仏間で、両親の間にはさまってねて、それはそれでけっこうたのしかった。部屋を変えてねると、両親と旅行している時のような気がした。あと二年もすれば、ひさしも中学受験である。

隣組の組長からの達しによると、乗船待ちの出征《しゅっせい》軍人の宿を割り当てられた場合、食事、入浴の世話はいっさいする必要なし、寝《しん》室と夜具の提供だけでよいということであった。隣組の人たちは、この宿のことを「兵隊宿」とよんで引き受けた。

ひさしの家では、これまでにももう何度かこの宿を引き受けていて、一日だけのこともあれば、今度のように一週間も続く場合もあり、たまに兵隊がいっしょのこともあったが、大方は将校で、いちばん多い時は五人だった。

ひさしの家には、簡単な庭そうじや、家のまわりのちょっとした片付けには、古くから出入りしている老人がいるが、行儀《ぎ》見習いということで来ていた若い女は、親の看病に帰ったままなので、住みこみの小母さんはかなりいそがしかった。

小母さんは、兵隊宿をすると、洗たく物が増えるのと、家の中で軍靴《か》のにおいがするのをいやがった。夏は、洗たく物のかわきにはよかったが、玄《げん》関の〈注2〉三和土《たたき》に長ぐつが五足も並んでいると、たしかに側《そば》を通るだけできついにおいがした。

戸別に人数の割り当てをする時、組長がどういう基準でしているのかはひさしの母親にはよく分からなかった。しかし、部屋数だけで言うなら、当然宿を引き受けてよいはずなのに、割り当てられていない家もあった。また、ひさしの母親は、組長から、今回は、お宅へは割り当ての人数を少なくしてあげました、というような言い方をされたこともあったが、別にそれを感謝したこともなかった。

ひさしの家では、組長からの達し通り、食事、入浴の世話はいっさいしなかった。**問四** ただひさしの母親の性格から、お茶とお菓子《か》だけは厚くもてなした。そうしないではいられなかった。だまってお茶しか飲まない将校がいた。自分達は、ごめいわくをかけてはいけないことになっていますから、と断って、菓子に手をつけない将校もいた。すすめられるまま、うれしそうに菓子を口にし、お茶のおかわりをする将校もいた。もてなしに対するどのような対応を見ても、見ているうちに胸をふさがれそうになるのがひさしの母親だった。

兵隊宿の割り当てが始まってまだ間もないころ、ひさしの母親は、家で草餅《もち》をつくって出したことがある。この時は将校だけでなく、兵隊がいっしょだった。兵隊宿をすることになっても、ひさしにはそのための用が増えるわけではなかったから、この時もひさしはけっこうたのしかった。

ひさしの家では、ひさしが物心ついてからというもの、正月餅はいつも工場の人が手伝いに来て、家でつく習慣になっていた。裏庭にれんがをついてつくったかまどがある。ここで〈注3〉せいろうに入れたもち米を蒸して〈注4〉臼《うす》にあけると、向かい合って待ち構えていた威《い》勢のいい男が、冬空の下で、かけ声もろとも、交ごに〈注5〉杵《きね》をふり始める。臼の中から立ちのぼる湯気が、男たちの顔をつつむ。〈注6〉手水は、小母さんの役だった。

ひさしは、母親といっしょに暮れの風にふかれながら、かまどにたきぎを入れてけむりにむせたり、蒸し上がったもち米を、神だなや仏

2024年度 フェリス女学院中学校

【国 語】(五〇分)〈満点：一〇〇点〉

《注意》一、句読点や記号などは字数にふくめます。
二、解答用紙の一行のわく内には二行以上書かないようにしてください。

一 次の文章を読んで後の問に答えなさい。

ひさし少年は、馬の絵をかいている。

三頭の軍馬が、並んでかけて行く姿を真横からかいている。

日曜日なのに、父親は工場からむかえの人が来て、つい先程、朝食が終わると早々に出かけて行った。出かける前に、これが今日《きょう》の分だよ、と言って、四つ切《ぎり》の画用紙を一枚ひさしにわたした。

勉強部《べ》屋は、日々草がさく裏庭に面しているので、母親と住みこみの小母《おば》さんが洗たく物を干しながら話しているのがみんな聞こえてくる。この家の物干し場は、ひさしの部屋からは見えないところにあるのだが、今日は、そこが客ぶとんや敷布《しき》類でふさがってしまったため、母親と小母さんは、裏庭の樫《かし》の木を利用してつなを張り、客用のゆかたを干している。

「〈注1〉将校さん達《たち》、もう輸送船に乗ったでしょうか。」

小母さんが言う。

「乗ってもまだ、港の内じゃないかしら。そう簡単には出て行けないでしょう。」

母親が言う。

「この暑い時に、海の上でじかに照りつけられて、いくら若いといっても船よいする人もいるでしょうに。」

「見るものといえば毎日空と海ばかり。これから親の待つ郷里へ帰るわけではないし、物見遊山に行くわけでもない。それを思えば、こうして船に乗る前の何日か宿をさせられるのも、いやだとは言えなくなるのよね。」

「でも、一《ひ》と晩、二《ふ》た晩はまだいいとして、いくら食事の世話はいっさいいらないといっても一週間というのは長過ぎます。」

「時勢だ、お上のたのみだと言われても、表座敷を何日も使われるのはねえ。ただ、あの人達の行く先を考えると、床《とこ》の間のある部屋にねむらせてあげたいと思うのは人情でしょう。わたし達が少しのあいだがまんしていればすむことだから。まあ、お天気ばかりは今夜のことも分からないし、思いがけず乗船待ちになる事情だって起こるかもしれない。」

「うちは兵隊さんのお宿は出来ませんって、断りなさるお宅はないんでしょうか。」

「どうなのかしら。病人でもあれば、いくら割り当てだと言われても困るでしょう。」

小母さんは、かわいたゆかたのえりを両てのひらにはさんで、ぱちぱちたたくようにしながらしわをのばしている。**問二** そして、ちょっと不服そうな声で言う。

「隣組《となり》の組長さんが、お宅は部屋数が多いんだからと言って、宿を引き受けるのが当たり前のような顔して割り当てに見えるでしょ。わたしゃ、どうもあれが気に入らない。たくさん割り当てられて喜ぶとでも思っているのかって言ってやりたいですよ。」

「組長さんにしてみれば、言いたくて言っているわけではないでしょう。」

「そんなことは分かっています。でも、この町内で大勢引き受ければ、けっきょくは自分の顔がよくなるじゃありませんか。」

2024年度 フェリス女学院中学校 ▶解説と解答

算　数　（50分）＜満点：100点＞

解　答

[1] (1) $2\frac{2}{5}$　(2) ア…1，イ…6，ウ…12　(3) ア…4，イ…3，ウ…5，エ…15　(4) ア…2，イ…$14\frac{2}{7}$　(5) ア…8，イ…8，11，ウ…11　[2] (1) 4回　(2) 13回　(3) 30回　[3] (1) ア…6，イ…20　(2) 6　(3) $13\frac{11}{13}$　[4] (1) $\frac{4}{9}$倍　(2) ① エ　② 24cm

解　説

[1] 逆算，面積，比の性質，消去算，相似，辺の比と面積の比，条件の整理

(1) $\frac{1}{3}\div\left(1.7\div\square-\frac{1}{8}\right)\div\frac{2}{9}=2\frac{4}{7}$より，$\frac{1}{3}\div\left(1.7\div\square-\frac{1}{8}\right)=2\frac{4}{7}\times\frac{2}{9}=\frac{18}{7}\times\frac{2}{9}=\frac{4}{7}$，$1.7\div\square-\frac{1}{8}=\frac{1}{3}\div\frac{4}{7}=\frac{1}{3}\times\frac{7}{4}=\frac{7}{12}$，$1.7\div\square=\frac{7}{12}+\frac{1}{8}=\frac{14}{24}+\frac{3}{24}=\frac{17}{24}$　よって，$\square=1.7\div\frac{17}{24}=\frac{17}{10}\times\frac{24}{17}=\frac{12}{5}=2\frac{2}{5}$

(2) ① 下の図1で，三角形ABPと三角形CDPの面積の差は，両方に三角形PBCを加えてできる三角形ABCと三角形DBCの面積の差と等しくなる。ここで，三角形ABPと三角形CDPの面積の比は1：3（差は2）であり，三角形ABCと三角形DBCの面積の比は7：9（差は2）だから，これらの比の1にあたる大きさは等しいことがわかる。つまり，三角形ABPの面積を1，三角形CDPの面積を3とすると，三角形ABCの面積は7になるので，三角形PBCの面積は，$7-1=6$とわかる。よって，APとPCの長さの比は1：6である。　② ①の比を利用すると，三角形PADの面積は，$3\times\frac{1}{6}=0.5$とわかる。よって，三角形PBCの面積は三角形PADの面積の，$6\div0.5=12$（倍）と求められる。

(3) ① A，B，Cの容積をそれぞれⒶ，Ⓑ，Ⓒ，水そうの容積を100とすると，下の図2の(a)，(b)，(c)の式を作ることができる。はじめに，(a)の式の等号の両側を4倍すると(d)のようになる。次に，(c)の式から(d)の式をひくと，Ⓐ×（7－4）＝20より，Ⓐ＝20÷3＝$\frac{20}{3}$と求められる。さらに，(b)の式と(c)の式の値がどちらも100であることから，Ⓐ×2＋Ⓑ×4＋Ⓒ×8＝Ⓐ×7＋Ⓑ×4＋Ⓒ×4，Ⓐ×2＋Ⓒ×8＝Ⓐ×7＋Ⓒ×4，Ⓐ×（7－2）＝Ⓒ×（8－4），Ⓐ×5＝Ⓒ×4となり，Ⓐ：Ⓒ＝$\frac{1}{5}$：$\frac{1}{4}$＝4：5とわかる。よって，Ⓒ＝$\frac{20}{3}\times\frac{5}{4}=\frac{25}{3}$と求められる。最後に，Ⓐ＝$\frac{20}{3}$，Ⓒ＝

図1

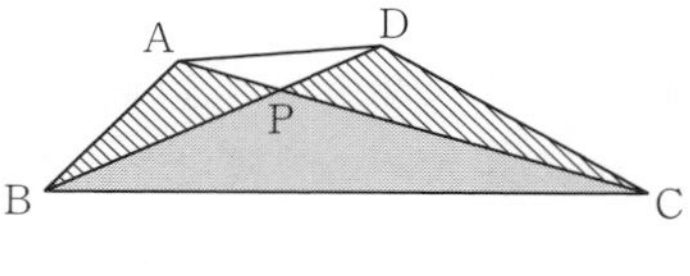

図2

Ⓐ×1＋Ⓑ×1＋Ⓒ×1＝　20…(a)
Ⓐ×2＋Ⓑ×4＋Ⓒ×8＝100…(b)
Ⓐ×7＋Ⓑ×4＋Ⓒ×4＝100…(c)
Ⓐ×4＋Ⓑ×4＋Ⓒ×4＝　80…(d)

図3

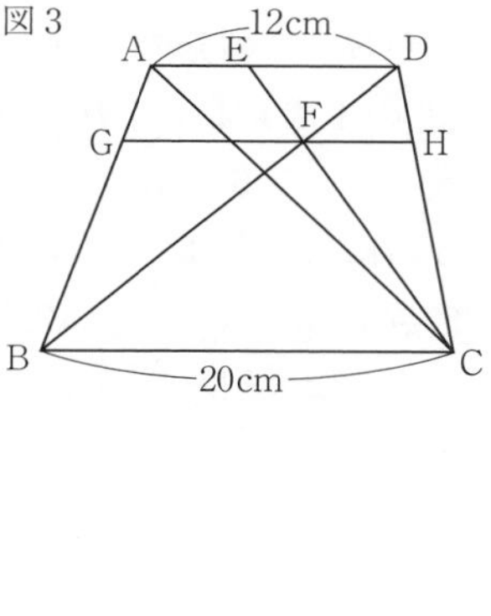

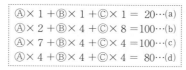

$\frac{25}{3}$を(a)の式にあてはめると，Ⓑ＝$20-\frac{20}{3}-\frac{25}{3}=5$とわかるから，Ⓐ：Ⓑ：Ⓒ＝$\frac{20}{3}$：5：$\frac{25}{3}$＝20：15：25＝4：3：5である。　② ①より，水そうの容積はAの容積の，$100\div\frac{20}{3}=15$(倍)とわかる。

(4) ① 上の図3で，台形ABCDと三角形ECDは高さが等しいので，底辺(の和)の比は面積の比と等しく4：1である。つまり，(AD＋BC)：ED＝4：1となる。また，AD＋BC＝12＋20＝32(cm)だから，ED＝$32\times\frac{1}{4}=8$(cm)，AE＝12－8＝4(cm)とわかる。さらに，三角形CDEと三角形CAEの高さも等しいので，三角形CDEの面積は三角形CAEの面積の，8÷4＝2(倍)である。
② はじめに，三角形EFDと三角形CFBは相似であり，相似比は，ED：CB＝8：20＝2：5だから，DF：FB＝2：5である。また，三角形DFHと三角形DBCも相似であり，相似比は，DF：DB＝2：(2＋5)＝2：7なので，FH＝$20\times\frac{2}{7}=\frac{40}{7}$(cm)とわかる。さらに，三角形ABDと三角形GBFも相似であり，相似比は，BD：BF＝(5＋2)：5＝7：5だから，GF＝$12\times\frac{5}{7}=\frac{60}{7}$(cm)となる。よって，GH＝$\frac{60}{7}+\frac{40}{7}=\frac{100}{7}=14\frac{2}{7}$(cm)と求められる。

(5) ① 条件をまとめると右の図4のようになる。

図4

勝ち	グー　(＋1)	チョキ(＋2)	パー　(＋3)
負け	チョキ(－2)	パー　(－3)	グー　(－1)

1回で持ち点が11点になるのは，11－10＝1(点)増えたときだから，Aさんがグーで勝ったときである。よって，Bさんはチョキで負けているので，Bさんの持ち点は，10－2＝8(点)になる。
② Aさんの持ち点が変わらないから，Aさんの2回の得点と失点は，「＋1，－1」，「＋2，－2」，「＋3，－3」の3通り考えられる。このとき，Bさんの得点と失点はそれぞれ，「－2，＋3」，「－3，＋1」，「－1，＋2」なので，Bさんの持ち点はそれぞれ，10－2＋3＝11(点)，10－3＋1＝8(点)，10－1＋2＝11(点)になる。よって，考えられるBさんの持ち点は8点と11点である。　③ Bさんの持ち点が最も高い場合を考えるから，Aさんが1回は負ける場合も考える必要がある。すると，条件に合う得点と失点の仕方のうちBさんの持ち点が最も高くなるのは，たとえばAさんが，「－1」→「＋3」→「＋3」となる場合とわかる。このとき，Aさんの持ち点は，10－1＋3＋3＝15(点)，Bさんの持ち点は，10＋3－1－1＝11(点)となり，条件に合う。

2 素数の性質，調べ

(1) {5，25，3，4，5，6，7，5，25，10}をそれぞれ素数の積で表したときの2と5の個数を求める。すると，4＝2×2，6＝2×3，10＝2×5より，2の個数は4個とわかる。次に5は，＿の中に1個ずつ，…の中に2個ずつあるから，全部で，1×4＋2×2＝8(個)ある。よって，2×5の組は4組できることがわかる。また，2と5の組が1組できるごとに10で1回割り切れるので，10で割り切れる回数は4回である。

(2) 1から25までの中に，7で割って1余る数は{1，8，15，22}の4個ある。これらは5に変えるから，この分の5の個数は，1×4＝4(個)になる。また，7で割って2余る数は{2，9，16，23}の4個ある。これらは25に変えるので，この分の5の個数は，2×4＝8(個)とわかる。また，残っている5の倍数は{5，10，20，25}であり，この分の5の個数は，1×3＋2＝5(個)だから，5の個数は全部で，4＋8＋5＝17(個)と求められる。次に，2の個数を求める。残っている2の倍数は{4，6，10，12，14，18，20，24}であり，＿の中には1個ずつ，…の中には2個ずつ，＝の中には3個あるから，2の個数は全部で，1×4＋2×3＋3＝13(個)となる。よって，2×5

の組は13組できるので，10で割り切れる回数は13回である。

(3)　(2)と同様にして，26から50までの２と５の個数を求める。７で割って１余る数は｛29，36，43，50｝の４個，７で割って２余る数は｛30，37，44｝の３個だから，これらの分の５の個数は，$1\times4+2\times3=10$(個)となる。また，残っている５の倍数は｛35，40，45｝であり，この分の５の個数は，$1\times3=3$(個)なので，５の個数は全部で，$10+3=13$(個)とわかる。次に，残っている２の倍数は｛26，28，32，34，38，40，42，46，48｝である。32の中には５個，48の中には４個あることに注意すると，２の個数は全部で，$1\times5+2+3+4+5=19$(個)と求められる。これに１から25までの分を加えると，２の個数は，$19+13=32$(個)，５の個数は，$13+17=30$(個)となる。よって，2×5の組は30組できるから，10で割り切れる回数は30回である。

3　時計算

(1)　６時ちょうどの長針と短針の間の角の大きさは180度だから，６時ちょうどから長針が短針よりも，$180-70=110$(度)多く動くと，長針と短針の間の角の大きさが初めて70度になる。ここで，長針は１分間に，$360\div60=6$(度)，短針は１分間に，$360\div12\div60=0.5$(度)動くので，長針は短針よりも１分間に，$6-0.5=5.5$(度)多く動く。よって，110度多く動くのにかかる時間は，$110\div5.5=20$(分)だから，求める時刻は６時20分である。

(2)　下の図１のように，１回目は６時55分から７時の間，２回目は７時50分から55分の間，３回目は８時45分から50分の間である。また，下の図２のように，４回目は９時40分から45分の間，５回目は10時35分から40分の間，６回目は11時30分から35分の間となる。よって，全部で６回ある。

図１

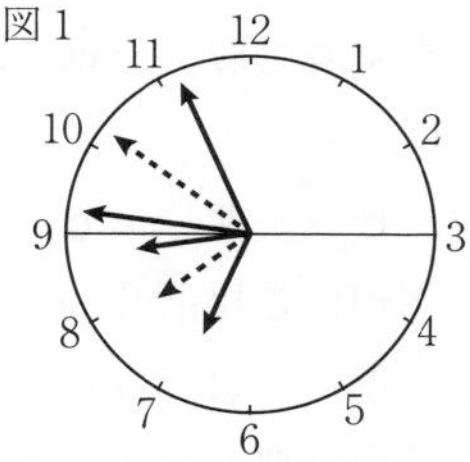

図２

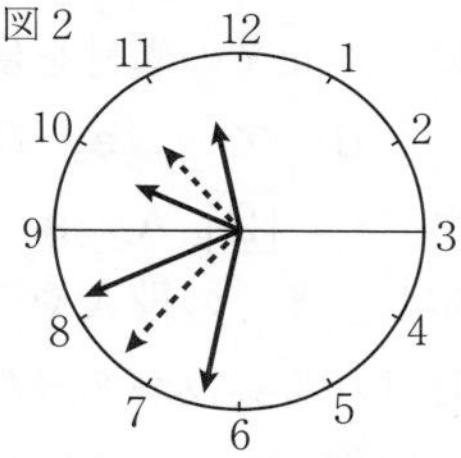

図３

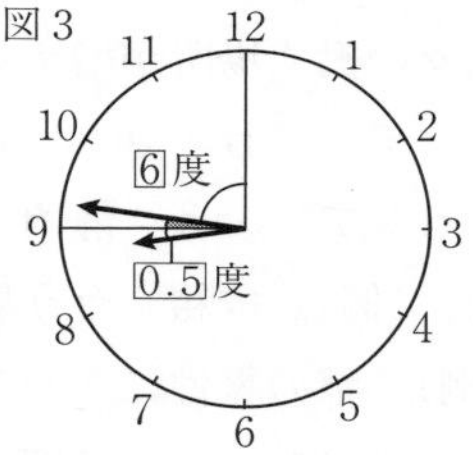

(3)　３回目(８時45分から50分の間)の角度を，９時からさかのぼって求める。上の図３のように，この時刻から９時までの間に長針が動く角の大きさを$\boxed{6}$度とすると，この時刻から９時までの間に短針が動く角の大きさは$\boxed{0.5}$度となる。すると，かげをつけた角の大きさも$\boxed{0.5}$度なので，$\boxed{6}+\boxed{0.5}=90$(度)と表すことができ，$\boxed{1}=90\div(6+0.5)=13\frac{11}{13}$(度)とわかる。求めるのは，$\boxed{0.5}+\boxed{0.5}=\boxed{1}$にあたる角度だから，$13\frac{11}{13}$度である。

4　立体図形—相似，構成

(1)　問題文中の図で，三角形ADEと三角形ABCは相似である。このとき，相似比は，AD：AB＝２：(２＋１)＝２：３だから，面積の比は，(２×２)：(３×３)＝４：９となる。よって，三角形ADEの面積は三角形ABCの面積の，$4\div9=\frac{4}{9}$(倍)とわかる。

(2)　①　正六角柱の高さを$a$cmとすると，正三角柱と正六角柱の側面は下の図１のようになる。ここで，２つの長方形の面積は等しいので，２つの長方形の横の長さとたての長さは反比例する。つまり，横の長さの比はたての長さの逆比と等しくなるから，正三角柱と正六角柱の底面の周りの長さの比は，$\frac{1}{16}:\frac{1}{a}=a:16$となる。これは正六角柱と正三角柱の高さの比を表しているので，正しいのはエである。　②　正三角柱と正六角柱の底面の周りの長さの比は a：16だから，底面の正三角形と正六角形の１辺の長さの比は，$\frac{a}{3}:\frac{16}{6}=a:8$ となり，下の図２のように表すことができる。図２で，かげをつけた三角形の面積の比は，$(a\times a):(8\times 8)=(a\times a):64$ なので，正三角柱と正六角柱の底面積の比は，$(a\times a):(64\times 6)=(a\times a):384$ と表すことができる。さらに，正三角柱と正六角柱の体積は等しいから，$(a\times a)\times 16=384\times a$ より，$a\times 16=384$ となり，$a=384\div 16=24$(cm)と求められる。

図１

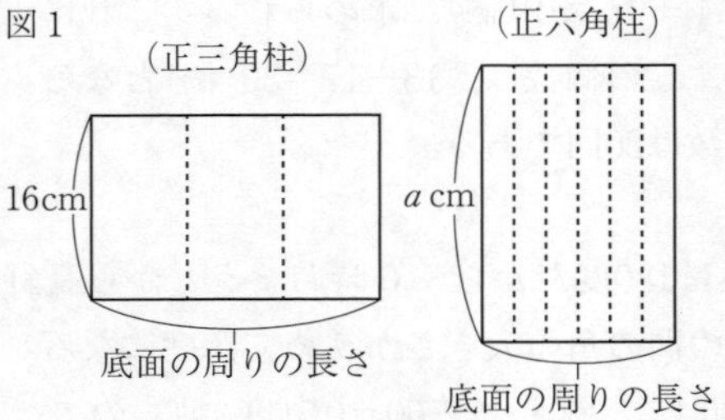

図２

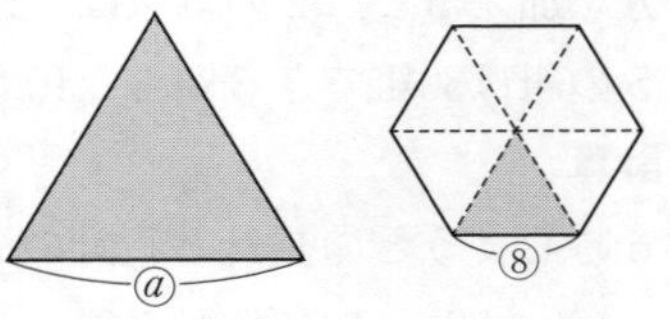

社　会　（30分）＜満点：60点＞

解　答

1　A　a　長江　b　風土記　c　エ　d　イ　e　（例）　企業を誘致することで地元の人々の働く場所が増えると同時に，地元産の素材を使うことで生産者の収入が増える。　B　a　ア　b　ウ　c　豊川　d　ア　e　ひのき　C　a　ウ　b　イ　c　エ　d　ア　e　静岡　f　ウ　**2**　A　a　ア，エ　b　土偶　c　登呂　B　a　（例）　政務を行う場所を固定し，多くの役人やその家族などが住む場所をつくるため。　b　（例）　都の警備にあたる衛士と呼ばれる兵役があった。　c　ウ　C　a　イ　b　エ　c　（例）　武士は領地の農村で田畑をつくっていたので，堀の水は農業用水にも使われた。　D　a　ア　b　①　（例）　町人地と武家地の人口はほぼ同じだったが，町人地の面積は武家地の約４分の１にすぎず，大勢の町人はせまい土地に長屋をつくって暮らしていたことがわかる。　②　エ　E　a　イ，エ　b　イ　c　警察予備隊　**3**　a　エ　b　①　総務省　②　ウ　c　ウ

解　説

1　**地名の由来を述べた文章をもとにした問題**

A　a　資料の地図で示された長江(全長6380km)はアジア最長の河川で，この流域で稲作がはじまったとされている。　b　資料の文章を読むと，地名の由来やその地域に伝わる伝説，特産物や風俗などが記されている。これは，奈良時代の713年に元明天皇が地方の国々に命じてつくらせた『風土記』という地理書である。ただし，現存するのは５か国のものだけで，そのうち出雲《いずも》国(島根県東部)の風土記がほぼ完全なかたちで残っている。資料は５か国の中の，肥前国(佐賀県・長崎県)の風土記である。　c　「有田焼」は佐賀県有田町とその周辺地域で製造される磁器で，豊臣秀吉の朝鮮出兵で日本に連れてこられた朝鮮人陶工の李参平《りさんぺい》が，この地で日本初の磁器を焼い

たことで知られる。のちにさまざまな色彩を染付《そめつけ》の技法でほどこす色絵がさかんになり，その色つやや肌ざわりのよさから，鎖国中の長崎貿易を通じてヨーロッパにさかんに輸出された。よって，エがあてはまる。　**d**　1960年代，エネルギー源の中心が石炭から石油へと急速に変化した(エネルギー革命)。これは，石油が液体で輸送に便利なことや，火力が石炭より強いからであった。よって，イが正しい。　**e**「唐津コスメティック構想」とは，地域を活性化する目的で，佐賀県や唐津市が中心となって美容・健康に関連する企業を唐津に集め，コスメティック(化粧品や美容に関連するものという意味)に関する自然由来の素材(たとえば表にある椿《つばき》油や酒粕《さけかす》，白いきくらげなど)を地元で供給し，唐津市を美容・健康産業の一大拠点にしようという取り組みのこと。この構想が進めば，地元に働く場所が増えることになり，素材の生産者が新たな収入を得て，経営を安定させることができるという利点がある。

B　**a**　インドネシアは東南アジアにある島国で，石油・天然ガス・石炭などの資源にめぐまれ，かつては日本などへのエネルギー資源の輸出国であった。しかし，近年は，石油・天然ガス田の老《ろう》朽《きゅう》化や新たな資源の開発・投資が進んでいないことから，生産量が減少している。また，インドネシアでは自国の経済成長にともなって石油・天然ガスへの需要《じゅよう》が高まり，それらに対する国内優先政策がとられていることなどもあって，現在，原油については輸入国に転じている。　**b**　うなぎの養殖量は鹿児島県が全国第１位で，愛知県が第２位である(2022年)。　**c**　愛知県の渥美《あつみ》半島には，豊川《とよがわ》・天竜川を水源とする豊川用水が引かれ，農業などに利用されている。なお，愛知県にはこのほか，三河湾をはさんで渥美半島と向かい合う知多半島に愛知用水，岡崎平野には明治用水が引かれている。　**d**　キャベツの収穫量は群馬県が全国第１位で，愛知県が第２位である(2021年)。　**e**　木曽川流域は「木曽《きそ》ひのき」の産地として知られ，津軽(青森)ひば・秋田すぎとともに「日本三大美林」に数えられる。

C　**a**　新潟県糸魚《いとい》川市の西端に位置する「親不知《おやしらず》」は，陸地の断層が直接日本海におちこんだ断《だん》崖絶壁《がいぜっぺき》として知られ，古くから交通の難所であった。　**b**　国内の旅客輸送量は，「輸送人員」「輸送人キロ」ともに鉄道が最も多く，航空は「輸送人員」が少ないわりに「輸送人キロ」が多い。よって，鉄道－航空の組み合わせはイになる。Ｂは自動車，Ｄは旅客船。　**c**　北陸新幹線は，2015年に長野駅－金沢駅(石川県)間が開通し，2024年３月には金沢駅から敦賀《つるが》駅(福井県)まで延長された。　**d**　北海道の洞爺《とうや》湖は，火山の噴火口に水がたまってできた「カルデラ湖」で，同じように形成されたのは十和田湖(青森県・秋田県)である。なお，イの浜名湖(静岡県)は潟《せき》湖(海跡湖)，ウの琵琶湖(滋賀県)は断層湖，エの霞ヶ浦《かすみがうら》(茨城県)は海跡湖。　**e**　本州の中央部にあり，地質学的に東北日本と西南日本に分ける境目の溝《みぞ》を「フォッサマグナ(大地溝帯《ちこうたい》)」といい，その西の端《はし》にあたるのが「糸魚川・静岡構造線」である。東の端はくわしくわかっていない。　**f**　武田信玄は甲斐《かい》国(山梨県)の戦国大名で，越後(新潟県)の上杉謙信《けんしん》と川中島(長野県)で５度にわたり戦ったが，勝負はつかなかった。内政面では，甲府盆地を流れる釜無《かまなし》川に信玄堤《づつみ》を築き，水害を防ぐ治水事業を行ったことでも知られる。

2　人々の住まいの移り変わりを題材とした問題

A　**a**　縄文時代は，今から約１万数千年前からおよそ１万年にわたって続く。この時代には，土器の使用が始まり，狩猟《しゅりょう》では小型動物をしとめるための弓矢が発明された。よって，ア，エの２つが正しい。イのオオツノジカは旧石器時代に生息していた大型動物で，貝塚からその骨は発掘されていない。ウの日本列島が大陸から離れたのは，縄文時代の初期の今から約１万年前のことである。　**b**　縄文時代には，「土偶」と呼ばれる土人形が製作され，生活の安全や多産，えものが豊かであることを祈《いの》るまじないに使われた。　**c**　登呂遺跡は静岡県にある弥生時代の農村・水田遺跡で，遺跡からは住居跡や高床倉庫跡，水田跡，土器，石器のほか，耕作に使われた木鍬《きぐわ》，田《た》下駄《げた》，田舟などの農具も見つかっている。

B　**a**　律令政治体制が整うにつれて多くの役所がつくられ，役人やその家族，使用人などの住まいが必要になった。そのため，唐(中国)の都・長安を手本に壮大な都(平城京)が造成された。

b　律令制度の下で農民は租・庸《よう》・調などの税や労役・兵役の義務を課された。税のうち租(収穫した稲の３％を納める税)は地方の役所に納めたが，庸(都で10日間の労役につくかわりに布を納める税)・調(各地の特産物を納める税)は農民みずから都に運んで納めなければならなかった。そのほか都でのつとめにあたるものとして，都の警備を行う「衛士《えじ》」とよばれる兵役や「仕丁」とよばれる雑役もあった。　**c**　「寝殿造」は平安時代に貴族の屋敷に用いられた建築様式で，主人の住む寝殿(母屋)を中心に北や東西に家族の住む対屋《たいのや》を設けて渡り廊下《ろうか》で結び，寝殿の南に面する庭には築山《つきやま》や池が設けられた。よって，ウが正しい。

C　**a**　源頼朝が征夷《せいい》大将軍に任命されたのは1192年であるが，これ以前の1185年に平氏を滅ぼした後，不仲になった頼朝の弟の義経をとらえることを目的として，国ごとに守護・荘園や公領に地頭を配置することを朝廷に認めさせた。守護・地頭は，鎌倉幕府による全国支配の基礎となったので，この年を幕府の成立とする説が有力になった。よって，イが正しい。なお，アの奥州藤原氏を滅ぼしたのは1189年，ウの平氏を滅ぼした壇ノ浦の戦いは1185年，エの侍所《さむらいどころ》を設置したのは1180年のこと。　**b**　元寇《げんこう》(元軍の襲来《しゅうらい》)は文永の役(1274年)と弘安の役(1281年)の２度あるが，文永の役で元軍はまず朝鮮半島と九州の間にある対馬《つしま》，ついで壱岐《いき》(いずれも長崎県)を襲撃した。なお，アの種子島《たねがしま》は鹿児島県，イの隠岐《おき》島は島根県，ウの佐渡島は新潟県の島。　**c**　鎌倉時代，御家人は領地のある農村に住んで田畑を耕し，「いざ鎌倉」という緊急《きんきゅう》事態に備えて武芸に励《はげ》んだ。「武家造」の堀は外敵の侵入《しんにゅう》を防ぐ目的以外に，その水を農業用水として利用する役割もあった。

D　**a**　江戸時代，町奉行は老中の下にある役職で，江戸の町の行政や裁判，警察の仕事を行った。よって，アが正しい。イの諸大名の蔵《くら》屋敷が多く建てられたのは大阪。ウの江戸は18世紀に人口100万人を超える世界一の大都市といわれ，当時のパリ(フランス)やロンドン(イギリス)の人口よりも多かった。　**b**　①　資料の「住区ごとの人口」を見ると，武家地と町人地の人口はほとんど変わらないが，「住区ごとの面積」を見ると，武家地の69％に対し町人地は16％と，４分の１ほどしかない。このことから，町人たちはせまい土地に長屋を建てて暮らしていたことがわかる。

②『東海道中膝栗毛《ひざくりげ》』は，十返舎一九《じっぺんしゃいっく》のこっけい本である。一九は江戸時代後半の化政文化を代表するこっけい本作家で，膝栗毛は失敗をくり返しながら「お伊勢参り」をし，京都や大阪まで旅する物語。好評を博したので，四国の金比羅詣《こんぴらもうで》や安芸国(広島県)の宮島見物などの続編を書いている。なお，アの井原西鶴《さいかく》は浮世草子作家，イの近松門左衛門《もんざえもん》は人形浄瑠璃《じょうるり》・歌舞伎《かぶき》の脚本《きゃくほん》家，ウの松尾芭蕉《ばしょう》は江戸時代前半の元禄文化を代表する俳人。

E　**a**　大日本帝国憲法は君主権の強いドイツ(プロイセン)憲法を参考に作成され，天皇を神聖化した天皇の権限の強い憲法であった。また，国民(臣民《しんみん》)の権利は，法律で許された範囲内という制限があった。よって，イ，エの２つが正しい。アについて，1889年に発布された憲法は，主権者である天皇が定め，国民にくだしあたえるという欽定《きんてい》憲法で，帝国議会の承認を得る必要はなかった。ウの自由民権派が作成した憲法草案は完全に無視され，大日本帝国憲法の内容は発布後に初めて国民に知らされた。　**b**　太平洋戦争末期に行われた学童疎開《そかい》は，アメリカ軍の空襲《くうしゅう》を避《さ》けるため，大都会に住む小学生を農村や地方都市に集団で移住させたもので，疎開先では農作業に従事する勤労奉仕が行われた。よって，イがまちがっている。　**c**　敗戦後の日本は連合国軍の占領下に置かれ，GHQ(連合国軍総司令部)の指令で日本の民主化政策が進められたが，朝鮮戦争(1950～53年)が起こると，占領軍であるアメリカ軍が国連軍の主力として朝鮮半島に派遣されたため，日本国内の治安維持を目的として警察予備隊がつくられた。警察予備隊は1952年に保安隊と改称され，1954年には自衛隊として拡大強化された。

[3] 日本の人口移動についての問題

a　アは世界第３位の人口を有するとあるので，アメリカ合衆国になる。人口が約３億3800万人で，近年はスペイン語を話すラテン系アメリカ人(ヒスパニック)の移民が増えている。イはこれまで人口が世界一であったが，2023年に世界第２位になったとあるので，中国(中華人民共和国)があてはまる。中国に代わってインドが世界一の人口を有するようになった。ウはＧ７の構成国で，林業がさかんで，国旗には樹木に関係する図柄《ずがら》が描かれているとあるので，カナダになる。カナダの国旗に採用されている図柄は「サトウカエデ」の葉。エは国民の大多数が仏教徒で，首都がバンコクとあることから，タイになる。タイは東南アジアの国で，日本企業が多く進出している。よって，表のＡに入る国はエのタイである。　**b**　①　総務省は，情報通信や地方自治・選挙などの仕事を担当する中央省庁である。　②　資料のグラフは，人口移動の推移を表したものである。大阪万国博覧会は1970年に開催され，そのあとグラフでは確かに「大阪圏」の人口がマイナス(転入者より転出者が多くなること)に転じ，「地方圏」を下回っているが，このグラフからは大阪圏と地方圏の人口は読み取れない。よって，ウがまちがっている。　**c**　日本の総人口が約１億2600万人なので，「東京圏」の人口の約3700万人は，3700万÷12600万×100＝29.3…より，約29％にあたる。

理　科　(30分)＜満点：60点＞

解　答

[1]　**1**　(1)　ちっ素　(2)　(例)　二酸化マンガンにうすい過酸化水素水を加える。　(3)　イ　(4)　エ　**2**　(1)　1.29ｇ　(2)　77.5％　(3)　3.9％　[2]　**1**　2.5Ａ　**2**　３Ａ　**3**　1.5Ａ，２倍　**4**　６Ａ，0.5倍　**5**　**ア**　並列　**イ**　流れやすく　**ウ**　0.5倍　**エ**　直列　**オ**　流れにくく　**カ**　1.5倍　**キ**　２Ａ　[3]　**1**　(1)　①　卵子(卵)　②　精子　③　受精卵　④　子宮　⑤　たいばん　(2)　ア　(3)　イ　**2**　(1)　(例)　子が大きくなるとぼうこうが押されるため，ぼうこうにためておけるにょうの量が少なくなるから。(2)　(例)　子宮の中の子に送る酸素や栄養を増やすのに多くの血液を流す必要があるため，１分間に心臓が動く回数は増える。　[4]　**1**　(1)　Ａ　(2)　①　**さらさら**…Ａ　**ざらざら**…Ｂ　②　**小さい**…Ｂ　**とても小さい(細かい)**…Ａ　**2**　(1)　(例)　水たまりができていた運動場の砂とその下の土を入れたＡでは，地中にしみこむ水が少ないため，多くの水が地面の表

面近くを短時間で流れるが，水たまりができていなかった花だんの土を入れたBでは，ほとんどの水が地中にしみこみ，地面の中をゆっくりと時間をかけて流れている。　**(2)**　ア　**(3)**　①エ　②　ア　③　ウ　**3**　（例）　流量のグラフの増加や減少が雨量のグラフの増加や減少よりもゆるやかで，さらに，変化している時間が長くかかっていること。

解　説

1　空気にふくまれている気体についての問題

1　**(1)**　空気の約78％はちっ素，約21％は酸素であり，残りの約１％はアルゴンや二酸化炭素(約0.04％)などとなっている。よって，気体Aはちっ素，気体Bは酸素である。また，気体Cは，石灰水に通すと石灰水が白くにごることから二酸化炭素とわかる。　**(2)**　酸素を発生させるには，うすい過酸化水素水(オキシドール)に二酸化マンガンやレバーなどを加える。　**(3)**　燃焼とは，物質が酸素と激しく結びつくときに熱と光を出す現象である。このとき，炭素が燃えると二酸化炭素，水素が燃えると水(水蒸気)が発生する。よって，ろうには炭素と水素がふくまれているので，図のようにろうそくを燃やすと，ビンの中では酸素が減って二酸化炭素(と水蒸気)が増える。なお，ちっ素は燃焼に関係がないので増減せず，ふつう，火が消えたときの酸素の濃度《のうど》は16％程度である。
(4)　気体にふくまれる酸素の体積の割合が等しければ，ビンの中のろうそくは同じくらい燃える。このとき，(3)で使われた気体にふくまれる酸素以外の気体と酸素の体積の比は，（1＋1）：1＝2：1だから，ちっ素と酸素が2：1の割合で混ざっているエが選べる。

2　**(1)**　ここでは，空気中に気体A(ちっ素)は80％，気体B(酸素)は20％ふくまれているので，空気の1Lの重さは，1.25×0.8＋1.45×0.2＝1＋0.29＝1.29(g)と求められる。　**(2)**　気体Aは空気1L中に1gふくまれている。これは空気1Lのうち，1÷1.29×100＝77.51…より，重さの割合で77.5％である。　**(3)**　酸素1Lがすべて二酸化炭素に置きかわったとすると，重さは，1.96－1.45＝0.51(g)増える。よって，呼吸によって気体の重さが，1.31－1.29＝0.02(g)重くなったので，はき出した息の中にふくまれる二酸化炭素の体積は，0.02÷0.51＝$\frac{2}{51}$(L)とわかる。したがって，はき出した息の中にふくまれている二酸化炭素の体積の割合は，$\frac{2}{51}$÷1×100＝3.92…より，3.9％と求められる。

2　ニクロム線のつなぎ方と流れる電流の大きさについての問題

1　表1より，ニクロム線の長さと電流計の示す値は反比例していることがわかる。すると，12cmのニクロム線の長さは，5cmのニクロム線の，12÷5＝$\frac{12}{5}$(倍)だから，電流計の値は，6×$\frac{5}{12}$＝2.5(A)になる。

2　表2より，ニクロム線の断面積の大きさと電流計の示す値は比例していることがわかる。よって，長さが5cmで断面積が0.5mm^{2}のニクロム線をもとにすると，このニクロム線の長さは，30÷5＝6(倍)で，断面積は，1.5÷0.5＝3(倍)なので，電流計の示す値は，6×$\frac{1}{6}$×3＝3(A)である。

3　図3では回路を流れる電流は，ニクロム線，10＋10＝20(cm)の中を通過する。よって，図3のようにニクロム線を2本直列つなぎにしたものは，長さが20cmのニクロム線と同じと考えることができる。したがって，図3のとき，電流計の示す値は，3×$\frac{10}{20}$＝1.5(A)になる。また，図3の電気ていこうは，図2の電気ていこうの，3÷1.5＝2(倍)である。

4　図４のように，ニクロム線を２本並列つなぎにすると，電流は，断面積が0.5mm^2のニクロム線２つに分かれて通過すると考えることができる。よって，図４のようにニクロム線を２本並列つなぎにしたものは，断面積が，0.5＋0.5＝１(mm^2)のニクロム線と同じと考えることができる。したがって，図４のとき，電流計の示す値は，$3\times\frac{1}{0.5}=6$（A）で，電気ていこうは図２の，３÷６＝0.5(倍)になる。

5　図５の②の部分は２本のニクロム線を並列つなぎにしたものだから，４より，電流は１本のときより流れやすくなっていて，電気ていこうは【基準】の電気ていこうの0.5倍と考えることができる。また，図５の①の部分と②の部分は直列つなぎになっていて，電流が流れにくくなっているので，①の部分と②の部分をすべてまとめた電気ていこうは，【基準】の電気ていこうの，１＋0.5＝1.5(倍)になる。したがって，図５のニクロム線を電流計につないだときに電流計が示す値は，３÷1.5＝２（A）と求められる。

3　ヒトの誕生についての問題

1　(1)　①～③　女性の卵巣でつくられた卵子(卵)は男性の精巣でつくられた精子と結びついて受精卵になる。　④　受精卵は細胞分裂《さいぼうぶんれつ》をくりかえしながら母親の子宮の中で育つ。　⑤　子宮の中の子は母親のたいばんと，へその緒《お》でつながっており，たいばんを通して成長に必要な酸素や栄養を受けとり，不要物を母親にわたしている。　(2)　ヒトの場合，受精したばかりの受精卵の大きさは約0.14mm(精子の大きさは0.06mm)，生まれたばかりの赤ちゃんの身長は一般《いっぱん》に約50cmである。　(3)　ア　子は子宮で約38週間(266日)育つと生まれてくる。　イ　子宮の中は，羊水という液体で満たされ，その中で子は育つ。羊水は，外からのしょうげきや，温度の急激な変化から子を守っている。　ウ　子は生まれる前でも母親の子宮の中でさかんに動いている。

2　(1)　子が子宮の中で育って大きくなると，子宮のまわりにある器官は押《お》されるので，胃や腸に食べ物や，ぼうこうににょうがたまりにくくなる。そのため，一度に多くの食事ができなかったり，少ない量のにょうをひんぱんに出すようになったりする。また，血液の量が増えると，じん臓のはたらきも強くなることや，子からわたされる不要物も多くなることから，じん臓でつくられるにょうが増えるので，にょうを出す回数が増えることも考えられる。　(2)　子宮内の子が大きくなってくると，子に送る酸素や栄養を増やさなくてはならないので，多くの血液を流す必要がある。１回の拍動《はくどう》で心臓から出る血液の量はあまり変えられないので，心臓を動かす回数を増やして，多くの血液を体中に送っている。

4　砂や土を流れる水についての問題

1　(1)　雨が降り止んですぐに，運動場の砂の上には水たまりができていたが，砂場の砂の上には水たまりができていなかったことから，運動場の砂は砂場の砂より水を通しにくいことがわかる。したがって，じょうろで水を注ぎ始めてからコップに水がたまるまでの時間が長かったのは運動場の砂と考えられる。　(2)　運動場の砂の方が砂場の砂よりもつぶが小さいので，かわいたものは運動場の砂の方が砂場の砂よりさらさらしている。

2　(1)　アとイの結果や運動場には水たまりができたことから，運動場の砂は水がしみこみにくく短時間で表面付近を通る水が流れ出していることがわかる。一方，ウにはほとんど水がたまっていないことや，エは時間がたつにつれてたまる水が多くなったこと，さらに，校庭の花だんに水たまりができていなかったことから，花だんの土に注いだ水は，すぐに土の中にしみこみ，土の中を水がゆっくり流れることがわかる。　⑵　一番にごっていたものは，流れ出てきた水に，けずられて運ばれてきたつぶの小さいどろが混ざったものである。流れる水のけずるはたらきや運ぶはたらきは，水の流れが速く，水の量が多いものほど強くなるから，短時間に多くの水が流れたアが一番にごっていたと考えられる。　⑶　①　山では降った雨水が地中にしみこみ，ゆっくり時間をかけて土の中を流れ，谷川に流れ出るので夏でも川の水がかれない。このことと関連が深いのはエである。　②　大雨が降って土砂くずれが起こるのは，多量の水によって地表の土砂が流されるからであり，アがあてはまる。　③　森の中の地面は積もった落ち葉などによってできたやわらかい土が多い。そのため，大雨が降っても，水がすぐ地中にしみこむのでこう水は起こりにくい。これは，花だんの土では表面に水がほとんど流れないことと関係しているので，ウが選べる。

3　グラフでは，山地の雨量が増えるとすぐに川の水の流量も増えていることから，森林が水をたくわえることでこう水を防いでいるとはいえない。しかし，雨水が川に流れこむ場所が山のしゃ面にある森林からはなれているときに，その合流する場所で雨量と川を流れる水の流量を測った場合，雨量が増えても流量の増加の仕方がゆるやかで，雨量が減り始めても流量の減り方がゆるやかで時間がかかっていれば，森林があるおかげで急な河川の増水が防がれ，森林がこう水を防いでいるということができる。

国　語　(50分)　<満点：100点>

解　答

一　**問1**　①　小学四(年生)　②　夏　**問2**　**1**　○　**2**　×　**3**　×　**4**　○　**5**　○　**6**　×　**問3**　けっこうたのしかった　**問4**　4　**問5**　1　**問6**　2　**問7**　4　**問8**　3，6　**問9**　3　**問10**　2　**問11**　1　**問12**　2　**問13**　4

二　**問1**　**a**　4　**b**　3　**問2**　**ア**　3　**イ**　2　**問3**　**A**　(例)　自分　**B**　(例)　他人　**問4**　1　**問5**　(例)　知識がなければ，自分の心と向き合って物事を感じたり考えたりすることができるから。　**問6**　(例)　情報をしゃ断すること。／増えすぎた知識を捨てること。　**問7**　(例)　私がいっしょに行動することと危険をできるだけさける努力をすることを条件に，祖父の登山を認めてもいいと思う。年による体力のおとろえがあるのなら，体への負担が大きい山をさけ，事前に登山ルートを調べたりクマの出没情報などを調べたりすれば，危険もかなり少なくなるはずだ。今までの祖父の経験も生かしながら年相応の登山をすることで，心身の健康も保たれると思うので，生きがいである登山を祖父に続けさせてほしい。

三　**1**　×　**2**　○　**3**　○　**4**　×　**5**　○　**6**　×　**四**　**1～5**　下記を参照のこと。　**6**　かな(でる)　**7**　ちゅうさい　**8**　きざ(し)

●漢字の書き取り

四　**1**　潔(く)　**2**　財　**3**　票差　**4**　推移　**5**　吸(う)

解　説

一　**出典：竹西寛子《たけにしひろこ》「兵隊宿」（『神馬《じんめ》／湖―竹西寛子精選作品集』所収）**。自分の家に泊《と》まった三人の出征《しゅっせい》将校の姿に未知の大人たちの世界を知り，心の成長をとげていく少年の姿が描《えが》かれている。

問１　①「あと二年もすれば，ひさしも中学受験」だとあるので，「小学四(年生)」くらいだとわかる。　②「この暑い時に，海の上でじかに照りつけられて」，「桜といっても，今は葉っぱばかり。用心しないと枝や葉から毛虫が落ちてくる」などの表現から，季節は「(初)夏」だと推測できる。

問２　**１**　続く部分で，小母《おば》さんが「この町内で大勢引き受ければ，けっきょくは自分(隣組《となりぐみ》の組長)の顔がよくなるじゃありませんか」と言っていることに注目する。「兵隊宿」として部屋を貸し出さなければならないのはこちら側なのにもかかわらず，評判がよくなるのは「隣組の組長」だということを小母さんは不服に思っているのだから，正しい。　**２**「隣組の組長からの達しによると，乗船待ちの出征軍人の宿を割り当てられた場合，食事，入浴の世話はいっさいする必要なし」とある。将校たちの世話を，小母さんが「食事・入浴・洗たくなど」すべてやらなければならなかったわけではないので，合わない。　**３**　将校たちに「表座敷《ざしき》を何日も使われる」のは確かかもしれないが，たとえば彼《かれ》らのなかには，ひさしの母親が菓子《かし》を出しても「自分達は，ごめいわくをかけてはいけないことになっていますから，と断って」手をつけない人もいたり，「兵隊宿」の割り当てが始まって間もないころ，母親が草餅《くさもち》をふるまおうとしたさい「お心づかいに感謝します」とだけ言って手をつけなかった人もいたりしたのだから，表座敷を「わが物顔で占領《せんりょう》」していたわけではないと考えられる。　**４**「隣組の組長」が「港に近い町家に宿をたのんでくるのは仕方がないと思う」と言ったひさしの母親に対して，小母さんは「旦那《だんな》さまも奥《おく》さまも，少しお気がよ過ぎます。いつだって，はい，はい。わたしゃそれもじれったい」と返答しているので，合っている。　**５**　小母さんは，「隣組の組長さんが，お宅は部屋数が多いんだからと言って，宿を引き受けるのが当たり前のような顔して割り当てに見えるでしょ。わたしゃ，どうもあれが気に入らない」と不満をもらしているので，正しい。　**６**　ひさしの母親は，「まあ，お天気ばかりは今夜のことも分からないし，思いがけず乗船待ちになる事情だって起こるかもしれない」と話しており，想定外のできごとによって将校たちの滞在《たいざい》期間が延びるのは仕方がないと考えている。つまり，そもそも「宿を引き受ける期間を隣組の組長が勝手に延長」しているわけではないので，誤り。

問３　将校たちが自分の家を兵隊宿として利用することに対して，「ひさしはこの一週間，いつもは土蔵へ行く通路をもかねている仏間で，両親の間にはさまってねて，それはそれでけっこうたのしかった」と感じている。また，「兵隊宿の割り当てが始まってまだ間もないころ，ひさしの母親」が将校や兵隊たちに草餅をつくって出していたが，ふだんとはちがう日常であったほか，特に「用が増えるわけではなかったから，この時もひさしはけっこうたのしかった」と思っている。

問４　続く部分で，ひさしの母親はもてなしを受けた将校たちの「どのような対応を見ても，見ているうちに胸をふさがれそうに」なっている。これから戦地へと向かう若い将校たちの行く末を思うとやりきれず，「お茶とお菓子」だけではあるが心を尽《つ》くさずにはいられなかったのだから，４が合う。

問５　続く部分で，「兵隊宿の割り当てが来るようになったころ」には，父親が出入りの男にたのんでつくらせた，「男手」が「なくても餅つきが出来る」装置が軒下《のきした》にあったことが語られている。つまり，「世の中」は，戦況《せんきょう》が悪化し，男性たちがみな戦争にかり出されるという情勢にあったと考えられるので，１が合う。

問６　将校が草餅に手をつけなかったばかりに，それにならわざるを得なかった部下たちのようすを見て，小母さんは「部下の心もくめずにいい指揮ができるわけがない」と非難し，ひさしの母親も同調しかけたが，「いやあの将校もつらくなかったはずはない。部下にあたえるほうがどんなに気持が楽だったろう」と思い直している。せっかくの「心づかい」だとわかっていながらも，軍隊の規律を守るためにあえて食べなかった将校のことを思うと，母親は彼が「あわれ」でならなかったのである。

問７　三つ前の段落に，「前肢後肢の動きは何度ながめてもおどろくばかりで，その動きの複雑さは，不思議をこえて，そういう生きものをつくった目に見えない何かをひさしにこわいと思わせた。すばらしいと思わせた」とあるとおり，ひさしは，将校の乗る馬の身のこなしに魅《み》せられる一方で，そうした生きものをつくった何か得体のしれない，神秘的な力の存在を畏《い》怖《ふ》している。それゆえに，友達から「宿題の絵」をたのまれたとき，馬を表現したい一心で描写《びょうしゃ》を重ねるが，自分には描ききれない存在であることに，ひさしは気づかされるばかりだったのである。よって，４が選べる。

問８　出発の前に，自分を連れて神社参拝をしたいという将校たちの話を聞いたひさしは，馬ではなく電車で向かうと言われ「がっかり」したうえに，「低学年のころ」からいく度も行っている場所だったこともあり，「めいわくだ」と感じたが，一方で，この町を出た後に待ち受ける彼らの「運命というものをばく然とながら思」うと「断るのは気の毒」になり，結局「案内役」として出かけようと決めている。よって，３と６があてはまる。

問９　「上気する」は，“頭に血が上って興奮する”という意味。将校たちと神社に向かう道すがら，ひさしは，背の高さにかかわらず「歩調をそろえている」彼らの姿に徹底《てってい》した訓練の成果を見たり，出会った兵隊が「一様に歩調をとって，将校達に敬礼を送」るさまに威厳《いげん》を感じたりと，ふだん経験することのない状況に興奮していると考えられる。よって，３がふさわしい。

問10　神社の境だいについたひさしは，ふだんよく見かける「外出を許可された陸軍病院の傷病兵」がいないことに「ほっとした」り，神社の裏手にある「戦死者の墓地」に将校たちが気づく前にここから「連れ出さなければとあせっ」たりしている。つまり，ひさしはこれから戦地におもむくであろう将校たちに，不《ふ》吉《きつ》なものは見せたくないと思ったのだから，２がふさわしい。

問11　将校たちと町中で食事をしたり，軍馬の画集を買ってもらったりしたことは本来ならうれしいはずだが，ひさしは「母親からその日一日のことをたずねられても，あまりくわしいこと」を言わずにいる。軍帽《ぐんぼう》をとり，「長い間本殿《ほんでん》に向かって頭を垂れていた」将校たちの神社での姿が頭に残っていたであろうひさしは，はじめ抱《いだ》いていた「(神社に連れていかれるのは)めいわくだなあ，という」自分本位の考えなどいつのまにか忘れ，彼らの行く末に悲しみをつのらせていたのだから，１が選べる。

問12　ひさしは三人の将校達を思い浮《う》かべながら，「じっとしている」のではなく「しっぽの先まで風になびかせた」，思いきり走る三頭の軍馬の絵を「夢中で」描き続けている。つまり，これから戦地におもむく将校たちを軍馬に重ね，せめて絵のなかだけでも，彼らをしばりつけている軍人としての規則から解き放ち，自由にさせてあげたいと切に願ったのである。よって，２がふさわしい。なお，１は「しっぽの先で自分に別れを言っていた軍馬の姿を形に残しておきたかった」という部分が，３は「将校達の戦地での活やくと勝利への願いをこめたかった」という部分が，４は「将校達も絵を見て喜ぶだろうと思った」という部分が本文からは読み取れない。

問13　直前でひさしは，「三人の将校が，家族の中で自分だけにしてくれた別れの意味を考えようとしながら，にわかにわき出してきたとりとめのないかなしみ」に暮れている。これまでみてきたとおり，将校たちは，軍人としてのきびしい規則にしたがわなければならないほか，自分の意思とは無関係に，その命をおびやかす戦場にも向かわざるを得ない。あまりにも不条理な世の中に対する悲しみやつらさと，それを目の当たりにしながらも自分には何もすることができないもどかしさで，ひさしはやりきれない思いを抱《かか》えているのだから，４が合う。

二　出典：松浦《まつうら》弥《や》太郎《たろう》『考え方のコツ』。「考えることと知識があること」はまったく別であるとしたうえで，筆者は考えることの大切さを伝えている。

問１　a　まず「なぜ，なに，なんだろう」と思うことは大切だが，情報を集めようとふみ出した結果，インターネット上にあふれる「答えらしきもの」に満足してしまうと，人間は「自分で考えることをしなく」なると筆者は述べている。つまり，本来，思考の末に見つかるはずの答えが，その場でインターネットの検索《けんさく》エンジンを使うだけで見つかるというのは「幸運にも思え」るが，結果的に「人間としての大切な機能が失われ」るというのである。よって，“その場にいたままの状態で”“動いたり出向いたりすることない状態で”という意味を表す４が合う。　**b**　知識が「力」になることもあれば，「じゃま」になるとも考えている筆者は，「知識が増えすぎたと感じたら捨て」，「いくら年をとっても，何も知らない自分を忘れずにいたい」と願っている。つまり，自らを“まだ全然使っていない状態”“まったく新しい状態”にしておきたいのだから，３が選べる。

問２　ア　「ゆめゆめ」は，後に打ち消しの表現をともなって，“決して～ない”という意味を表す。よって，３が正しい。　**イ**　「あえて」は，ある行動をするとき，わざわざやりにくいことを選ぶようすを表す。よって，２が選べる。

問３　続く部分で筆者が「知識が豊富になっただけで『自分で考えた』と思ってはいけません」と述べていることに着目する。つまり，「考えるとは，自分で何かを生み出すこと」なのに対し，「知識とは，誰《だれ》か(他人)が生み出したものをせっせと集めてくること」だといえる。

問４　「なぜ，なに，なんだろう」というのを「思考の第一歩」とするのは正しいが，人々が「第二歩から調べものの道へとふみ出す」ことについて，筆者は「どうしてこんなにも多いの」かと疑問を投げかけている。インターネットの検索エンジンを使用した結果，得られる「答えらしきもの」に満足してしまうと，「どんどん自分で考えることをしなく」なるというのだから，１がふさわしい。

問５　知識がありすぎるがゆえ「フィルターごしに物事を」とらえ，「要領よく答えを用意してしまう」ベテランを例に，筆者は「何かを知っていることほど，悲しいことはない」と指摘《してき》したうえで，「何も知らない自分を忘れずにい」るため知識をどんどん捨てていると言っている。それによって知識にたよることなく，「自分の心と向き合」い，純粋《じゅんすい》に「感じること」，「考えること」ができるので，筆者は「知らないことのすばらしさを思い出そう」と主張している。

問６　筆者が「考える」ために意識的にしていることの一つは，「情報があふれている時代だからこそ，あえて情報をしゃ断すること」，もう一つは，「知識が増えすぎたと感じたら捨てて」いくことである。

問７　基本的には，祖父に登山を続けさせたいという結論にすると書きやすいだろう。このとき，祖父の登山に難色を示している祖母の，「足腰《あしこし》も以前ほど強くない」や，「うっかり道をまちがえて迷子《まいご》になりかけた」などの意見や，母の「山には危険がいっぱいある」し，「最近はしきりにクマも出没《しゅつぼつ》している」などの意見に対し，どのような対応策を提示すれば相手を説得できるかを考えて解答をまとめるとよい。主語・述語がきちんと対応しているか，文脈にねじれはないか，誤字・脱字《だつじ》はないかなどにも注意する。

三　敬語の知識

1　動作の主体は相手なので，“見る”の謙譲《けんじょう》語である「拝見する」を使うのは誤り。尊敬語を用いて「ご覧いただけましたか」とする。　**2**　「Aさんのこと」をよく“知る”のは自分なので，謙譲語の「存じ上げる」を用いる。よって，正しい。　**3**　ソファーに“すわる”のは相手なので，尊敬語を用いて「おかけください」とする。よって，正しい。　**4**　身内である母の動作に，尊敬語の「おいでになる」を用いているので誤り。謙譲語を用いて「うかがいました」とするのがよい。　**5**　「校長先生」に書類を“わたす”のは自分なので，謙譲表現の「お～する」を用いる。よって，正しい。　**6**　「先生」の動作に「お～する」という謙譲表現を用いているので誤り。ここでは，尊敬表現を使い「運んでくださったのですか」とするのが正しい。

四　漢字の書き取りと読み

1　音読みは「ケツ」で，「清潔」などの熟語がある。　**2**　「財を築く」は，“事業などで成功して大きな財産を得る”という意味。　**3**　「票差」は，投票での得票数の差。　**4**　「推移」は，移り変わること。　**5**　音読みは「キュウ」で，「吸引」などの熟語がある。　**6**　音読みは「ソウ」で，「演奏」などの熟語がある。　**7**　「仲裁」は，対立し争っている両者の間に入り，とりなして和解させること。　**8**　音読みは「チョウ」で，「予兆」などの熟語がある。

2023年度 フェリス女学院中学校

【算　数】（50分）〈満点：100点〉

《注意》　1．答を出すのに必要な図や式や計算を，その問題のところにはっきりと書いてください。

2．円周率を使う場合は3.14としてください。

1　次の問いに答えなさい。

(1)　次の□にあてはまる数を求めなさい。

$$2\frac{3}{5} \div \{(\square - 1.95) \times 0.6\} + \frac{5}{7} = \frac{5}{3}$$

(2)　あるスーパーでは３本のラムネの空きビンと，１本の新しいラムネを交換してくれます。

たとえば，７本のラムネを買って，そのうち６本の空きビンをスーパーに持っていくと，２本の新しいラムネと交換してくれます。この２本の新しいラムネの空きビンと前の残りの１本の空きビンを持っていくと，もう１本新しいラムネをもらえるので，合計10本のラムネを飲めます。

次の［ア］，［イ］にあてはまる数を求めなさい。

①　30本の新しいラムネを買うと，合計で［ア］本までラムネを飲めます。

②　合計で100本のラムネを飲むには，少なくとも［イ］本のラムネを買う必要があります。

(3)　３つの整数2342，2894，3561を，１以外の整数［ア］で割ると余りがどれも［イ］になります。

［ア］，［イ］にあてはまる数を答えなさい。

(4)　サイコロを３回振ります。１回目に出た目の数をA，２回目に出た目の数をB，３回目に出た目の数をCとします。

$A \times B \times C$の値が偶数となるようなサイコロの目の出方は，［ア］通りあります。

$A \times B \times C$の値が８の倍数となるようなサイコロの目の出方は，［イ］通りあります。

［ア］，［イ］にあてはまる数を答えなさい。

(5)　３人の姉妹がそれぞれの貯金箱のお金を出しあって母の誕生日プレゼントとケーキを買いに行きました。はじめにプレゼント代を支払うのに長女のお金の37.5%，次女のお金の50%，三女のお金の45%を出しあいました。次に，ケーキを買うのに長女の残金の62.5%と，次女の残金の40%を出しあいました。最終的に三女の残金は長女の残金より一割多く，次女の残金は長女の残金と等しくなりました。

長女と次女と三女が出したプレゼント代を最も簡単な整数の比で表すと［ア］：［イ］：［ウ］です。

［ア］～［ウ］にあてはまる数を答えなさい。

2　Aさんの自動車は一般道路では時速40km で走り，10km 走るのに１Ｌのガソリンを使用します。また，高速道路では時速80km で走り，12km 走るのに１Ｌのガソリンを使用します。Aさんが自宅から712km 離れた祖父母の家を一般道路と高速道路の両方を利用して往復しました。次の ア ～ ウ にあてはまる数を答えなさい。

⑴　行きは，使用したガソリンが60Ｌでした。高速道路を走った距離《きょり》は ア kmで，行きにかかった時間は イ 時間です。

⑵　帰りは高速道路を走る距離と一般道路を走る距離を行きとは変えたところ11時間30分かかりました。そのとき使用したガソリンは ウ Ｌです。

3　図のように中心角が90°のおうぎ形と直径が４cm の半円があります。点Cは直線OAの真ん中の点です。次の問いに答えなさい。

⑴　図の曲線 $\overset{\frown}{AD}$ の長さと曲線 $\overset{\frown}{DB}$ の長さの比が７：８であるとき，㋐の角の大きさは何度ですか。

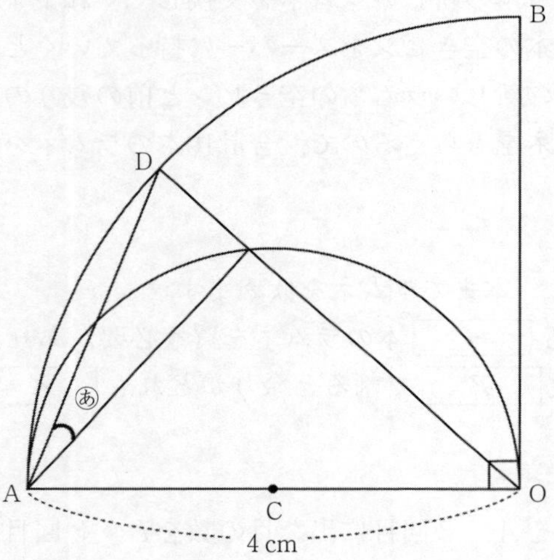

⑵　曲線 $\overset{\frown}{AD}$ の長さと曲線 $\overset{\frown}{DB}$ の長さの比が１：２であるとき，三角形DCOの面積は何 cm^2 ですか。（求め方も書きなさい。）

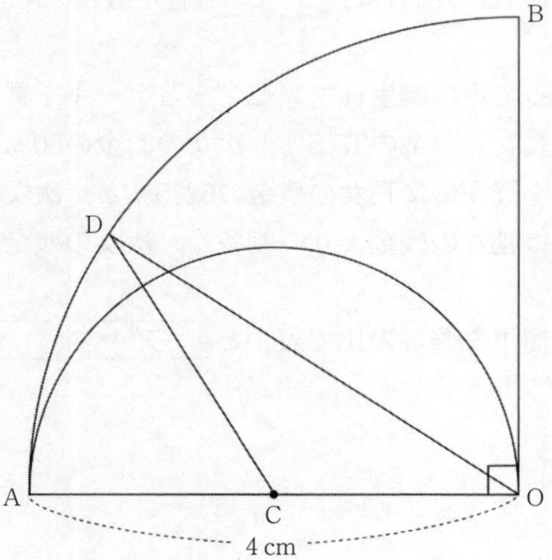

4　Ａ，Ｂ，Ｃ，Ｄ，Ｅの５人全員が，自分以外のだれか１人にメールを送ります。次の問いに答えなさい。

(1)　メールを受け取るのが２人であるようなメールの送り方は何通りありますか。(求め方も書きなさい。)

(2)　メールを受け取るのが４人であるようなメールの送り方は何通りありますか。(求め方も書きなさい。)

(3)　メールを受け取るのが３人であるようなメールの送り方は何通りありますか。(求め方も書きなさい。)

5　右の表のＡからＧのそれぞれの欄《らん》に０か１の数を１つずつ次のようにして書きます。

A	B	C	D	E	F	G

Ａ，Ｂ，Ｃ，Ｄの欄には，０か１の数を１つずつ書きます。

Ｅの欄には，Ａ，Ｂ，Ｃの欄にある１の個数が奇数なら１を，偶数なら０を書きます。

Ｆの欄には，Ａ，Ｂ，Ｄの欄にある１の個数が奇数なら１を，偶数なら０を書きます。

Ｇの欄には，Ａ，Ｃ，Ｄの欄にある１の個数が奇数なら１を，偶数なら０を書きます。

次の問いに答えなさい。

(1)　Ａ，Ｂ，Ｃ，Ｄの欄に下のように数を書いたとき，Ｅ，Ｆ，Ｇの欄にあてはまる数を答えなさい。

A	B	C	D	E	F	G
0	1	1	0			

(2)　花子さんがこのやり方で数を書いたあと，町子さんがそれを別の表に書き写します。町子さんはすべての欄の数を正しく書き写すか，１つの欄だけ０と１をまちがえて書き写します。２つ以上の欄についてまちがえることはありません。

①　町子さんがまちがいなく書き写したとき，Ａ，Ｂ，Ｃ，Ｅの欄にある１は何個ありますか。すべての場合を答えなさい。

②　町子さんがＡ，Ｂ，Ｄ，Ｆの欄のうち１つだけ０と１をまちがえて書き写したとき，Ａ，Ｂ，Ｄ，Ｆの欄にある１は何個ありますか。すべての場合を答えなさい。

③　町子さんが書き写した表を調べると，次のことが分かりました。

Ａ，Ｂ，Ｃ，Ｅの欄にある１は１個で，Ａ，Ｂ，Ｄ，Ｆの欄にある１は２個で，Ａ，Ｃ，Ｄ，Ｇの欄にある１は３個でした。

町子さんが，すべての欄を正しく書き写していた場合は，答の欄に○を書きなさい。０と１をまちがえて書き写した欄がある場合は，その欄のアルファベットを書きなさい。

④　町子さんが書き写した表が

Ａ，Ｂ，Ｃ，Ｅの欄にある１は２個で，Ａ，Ｂ，Ｄ，Ｆの欄にある１は３個で，Ａ，Ｃ，Ｄ，Ｇの欄にある１は４個だったとします。

このとき，花子さんが書いた表の数を答の欄に書きなさい。

【社　会】(30分)〈満点：60点〉

1　次の文章を読んで，文中の(ア)・(イ)に適切な語句を入れ，――a～fの問いに答えなさい。

群馬県北部にある日本最大の山地湿原《しつげん》である(　ア　)では，明治時代から戦後にかけて，a ダムを建設する計画がありました。江戸時代から明治時代にかけては，この地を街道が通り，現在の群馬県 b 沼田《ぬまた》からは塩や油が，福島県の会津若松《あいづわかまつ》からは米や酒が運ばれていました。この山地湿原は(　イ　)川の水源の一つで，この川の下流域では，1965年に新潟水俣《にいがたみなまた》病が発生しました。(　ア　)では近年，ミズバショウなどの希少植物が c シカに食べられてしまうという被害(食害)に悩《なや》まされています。

d 鳥取県の境港《さかいみなと》は山陰《さんいん》地方を代表する漁港です。境港の南の米子《よなご》で海にそそぐ日野《ひの》川の中・上流域では，砂鉄と木炭として使うナラなどの木が豊富に得られたため，e「たたら製鉄」とよばれる製鉄法が古代より大正時代まで行われていました。鳥取県西部は平安時代に紙の産地として知られていましたが，f 1950年代には米子市に大きな製紙工場が建設され，現在も紙がさかんに生産されています。

a　①　ダムに期待される役割として，生活・工場用水の確保や発電のほかに，どのようなものがありますか。

②　ダム建設などの大規模な開発を行う際には，それが地域の自然環境《かんきょう》にどのような負担《ふたん》を与えるのかを事前に調査し，地域住民などの意見もとり入れ，必要があれば修正を加えることが法律で定められています。このような一連の手続きのことを何といいますか。

b　右の表は，沼田地方などの群馬県内各地でさかんに栽培《さいばい》されている野菜の一つで，2020年の収《しゅう》穫《かく》量で上位4位までの県を示しています。この野菜の名前をア～エから選びなさい。

ア　かぼちゃ　　イ　ほうれんそう

ウ　いちご　　エ　だいこん

	収穫量(単位　トン)	割合(%)
埼玉	22700	10.6
群馬	22400	10.5
千葉	19400	9.1
茨城	16500	7.7
全国	213900	100.0

矢野恒太記念会『日本国勢図会 2022/23』より作成。

c　近年，日本各地でシカによる農作物への食害が多発していますが，シカがこのような高地の湿地帯までエサを取りに現れるようになった主な理由を答えなさい。

d　日本の漁業や水産加工業では日本人労働者が集まりにくくなり，外国人労働者が支えとなっています。これらの産業が行われている地域で日本人労働者が集まりにくくなった原因を，少子高齢化以外に一つ挙げなさい。

e　次の表は，世界の粗鋼《そこう》生産量，粗鋼消費量，鋼材および半鋼材の輸入量で上位5位(2020年)までの国を示しています。表中のA～Cに入る国名の正しい組み合わせを，下のア～エから選びなさい。

順位	国名	粗鋼生産量(単位　千トン)
1	A	1064732
2	インド	100256
3	B	83186
4	C	72732
5	ロシア	71621
	世界計	1880410

国名	粗鋼消費量(単位　千トン)
A	995040
インド	89333
C	80043
B	52630
韓国	48964
世界計	1773844

国名	鋼材・半鋼材輸入量(単位　千トン)
A	37905
C	19880
ドイツ	18239
イタリア	15461
ベトナム	13634
世界計	386328

矢野恒太記念会『日本国勢図会 2022/23』より作成。

ア　A　中国　　B　アメリカ　C　日本
イ　A　アメリカ　B　日本　　C　中国
ウ　A　アメリカ　B　中国　　C　日本
エ　A　中国　　B　日本　　C　アメリカ

f　右の表は，日本における紙の種類別の生産量を示しています。表中のア～ウは，本などに用いられる「印刷用紙」，コピー機やプリンターなどで用いられる紙などの「情報用紙」，「段ボール原紙」の生産量のいずれかです。印刷用紙を示しているものを，ア～ウから選びなさい。

（単位　千トン）

紙の種類	2000年	2010年	2021年
ア	10004	8069	5154
イ	1737	1478	1160
ウ	9676	8647	10131

矢野恒太記念会『日本国勢図会 2022/23』より作成。

2　次の文章を読んで，――a～gについての問いに答えなさい。

米は主食として食べられるため，a国別の生産量をみるとアジアの人口の多い国で生産量が多くなっています。一方，日本では，1960年代以降，米離《ばな》れが進行してきました。

b1人当たりの米の年間消費量は，1962年度の118.3kgをピークに減少し，2020年度は50.8kgとなり，家計の支出でみても，米よりもcパンへの支出が増えています。米が余っていることに対応して，1970年代から2010年代後半までd（　　）政策が実施《じっし》されました。

e農業に従事する人が減り，f米の生産も減少するなか，ブランド米の開発競争が活発に行われています。産地どうしの競争がはげしくなったのは，g1995年から米をめぐる流通の仕組みが変化したことと関係があります。

a　①　右の表は，世界の米に関する統計を示しています。Aの国名を答えなさい。

②　アジアの島国では，平地だけでなく，山地の斜面《しゃめん》を階段状にして稲作をしてきました。この斜面を利用した水田を何といいますか。

米の生産	順位	米の輸出
中国	1	A
A	2	ベトナム
バングラデシュ	3	タイ
インドネシア	4	パキスタン
ベトナム	5	アメリカ

（2020年）
矢野恒太記念会『世界国勢図会 2022/23年版』より作成。

b　減少してきた理由としてまちがっているものをア～エから一つ選びなさい。

ア　一人世帯の増加　　イ　共働き世帯の増加
ウ　食生活の多様化　　エ　米の輸入自由化

c　日本は，パンの原料である小麦の多くを輸入に頼《たよ》っています。小麦の世界的な生産国であるウクライナを2022年2月にロシアが侵攻《しんこう》したことにより，小麦の国際価格は上昇《じょうしょう》しました。右の地図をみてウクライナの位置を，ア～エから選びなさい。

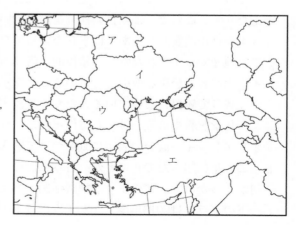

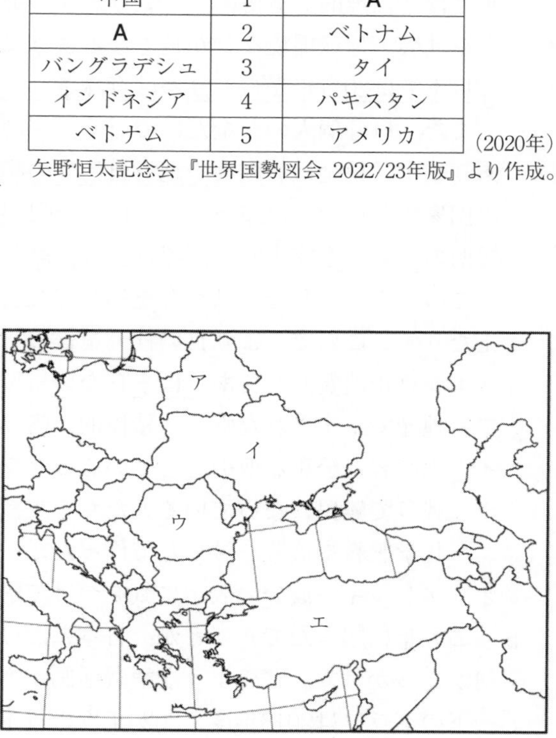

d　（　）に入る言葉を答えなさい。

e　下の表は産業別就業者数を表しています。表中のA～Dは「医療《いりょう》・福祉《ふくし》」，「製造業」，「情報通信業」，「教育・学習支援《しえん》業」のいずれかです。「製造業」―「医療・福祉」の正しい組み合わせを，ア～エから選びなさい。

ア　A―C　　イ　A―D　　ウ　C―B　　エ　C―D

（単位　万人）

	2005年	2010年	2015年	2020年
農業・林業	259	234	208	200
A	1142	1049	1035	1045
B	175	196	209	240
C	553	653	784	862
D	281	288	303	339

「労働力調査結果」（総務省統計局）より作成。

f　米の生産が盛んな新潟県や富山県では，金属製品の伝統工芸が行われてきました。その技術をいかして洋食器づくりで有名な都市を，ア～ウから一つ選びなさい。

ア　燕《つばめ》　イ　高岡《たかおか》　ウ　小千谷《おぢや》

g　この変化は1995年に，ある法律が廃止《はいし》されたことによるものです。この法律をア～エから一つ選びなさい。

ア　食糧《しょくりょう》法　　イ　食糧管理法

ウ　農業基本法　　エ　食料・農業・農村基本法

3　次の文章を読んで，――ａ～ｅについての問いに答えなさい。

人が生活するうえで，ものやサービスを買う消費活動は必要不可欠なことですが，何にお金を使うのかは，自分自身の選択《せんたく》です。

ａ社会的な問題の解決に貢献《こうけん》しようとする消費活動を「エシカル消費」と呼びます。エシカルとは「倫理的《りんりてき》・道徳的」という意味の英語で，単に自分が欲しいから選ぶというだけでなく，人や社会，地球《ちきゅう》環境などが良くなるように考えて選ぶ消費活動のことです。このような消費は，ｂ日本では2011年からとりわけ意識されるようになったと言われます。

また，自分個人のお金だけでなく，ｃ国や地方自治体に納めた税金の使われ方も知る必要があります。税金はｄ国会や地方自治体の議会で使い方が話し合われ，定められます。2022年度の国家予算の歳出《さいしゅつ》をみると，日本の国民生活のための支出だけでなく，ｅ開発途上《とじょう》国の経済援助《えんじょ》のためにも支出し，国際社会に貢献していることが分かります。

このように，私たちはお金を通じて社会とつながっており，そのお金の使い方を考えたり変えたりすることで，より良い社会を作っていくことができます。

ａ　エシカル消費としてあてはまらない事例を，ア～オから二つ選びなさい。

ア　地元で生産された野菜を積極的に購入《こうにゅう》する。

イ　生産者と公正な取引をしていることを示すフェアトレード商品を購入する。

ウ　戦争で難民になっている人たちを支援する団体に寄付をする。

エ　化学肥料や農薬を減らして作ったオーガニック・コットンの服を選ぶ。

オ　アレルギー成分の表示に気をつけて購入する。

ｂ　この年に起きたできごとが，日本におけるエシカル消費の普及《ふきゅう》に影響を与えたと言われます。何がきっかけで，どのような消費活動が増えるようになったかを具体的に説明しなさい。

ｃ　下のグラフは2013年度と2020年度の日本の財政を示したものです。グラフを参考に，日本の財政状況の説明として正しいものをア～エから一つ選びなさい。

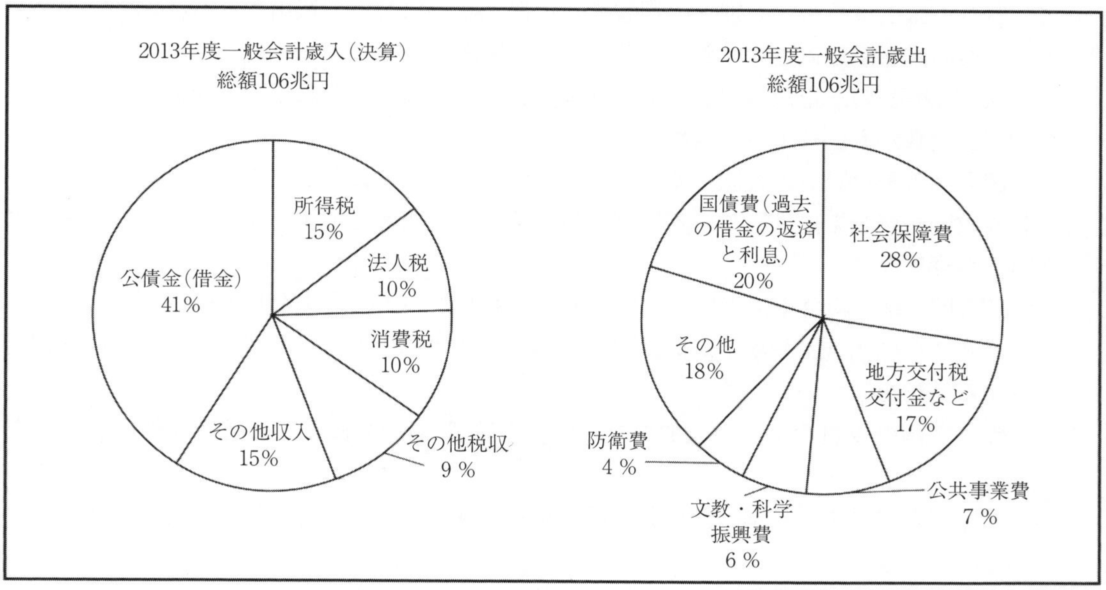

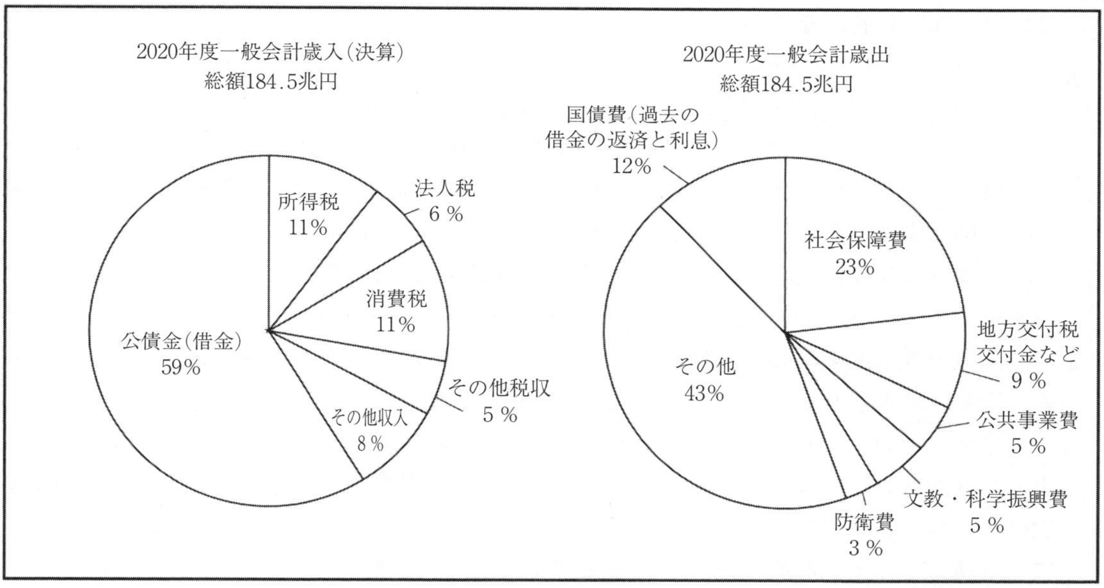

財務省資料より作成。

ア　消費税率が引き上げられたが，消費税の総額は大きく変化していない。

イ　歳入総額から公債金を引いた金額と，歳出総額から国債《こくさい》費を引いた金額を比べると，後者の方が大きいことが，日本の財政の特徴《とくちょう》といえる。

ウ　個人の所得にかかる税金による収入が，新型コロナウイルスの流行によって大幅に減ったことが読み取れる。

エ　2020年度は2013年度より国債費の額が減っており，日本の財政が黒字になりつつあることが読み取れる。

d　国会と地方自治体の議会には共通する点と異なる点がありますが，地方自治体の議会のみにあてはまる説明文を，ア～オから二つ選びなさい。
ア　首長と議会はそれぞれ別々の選挙で，住民(国民)によって選出される。
イ　二つの議会が設置されており，それぞれで審議《しんぎ》される。
ウ　住民(国民)の一定数の署名が集まれば，議員は解職させられることがある。
エ　議員定数が憲法によって定められている。
オ　議会は首長(首相)の権限に基づいて，解散させられることがある。

e　日本政府が資金を提供している国際団体に関する説明としてまちがっているものを，ア～エから一つ選びなさい。
ア　UNHCR は，紛争や迫害《はくがい》によって故郷を追われた人々の支援をしている。
イ　ユネスコは，貧困や紛争《ふんそう》が原因で学校へ通えなかった人に対して，教育を受ける機会を提供する活動をしている。
ウ　赤十字国際委員会は，中立的な立場で紛争犠牲《ぎせい》者の救援《きゅうえん》など人道的な活動をおこなっている。
エ　国際連合に対する日本の費用負担は，現在アメリカに次いで世界で２番目に多い。

4　次の**A**～**F**の文は，各時代に海をわたり外国へ行った日本人について述べたものです。読んであとの問いに答えなさい。

A

朝廷《ちょうてい》は $_a$中国の進んだ制度や文化を取り入れるため，使節とともに留学生や僧を送りました。留学生であった阿倍仲麻呂《あべのなかまろ》は，中国で皇帝《こうてい》に仕える役人となりました。また彼は $_b$詩歌を得意とし，中国の有名な詩人とも交流しました。30年あまり過ごした後，帰国しようとしましたが，船が難破するなどし，ついに帰国はかないませんでした。このような使節は300年ほど続きましたが，$_c$菅原道真《すがわらのみちざね》の意見によって廃止されました。

a　中国の土地制度をまねて，日本でも税を取り立てるために人々に田を分け与え，その人が死ぬと田を国に返させました。この制度は何と呼ばれましたか。

b　阿倍仲麻呂は，帰国しようとしたときに「天《あま》の原　ふりさけ見れば春日《かすが》なる　三笠《みかさ》の山に出《い》でし月かも」という歌をよみました。これはどこの風景を思い浮かべてよんだものですか。次のア～エから一つ選びなさい。
ア　平城京　　イ　藤原京　　ウ　長安《ちょうあん》の都　　エ　平安京

c　このできごとと最も近い時期のことがらを，ア～エから一つ選びなさい。
ア　藤原氏によって平等院鳳凰堂《ほうおうどう》が建てられた。
イ　かな文字で書かれた最初の歌集である古今《こきん》和歌集が編さんされた。
ウ　最澄《さいちょう》と空海が帰国し，新たな仏教の教えがもたらされた。
エ　平氏によって瀬戸内航路や大輪田泊《おおわだのとまり》が整備された。

B

$_a$僧の(　1　)と道元《どうげん》は，それぞれ(　2　)に渡って禅宗《ぜんしゅう》を学び，日本に伝えました。禅宗は修行《しゅぎょう》によって精神をきたえることを重視したため，武士たちに好まれました。特に(　1　)が伝えた教えは，$_b$以後長く幕府の将軍や有力家臣たちから信仰《しんこう》され，勢力を伸ばしていきました。また（　1　）が茶を飲む習慣を伝えたことから，のちに茶の湯が確立されました。このほか書院造《づくり》・水墨画《すいぼくが》・c庭づくりの文化なども，禅宗の影響を受けて発展したものです。

a　①　（1）・（2）にあてはまる語の組み合わせとして，正しいものを次のア～エから選びなさい。

ア　1＝法然《ほうねん》　2＝明《みん》　　イ　1＝法然　2＝宋《そう》

ウ　1＝栄西《えいさい》　2＝明　　エ　1＝栄西　2＝宋

②　この時代のできごととして正しいものを，次のア～エから一つ選びなさい。

ア　村人が話し合いをして，村のきまりをつくるようになった。

イ　楽市楽座《らくいちらくざ》の命令が出され，商業がさかんになった。

ウ　牛馬を使った農耕や二毛作が行われるようになった。

エ　土一揆《つちいっき》や国一揆が，しきりに起こるようになった。

b　室町幕府の将軍を補佐《ほさ》した役職は，何と呼ばれましたか。

c　石や砂を用いて自然の風景を表現した庭のことを何と呼びますか。石庭《せきてい》以外の呼び方を答えなさい。

C

aキリスト教を信仰する九州の3人の大名は，宣教師のすすめで少年4人を使節としてbローマへ派遣《はけん》しました。彼らは宣教師が帰国する際，ともにポルトガル船に乗り，2年半かけてヨーロッパに到着《とうちゃく》しました。現地では東洋からの使節として大歓迎を受け，c8年後に帰国しました。この4人は，ヨーロッパに渡って帰ってきた初めての日本人といわれています。

a　大名たちがキリスト教の信者となったのは，単にその教えを信じただけでなく，ほかの理由もあったと考えられます。それはどのような理由ですか。

b　派遣地がローマであったのは，なぜですか。

c　4人が帰国した時期の政治状況として，正しいものを次のア～エから一つ選びなさい。

ア　豊臣秀吉によって宣教師が追放されたり，キリスト教の信仰が制限されていた。

イ　徳川秀忠《ひでただ》によって禁教令が出され，キリスト教信者への弾圧《だんあつ》が行われていた。

ウ　織田信長によって宣教師が保護され，布教活動がさかんに行われていた。

エ　徳川家光《いえみつ》によって鎖国《さこく》令が出され，海外から帰国することが制限されていた。

D

a伊勢国《いせのくに》の船乗りだった大黒屋光太夫《だいこくやこうだゆう》は，b1782年に江戸への航海中に嵐《あらし》にあって遭《そう》難《なん》し，7か月の漂流《ひょうりゅう》の末，北太平洋のアリューシャン列島に漂着しました。流木《りゅうぼく》で船をつくってカムチャツカ半島にたどり着き，ロシアの首都で皇帝に会って帰国を許され，c1792年，（　　）とともに帰国しました。光太夫は幕府によって取り調べを受け，生涯《しょうがい》江戸に留め置かれました。

a　伊勢国は今の何県ですか。

b　光太夫がロシアに滞在していた時，日本では①ある人物が政治改革を行っていました。白河《しらかわ》藩主《はんしゅ》から老中になったこの人物の改革は，やがて②人々の不満を招き，皮肉をこめた次のような歌が生まれました。

白河の　清《きよ》きに魚《うお》の　すみかねて　もとのにごりの　田沼《たぬま》恋《こい》しき

①　ある人物とは誰ですか。

②　人々の不満はどのような点にあったのですか。適当なものをア～ウから一つ選びなさい。

ア　倹約《けんやく》を強制されたり，出版物が厳しく取りしまられたこと

イ　米の値段が上がり，人々が米を買えなくなったこと

ウ　商人の力が強くなる一方で，わいろが広がったこと

c　(　)に入る人物は，日本との通商を求めて根室《ねむろ》に来航しました。このロシア人の名を答えなさい。

E

a廃藩置県という重要な仕事を成し遂《と》げると，岩倉具視《ともみ》を大使とする使節団は，アメリカに向けて横浜を出発しました。彼らは，アメリカやヨーロッパの国々を訪れ，b各国の政治制度や産業，文化などを視察して，c２年後の1873年に帰国しました。帰国後は，海外で見てきたことなどをもとに，日本の近代化に取り組みました。

a　廃藩置県によって中央集権国家の形が整いましたが，具体的にはどのようなことが行われましたか。中央集権となったことがわかるように説明しなさい。

b　出発した時点では，この使節団にはもう一つ別の目的がありました。アメリカでその目的の達成が不可能なことを知り，視察を主な目的としました。途中であきらめた最初の目的とは何ですか。

c　使節団が外国に滞在している間，日本に残っていた政府の人々が，さまざまな政策を実行していました。この間に行われたことを，次のア～エから二つ選びなさい。

ア　沖縄県を設置した　　　　イ　徴兵令を出した

ウ　内閣制度をつくった　　　エ　地租《ちそ》改正を実施した

F

新渡戸《にとべ》稲造《いなぞう》は，a札幌《さっぽろ》農学校でクラークらに学び，キリスト教の洗礼を受けました。大学入学のときに「太平洋の橋になりたい」と言った彼は，アメリカやドイツに長く留学し，外国と日本を行き来して教育につとめました。彼が日本人の思想を紹介《しょうかい》するために英語で著した『武士道』という本は，b日露《ろ》戦争の講和会議を仲立ちしたセオドア・ルーズベルト大統領にも影響を与えたといわれています。c第一次世界大戦が終わって国際連盟がつくられると，新渡戸は事務局次長になり，国際平和の実現をめざしました。

a　明治時代前半，政府は西洋の文明をすばやく取り入れるため，クラークのような学者や技師などを欧米《おうべい》からたくさん招き入れました。彼らのことを何といいますか。

b　この講和会議について正しく述べている文を，次のア～ウから一つ選びなさい。

ア　日本政府は，戦争に反対する民衆の声が大きくなったため，戦争の続行は困難と考え，ア

メリカに講和の仲立ちを依頼《いらい》した。

イ　ロシアは，旅順《りょじゅん》を攻《せ》め落とされ，日本海海戦でも敗れたが，降伏《こうふく》はしていなかったため，日本に賠償《ばいしょう》金を支払うことは認めなかった。

ウ　日本は，満州を支配する権利をロシアに認めさせ，満州国をつくって政治の実権をにぎった。

c　第一次世界大戦について正しく述べているものを，ア～エから二つ選びなさい。

ア　この戦争は４年間にわたる大きな戦いになったが，そのころ日本は大正時代であった。

イ　この戦争では，ドイツ・ロシア・フランスなどの国々と，イギリス・アメリカなどの国々が戦い，ドイツ側が敗れた。

ウ　この戦争中，日本はヨーロッパやアメリカ，アジアへの輸出をのばし，それまでにない好景気になった。

エ　この戦争中に日本ではラジオ放送が始まり，戦争の状況《じょうきょう》に関心をよせる大衆の間にラジオが広まった。

【理　科】（30分）〈満点：60点〉

1　水よう液ア～エを用意し，実験①～③を行いました。図はその手順と結果です。図中の水よう液A～Dは，水よう液ア～エのいずれかです。

ア：うすい塩酸　　　イ：うすい水酸化ナトリウム水よう液

ウ：食塩水　　　　　エ：うすいアンモニア水

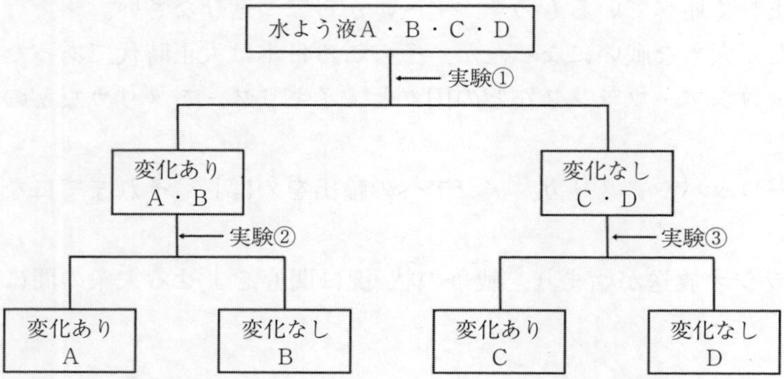

①～③でどのような実験をすれば，水よう液A～Dを区別できるでしょうか。その方法を3通り考えたいと思います。①～③にふさわしい実験をサ～ソから選んで，実験の組合せを3通り作りなさい。ただし，各組合せでの①，②，③は異なる実験を選ぶこと。

また，その実験と結果になるとき，A～Dにあてはまる水よう液をア～エから選びなさい。

サ：赤色リトマス紙に水よう液をつける。
　→青く変色すれば「変化あり」，変色しなければ「変化なし」

シ：青色リトマス紙に水よう液をつける。
　→赤く変色すれば「変化あり」，変色しなければ「変化なし」

ス：水よう液に石灰水を加える。
　→白くにごれば「変化あり」，にごらなければ「変化なし」

セ：少量の水よう液をじょう発皿にとり，弱火で加熱する。
　→固体が残れば「変化あり」，何も残らなければ「変化なし」

ソ：水よう液にアルミニウムのうすい小さな板を入れる。
　→あわが出れば「変化あり」，あわが出なければ「変化なし」

2　アサギマダラというチョウの成虫は，ヨツバヒヨドリというキク科の植物などの花のみつをエサとしています。

1　アサギマダラについて，次の問いに答えなさい。

(1)　アサギマダラの成虫の口の形にもっとも近いものを，次のア～エから1つ選び，記号で答えなさい。なお，図は実際の生物の大きさとは異なります。

ア　　　　イ　　　　ウ　　　　エ

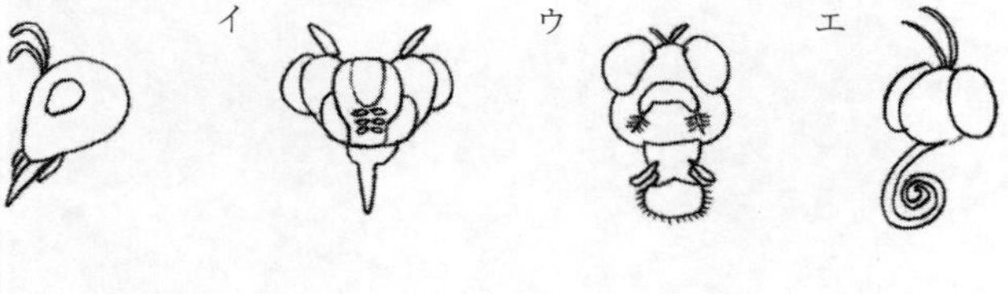

(2)　(1)のようなアサギマダラの成虫の口が適していることを，次のア～エから１つ選び，記号で答えなさい。

ア　かむこと　　イ　けずること　　ウ　吸うこと　　エ　なめること

(3)　アサギマダラの成虫のからだを示した解答らんの図に，あしとはねをかき入れなさい。

(4)　さなぎの時期があるものを，次の①～⑥からすべて選び，番号で答えなさい。

①　アサギマダラ　　②　アリ　　③　カブトムシ

④　セミ　　⑤　トンボ　　⑥　バッタ

2　次のア～エはある植物の葉(左)と花(右)のスケッチです。ヨツバヒヨドリのものを１つ選び，記号で答えなさい。なお，図は実際の植物の大きさとは異なります。

ア　　　イ　　　ウ　　　エ

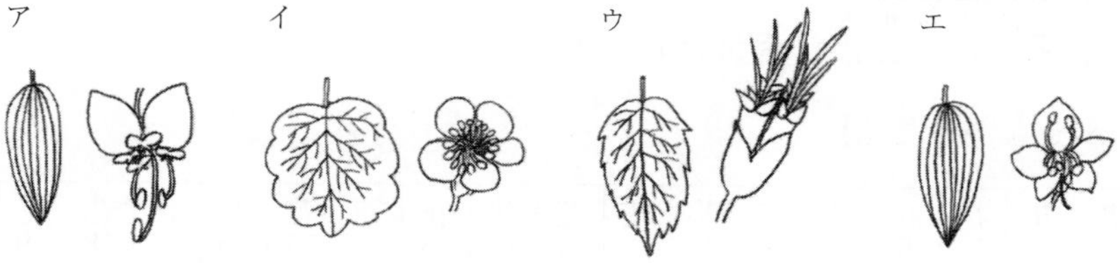

アサギマダラの成虫(以下，アサギマダラと呼ぶ。)とヨツバヒヨドリの関係について調べるために，野外で２日間にわたって次の実験をおこないました。この場所にはヨツバヒヨドリが多く生えており，アサギマダラもたくさん飛んでいます。また実験は複数人で協力しておこないました。

(１日目)

①　開花直後のヨツバヒヨドリの花を探し，くきにリボンをつけた。

②　リボンをつけた花のうちの半分の花にふくろをかぶせて，ふくろの口をひもでしばった。リボンをつけた残りの花には，ふくろはかぶせなかった。

(２日目)

①　１日目にかぶせたヨツバヒヨドリの花のふくろをはずした。

②　ふくろをはずしたヨツバヒヨドリの花に，アサギマダラが訪れるのを待った。

③　ヨツバヒヨドリにアサギマダラが訪れたら，ストップウォッチで花にとまっている時間を測定した。

④　アサギマダラが飛び立ったら，ヨツバヒヨドリの花は切り取った。

⑤　この測定を20個のヨツバヒヨドリの花でおこなった。

同様の測定を１日目にふくろをかぶせなかったヨツバヒヨドリの花でもおこなった。

実験の結果は，次の表とグラフのようになりました。なお，同じアサギマダラが何度もヨツバヒヨドリの花に訪れる可能性があります。

【１日目にふくろをかぶせた花】

ふくろをかぶせた花	花1	花2	花3	花4	花5	花6	花7	花8	花9	花10	花11	花12	花13	花14	花15	花16	花17	花18	花19	花20
花にとまっていた時間(秒)	37	18	223	28	170	305	85	4	11	94	27	24	50	648	244	58	45	602	170	9

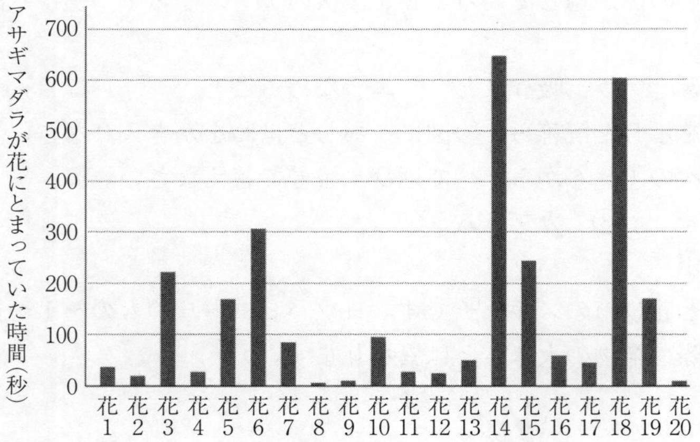

【1日目にふくろをかぶせなかった花】

ふくろをかぶせなかった花	花1	花2	花3	花4	花5	花6	花7	花8	花9	花10	花11	花12	花13	花14	花15	花16	花17	花18	花19	花20
花にとまっていた時間(秒)	67	20	34	8	59	6	20	65	40	407	84	4	13	63	3	124	212	2	13	24

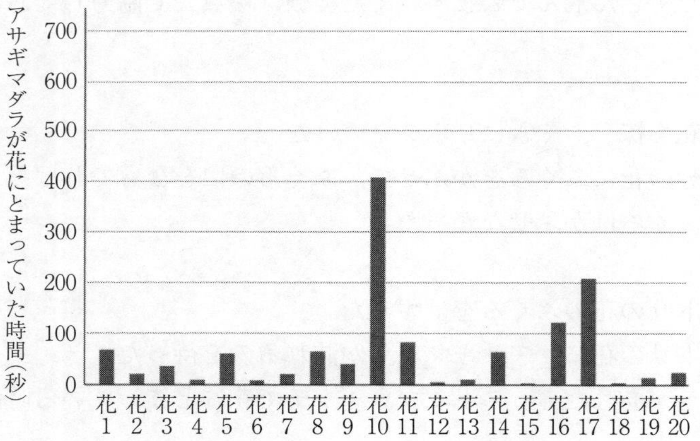

3　実験の結果について，次の問いに答えなさい。

(1)　1日目にふくろをかぶせたヨツバヒヨドリの花と，ふくろをかぶせなかったヨツバヒヨドリの花では，アサギマダラが花にとまっていた平均時間にちがいがあった。次のア・イから，アサギマダラがとまっていた平均時間が長い花を選びなさい。

ア　1日目にふくろをかぶせた花　　イ　1日目にふくろをかぶせなかった花

(2)　(1)のようなちがいが生じた理由を説明しなさい。

4　1日目にふくろをかぶせたヨツバヒヨドリの花にも，1日目にふくろをかぶせなかったヨツバヒヨドリの花にも，アサギマダラが花にとまっていた時間が平均時間よりもあきらかに長かったものも，あきらかに短かったものもあった。

1日目にふくろをかぶせた花で，アサギマダラが花にとまっていた時間が平均時間よりもあきらかに短かったものについて，平均時間よりも短かった理由を2つ答えなさい。

3 光の進みかたの「きまり」をしらべるため，長方形で厚みが一定のガラスを用いて実験をしました。光の進む道筋が見えるように，細いすき間を通した光を図1のようにガラスの断面に対して直角に当て，上から観察したところ，光の道筋は図2のようになりました。ガラスに当てる角度を，直角ではなく，図3のアのような角度にしたところ，光の道筋が変わりました。

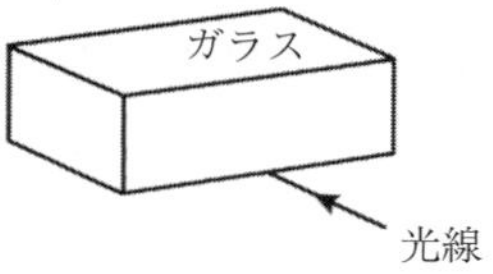

図1

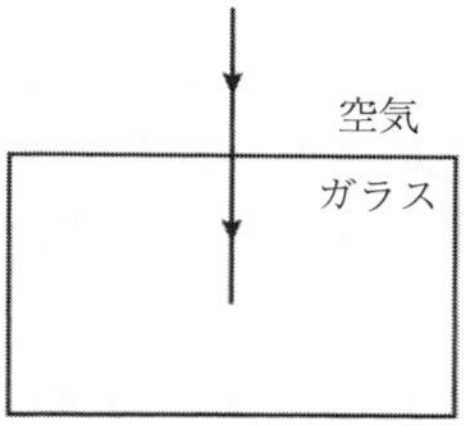

図2

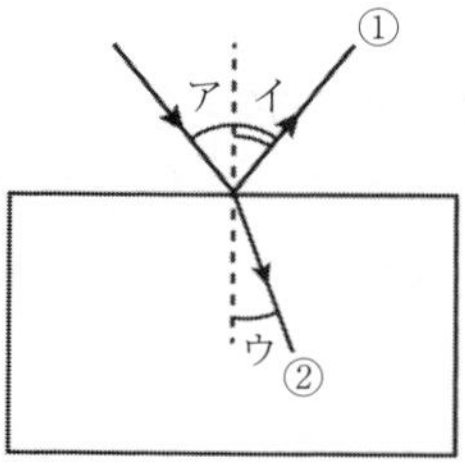

図3

図3の①はガラスの表面で反射した光(反射光)です。反射光がどの向きに進むか調べるため，図3のアの角度を変えて，イの角度を測定したところ，表1のようになりました。

表1

アの角度	イの角度
20°	20°
40°	40°
60°	60°

表2

アの角度	ウの角度
20°	13°
40°	25°
60°	35°

1 表1から，反射光が進む向きにはどのような「きまり」があるといえますか。

図3の②はガラスの中に入る時に光の道筋が曲がった光です。これをくっ折光といいます。図3のアの角度を変えて，ウの角度を測定したところ，表2のようになりました。しかしこれでは「きまり」がよくわからないので，本で調べたところ，次のような「きまり」があることがわかりました。

入射点Aを中心とした円を書き(図4)，BCの長さとDEの長さを測定すると，(BCの長さ)÷(DEの長さ)は，入射角(図4のアの角)を変えても一定の値になる。この値を「くっ折率」という。

あらためてこの「きまり」をあてはめやすいように，方眼紙の上で実験すると，図5のようになりました。

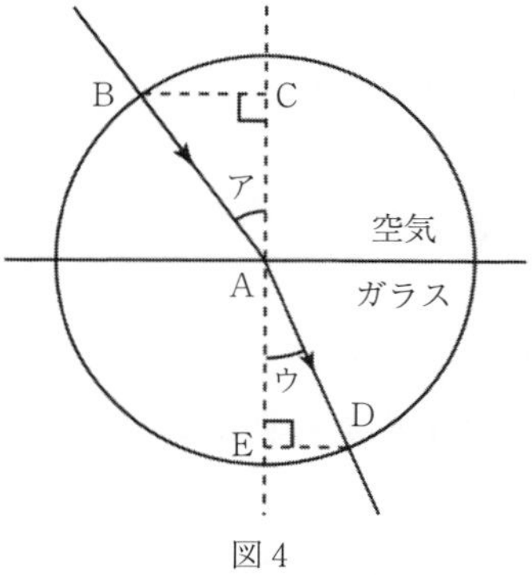

図4

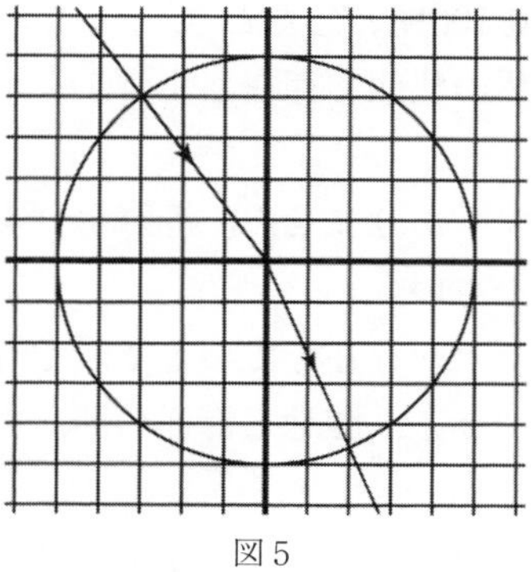
図5

2 このとき(図5)のくっ折率はいくらですか。

3 ガラスから空気に光が進むときも，図4の光線の向きを逆にすれば，同じ「きまり」が成り立ちます。ガラスから空気に光が進むときの光の道筋を，解答用紙の図に書き入れなさい。定規を使えませんので，光の道筋の線は，始点と終点をなるべくまっすぐ結ぶように書いてください。

4　**3**のとき，ガラスと空気の境目で反射する光もあります。反射光を解答用紙の図に書き入れなさい。

5　ガラスではなく，水で同じ実験をします。水の場合のくっ折率を調べたところ，1.33であることがわかりました。図4で，空気中を進む光の道筋が同じとき，水に入ったときのウの角度は，ガラスの場合と比べてどのように変化しますか。下の文章の｛　｝からあてはまるものを1つ選びなさい。

図4のアの角(入射角)を同じにして実験した場合，図4のBCの長さは同じであるが，水のくっ折率がガラスよりも｛①　**大き・小さ**｝いため，(BCの長さ)÷(DEの長さ)はガラスよりも｛②　**大き・小さ**｝くなる。したがって，DEの長さはガラスよりも｛③　**大き・小さ**｝くなるため，ウの角はガラスよりも｛④　**大き・小さ**｝くなる。

4　右図は地球の大気(空気中)，海洋，そして陸地に存在するすべての水の量を図示したものです。図中の□の数字は，その場所に存在している水の量(体積)で，単位は千立方キロメートル($1000km^3$)です。また図中の矢印の間の数字は，1年間に矢印の向きに移動する水の量(体積)の合計で，単位は千立方キロメートル($1000km^3$)です。なお，図中のすべての数値は地球全体で測ることはできないので推定した値で，水は液体の状態だけでなく，気体や固体の状態でも存在するすべての水を液体の水の体積に置きかえた値で示しています。

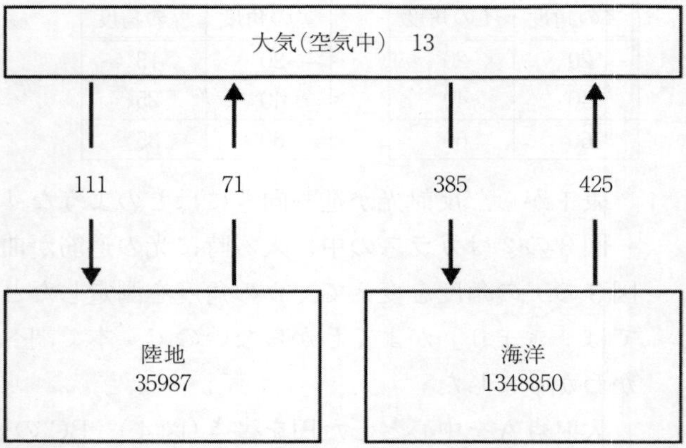

図中の数値は国立天文台編『理科年表2022年版』丸善より引用。

1　大気中に存在する水は目に見えませんが，それを何といいますか。

2　陸地に存在するすべての水を100%としたとき

(1)　一番多い(76%)の水は固体の状態で存在します。それを何といいますか。漢字2字で答えなさい。

(2)　川や湖に存在する水は1%もありません。それよりも多い全体で2番目(23%)の水は何でしょうか。漢字3字で答えなさい。

3　地球全体の水の量が一定で，水が存在しているそれぞれの場所で「入ってくる量」と「出ていく量」が同じであると考えたとき，陸地と海洋の間，大気中でも水は移動していることになります。

(1)　それぞれ，どの向きに水は移動しているのか。次の表のア～エの組合せの中から正しいものを1つ選びなさい。また，それぞれ移動している水の量(体積)が同じであると考えたとき，1年間で何千立方キロメートル($1000km^3$)になりますか。

	陸地と海洋の間	大気中
ア	陸地→海洋	陸地上の大気→海洋上の大気
イ	陸地→海洋	海洋上の大気→陸地上の大気
ウ	海洋→陸地	陸地上の大気→海洋上の大気
エ	海洋→陸地	海洋上の大気→陸地上の大気

(2)　大気中に存在している水の量と，１年間に大気中から「出ていく量」または大気中に「入ってくる量」をくらべ計算すると，大気中の水が何日間おきに入れかわっていることがわかります。その日数を求めなさい。答えが小数になる場合は，小数点以下を四捨五入して答えなさい。

4　海洋に存在するすべての水が，海洋の面積と海洋の深さ(平均した一定の深さ)から求められる直方体の中にあるとした場合，海洋の平均の深さは何ｍになりますか。

ただし，海洋の面積は361百万平方キロメートル(1000000km^2)とし，答えは十の位を四捨五入して答えなさい。

5　地球上にある水は大きく２つに分類されます。１つは海水で，もう１つは海水以外の塩分をふくまない真水です。海水の塩分のう度は場所によって差はありますが，地球全体の平均で3.5％(海水100ｇに3.5ｇの塩分がふくまれています)です。地球上の水の量は一定で，海洋，大気，陸上の間で水が移動しているとき，海水の塩分のう度もほぼ一定で変化ありません。その理由を説明した下記の文中の下線部(1)～(3)に適語を入れ，文章を完成させなさい。

<理由>

水が海洋から大気中に移動するとき，海水中の塩分は(1)＿＿＿＿＿＿。そのため海水の塩分のう度は(2)＿＿＿＿。しかし，真水が(3)＿＿＿＿＿＿ので，海水の塩分のう度はほぼ一定となる。

チラシを8刷る

＊問題文に使用した作品における難しい漢字表記は、現在一ぱん的に使われている漢字またはひらがなに改めるか読みがなをほどこすかしてあります。また、送りがなを加えたりけずったりしたものもあります。

を図書館に求め、持ち帰って読む本を探し、次いで被災の処理や連らくのために図書館を使う、という生活のパターンが各地から報告されています。図書館とは本好きの人たちが行く特別なところ、という長い間のイメージが、**問三**災害から立ち上がるための一つのよりどころにまで変わってきたのです。それには、災害発生以前の図書館サービスがあってこそ、です。

もう一つ大事なことは、子どもたちのことです。大人は図書館の復興を待ってくれますが、子どもたちの心の痛手に対しては、最初の一週間が大事だ、といわれています。読み聞かせにもお話にも、絵本の提供にも、大きな恐《おそ》れに直面した子どもたちの心をいやすこまやかな配りょが必要です。これもまたふだんからの準備と、災害後すぐに動きだせる態勢、行政の理解と施《し》策が必要ですし、子どもの成熟と成長にかかわる人たちみんなで考え、準備を重ねるべきことの一つでしょう。図書館はそのための本の供給源であり、混乱の中にあっても、実施の場として働くのだと思います。

（竹内　哲《さとる》『生きるための図書館――一人ひとりのために』）

問一　――部「図書館には、相談係とか参考係というデスクに司書を置いています」とありますが、「相談係とか参考係」の司書の仕事について答えなさい。

①「すること」は何ですか。一つ書きなさい。

②「しないこと」は何ですか。一つ書きなさい。

③「必要なこと」は何ですか。一つ書きなさい。

問二　二一世紀に入って災害が発生する以前、図書館はどのようなイメージでしたか。本文中から二十字以内でぬき出しなさい。

問三　――部「災害から立ち上がるための一つのよりどころにまで変わってきたのです」とありますが、災害以後人々は図書館をどのように使うようになったのですか。本文中の言葉を用いて四十字以内で具体的に書きなさい。

問四　自然災害の直後、被災した子どもたちは被災地のためにどのようなことができますか。図書館以外の例を挙げ、あなたの考えを二百字以内で書きなさい。

三　**次のA・Bの文の――部と言葉の働きが同じであるものを選びなさい。**

A　姉はおおらかな心の持ち主である

1　積極的な姿勢で行動することが大切だ

2　まだ二月なのに今日は春のように暖かい

3　引っこしの際に大きな家具を運び出した

4　宝石を散りばめたような星空をながめた

B　博士の考え出した理論は正しかった

1　父の古いうで時計をゆずり受けた

2　そこにかかっている黒いぼうしは兄のだ

3　妹はもうこの本を読まないのだろうか

4　母の作った手料理でおもてなしをした

四　**次の――部1～5のカタカナの部分を漢字で書きなさい。また――部6～8の漢字の読み方をひらがなで書きなさい。**

お湯を**1**サます

事態を**2**ラッカンする

3カクシキを重んじる

変化に**4**トむ

5キントウに分ける

6本末転倒《とう》

7豊満な花の香り

なくなっている

4　バスが動き出したとたん、これまで何度もきぬ子をからかってきたことが次々と思い出され、申し訳なさでいたたまれなくなっている

問十二「　」部の場面はどのようなことを表していますか。

1　情熱を最後までつらぬき通して走り続けた結果、少年が大人へと成長したということ

2　どれだけ思いを寄せても、別世界へと帰っていくきぬ子には手が届かないということ

3　激しい闘争心も、ライバルたちのだつ落によっていとも簡単に失われていくということ

4　海辺の村の子供たちに向けていたきぬ子の思いが、だんだんと消えていくということ

問十三　次の問に答えなさい。

①　――部「その日」は、「私」が砧家が宿泊している角屋に魚を届けてから何日目ですか。角屋に魚を届けた日は数えずに答えなさい。

②　「私」は村の学童たちのなかでどのような存在ですか。

③　砧家はどこから来ましたか。本文中から漢字二字でぬき出しなさい。

④　砧家は何人で来ましたか。

二　次の文章を読んで後の問に答えなさい。

問一図書館には、相談係とか参考係というデスクに司書を置いています。蔵書の利用だけでなく、図書館で働く人の知識や経験を利用できるのです。この人は、本の世界の道案内人ですから、読者が目的の本を見つけるまでは、本だなのあいだを歩いていっしょに探してくれます。

でも読者に代わって本を読み、問題を解決することはしません。わからないことを自分で解決できた喜びは、その読者のものです。それがその人の次の問題解決に役立ちます。この質問は、その人のプライバシーの一つですから、図書館で働く人はその秘密を守ります。

そして、この本を読みなさい、とおしつけるのではなく、いくつかの本を見せて「この中であなたのお役に立つものがありましたら」というのが本来の方法です。それには図書館員の経験と知識のちく積が必要です。さらに、図書館には選書から始まって「本」の整理や保管、貸し出しに至るまでさまざまな仕事がありますが、その全部がじゅう実し、組織化されて、やっと「本と人とをつなぐ仕事」ができます。その一館で解決できない質問に対しては、図書館という組織全体がそれを支えます。

こうした案内を受けるうちに、読者は、自分に必要なものを探す方法を自然に理解するでしょう。司書が本を見せながら具体的に説明することで、それがわかってくるのです。だから図書館は「教えこまれるところ」ではなく、「自分の感覚を働かせて学び取るところ」です。

昔から「読み、書き、計算する能力」を人間の知的能力としてきましたが、今は図書館で「必要なものを探す能力」を身につけるようになったのです。これは、一生使える能力です。こうした学び方にまだ慣れていない人には、必要な手ほどきをします。それが、その人と「本」とをつなぐ入り口になることでしょう。

二一世紀に入って、大きな災害が続きますし、また来るといわれている大震《しん》災への備えも強調されています。そんな中でとつ然の被《ひ》害からやっと自分を取りもどした人が、避難生活の中で一人になれる場所

げたその男がにくかった」とありますが、このときの「私」の気持は、別の表現で言うとどのようなものですか。本文中から十字以内でぬき出しなさい。

問八 ――部「やはり兄妹ではなかったなと思った。私はその夜、生まれて初めて、パインナップルというものを食べた。その甘美な味はいつまでも口中に消えないで残った」とありますが、このときの「私」の説明としてふさわしいものを選びなさい。

1 生まれて初めて食べたあまいパインナップルの味で、貧しい自分の生活とゆう福なきぬ子の生活との差を思い知らされてみじめになっている

2 海辺の村ではふだん食べることのないパインナップルの味に、きぬ子の洗練された美しさが思い起こされ、きぬ子に会いたい気持をつのらせている

3 あまくておいしいパインナップルの味がきぬ子と若い男との仲むつまじさを思い出させ、二人の間に入りこむ余地はないと苦い敗北感にさいなまれている

4 初めて食べたパインナップルのあまい味とこれまで聞いたこともなかったきぬ子のとろけるようなあまえた声とが重なり、頭から離れなくなっている

問九 ――部「『そうか、よし!』輝夫も、きぬ子と聞くと、舌でくちびるの周囲をやたらになめまわし、興奮した目の色をした」とありますが、この部分からどのようなことがわかりますか。

1 輝夫がきぬ子に反発する気持を持っていること

2 輝夫が私にライバル意識を持っていること

3 輝夫がきぬ子に関心を持っていること

4 輝夫がいじめを許さない性質を持っていること

問十 ――部「私は、戦い終わったものの感傷で、暗い海をながめた。くもっているせいか、海には一点の漁火も見えず、船体の見えない漁船が、エンジンの音を海面の遠くにひびかせていた」とありますが、このときの「私」の説明としてふさわしいものを選びなさい。

1 大学生を相手にやるだけのことはやりきったものの、勝敗もつかずきぬ子への恋もかなわなかったことを感じ、むなしくなっている

2 大学生を相手に必死で歯向かっても子供の力ではとうていかなうはずもなく、むぼうな戦いをいどんだ自分の浅はかさを後かいしている

3 最後まであきらめずに大学生と戦ったことにほこりを感じる一方、自分だけを残して仲間たちがみなにげ出したことにさみしさを覚えている

4 きぬ子をたぶらかしている大学生を追いはらおうとしたが失敗に終わり、きぬ子を助けられなかったという無力感にうちのめされている

問十一 ――部「私はとつ然、自分でも理解できぬ衝動を感じて、バスを追いかけて走り出した」とありますが、このときの「私」の説明としてふさわしいものを選びなさい。

1 バスが動き出したことでもう来年の夏まできぬ子に会えないことに気づき、あいさつ一つできなかった後かいで胸がいっぱいになっている

2 バスが動き出したとたん、このままでは自分の存在がきぬ子に忘れ去られてしまうのではないかとあせり、自分をおさえられなくなっている

3 バスが動き出したことで本当にきぬ子がここからいなくなってしまうという事実をつきつけられて、いてもたってもいられ

2　大人っぽいと思っていたきぬ子を間近で見ると、想像とは裏腹にあまりにも幼い様子だったので落たんしている

3　気位が高くとりすましているきぬ子に頭を下げて魚を買ってもらわねばならないことがくやしくて、ふてくされている

4　ふつうの人ならだれでも知っているような魚をものめずらしそうにのぞきこむ世間知らずなきぬ子に、あきれはてている

問四　――部「『父ちゃんが上げておいでって――』私はいきどおったように言った」とありますが、このときの「私」の説明としてふさわしいものを選びなさい。

1　ちっぽけな魚の代金をもらうのはなんとなく気が引けていっそあげてしまおうと思いついたのに、自分の親切心があっけなく否定されてしまい、しゃくにさわっている

2　魚の代金をもらうことへのみじめさからうそをついて見えをはったのに、そのうそを再び言わないといけない状きょうになり、早くやり取りを終わらせようと意地になっている

3　魚の代金を受け取ろうとしないことで気前の良さを見せたつもりだったのに、本当は余ゆうのない生活をしていることを見すかされ、はじをかかされたように感じている

4　せっかくめずらしい魚をプレゼントして喜んでもらおうと思ったのに、意外にも代金のことにこだわってなかなか魚を受け取ってくれないので、いや気がさしている

問五　――部「もう浜はとっぷりと暮れて、海面にはいくつかの漁火がまたたき始めていた」とありますが、「漁火」はどのようなことを象ちょうしていますか。

1　代金を受け取らなかった後かい

2　きぬ子へのあわい恋《こい》心

3　砧家の生活へのあこがれ

4　父への消えない反こう心

問六　「その声は磯くさい夜風といっしょにみょうになまめかしく私の耳に聞こえた」（――部**ア**）、「きゃあ、きゃあ嬌声を上げているきぬ子の声が、静かな夜の海辺にひびいた」（――部**イ**）、「少女とは思われぬヒステリックな声のひびきだった」（――部**ウ**）とありますが、「私」はきぬ子の声からどのようなことを感じ取っていると考えられますか。**ア・イ・ウ**それぞれにふさわしいものを選びなさい。

1　若い男にかまってもらえる喜びで異常なくらい興奮していること

2　日ごろからちやほやされて育ったせいでわがままな性質であること

3　若い男に愛情を示してもらうことで安心したいという願望があること

4　子どもらしい無じゃ気さと大人の落ち着きが同居していること

5　若い男をなんとしても自分の思い通りにしたいという欲望があること

6　美しくきゃしゃな少女には似合わない粗野《そや》な一面を持っていること

7　若い男がうっとうしがっていることにも気づかずどん感であること

8　若い男に対してただのあまえだけではない特別な感情があること

9　自分をないがしろにする若い男を見返そうとやっきになっていること

問七　――部「私は、なぜか、その時、たまらなく、きぬ子をだき上

かけて行くぞといったかっ好で、海沿いの道を走っていた。彼はバスといっしょに村外れの小さいトンネルに入ったが、バスがぬけ出た時は、そこに輝夫の姿はなかった。彼はトンネルの中で落伍したものらしかった。

問十三 その日は、完全に夏が終わって、村へ秋がやって来た日であった。夏が完全ににげ去ってしまう合図に、夕方から夜にかけてひどい雷《らい》雨が海浜《ひん》一帯の村をおそった。

（井上　靖《やすし》『晩夏』）

〈注1〉　船の底にしく板
〈注2〉　相手を生かしてはおけないと思うくらい強いうらみやにくしみがあること
〈注3〉　砧家が宿泊《はく》している宿
〈注4〉　お金の単位
〈注5〉　地位や身分が低くいやしいこと
〈注6〉　お手伝いさん
〈注7〉　夜、海などで魚をさそい集めるために船でたく火
〈注8〉　長さの単位。一間は約一・八メートル
〈注9〉　なまめかしい声
〈注10〉　敵軍の動きや敵地の地形などをさぐりに行くための兵士
〈注11〉　長さの単位。一丁は約百九メートル

問一　――部**A**・**B**と同じ意味で用いられているものをそれぞれ選びなさい。

A　目をこらす

1　久しぶりに映画を見に出かけたAさんは、最新の映画館の設備のすばらしさに目をこらした
2　人気歌手の目をこらすほどのりりしさに夢中になったBさんは、さっそくポスターを買い求めた
3　古美術品のコレクターであるCさんは、めったに市場に出回らない目をこらした一品を入手した
4　バレエの審《しん》査会に出場したDさんは、ライバルの一挙手一投足を見のがすまいと目をこらした

B　当てが外れる

1　四国に来れば本場の讃岐《さぬき》うどんの店がたくさんあると思ったのに、近くに一軒《けん》もなくて当てが外れた
2　天気予報では荒《こう》天とあったが、山の天気は必ず当てが外れるものだから登山を決行しても良いだろう
3　私たち野球部の実力では全国大会出場など考えられなかったが、思いがけず当てが外れて喜んだ
4　たとえ固く約束しても彼が時間通りに来たためしはないから、やはり今日も当てが外れるだろう

問二　――部「『魚を持って来ました』私は縁先の物干しの棒のところに立ち止まって、よそ行きの言葉で言った」とありますが、このときの「私」の説明としてふさわしいものを選びなさい。

1　お得意様への大切な仕事を任されてほこらしい気分でいる
2　ふだんいやがらせをしているきぬ子の家なので、気まずくなっている
3　きぬ子が出て来ることを期待して良いところを見せようとしている
4　子供が配達に来たからと見下されないように大人っぽくふるまっている

問三　――部「私は口がきけなかった」とありますが、このときの「私」の説明としてふさわしいものを選びなさい。

1　思いがけずきぬ子本人が応対に出て来たうえに、何のこだわりもなく親しげに言葉をかけてきたので当わくしている

私と輝夫の二人は、彼らに、これからしゅうげきする人物が何者であるかは説明していなかった。

子供たちは、それぞれ、自分たちで勝手な解しゃくを下して、それに対してめいめいそれぞれの敵意を燃え上がらせていた。

みんな小石を拾って、ポケットやふところにねじこんだ。盾《たて》のつもりか、板子などをだいている子もあった。

大学生は波打ちぎわを歩いて来た。その姿が小さく見えると、私たちはいっせいにかん声を上げて、その方へかけ出し、彼とのきょりが半丁ほどのところで散開すると、いっせいに石を彼に向かって投げ出した。彼の立っている地点に届かない石もあれば、彼をこえて海へ落ちる石もあった。

とつ然のしゅうげきにおどろいた大学生は、何かさけびながら地面にふした。そしてやがて立ち上がると見るとこちらにかけ出して来た。ひどく勇敢《かん》だった。

ばらばらと、私たちはにげ出した。

途中で、私たちは立ち止まり、二回目のしゅうげきを開始した。見ると私の周囲には五、六人しかいず、他の連中は、こわくなったのか、松林の方へにげ続けていた。いくら私たちが石を投げても、大学生はかけて来た。私たちは再び、またにげ出した。松林の入口で、私たちは三度目にふみとどまった。その時は、私と輝夫の二人きりだった。

「つかまるぞ、にげよう」

輝夫は言った。

「よし、にげよう」

私はあいづちを打って、松林の中へかけこんだが、私は立木の一つに身をかくすと、にげるのをやめた。にげてなるものかと思った。そして、松林の入口で立ち止まっている彼の方へ石を投げた。

大学生は、あたりをきょろきょろ見まわしていたが、二番目の石が彼の立っている近くの松の幹にぶつかると、いきなり見当をつけて私の方へかけて来た。

私は松林の中をくるくるまわり、時々、立ち止まっては松の幹の間から姿を現して石を投げた。私一人が最後まで敢闘《とう》した。石はほとんど大学生にはぶつからなかった。それが、私には、いまいましかった。

そのうちに、夜のやみが全く、松の木も大学生の姿ものんでしまった。私は息をはずませながら一本の立木にもたれていた。手や足の方々が痛かった。至るところ負傷しているらしかった。

私は浜の方へ出て、草むらから雑草の葉をむしり取ると、それをひざ頭や手首の負傷かしょへなすりつけた。

問十 私は、戦い終わったものの感傷で、暗い海をながめた。くもっているせいか、海には一点の漁火も見えず、船体の見えない漁船が、エンジンの音を海面の遠くにひびかせていた。

それから三日目に、この夏の最後に引き上げて行く避暑客として、砧一家はバスでこの村を離れた。ちょうど登校時の、二番バスだった。大学生はいつか帰ったものと見えて砧家の一行の中には姿を見せなかった。きぬ子と彼女の両親と女中の四人だった。砧家の人々がバスに乗りこむのを私たちは今日はおとなしく遠くからながめていた。

バスの中に一行が収まってしまうと、じょじょに私たちはバスに近寄って行った。私たちがバスの一、二間近くまで行った時、バスは動き出した。**問十一** 私はとつ然、自分でも理解できぬ衝《しょう》動を感じて、バスを追いかけて走り出した。私にまねて、子供たちはみんな走り出した。一丁ほどかけてとまったが他の連中はとまらず、どこまでもバスといっしょに走って行った。間もなく、一人ずつバスから落伍《ご》した。**問十二** 最後に一人だけバスの横手を必死になってかけている少年の姿が見えた。輝夫だった。学校かばんがじゃまになると見えて、彼は途中でそれを路ぼうにすてると、もうこうなってはどこまでも追い年の姿は、きぬ子の兄どころか、父とでも言いたいほどの、年れいの開きを持っている人物のように思われた。私が、昨夜、想像していたような若い男とはちがっていた。

私はなぜか、ひどく**問一B**当てが外れたような気がした。しかし、きぬ子が、その青年のうでにぶら下がっては歩いているのを見ていると、私の心にはやはりしっとに似た感情がわいた。

二人は何か話しているらしかったが、遠くからでは何も聞こえなかった。が、やはり、昨夜のように、きぬ子は、あの聞いていて心をとろかすような嬌声を上げて、きゃあきゃあ言っているのではないかと思った。

そう思った時、やはり、私はその青年がこの海岸に現れたことを快しと思わなかった。

長い海岸線の途中で、きぬ子と母の二人は青年と別れて家の方へ引き返して行った。青年一人だけがなおも、波打ちぎわを歩いて行くのを見ると、私は、そこからかけ出して、遊び仲間の料理屋の輝夫《てるお》を呼び出した。

「きぬ子をいじめる東京のやつがいる。いけないやつだ。やっつけよう」

と私は言った。

問九「そうか、よし！」

輝夫も、きぬ子と聞くと、舌でくちびるの周囲をやたらになめまわし、興奮した目の色をした。

輝夫はほら貝を吹いて往来を歩いた。二人はそろって青年集会所の火の見やぐらの前に行った。五分すると、部落の子供たちが集まって来た。十五、六人そろうと、舟《ふな》大工の仕事場の裏手の切岸《きりぎし》の上に移動した。

「いけないやつが浜を歩いているので、これから行ってやっつけるんだ」

私はみんなに命令した。

夕ご飯を食べていないという子が三人あった。その三人に、早く食べて再びここに集まるように言った。

それから十五分ほどして、私たちは松林の一隅《ぐう》に勢ぞろいした。

夕暮れの浜には、風がふいて、散歩している人の姿も見えなかった。

〈注10〉せっこうに出した雑貨屋の三津平《みつへい》が、馬にでも乗っているような調子を取ったかけ方で、波打ちぎわを遠くからこちらにかけて来るのが見えた。

「みさきの突端《とったん》で歌をうたっていた！」

彼《かれ》は、私に報告した。

やがて、二番のせっこうが帰って来た。彼は負傷していた。どこかで転んだと見えて、ひざこぞうをすりむいていたが、彼もまた興奮していると見えて泣きはしなかった。

「歌をうたっている！」

彼もまた言った。

私たちは、それから二〈注11〉丁ほど、みさきに近い方へ位置を移動し、新しく三人のてい察を出した。

二人のてい察が帰って来ての報告によると、彼は砂浜にこしを降ろし、夕暮れの海をあかずながめており、時々立ち上がると何か歌をどなり、またこしを降ろして、海面に見入っていると言うことであった。

最後のてい察が、

「来るぞ、どろ棒がこっちにやって来るぞ！」

と言いながらかけこんで来た時は、暮れなずんだ海が、一枚のうすずみ色の板に見えるほど、辺りに夕やみが立ちこめていた。

「どろ棒じゃあない、お化けだろう」

と、一人がてい正した。

角屋の離れの横手は石塀《べい》になっていて、一方が海に面し、一方が浜に面していた。私はその石塀のそばへ行くと、そこにあった松の木のあらいはだに手をかけた。幹の中ほどのところまでよじ登るとそこから砧一家の住んでいる離れの内部はまる見えのはずであった。

私は一〈注8〉間《けん》半ほど松の木をよじ登ったが、しかし何も見えなかった。家人は全部外出していると見えて、家の中の電とうは消えてまっ暗だった。

私が再び松の木を降りようとした時、下の方で人の話し声がした。私は思わず身を固くした。五、六間離れた松林の中のはだか電とうの光がそこら辺りまでのびていて、そのうす明かりの中に二、三人の人かげが見えた。

私はしばらく、**問一A**目をこらしていたが、その三人が、砧きぬ子と彼女の母と、もう一人見知らぬ若い男の人であることを知ると、私は身動きができなくなった。

「兄さん、だいてよ」

明らかに砧きぬ子の声であった。**問六ア**その声は磯《いそ》くさい夜風といっしょにみょうになまめかしく私の耳に聞こえた。

「もう、およしなさいよ、ばかね！」

こんどは彼女の母の声だった。

「いやよ、だいてよ、もう一度だけ」

きぬ子が言うと、

「うるさいな」

そんな太い男の声がした。と、やがてどっこいしょと言うかけ声といっしょに、**問六イ**きゃあ、きゃあ〈注9〉嬌声《きょうせい》を上げているきぬ子の声が、静かな夜の海辺にひびいた。きぬ子は若い男の手によって高くだき上げられている風であった。

「ああ、らく、らくだわ。おうちまでこうして歩いて行って！」

「じょう談言ってはいけない、降ろすぞ！」

「いや、もっと」

と、やがて、

「ひどいわ、いきなり降ろすんだもの。下駄《た》がどこかに飛んじゃったじゃないの」

砧きぬ子の明らかにとがめる口調だった。

「探してよ」

「そこらにあるだろう」

「いや、探して！」

問六ウ少女とは思われぬヒステリックな声のひびきだった。

「帰りましょう」

そんなことに取り合わない風で、きぬ子の母の声が一、二間離れたところで聞こえた。

問七私は、なぜか、その時、たまらなく、きぬ子をだき上げたその男がにくかった。兄さんときぬ子が呼んでいたから、彼女の兄さんかも知れなかったが、私は松の木の上で、何となく二人は兄妹《きょうだい》でないような気がした。

三人の話し声が遠くなってから、私は松の木から砂浜の上に飛び降りた。

家へ帰ると、父はまだ酒を飲んでいた。父はもう、私をしからなかった。その時、そばにいる母の言葉で、私は、砧家へ親せきの大学生が二、三日前から来ていることを知った。

問八やはり兄妹ではなかったなと思った。私はその夜、生まれて初めて、パインナップルというものを食べた。その甘《かん》美な味はいつまでも口中に消えないで残った。

その翌日の夕方、私は、きぬ子と彼女の母といっしょに海岸を散歩している青年の姿を見かけた。ゆかたのうでをまくって歩いている青

こんどは、私は大きい声でさけんだ。

と、砧きぬ子の顔が縁側からのぞいた。

「あら、お魚？」

彼女は言うと庭へ降りて来て、ザルの中をのぞきこみ、

「まだ生きているわ」

そう言ってから、

「母さん、お魚ですって！」

と奥《おく》にさけんだ。

「何て言うお魚」

彼女は言った。

問三私は口がきけなかった。彼女は私より少し背が高かったが、近くでみると、いつも私が思っていたよりずっと子供っぽかった。

私がザルを地面の上に置くと、彼女はそこにしゃがみこみ、小さい棒切れを拾って、それで魚のはだをつついた。そんなことをしている彼女を、私は上から見たことはなかった。私はそれまでに、そんなきゃしゃな白い手首を見たことはなかった。首も細く、その細い首の上にオカッパのかみがきちんとそろえて切られてあった。

間もなく、彼女の母が、これも縁側から降りて来ると、

「ごくろうさんね。おいくら」

と言った。

私はこの魚の代金を受け取るのが、何かはずかしかった。ひどく〈注5〉卑賤《ひせん》な行為《い》のような気がした。

「いいです」

と私は言った。

「よくはないわ。おいくらですって」

問四「父ちゃんが上げておいでって——」

私はいきどおったように言った。すると、

「まあ、それは、お気の毒ね。よくお礼を言ってちょうだいね」

彼女の母は言った。

私が彼女の母と話をしている間に、きぬ子は私のところから離れ、縁側から部屋の中に上がって行った。

私はそこを立ち去る時、初めて離れの家の中をのぞいた。きぬ子が南向きの縁側に面した部屋のすみで、小さい机に向かっていた。そのうしろ姿だけが、私の目に入った。何か雑誌でも読んでいる様子だった。

私は夕食の時、父からひどくしかられた。私は代金の五十銭を、途《と》中でどこかへ落としてしまったことにしていた。

「使い一つできないでは困るじゃあないか」

父は、いつまでも同じことを、がみがみ言った。

私が父からしかられている最中、角屋の〈注6〉女中が、砧家からたのまれたと言って、パインナップルのかんづめを一個持って来た。

「代金を取っていただけないので、これがお礼ですって」

と女中は言った。女中が帰ると、私はまた新しく父からどなられた。

「どう言う了《りょう》見で、うそなどつきやがるんだ」

父は私をにらみつけたが、しかし、父はこんどは長くはおこっていなかった。魚二、三匹と、めったにお目にかかれぬ果《くだ》物のかんづめとでは、決して損な取り引きではなかったからである。

私は、夕食の膳《ぜん》を離れると、すぐ家を出た。

足は海岸に向いた。**問五**もう浜《はま》はとっぷりと暮れて、海面にはいくつかの〈注7〉漁火《いさりび》がまたたき始めていた。

私は、半時間ほど砂の上にこしを降ろしていたが、そのうちに、ふいに、砧きぬ子の姿が目にうかんで来た。いまも彼女が昼間見かけた南側の部屋のすみで机に向かっていそうな気がすると、私は立ち上がって浜を角屋の裏手の方に向けてつっ切って行った。

2023年度

フェリス女学院中学校

【国　語】（五〇分）〈満点：一〇〇点〉

《注意》一、句読点や記号などは字数にふくめます。
二、解答用紙の一行のわく内には二行以上書かないようにしてください。

一　**次の文章を読んで後の問に答えなさい。**

こんな事は毎日だった。砧《きぬた》きぬ子が朝と晩の散歩の他に、昼間三時から四時ごろの間、海岸を散歩するのを日課としていることを知っていたので、私は学童たちを集めて海水浴場の外れの方でいつも彼《かの》女を待っていた。

砧きぬ子はたいていの場合一人で散歩したが、ごくたまに母らしい人に連れられて姿を現した。そんな時は、私たちは何もしなかった。彼女がこちらに近づいて来ると、私たちは海の中へ避《ひ》難した。そして〈注1〉板子につかまって、波にゆられながら、遠くの方から彼女をうかがった。

「あいつ、今日はやっつけられないでしゃくだな！」

私はそんな風に言った。他の四、五年生もみな、みょうにぎらぎらした目を彼女の方へ向け、

「大人《おとな》といっしょに来ていやがる！　よおし、明日覚えてろ！」

そんな事を言った。私たちはまるで彼女にうらみを持っているかのようであった。いかなる種類の仇敵《きゅうてき》か知らなかった。しかし、〈注2〉不倶戴天《ふぐたいてん》という言葉の意味に近いものを、彼女が持っていることは明らかだった。そのままにはして置けないような美しいものを、その都会の少女は持っていたのである。砧きぬ子は色が白く、目が大きく、かみはおかっぱにして、いつも着物を着ていた。私たちの目には彼女はひどく大人びて見えた。

「〈注3〉角屋の離《はな》れに、この魚をとどけて来い！」

私は父から命じられた。

「取り立ての、とれとれですって言ってな。そして五十〈注4〉銭もらって来い」

そんな風に父は言った。

夕方だった。私はしりごみした。その魚は、砧家から今朝父が依頼《いらい》されて釣《つ》って来たものであることは、私も知っていた。しかし、毎日のように彼女をやっつけている手前、私には彼女の家に行くことは有り難い役目ではなかった。

私は何とか理由をつけて、この役目から放免《めん》されようと思った。しかし、

「行って来いと言ったら、行って来い」

と、父から頭を一つこづかれると、その命令に従う以外仕方がなかった。

私は二、三匹《ひき》の魚を入れたザルを持って、砧家へ出かけて行った。角屋の表門から入り、勝手口の横を通って、離れの縁《えん》側の方へまわって行った。

問二「魚を持って来ました」

私は縁先の物干しの棒のところに立ち止まって、よそ行きの言葉で言った。そこからは内部がのぞかれなかったので、家の中に、だれが居るか全然わからなかった。私はただ家の内部へ向かって、声をかけたのであった。

何の返事もしなかった。

「魚を持って来た！」

2023年度

フェリス女学院中学校 ▶解説と解答

算 数 （50分）＜満点：100点＞

解 答

[1] (1) 6.5 (2) ア 44 イ 67 (3) ア 23 イ 19 (4) ア 189 イ 72 (5) ア 48 イ 50 ウ 27 [2] ア 672 イ 9.4 ウ 62.8 [3] (1) 21度 (2) 2 cm^2 [4] (1) 80通り (2) 420通り (3) 480通り [5] (1) 解説の図1を参照のこと。 (2) ① 0個，2個，4個 ② 1個，3個 ③ C ④ 解説の図3を参照のこと。

解 説

[1] 逆算，条件の整理，整数の性質，場合の数，割合と比

(1) $2\frac{3}{5}\div\{(□-1.95)\times0.6\}+\frac{5}{7}=\frac{5}{3}$より，$2\frac{3}{5}\div\{(□-1.95)\times0.6\}=\frac{5}{3}-\frac{5}{7}=\frac{35}{21}-\frac{15}{21}=\frac{20}{21}$，$(□-1.95)\times0.6=2\frac{3}{5}\div\frac{20}{21}=\frac{13}{5}\times\frac{21}{20}=\frac{273}{100}=2.73$，$□-1.95=2.73\div0.6=4.55$ よって，$□=4.55+1.95=6.5$

(2) ① 30÷3＝10より，30本の空きビンでラムネを10本もらうことができる。また，10÷3＝3余り1より，この10本の空きビンで新しく3本もらうことができ，さらに空きビンが1本余る。すると，空きビンの数は全部で，3＋1＝4(本)になるから，4÷3＝1余り1より，もう1本もらうことができる。このときの空きビンの数は，1＋1＝2(本)なので，これは交換《こうかん》できない。よって，飲める本数の合計は，30＋10＋3＋1＝44(本)と求められる。 ② はじめに3本買うと，その空きビンで1本もらうことができるから，その後は2本買うごとに1本もらうことができる。よって，100÷3＝33余り1より，買う分を○，もらう分を●として図に表すと，右の図1のようになる。したがって，もらえる本数は，33－1＋1＝33(本)なので，買う本数は，100－33＝67(本)とわかる。

図1

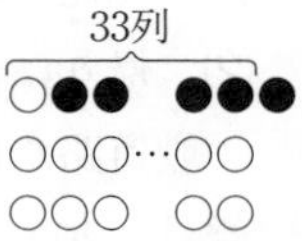

(3) 余りを□として図に表すと，右の図2のようになる。図2で，太線部分は同じ整数で割り切れるから，★の部分と☆の部分もその整数で割り切れる。また，★の部分は，2894－2342＝552，☆の部分は，3561－2894＝667なので，割る整数は552と667の公約数になる。さらに，右上の図3の計算から，552＝2×2×2×3×23となることがわかり，667÷23＝29となるから，552と667の最大公約数は23と求められる。よって，割る数は23(…ア)と決まる。また，2342÷23＝101余り19より，余りは19(…イ)とわかる。

図2

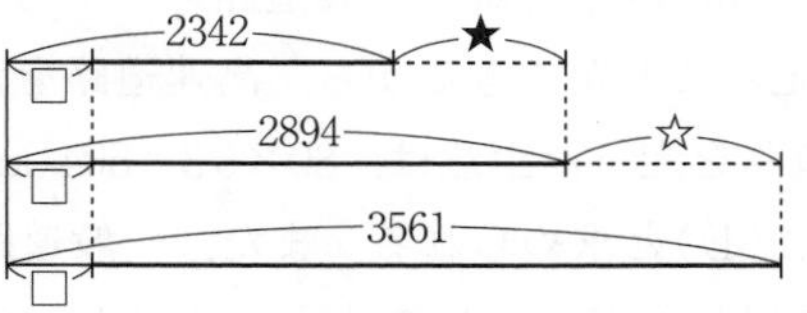

図3

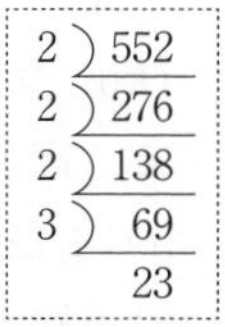

(4) 偶数《ぐうすう》となる目の出方の数は，すべての目の出方の数から奇数《きすう》になる目の出方の数をひいて求められる。どのサイコロも6通りの目の出方があるから，すべての目の出方は，6×6×6＝216(通

り)ある。また，積が奇数になるのはどのサイコロも奇数の目{1，3，5}が出る場合なので，3×3×3＝27(通り)ある。よって，3つの目の積が偶数となる目の出方は，216－27＝189(通り)(…ア)とわかる。また，そのうち，8の倍数にならないのは，①2または6が2回，奇数の目が1回の場合，②偶数の目が1回，奇数の目が2回出る場合のいずれかである。①の場合，奇数が何回目に出るかで3通りずつあるので，(2×2×3)×3＝36(通り)，②の場合も，偶数が何回目に出るかで3通りずつあるので，(3×3×3)×3＝81(通り)ある。したがって，3つの目の積が8の倍数になるのは，189－(36＋81)＝72(通り)(…イ)となる。

(5) たとえば，所持金の$\frac{2}{5}$を使うと，残金は所持金の，$1-\frac{2}{5}=\frac{3}{5}$(倍)になる。同様に考えると，長女の残金は最初の所持金の，$(1-0.375)\times(1-0.625)=\left(1-\frac{3}{8}\right)\times\left(1-\frac{5}{8}\right)=\frac{15}{64}$(倍)になり，次女の残金は最初の所持金の，$(1-0.5)\times(1-0.4)=0.5\times0.6=0.3=\frac{3}{10}$(倍)になる。これが等しいから，(長女の最初の所持金)$\times\frac{15}{64}=$(次女の最初の所持金)$\times\frac{3}{10}$より，長女と次女の最初の所持金の比は，$\frac{64}{15}:\frac{10}{3}=32:25$と求められる。さらに，この比を用いると，長女の残金は，$32\times\frac{15}{64}=\frac{15}{2}$となるので，三女の残金は，$\frac{15}{2}\times(1+0.1)=\frac{33}{4}$となる。よって，(三女の最初の所持金)×(1－0.45)＝$\frac{33}{4}$より，三女の最初の所持金は，$\frac{33}{4}\div0.55=15$とわかる。したがって，長女，次女，三女が出したプレゼント代の比は，(32×0.375)：(25×0.5)：(15×0.45)＝48：50：27である。

2 つるかめ算

(1) 行きについてまとめると右の図1のようになる。一般《いっぱん》道路だけで60Lのガソリンを使用したとすると，走った距離《きょり》は，10×60＝600(km)となり，実際よりも，712－600＝112(km)短くなる。一般道路のかわりに高速道路を走ると，ガソリン1Lあたり，12－10＝2(km)長く走ることができるから，高速道路で使用したガソリンの量は，112÷2＝56(L)とわかる。よって，高速道路を走った距離は，12×56＝672(km)(…ア)と求められる。また，一般道路を走った距離は，712－672＝40(km)なので，かかった時間の合計は，40÷40＋672÷80＝9.4(時間)(…イ)となる。

図1

一般道路(時速10km)｝合わせて
高速道路(時速12km)｝60Lで712km

(2) 帰りについてまとめると右の図2のようになる。一般道路だけを11時間30分走ったとすると，走った距離は，$40\times11\frac{30}{60}=460$(km)となり，実際よりも，712－460＝252(km)短くなる。一般道路のかわりに高速道路を走ると，1時間あたり，80－40＝40(km)長く走ることができるから，高速道路を走った時間は，252÷40＝6.3(時間)とわかる。よって，高速道路を走った距離は，80×6.3＝504(km)なので，高速道路で使用したガソリンの量は，504÷12＝42(L)と求められる。また，一般道路を走った距離は，712－504＝208(km)だから，一般道路で使用したガソリンの量は，208÷10＝20.8(L)となる。したがって，使用したガソリンの量は全部で，42＋20.8＝62.8(L)(…ウ)である。

図2

一般道路(時速40km)｝合わせて
高速道路(時速80km)｝11時間30分で712km

3 平面図形―角度，面積

(1) 下の図1で，弧《こ》ADと弧DBの長さの比が7：8だから，角AODと角DOBの大きさの比も7：8となり，角AODの大きさは，$90\times\frac{7}{7+8}=42$(度)とわかる。また，三角形ODAは二等辺三角形なので，角OADの大きさは，(180－42)÷2＝69(度)になる。さらに，ODが半円の弧と交わる点をＥとして，CEを結ぶ。すると，CE＝CO，CA＝CEより，三角形COEと三角形CEAも二等辺三角形となる。よって，角CEO＝角COE＝42(度)だから，角ACE＝42＋42＝84(度)であり，角CAE＝(180－84)÷２＝48(度)である。したがって，㋐の角の大きさは，69－48＝21(度)と求められる。

図１

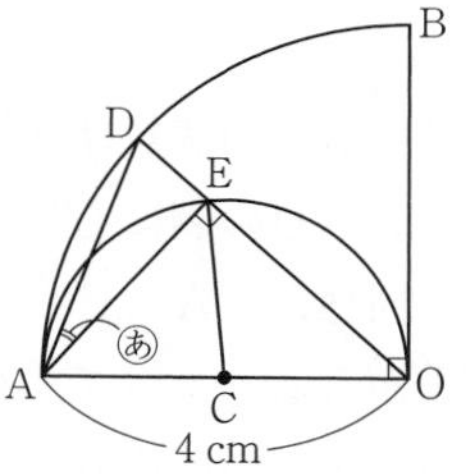

図２

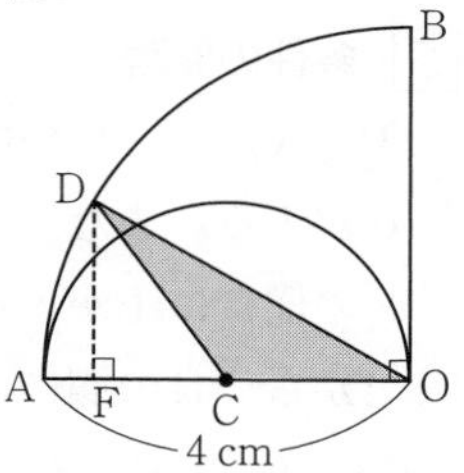

⑵　⑴と同様に考えると，右の図２で，角AODと角DOBの大きさの比は１：２だから，角AODの大きさは，$90\times\frac{1}{1+2}$＝30(度)になる。図２のように，ＤからAOに垂直な線DFを引くと，三角形ODFは１辺の長さが４cmの正三角形を半分にした形の三角形になるので，DFの長さは，４÷２＝２(cm)とわかる。また，COの長さは，４÷２＝２(cm)だから，三角形DCOの面積は，２×２÷２＝２(cm^2)と求められる。なお，ＣからODに垂直な線を引くと，その線の長さは，２÷２＝１(cm)になるから，４×１÷２＝２(cm^2)と求めることもできる。

4　場合の数

⑴　たとえば，ＡとＢの２人がメールを受け取る場合について考える。このとき，自分自身に送ることはできないから，ＡはＢに，ＢはＡに送ることになる。この段階でＡとＢは少なくとも１通受け取っているので，Ｃ，Ｄ，ＥはＡとＢのどちらにも送ることができる。よって，この場合の送り方は，１×１×２×２×２＝８(通り)とわかる。さらに，５人の中から受け取る２人を選ぶ方法が，$\frac{5\times4}{2\times1}$＝10(通り)あるから，全部で，８×10＝80(通り)と求められる。

⑵　まず，メールを受け取るのがＡ以外の４人で，ＡがＢにメールを送った場合を考える。Ｂがメールを送ったのはＣ，Ｄ，Ｅのいずれかである。ここで，ＢがＣに送ったとすると，ＣはＢ，Ｄ，Ｅに送ることができ，Ｃが誰に送るかで場合分けをしてまとめると，右の図１のようになる。よって，このとき，１＋３＋３＝７(通り)の送り方があるとわかる。Ａは，Ｂ，Ｃ，Ｄ，Ｅの誰に送ってもよく，また，Ｂも，Ｃ，Ｄ，Ｅの３人に送ることができるので，Ａ以外の４人が受け取るのは，４×３×７＝84(通り)ある。さらに，メールを受け取らないのは１人を選ぶ方法は５通りあるので，全部で，５×84＝420(通り)と求められる。

図１

送る人	受け取る人		
	①	②	③
Ａ	Ｂ	Ｂ	Ｂ
Ｂ	Ｃ	Ｃ	Ｃ
Ｃ	Ｂ	Ｄ	Ｅ
Ｄ	Ｅ	Ｅ	ＢかＣかＥ
Ｅ	Ｄ	ＢかＣかＤ	Ｄ

⑶　はじめに，メールを受け取るのが５人の場合を求める。これは，５人がそれぞれ異なる人に送る場合になる。ＡがＢから受け取る場合について調べると，右の図２のように11通りあることがわかる。ＡがＣ，Ｄ，Ｅから受け取る場合も同様なので，受け取るのが５人の場合の送り方は，11×４＝44(通り)とわかる。つまり，受け取るのが２人の場合は80通り，４人の場合は420通り，５人の場合は44通りになる(自分自身には送れないから，１人の場合はない)。また，送り方の総数は，４×４×４×４×４＝1024(通り)なので，受け取るの

図２

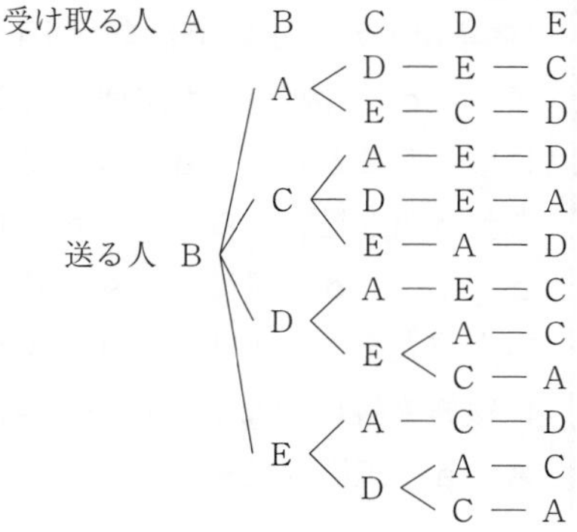

が３人の場合の送り方は，1024－(80＋420＋44)＝480(通り)と求められる。

5 条件の整理

⑴ Ａ，Ｂ，Ｃの欄《らん》にある１の個数は２個(偶数)だから，Ｅの欄には０が入る。また，Ａ，Ｂ，Ｄの欄にある１の個数は１個(奇数)なので，Ｆの欄には１が入る。同様に，Ａ，Ｃ，Ｄの欄にある１の個数は１個だから，Ｇの欄には１が入る。よって，右上の図１のようになる。

図１

A	B	C	D	E	F	G
0	1	1	0	0	1	1

⑵ ① (Ａ，Ｂ，Ｃ)に入る数の組み合わせが，㋐(1，1，1)のときＥは１になるので１は４個，㋑(1，1，0)のときＥは０になるので１は２個，㋒(1，0，0)のときＥは１になるので１は２個，㋓(0，0，0)のときＥは０になるので１は０個になる。よって，考えられる１の個数は，０個，２個，４個のいずれかである。　② ①でＣをＤ，ＥをＦに置き換《か》えて考える。すると，㋐の場合は，１つ書き写しまちがえると１は３個になる。㋑の場合は，１を０に書き写しまちがえると１は１個，０を１に書き写しまちがえると１は３個となる。同様に考えると，㋒の場合は１が１個か３個，㋓の場合は１が１個になるから，１の数は１個か３個のどちらかになる。　③ ①，②より，(Ａ，Ｂ，Ｃ，Ｅ)のすべてを正しく書き写していれば，この４つのうち１の数は０個か２個か４個になり，１つまちがっていると１個か３個になる。これは，(Ａ，Ｂ，Ｄ，Ｆ)，(Ａ，Ｃ，Ｄ，Ｇ)の組み合わせにも当てはまる。すると，(Ａ，Ｂ，Ｃ，Ｅ)の欄にある１が１個なので，このうち１つがまちがっているとわかる。同様に考えると，(Ａ，Ｂ，Ｄ，Ｆ)はすべて正しく，(Ａ，Ｃ，Ｄ，Ｇ)のうち１つがまちがっている。よって，まちがえた欄は１つだから，町子さんはＣの欄の数を書き写しまちがえたとわかる。　④ ③と同様に考えると，(Ａ，Ｂ，Ｃ，Ｅ)はすべて正しく，(Ａ，Ｂ，Ｄ，Ｆ)のうち１つがまちがっており，(Ａ，Ｃ，Ｄ，Ｇ)はすべて正しい。(Ａ，Ｂ，Ｃ，Ｅ)，(Ａ，Ｃ，Ｄ，Ｇ)の欄の数は右の図２のようになる。すると，町子さんはＦを書きまちがえて１としたことになり，花子さんは右の図３のように数を書いたとわかる。

図２

A	B	C	D	E	F	G
1	0	1	1	0		1

図３

A	B	C	D	E	F	G
1	0	1	1	0	0	1

社 会 (30分) ＜満点：60点＞

解 答

1 ア 尾瀬　イ 阿賀野(川)　**a** ① (例) 洪水を防ぐため，川の水量を調整すること。(農業用のかんがい用水をたくわえること。)　② 環境アセスメント(環境影響評価)　**b** イ　**c** (例) シカが増えたことや，地球の温暖化によりシカの生息域が高地にも広がるようになったこと。　**d** (例) 過疎化が進み，人口そのものが減っているから。(仕事が大変で業務時間も長いから。)　**e** エ　**f** ア　**2** **a** ① インド　② 棚田　**b** エ　**c** イ　**d** 減反　**e** ア　**f** ア　**g** イ　**3** **a** ウ，オ　**b** (例) 東日本大震災をきっかけに，風評被害にあった農水産物や畜産物を積極的に購入することが，間接的に復興支援につながるという意識が広がった。　**c** イ　**d** ア，ウ　**e** エ　**4** **A** **a** 班田収授法　**b** ア　**c** イ　**B** **a** ① エ　② ウ　**b** 管領　**c**

枯山水　**C**　**a**　(例)　南蛮貿易により，大きな利益が得られること。　**b**　(例)　ローマには，カトリック教会の総本山があるから。(教会の頂点に立つローマ教皇に会うため。)　**c**　ア　**D**　**a**　三重(県)　**b**　①　松平定信　②　ア　**c**　ラクスマン　**E**　**a**　(例)　藩を廃止して全国に府県を置き，中央から任命した役人に治めさせた。　**b**　(例)　不平等条約の改正交渉を行うこと。　**c**　イ，エ　**F**　**a**　お雇い外国人　**b**　イ　**c**　ア，ウ

解説

1　日本の自然や産業についての問題

ア　群馬県と新潟県，福島県にまたがって広がる尾瀬は日本有数の高層湿原で，戦前から戦後にかけて中心となる尾瀬ヶ原と尾瀬沼に電源開発のためのダム建設が計画されたが，学術的価値があることや自然保護運動の高まりにより中止された。　**イ**　阿賀野川(全長210km)は福島県から新潟県にかけて流れる川で，最大の支流である只見《ただみ》川は尾瀬沼を水源としている。阿賀野川の下流域では，高度経済成長期に中流域の化学工場から流された有機水銀を原因として新潟水俣《みなまた》病(第二水俣病)が発生した。

a　①　ダムには問題文にあげられた役割のほか，洪水や水不足を防いだり，農業用水を確保したりするなどの役割もある。　②　ダムや道路の建設などの大規模な開発を行う場合，事業者が環《かん》境《きょう》におよぼす影響《えいきょう》を事前に調査，予測，評価したうえで，調査結果を地域住民などに報告し，住民の意見もとり入れながら環境によりよい事業計画を立てる。この一連の手続きを，「環境アセスメント(環境影響評価)」という。

b　ほうれんそうは関東地方が主産地となっており，資料の表にあるように上位4位までを関東の各県が占《し》めている(第5位は宮崎県)。統計資料は『日本国勢図会』2022／23年版などによる(以下同じ)。

c　近年，野生動物が人間の生活圏《けん》にひんぱんに現れるようになり，農作物などの被害(食害)が増えているが，中でもシカによる食害が最も多い。シカの生息密度が高い地域では，農業被害ばかりではなく，森林被害も発生して生態系にも影響をおよぼしている。尾瀬では1990年代からシカが増え出し，ミズバショウやニッコウキスゲの若芽を食い荒《あ》らすなどの被害が出ている。この理由として，シカの個体数が増えたことに加え，地球温暖化の影響でシカの生息域が広がった可能性も指摘されている。

d　日本の漁業や水産加工業で日本人労働者が集まりにくくなった理由としては，少子高齢化や過《か》疎《そ》化が進んで労働力が足りなくなっていること，漁業関係の仕事は業務時間が長く労働がきついため，進んでこれらの仕事につこうという人が少ないことなどがあげられる。

e　中国(中華人民共和国)は急速な経済発展を遂《と》げて現在では「世界の工場」ともよばれており，粗鋼の生産量と消費量は世界第1位である。日本は粗鋼の生産量，消費量とも多いが，鋼材・半鋼材の輸入量は少ない。よって，組み合わせはエになる。

f　近年，日本では人口減少や少子化，ICT(情報通信技術)の発達などにより紙の需要《じゅよう》が減少しており，特に印刷用紙の減少が著しい。よって，表のアがあてはまる。なお，イは情報用紙，ウは段ボール原紙。

2　日本や世界の米の生産・流通を題材にした問題

a　①　米の生産量は中国が世界第１位で，第２位がインドとなっており，インドは米の輸出量が世界第１位である。　②　平地の少ないところでは，山の斜面《しゃめん》を階段状にした「棚田《たなだ》」を利用して米づくりが行われている。

b　日本は外国との貿易摩擦《まさつ》などの問題を解消するため，1995年から米の輸入自由化を進めているが，米は国内生産でほぼ100％自給できる状態にある。よって，米の輸入自由化が米の消費量の減少に影響したということはないので，エがまちがっている。

c　ウクライナ(首都キーウ)は東ヨーロッパにある国で，黒海の北側に位置する。なお，アはベラルーシ，ウはルーマニア，エはトルコ。

d　戦後，日本人の食事が洋風化したことにともなって米が余るようになったため，政府は1970年代から米の作付面積を減らす「減反政策」を進めた。具体的な政策として，水田耕作を休ませる休耕や，米以外の作物をつくる転作が奨励《しょうれい》された。

e　表の中で，産業別就業者数が最も多いのは製造業である。また，近年の高齢化率の上昇にともなって医療《いりょう》・福祉《ふくし》の分野で働く人が増えており，表の中では２番目に多い。よって，組み合わせはアがあてはまる。なお，Ｂは情報通信業，Ｄは教育・学習支援業。

f　新潟県の燕《つばめ》市では，金属加工の伝統的な技術をいかした金属洋食器の製造がさかんで，日本の製品の95％以上を生産している。なお，イの高岡市(富山県)は銅器，ウの小千谷《おぢや》市(新潟県)は小千谷ちぢみの生産地。

g　日本はかつて，1942年に制定された食糧管理法にもとづき，米などの主要穀物を国が管理する食糧管理制度をとってきた。しかし，1995年に食糧法(主要食糧の需給《じゅきゅう》及《およ》び価格の安定に関する法律)が施行されたことにともない，食糧管理法が廃止された。なお，ウの農業基本法は1961年，エの食料・農業・農村基本法は1999年に制定された法律。

3　消費活動を題材にした問題

a　「エシカル消費」とは，環境や人権に十分配慮《はいりょ》された商品やサービスを選択《せんたく》・購入《こうにゅう》することをいう。寄付金は，消費のための支出とはいいがたい。また，アレルギーに気をつけるのは自分の体質や健康にかかわることである。よって，ウ，オの２つがあてはまらない。

b　2011年の東日本大震災では福島第一原子力発電所で重大な原子力事故が起こり，大量の放射性物質がもれ出して広い地域を汚染した。特に福島県では，震災後，放射線量の検査に合格した農水産物や畜産物であるにもかかわらず，その地域のものというだけで出荷できなかったり，出荷しても売れなかったりして，廃棄《はいき》処分にされるものが多かった。生産者は震災の被害ばかりではなく，「風評被害」にも苦しんだのである。しかし，こうした商品を購入することは，間接的な復興支援になるとして，ネットなどを通じて購入する人も少なからずいた。また，震災後には消費をひかえる自粛《じしゅく》ムードがあったが，むしろ消費活動を積極的に行い，特に被災地の商品を多く購入することが復興支援につながるという考えが，国民の間に広がるようになった。

c　2013年度も2020年度も，歳入総額から公債《こうさい》金を引いた金額と，歳出総額から国債費を引いた金額を比べると，後者のほうが大きくなっている。よって，イが正しい。なお，歳入総額に占める消費税の割合に大きな変化はないが，金額は2013年度が，106兆円×0.10＝10.6兆円，2020年度が，184.5兆円×0.11＝約20.3兆円とほぼ２倍になっている。また，所得税の金額も，2013年度が，106兆円×0.15＝15.9兆円，2020年度が，184.5兆円×0.11＝約20.3兆円と増えている。一方，国債費の金額は，2013年度が，106兆円×0.20＝21.2兆円，2020年度が，184.5兆円×0.12＝約22.1兆円でほとんど変わらない。しかも，歳入総額に占める公債金の割合が大きくなっているので，黒字どころか累《るい》積《せき》債務がふくらんでいることになる。

d　国会議員は国民の選挙で直接選ばれるが，内閣総理大臣は直接選ばれない。一方，地方自治体の場合，首長も議員も住民の直接選挙で選ばれる。また，国の政治において国民は議員の解職請求(リコール)はできないが，地方自治体ではできる。よって，ア，ウの２つがあてはまる。イについて，二院制は国会のみで，地方議会は一院制。エについて，憲法に議員定数は定められていない。

e　現在，国際連合の活動費用にあたる国連分担金の日本の費用負担は，アメリカ，中国についで３番目に多くなっている。よって，エがまちがっている。

4　各時代に外国へ行った日本人を題材にした問題

A　**a**　「班田収授法」は，６年ごとに戸籍をつくりなおし，６歳以上の男女に口分田を分け与え，収穫の約３％を税として納めさせる制度で，口分田は死んだときに国に返させた。

b　阿倍仲麻呂が残した歌は，遠く離れた平城京(奈良の都)の風景を思い浮かべてよんだものである。

c　菅原道真の意見で遣唐使が廃止されたのは，894年のことである。アの平等院鳳凰《ほうおう》堂の完成は1053年，イの『古今《こきん》和歌集』が編さんされたのは905年ごろのこと。ウの最澄と空海は唐(中国)に渡ってそれぞれ密教を学び，最澄は805年に帰国したのち天台宗を，空海は806年に帰国したのち真言宗を開いた。エの平氏が大輪田泊《おおわだのとまり》(現在の神戸港の一部)を修築したのは12世紀後半のこと。よって，イが最も近い。

B　**a**　①　栄西と道元は宋(中国)に渡って禅宗を学び，帰国すると栄西は臨済宗を，道元は曹洞《そうとう》宗を開いた。よって，組み合わせはエになる。　②　鎌倉時代には，牛馬耕が始まり，西日本で米の裏作に麦などをつくる二毛作が広まった。よって，ウが正しい。なお，寄合(話し合い)を開いて村のきまり(おきて)が定められたのは室町時代，楽市楽座を積極的におし進めたのは織田信長で安土桃山時代，土一揆《いっき》や国一揆がしきりに起きるようになったのは室町時代のことである。

b　室町幕府の将軍を補佐する役職を「管領《かんれい》」といい，有力守護大名の細川・斯波《しば》・畠山《はたけやま》氏が交代で就任した(三管領)。

c　室町時代中期には東山文化が栄え，石や砂を用いて自然の風景を表す「枯山水《かれさんすい》」という作庭様式が生まれた。

C　**a**　1549年にザビエルが鹿児島に上陸してキリスト教を伝えたのち，多くの宣教師が来日して活発に布教を始めたことから，戦国大名の中にはキリスト教に入信するキリシタン大名(大友義鎮《よししげ》(宗麟《そうりん》)や有馬晴信，大村純忠《すみただ》など)が現れた。当時，キリスト教の布教とポルトガル人・スペイン人との南蛮《なんばん》貿易は密接な関係にあり，貿易による利益が大きいことに目をつけた大名たちの中には，南蛮人の信用を得るため積極的にキリスト教に入信する者もいた。また，当時は戦国時代だったこともあり，大名たちは鉄砲や火薬の輸入を歓迎《かんげい》した。

b　ローマにはキリスト教のカトリック教会の総本山があり，教会の頂点に立つローマ教皇が住んでいた。そこで，大友義鎮・有馬晴信・大村純忠の３人のキリシタン大名は，宣教師の強いすすめもあって，４人の少年使節をローマに派遣した(天正遣欧使節)。

c　天正遣欧使節は1582年に出発し，ローマで大歓迎を受けたが，帰国した1590年には，豊臣秀吉が1587年にバテレン追放令を出して宣教師を国外に追放するなど，キリスト教弾圧の動きが強まっていた。よって，アが正しい。

D　a　「伊勢国」は，現在の三重県の大部分にあたる旧国名である。

b　①，②　大黒屋光太夫《こうだゆう》がロシアに滞在《たいざい》していたころ，日本では江戸幕府の老中の松平定信が寛政の改革(1787～93年)を行っていた。この改革では，幕府財政の行きづまりを立て直すため，大名から農民にいたるまで厳しい質素倹約《けんやく》が求められ，同時に庶民《しょみん》の風俗や出版物まで統制が加えられた。資料の狂歌《きょうか》は定信の厳格で息苦しい政治を風刺《ふうし》したもので，「白河」は白河藩(福島県)の藩主であった定信を，「清き」は定信の潔白な政治を，「にごり」は田沼意次《おきつぐ》のわいろ政治を表している。

c　1792年，ロシア使節のラクスマンは光太夫ら３人の漂着《ひょうちゃく》民をともなって蝦夷《えぞ》地(北海道)の根室に来航し，日本に通商を求めたが，幕府はこれを拒否《きょひ》し，外交交渉《こうしょう》はすべて長崎で行うと通告した。

E　a　明治政府は天皇を中心とした中央集権国家をつくるため，まず1869年に版籍奉還を行い，これまで大名が支配していた領地と領民を天皇に返上させた。そして1871年に廃藩置県を行い，版籍奉還後に知藩事としていた旧藩主らを東京に住まわせてその職を解き，全国を府県に分けて中央から任命した役人(府知事・県令)に政治を行わせた。

b　1871年，明治政府は江戸幕府が欧米諸国と結んだ不平等条約の改正交渉を行うため，各国の視察を兼《か》ねて岩倉具視《ともみ》を団長とする使節団を欧米に派遣した。しかし，最初に訪れたアメリカが条約改正に応じなかったことから，使節団は各国の視察に重点を置くこととした。

c　岩倉使節団が欧米訪問を終えて帰国するのは，1873年９月のこと。この年，政府は近代的な軍隊をつくるために徴兵《ちょうへい》令を出し，20歳以上の男子に兵役の義務を課した。また，国の財政を安定させるために地租改正を行い，土地所有者から地価の３％を税金として現金で納めさせるようにした。よって，イ，エの２つがあてはまる。アの沖縄県の設置は1879年，ウの内閣制度の創設は1885年のこと。

F　a　明治政府は西洋文明をすばやく取り入れるため，多数の留学生を海外に派遣したほか，欧米から多くの学者や専門家を高給で雇《やと》い入れた。こうした人々は，「お雇い外国人」とよばれた。

b　日露戦争(1904～05年)のポーツマス条約で，ロシアが日本への賠償《ばいしょう》金の支払いを拒《こば》んだため，講和条約に反対する人々が東京の日比谷で国民大会を開き，一部が過激化して日比谷焼き打ち事件という暴動を起こした。なお，日本が講和に応じたのは，これ以上戦争を続ける余裕がなかったからである。また，ポーツマス条約によって満州(中国東北部)における南満州鉄道などの権益は得たが，満州国が建国されたのは1932年のことである。

c　第一次世界大戦(1914～18年)の時期は，日本では大正時代にあたる。また，大戦中，日本は輸出をのばして空前の好景気となった(大戦景気)。よって，ア，ウの２つが正しい。イについて，この大戦では，イギリス・フランス・ロシアなどの国々とドイツ・オーストリアなどの国々が戦った。エのラジオ放送の開始は1925年のこと。

理　科　(30分)　＜満点：60点＞

解　答

[1] 解説の表を参照のこと。　[2] 1 (1) エ　(2) ウ　(3) 右の図　(4) ①，②，③　2 ウ　3 (1) ア　(2) (例) 1日目にふくろをかぶせていたため，みつを吸われずにみつが十分にある花が多かったから。　4 (例) もともとみつの量が少ない花だったから。／ほかの花でみつを吸ってから観察している花に訪れたアサギマダラだったから。

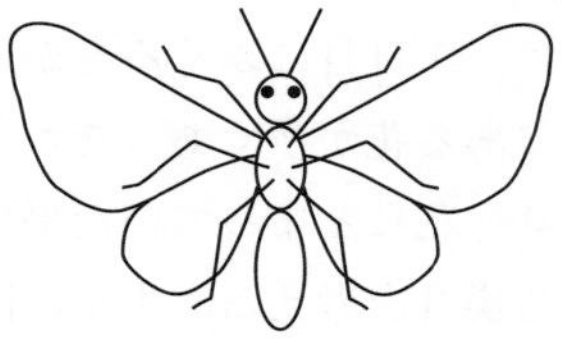

[3] 1 (例) イの角度がアの角度と同じ大きさになるように進む。　2 1.5　3 解説の図①を参照のこと。　4 解説の図②を参照のこと。　5 ① 小さ　② 小さ　③ 大き　④ 大き　[4] 1 水蒸気　2 (1) 氷河　(2) 地下水　3 (1) **組合せ**…イ　**水の量**…40千立方キロメートル　(2) 10日　4 3700m　5 (例) (1) 移動しないで海水中に残る　(2) 高くなる　(3) 陸地や大気から海洋に同じ量だけ移動する

解　説

[1] 水よう液の性質についての問題

サの実験をすると，アルカリ性のうすい水酸化ナトリウム水よう液とうすいアンモニア水が「変化あり」，酸性のうすい塩酸と中性の食塩水が「変化なし」になる。同様に考えていくと，シの実験をすると，うすい塩酸が「変化あり」，ほかの３種類の水よう液が「変化なし」，スの実験ではすべての水よう液が「変化なし」，セの実験をすると，固体がとけているうすい水酸化ナトリウム水よう液と食塩水が「変化あり」，気体がとけているうすい塩酸とうすいアンモニア水が「変化なし」，ソの実験をすると，うすい塩酸とうすい水酸化ナトリウム水よう液が「変化あり」，食塩水とうすいアンモニア水が「変化なし」になる。よって，実験①にあてはまるのは，水よう液を２種類ずつに分けられるサ，セ，ソのいずれかである。その後，実験②，実験③で，分けられた２つずつの水よう液を区別できる実験を選べばよい。したがって，実験と水よう液の組み合わせは右の表のようになる。

実験①	実験②	実験③	A	B	C	D
サ	セ	シ	イ	エ	ア	ウ
サ	セ	ソ	イ	エ	ア	ウ
サ	ソ	シ	イ	エ	ア	ウ
サ	ソ	セ	イ	エ	ウ	ア
セ	サ	シ	イ	ウ	ア	エ
セ	サ	ソ	イ	ウ	ア	エ
セ	ソ	サ	イ	ウ	エ	ア
セ	ソ	シ	イ	ウ	ア	エ
ソ	サ	セ	イ	ア	ウ	エ
ソ	シ	サ	ア	イ	エ	ウ
ソ	シ	セ	ア	イ	ウ	エ

[2] アサギマダラについての問題

1 (1)～(3) チョウはくるくると巻かれた口をもっていて，まるめた口をのばして花のおくまで差しこみ，ストローのようにして花の付け根にあるみつを吸っている。また，胸に節のある６本のあしと４枚のはねがついている。　(4) アサギマダラとアリ，カブトムシは幼虫からさなぎの時期を経て成虫になる。このような成長のしかたを完全変態とよぶ。

2 ヨツバヒヨドリは，葉が網《もう》状脈をしていて，筒《つつ》状の花を多数まとまって茎《くき》の先端《せんたん》にさかせるキク科の植物である。

3 (1) アサギマダラが花にとまっていた平均時間を求めると，１日目にふくろをかぶせた方は

142.6秒になるのに対し，かぶせなかった方は63.4秒と短くなっている。なお，このことは，２つのグラフで，ふくろをかぶせた方がかぶせなかった方より，あきらかに花にとまっていた時間が長い花が多いことからも判断できる。　⑵　アサギマダラが花にとまっていた時間の長さは，花のみつを吸っていた時間の長さと考えられる。そのため，ふくろをかぶせた方の平均時間が長かったのは，１日目にふくろをかぶせていたため，ほかのチョウにみつを吸われることがなく，みつが十分にある花が多くあったからと考えられる。

４　花にとまっていた平均時間に差がある理由が，ヨツバヒヨドリにある場合とアサギマダラにある場合を考える。生物は同じ種類であっても形や大きさなどが均一であることが少なく，個体によって少しずつ異なることが多い。そのため，ヨツバヒヨドリの花のすべてが十分な量のみつをたくわえていたわけではなく，みつが多い花と少ない花が混ざっていたと考えることができる。また，同じ条件のアサギマダラでくらべたわけではないので，すでにほかの花でみつを吸っていた個体とはじめてみつを吸う個体が混ざっていたことも考えられる。すでにほかの花でみつを吸っていた個体は，訪《おとず》れた花に十分なみつがあったとしても，吸う量が少なかったため，花にとまっていた時間が短かったと推測できる。ちなみに，ふくろをかぶせた花にもかぶせなかった花にも見られる現象であるから，ふくろのにおいが花についたなど，ふくろに原因があったとはいえない。また，アサギマダラが訪れたあと花を切り取っているので，ふくろをかぶせた方では１つの花にアサギマダラが１匹《ぴき》だけ訪れることになり，ほかのアサギマダラにみつを吸われていたのでみつが少なくなっていたからとまっていた時間が短かった，ということはいえない。

３ 光の進みかたについての問題

１　光が物体の表面で反射するとき，アの角度を入射角，イの角度を反射角といい，入射角と反射角は等しくなる。

２　図５のめもりを読みとると，BCの長さは３でDEの長さは２だから，くっ折率は，３÷２＝1.5である。

３　右の図①のように点Ｐ～点Ｓを定めると，空気からガラスに進むときのくっ折率が1.5だから，(RSの長さ)÷(PQの長さ)＝1.5となる。したがって，(RSの長さ)÷３＝1.5より，(RSの長さ)＝1.5×３＝4.5となる。よって，円周上にRS＝4.5となる点をかき，点Ａと結んだ直線を書き入れる。

図①

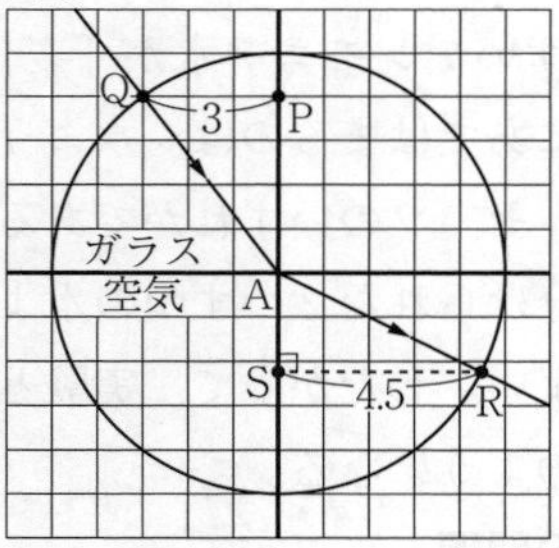

図②

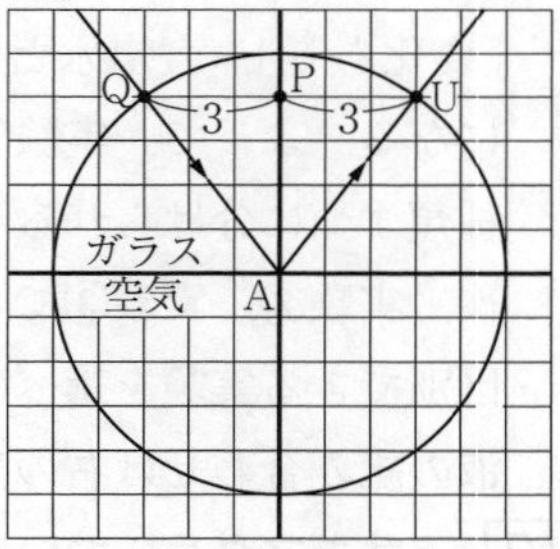

４　光が反射するとき，１より，入射角と反射角は等しくなるので，右上の図②のように，PQ＝PUとなるような直線を書き入れる。

５　２より，光が空気からガラスに進むときのくっ折率は1.5であるから，光が空気から水に進むときのくっ折率の方が小さい。よって，(くっ折率)＝(BCの長さ)÷(DEの長さ)だから，(BCの長さ)÷(DEの長さ)の値も小さくなる。また，(DEの長さ)＝(BCの長さ)÷(くっ折率)となるので，BCの長さが等しいとき，DEの長さは水のときの方がガラスのときよりも大きく，ウの角度も大きくなる。

4 **地球上に存在する水についての問題**

1　水が気体になったものを水蒸気という。水蒸気の粒《つぶ》は非常に小さいから，大気中(空気中)にあっても目で見ることはできない。

2　(1)　陸地に存在する水のうち，もっとも多くを占《し》めるのは氷河である。氷河は陸上に降った雪が1年中とけずに積もり，押《お》し固められてできたものがゆっくりと動いているものである。氷河には，南極大陸やグリーンランドをおおっている大陸氷河(氷床《しょう》)やヒマラヤ山脈などの山岳《さんがく》地帯にある山岳氷河がある。　(2)　大気中の水は雨や雪となって地表に降り，川や湖に流れこみ，最後は海に運ばれる。この途《と》中《ちゅう》で地中にしみこみ，地下でたまったり，流れたりしている水を地下水とよぶ。

3　(1)　1の上にある図を見ると，陸地には大気中から，111－71＝40(千立方キロメートル)の水が入り，海洋からは，425－385＝40(千立方キロメートル)の水が大気中に出ている。地球全体の水の量が一定で，それぞれの場所で水が入ってくる量と出ていく量が同じと考えると，海洋で蒸発した水のうち40千立方キロメートルは陸地に移動し，さらに，陸地から海洋に水が40千立方キロメートル移動したとわかる。　(2)　1年間に大気中から陸地や海洋に出ていく水の量は，111＋385＝496(千立方キロメートル)だから，1日あたりでは，$496 \div 365 = \frac{496}{365}$(千立方キロメートル)である。大気中にある水の量は13だから，$13 \div \frac{496}{365} = 9.5\cdots$より，大気中の水はおよそ10日おきに入れかわることになる。

4　海洋にある水の体積は，1348850×1000(立方キロメートル)で，海洋の面積は，361×1000000(平方キロメートル)だから，海洋の平均の深さは，(1348850×1000)÷(361×1000000)×1000＝3736.4…より，およそ3700mである。

5　食塩水から水が蒸発してもふくまれる食塩の重さは変わらない。つまり，海洋から大気中に水が移動(蒸発)しても塩分は移動せず海水中に残る。そのため，海洋から水が減るので海水中の塩分のう度は高くなるはずである。しかし，海洋から大気中へ移動した水とほぼ同じ量の水(真水)が陸地や大気から入ってくることで，海洋の水の量はほぼ一定に保たれ，塩分のう度もほぼ一定になる。

国　語　(50分)　<満点：100点>

解　答

一　**問1**　**A**　4　**B**　1　**問2**　2　**問3**　1　**問4**　2　**問5**　2　**問6**　**ア**　8　**イ**　1　**ウ**　5　**問7**　しっとに似た感情　**問8**　4　**問9**　3　**問10**　1　**問11**　3　**問12**　2　**問13**　①　四(日目)　②　(例)　村の子どもたちのリーダー的存在。③　都会　④　四(人)　**二**　**問1**　①　(例)　読者が目的の本を見つけるまで，いっしょに探すこと。　②　(例)　読者に代わって問題を解決すること。　③　(例)　図書館員の経験と知識のちく積。　**問2**　本好きの人たちが行く特別なところ　**問3**　(例)　一人になるためや，持ち帰って読む本を探すため，被災の処理や連らくのために使う。　**問4**　(例)　災害直後は多くの人たちが通常とは異なる困難な生活をしなければいけなくなる。特に高齢の方々や障がいを持つ方々は，買い物や支援物資の受け取りなど，難しくなる場合が多くなると思う。そうした人々に対する買い物の代行や支援物資の配達などは，地域のコミュニティや大人たちの協力があれば子どもたちでもできると思う。自然災害にあったときは，一人ひとりが自分のできることを考えておたがいに支えあっていくことが大切だ。 三 **A** 1 **B** 4

四 **1～5** 下記を参照のこと。 **6** ほんまつ **7** ほうまん **8** す(る)

●漢字の書き取り

四 **1** 冷(ます) **2** 楽観(する) **3** 格式 **4** 富(む) **5** 均等

解説

一 **出典は井上靖《いのうえやすし》の『晩夏』による。**都会から自分の住む村に避暑《ひしょ》にきた砧《きぬた》きぬ子へと恋心《こいごころ》をいだく「私」のようすが描《えが》かれている。

問1 **A** はだか電とうのうす明かりに照らされた人かげが誰《だれ》なのか見きわめようと，「私」はじっと見つめたのだから，４が合う。「目をこらす」は，“よく見きわめようとして，じっと見つめる”という意味。 **B** 昨夜，きぬ子といっしょにいた青年は，自分の想像とは異なり「兄どころか，父とでも言いたいほどの，年れいの開き」がありそうで，「私」は肩透《かたす》かしを食らったような気分をいだいている。よって，１が選べる。「当てが外れる」は，“予想や期待していたこととは異なる結果になる”という意味。

問2 砧家に釣《つ》った魚を持って行くよう父に言われた「私」が，毎日のようにきぬ子を「やっつけている」手前，「何とか理由をつけて，この役目から放免《ほうめん》されようと思った」ことをおさえる。普《ふ》段《だん》いやがらせをしていながら，“使い”としてふるまわなければならない今の状況《じょうきょう》に，「私」は気まずさを感じているものと想像できる。よって，２がふさわしい。

問3 きぬ子から「何て言うお魚」かとたずねられても，「私」は口をきけずにいる。砧家に使いとして来た自分の前に，顔を合わせたくないきぬ子が現れたばかりか気軽に声までかけてきたことにとまどい，何も言えなくなってしまったのだから，１が合う。

問4 魚の代金を受け取るのが「ひどく卑賤《ひせん》な行為《こうい》」のように思え，はずかしくなった「私」が，きぬ子の母に「いいです」と言ったものの，さらに「よくはないわ。おいくらですって」と返答を求められたことに注目する。いったんは振《ふ》り切ったはずの自分のみっともない気持ちに，再び向き合わなければならなくなったことにたえられず，「私」はこのやりとりを早々に切り上げようと言葉を荒《あら》らげているので，２がよい。

問5 続く部分で，きぬ子の姿を思い浮《う》かべた「私」が，砧家に向けて「つっ切って行った」ことをおさえる。海面にまたたく「漁火《いさりび》」は，「私」の心に小さく燃えるきぬ子への想《おも》いを表したものと考えられるので，２がふさわしい。

問6 ア「なまめかしい」は，多くは女性の声について用いられ，色気がただよっているさまをいう。色っぽく「兄さん，だいてよ」と話すきぬ子のようすからは，青年への好意がうかがえるので，８がふさわしい。 イ「嬌声《きょうせい》」は，女性によるこびをふくんだなまめかしい声。自分の望みどおり青年に「高くだき上げられ」，きぬ子は「きゃあ，きゃあ」と喜びで浮かれているのである。 ウ「ヒステリック」は，感情をおさえることができず，異常に興奮しているようす。下《げ》駄《た》を探すよう青年に強く求め，ゆずらないことできぬ子は彼《かれ》を自分の思い通りにしようとしていると考えられる。好意があまりにも身勝手なふるまいに転じているのだから，５が選べる。

問７　問５でみたように，「私」はきぬ子に「あわい恋心」をいだいている。いやがらせをすることでしか思いを表現できずくすぶっている自分に対して，きぬ子から明確な好意を寄せられている青年に，自らが持ち合わせていないものを感じ，「私」はにくしみをいだいたのだろうと考えられる。よって，少し後にある「しっとに似た感情」がぬき出せる。

問８　青年が砧家の「親せきの大学生」だと知った「私」は，彼に対するきぬ子の好意が，兄妹としてではなく異性に向けられたものであると確信している。それゆえに，きぬ子のふるまいや声はよりなまめかしいものとして「私」に迫《せま》ってきたのである。青年に酔《よ》いしれるきぬ子のようすがパインナップルの甘《あま》さに重なり，いつまでも忘れられずにいるのだろうと考えられるので，４がふさわしい。

問９　最後の場面で，輝夫がきぬ子の乗ったバスを最後まで追い続けていたことにも注目する。つまり，「私」と同じようにきぬ子に対して「恋心」をいだいていた輝夫《てるお》は，彼女《かのじょ》を「いじめる東京のやつ」をやっつけることに同意したのである。

問10　恋敵《こいがたき》ともいえる青年に対し，「にげてなるものか」と最後まで石を投げ続けた「私」は，自分「一人が最後まで敢闘《かんとう》した」ことに満足しながらも，石がほとんど彼にぶつからなかったことをいまいましく思っている。結局は勝敗がつかなかったことに加え，きぬ子への「あわい恋心」を象徴《しょうちょう》する「漁火」が見えなくなったとあるとおり，彼女をとりまく状況に何の変化もあたえられなかったことに「私」はむなしさを覚えているのである。なお，「感傷」は，心を痛めて悲しい気持ちになること。

問11　砧一家が自分たちの村を去ってしまうことを知った「私」は，動き出したバスに向けて衝《しょう》動《どう》的に走り出している。きぬ子との別れを実感したことでやりきれない思いがあふれ，バスを追いかけずにはいられなかったのだから，３が合う。

問12　「私」同様，きぬ子に思いを寄せていた輝夫は，「どこまでも追いかけて行くぞ」という信念のもとバスを追いかけていったが，ついには届かなかった。つまり，砧一家の乗るバスは，どれほど強い思いがあろうが決して村の子どもたちにはふれることのできない世界を表していると推測できる。よって，２がふさわしい。

問13　①　夜になってからきぬ子の家へと行った「その翌日の夕方」に，青年が一人で海岸にいることを知り，「私」は村の子どもたちを集めてやっつけようとしている。「それから三日目」に，「砧一家はバスでこの村を離《はな》れた」のだから，きぬ子たちが帰ったのは四日目となる。　②　「私」は，子どもたちの中心となってきぬ子をやっつけていた。また，青年を襲《おそ》うときにもまず輝夫に話を持ちかけ，ほら貝を吹《ふ》かせて子どもたちを集め，命令したりせっこうに出したりしている。このことからも，「私」が村の学童たちのリーダー格であることがわかる。　③　きぬ子のことを「都会の少女」と表現していることから，砧家は都会から避暑に来たと推測できる。後から合流した「親せきの大学生」のことを，「私」は「きぬ子をいじめる東京のやつ」と話しているが，この記述からではきぬ子が東京から来たとは確定できない。　④　「親せきの大学生」は，砧家より後から合流し，「いつか帰ったものと見えて，砧家の一行の中には姿を見せなかった」とある。つまり，砧家は「きぬ子と彼女の両親と女中の四人」で村に避暑にきたことになる。

二　**出典は竹内悊《たけうちさとる》の『生きるための図書館― 一人ひとりのために』による。**筆者は平常時の図書館の役割と，自然災害などが発生した非常時の図書館の役割について語っている。

問1　①「本の世界の道案内人」である相談係や参考係は，「読者が目的の本を見つけるまで」，「いっしょに探してくれ」ると述べられている。　②　目的の本を見つけるまではいっしょに探してくれても，「読者に代わって本を読み，問題を解決すること」はしないと書かれている。

③　問題解決の手がかりとなりそうな「いくつかの本」を読者に見せ，その中から選んでもらうというのが相談係や参考係のすべき「本来の方法」だとしたうえで，そのためには「図書館員の経験と知識のちく積が必要」だと筆者は説明している。

問2　大きな災害が続き，また来るといわれる大震災《だいしんさい》への備えも強調されている二一世紀のいま，図書館は「本好きの人たちが行く特別なところ」から「災害から立ち上がるための一つのよりどころにまで変わってきた」と筆者は述べている。

問3　最後から二つ目の段落で，とつ然遭遇《そうぐう》した震災等の「被害《ひがい》からやっと自分を取りもどした人が，避難生活の中で一人になれる場所を図書館に求め，持ち帰って読む本を探し，ついで被災の処理や連らくのために図書館を使う」と説明されている。

問4　自然災害に遭遇したさいにもっとも重要なことの一つは，視野を広く持ち，おたがいに支え合う意識を持つことである。当事者になったつもりで自分が被災地のためにできることを，どうすれば実現できるかもふくめて書くとよいだろう。

三　品詞の意味・用法

A「おおらかな」は「おおらかだ」という形容動詞の連体形。よって，「積極的だ」という形容動詞の連体形である1が同じ。なお，2は断定の助動詞「だ」の連体形。3は「大きな」という連体詞の一部。4はたとえの働きをする助動詞「ようだ」の連体形。　**B**「博士の考え出した理論は正しかった」の「の」は「が」に言いかえられ，部分の主語を示す働きを持つ。よって，「母が作った手料理」と言いかえられる4が選べる。なお，1は連体修飾《しゅうしょく》語であることを示す働き。2は「～のもの」という体言の代わり（準体助詞）をする働き。3は確信的な断定・推定を表す働き。

四　漢字の書き取りと読み

1　音読みは「レイ」で，「寒冷」などの熟語がある。　**2**　ものごとがうまくいくと思い，心配しないこと。　**3**　身分や家柄《いえがら》。　**4**　音読みは「フ」で，「豊富」などの熟語がある。

5　多い少ないのちがいがなく，すべてが等しいこと。　**6**「本末転倒《てんとう》」は，大切なこととそうでないことを取りちがえること。　**7**　豊かで十分にあること。　**8**　音読みは「サツ」で，「印刷」などの熟語がある。

Dr.福井の

入試に勝つ！脳とからだのウルトラ科学

記憶に残る“ウロ覚え勉強法”とは？

人間の脳には，ミスしたところが記憶に残りやすい性質がある。順調にいっているときの記憶はあまり残らないが，まちがえて「しまった！」と思うと，その部分がよく記憶されるんだ（これは，脳のヘントウタイという部分の働きによる）。その証拠に，おそらくキミたちも「あの問題を解けたから点数がよかった」ことよりも，「あの問題をまちがえたから点数が悪かった」ことのほうをよく覚えているんじゃないかな？

この脳のしくみを利用したのが“ウロ覚え勉強法”だ。もっと細かく紹介すると，テキストの内容を一生懸命覚え，知識を万全にしてから問題に取り組むのではなく，テキストにざっと目を通した程度（つまりウロ覚えの状態）で問題に取りかかる。もちろんかなりまちがえると思うが，それを気にすることはない。まちがえた部分はよく記憶に残るのだから……。言いかえると，まちがえながら知識量を増やしていくのが“ウロ覚え勉強法”なのである。

ここで，ポイントが２つある。１つは，ヘントウタイを働かせて記憶力を上げるために，まちがえたときは「あ〜っ！」とわざとらしく驚くこと。オーバーすぎるかな……と思うぐらいでちょうどよい。

もう１つのポイントは，まちがえたところをそのままにせず，ここできちんと見直すこと（残念ながら，驚くだけでは覚えられない）。問題の解説を読んで理解するのはもちろんだが，必ずテキストから見直すようにする。そうすれば，記憶力が上がったところで足りない知識をしっかり身につけられるし，さらにその部分がどのように出題されるかもわかってくる。頭の中の知識を実戦で役立てられるようにするわけだ。

Dr.福井（福井《ふくい》一成《かずしげ》）…医学博士。開成中・高から東大・文Ⅱに入学後，再受験して翌年東大・理Ⅲに合格。同大医学部卒。さまざまな勉強法や脳科学に関する著書多数。

Memo

2022年度　フェリス女学院中学校

〔電　話〕（045）641－０２４２
〔所在地〕〒231－8660　神奈川県横浜市中区山手町178
〔交　通〕JR根岸線－「石川町駅」より徒歩８分
みなとみらい線－「元町・中華街駅」より徒歩10分

【算　数】（50分）〈満点：100点〉

《注意》　1．答を出すのに必要な図や式や計算を，その問題のところにはっきりと書いてください。
　　　　　2．円周率を使う場合は3.14としてください。

1　次の問いに答えなさい。

(1)　次の□にあてはまる数を求めなさい。

$$1\frac{21}{20}-\left\{2.1\div(\square-4.125)-\frac{7}{4}\right\}=\frac{7}{5}$$

(2)　容器Aには，濃さが９％の食塩水が210ｇ入っています。
容器Bには，濃さが２％の食塩水が280ｇ入っています。
容器Aから食塩水をくみ出し，容器Bからは容器Aからくみ出した量の２倍の食塩水をくみ出します。続いて，容器Aからくみ出した食塩水を容器Bに入れ，容器Bからくみ出した食塩水を容器Aに入れ，それぞれよくかき混ぜたところ，濃さが等しくなりました。
次の［ア］，［イ］にあてはまる数を求めなさい。

①　容器Aと容器Bの食塩水の濃さは，［ア］％になりました。

②　容器Aからくみ出した食塩水は，［イ］ｇです。

(3)　24を分母とする真分数23個と17を分母とする真分数16個の，あわせて39個の数を小さい順に並べた数の列を考えます。［ア］～［ウ］にあてはまる数を求めなさい。
この数の列において，となりどうしの数の差が最も大きくなるとき，その差の値は［ア］で，となりどうしの数の差が最も小さくなるとき，その差の値は［イ］です。また，となりどうしの数の差をすべて加えた和の値は［ウ］です。

(4)　図のように三角形ABCと三角形BDEがあります。
点Bは直線ADの真ん中の点で，点Eは直線BC上の点です。また，直線BCの長さは11cmで，直線ACと直線DEの長さは等しく，㋐の角と㋑の角の大きさは等しいです。三角形ABCの面積が22cm²のとき，直線BEの長さは□cmです。□にあてはまる数を求めなさい。

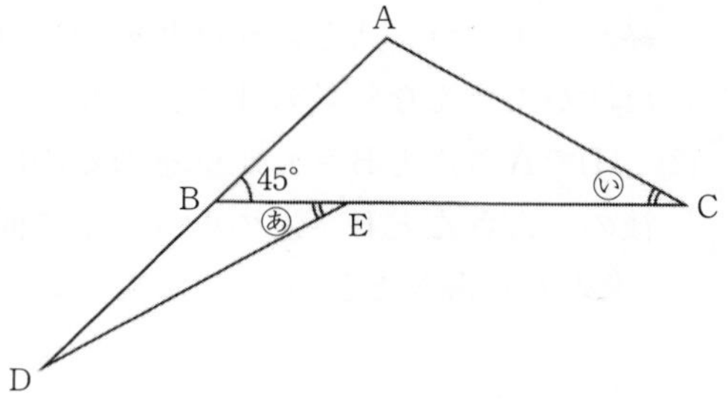

(5)　白い碁《ご》石と黒い碁石がたくさんあります。この中の６つの碁石を次のⒶ，Ⓑ，Ⓒの規則にしたがって横一列に並べます。

Ⓐ　白い碁石を３つ以上使う。

Ⓑ　白い碁石を３つ以上連続して並べない。

Ⓒ　黒い碁石を３つ以上連続して並べない。

次の［ア］～［ウ］にあてはまる数を求めなさい。

① 左はしと右はしが黒い碁石になる並べ方は［ア］通りあります。
② 左はしと右はしが白い碁石になる並べ方は［イ］通りあります。
③ 左から3番目が白い碁石になる並べ方は［ウ］通りあります。

2 1から100までの異なる整数が書かれた100枚のカードがあります。

まず，6の倍数が書かれているカードに赤色のシールをはりました。

次に，4の倍数が書かれているカードに黄色のシールをはりました。このとき，4の倍数が書かれているカードに赤色のシールがはられている場合は，赤色のシールをはがしてから黄色のシールをはりました。

最後に，7の倍数が書かれているカードに緑色のシールをはりました。このとき，7の倍数が書かれているカードに赤色または黄色のシールがはられている場合は，赤色または黄色のシールをはがしてから緑色のシールをはりました。

緑色のシールをはったあとの100枚のカードについて，次の［ア］～［カ］にあてはまる数を求めなさい。

① 緑色のシールがはられているカードは［ア］枚あり，それらのカードに書かれている整数の合計は［イ］です。
② 黄色のシールがはられているカードは［ウ］枚あり，それらのカードに書かれている整数の合計は［エ］です。
③ 赤色のシールがはられているカードは［オ］枚あり，それらのカードに書かれている整数の合計は［カ］です。

3 AさんとBさんが，壁《かべ》をぬります。Aさんは，壁の半分の面積をぬった後，残り半分をぬるときは，はじめの8割のぬる速さになります。Bさんは，いつも同じ速さで壁をぬることができます。次の問いに答えなさい。

(1) AさんとBさんが，同じ面積の壁をそれぞれ一人でぬったところ，ぴったり同じ日数でぬり終わりました。Aさんがはじめの半分の面積をぬる速さと，Bさんがぬる速さの比を，できるだけかんたんな整数の比で表しなさい。(求め方も書きなさい。)

(2) (1)でAさんとBさんが壁をぬるのにかかった日数が36日だったとします。ぬりはじめて24日後の，AさんとBさんのぬった壁の面積の比を，できるだけかんたんな整数の比で表しなさい。(求め方も書きなさい。)

4 次の図のような道があります。AからB，およびCからDの道は下り坂で，BからC，およびDからEの道は平らな道で，平らな道の道のりの合計は1kmで，EからFまでは上り坂となっています。太郎さんと花子さんは，坂を上るときは時速3kmで上り，平らな道は時速4kmで進み，坂を下るときは時速5kmで下ります。太郎さんと花子さんはそれぞれAとFから同時に出発し，DとEの真ん中の地点ですれ違いました。太郎さんがFに到着する6分前に花子さんはAに到着しました。下の問いに答えなさい。

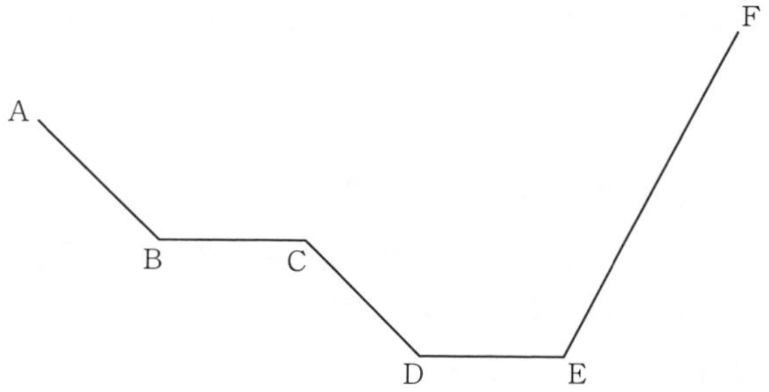

(1) BからCまでの道のりは□kmです。□にあてはまる数を求めなさい。(求め方も書きなさい。)

(2) 太郎さんと花子さんが出発してから54分後にすれ違ったとするとき，AからFまでの道のりは□kmです。□にあてはまる数を求めなさい。(求め方も書きなさい。)

5 図のようなすべての辺の長さが12cmの三角柱があります。直線EFの真ん中の点をMとします。

円Sは，3点D，E，Fが含まれる平面上にあって，中心がD，半径が12cmの円です。

円Tは，3点B，E，Fが含まれる平面上にあって，中心がM，半径が6cmの円です。

点Pは，円Sの円周上を動く点で，点Aから見て時計回りに6秒で1回転するように動きます。

点Qは，円Tの円周上を動く点で，点Dから見て時計回りに動きます。

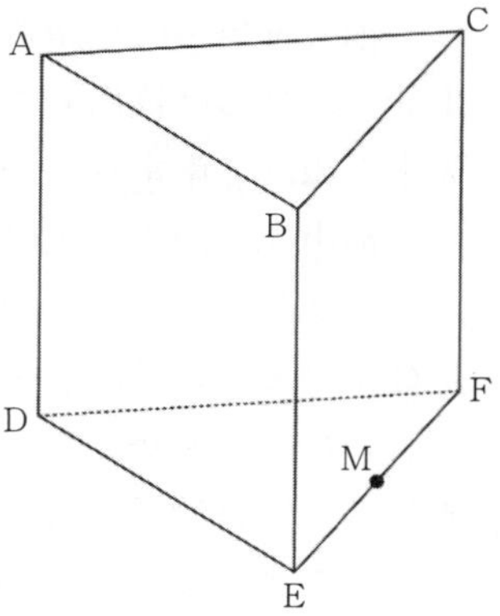

点P，Qはどちらもはじめ点Eの位置にあり，同時に動き始めます。点Pと点Qの動く速さの比は10：3です。

次の問いに答えなさい。(1)，(2)は［ア］～［エ］にあてはまる数を求めなさい。(3)は求め方も書きなさい。

(1) 点Qは，円Tの円周を1周するのに［ア］秒かかります。

(2) 点P，Qが動き始めてからはじめて出会うのは［イ］秒後で，2回目に出会うのは［ウ］秒後です。99回目に出会うのは［エ］秒後です。

(3) 点Pが動き始めてから32.5秒後のとき，円Sを直線PEで2つの図形に分けます。このうち，小さいほうの図形の面積は［オ］cm^2です。(求め方も書きなさい。)

【社　会】（30分）〈満点：60点〉

1 次の生徒と先生の会話を読み，――a～qについての問いに答えなさい。

生徒：日本は昔，ヨーロッパの人たちから「黄金《おうごん》の国」と呼ばれていたという話を聞きましたが，本当ですか。

先生：『東方見聞録《とうほうけんぶんろく》』という，イタリアの旅行家の話をもとにした本のなかに，宮殿《きゅうでん》が黄金でできている「ジパング」という国がでてきて，これが日本のことではないかと言われています。これはその旅行家が a元《げん》に滞在《たいざい》していた時期に聞いた話のようですが，正確なことはよくわかっていません。

生徒：本当に日本の宮殿が，黄金でつくられていたのですか。

先生：東北地方で８世紀半ばに金が発見され，これが東大寺の大仏に用いられたことは有名ですよね。それ以降もこの地方で砂金がたくさん採れ， b中尊寺の金色堂《こんじきどう》などがつくられたことから，そのようなうわさが伝わったのではないかと言われています。

生徒：日本で金がたくさん採れたというのは意外な感じがします。

先生：金だけではなく銀もたくさん採れました。 c16世紀から17世紀にかけて，日本では世界の銀の３分の１が産出されていたそうです。

生徒：銀はそのころなぜ，たくさん採れていたのですか。

先生： d16世紀に各地で鉱山開発が熱心に行われたからです。それだけでなくこのころ銀の新たな精錬《せいれん》法が伝わり，銀を大量に生産できるようになったこともあります。また16世紀末には銅も世界一の生産量となりました。

生徒：これらは輸出もされたのですか。

先生：銀は e南蛮《なんばん》貿易や f江戸時代初期の貿易，その後の g長崎での貿易でさかんに輸出され，輸出先の国では主に貨幣《かへい》の原料として使われました。しかし金銀の産出は17世紀後半になると減り，かわって銅が輸出されるようになります。

生徒：銅と言えば， h弥生時代には青銅器が使われていたと習いましたが，銅は古代から採れていたのですか。

先生：いい質問ですね。弥生時代の青銅器の原料となった銅は，大陸からもたらされたものであったようです。国内では８世紀に i武蔵国《むさしのくに》でみつかり，和同開珎《わどうかいちん》《ほう》がつくられたという記録があり，これが銅の産出のほぼ最初の時期とみられています。

生徒：銅も貨幣の原料として使われたのですか。

先生：はい。ただ， j鎌倉時代から室町時代にかけては，中国から輸入した銅銭が使われ，国内で貨幣はつくられませんでした。 k豊臣秀吉の時代に再び貨幣がつくられるようになり，江戸時代には金貨・銀貨・銅貨の３種類が発行されました。

生徒：お金の価値と同じく， lオリンピックのメダルも金・銀・銅の順ですよね。なぜ価値が一番高いものが金なのでしょうか。

先生：金は世界的に産出量がとても少なかったため，古くから権力者だけが手にすることができる貴重な財宝でした。ただ，金に対する銀の価値は，国や時代によって異なることもありました。例えば幕末に日本が開国した時期，日本では金と銀の交換比率が１対５であったのに対し，外国では１対15の割合でした。

生徒：それでどのようなことが起こったのですか。

先生：外国商人たちは日本で銀貨を金貨と交換すると，より多くの金貨を手に入れられたので，日本の金貨がたくさん国外に持ち出されました。m幕府は金の量を減らして質を悪くした小判を発行して対応しましたが，結果的には社会の混乱をまねきました。

生徒：そうだったのですね。明治時代以降はどうなりますか。

先生：明治政府は鉱業《こうぎょう》生産に力を入れ，西洋の近代技術を積極的に導入しました。なかでも銅山は技術革新《かくしん》により生産量が増え，銅はn再び輸出品の一つとなりました。

生徒：そのような背景から日本で最初の公害事件といわれるo足尾鉱毒《あしおこうどく》事件も起こったのですね。

先生：さらにp日中戦争から太平洋戦争の時期になると，金や銀よりも銅の方が，q武器や兵器などの軍需《ぐんじゅ》品の原料として重視されるようになり，増産のために国の全力が傾《かたむ》けられるようになっていきました。

生徒：そうだったのですね。日本でも金や銀が豊富に採れた時代があったことがよくわかりました。

a　①　元は鎌倉時代に日本に攻めてきましたが，元と幕府との戦いに関係する文として，正しいものをア～ウからすべて選びなさい。

ア　元は日本を従えようと，前もって使者を何回か送ってきた。

イ　元は亀甲船《きっこうせん》という鉄製の屋根でおおわれた船で攻めてきた。

ウ　元は日本に攻めて来る前に朝鮮半島の高麗《こうらい》を征服《せいふく》していた。

②　元との対戦を指揮した幕府の執権《しっけん》は誰でしたか。漢字で答えなさい。

b　これが建てられた時期に行われていた政治の説明として，正しいものをア～ウから一つ選びなさい。

ア　幕府がおかれ，武士による政治が行われていた。

イ　天皇の位をゆずった上皇《じょうこう》が政治を行っていた。

ウ　天皇が律令《りつりょう》の政治の立て直しをはかっていた。

c　このころ本格的な開発が始まった石見《いわみ》銀山は，輸出される銀の多くを産出しました。この銀山があるのは，現在の何県ですか。

d　どのような人たちが，どのような目的で鉱山開発に力を入れたのですか。16世紀という年代を手がかりに説明しなさい。

e　この貿易の相手国をア～エからすべて選びなさい。

ア　スペイン　　イ　イギリス

ウ　オランダ　　エ　フランス

f　この時期に海外に貿易に行くには，幕府の渡航《とこう》許可証が必要でした。この許可証のことを何といいますか。

g　江戸幕府の６代・７代将軍に仕えたある人物は，金や銀が海外に流出するのを防ぐために，長崎での貿易を制限しました。儒《じゅ》学者でもあったこの人物の名前を答えなさい。

h　弥生時代に用いられた青銅器には，どのようなものがありましたか。銅剣・銅たくのほかに，もう一つ答えなさい。

i　武蔵国は現在のどこにあたりますか。ア～エから一つ選びなさい。

ア　東京都・神奈川県・山梨県の一部　　イ　東京都・埼玉県・千葉県の一部

ウ　東京都・埼玉県・神奈川県の一部　　エ　東京都・埼玉県・山梨県の一部

j　このころの経済活動について述べた文として，正しいものをア～ウから一つ選びなさい。

ア　都の東西では，朝廷が管理する市が開かれ，役人や京内の人々が必要な品物を手に入れていた。

イ　大阪にはたくさんの蔵屋敷《くらやしき》が立ち並び，地方からの産物がここで取り引きされて，各地に流通するようになった。

ウ　交通のさかんな場所などで，決まった日に多くの人が集まって，さまざまな品物の売買が行われるようになった。

k　次のア～ウの史料のうち，秀吉の命令ではないものを一つ選びなさい。（史料はやさしく書き直しています。）

ア
> 一　奉公《ほうこう》人や上級から下級の武士にいたるまで，奥《おう》州出兵以後，新たに町人や百姓《ひゃくしょう》になった者があれば，その土地の者が調べ，いっさい身分を変えて住まわせてはならない。もし隠《かく》していたら町や村を処罰《しょばつ》する。
> 一　村々の百姓たちで田畑の耕作をせず，商売を営んだり賃《ちん》仕事に出る者がいたら，本人は申すまでもなく，村全体を処罰する。

イ
> 一　諸国の城は，修理をする時でも必ず届け出ること。ましてや新しい城を築くことはかたく禁止する。
> 一　許可なく結婚してはならない。

ウ
> 一　日本は神国《しんこく》であるから，キリスト教の国から，邪法《じゃほう》（有害な教え）が広められていることは，まことによくないことである。
> 一　宣教師は，日本に滞在することを禁止とするので，今日から20日間で準備し帰国すること。

l　1964年には東京オリンピックが開かれましたが，これと同じころのできごとをア～ウから一つ選びなさい。

ア　経済白書に「もはや戦後ではない」と書かれた。

イ　日本と韓国との国交が正常化した。

ウ　日本が国際連合に加盟《かめい》した。

m　金の量を減らして小判の質を下げたことは，経済にどのような影響《えいきょう》を与えましたか。

n　右のグラフは，1885年の日本の輸出品の品目をあらわしています。アは何ですか。

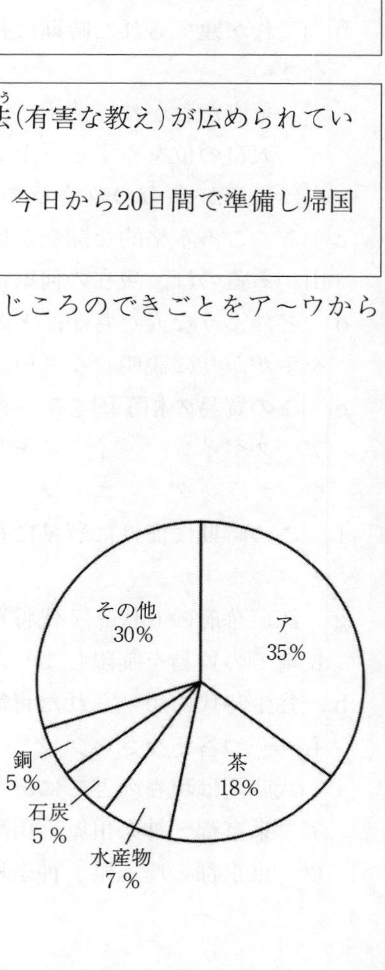

o　①　鉱毒の被害をうったえ，鉱山の操業《そうぎょう》停止などを求めた人物の名前を答えなさい。

②　この鉱毒被害が広がったのは1890年頃からでした。1890年代のできごととしてまちがっているものをア～ウから一つ選びなさい。

ア　鹿鳴館《ろくめいかん》が建てられ，舞踏会《ぶとうかい》がひんぱんに開かれた。

イ　条約改正が一部実現し，領事裁判権が廃止《はいし》された。

ウ　初めての衆議院議員選挙が行われ，第1回帝国議会が開かれた。

p　この戦争が始まる前の年に，東京の中心部で大事件が起こり，その結果，軍部の力がとても大きくなりました。この事件の名前を答えなさい。

q　戦時中，物資が軍事に優先的に用いられたため，国民に必要なさまざまな物が不足しました。これに対応するためにとられた方法として，正しいものをア～ウから一つ選びなさい。

ア　砂糖《さとう》・マッチなどは，町内ごとに抽選《ちゅうせん》によって配られるようになった。

イ　政府が品物の価格をすべて高く定め，人々があまり買わないようにした。

ウ　日用品などは，不足する原料を使わず別の材料でつくられるようになった。

2　次の文章は，主に宮城県と鹿児島県について述べたものです。文中の（1）～（3）に入る言葉を答え，――a～fの問いに答えなさい。

宮城県では（　1　）平野を中心にして，稲作がさかんです。ここで栽培《さいばい》されている米の品種として，「ひとめぼれ」が有名です。この米は，梅雨や夏の時期に a（　　）の方角から吹いてくる冷たい風がもたらす冷害にとても強い米です。b 青森県八戸《はちのへ》市付近から宮城県牡鹿《おしか》半島にかけて広がる山地で砂鉄が豊富に取れたことから，江戸時代には伊達《だて》氏の（　1　）藩などで鉄は主要産品の一つでした。伝統工芸品としての鉄製品には，さび止めとして漆《うるし》が使われてきました。岩手県二戸《にのへ》市の浄法寺《じょうぼうじ》地域は，c 現在の日本では希少となった漆の産地です。

鹿児島県の霧島《きりしま》市では，d 半導体や半導体の製造装置に使う部品の生産がさかんです。霧島の山々から流れ出る川の周辺では，e コシヒカリに由来する「ヒノヒカリ」などの米が栽培されています。活火山として有名な桜島は，1914年の噴火《ふんか》で，薩摩《さつま》半島の向かいにある（　2　）半島と陸続きになりました。この半島の太平洋側にある志布志《しぶし》港からの木材の輸出量（2018年）は全国1位で，f その多くは杉の丸太の輸出です。九州から台湾まで続く南西諸島に沿って，長さ1350キロメートル，平均深度6000～7000メートルの琉球海溝《りゅうきゅうかいこう》がのびています。この海溝は，陸側の（　3　）の下に海側の（　3　）がもぐりこむ運動によってつくられています。

a　（　）に入る適切な言葉を，ア～エから選びなさい。

ア　北西　　イ　北東

ウ　南西　　エ　南東

b　岩手県釜石《かまいし》市では現在も，自動車用部品などに用いられる鉄製品が生産されています。次の表は，世界の自動車生産上位3か国（アメリカ，中国，日本）の自動車生産台数とその内訳を示しています。日本にあたるものを表中のア～ウから選びなさい。

（単位　千台）

国名	生産台数	乗用車	トラック・バス
ア	25225	19994	5231
イ	8822	1927	6896
ウ	8068	6960	1108

（2020年）

矢野恒太記念会『日本国勢図会 2021/22年版』より作成。

c　次のア～エの４つの県は，伝統工芸品の生産で知られています。これらのうち，伝統工芸品としての漆器《しっき》の生産県にあてはまらないものを一つ選びなさい。

ア　滋賀県　　イ　石川県　　ウ　福島県　　エ　青森県

d　日本は韓国・中国・台湾などと半導体の貿易を行っています。以下の表は，それらのうちの２つについて，日本が輸出入をしている品物の上位３品目（2020年）を示しています。ＡとＢの組み合わせとして正しいものを，ア～エから選びなさい。

A

（輸入合計２兆8398億2900万円）　（輸出合計４兆7665億6000万円）

順位	Aからの輸入品	輸入額全体にしめる割合（%）	Aへの輸出品	輸出額全体にしめる割合（%）
1	機械類	26.2	機械類	39.7
	うち 集積回路	3.7	うち 集積回路	4.6
2	石油製品	10.9	鉄鋼	6.8
3	鉄鋼	9.3	プラスチック	6.2

B

（輸入合計２兆8591億2200万円）　（輸出合計４兆7391億5200万円）

順位	Bからの輸入品	輸入額全体にしめる割合（%）	Bへの輸出品	輸出額全体にしめる割合（%）
1	機械類	58.0	機械類	45.1
	うち 集積回路	40.1	うち 集積回路	15.1
2	プラスチック	3.9	プラスチック	5.7
3	鉄鋼	2.5	自動車	5.7

矢野恒太記念会『日本国勢図会 2021/22年版』より作成。

ア　A―中国　B―台湾　　イ　A―台湾　B―韓国

ウ　A―韓国　B―台湾　　エ　A―台湾　B―中国

e　鹿児島県の農業産出額（2019年）は全国で第２位でしたが，そのうち米のしめる割合は約４％でした。この県は畜産がさかんですが，それに対して米のしめる割合が少ない理由を答えなさい。

（参照：農林水産省「生産農業所得統計」（2019年）による。）

f　杉は苗木《なえぎ》から50年以上育てると，伐採《ばっさい》に適した木になります。山に苗木を植えてから10年ほどの間，苗木の成長をうながすために毎年夏に，ある作業を行います。この作業をなんといいますか。

3　次の文章を読んで，―― a ～ f についての問いに答えなさい。

日本は a 周囲を海に囲まれており，b 海流や地形の影響で多くの c 魚介《かい》類が集まります。かつて，日本は世界有数の漁獲《ぎょかく》量があり，水産物の輸出が輸入を上回っていました。ところが，世界各国が水産資源や d 鉱物資源に対する権利を主張できる排他的《はいたてき》経済水域を設定したこともあり，e 日本の漁獲量は減少してきました。そのため，現在日本は f えびをはじめ多くの水産物を輸入しています。

a　海を利用した発電の例として海上風力発電があります。次の表は，日本の水力・原子力・火力・風力の発電量について，2010年と2018年を比べ，2010年を100とした場合の数値を表しています。風力発電を示しているものをア～エから選びなさい。

	2010年	2018年
ア	100	21.5
イ	100	96.4
ウ	100	106.8
エ	100	161.7

矢野恒太記念会『日本国勢図会 2021/22年版』より作成。

b　日本海を流れる暖流の名前を答えなさい。

c　日本の魚種別漁獲量では，いわし類が最も多く獲《と》られていますが，いわしを獲る漁法をア～ウから一つ選びなさい。

ア　はえなわ　　イ　まきあみ　　ウ　底引きあみ

d　日本近海では，さまざまな地下資源が確認されています。そのなかには，本来は気体ですが，海底下で氷状に固まっているものがあります。「燃える氷」とも呼ばれ，新しいエネルギーとして注目されているこの資源の名前を答えなさい。

e　次の図は日本の沖合《おきあい》漁業・遠洋漁業・沿岸《えんがん》漁業の漁獲量の推移を示したものです。図中のA～Cの漁業の組み合わせとして正しいものをア～エから選びなさい。

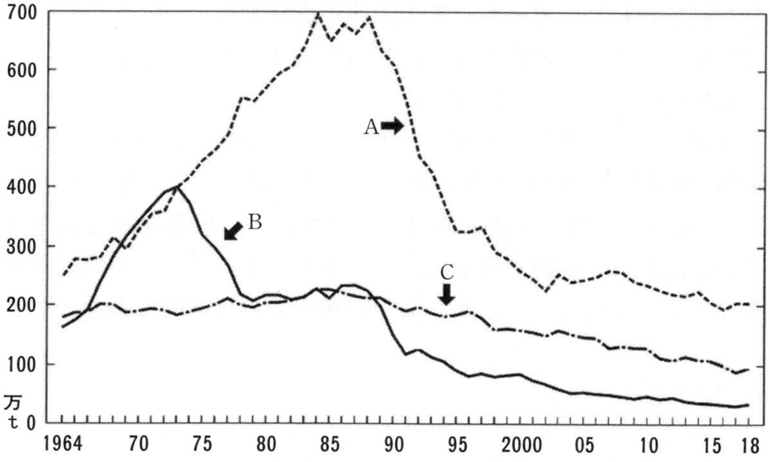

矢野恒太記念会『日本国勢図会 2020/21年版』より作成。

	A	B	C
ア	遠洋漁業	沿岸漁業	沖合漁業
イ	遠洋漁業	沖合漁業	沿岸漁業
ウ	沖合漁業	遠洋漁業	沿岸漁業
エ	沖合漁業	沿岸漁業	遠洋漁業

f　日本は東南アジアの国々からえびを多く輸入していますが，養殖《ようしょく》池をつくるためにマングローブの林が破壊《はかい》されることもあります。一方，マングローブがあることで，2004年にインドネシア沖で地震が発生した際には，ある程度被害《ひがい》が抑えられました。このときマングローブはどのような役目を果たしたのか説明しなさい。

4 次の文章を読んで，――a～eについての問いに答えなさい。

日本では2006年に a バリアフリー法が施行《しこう》(2018年および2020年一部改正)され，高齢者《こうれいしゃ》や障がい者など，あらゆる人が不自由なく安全に施設を利用できるよう，公共交通機関や建物のバリアフリー化が義務付けられました。これにより，駅にエレベーターが設置されたり，ノンステップバスが導入されたりと，社会は少しずつ変化してきましたが，b さまざまなバリア(障《しょう》壁《へき》)が今も残っています。例えば，あなたが小さい頃《ころ》に遊んでいた近所の公園も，他の人にとっては危険で，楽しむことができない場所かもしれません。

2020年，東京都議会における提案がきっかけで，東京都世田谷区に c「インクルーシブ公園」が誕生しました。インクルーシブとは「全てを含《ふく》む」という意味で，この公園には，歩行が難しかったり，体を支える力が弱かったりして，一般的《いっぱんてき》な公園で遊びづらい子どもへの配慮《はいりょ》が施《ほどこ》された遊具などがあり，障がいの有無や年齢，国籍《こくせき》に関係なくみんなで遊ぶことができます。

インクルーシブの取り組みが進んでいるアメリカや d オーストラリアでは，こうした公園の整備が進んでいますが，日本ではまだ国内に数例ほどしかありません。自分の住んでいる地域にもインクルーシブ公園を作ってほしいと望む声が各地で高まっており，市民団体が結成されたり，署名を集めて首長に提出したりと e さまざまな働きかけがなされています。

a 法律が施行されるまでの流れとして，まちがっているものをア～エから一つ選びなさい。

ア 地方自治体の首長が，その地域の意見をまとめて法律案を提出する。

イ 立法をつかさどる国会で話し合われ，可決されると法律が成立する。

ウ 法律が憲法に違反《いはん》していないかどうかの審査《しんさ》は，裁判所が行うことができる。

エ 法律が成立した後に，天皇が国民に対して公布する。

b 以下のグラフは，横浜市が障がい者を対象に実施したアンケート結果(2020年)の一部です。「普段《ふだん》の生活で外出する時や，外出したいと思う時に困ることはどのようなことですか」(複数回答可)という質問に対し，さまざまな回答がよせられています。この回答結果を見ると，設備のバリアフリー化だけでは解決しない問題があることがわかります。こうした問題を解決するために，社会はどのようなことをしていくべきか，あなたが考える具体的な案を一つ書きなさい。

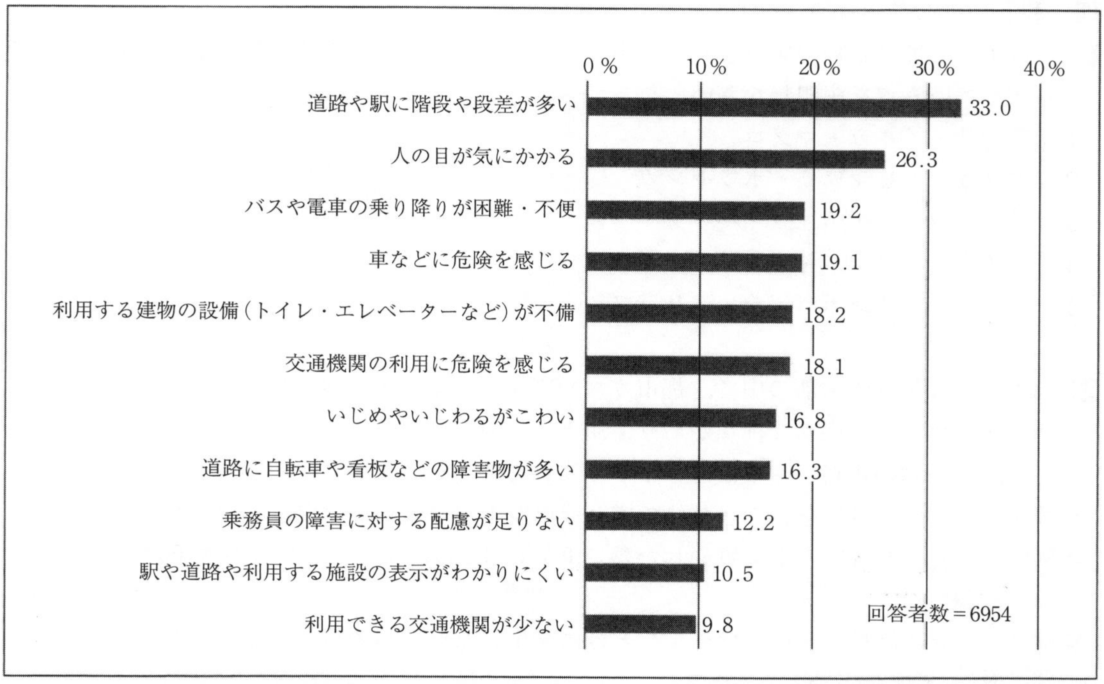

横浜市健康福祉局『第４期横浜市障害者プラン策定に向けたニーズ把握調査　結果報告書』(2020年)より作成。

c　インクルーシブ公園で見られる工夫の例として，ふさわしくないものをア～エから一つ選びなさい。

ア　お年寄りもゆっくりくつろげる広いベンチ

イ　ピクトグラム(絵文字)を使った標識

ウ　コンクリートより柔《やわ》らかいゴムチップ舗装《ほそう》を施した地面

エ　犬連れの人が利用できるドッグラン(犬専用広場)

d　オーストラリアの説明として，正しいものをア～ウから一つ選びなさい。

ア　豊かな鉱山資源があり，石炭と綿花の生産量は世界一位である。

イ　白人，アジア系の人々のほか，アボリジニと呼ばれる先住民が住む。

ウ　世界有数の石油産出国であり，OPEC《オペック》に加盟している。

e　住民が地方自治体に対して働きかける手段の一つに住民投票があります。過去に日本で行われた住民投票の争点として，まちがっているものをア～エから一つ選びなさい。

ア　米軍基地建設のための埋《う》め立《た》ての賛否を問う

イ　市町村合併《がっぺい》の賛否を問う

ウ　選択的《せんたくてき》夫婦別姓《べっせい》制度の賛否を問う

エ　原子力発電所建設の賛否を問う

【理　科】（30分）〈満点：60点〉

1　以下の３種の生物の組み合わせの中で，ひとつだけちがう性質や特ちょうをもつものを選び，ちがっている点を説明しなさい。

1　アサリ・イルカ・マグロ
2　アサガオ・ヒマワリ・ホウセンカ
3　テントウムシ・チョウ・バッタ
4　シイタケ・タマネギ・ニンジン
5　アブラナ・タンポポ・チューリップ

2　私たちは毎日の生活の中で，都市ガスやプロパンガスといった燃料を燃やして火を起こしています。燃料には様々な種類があり，用とによって使い分けられています。

今，３種類の燃料ア～ウがあります。これらの燃料を用いて，実験を行いました。

実験１　１ｇの燃料アを燃やした熱で様々な温度の水を温め，水温を記録した。
実験２　１ｇの燃料ア～ウを燃やした熱で０℃の氷100ｇの入った０℃の水100ｇを温め，水温を記録した。
実験３　１ｇの燃料ア～ウを燃やしたときに発生した気体エの重さを記録した。

表１　実験１の結果

水の重さ(g)	加熱前の水温(℃)	加熱後の水温(℃)
200	0	50
200	20	70
200	40	90

表２　実験２の結果

燃　料	加熱前の水温(℃)	加熱後の水温(℃)
ア	0	10
イ	0	20
ウ	0	28

表３　実験３の結果

燃　料	発生した気体エの重さ(g)
ア	3.3
イ	3.0
ウ	2.8

1　ガスバーナーやアルコールランプなどの火を使う実験を行うときに，特に気をつけなければならないことを２つ答えなさい。

2　燃料が燃えると数種類の気体が発生します。その中でも気体エは地球温暖化に大きく影きょうを与えている気体の１つと言われています。気体エの特ちょうについて正しいものを１つ選びなさい。

(1)　鼻をつくようなにおいがする。
(2)　うすい塩酸に鉄を加えると発生する。
(3)　雨水にふくまれ，酸性雨の原因となる。
(4)　ムラサキキャベツの液にふきこむと，よう液の色が赤色になる。

3　燃料が燃えるためには，空気中にふくまれる気体オが必要です。気体オの特ちょうについて正しいものを１つ選びなさい。

(1)　水に全くとけない。

(2)　空気中に三番目に多くふくまれている。

(3)　石灰水に吹き込むと，石灰水が白くにごる。

(4)　オキシドール(過酸化水素水)に大根の小片を加えると発生する。

4　実験２について，燃料ア～ウの中で加熱後に氷が残っているものはどれか。番号で答えなさい。

(1)　ア　　(2)　イ　　(3)　ウ　　(4)　アとイ

(5)　アとウ　　(6)　イとウ　　(7)　アとイとウ　　(8)　どれも残らない

5　１gの燃料アを燃やした熱で０℃の氷50gの入った０℃の水50gを温めました。加熱後の水温は何℃か答えなさい。

6　燃料ア～ウを燃やした熱で０℃の水100gを51℃まで温めました。このとき気体エの発生量が最も少ない燃料をア～ウの中から記号で答えなさい。また，その燃料を燃やしたときに発生した気体エの重さを答えなさい。

3　温度が上がるとものの体積がぼう張するということについて，丸底フラスコとガラス管を用いて，２種類の温度計ア・イを作って実験をしました。

ア　何も入れていない丸底フラスコに，ガラス管のついたゴムせんをつけ，ガラス管の部分には色をつけたゼリーを入れた。

イ　赤インクで色をつけた水を丸底フラスコに満たし，ガラス管のついたゴムせんをした。

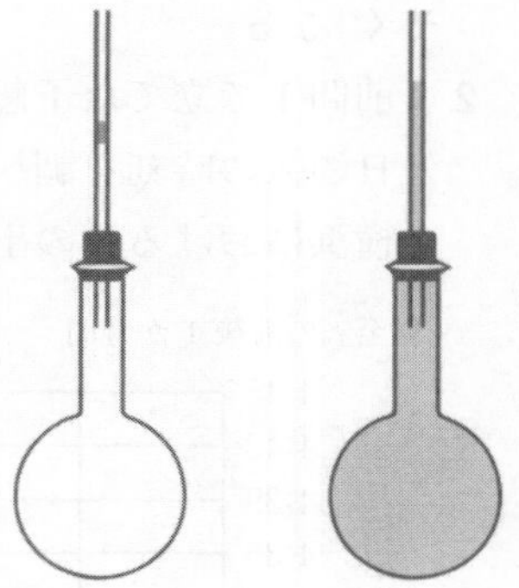

ア　　イ

下表はいろいろなもののぼう張率を表したものです。ぼう張率とは，ものの温度が１℃上がったとき，もとの体積を１として，どれだけ体積が増えるかという割合を表す量です。

もの	ぼう張率
水	0.00021
空気	0.0037
ガラス	0.000025

1　わずかな温度変化を調べるとき，ア・イのどちらの温度計を使うとよいですか。またその理由を答えなさい。

2　アの温度計で，水を使わずゼリーを使うのはなぜですか。

3　イの温度計で，ガラス管の断面積が12mm^2，フラスコ内に20℃の水が200cm^3入っているとすると，30℃のお湯につけたとき，ガラス管内の水面の高さは，およそ何cm上がると考えられますか。

4　実際にイの温度計を温かい水につけ，ガラス管内の水面の高さの変化をよく観察すると，はじめ少し下がってから，上がることがわかりました。なぜ少し下がるのか，その理由を答えなさい。

5　イの温度計を，よりわずかな温度変化を測れるようにするには，どのように作りかえればよいですか。

4　1年の中で昼の時間がもっとも長い日は6月21日頃の「夏至(げし)」とよばれる日です。一方，昼の時間がもっとも短い日は12月21日頃の「冬至(とうじ)」とよばれる日です。2020年の「夏至」と「冬至」は6月21日と12月21日でした。それぞれの日の横浜《はま》における日の出・日の入の時刻は下表の時刻でした。

2020年		日の出	日の入
夏至	6月21日	4時26分	19時00分
冬至	12月21日	6時47分	16時32分

1　夏至の日と冬至の日の日の出と日の入の時刻について，昼の時間(日の出の時刻から日の入の時刻まで)の長さから，次のような予想を立てました。下記の文中の{　}から当てはまるものを1つ選びなさい。

夏至の日の日の出の時刻は1年でもっとも{①　**はやく・おそく**}，また夏至の日の日の入の時刻は1年でもっとも{②　**はやく・おそく**}なる。一方，冬至の日の日の出の時刻は1年でもっとも{③　**はやく・おそく**}，また冬至の日の日の入の時刻は1年でもっとも{④　**はやく・おそく**}なる。

2　前問**1**で立てた予想が正しいかどうか，夏至の日と冬至の日それぞれ前後1か月間の日の出と日の入の時刻を調べてみました。下のグラフは2020年の「夏至」と「冬至」の前後1か月間の横浜における日の出と日の入の時刻を示したものです。

「夏至」の前後1か月間

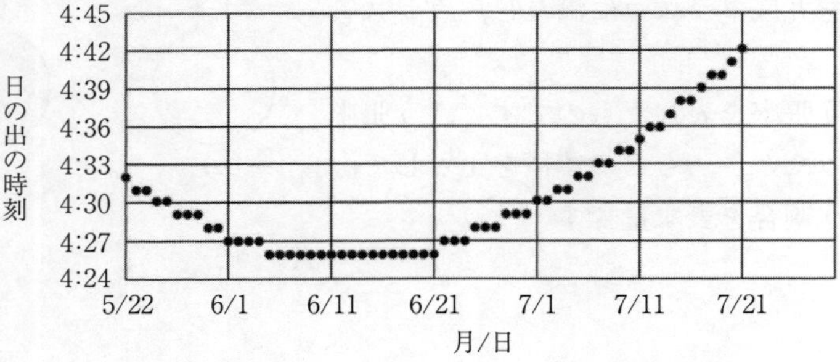

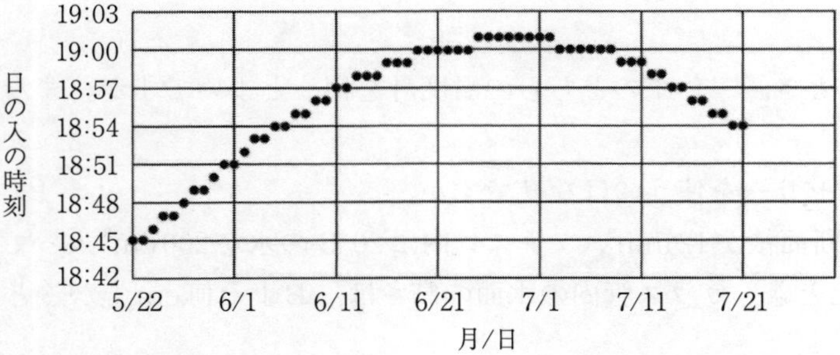

「冬至」の前後１か月間

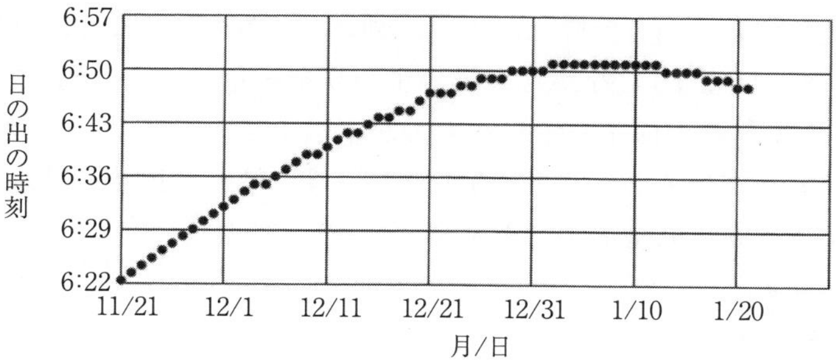

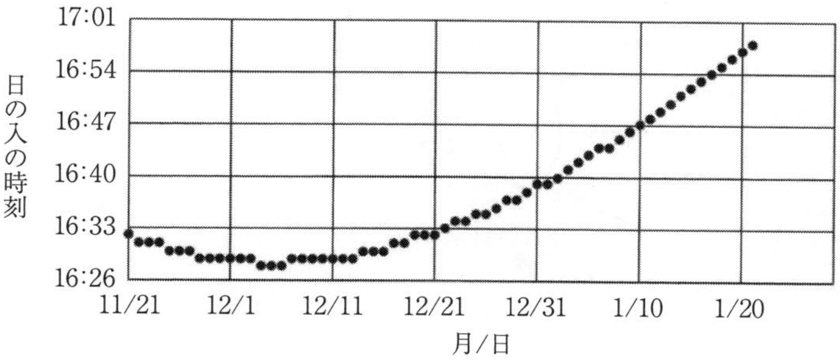

下記の文中の ① から ④ に当てはまる語句をア～カの中から選び，(①)から(③)には当てはまる時刻を入れなさい。なお下記文中の{**1**①}から{**1**④}には前問**1**で選んだものと同じものが入ります。

2020年横浜で，日の出の時刻が１年でもっとも{**1**①}なるのは ① でした。また日の入の時刻が１年でもっとも{**1**②}なるのは ② で，その時刻は(①)でした。一方，日の出の時刻が１年でもっとも{**1**③}なるのは ③ で，その時刻は(②)でした。また，日の入の時刻が１年でもっとも{**1**④}なるのは ④ で，その時刻は(③)でした。以上のことから前問**1**で立てた予想は正しくないことがわかりました。

【語句】 ア．夏至の日よりも前から
イ．夏至の日の前後10日間
ウ．夏至の日よりも後の日
エ．冬至の日よりも前の日
オ．冬至の日の前後10日間
カ．冬至の日よりも後の日

3　地上で太陽の動きを観測すると，日の出と日の入の時刻は変化しますが，太陽は，いつも同じ速さで動いているように見えます。しかし実際は，太陽が動いているのではなく，地球が一日一回転(この動きを「自転」といいます)しながら太陽のまわりを一年かけて一周(この動きを「公転」といいます)しています。その様子を示したものが下図１です。ただし，図中の太陽の大きさは地球の大きさとくらべてはるかに小さく示しています。また，図中の「地じく」とは地球が自転するときに中心となる「じく」のことです。

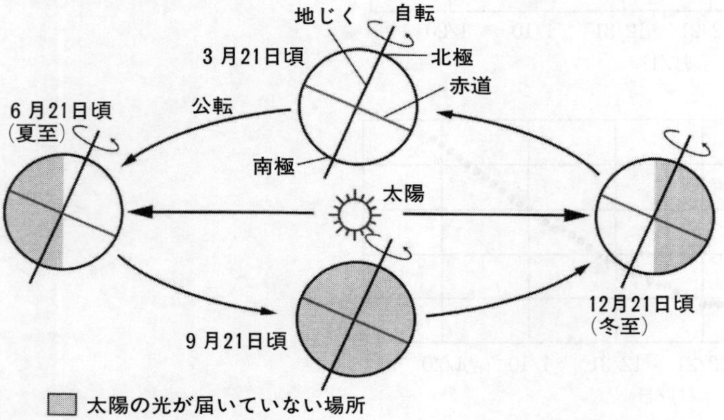

図１

横浜で太陽の動きを見ると，朝，東の方角からのぼり，昼頃，南の空でもっとも高くなります。

これを太陽の南中《なんちゅう》といいます。南中をすぎると太陽はしだいに低くなり，夕方，西の空にしずみます。下図２は，時間とともに変化する太陽の位置を，とう明な半球上に記録したものです。

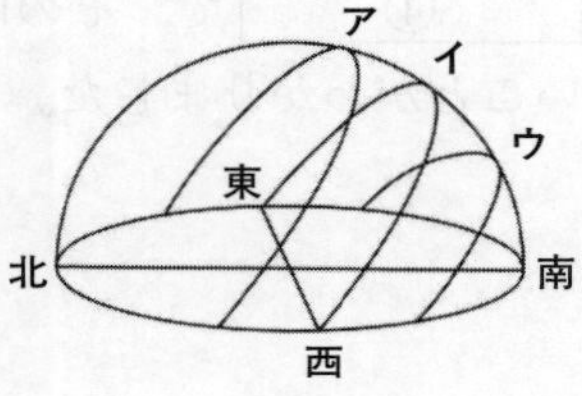

図２

(1)　下記の文中の{　}から当てはまるものを１つ選び記号で答えなさい。また季節によって太陽の通り道が変化する理由を上図１から考え，文章で説明しなさい。

夏至の日の太陽の通り道を示すものは図中の{①　**ア・イ・ウ**}で，日の出の方角は{②　**ア．真東・イ．真東より南・ウ．真東より北**}で，太陽が南中する高さは{③　**ア．１年で１番高く・イ．１年の中で真ん中の高さに・ウ．１年で１番低く**}なる。また，日の入の方角は{④　**ア．真西・イ．真西より南・ウ．真西より北**}になる。

(2) 「日時計」のように太陽の動きで時刻を決めていくと，規則正しく時を刻む「時計」の時刻とずれが起きてきます。「日時計」では太陽が南中する時刻はいつも12時ちょうどになりますが，その時刻が「時計」では12時ちょうどになっているとは限りません。下記の２つのグラフは2020年の「夏至」と「冬至」の前後１か月間の横浜における太陽の南中時刻を示したものです。

「夏至」の前後１か月間

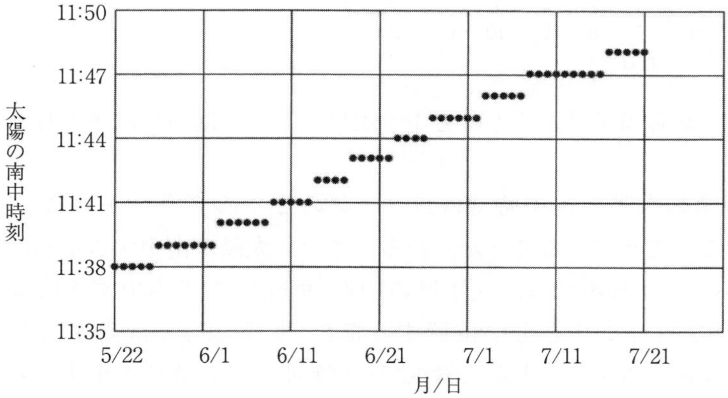

「冬至」の前後１か月間

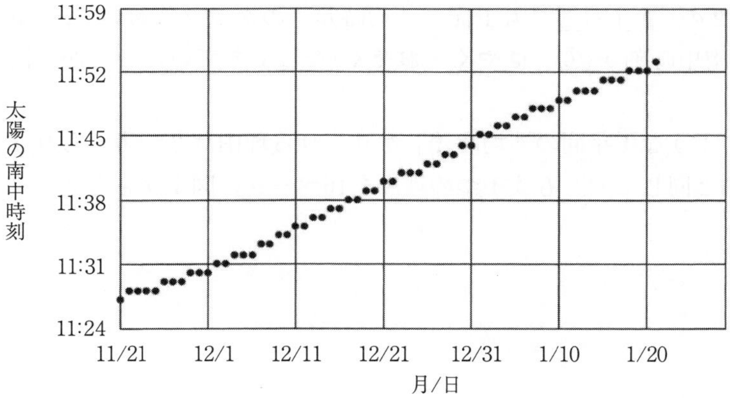

太陽が南中する時刻をいつも12時ちょうどにし，次の日の太陽が南中する時刻までを１日とすると，ある時期の１日は24時間よりも長くなり，またある時期の１日は24時間より短かくなってしまいます。そこで，私たちは実際に見えている太陽とは別にいつでも同じ速さで移動する「仮想の太陽」を考え，実際に見える太陽の速さの変化分をならした平均の長さを「１日の長さ」と定義して使っているのです。このことが，「日時計」の時刻と規則正しく時を刻む「時計」の時刻がずれる原因です。この時刻のずれを「均時差」といいます。次ページの図のグラフは１年間の「均時差」の変化を示したものです。「均時差」が「＋(プラス)」の場合は「日時計」の時刻のほうが進んでいて，「－(マイナス)」の場合は「日時計」の時刻がおくれていることになります。

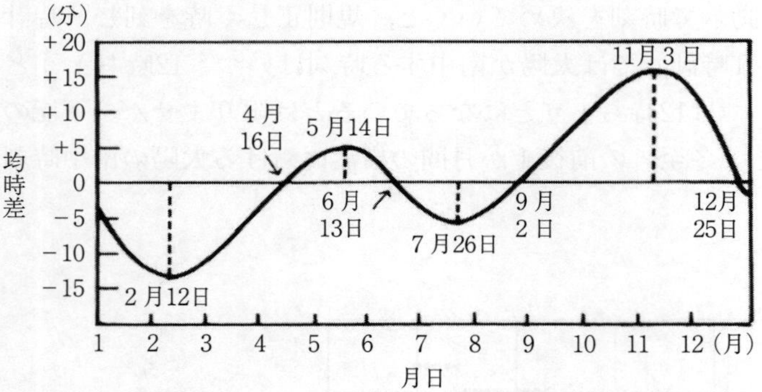

(問1)　下記の文中の{　}から当てはまるものを1つ選び，(　)には当てはまる時刻または月日を入れなさい。

「夏至」と「冬至」の頃の太陽の南中時刻は17ページの2つのグラフからじょじょに{①　**はやく・おそく**}なってきていることがわかる。また，太陽が南中する時刻に観測する場所によって時差があり，日本では，兵庫県の明石(東経135°)で南中する時刻を基準(12：00)にしているので明石よりも東に位置する横浜(東経139°)では南中時刻が19分{②　**はやく・おそく**}なる。以上のことから横浜で(③**時刻**　　)に太陽が南中するときには「日時計」とずれがないことになり，17ページの2つのグラフと上記の「均時差」のグラフの(④**月日**　　)と(⑤**月日**　　)の記録からもそのことがわかる(④⑤**早い順に記入しなさい**)。また，前問**2**の ① ～ ④ も上記の「均時差」のグラフにおいて，「夏至」と「冬至」の頃の太陽の南中時刻が{⑥　**はやく・おそく**}なってきていることから同じ結果となることがわかる。

(問2)　上図のグラフのような1年間の「均時差」がうまれる理由は2つ考えられます。その1つは前問(1)の理由と同じです。もう1つの理由を16ページの図1から考え，文章で説明しなさい。

胸を 5 ハる

6 一糸乱れず行進する

ラストシーンが 7 圧巻だ

歌集を 8 編む

＊問題文に使用した作品における難しい漢字表記は、現在一ぱん的に使われている漢字またはひらがなに改めるか読みがなをほどこすかしてあります。また、送りがなを加えたりけずったりしたものもあります。なお、今日の人権意識に照らして不当・不適切と思われる語句や表現については、原文の歴史性と文学性とにかんがみ、そのままとしました。

り合わせようとする交しょうである。友人や恋人との会話は、よい関係を保ち、相手を理解し、たがいに話を楽しもうとする交流である。これらの会話は有意義かもしれないが、真理の追求を目的としてはいない。対話は、何かの真理を得ようとしてたがいに意見や思考を検討し合うことである。

私たちは日常生活の中で、ほとんど対話する機会がないのではないだろうか。それは、真理の追求が日常生活で行われなくなっているからである。だが実は、対話をしなければならない場面は、日常生活の中にも、思ったよりもたくさんあるのだ。

仕事場でも、ただ当面のあたえられた業務をこなすだけではなく、仕事全体の方向性や意味が問われる場合、たとえば、「良い製品とは何か」「今はどういう時代で、どのような価値を消費者は求めているのか」「かん境問題に対して、わが社はほおかむりをしていていいのか」など真けんに論じるべきテーマは少なくないだろう。家庭でも、子どもの教育をめぐって、そもそも子どもにとっての良い人生とはなにか、そのために何を学んでほしいのか、親と子どもとはどういう関係なのか、子ばなれするとはどういうことか、これらのことについて家族で話し合う必要はないだろうか。地域でも、どのような地域を目指せばいいのか、住人はどのような価値を重んじているのか、以前からの住人と新しく来た人たちはどう交流すればよいか。本当はこうしたことについてひざをつき合わせて対話する必要があるのではないだろうか。

（河野《こう》哲也《てつや》『人は語り続けるとき、考えていない　対話と思考の哲学』）

問一　この文章の内容を八十字以内で要約しなさい。

問二　次の中から、この文章で筆者が言っている「対話」にあたるものを二つ選びなさい。

1　今年の夏休みの旅行にどのような服を持って行くかを家族で話し合った

2　感染症《せんしょう》を根絶するためにどのような政策をとるべきかを政府内で議論した

3　地域の清掃《そう》をどのような順番でわりふってゆくかを町内会で討論した

4　新商品を店のたなにどのように並べればよく売れるかをチームで検討した

5　目的地に最も早く着くにはどの電車に乗ればよいかを駅員さんと相談した

6　八百屋《やおや》の店先でトマトがもう少し安くならないかと店主と交しょうした

7　より良いクラスを作るにはどうすればよいかを学級会で意見交かんした

8　久しぶりに故郷から出てくる友だちと食事の場所の打ち合わせをした

問三　あなたがだれかと会話ではなく対話したいと思う関心事と、その関心事についてのあなたの意見を二百字以内で書きなさい。

三　**「せめて」「きっと」という言葉を両方用いて三十字以内の文を一つ作りなさい。**

四　**次の——部1～5のカタカナの部分を漢字で書きなさい。また——部6～8の漢字の読み方をひらがなで書きなさい。**

1 キョクセツの多い山道

城を2 キズく

家庭3 サイエン

身の4 チヂむ思い

取り直している

4　この町にも捨てられた物を利用して生活している人々がいるのだと、自身の生まれ育ったかん境が思い合わされ親近感を覚えている

問十五　「暗いからいいようなものの、～『やめろ！　きたならしいことは！』」（――部A）「私はなおも家族にむかってさけぶのをやめなかった。～とにかく私は彼らを引きあげさせるのにやっきになっていた」（――部B）とありますが、このときの「私」の説明としてふさわしいものを選びなさい。

1　粗大ゴミへの関心をそれなりにおさえてきたのに、自分の心のおくにあるさもしい根性《じょう》が家族のあさましいゴミあさりによって思いがけなくあらわになった気がしてたえられないでいる

2　ゴミあさりは自分が提案したことではあったが、いざ実際に家族一丸となってやってみたところいくら探してもろくなもの一つ見つからず、落たんのあまりやけを起こしている

3　家族がむちゅうでゴミあさりに興じ欲望をむき出しにする光景にあっけにとられ、いつもの平穏《おん》な家族の姿とはあまりにかけはなれた様子をおそろしく思っている

4　ゴミあさりに熱中するあまり家族のだれもが父親である自分の言葉に耳を貸さないことに腹を立て、何としてでも家長としての権いを取りもどそうとあせっている

問十六　――部「彼は最初から他のどんな品物にも目をくれずに、道ばたにころがっていたヤシの実――それも虫の食った古いかざりもののヤシの実を一個、ラグビーのボールのようにしっかりこわきにかかえていた」とありますが、「私」は「三歳の子供」がかかえている「ヤシの実」をどのようなものとして見ていますか。

1　家族の拾得物の中でいちばんすぐれていると本人が思っているもの

2　虫に食われた粗末なものでも小さい子供が遊ぶのにちょうどよいもの

3　この土地では子供がめったに見ることがないようなめずらしいもの

4　金せん的価値とはまったく関係なく本人が純すいに気に入ったもの

二　**次の文章を読んで後の問に答えなさい。**

あなたは、だれかと対話をした経験があるだろうか。会話ではなく、対話である。

よほど特別の事情がない限り、私たちは日常的に会話をしている。駅のキヨスクでチョコレートバーを買い、会社の守衛さんにあいさつし、職場で同りょうと打ち合わせをして、昼食時にショートメールで遠方の友人と近きょうを伝えあい、帰宅して家族と今日のニュースについて話し合う。このどの場面でも、私たちは会話をしている。そのいくつかは軽いやり取りであったり、ただ楽しむためであったりする。他方、仕事の打ち合わせなどはかなり真けんに、ときに厳しいやり合いをしなければならない。

だが、このどれもが会話であっても対話ではない。

対話とは、真理を求める会話である。対話とは、何かの問いに答えようとして、あるいは、自分の考えが正しいのかどうかを知ろうとして、だれかと話し合い、真理を探求する会話のことである。ただ情報を検さくすれば得られる単純な事実ではなく、きちんと検討しなければ得られない真理を得たいときに、人は対話をする。それは、自分を変えようとしている人が取り組むコミュニケーションである。

ショッピングや仕事でのやり取りは、自分の要望と相手の要望をす

そうでないものに×を書きなさい。

1 いくらでも自転車が手に入るので自転車屋という商売に対する不信感が強まっている

2 冬なのにヘビをこわがる息子が情けなく、いらだっている

3 意気ようようと捨てられた自転車を拾いに行ったのに、まだ世間体を気にしている

4 見つけた自転車をすでに自分のものにしたような気持でいる

5 ヘビのおかげで子供が危険なゴミの山に入ろうとせず、ほっとしている

6 ゴミの山をくまなく探して手ごろな子供用の自転車を見つけようとしている

問十 ――部「私はこの子にも当分の間はあの自転車で練習させて、じょうずになったら新しいのを買ってやればいいと言い訳がましく考えていた」とありますが、どのようなことに対する「言い訳」なのですか。本文中の言葉を用いて二十字以内で書きなさい。

問十一 「あの映画の自転車」(――部A)、「今日私がうるさくせがまれているような子供の自転車」(――部B)の説明としてふさわしいものをそれぞれ選びなさい。

1 親子の思い出がたくさんつまった思い入れの強いもの

2 機能や装しょく品を備えた娯《ご》楽や道楽のためのもの

3 近所の自転車屋ではめったに売っていない希少価値があるもの

4 いつでも廃品の山からほり出すことのできる不用なもの

5 家族を養っていくのになくてはならないもの

6 父子のきずなを決定的に引きさくいまわしいもの

問十二 Ⓑに入るふさわしいものを選びなさい。

1 どんなことをしてでも必死に子供らを食わせるという真けんさ

2 物を大切に使うことを子供らにしっかり教えこもうとするきまじめさ

3 子供らにはじをかかせまいと自分をぎせいにしてまで働くやさしさ

4 子供らにはぜいたくをさせず拾ってきたものでがまんさせるつつましさ

問十三 ――部「それはなんともこそばゆいような光景だった」と「私」が思ったのはなぜですか。

1 ゴミの中から自転車を拾うという自分のアイデアが、だれもがやっている平ぼんなことに過ぎないと気づかされたから

2 自転車が簡単に手に入ると期待していた子供たちに、世の中はあまくないという現実を教えることができたから

3 ゴミあさりを先にやっている親子づれの姿に、まさに自分たちがこれからやろうとしていることを見てしまったから

4 競争者がいることにも気づかず、得意げに家族をつれて粗大ゴミの山をあさりにきた自分のおろかさを思い知らされたから

問十四 ――部「私はそんな親子のいる家庭をひどくなつかしいもののように想像して、安どの微笑を禁じ得なかった」とありますが、このときの「私」の気持の説明としてふさわしいものを選びなさい。

1 つつましくも仲良く物を拾う親子を見て、自分もあのようになごやかな家族でありたいとうらやましさを感じている

2 原っぱに物を拾いに来る人々の姿を見て、自分の子供時代と同様に使える物は拾って使うのが当然だと改めて確信している

3 人目をしのんで物を拾う人々の姿に戦後の物のない時代が思い出されたが、現代はもうそこまで悲さんではないのだと気を

とタカをくくっていた

3　C君は、今日こそはたん生日のプレゼントが届くはずだとタカをくくっていた

4　D君は、宝くじの一等が万が一当たったら何を買おうかとタカをくくっていた

問三　後の問に答えなさい。

①「私」の家族は、「私」をふくめて何人家族ですか。

②いつの時代の話ですか。元号を漢字二字で書きなさい。

問四　――部「その方法」とありますが、具体的にどのような方法ですか。二十字以内で書きなさい。

問五　――部「いわゆる人間らしい文化生活」とは、どのような生活のことを言うのですか。

1　仕事であくせくするよりも家庭での団らんを大切にする温かみのある生活

2　宗教的な敬けんさや道徳的な正しさに価値を置く精神的に深みのある生活

3　物質的な豊かさを追求したり便利さや機能性を重視したりする快適な生活

4　どんなものでも最新のものやごうかなものばかりを買うぜいたくな生活

問六　――部「そのグロテスクさ」とは、どのようなことに対して言っているのですか。

1　少しでも古びたものは捨ててはばからないという派手ではなやかな生活へのあこがれがうきぼりになっていること

2　文化生活における必じゅ品と言われる多くのものが実生活においては必ずしも必要不可欠ではないという事実があらわになっていること

3　必要なら作り不要になれば容しゃなく捨てるという人間の心の自己中心的なきたならしい部分がむき出しになっていること

4　電化製品から装しょく品までありとあらゆるものを分別することなく投棄してしまう地域住民のマナーの悪さが明るみになっていること

問七　――部「私は足元にころがっている銀ピカの真新しそうなトースターをさもばかにしたようにくつのつま先でけったりした。また、ほこりをかぶってはいるが最新型とおぼしいミシンやトランジスタ・ラジオも思いきりけとばしてやった」とありますが、このときの「私」の説明としてふさわしいものを選びなさい。

1　十分に使える新品同様のものをあとでこっそり拾いにくるために、他の人に先に見つけられないようにかくそうとしている

2　ゴミとして捨てられる新品などという自分の理解をこえたものを消し去ることで、混乱した気持を落ち着かせようとしている

3　ふだんから物を大事にあつかっている自分としては捨てられた新品を息子に見せたくないので、体《てい》よく片づけようとしている

4　他人が自分の持ち物より立派なものを捨てることがしゃくにさわりながらも、わざとゴミへの関心がないふりをしようとしている

問八　Ⓐに入るふさわしいものを選びなさい。

1　まじまじと

2　さりげなく

3　あからさまに

4　やみくもに

問九　「　」部における「私」の説明としてふさわしいものに○、

った。彼らの母親までもが、いったい何を探し出そうというのか、いく重にも積み重ねてある家具の山に足をかけてガラガラと引きくずしていた。**問十五B**私はなおも家族にむかってさけぶのをやめなかった。『やめろ！　いい加減に！　そんなガラクタ、いくら欲ばって持って帰ったって使えやしないのだ！　使えないからこそ捨ててあるのだ！　こじきみたいなまねはよせ！　よせ！』そんなふうに口走る言葉は、私が日ごろ〈注8〉ひれきしている見解とも現に今夜こうしてここにやって来ているその行ないとも明らかにむじゅんしているのだったが、とにかく私は彼らを引きあげさせるのにやっきになっていた。そしてそのくせ問題の子供用自転車については、もう二、三日待てばまた同じような品物が出るかもしれないなどと考えているのだった。

　後刻、一家五人が明かりの下に集合してみると、五人のうち三人までは大なり小なりいかがわしい拾《しゅう》得物をたずさえてきていることがわかった。あさましいゴミあさりに加わらなかったと言えるのは、かろうじて三歳の子供だけだった。**問十六**彼は最初から他のどんな品物にも目をくれずに、道ばたにころがっていたヤシの実――それも虫の食った古いかざりもののヤシの実を一個、ラグビーのボールのようにしっかりこわきにかかえていた。

（阿部《あべ》　昭《あきら》「自転車」）

〈注1〉ぬすみやさぎなどの犯罪行為によって不法に手に入れた品物
〈注2〉すわるときやねるときに下に敷《し》くもの
〈注3〉生まれて間もない赤んぼう
〈注4〉あわれなようす。ひさんなさま
〈注5〉気が小さくてびくびくしているさま
〈注6〉財産などを使い果たすこと
〈注7〉大便と小便
〈注8〉心の中をかくさず打ち明けること

問一　＝＝部a・bの言葉の文章中の意味としてふさわしいものをそれぞれ選びなさい。

a　憂き目を見る
1　相手にされなくなる
2　悲しい経験をする
3　いやな気持になる
4　意外な体験をする

b　目星をつける
1　見こみを立てる
2　目標を立てる
3　計画を立てる
4　対策を立てる

問二　〰〰部**ア**・**イ**と同じ意味で用いられているものをそれぞれ選びなさい。

ア　身につまされる
1　思いがけない良い知らせを聞き、身につまされて言葉が出なかった
2　これまでの努力がすべてむだになって、身につまされてしまった
3　セミが成虫になるのを最後まで見届け、身につまされる感動を覚えた
4　いたましい事件をニュースで知って、身につまされる思いがした

イ　タカをくくる
1　A君は、勉強しなくてもテストで満点を取れるだろうとタカをくくっていた
2　B君は、楽しみにしていた行事が中止になるかもしれない

自分の身体が宙を五メートルぐらい、ふわあっと飛んだように思った。工事中の路上に置いてあった黒いドラム缶にまともにつっこんだのだった。放り出された私は不思議なことにかすり傷ひとつ負わなかったが、古い自転車はすっかりひしゃげてしまい、完全な円であるべき車輪が不等辺四角形のようになっているのが暗がりでも見分けられた。で、私はその自転車をその場に遺棄して、歩いて家へ帰った。よごれた下着をよその家にぬぎ捨ててきたようないやな気持がしないでもなかったが、とにかくもう見る気がしなかった。いま思うと、あの時の私の自転車こそは百パーセント更《こう》生不能の「粗大ゴミ」の見本ともいうべきものだった。

　ところで、昼間私が原っぱでみつけて確保したつもりでいた子供用の自転車がどうなったか？　――それについて報告しておかなくてはならない。その晩私が夕食のテーブルでおもむろにその一件を打ち明けると、妻も子供たちも熱心な反応を示したのは言うまでもなかった。とりわけ上の二人の息子は、現在あてがわれているのよりも少しでもましな古自転車を欲しがっていたから、われ勝ちに現場へとかけつけることになった。しかし、私の一家五人が一団となって「粗大ゴミ」の山のふもとにとう着した時には、目あての子供用自転車はもう無くなっていた。それどころか、昼間見かけた大人用の古物さえあらかた姿を消していた。

　あんなものはだれも持って行くまいと**問二イ**タカをくくっていた私は軽率であった。おくればせながら私が気づいたことは――どうやら古自転車の回収にかけては私などをうわまわる常連がいるらしいということだった。**問十三**それはなんともこそばゆいような光景だった。そこにはすでに何組かの――私に似た――親子づれがいたのである。小さな女の子をつれた若い母親もいた。彼らははじめから手ぶらでやってきたのか、それとも何か廃品を出しにきたついでにほり出し物をあさっているのか、闇《やみ》の中でゴミの山をつきくずしては懐中電灯でそここを照らしていた。それにしても、昼間は人気のないこの原っぱが夜になるとともににぎわいだすというのもゆ快な話であった。

　あの子供用自転車もきっと彼らのしわざだった。彼らはおそらくこの私以上に子供に新品の自転車を買いあたえる余ゆうのない父親や母親にちがいなかった。**問十四**私はそんな親子のいる家庭をひどくなつかしいもののように想像して、安どの微《び》笑を禁じ得なかった。このあたりにはふところの暖かい連中ばかりが住んでいるかのように思いこんでいた私は、まちがっていたようだ。こと自転車に関しては世の中はうまく出来ている。おしげもなく捨てる人もいれば待ちかまえていて拾って行く人もいる。ただ捨てる人間は白昼堂々とやってくるのに、拾うほうは夜陰《いん》に乗じ人目をぬすんでひそかにやってくるというちがいがあるのだった。結局町の古自転車の台数はプラスマイナス・ゼロというよりはかなり不足気味で、い然として自転車業者を利する結果になっているのだろう。それにまた彼らだって、銀ペンキをぬって若《じゃっ》干《かん》手直しを加えるだけで何千円にもなるこの「粗大ゴミ」を見のがすはずはなかった。

　先着の一家の中に同年ぱいの競争者をみつけたために、私の子供たちはひどくし激されたと見えて、負けじとばかりに廃品の山をくずしにかかっていた。『おい兄貴！　来てみろ！　こんなものがあるぜ！』『よーし、いま行くからな！　ちょっと待ってろ！』――兄と弟とが闇の中でけたたましく呼び交わしているその有様は、まるで宝の山でも探しあてたかと思うようだった。自転車さがしのつもりでやってきたのが、いまや当初の目的は見失われて物欲をむきだしにしたゴミあさりが展開されていた。**問十五Ａ**暗いからいいようなものの、私はさすがにはじで顔が赤くなるのを覚えてしきりに彼らをしかりつけた。『やめろ！　きたならしいことは！』だがだれも耳をかす者はいなかだしたかというと、それにはたわいのない理由があった――二十年以上も昔に私はそんな題名の忘れがたいイタリア映画を見たことがあったのである。

もっとも、問十一A あの映画の自転車は 問十一B 今日私がうるさくせがまれているような子供の自転車ではなかった。まだ自転車が「粗大ゴミ」に成り下がっていなかった戦争直後の混乱の時代に、一台の古自転車をぬすまれたがために父と子が悲しい一日を過ごす破目になる話だった。すてるどころか、古自転車が立派に質に入った時代の話だった。長いこと失業していた父親がやっとビラはりの仕事にありついて、妻のシーツと入れかえに自転車を質屋から出す。そして幼い息子をつれて勇躍《やく》ビラはりに出かける――そんなふうに映画は始まっていたようである。だが主人公はビラをはっているすきにその自転車をぬすまれてしまう。警察に届けるが相手にされない。古自転車の市場にも行ってみる。血眼になって探しているうちに自分の自転車に乗った男をみつけるが、にげられてしまう。父親はいらいらして子供に当たりちらすが、子供はつかれと空腹でしゃがんだきり動かない。（情けないことに、あれほど感動した私ももはや断片的なシーンのいくつかしか覚えていない。白状すると私はこの筋書きも古い映画事典をたよりにたどっているのである。）父親はすねる子供を放って歩いて行くが、そのうちに背後で子供が河に落ちたというさわぎを耳にしてあわててかけつける。だが息子ではなかった！　父は子がいとおしくなり、レストランに入ってわずかの金で料理を食わせ、自分も一杯《ぱい》の酒にいい気持になる。だがとなりのテーブルではわが子と同じ位の年れいの金持の子供が両親に囲まれてごうかな食事を楽しんでいる。軽いさい布、家で待っている妻のこと、明日からの仕事のこと――たちまち父親の酔《よ》いはさめてしまう。そうしてこの父親は、苦しい一日の終わりにフットボール競技場でとうとう人の自転車をかっぱらい、子供の見ている前でとらえられる。ラストシーンは、情状しゃく量のすえしゃく放された父親が子供の手を引いて男泣きに泣きながら夕暮れの人ごみに消えて行くところで終わっていたように思う。

私はなんだかひどく 問二ア 身につまされて、見終わったあとその主人公の父親のように泣きぬれていた。すべてがついこないだまでの私の身の上のようであった。戦争から帰ってきた私の父は、ビラはりこそしなかったが、自転車こそぬすまなかったが、食べる苦労にやせおとろえていたのは似たようなものだった。それにひきかえ今の私は――あの映画のうらぶれた父親に遠くおよばない。問十二 [Ⓑ] において、死んだ自分の父親にすらおよばない。私はせいぜい子供の自転車を調達すべく「粗大ゴミ」の山におそるおそる分け入ったりするぐらいが関の山だった。私の子供らもまたしかりだった。彼らはあの映画の少年のように、かつての私のように、ボロをまとっているわけでも腹をすかしているわけでもなかった。幼い息子は、目の前を消防自動車が通り過ぎると、大きくなったらあれを買ってほしいなどと言うのだった。また市役所の〈注7〉し尿《にょう》処理車が通りかかると、あれもいつか買ってほしいなどとせがむのだった。食いふくれて満足を知らない子供たち！

そんなわけで同じ自転車に寄せる感懐《かい》も、私の場合は子供たちとちがって骨身にしむ貧ぼうとこ独のにおいのするものばかりだった。そして自転車をすてるといえば、その昔やはり二十年近くも前にたった一度だけ私は自分の愛車を遺棄したことがあった。私は大学生で、冬の夜おそく家庭教師のアルバイト先から帰ってくる途《と》中だった。毎晩々々そんな日がつづき、金もなく楽しい事もないので私はなんとはなしに捨てばちな気分におちいっていた。私は真っ暗な中でわざと目をつぶったり両手をハンドルから放したり、寒さしのぎにただもう気ちがいのようにペダルをふんだりしてしっ走していた。と、やにわに

の山を 問八 Ⓐ あおぎ見ながら、私がひそかに探しているものがないでもなかった。それは――子供用の自転車だった。私の家では上の二人に一台ずつ、いずれは下のも仲間に入ることだから都合三台の小型自転車を常時確保しておかなくてはならなかったのである。

　小学生の息子たちが欲しがっていたのは、五段変速のややこしい切りかえギアを装備し、ハンドルの前にバスケット、サドルの下にあやしげな弁当箱のような物入れを取り付けた今流行のサイクリング・ツアー車だった。そのバスケットにグローヴを投げ入れて野球の練習にかけつけるのが、この辺の小学生のカッコいいスタイルとされているようだった。ところが私も妻もそのキザな乗り物に好感を持っていなかった。第一に、それは値段が高すぎる。第二に、じきに背たけがのびてサイズが合わなくなるのがわかっているのに、そんなおもちゃめいた自転車はくだらないぜいたく品である。第三に、みんなが乗っているからといって人のまねをすることはない。要するに私は、その種の高価な自転車を息子に買ってやるつもりは毛頭なかったのである。

　その代わり、私はまず長男に町の自転車屋で中古の子供用自転車を五千円で買いあたえて、しばらくはそれでがまんさせることにした。今なら私は大分目が肥えているからだまされないが、当時はいい買い物をしたぐらいに思っていた。中古とはいえ、とにかく全身銀色に美しく光っていたからである――早い話が、それは例の「粗大ゴミ」の一種に銀ペンキをぬりたくり、ところどころに油をさすなどして一時的に走行するようにしただけのしろものであったのだが。それが証こには、その自転車はある日とつ然音もなくこわれてしまっていた。というより、あるしゅん間から前の車輪がてこでも動かなくなったのだった。しかし今度は私はもう自転車屋に相談に行く気はなかった――こうしてまっすぐ原っぱへやってきたほうがよほど手っ取り早かった。

問九 見わたしたところ、きょうは空き地の道路側には何台かのさびた大人の自転車しか見当たらなかった。私はわきへ回って鉄条もうをくぐりぬけ、廃《はい》品の山の裏手へとふみこんだ。子供は道のはしに立って心配顔に私に呼びかけ、そんなところへ行かないほうがいいという意味のことをさけんでいた。冬でもヘビが出ると思っているのだ。夏、私はこの草はらでめずらしく青いトウセミトンボを見かけて教えてやったりしたが、子供はその時もたえずヘビの不意の出現を警かいしている風だった。私は、ヘビはいまごろはねむっているからだいじょうぶだと言いながら、あたりを物色していた。そしてこの冬がれた草むらの中に、私はヘビではなしに、まだかなり新しい子供用の――白いバスケットまで付いた――自転車が一台ひっくり返っているのを発見していた。だが私はべつにあわてもさわぎもしなかった。手をふれようともしなかった。真っ昼間、人通りも少なくないこんなところでわが子の自転車を調達しているのを近所の口うるさい主婦たちに見とがめられては面白くない――日が落ちてから取りにきたほうがいい。私は足元に横だおしになって冷たく光っている品物をしきりに値ぶみして、それがいつか五千円で売りつけられた「粗大ゴミ」よりはるかに上等なものだと判断せざるを得なかった。私はその場は遠目に 問一b 目星をつけるだけでおとなしく引きかえした。

三歳《さい》の息子の手を引いて通りを歩きながら、 問十 私はこの子にも当分の間はあの自転車で練習させて、じょうずになったら新しいのを買ってやればいいと言い訳がましく考えていた。どこのだれかわからない――ひょっとしたらすぐ近くに住んでいるのかもしれない――よその子供のお古《ふる》をわが子に使わせるのは、父親としてはなはだ心痛むことだが、ぬすんだ品物ではないのだからはじる必要もなかった。にもかかわらず私はどこからともなく、自転車泥棒《どろぼう》！　という声が聞こえてくるように思うのだった。なぜそんなことがいまごろ急に気になりてきた主人の手で、それとも知らずに冬空の下に置き去りにされたわけである。

どうしてまたそのような問一a憂《う》き目を見ることになったのか。それというのも、近ごろの愛犬家にはおそろしく移り気な連中が多く、一種類の犬をしばらく飼うとたちまちあきがきて別の種類のが欲しくなる。それで何万も出して手に入れた犬をおしげもなく車の窓から捨ててしまうらしかった。あきる理由はいろいろだった。流行につられて飼ってはみたものの、毎日の世話が思いのほか面どうだったり、大きくならないペットのつもりで買ったのにどんどん肥大するので当てが外れたりして、じゃまになる。それにまた、アクセサリーとしての畜《ちく》犬は、そのけものの色がらやムードがマンションのインテリアにマッチしないという率直明快な理由からも処分される。そんなわけで、この海辺の町ではあわれな野ら犬といえばむしろ血統書付きの高級舶《はく》来犬ばかりで、むさくるしい雑犬のほうがかえって大事にされているくらいなのである。

四つ足でさまよい歩く「粗大ゴミ」のむれ！　この残にんで無表情な呼び名を前にして不吉《きつ》な戦りつをおぼえない者がいるだろうか。まだ使える自転車どころか、生きている犬だっていとも簡単に「粗大ゴミ」にされてしまうのだから、そのうちには人間もなんらかの方法で残留組と「粗大ゴミ」の組とに仕分けされて、定期的に一つ焼きやく炉《ろ》の中で処理されてしまうようにならないものでもなかった。しかもその風潮たるや、よくよく考えてみれば、なにも今はじまったことではない。おば捨ても、〈注3〉嬰《えい》児殺しも、アウシュヴィッツも、ヒロシマも、悪魔《ま》が人間という名の「粗大ゴミ」の始末に困りぬいて発明した能率的な処理法ではなかったか。

それはともかく、ここ数日また例の原っぱの一角に「粗大ゴミ」が「集合」しつつあった。二《ふ》た月か三月《みつき》に一ぺん市役所から回収日が告示されると、その一週間ぐらい前から日を追って家具調度の山がきずかれて行く。見ていると遠くからわざわざ小型トラックでステレオセットや洋服ダンスを捨てにくる人もいて、ちょっと見ると嫁《よめ》入り支たくでもはじめたのかと思うようだった。面白いことには、大きな品物を捨てにくる連中ほど陽気で活気にあふれていて、この情熱的なすてっぷりを見よと言わんばかりに手あらくがらくたのただ中に投げこむのだった。彼らの気はくにしりごみしながらも散歩がてらにそれとなく近づいてみて、私はいささか気を悪くしてしまうこともあった。それらの「粗大ゴミ」が私の家で珍《ちん》重している〈注4〉ミゼラブルな家具類よりもはるかに立派であることが多いからであった。

とはいえもちろん私はそれらの物に指一本ふれるべきではなかった。

問七私は足元にころがっている銀ピカの真新しそうなトースターをさもばかにしたようにくつのつま先でけったりした。また、ほこりをかぶってはいるが最新型とおぼしいミシンやトランジスタ・ラジオも思いきりけとばしてやった。だがそのくせ頭のすみでは、これならまだ使えるじゃないかとか、この程度ならちょっと修ぜんすればまだ何年も動くだろうにとか、そんなことに未練がましくこだわっているのだった。私は物をすてるという行為《い》に対する自分の〈注5〉小心翼《よく》々たる心理が度しがたいものに思われた。自分自身ふだん特に物を大事にしているわけでもないのに、いざ他人があんまり見事に物品を〈注6〉とうじんするのを目撃《げき》すると、見当外れな反省心をかきたてられる。それは私が戦争中の物資欠ぼうの時代に、いやというほど節倹《けん》貯蓄《ちく》の精神をふきこまれたあわれむべき「昭和一桁《けた》」生まれの人間だからか。それに私はきょうは小さな息子《むすこ》を連れてもいた。子供の手前も父親が道ばたに落ちている品物を拾い上げて点検したりするのは好もしくなかった。

そんなふうに好奇《き》心をおしかくして、色さいゆたかな「粗大ゴミ」

二〇二二年度 フェリス女学院中学校

【国語】（五〇分）〈満点：一〇〇点〉

《注意》　句読点や記号などは字数にふくめます。

一　**次の文章を読んで後の問に答えなさい。**

　私は町の自転車屋というものがいまだに一軒《けん》として店をたたまず、それどころか大いにはんじょうしているらしいのが不思議でならなかった。色とりどりの正札のついた最新型の自転車が彼《かれ》らのショーウィンドウにずらりと並んでいるのを横目で見ながら、私はあんな物を売りつけられないでも済む方法をみつけたつもりでいた。問四その方法によれば、私の家では向こう十年でも二十年でも一台の自転車も購《こう》入せずに済ませられるはずであった。というのも——よその土地のことは知らず——私が住んでいるこの海辺の町では、いまだ十分使用にたえる自転車を道ばたに遺棄《き》することがはやりだしていたからである。

　この地区の「粗《そ》大ゴミ」集合所に指定されている近所の原っぱに行くと、自転車ならスクラップ並みの古いのからほとんど新品同様のまで、大人《おとな》用から小児《に》用まで、あらゆるタイプとサイズの自転車が何台も捨ててあった。同じ土地の住民である私はその果かんな捨てっぷりに一驚《きょう》し、このように急激に、集団的に自転車が不用になる場合について思いめぐらさざるを得なかった。念願の自家用車《マイ・カー》に取って代わられたのか、引っこしの荷やっかいになるので処分して行ったのか、それとも新しい自転車に買いかえたのか。それにしてはまだろくに乗った形せきもない新品がまじっているのはどういうわけか。〈注1〉贓《ぞう》品のたぐいであろうか。しかもこの町のバイスィクル・ライダーの数は、年々増えこそすれ少しも減っているようには見受けられない。どうやらこの界わいには、私などの見当もつかぬ金持が多いのか、それとも物を粗末にする人間がかたまって住んでいるとしか思えなかった。

　自転車だけではなかった。ふつう一ぱんの家庭で日常使われる家具調度の品目はすべてそこに数え上げることができそうだった。なべかまからはじまって冷蔵庫にガスレンジに流し台、風呂おけにたらいに洗たく機、食堂用のいすとテーブル、応接間のソファのセット、さらには柱時計、テレビ、鏡台、スーツケースの類まで一通りそろっていた。吸入器、かつら、仏だん、ワニのはく製といったようなものさえあった。つまり、大ざっぱに言って、グランドピアノ以外の物は何であれそこで——手に入れたければ——手に入れることができるのであった。なるほどそれらの品物は、元来人間どもが問五いわゆる人間らしい文化生活を営むために必要にせまられてやむにやまれず発明したものにはちがいなかった。だがこうやって用済みになって一個ずつむざんに白日の下にさらされているのを目にすると、問六そのグロテスクさは思いの外で、まるで自分の腹からぞうもつをつかみ出して見せつけられたようなぐあいだった。なんとまあ、われわれはたくさんの汚《お》物を自分の体内に後生大事にかかえこんでいることか！

　しかし、その程度の光景にいちいちびっくりしていたのでは、時代おくれの人間と言われても仕方がなかった。もっと海のほうへ行くと、物品ばかりか、生き物もさかんにすてられていたのである。海沿いの防砂林の松林では、マルチーズやコッカー・スパニエルが何匹《ひき》も寒空にさまよっていた。ぬいぐるみかしら？　そう思って近づくと、正真正めいの生きている犬なのであった。それが飢《う》えこごえて、かれ草を〈注2〉しとねにふるえながらうずくまっているので、遠目にはよく出来たぬいぐるみにも見えるのだった。もっとも、彼らを遺棄したのは土地の人間ではなく——ここの住人ならとなりの県へ、箱根か伊豆《いず》のほうへでも捨てに行くはずだ——東京からはるばる一時間ドライヴし

2022年度 フェリス女学院中学校 ▶解説と解答

算 数 (50分) ＜満点：100点＞

解 答

$\boxed{1}$ (1) 5 (2) ア 5 イ 84 (3) ア $\frac{1}{24}$ イ $\frac{1}{408}$ ウ $\frac{11}{12}$ (4) 3 (5) ア 2 イ 6 ウ 10 $\boxed{2}$ ア 14 イ 735 ウ 22 エ 1132 オ 7 カ 342 $\boxed{3}$ (1) 9：8 (2) 21：20 $\boxed{4}$ (1) 0.6 (2) 8.75 $\boxed{5}$ ア 10 イ 5 ウ 30 エ 1475 オ 152.4

解 説

$\boxed{1}$ 逆算，濃度《のうど》，整数の性質，構成，長さ，場合の数，調べ

(1) $1\frac{21}{20}-\left\{2.1\div(\square-4.125)-\frac{7}{4}\right\}=\frac{7}{5}$より，$2.1\div(\square-4.125)-\frac{7}{4}=1\frac{21}{20}-\frac{7}{5}=\frac{41}{20}-\frac{28}{20}=\frac{13}{20}$，$2.1\div(\square-4.125)=\frac{13}{20}+\frac{7}{4}=\frac{13}{20}+\frac{35}{20}=\frac{48}{20}=\frac{12}{5}$，$\square-4.125=2.1\div\frac{12}{5}=\frac{21}{10}\times\frac{5}{12}=\frac{7}{8}$ よって，$\square=\frac{7}{8}+4.125=\frac{7}{8}+4\frac{1}{8}=4\frac{8}{8}=5$

(2) ① 等しくなったときの濃《こ》さは，AとBをすべて混ぜた食塩水の濃さと同じになる。(食塩の重さ)＝(食塩水の重さ)×(濃さ)より，はじめにAに含《ふく》まれていた食塩の重さは，210×0.09＝18.9(g)，はじめにBに含まれていた食塩の重さは，280×0.02＝5.6(g)とわかる。よって，等しくなったときの濃さは，(18.9＋5.6)÷(210＋280)＝0.05，0.05×100＝5(%)と求められる。 ② Aからくみ出した食塩水の重さを$\boxed{1}$とすると，Bからくみ出してAに入れた食塩水の重さは$\boxed{2}$となる。Aについて食塩水のてんびん図に表すと，下の図1のようになる。図1で，アとイの比は，(9－5)：(5－2)＝4：3だから，(支点までの長さ)×(おもりの重さ)が等しいことを利用すると，$\boxed{2}$×3＝(210－$\boxed{1}$)×4となる。よって，$\boxed{6}$＝210×4－$\boxed{1}$×4，$\boxed{6}$＝840－$\boxed{4}$，$\boxed{6}$＋$\boxed{4}$＝840，$\boxed{10}$＝840より，$\boxed{1}$＝840÷10＝84(g)と求められるから，Aからくみ出した食塩水の重さは84gである。

図1

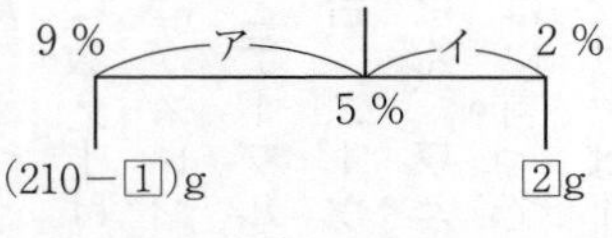

図2

$\frac{1}{24}$，$\frac{2}{24}$，$\frac{3}{24}$，…，$\frac{23}{24}$ → $\frac{17}{408}$，$\frac{34}{408}$，$\frac{51}{408}$，…，$\frac{391}{408}$

$\frac{1}{17}$，$\frac{2}{17}$，$\frac{3}{17}$，…，$\frac{16}{17}$ → $\frac{24}{408}$，$\frac{48}{408}$，$\frac{72}{408}$，…，$\frac{384}{408}$

(3) 分母を，24×17＝408に直して並べると上の図2のようになるので，一方の分子には17の倍数が小さい順に23個並び，もう一方の分子には24の倍数が小さい順に16個並ぶことになる。このとき，24と17の最小公倍数が408だから，分子が同じ数になることはない。次に，17の倍数を小さい順に並べ，その間に24の倍数を小さい順に並べていくと，下の図3のようになる。図3の☆の部分のように，17の倍数の間に24の倍数が入らないとき，となりどうしの数の差は最大になり，その値は17である。また，となりどうしの数の差が0になることはないので，最小の差は1となる。よって，ア＝$\frac{17}{408}$＝$\frac{1}{24}$，イ＝$\frac{1}{408}$とわかる。次に，数列でとなりどうしの数の差をすべて加えた和の値は，

最大の数と最小の数の差に等しい。よって，図３の差を合計すると，391－17＝374になる。したがって，ウ＝$\frac{374}{408}$＝$\frac{11}{12}$と求められる。

図３

☆　☆
17の倍数　→　17　34　51　68　85　102　119　136　…　374　391
24の倍数　→　24　48　72　96　120　…　384

⑷　右の図４で，三角形ABCの面積は22cm^{2}であり，BCの長さは11cmなので，点ＡからBCに垂直におろしたAFの長さは，22×２÷11＝４(cm)となる。また，BC上に，BE＝CGとなる点Ｇをとって，ＡとＧを結ぶと，２辺とその間の角が等しいので三角形DEBと三角形ACGは合同になる。よって，ABとAGの長さは等しいから，三角形ABGは直角二等辺三角形とわかる。したがって，三角形ABFと三角形AGFは，ともに直角二等辺三角形となるので，BFとFGの長さは４cmとなり，CG(＝BE)の長さは，11－４×２＝３(cm)となる。

図４

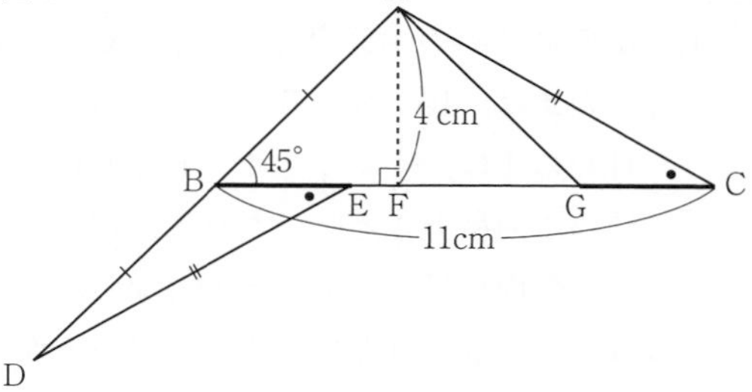

⑸　①　●○●○○●，●○○●○●の２通りある。　②　右の図５で，ア～エに白石を１個以上並べる方法を考える。白石を１個並べるとき，黒石が３個連続してはいけないから，白石を並べる場所はイとウの２通りある。また，白石を２個並べるとき，ア～エから２個を選ぶ組み合わせは，$\frac{4\times3}{2\times1}$＝６(通り)ある。ただし，(アとイ)，(ウとエ)に並べると白石が３個連続してしまうので，これを除くと，６－２＝４(通り)となる。白石を３個以上並べることはできないから，全部で，２＋４＝６(通り)とわかる。　③　右上の図６で，ア～オに白石を２個以上並べる方法を考える。２個並べる場合は，$\frac{5\times4}{2\times1}$＝10(通り)の組み合わせがあるが，(アとイ)，(イとウ)，(ウとエ)に並べると，白石が３個並んでしまうので，これを除くと，10－３＝７(通り)ある。３個並べる場合は，(アとウとオ)，(アとエとオ)，(イとエとオ)の３通りある。４個以上並べることはできないので，全部で，７＋３＝10(通り)とわかる。

図５

図６

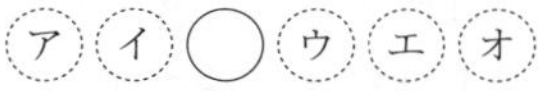

2　整数の性質，集まり

①　図にまとめると右のようになる。緑色のシールがはられているのは７の倍数が書かれたカードだから，100÷７＝14余り２より，14枚あることがわかる(…ア)。また，その中で最も大きいカードは，７×14＝98なので，それらの合計は，７＋14＋…＋98＝(７＋98)×14÷２＝735となる(…イ)。

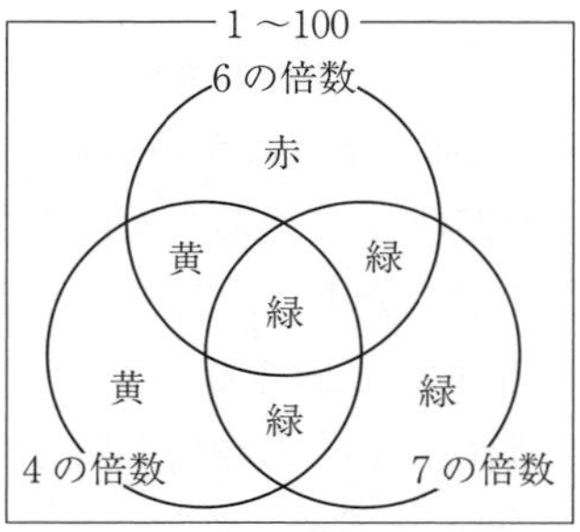

②　黄色のシールがはられているのは，４の倍数が書かれたカードから，４と７の公倍数が書かれたカードを除いたものである。100÷４＝25より，４の倍数が書かれたカードは全部で25枚あることがわかる。そのうち，４と７の公倍数は{28，56，84}の３枚あるから，黄色のシールがはられたカードの枚数は，25－３＝22(枚)となる(…ウ)。また，４の倍数の合計は，４＋８＋…＋100＝

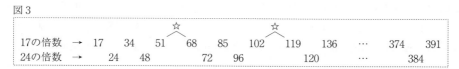

(4＋100)×25÷2＝1300なので，そこから4と7の公倍数の3つを除くと，黄色のシールがはられたカードに書かれている整数の合計は，1300－(28＋56＋84)＝1132(…エ)と求められる。

③　赤色のシールがはられているのは，6の倍数が書かれたカードから，4の倍数と7の倍数が書かれたカードを除いたものである。よって，6×1＝6，6×3＝18，6×5＝30，6×9＝54，6×11＝66，6×13＝78，6×15＝90の7枚とわかる(…オ)。また，これらの合計は，6×(1＋3＋5＋9＋11＋13＋15)＝6×57＝342と求められる(…カ)。

3 割合と比

(1)　壁《かべ》のはじめの半分を「前半」，残りを「後半」と呼ぶことにすると，Aさんの前半と後半のぬる速さの比は，10：8＝5：4となる。また，前半と後半の面積は同じだから，前半と後半にかかった日数の比は，$\frac{1}{5}$：$\frac{1}{4}$＝4：5とわかる。そこで，Aさんが前半の1日にぬる面積を5，後半の1日にぬる面積を4とし，さらに，前半にかかった日数を4，後半にかかった日数を5とすると，壁の半分の面積は，5×4＝20となる。すると，Bさんが，20＋20＝40の面積をぬるのにかかった日数は，4＋5＝9となるので，Bさんが1日にぬる面積は，40÷9＝$\frac{40}{9}$と求められる。よって，Aさんが前半をぬる速さとBさんがぬる速さの比は，5：$\frac{40}{9}$＝9：8である。

(2)　4＋5＝9にあたる日数が36日だから，Aさんが前半にかかった日数は，36×$\frac{4}{9}$＝16(日)，後半にかかった日数は，36－16＝20(日)であり，右の図のようにまとめることができる。よって，24日後までに，Aさんは1日に5の速さで16日と，

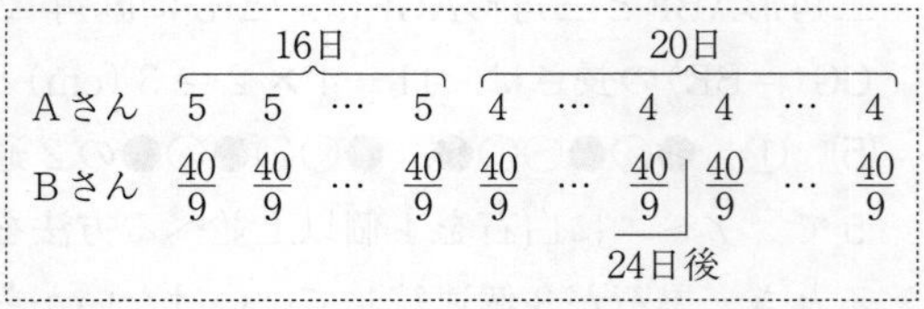

1日に4の速さで，24－16＝8(日)ぬっているので，Aさんがぬった面積は，5×16＋4×8＝112とわかる。一方，Bさんは1日に$\frac{40}{9}$の速さで24日ぬっているから，Bさんがぬった面積は，$\frac{40}{9}$×24＝$\frac{320}{3}$となる。したがって，AさんとBさんがぬった面積の比は，112：$\frac{320}{3}$＝21：20と求められる。

4 速さと比

(1)　花子さんの方が先にAに到着《とうちゃく》したから，花子さんから見ると下り坂の方が上り坂よりも長いことになる。そこで，坂道だけを図に表すと下の図1のようになる。AB間とCD間を合わせた道のりとEGの道のりが等しくなるようにGをとると，FG間の上りと下りにかかる時間の差が6分となる。また，上りと下りの速さの比は3：5なので，FG間の上りと下りにかかる時間の比は，$\frac{1}{3}$：$\frac{1}{5}$＝5：3とわかる。この差が6分だから，1にあたる時間は，6÷(5－3)＝3(分)となり，FG間の下りにかかる時間は，3×3＝9(分)と求められる。よって，FG間の道のりは，5×$\frac{9}{60}$＝0.75(km)である。次に，2人はDE間の真ん中ですれ違《ちが》ったので，下の図2のように，太郎さんがDにいたとき，花子さんはEにいたことになる。また，太郎さんがAB間とCD間にかかった時間と，花子さんがGE間にかかった時間は同じだから，太郎さんがBC間にかかった時間と花子さんがFG間にかかった時間も同じになる。この時間は9分なので，BからCまでの道のりは，4×$\frac{9}{60}$＝0.6(km)と求められる。

(2)　BC間とDE間の道のりの合計は1kmだから，DE間の道のりは，1－0.6＝0.4(km)である。よって，すれ違うまでに太郎さんが進んだ道のりのうち，平地の合計は，0.6＋0.4÷2＝0.8(km)とな

図1

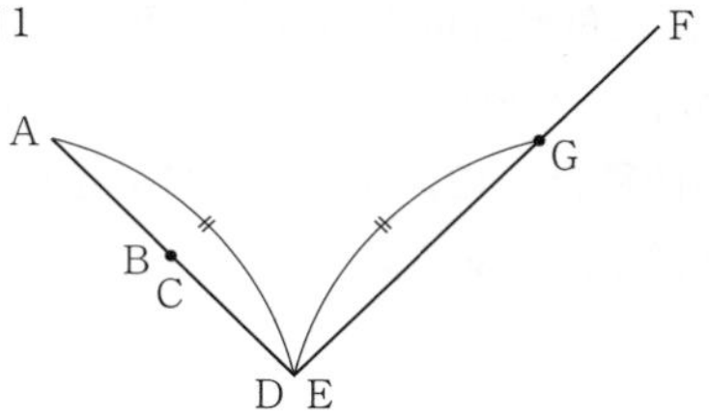

図2

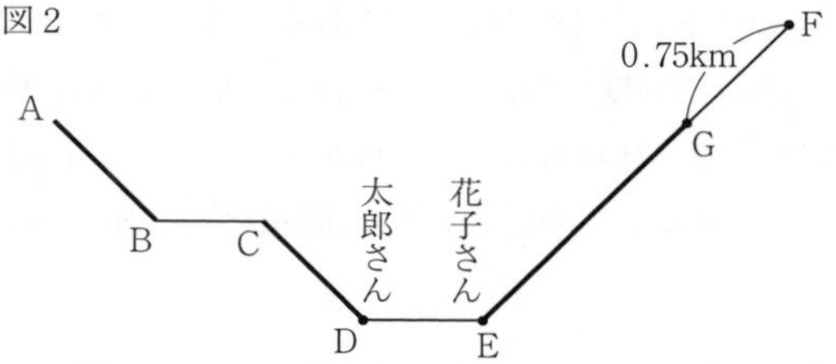

る。その分にかかった時間は，0.8÷4＝0.2(時間)，60×0.2＝12(分)なので，太郎さんがAB間とCD間にかかった時間の合計は，54－12＝42(分)と求められる。したがって，AB間とCD間の道のりの合計は，$5\times\frac{42}{60}$＝3.5(km)だから，AからFまでの道のりは，3.5＋1＋3.5＋0.75＝8.75(km)とわかる。

5 平面図形―図形上の点の移動，速さ，周期算，面積

⑴ 円SをAの方向から，円TをDの方向から見ると，それぞれ下の図1のようになる。円Sと円Tの円周の長さの比は，12：6＝2：1であり，点Pと点Qの速さの比は10：3だから，点Pが円Sの円周を1周するのにかかる時間と，点Qが円Tの円周を1周するのにかかる時間の比は，$\frac{2}{10}$：$\frac{1}{3}$＝3：5とわかる。また，点Pが円Sの円周を1周するのにかかる時間は6秒なので，点Qが円Tの円周を1周するのにかかる時間は，$6\times\frac{5}{3}$＝10(秒)と求められる。

図1

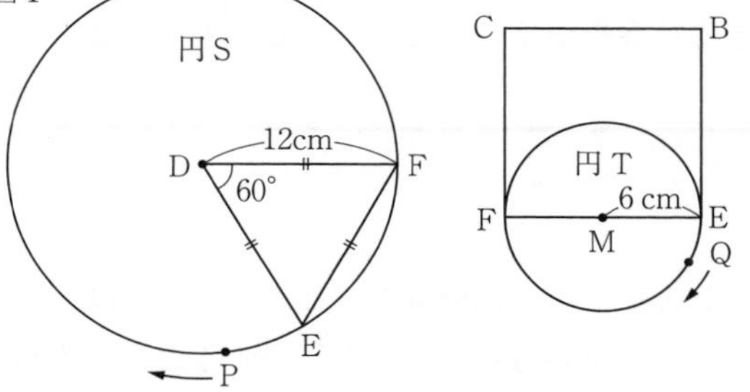

図2

点P	点Eを通る(秒後)	6，12，18，24，30
	点Fを通る(秒後)	5，11，17，23，29
点Q	点Eを通る(秒後)	10，20，30
	点Fを通る(秒後)	5，15，25

⑵ 点Pと点Qが出会う可能性があるのは，点Eと点Fである。点Pは6秒ごとに点Eを通る。また，点Pは1秒間に，360÷6＝60(度)動くから，点Eを通る，60÷60＝1(秒前)に点Fを通る。一方，点Qは10秒ごとに点Eを通り，その，10÷2＝5(秒前)に点Fを通る。また，6と10の最小公倍数は30なので，点Pと点Qは30秒ごとに同じ動きをくり返すことになる。そこで，点Pと点Qが点Eと点Fを通る時間を30秒後まで調べると，上の図2のようになる。図2から，点Pと点Qがはじめて出会うのは5秒後(…イ)，2回目に出会うのは30秒後(…ウ)とわかる。さらに，30秒ごとに2回ずつ出会うから，99÷2＝49余り1より，99回目に出会うのは，30×49＋5＝1475(秒後)(…エ)と求められる。

⑶ 点Pは32.5秒で，60×32.5＝1950(度)回転する。1950÷360＝5余り150より，これは5周と150度とわかるので，32.5秒後には右の図3のようになる。よって，図3のかげの部分の面積を求めればよい。はじめに，おうぎ形DPEの面積は，12×12×3.14×

図3

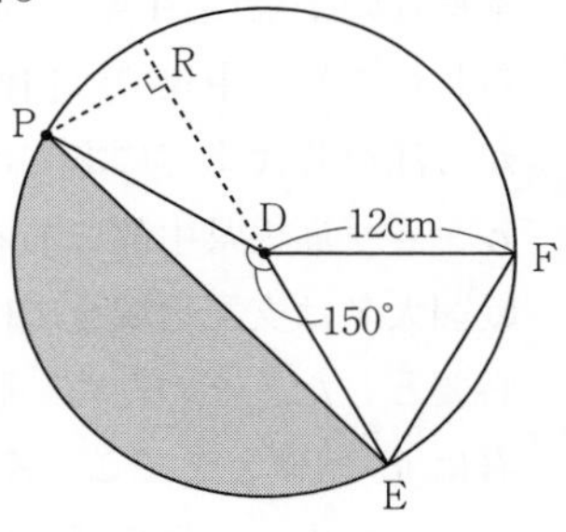

$\frac{150}{360}$＝60×3.14＝188.4(cm^2)である。また，図3のように三角形PDRを作ると，角PDRの大きさは，180－150＝30(度)だから，三角形PDRは正三角形を半分にした形の三角形になる。すると，PRの長さは，12÷2＝6(cm)とわかるので，三角形PEDの面積は，12×6÷2＝36(cm^2)と求められる。したがって，かげの部分の面積は，188.4－36＝152.4(cm^2)である。

社　会　(30分)＜満点：60点＞

解　答

1　a　①　ア，ウ　②　北条時宗　b　イ　c　島根(県)　d　(例)　戦国大名が軍事力や経済力を強める資金を得るため。　e　ア　f　朱印状　g　新井白石　h　(例)　銅鏡(銅矛)　i　ウ　j　ウ　k　イ　l　イ　m　(例)　小判の価値が下がったため，物価が上昇した。　n　生糸　o　①　田中正造　②　ア　p　二・二六事件　q　ウ　2　1　仙台　2　大隅　3　プレート　a　イ　b　ウ　c　ア　d　ウ　e　(例)　シラスとよばれる火山灰土が厚く積もっていて水持ちが悪く，稲作に適していないため。　f　下草刈り(下刈り)　3　a　エ　b　対馬海流　c　イ　d　メタンハイドレート　e　ウ　f　(例)　津波の勢いを弱める防潮堤の役割を果たした。　4　a　ア　b　(例)　自分とは異なる条件を持つ人と交流し，おたがいの立場を理解し合うことで，障がい者と健常者が同じように生活できる社会をつくること。　c　エ　d　イ　e　ウ

解　説

1　各時代の歴史的なことがらについての問題

a　①，②　モンゴル帝国を築いたチンギス＝ハンの孫で第5代皇帝のフビライ＝ハンは，朝鮮半島の高麗《こうらい》を従えたあと，中国北部を支配して国号を元と定めると，日本を征服《せいふく》することをくわだて，朝貢《ちょうこう》を求める国書をたずさえた使者を送ってきた。鎌倉幕府の第8代執権《しっけん》となった北条時宗は，フビライの度重なる朝貢の要求に応じず，元に服属する意思のないことを示した。そのため，フビライは文永の役(1274年)と弘安の役(1281年)の2度にわたり，大軍を送って北九州に攻《せ》めてきた。これを元寇《げんこう》(元軍の襲来《しゅうらい》)という。なお，亀甲船《きっこうせん》は敵の攻撃《こうげき》を防ぐために船の上部を鉄板でおおったもので，豊臣秀吉が朝鮮出兵を行ったさいに朝鮮水軍が用いた。

b　中尊寺金色堂は，平安時代後半の1124年，東北地方で勢力を拡大した奥州藤原氏の初代清衡《きよひら》が本拠《ほんきょ》地の平泉(岩手県)に建てた阿弥陀《あみだ》堂で，壁や柱などに金箔《きんぱく》がほどこされている。中尊寺がつくられたころ，中央では白河上皇による院政が行われていたので，イが正しい。なお，アは鎌倉時代から江戸時代までにあてはまる。ウには，平安時代初めに政治を行った桓武天皇があてはまる。

c～e　島根県中部にある石見《いわみ》銀山は，戦国時代にあたる16世紀に本格的な開発が始まった。当時，戦国大名は支配地域を広げるために激しく争い，自国の軍事力や経済力を強めるのに多くの資金を必要とした。そのため，戦国大名の間で石見銀山の争奪《そうだつ》戦がくり返され，のちに豊臣秀吉や江戸幕府は直轄《ちょっかつ》領としてここを支配した。産出された銀は，戦国～安土桃山時代にはポルトガルやスペインとの南蛮《なんばん》貿易を通じて，江戸時代にはオランダとの長崎貿易を通じて海外に輸出された。なお，

石見銀山跡は2007年,「石見銀山遺跡とその文化的景観」として，ユネスコ(国連教育科学文化機関)の世界文化遺産に登録されている。

f　江戸時代初期，幕府から朱印状とよばれる海外渡航許可証をあたえられ，西国の大名や商人が行った朱印船貿易では，おもな渡航先の東南アジア各地に，日本人居留地である日本町が形成された。しかし，1635年には日本人の海外渡航と帰国が全面禁止された。

g　儒学《じゅがく》者の新井白石は江戸幕府の第６代将軍徳川家宣《いえのぶ》，第７代将軍家継《いえつぐ》に仕えて正徳《しょうとく》の治《ち》とよばれる政治を行った。生類憐《しょうるいあわれ》みの令の廃止，正徳小判の発行，朝鮮通信使の待遇《たいぐう》の簡素化などを行ったほか，長崎貿易における金銀の海外流出を防ぐため，正徳新令(海舶互市《かいはくごし》新例)を定めて貿易を制限した。

h　弥生時代，大陸から青銅器・鉄器などの金属器が伝わり，青銅器はおもに祭器に，鉄器は武器や農具などの実用品に使われた。青銅器には，銅剣・銅たくのほか，銅鏡や銅矛《どうほこ》などがある。

i　旧国名の武蔵《むさし》国は，現在の東京都と埼玉県のほぼ全域と，神奈川県の北東部をふくむ地域にあたる。

j　鎌倉時代から室町時代にかけて，港や交通の要地では定期市が開かれ，さまざまな商品が売り買いされた。鎌倉時代には月３回(三斎市《さんさいいち》)，室町時代には月６回(六斎市)開かれるのが一般的であった。なお，アは奈良・平安時代，イは江戸時代のようす。

k　アは武士・奉公《ほうこう》人が農民・町人になることや農民が転業することを禁じる人掃《ひとばらい》令(1591年)，ウはキリスト教の宣教師に国外退去を命じるバテレン追放令(1587年)で，いずれも豊臣秀吉が出した法令だが，イは江戸幕府が大名統制のために出した武家諸法度《しょはっと》(1615年)である。

l　経済白書に「もはや戦後ではない」と書かれたのは1956年のことで，日本経済が戦後の復興期を脱《だっ》し，これから新しい時代に入っていくのだということを象徴《しょうちょう》する言葉として流行語にもなった。また，同年，日本は国際連合に加盟した。日本と韓国(大韓民国)との国交が正常化したのは1965年(日韓基本条約)のことなので，1964年に開かれた東京オリンピックに最も近い。

m　小判にふくまれる金の量を減らすと貨幣《かへい》価値が下がり，物価が上昇する。江戸時代末の貿易では，日本と外国における金と銀の交換《こうかん》比率の違いから金が大量に外国に流出したため，幕府は新たに万延小判を鋳造《ちゅうぞう》して対応したが，小判にふくまれる金の量を減らしたことから物価の上昇を招いた。

n　江戸時代末から明治時代にかけて，日本の最大の輸出品は生糸であった。

o　①　田中正造は栃木県出身の衆議院議員で，足尾銅山鉱毒事件が起こると議会で政府にその対策をせまり，1901年には議員を辞職して天皇に直訴《じきそ》するなど，事件の解決に一生をささげた。

②　イは1894年，ウは1890年のできごとである。アについて，鹿鳴館《ろくめいかん》は，欧化政策の一環として東京日比谷に建てられた官営の国際社交場で，1883年に完成した。

p　二・二六事件(1936年)は陸軍の急進的な青年将校らが起こしたクーデターで，高橋是清《これきよ》ら政府要人を殺害し，首相官邸《かんてい》や警視庁などを占領したが，その後にしずめられた。この事件をきっかけに軍部が政治を動かすようになり，翌1937年には日中戦争が始まった。

q　戦時中，軍需《ぐんじゅ》品の生産が優先され，国内では食料や生活必需品が不足した。これに対応するため，米の代用食として小麦粉やいも・雑穀類が用いられたほか，陶器でできたアイロンや，ガソリンの代わりに木炭ガスを燃料とする自動車などがつくられた。なお，1940年には砂糖・マッチの切符制，41年には米の配給制がしかれるなど，政府による経済統制はしだいにきびしさを増し，人々はものを自由に買えなくなった。

2 宮城県と鹿児島県の地理についての問題

1 宮城県の仙台平野は稲作がさかんで，米の品種としては「ひとめぼれ」が多く栽培されている。

2 1914年，鹿児島湾北部にある桜島が大噴火を起こし，流れ出た溶岩により大隅《おおすみ》半島と地続きになった。

3 地球の表面は，プレートとよばれる厚くかたい岩盤でおおわれており，日本列島付近は北アメリカプレート，ユーラシアプレート，太平洋プレート，フィリピン海プレートという４枚のプレートの衝突《しょうとつ》部にあたる。琉球海溝《りゅうきゅうかいこう》は，陸側のユーラシアプレートの下に海側のフィリピン海プレートがもぐりこむ運動によってできたものである。

a 東北地方の太平洋側の地域では，梅雨期から盛夏にかけて「やませ」とよばれる冷たく湿った北東風が吹《ふ》く。これが長く続くと日照不足となり，稲の育ちが悪くなるなどの冷害が発生しやすい。

b 日本の自動車生産台数は世界第３位で，乗用車の割合が高い。アは中国，イはアメリカ。統計資料は『日本国勢図会』2021／22年版による(以下同じ)。

c 石川県は輪島塗《ぬり》，福島県は会津塗，青森県は津軽塗といった伝統工芸品の生産で知られるが，焼物の信楽《しがらき》焼で有名な滋賀県には，伝統工芸品としての漆器《しっき》はない。

d 2020年の日本の貿易では，輸出・輸入とも中国が最大の相手国で，輸出総額・輸入総額とも15兆円を上回る。また，台湾は集積回路の生産がさかんで，日本の輸入品でも大きな割合を占《し》める。

e 鹿児島県は，県域の大半がシラスとよばれる火山灰土におおわれている。シラスは水持ちが悪く稲作には適さないため，サツマイモや茶などの畑作や畜産業が発達している。

f 杉の苗木は背丈《せたけ》が低く，放っておくと生長の早い周囲の草木に負けて，生長が妨《さまた》げられる。そのため，植林してから10年ぐらいは，毎年，夏の間に鎌《かま》や刈《か》り払《はら》い機を使って下草刈り(下刈り)を行う必要がある。その後，枝打ちや除伐《じょばつ》・間伐などを行い，よい材木に育てる。

3 日本の水産業などについての問題

a 2011年の東日本大震災で発生した福島第一原子力発電所の事故をきっかけとして，再生可能エネルギーが注目されるようになり，風力発電や太陽光発電などの発電量が増加している。なお，アは原子力発電，イは水力発電，ウは火力発電。

b 対馬《つしま》海流は日本海流(黒潮)から分かれて対馬海峡を通り，日本海の東側を北上する暖流で，冬に日本海側の地域に多くの雪を降らせる原因となる。

c いわし類は小型の魚で群れをなして移動するため，これを多く獲《と》るにはまきあみによる漁法が有効である。なお，はえなわはおもにまぐろ，底引きあみはえび・かになどの漁獲《ぎょかく》に適している。

d メタンハイドレートは本来気体だが，低温かつ高圧の条件下で氷状に固まって海底に大量に埋《まい》蔵《ぞう》されている。燃焼時の二酸化炭素排出量が石炭・石油に比べておよそ半分であることなどから，新しいエネルギー資源として注目されている。日本近海には，世界有数のメタンハイドレート埋蔵量があるとされている。

e 日本の水産業は，1970年代前半には遠洋漁業の漁獲量が多かったが，1973年の石油危機(オイルショック)で燃料代が上がったことや，沿岸各国が200海里水域を設定して外国船の漁業が制限されるようになったことで，漁獲量が激減した。その後は沖合漁業が中心となったが，水産資源の減少や気候変動の影響から漁獲量が減った。

f　マングローブは熱帯や亜《あ》熱帯地域の河口など，淡水《たんすい》と海水の混じる水域に生育する常緑の樹林で，多くの魚介《ぎょかい》類の産卵・休息の場所となる。また，2004年のスマトラ島沖地震で大津波が発生したさい，マングローブ林が防潮堤の役割を果たし，津波の勢いを弱めたと報告されている。

[4] バリアフリーを題材にした問題

a　法律案を国会に提出するのは内閣，法律を制定するのは国会の働きである。なお，地方公共団体は憲法と法律の範囲《はんい》内で，その地域だけに通用する条例を定めることができる。

b　アンケート結果のうち，「道路や駅に階段や段差が多い」「バスや電車の乗り降りが困難・不便」「利用する建物の設備が不備」といった問題は，設備のバリアフリー化によってある程度は解決できる。しかし，「人の目が気にかかる」「いじめやいじわるがこわい」「交通機関の利用に危険を感じる」といった精神的な問題は，「心のバリアフリー」を推進しなければならないため，容易に解決できない。障がい者が健常者と同じように生活できる環境をつくるためには，自分と異なる条件を持つ他者と交流する機会を多く持ち，おたがいを理解して受け入れることが大切である。

c　インクルーシブ公園とは，年齢や性別，障がいの有無にかかわらず，だれもがいっしょに遊べる公園のことで，安全かつ安心して使えるようにベンチや標識，素材などに工夫がこらされている。犬専用広場であるドッグランは，だれもがいっしょに遊べる施設ではない。

d　ア　石炭と綿花の生産量は，中国が世界第1位である。　イ　オーストラリアについて，正しく説明している。　ウ　オーストラリアはOPEC《オペック》(石油輸出国機構)には加盟していない。

e　選択《せんたく》的夫婦別姓制度は国全体の戸籍にかかわることで，地方自治体がかかえる固有の問題ではないので，住民投票の争点にはならない。

理　科　(30分)＜満点：60点＞

解　答

[1] (生物名／ちがいの順で)　**1**　(例)　アサリ／他は背骨をもつが，アサリだけ背骨をもたない。　**2**　(例)　ホウセンカ／他は合弁花だが，ホウセンカだけ離弁花である。　**3**　(例)　バッタ／他は完全変態だが，バッタだけ不完全変態である。　**4**　(例)　シイタケ／他は種子でなかまをふやすが，シイタケだけ胞子でなかまをふやす。　**5**　(例)　チューリップ／他は子葉が2枚だが，チューリップだけ子葉が1枚である。　[2] **1**　(例)　燃えやすいものを近くに置かない。／かん気をしながら実験する。　**2**　(4)　**3**　(4)　**4**　(8)　**5**　60℃　**6**　ウ，1.05 g　[3] **1**　ア　**理由**…(例)　空気の方が温度による体積変化が大きいから。　**2**　(例)　ゼリーの方が形を保ちやすいため，ガラス管との間にすき間ができにくいから。　**3**　3.5cm　**4**　(例)　水より先にフラスコがあたたまり，フラスコがぼう張するから。　**5**　(例)　断面積の小さいガラス管にかえる。　[4] **1**　①　はやく　②　おそく　③　おそく　④　はやく　**2**　①　ア　②　ウ　③　カ　④　エ　**時刻**…①　19時01分　②　6時51分　③　16時28分　**3**　(1)　①　ア　②　ウ　③　ア　④　ウ　**理由**…(例)　地球が地じくをかたむけたまま，太陽のまわりを公転しているから。　(2)　**問1**　①

おそく　②　はやく　③　11時41分　④　6月13日　⑤　12月25日　⑥　おそく

問2　(例)　地球は太陽のまわりをだ円形に公転しているので，地球と太陽との距離によって地球の速さが変化するから。

解　説

1　生物の性質や特ちょうについての問題

1　どの性質や特ちょうに着目するかによって，ちがう性質や特ちょうをもつものとして選ぶ生物が変わる。背骨をもつか，もたないかで考えると，アサリだけが背骨をもたない無せきつい動物で，他は背骨をもつせきつい動物である。また，呼吸器官に着目すると，ほ乳類であるイルカだけ肺で呼吸し，他はえらで呼吸する。

2　花びらのつき方は，ホウセンカだけが花びらが１枚ずつはなれている離弁花《りべんか》で，他は花びらが根もとでくっついている合弁花である。１株につく花の形は，ヒマワリだけが筒《つつ》状の花と舌《ぜつ》状の花の２種類の花がつくが，他は１種類の花しかつけない。くきのようすは，アサガオだけが支柱などにくきが巻きついて成長し，他は巻きつくことなくのびる。

3　成虫になるまでの育ち方は，バッタだけがさなぎの時期がない不完全変態で，他は幼虫からさなぎの時期をへて成虫になる完全変態である。卵を産む場所は，バッタだけが地中だが，他は陸上である。また，はねは，チョウだけがりん粉におおわれているが，他はりん粉がない。

4　タマネギとニンジンは種子植物なので種子をつくり，なかまをふやす。そして，光合成を行って栄養分をつくり出して育つ。一方，シイタケは菌類《きんるい》で，胞子《ほうし》によってなかまをふやす。そして，木を分解し，栄養分を吸収して育つ。

5　チューリップだけが子葉が１枚の単子葉類で，他は子葉が２枚ある双《そう》子葉類である。また，チューリップだけがふつう球根を植えて育てるが，他は種子をまいて育てる。花びらのつき方に着目すると，タンポポだけは１つの花の中で花びらがくっついているが，他は花びらが１枚ずつはなれてついている。

2　燃料を用いた実験についての問題

1　実験で火を使うときは，火のまわりに紙や布などの燃えやすいものを置かないこと，酸欠などにならないようにかん気をしながら実験を行うこと，ガスバーナーやアルコールランプなどがたおれたときに備えて水でぬらしたぞうきんを用意しておくことなどがあげられる。

2　都市ガスやプロパンガスには炭素がふくまれているので，燃やすと二酸化炭素が発生する。二酸化炭素を水にとかすと炭酸水になり，酸性を示すので，ムラサキキャベツ液に二酸化炭素をとかすと赤っぽい色になる。なお，二酸化炭素にはにおいがなく，うすい塩酸に鉄を入れると発生するのは水素，酸性雨の原因となるのはちっ素酸化物やいおう酸化物である。

3　燃料が燃えるためには酸素が必要である。オキシドール(過酸化水素水)に大根の小片を加えると，大根にふくまれる酵素《こうそ》によって過酸化水素が分解されて酸素が発生する。なお，酸素は空気中に二番目に多くふくまれていて，水に少しとける。また，石灰水に二酸化炭素をふきこむと，石灰水が白くにごる。

4　０℃の氷の入った０℃の水を加熱すると，はじめは加えた熱が氷を水に変えることだけに使われる。その間は温度が０℃のまま変化しない。そして，氷がすべて水に変わると，水温が０℃から上がっていく。表2で，燃料ア～ウはいずれも加熱後の水温が0℃より高いため，いずれも氷が残っていない。

5　実験1で，0℃の水200gを50℃にするために使われた熱量と，実験2の燃料アで，0℃の氷100gと0℃の水100gを10℃にするために使われた熱量は，両方とも1gの燃料アを燃やして得た熱量と等しい。水1gを1℃上げるのに必要な熱量を1calとすると，実験1より，1gの燃料アを燃やして得られる熱量は，1×200×50＝10000(cal)である。実験2の燃料アでは，氷がすべてとけて0℃の水，100＋100＝200(g)になった後に10℃になるために使われた熱量は，1×200×10＝2000(cal)だから，0℃の氷100gを0℃の水に変えるために使われた熱量は，10000－2000＝8000(cal)とわかる。よって，1gの燃料アを燃やして得られる熱量10000calのうち，0℃の氷50gを0℃の水50gにするために，$8000\times\frac{50}{100}$＝4000(cal)の熱量が使われ，0℃の水，50＋50＝100(g)は，(10000－4000)÷100÷1＝60(℃)まで温められることになる。

6　表2で，燃料ウがもっとも加熱後の水温が高いことから，燃料ア～ウの中で同じ重さの燃料を燃やしたときに得られる熱量がもっとも多いものは燃料ウとわかる。したがって，同じ熱量を得たい場合に燃やす燃料の重さは，燃料ウがもっとも少なくなる。また，表3より，燃料ア～ウを同じ重さだけ燃やしたときに発生する気体エの重さは，燃料ウがもっとも少ない。以上のことから，同じ重さの水を同じ温度だけ上昇《じょうしょう》させるときに気体エの発生量がもっとも少なくなるのは，燃料ウである。1gの燃料ウを燃やすと，8000＋1×200×28＝13600(cal)が得られて，気体エが2.8g発生するので，0℃の水100gを51℃にするために必要な熱量，1×100×51＝5100(cal)を得るために燃料ウを燃やすと，気体エは，$2.8\times\frac{5100}{13600}$＝1.05(g)発生する。

3　空気や水のぼう張についての問題

1　表より，空気の方が水よりぼう張率が大きいので，わずかな温度変化でも体積の変化が大きい。そのため，わずかな温度変化を調べるとき，アの温度計でゼリーが動く距離《きょり》の方が，イの温度計で水面が動く距離よりも大きくなり，変化が見やすい。

2　アの温度計でガラス管に液体の水を入れると，水はガラス管の中を大きく動いたときにすき間ができやすく，そのすき間から空気がもれてしまうことがある。ゼリーは水よりも形を保ちやすく，ガラス管とのすき間ができにくい。

3　20℃の水200cm^3を30℃にすると，体積は，200×0.00021×(30－20)＝0.42(cm^3)ふえる。ガラス管の断面積は，12mm^2＝0.12cm^2だから，ガラス管内の水面の高さはおよそ，0.42÷0.12＝3.5(cm)上がると求められる。

4　温かい水の熱によって，まずガラスでできたフラスコが温まり，フラスコの熱でフラスコの中の水が温められる。そのため，水がぼう張するよりも先にフラスコがぼう張してフラスコの容積が大きくなり，ガラス管の中の水がフラスコの中に吸いこまれて水面が少し下がる。フラスコの中の水が温まりはじめると，ガラスよりも水の方がぼう張率が大きいため，フラスコの中の水がおし出されて水面が上昇する。

5　ガラス管を断面積の小さいものにすると，水の体積変化が同じでも，水面の移動する距離が大きくなる。

4　夏至《げし》と冬至《とうじ》についての問題

1　昼の時間の長さは1年の中で，夏至の日がもっとも長く，冬至の日がもっとも短いことから，夏至の日は，１年の中で日の出の時刻がもっともはやく，日の入の時刻がもっともおそいと予想し，冬至の日は，１年の中で日の出の時刻がもっともおそく，日の入の時刻がもっともはやいと予想したと考えられる。

２　夏至の前後１か月間の日の出の時刻のグラフから，日の出の時刻がもっともはやいのは，６月５日から６月21日で，６月21日より前からとわかる。その時刻は４時26分である。そして，日の入の時刻のグラフから，日の入の時刻がもっともおそいのは，６月25日から７月２日で，６月21日より後の日になっていて，その時刻は19時01分になっている。また，冬至の前後１か月間の日の出の時刻のグラフから，日の出の時刻がもっともおそいのは，１月２日から１月12日で，12月21日より後の日であり，その時刻は６時51分である。そして，日の入の時刻のグラフから，日の入の時刻がもっともはやいのは，12月４日から12月６日で，12月21日より前の日になっていて，その時刻は16時28分となる。

３　**⑴**　図１のように，地球が地じくをかたむけたまま太陽のまわりを公転しているため，北半球に位置する横浜市では，夏至の日に南中高度がもっとも高くなり，冬至の日に南中高度がもっとも低くなるなど，季節によって太陽の通り道が変化する。図２で，夏至の日の太陽の通り道を表すものはアで，日の出のときには１年でもっとも北寄りの東の地平線から太陽が出て，もっとも高い位置で南中し，日の入のときには１年でもっとも北寄りの西の地平線にしずむ。　**⑵**　**問１**　①　太陽の南中時刻のグラフより，６月21日前後でも12月21日前後でも，太陽の南中時刻は少しずつおそくなっている。　②，③　太陽は東から西に移動していくように見えるので，明石市よりも東にある横浜市では太陽の南中時刻が明石市よりもはやくなり，12時00分－19分＝11時41分となる。④，⑤　太陽の南中時刻のグラフで，太陽の南中時刻が11時41分になるのは６月９日から６月13日と12月23日から12月25日とわかる。このうち，均時差のグラフで日時計との差がないのは，６月13日と12月25日である。　⑥　均時差のグラフは，６月21日前後でも12月21日前後でも右下がりになっていて，南中時刻がおそくなっている。　**問２**　地球は太陽のまわりを正確な円をえがいてまわっているのではなく，だ円をえがくようにまわっている。地球は太陽に近いときにはやく動き，遠いときにはおそく動くので，地球から見た太陽の動く速さが１年の間に変化し，均時差が変化する。

国　語　（50分）＜満点：100点＞

解　答

一　**問１**　ａ　２　ｂ　１　**問２**　ア　４　イ　１　**問３**　①　五人　②　昭和　**問４**　（例）　捨てられている自転車を拾ってくる方法。　**問５**　３　**問６**　３　**問７**　４　**問８**　２　**問９**　１　×　２　×　３　○　４　○　５　×　６　○　**問10**　（例）　よその子供のお古をわが子に使わせること。　**問11**　Ａ　５　Ｂ　２　**問12**　１　**問13**　３　**問14**　４　**問15**　１　**問16**　４　**二**　**問１**　（例）　対話とは，自分を変えようとしている人が何かの真理を得ようとして取り組むコミュニケーションであり，日常生活の中でも対話をしなければならないことはたくさんある。　**問２**　２，７　**問３**　（例）　私は，

「勉強は何のためにするのか」という話題で対話をしたい。テストでよい成績を取ることや，よい学校に入ることを目的にして勉強をするのは，私には正しいことだとは思えない。そのような目的を実現するための勉強は，主体的なものではないと思うからだ。私は，自分の人間性を高め内面をみがくことに，勉強をつなげる必要があると考える。勉強は，学生のときだけでなく，大人になってもするべきものであるはずだ。　三　(例)　夜はきっと雪になるだろうが，せめて積もらないでほしいものだ。　四　1～5　下記を参照のこと。　6　いっし　7　あっかん　8　あ(む)

●漢字の書き取り

四　1　曲折　2　築(く)　3　菜園　4　縮(む)　5　張(る)

解説

一　**出典は阿部《あべ》昭《あきら》の『未成年と12の短篇《たんぺん》』所収の「自転車」による。**自分が住んでいる町で粗大《そだい》ゴミとしてたくさんの自転車が捨てられていることを知った「私」は，子供用の自転車を拾おうとしたが，その思いはかなえられなかった。

問1　a　「憂《う》き目を見る」は，“つらい経験をする”という意味。　b　「目星をつける」は，“だいたいの見当をつける”という意味。

問2　ア　「身につまされる」は，“他人の不幸や苦しみなどが自分のことのように感じられる”という意味。　イ　「タカをくくる」は，“たいしたことはないだろうとみくびる”という意味。

問3　①　「私」と妻と三人の子供の五人家族である。本文中にも「一家五人が一団となって」などの表現がある。　②　「私」が「『昭和一桁《ひとけた》』生まれの人間」で，長男がまだ小学生であることなどから，本文は昭和時代の話とわかる。

問4　続く部分に「私の家では向こう十年でも二十年でも一台の自転車も購入《こうにゅう》せずに済ませられるはずであった～私が住んでいるこの海辺の町では，いまだ十分使用にたえる自転車を道ばたに遺《い》棄《き》することがはやりだしていたから」とあるので，「私」は捨てられた自転車を拾ってきて使おうとしているのだとわかる。なお，「遺棄」は，処分または保護すべきものを，そのまま捨てておくこと。

問5　続く部分に「発明したもの」とあるので，「物質的な豊かさ」や「便利さや機能性」にふれている3が選べる。なお，「必要にせまられてやむにやまれず発明したもの」を使う生活なので，「ぜいたく」とある4はふさわしくない。

問6　続く部分に「われわれはたくさんの汚物《おぶつ》を自分の体内に後生大事にかかえこんでいる」とあるので，「人間の心の自己中心的なきたならしい部分」とある3があてはまる。この「人間の心の自己中心的なきたならしい部分」は，ペットとして飼われていた「血統書付きの高級舶来《はくらい》犬」が，人間の都合で捨てられて「四つ足でさまよい歩く『粗大ゴミ』」になってしまっていることにもよく表れている。なお，「グロテスク」は，異様で気味の悪いさま。

問7　自分の家で使っているものよりも「はるかに立派」な品物を「捨てにくる連中」を見て，「私」は「気を悪くしてしまうこともあった」のだから，「他人が自分の持ち物より立派なものを捨てることがしゃくにさわり」とある4がよい。

問8　粗大ゴミに対する「好奇心《こうきしん》をおしかくし」ながら，「子供用の自転車」が捨てられていたならば拾っていこうという思いで「ひそかに探している」のだから，考えや気持ちを表面に出さずにものごとを行うさまを表す「さりげなく」が合う。

問9　**1**「自転車屋という商売に対する不信感」が強くなったのは，五千円をはらって買った中古の子供用自転車が，「例の『粗大ゴミ』の一種に銀ペンキをぬりたくり，ところどころに油をさすなどして一時的に走行するようにしただけのしろもの」であったためである。　**2**「ヘビをこわがる息子」を情けなく思う気持ちはあるかもしれないが，そのことで「いらだっている」ようすは読み取れない。　**3**，**6**「鉄条もうをくぐりぬけ，廃品《はいひん》の山の裏手へとふみこんだ」には，「意気ようよう」と「ゴミの山をくまなく探」すようすが表れている。また，「近所の口うるさい主婦たちに見とがめられては面白《おもしろ》くない」からは，「まだ世間体を気にしている」ようすがうかがえる。　**4**「私」は発見した子供用の自転車を「日が落ちてから取りにきたほうがいい」と考えているので，「すでに自分のものにしたような気持でいる」といえる。ほかの人が拾いにくるという考えは，このときにはまったくなかったのである。　**5**「私」は子供の安全をあまり気にしておらず，「ほっとしている」ようすも描《えが》かれていない。

問10　ここでの「言い訳」とは，新品の自転車を買うのを惜《お》しんで「よその子供のお古をわが子に使わせる」ことに対するものである。

問11　**A**「長いこと失業していた父親がやっとビラはりの仕事にありついて，妻のシーツと入れかえに自転車を質屋《しちや》から出」したのだから，5があてはまる。　**B**「五段変速のややこしい切りかえギアを装備し，ハンドルの前にバスケット，サドルの下にあやしげな弁当箱のような物入れを取り付けた今流行のサイクリング・ツアー車」で，「私」は「キザな乗り物」，「おもちゃめいた自転車はくだらないぜいたく品」と考えているので，2がふさわしい。

問12　同じ段落の少し後に，「私の子供ら」は「腹をすかしているわけでもなかった」とあるので，「必死に子供らを食わせる」とある1が合う。

問13「こそばゆい」は，くすぐったくてむずむずした感じであるようす。最後の段落に「あさましいゴミあさり」とあるように，「私」は「ゴミあさり」をあさましい行為《こうい》だと考えている。「私に似た――親子づれ」がゴミあさりをしているようすを見て，「私」は自分たちがこれからやろうとしていることのあさましさに気づいて恥《は》ずかしくなり，「こそばゆい」と感じたのだから，3がよい。1，2，4はいずれも，「私」の恥ずかしさをとらえていないので，ふさわしくない。

問14　すぐ後に「このあたりにはふところの暖かい連中ばかりが住んでいるかのように思いこんでいた私は，まちがっていたようだ」とあるので，「この町にも捨てられた物を利用して生活している人々がいるのだ」とある4が選べる。「なつかしい」という言葉には，「自身の生まれ育ったかん境が思い合わされ親近感を覚えている」という感情が重ねられている。

問15　問13でみたように，「私」はゴミあさりのあさましさを恥ずかしく思っているので，「あさましいゴミあさり」とある1がふさわしい。

問16「虫の食った古いかざりもののヤシの実」は，問5でみた「物質的な豊かさ」や「便利さや機能性」とは対照的なものといえるので，「金せん的価値とはまったく関係なく」とある4が選べる。「しっかりこわきにかかえていた」という言葉からは，「純すいに気に入っ」ているようすがうかがえる。

二　**出典は河野哲也《こうのてつや》の『人は語り続けるとき，考えていない　対話と思考の哲学《てつがく》』による。**「対話」

とはどのようなものであるかについて解説している。

問1　本文に繰《く》り返し登場する「対話」という言葉についてまとめる。「対話とは，真理を求める会話である」，「きちんと検討《けんとう》しなければ得られない真理を得たいときに，人は対話をする。それは，自分を変えようとしている人が取り組むコミュニケーションである」などの，「対話」とはどのようなものであるかを説明する文や，「対話をしなければならない場面は，日常生活の中にも，思ったよりもたくさんあるのだ」，「本当はこうしたことについてひざをつき合わせて対話する必要があるのではないだろうか」などの，日常生活での対話を求める筆者の意見を中心に要約するとよい。

問2　「対話」は「何かの真理を得ようとしてたがいに意見や思考を検討し合う」ものなので，2と7が合う。

問3　本文では，「そもそも子どもにとっての良い人生とはなにか，そのために何を学んでほしいのか，親と子どもとはどういう関係なのか，子ばなれするとはどういうことか」などが「対話」の例として示されている。このような，自分に身近な話題は書きやすいと考えられる。

三　短文づくり

「せめて」は，“十分ではないが，少なくともこれだけは実現させたい”という願望を表すときに用いる言葉で，「せめて三位までには入りたい」，「せめて五分は待っていてほしい」のように用いる。「きっと」は，“確実にそうなる”と予測するときや期待するときに用いる言葉で，「明日はきっと雨だろう」，「きっと勝てるはずだ」のように用いる。

四　漢字の書き取りと読み

1　曲がりくねっていること。　**2**　音読みは「チク」で，「築城」などの熟語がある。　**3**　野菜を栽培《さいばい》する畑。「家庭菜園」は，家庭で食べる野菜をつくるための，庭先の空き地などを利用した小規模な畑。　**4**　音読みは「シュク」で，「縮小」などの熟語がある。「身の縮む思い」は，恐《おそ》ろしさや緊張《きんちょう》のあまりに，体が小さく丸まってしまったように感じること。　**5**　音読みは「チョウ」で，「張力」などの熟語がある。「胸を張る」は，“自信のある堂々とした態度を示す”という意味。　**6**　「一糸乱れず」は，“少しも乱れることなくきちんと整っている”という意味。　**7**　全体の中で最もすぐれていること。　**8**　音読みは「ヘン」で，「編集」などの熟語がある。

Dr.福井の入試に勝つ！脳とからだのウルトラ科学

寝る直前の30分が勝負！

みんなは，寝る前の30分間をどうやって過ごしているかな？　おそらく，その日の勉強が終わって，くつろいでいることだろう。たとえばテレビを見たりゲームをしたり——。ところが，脳の働きから見ると，それは効率的な勉強方法ではないんだ！

実は，キミたちが眠っている間に，脳は強力な接着剤を使って海馬《かいば》（脳の，知識をためる倉庫みたいな部分）に知識をくっつけているんだ。忘れないようにするためにね。もちろん，昼間に覚えたことも少しくっつけるが，やはり夜——それも“寝る前”に覚えたことを海馬にたくさんくっつける。寝ている間は外からの情報が入ってこないので，それだけ覚えたことが定着しやすい。

もうわかるね。寝る前の30分間は，とにかく勉強しまくること！　そうすれば，効率よく覚えられて，知識量がグーンと増えるってわけ。

では，その30分間に何を勉強すべきか？　気をつけたいのは，初めて取り組む問題はダメだし，予習もダメ。そんなことをしても，たった30分間ではたいした量は覚えられない。

寝る前の30分間は，とにかく「復習」だ。ベストなのは，少し忘れかかったところを復習すること。たとえば，前日の勉強でなかなか解けなかった問題や，1週間前に勉強したところとかね。一度勉強したところだから，短い時間で多くのことをスムーズに覚えられる。そして，30分間の勉強が終わったら，さっさとふとんに入ろう！

ちなみに，寝る前に覚えると忘れにくいことを初めて発表したのは，アメリカのジェンキンスとダレンバッハという2人の学者だ。

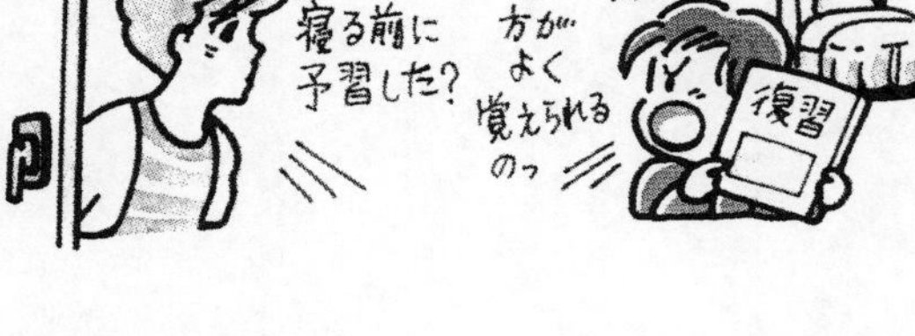
寝る前に予習した？
こっちの方がよく覚えられるのっ
復習

Dr.福井（福井一成《ふくいかずしげ》）…医学博士。開成中・高から東大・文Ⅱに入学後，再受験して翌年東大・理Ⅲに合格。同大医学部卒。さまざまな勉強法や脳科学に関する著書多数。

Memo

Memo

2021年度　フェリス女学院中学校

〔電　話〕（045）641－０２４２
〔所在地〕〒231－8660　神奈川県横浜市中区山手町178
〔交　通〕JR根岸線―「石川町駅」より徒歩８分
みなとみらい線―「元町・中華街駅」より徒歩10分

【算　数】（50分）〈満点：100点〉

《注意》　１．答を出すのに必要な図や式や計算を，その問題のところにはっきりと書いてください。
２．円周率を使う場合は3.14としてください。

1　次の問いに答えなさい。

(1)　次の計算をしなさい。

$$1\frac{5}{8}\div\frac{13}{14}-\left(0.8\div\frac{4}{3}-\frac{4}{15}\right)$$

(2)　図の２つの円は半径が等しく，それぞれの中心は点A，Bです。Cは円周上の点で，Dは直線ACともう一方の円が交わってできた点です。㋐の角の大きさを求めなさい。

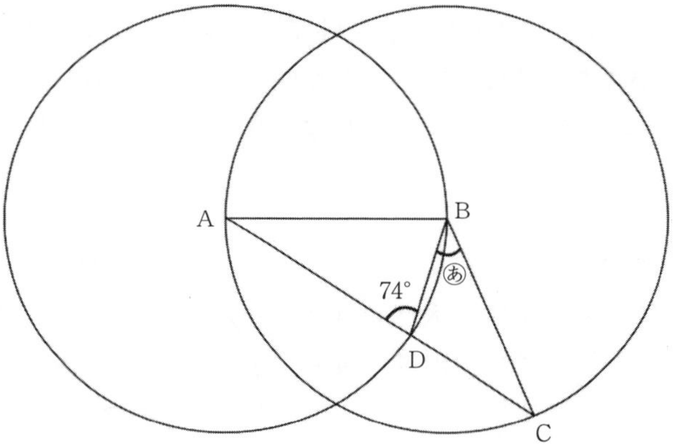

(3)　分数$\frac{4}{180}$，$\frac{5}{180}$，$\frac{6}{180}$，$\frac{7}{180}$，…，$\frac{179}{180}$の中で，約分すると分子が３になるものは$\frac{\square}{180}$です。□にあてはまる数をすべて求めなさい。

(4)　３つの容器A，B，Cのそれぞれに水が入っています。容器Aと容器Bに入っている水の重さの比は５：３です。次の[ア]，[イ]にあてはまる数を求めなさい。

①　容器Aから容器Bへ水を260ｇ移すと，容器Aと容器Bに入っている水の重さの比は４：５となりました。水を移したあと容器Bに入っている水の重さは[ア]ｇです。

②　①に続けて，容器Bから容器Cへ水を何ｇか移すと，３つの容器の水の重さが等しくなりました。はじめに容器Cに入っていた水の重さは[イ]ｇです。

(5)　次の[ア]，[イ]にあてはまる数をそれぞれ求めなさい。

１～400までの整数が１つずつ書かれたカードを重ねます。上から１枚目には１，２枚目には２，…，400枚目には400と書いてあります。はじめに，上から数えて３の倍数枚目のカードを取りのぞきます。このとき，残ったカードの上から[ア]枚目には286と書かれています。

続けて，残ったカードについても，同じように上から数えて３の倍数枚目のカードを取りのぞきます。最後に残ったカードの上から47枚目に書かれている整数は[イ]です。

2 図のように，1辺の長さが6cmの立方体ABCD-EFGHがあります。直線AFとBEが交わってできる点をP，直線BGとCFが交わってできる点をQとします。次の ア ， イ にあてはまる数をそれぞれ求めなさい。

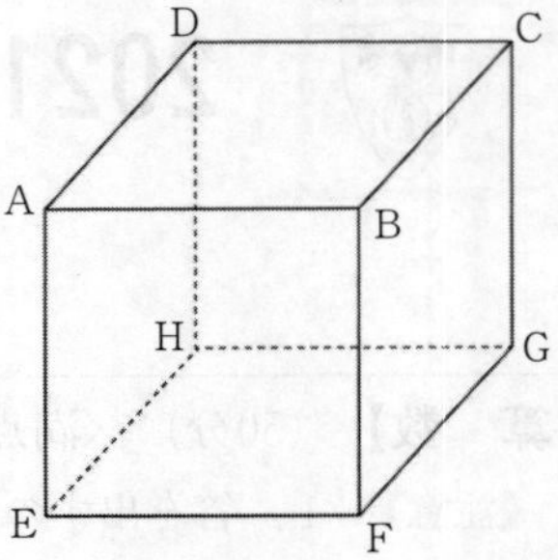

三角すいDEGHの表面積は，三角すいBFPQの表面積の2倍より ア cm^2大きいです。また，三角すいDEGHの体積は，三角すいBFPQの体積の イ 倍です。

3 川の上流のA地点と下流のB地点の間を往復する遊覧船があります。川はA地点からB地点に向かい一定の速さで流れています。また，遊覧船の静水時での速さは一定とします。この遊覧船でAB間を一往復したところ，AからBへ行くのに6分，BからAに戻るのに24分かかりました。次の問いに答えなさい。

(1) 川の流れる速さと，遊覧船の静水時での速さの比を，最も簡単な整数の比で求めなさい。(求め方も書きなさい。)

(2) AB間には，パトロール船も往復しています。静水時では，パトロール船の速さは遊覧船の速さの2倍です。遊覧船とパトロール船がAを同時に出発し，遊覧船がはじめてBに着いたとき，パトロール船はBからAに向かって420mのところにいました。AB間の距離は何mですか。(求め方も書きなさい。)

4 図1のように，2つの円が重なっています。

2つの点A，Bは2つの円が交わってできる点です。大きいほうの円は，中心が点O，半径が6cmです。小さいほうの円は，直線ABが直径です。次の問いに答えなさい。

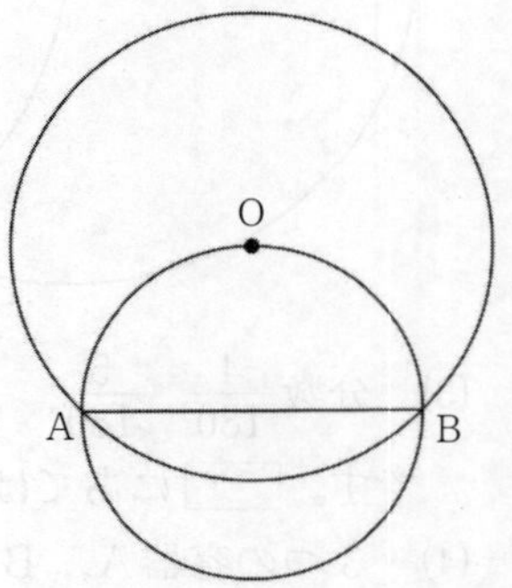

図1

(1) 図2の ▒ 部分の面積を求めなさい。(求め方も書きなさい。)

(2) 図3の ▒ 部分の面積を求めなさい。(求め方も書きなさい。)

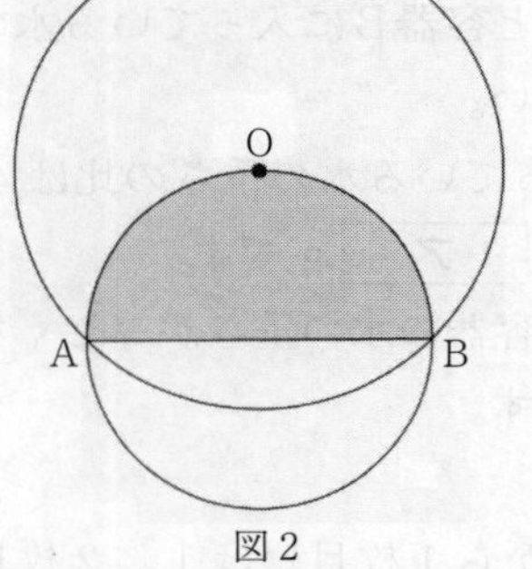

図2

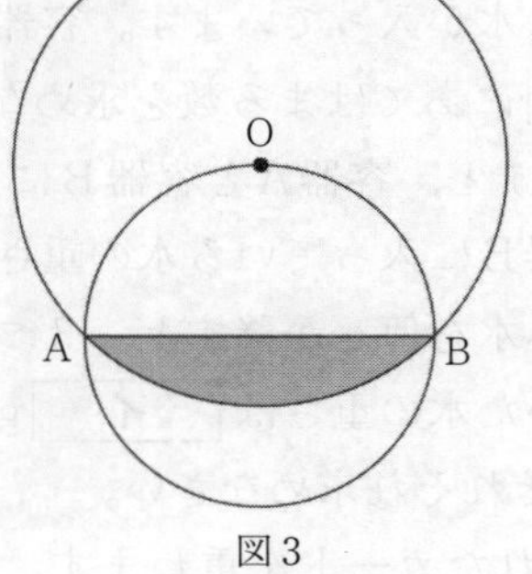

図3

(3) 右の図4を，点Oを中心として時計回りに150°回転させるとき，図の ▒ 部分が通ってできる図形の面積を求めなさい。(求め方も書きなさい。)

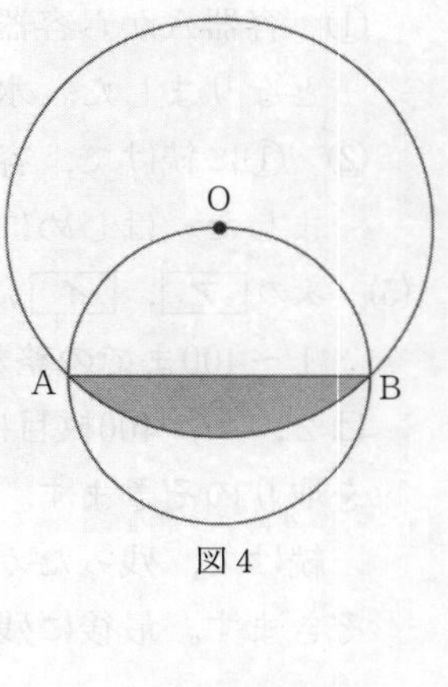

図4

5　1以上の整数 y と，y より大きい整数 x に対して，

$$[x,\ y]=(x-1)\times y-x\times(y-1)$$

と約束します。例えば $[7,\ 4]=6\times4-7\times3=3$ です。

また，3以上の整数に対して，記号〈 〉を次のように約束します。

〈3〉$=[2,\ 1]$

〈4〉$=[3,\ 1]$

〈5〉$=[4,\ 1]+[3,\ 2]$

〈6〉$=[5,\ 1]+[4,\ 2]$

〈7〉$=[6,\ 1]+[5,\ 2]+[4,\ 3]$

⋮

以下の **ア** ～ **ク** にあてはまる数をそれぞれ求めなさい。

(1) 〈8〉＝[**ア** , 1]＋[6, **イ**]＋[**ウ** , **エ**]＝ **オ**

(2) 〈2021〉＝ **カ** 　(求め方も書きなさい。)

(3) 〈 **キ** 〉＝289　(求め方も書きなさい。)

(4) 〈 **ク** 〉＝2450　(求め方も書きなさい。)

【社　会】（30分）〈満点：60点〉

1　次の文を読んで，文中の（1）～（4）に入る言葉を入れ，―― a ～ c についての問いに答えなさい。

瀬戸内海は，江戸時代に西廻《まわ》り航路が通るなど，昔から重要な海上交通路でした。日本海側から a 北九州市と本州にはさまれた海峡《かいきょう》を通り抜けると，瀬戸内海に入ります。

広島県尾道《おのみち》市と愛媛県今治《いまばり》市の間に浮かぶ島々は，いくつもの橋でつながれています。この海道の今治市側にある来島《くるしま》海峡は潮の流れが速く，徳島県と兵庫県の間にある（ 1 ）海峡と同様に，渦潮《うずしお》がよく見られる海上交通の難所です。今治は江戸時代からせんい産業がさかんで，現在では（ 2 ）の生産で全国1位を誇《ほこ》っています。来島海峡を抜けて南下すると，海の汚《よご》れで消えてしまったカブトガニの保護活動が行われている b 西条《さいじょう》市があります。

岡山県と香川県の間の瀬戸内海は，本州と四国が最も近接している海域です。瀬戸内海で2番目に大きい（ 3 ）島は，日本で初めてオリーブ生産を始めた地として知られ，この島を持つ香川県は，日本で生産されるオリーブの大半を産出しています。気候が小麦栽培《さいばい》に適していたことから，この県ではうどんの生産もさかんになりました。しかし，c 日本の小麦生産は，価格の面で海外産の小麦に苦戦しています。また，香川県では稲作も行われていますが，この地域の気候の特性から，1万か所以上の（ 4 ）が各地につくられています。

a　①　次の表は，北九州，京浜，阪神，中京の各工業地帯における製造品出荷額等(2017年)の構成を示したものです。この中で，阪神工業地帯はどれですか，ア～エから選びなさい。

	金属(%)	機械(%)	化学(%)	食料品(%)	せんい(%)	その他(%)	製造品出荷額等(億円)
ア	16.3	46.6	5.6	16.9	0.5	14.1	98,040
イ	20.7	36.9	17.0	11.0	1.3	13.1	331,478
ウ	9.4	69.4	6.2	4.7	0.8	9.5	577,854
エ	8.9	49.4	17.7	11.0	0.4	12.6	259,961

矢野恒太記念会『日本国勢図会 2020/21年版』より作成。

②　この市は，都道府県の仕事の一部を任されている市の一つです。このような市は全国に20ありますが，これらの市のことを何といいますか。

b　下の地形図は，この市内を流れる川の一部を示しています。

①　地図中に多く見られる「○」は何を表していますか。

②　「○」が，この地図の中で多く見られる理由を説明しなさい。

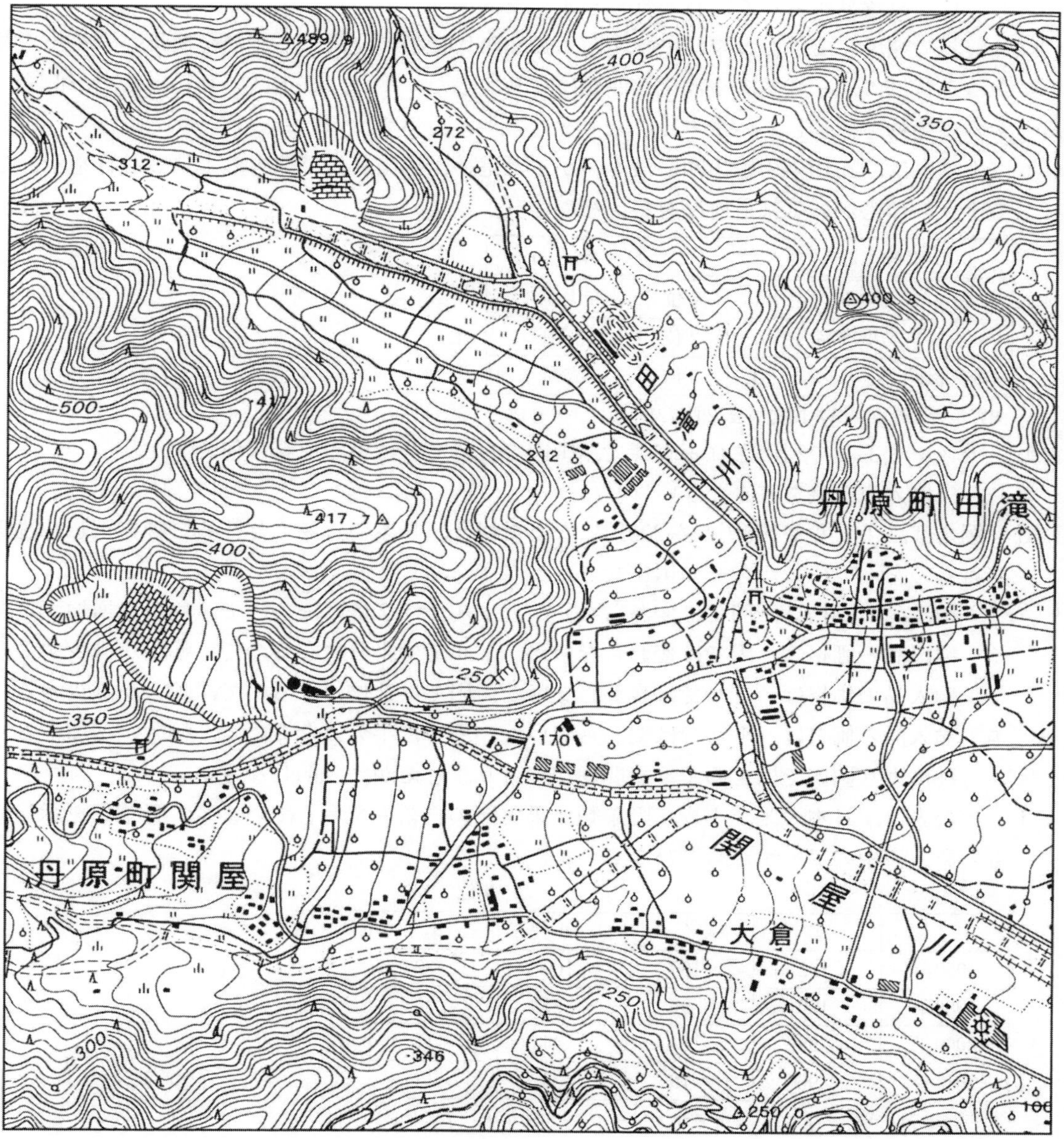

国土地理院発行２万５千分の１地形図「伊予小松」より(約1.5倍に拡大)。

c　日本の小麦の輸入先(2019年)上位３か国の正しい組み合わせを，ア～エから選びなさい。

	ア	イ	ウ	エ
1位	カナダ	アメリカ	カナダ	アメリカ
2位	アメリカ	カナダ	アメリカ	カナダ
3位	中国	オーストラリア	オーストラリア	中国

矢野恒太記念会『日本国勢図会 2020/21年版』より。

2 次の文を読んで，――a～gについての問いに答えなさい。

島国である日本は，a港(空港も含む)を利用して外国との貿易を行っています。日本では，エネルギー資源やb工業原料を海外から輸入して，それらをもとに製品をつくり輸出するというc(　)貿易がさかんに行われてきました。

貿易で発展してきた日本経済ですが，1980年代後半のd円とドルの交換比率の変化や貿易まさつを背景に，e産業の空洞《くうどう》化が問題になりました。また，日本はf食料自給率が低く，g多くの農産物を輸入しています。

a　次の表は，2019年の輸出額が最も多かった港の，輸出および輸入の上位3品目を示したものです。この港がある都道府県を答えなさい。

輸出品		輸入品
自動車	1位	液化ガス
自動車部品	2位	石油
内燃機関(エンジンなど)	3位	衣類

矢野恒太記念会『日本国勢図会 2020/21年版』より作成。

b　セメント工業で利用される資源で，国内で自給できている原料は何ですか。

c　(　)に入る言葉を答えなさい。

d　例えば，1ドルが100円から200円になった場合，日本の貿易に与える影響を正しく説明しているものを，ア～エから一つ選びなさい。

ア　輸出品の価格は，円では変わらないが，ドルでは2倍になるので，輸出が増加する。
イ　輸出品の価格は，円では変わらないが，ドルでは半分になるので，輸出が減少する。
ウ　輸入品の価格は，ドルでは変わらないが，円では2倍になるので，輸入が減少する。
エ　輸入品の価格は，ドルでは変わらないが，円では半分になるので，輸入が増加する。

e　これにより国内ではどのような問題が起こりましたか。説明しなさい。

f　次の表は，日本の米，小麦，野菜類，果実類の自給率を示しています。野菜類を示しているものを，表中のア～エから選びなさい。

(単位：%)

	ア	イ	ウ	エ
1960年	102	100	100	39
1980年	100	97	81	10
2000年	95	81	44	11
2017年	96	79	39	14

二宮書店『データブック オブ・ザ・ワールド 2020年版』より作成。

g　次の表は，日本が輸入しているある農作物の輸入先上位4か国(2019年)を示しています。その農作物をア～ウから一つ選びなさい。

順位	国名
1位	ブラジル
2位	ベトナム
3位	コロンビア
4位	エチオピア

矢野恒太記念会『日本国勢図会 2020/21年版』より作成。

ア　大豆　　イ　カカオ豆　　ウ　コーヒー豆

3　次の文を読んで，――ａ～ｐについての問いに答えなさい。

馬は，現代の私たちにはあまり身近ではありませんが，歴史的には長い間，人間が利用してきた動物です。日本では馬がどのような役割を果たしてきたのかを少し考えてみましょう。

馬と人との関わりは，日本では a ５世紀には始まっていました。これは馬をかたどったはにわが見つかったことや，b 古墳《こふん》に馬具《ばぐ》がおさめられていたことなどからわかります。また，このころ大陸からやってきた人々によって，馬に乗る風習も伝えられたとみられています。

大宝律令が制定された時代には，馬の飼育《しいく》などを行う場所が各地に定められました。そして，c そこで飼育された馬は，役人が乗るために主要な道路に配置されたり，朝廷の軍備にあてられました。

また馬は，古くから信仰や儀礼《ぎれい》にも関わる動物でした。神が乗る動物として神社にささげられることや，d 朝廷の儀式や行事において重要な役割をつとめることもありました。

10世紀以降，各地で成長してきた武士たちにとって，馬は欠かせないものでした。武士は馬を飼い，戦いにそなえて日ごろから武芸の訓練にはげみました。e 絵巻物には，このような武士たちの戦うようすが多く描かれています。

一方で，f 農作業にも馬や牛が使われるようになりました。また，荷物を運ぶ際にも牛馬が使われ，馬の背に荷物をのせて運送する，馬借《ばしゃく》といわれる業者も現れました。この馬借らが，借金の取り消しを求めて立ち上がったことをきっかけに，日本最初の一揆《いっき》といわれる g（　　）の土一揆が起こりました。

戦国時代になると鉄砲が伝来しましたが，その後も軍事の場面において，馬は重要な役割を果たしていました。戦国大名であった h 武田氏は，当時最強といわれた騎馬隊《きばたい》を組織したことで有名です。

江戸時代には幕府の支配が安定し，大きな戦乱がなくなりました。i そのため馬の軍事的な役割も減りました。一方で，交通や輸送のために，j 馬が街道の宿場《しゅくば》に置かれるようになり，役人や大名行列，武士などの往来に利用されました。将軍徳川綱吉《つなよし》は生類憐《しょうるいあわれ》みの令を定めましたが，そのなかで，牛馬の荷の重さを制限したり，病気の牛馬を捨てることを禁止しました。

幕末には，開港した地に外国人が暮らすようになりましたが，彼らにも乗馬の文化がありました。k 馬に乗っていたイギリスの商人が，神奈川の生麦《なまむぎ》というところで薩摩藩《さつまはん》の大名行列に出くわし，無礼《ぶれい》であるとして斬《き》りつけられる事件も起こりました。

明治時代になると，l 銀座などの都会では，馬車や鉄道馬車が走るようになりました。農耕にも馬が用いられ，m 北海道の開拓《かいたく》には，積極的に導入されました。

また，馬は近代の戦争にも利用され，特に太平洋戦争では多くの馬が必要となりました。n そのため農村から馬が集められ，戦地に連れて行かれて，兵士と同様に多く犠牲になりました。また，o 石油などの不足から，国内の輸送も牛馬に多くをたよるようになりました。こうしたなかで，空襲で焼死する馬もたくさんいました。

戦後になると，p 飼育される馬の数は急速に減りました。そして，馬と人との関係は大きく変わり，現在はあまり身近ではない動物となってしまったのです。

a　次のア～エのうち，５世紀のできごとを一つ選びなさい。

ア　ワカタケルが自分の勢力を示す手紙を中国に送った。

イ　奴国《なこく》の王が中国から金印を授かった。

ウ　対等な外交を求めて遣隋使《けんずいし》が送られた。

エ　卑弥呼《ひみこ》が中国から倭王《わおう》の称号と銅鏡を授かった。

b　古墳が現れはじめた地域として，正しいものをア～エから一つ選びなさい。

ア　九州・瀬戸内　　　イ　瀬戸内・近畿

ウ　九州・近畿　　　　エ　近畿・関東

c　この馬などを利用し，都から地方に赴任《ふにん》した役人は何と呼ばれますか。

d　儀式や年中行事が，朝廷の政治の重要な部分を占めるようになった時代のことがらとして，適当なものを次のア～エから一つ選びなさい。

ア　書院造の建築様式が広まり，生け花が床《とこ》の間《ま》に飾《かざ》られるようになった。

イ　各地の自然や人々の生活のようすなどを記した「風土記《ふどき》」がつくられた。

ウ　狂言《きょうげん》が演じられたり，御伽草子《おとぎぞうし》などの話が楽しまれるようになった。

エ　阿弥陀仏《あみだぶつ》を信じ，死後に極楽浄土《ごくらくじょうど》へ行くことを願う教えが広まった。

e　次の絵は，『蒙古襲来絵詞《もうこしゅうらいえことば》』という絵巻物の一部です。竹崎季長《たけざきすえなが》(右の人物)が，元と戦った後に，幕府を訪れた場面が描かれています。彼が幕府を訪れたのはなぜですか。ア～エから正しいものを一つ選びなさい。

ア　幕府に忠誠をつくして戦ったのに，先祖伝来の土地の支配を保証されなかったため。

イ　幕府の命令で戦ったのに，地方の武士であったことから御家人として認めてもらえなかったため。

ウ　九州地方の御家人を率いて元軍に立ち向かったのに，守護に任命されなかったため。

エ　先頭に立って戦い，手がらをたてたのに，恩賞として新しい領地をもらえなかったため。

f　次のア～エのうち，牛馬による農耕が広まった時代とは，異なる時代のものを一つ選びなさい。

ア　備中《びっちゅう》ぐわなどの新しい農具が発明される。

イ　農民たちで村のおきてや用水の使用法を定めるようになる。

ウ　稲の品種改良や二毛作が広まる。

エ　農具を作る職人が現れ，鉄製の農具が広く使われるようになる。

g　(　)に入る言葉を答えなさい。

h　次のア～ウは，織田信長が武田軍と戦った長篠《ながしの》の戦いについて述べた文です。内容が正しいものをすべて選びなさい。

ア　この戦いに勝利したことで，それまで無名の大名であった織田信長の名が全国に広まった。

イ　織田信長は，オランダから輸入した鉄砲を大量に活用して鉄砲隊を組織し，武田軍を破った。

ウ　織田信長軍には，当時連合していた徳川家康と，信長の家臣であった豊臣秀吉が一緒に加わって戦った。

i　同様に大名たちも，軍事的なつとめ以外に，新たな仕事を負担させられるようになりました。どのような仕事を負担させられるようになりましたか。一つ答えなさい。

j　①　この時代，街道を通って江戸との間を往来する大規模な行列は，将軍や大名の行列のほかにどのようなものがありましたか。一つ答えなさい。

②　大名行列の人数は，その大名の石高《こくだか》によって定められていました。石高とはどのようなものですか。ア～ウから正しい説明を一つ選びなさい。

ア　その大名が幕府から支給される年間の給与額を，米の量で表したもの。

イ　その大名の領地から一年間でとれると予想される，計算上の米の収穫高。

ウ　その大名が自分の領地から集める，年間の年貢の量の合計。

k　この事件をきっかけにして，翌年の1863年には，イギリスと薩摩藩との間で戦争になりました。この戦争が薩摩藩にもたらした変化として，正しいものをア～エから一つ選びなさい。

ア　開国に反対するのをやめ，幕府を倒《たお》して新しい政府をつくる運動を始めた。

イ　外国への敵対感情が高まり，薩摩藩士による外国人襲撃《しゅうげき》が各地で起こった。

ウ　外国に対抗できる強い国にするために，幕府と協力するようになった。

エ　開国への反対が高まり，開国を認めた幕府を倒そうとする動きが，藩内で生まれた。

l　次の絵は，明治時代初期のもので，鉄道馬車やレンガ造りの建物が描かれ，また，軍服など洋服を着ている人たちの姿も見られます。そのほかに，このころに登場したものを絵の中から二つ探して答えなさい。

『東京名所之内銀座通煉瓦造《れんがづくり》鉄道馬車往復図』より

m　開拓と北方の警備を目的に，北海道に送られた人々を何といいますか。

n　太平洋戦争の時期に，馬以外にも戦争に必要とされて家庭などから回収されたものがありますが，それは何ですか。

o　アメリカが日本に対して石油の輸出を禁止したことは，日本にとって大きな痛手となりました。このできごとより前に起きたことを，ア～エからすべて選びなさい。

ア　ハワイの真珠湾《しんじゅわん》を日本軍が攻撃した。

イ　日本とドイツとイタリアが，軍事同盟を結んだ。

ウ　日本が，東南アジアや太平洋の島々を占領した。

エ　ヨーロッパで第二次世界大戦が始まった。

p　下のグラフは日本における馬の総飼育数の移り変わりを表したものです。

①　Aの期間は，日本の社会が何と呼ばれる時期にあたりますか。

②　Aの時期に馬の総飼育数が減少したのはなぜですか。輸送・交通手段の変化もあげられますが，それ以上に大きな理由があります。馬がおもに何に使われていたかを考え，その理由を説明しなさい。

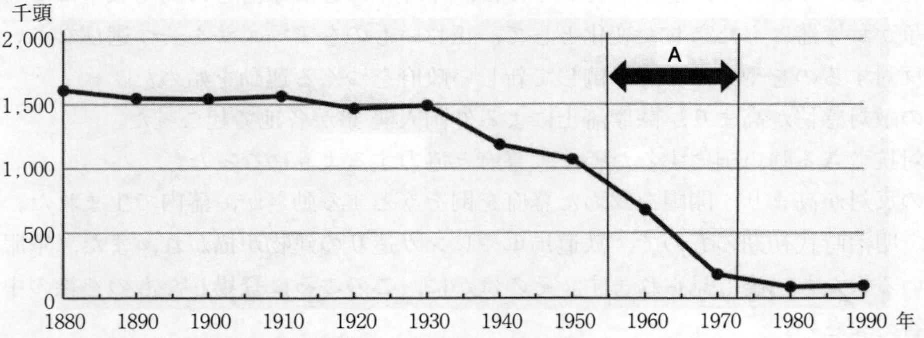

『馬政統計』馬政局，『畜《ちく》産年鑑《かん》』農林省畜産局，『馬関係資料』農林水産省生産局より作成。

4　次の文を読んで，――a～eについての問いに答えなさい。

国連は世界が抱《かか》えている問題に向き合い，aＳＤGs《エスディージーズ》として17分野の目標を掲《かか》げています。その一つに性(ジェンダー)による差別や困難をなくすジェンダー平等があります。世界経済フォーラムが毎年発表しているbジェンダーギャップ(男女格差)指数《しすう》を見ると，日本では特に女性の政治分野への進出が進んでいないことがわかります。現在のc衆議院における女性議員の割合は9.9％にとどまり，世界の女性議員比率ランキングでは190か国中167位と，とても低い順位になっています。

このような状況を改善するために，候補者男女均等法が2018年に制定されました。この法律により，国会やd地方議会の選挙で，各政党は候補者数を男女同数にする努力が求められます。これはあくまで目標であり，義務ではないため限界もありますが，より多様な声を政治に反映する第一歩と言えるでしょう。政治だけではなく，あらゆる分野において，e女性も男性と同じように参加できる社会をめざしていくことが大切です。

a　SDGsとは，(　　)な開発目標のことを指します。(　)に入る言葉を答えなさい。

b　ジェンダーギャップ指数は，経済・教育・保健・政治の４分野14項目で，男女平等の度合いを数字で表したものです。男女平等の状態であると指数は「１」になり，「０」に近づくほど不平等で男性優位《ゆうい》な状態と評価されます。下の表は，2020年度の日本に関するジェンダーギャップ指数および世界における順位を示したものです。この表から読み取れることとして，まちがっているものをすべて選びなさい。

ア　日本では，９割以上の女性が大学などの高等教育機関に進学する。

イ　日本では，女性の方が男性より健康寿命《じゅみょう》が長い。

ウ　日本の国家代表は過去50年間，全員男性であった。

エ　日本の女性は，世界的にみて管理職になる割合が高い。

分野	項目	日本の順位（153カ国中）	指数（日本）	指数（世界平均）
経済	労働参加率	79	0.814	0.661
	同一労働での男女賃金格差	67	0.672	0.613
	収入における男女格差	108	0.541	0.499
	＊1 管理職につく男女比	131	0.174	0.356
	専門職・技術職につく男女比	110	0.680	0.756
教育	識字率	1	1.000	0.899
	初等教育（小学校）在学率	1	1.000	0.757
	中等教育（中学校・高校）在学率	128	0.953	0.954
	高等教育（大学など）在学率	108	0.952	0.931
保健	男女の出生数	1	0.944	0.925
	＊2 健康寿命の男女比	59	1.059	1.034
政治	国会議員の男女比	135	0.112	0.298
	大臣の男女比	139	0.056	0.255
	過去50年間の国家代表の在任年数の男女比	73	0.000	0.190

＊１：管理職とは，職場で責任を持って指揮をとる役職のこと

＊２：健康寿命とは，健康上の不安がなく日常生活が送れる期間のこと

世界経済フォーラム Global Gender Gap Report 2020より作成。

（一部わかりやすく言いかえています。）

c　衆議院について述べた次の文のうち，まちがっているものを一つ選びなさい。

ア　内閣が提出した法律案は，常に参議院よりも先に衆議院で審議《しんぎ》される。

イ　議員の任期は４年間で，立候補できるのは25歳以上である。

ウ　内閣の政治に反対する場合，衆議院だけが内閣不信任決議案を出すことができる。

d　地方議会が制定する，その地域のみに適用《てきよう》する決まりのことを何といいますか。漢字で答えなさい。

e　次のグラフは，女性で仕事についている人の割合(2018)を，国ごとに年齢《ねんれい》別に表したものです。日本は，スウェーデンなどと比べ，20代後半から30代にかけて一時的に下がることが特徴です。こうした特徴は日本社会のどのようなところに原因があって出てくるものでしょうか。あなたの考えを説明しなさい。

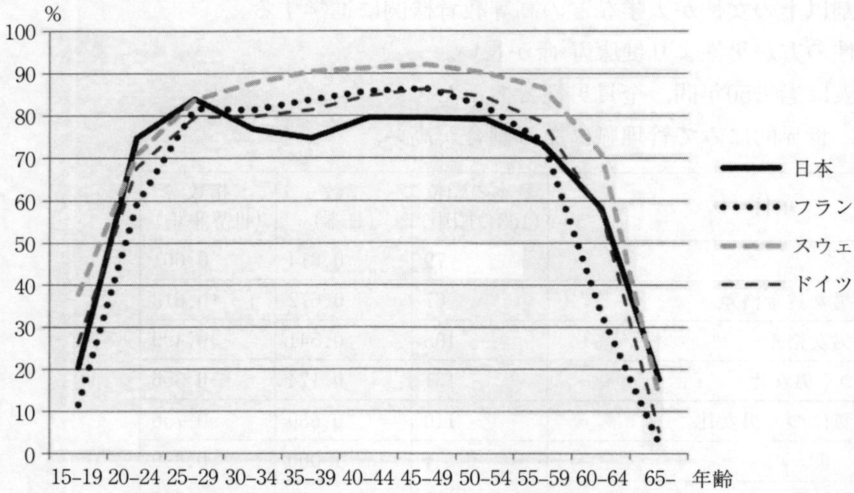

独立行政法人労働政策研究・研修機構『データブック国際労働比較2019』より作成。

【理　科】（30分）〈満点：60点〉

1　**1**　私たちの体にはたくさんの骨や筋肉があり，これらが働いて体を動かしたり，支えたりしています。骨どうしは，密着して結合しているものもあれば，わずかなすき間をあけながら結合しているものもあります。図１は，つま先を上に持ち上げたときのヒトの足の骨(白)と筋肉(灰色)をあらわしています。

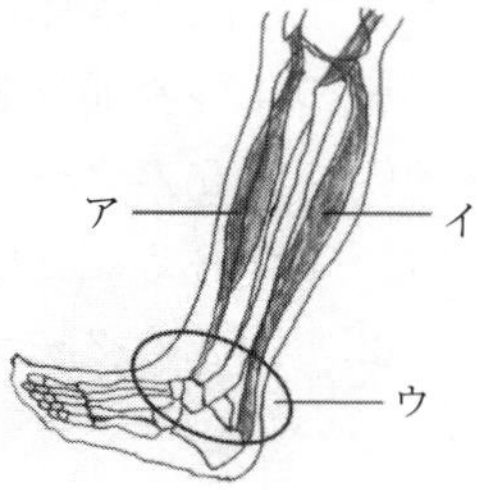

図１

(1)　図１のア，イは筋肉をさしています。つま先を上に持ち上げたときにちぢむ筋肉をア，イから１つ選びなさい。

(2)　図１のウの部分を何というか答えなさい。

2　ニワトリの体にも，たくさんの骨や筋肉があります。ニワトリの手羽先と手羽元を用いて，つばさの部分を観察しました。図２は骨(白)と筋肉(灰色)の一部分のスケッチです。図３は筋肉をすべて取り，骨だけにしたもののスケッチです。

またニワトリのつばさとヒトのうでは，骨のつき方や数がとてもよく似ています。図４はヒトのうでの骨のスケッチです。

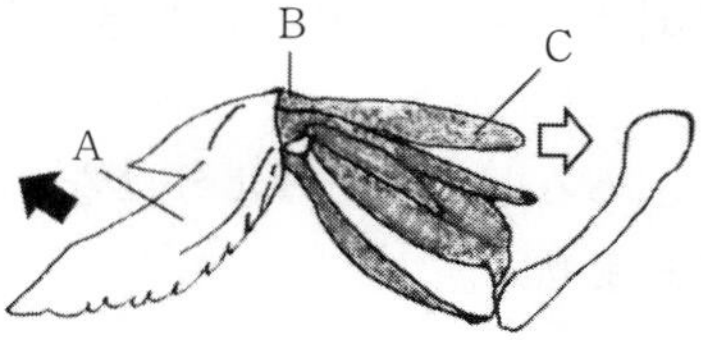

図２

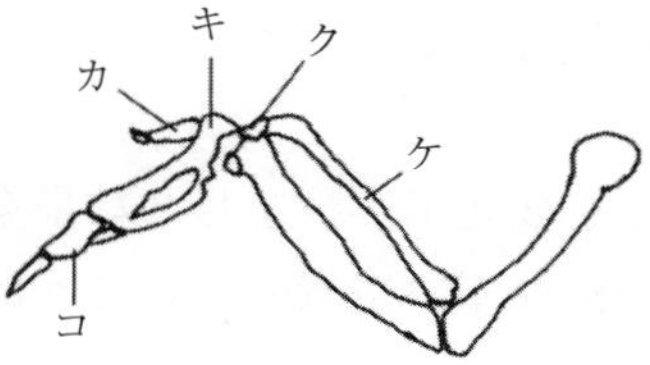

図３

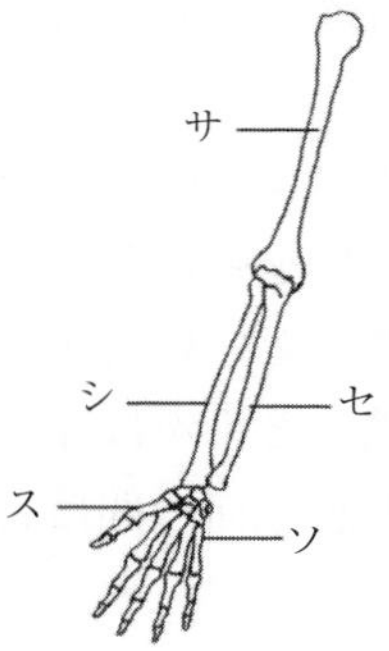

図４

(1)　図２のＣの筋肉を白い矢印の方向に引っ張ると，つばさの先たんＡが黒い矢印の方向に動きました。このことからＣの筋肉の先たんＢは，どの骨についていると考えられますか。図３のカ～コから１つ選びなさい。

(2)　図３のケの骨に対応していると考えられるヒトのうでの骨を，図４のサ～ソから１つ選びなさい。

3　ヒトは背骨を持つ動物です。次のア～ウから，ヒトの背骨の説明として適当なものを１つ選びなさい。

ア　ヒトの背骨は，１本の長い骨でできている。

イ　ヒトの背骨は，短い骨どうしが密着して結合してできている。

ウ　ヒトの背骨は，短い骨どうしがすき間をあけて結合してできている。骨どうしのすき間には，クッションのようなやわらかい構造が存在する。

4　私たちは地球で生活しており，絶えず重力(引力)のえいきょうを受けています。重力(引力)は，ものを地球の中心に向かって引っ張る力です。ただし，宇宙空間では重力(引力)のえいきょうが小さくなります。

(問)　宇宙飛行士が宇宙空間にいるときは，地上にいるときとくらべて，身長が約１～２cm高くなると報告されています。その理由を説明しなさい。

5　私たちの体の中では，心臓のはたらきによって血液がじゅんかんしています。図5は体の正面から見たヒトの心臓をあらわしており，タ～テは心臓の4つの部分をさしています。

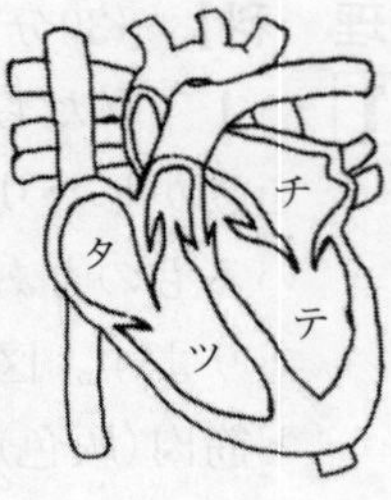

図5

(1)　図5のタ～テから，小腸から流れてくる血液が最初に流れこむ部分を1つ答えなさい。

(2)　図5のタ～テから，肺へむかって血液を送り出す部分を1つ答えなさい。

6　私たちは地球で生活しているため，重力(引力)のえいきょうを受けて血液は下向きに引っ張られています。しかしヒトの体は，重力(引力)に逆らって血液を上向きに流れさせる仕組みを持っています。そのため心臓から顔に血液は流れていくことができますし，下半身へと届いた血液も心臓までもどってくることもできます。

(問)　宇宙飛行士は宇宙空間に行って最初の2～3日は，地球にいるときよりも顔が丸く見えます。まるで満月のように顔が丸くなることから，この現象を「ムーンフェイス」といいます。ムーンフェイスは血液が関係しておこる現象です。ムーンフェイスが起こる仕組みを「血液」という言葉を使って説明しなさい。

2　下の図1のように，しゃ面上に小球を置き，静かに手をはなして転がす実験をしました。図1の直線部分を転がるようすを連続写真にさつえいして，小球が1秒あたりに進むきょり(これを「速さ」といいます)を調べました。

小球の重さと手をはなす高さを変えて実験をした結果をまとめると，表1のようになりました。小球としゃ面の間にまさつはなく，空気のていこうは考えません。

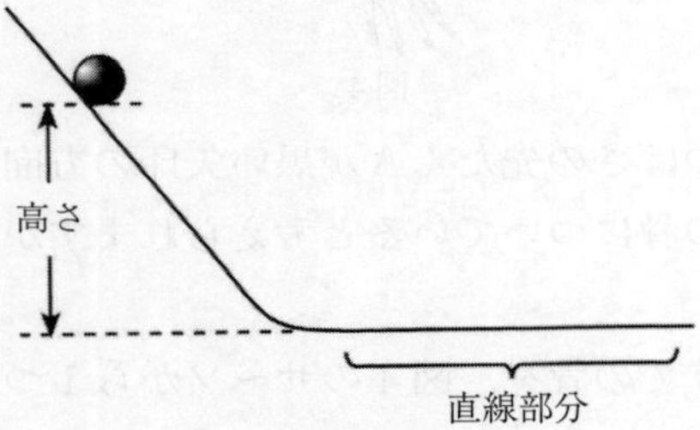

図1

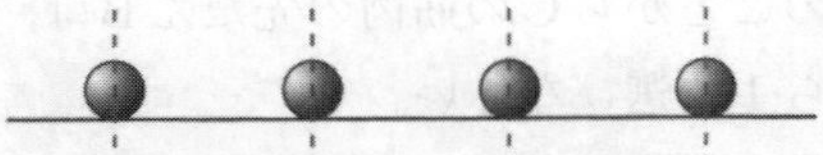

図2

1　100gの小球を30cmの高さから転がした場合(表1の〈あ〉)，直線部分を転がるようすを連続写真でさつえいしたところ，図2のようになりました。図2は0.2秒ごとに写真をさつえいしたものです。図2の小球は，1秒あたり何m進んでいますか。

2　表1の結果から，しゃ面を下りきった時の小球の速さを決める条件について，どのようなことがわかりますか。2つ答えなさい。

表1

小球の重さ	手をはなす高さ	直線部分を1秒あたりに進むきょり(速さ)
100g	15cm	1.7m
100g	30cm	〈あ〉
100g	45cm	3.0m
100g	60cm	3.4m
200g	15cm	1.7m
200g	30cm	〈あ〉
200g	45cm	3.0m
200g	60cm	3.4m

図3のように，直線部分の先にばねの片側を固定して置いておくと，しゃ面を転がってきた小球はばねにぶつかり，ばねは縮みます。この時，ばねが最も縮んだ長さを測りました。

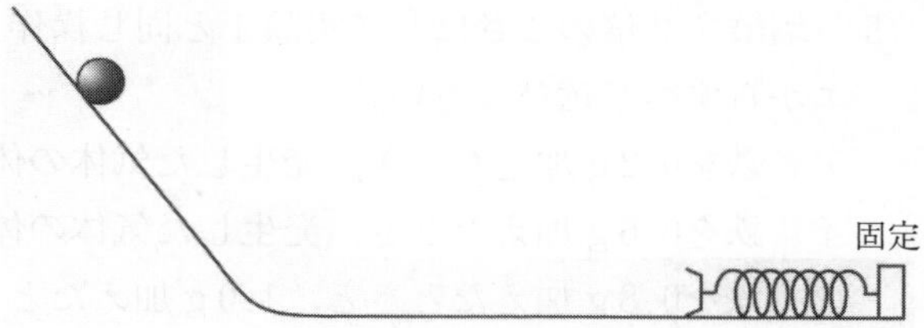

図3

小球の重さ，直線部分の速さと，ばねが最も縮んだ長さの関係をまとめたところ，表2，表3のようになりました。

表2　100gの小球を用いた場合

直線部分を1秒あたりに進むきょり(速さ)	ばねが最も縮んだ長さ
1.7m	1.0cm
〈 あ 〉	1.4cm
3.0m	1.7cm
3.4m	2.0cm

表3　直線部分の速さが1秒あたり1.7mの場合

小球の重さ	ばねが最も縮んだ長さ
100g	1.0cm
200g	1.4cm
300g	1.7cm
400g	2.0cm

3　この実験から，小球の速さとばねが最も縮んだ長さとの間に，どのような関係がありますか。

4　この実験から，小球の重さとばねが最も縮んだ長さとの間に，どのような関係がありますか。

5　200gの小球を用いてばねを4.2cm縮めるには，何cmの高さで手をはなせばよいですか。

3

鉄と塩酸を用いて次のような実験を行いました。

実験1　塩酸50cm^{3}をビーカーに注ぎ，そこに鉄を加えた。このとき発生した気体の体積を測定すると表1のような結果が得られた。

実験2　実験1と同じこさの塩酸500cm^{3}をビーカーに注ぎ，そこに鉄を加えた。このとき発生した気体の体積を測定すると表2のような結果が得られた。

実験3　鉄0.8gをビーカーに加え，そこに実験1と同じこさの塩酸を注いだ。このとき発生した気体の体積を測定した。

表1　実験1で発生した気体の体積

加えた鉄(g)	0.2	0.4	0.6	0.8	1.0
発生した気体(cm^3)	80	160	200	200	200

表2　実験2で発生した気体の体積

加えた鉄(g)	0.2	0.4	0.6	0.8	1.0
発生した気体(cm^3)	80	160	240	320	400

1　塩酸と鉄が反応したときに発生した気体は何か答えなさい。

2　発生した気体の性質として正しいものを次のア～オからすべて選びなさい。

ア　空気よりも軽い。　　イ　ものを燃やすのを助ける。

ウ　火をつけると音をたてて燃える。　　エ　水にとけやすい。

オ　し激しゅうがある。

3　実験1と実験2の結果から，200cm^{3}の気体が発生したときに反応した鉄は何gか答えなさい。

4　実験1で鉄1.2gをすべて反応させる場合，何cm^{3}の塩酸が必要か答えなさい。

5　塩酸を２倍のこさにして実験１と同じ操作を行いました。結果として正しいものを次のア～エからすべて選びなさい。

ア　鉄を0.2ｇ加えたとき，発生した気体の体積は160cm³であった。

イ　鉄を0.6ｇ加えたとき，発生した気体の体積は200cm³より多かった。

ウ　鉄を0.8ｇ加えたときと，1.0ｇ加えたときの発生した気体の体積は同じになった。

エ　実験１とすべて同じ結果になった。

6　実験３で塩酸を表３のように注いだ場合，どのような結果が得られますか。発生した気体の体積を計算し，解答用紙にグラフをかきなさい。

表３　実験３で注いだ塩酸の体積

注いだ塩酸(cm³)	20	40	60	80	100
発生した気体(cm³)					

4

図１は，西から東へ1000ｍの広さがあり，高さが300ｍある丘《おか》の等高線の様子を示した図です。また図２は，図１のＡ～Ｃの地点でボーリング調査を行い，地下の地層の重なりを示したものです。

図１

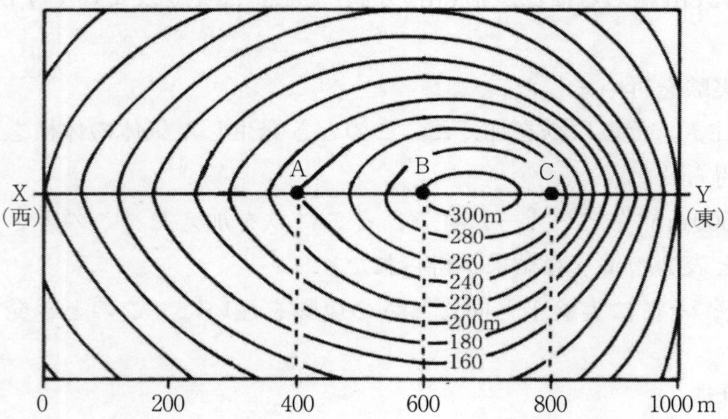

図２

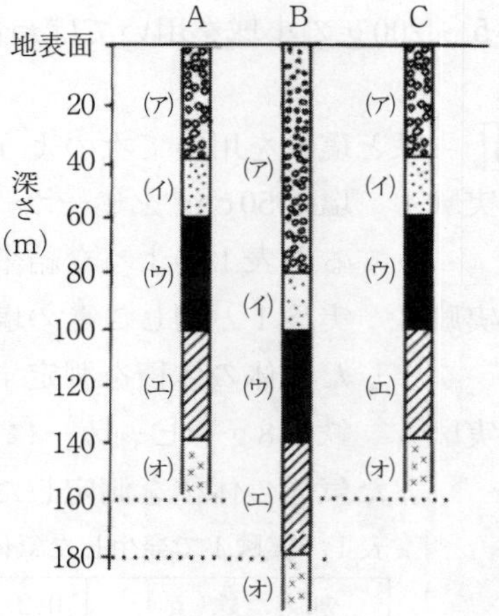

次の①～⑥の説明文は上図の地層ができた順に説明したものです。

①　大昔，この土地は海岸に近い浅せの海底であった。

②　気候が温暖化し，サンゴがたくさん生息した。

③　土地がしずみ，海底が海岸から遠くなった。

④　火山がふん火した。

⑤　土地がおし上げられ，河口付近の海底になった。

⑥　土地がさらにおし上げられ，海底が陸地になった。

1　図２の地層(ア)～(オ)に関する次の問に答えなさい。ただし，(ア)～(オ)の地層はすべてちがう岩石でできています。

(1)　地層(ア)は２mm以上のつぶでできていました。何岩でしょうか。

(2)　地層(イ)は火山がふん火したとき出たものが海底に積もってできた「ぎょうかい岩」です。「ぎょうかい岩」にふくまれる２mm以下のつぶは何でしょうか。

(3)　地層(ウ)は海岸から遠くおき合《あい》の海底まで運ばれ積もったもので，一番つぶの細かい「ねん板岩」とよばれるものです。ねん板岩は，何岩がさらにおし固まってできたものでしょうか。

(4)　地層(エ)をつくっている「せっかい岩」に塩酸をかけるとあわが出ました。このあわは何でしょうか。

(5)　地層(エ)で多く発見されたものは何でしょうか。

(6)　地層(オ)をつくっている岩石は何岩でしょうか。

2　図１の丘を西(X)から東(Y)へ垂直に切ったときに，地層(エ)の断面はどのように見られるか，解答用紙の図中にボーリングした地点(図１のＡ～Ｃ)のはん囲で表しなさい。なお，図２のすべての地層は，ずれや曲りはなく，たい積しています。

3　図３は今から99年前(1922年)の横浜《よこはま》市にある海岸線の様子を示した地図です。また図４は今から82年前(1939年)の図３と同じ場所の様子を示した地図です。図３の時点から17年たって，海がうめたてられ公園ができたことがわかります。

＊図３

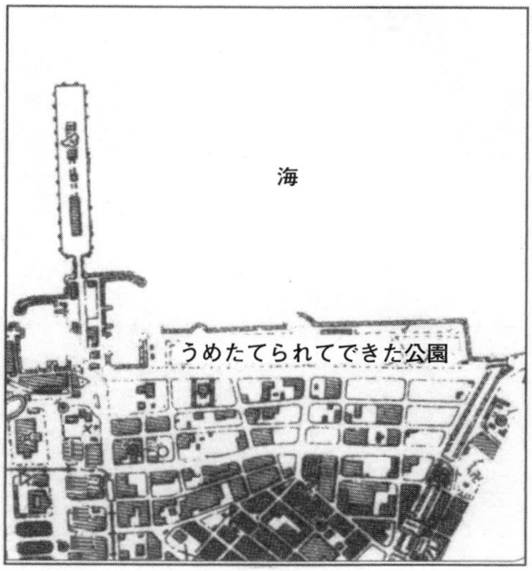

＊図４

＊図３は旧日本陸軍陸地測量部，図４は同左部と横浜市が作成した地図を一部改変したものです。
（原図の出典：『横浜タイムトリップガイド』同左制作委員会編）

今から８年前(2013年)に，その公園でボーリング調査が行われました。公園の地下６ｍの深さまでボーリングした結果，下表のような地層の重なりができていることがわかりました。

地表からの深さ	地層の様子
０ｍ～0.5ｍ	最近，公園を整備するために入れられた土
0.5ｍ～1.8ｍ	海がうめたてられたときに市内の他の場所の河川から運ばれた土砂
1.8ｍ～4.5ｍ	赤レンガの破片・熱で変形したガラス片・かわら・とう器の破片
4.5ｍ～６ｍ	海がうめたてられる前の海岸の砂や小石

(問)　地表から1.8ｍ～4.5ｍまでの深さの地層にあるものは，いつごろ，何が原因でできたものか，考えられることを説明しなさい。

四　次の——部1～5のカタカナの部分を漢字で書きなさい。また——部6～8の漢字の読み方をひらがなで書きなさい。

1 ジョレツをさだめる

運動会の2ショウシュウ係

3 リャクレキを書く

王に4ツカえる

ほめられて5テれる

茶わんに6盛る

7 刻む

8 潮流

＊問題文に使用した作品における難しい漢字表記は、現在一ぱん的に使われている漢字またはひらがなに改めるか、読みがなをほどこすかしてあります。また、送りがなを加えたり取ったりしたものもあります。

このようにミステリーではわからない部分は犯人探しという形で準備されていますが、現実生活ではそうはゆきません。犯人は準備されていないのです。犯人、つまりわからない部分は自分で発見しなければなりません。ですが、わからない問題を発見した後は、その解決方法はミステリーの犯人探しと似ています。問三 自分の手持ちの材料から、犯人探しをやるのです。

「学校ではわからないことは試験問題とか、先生からの質問という形であたえられます。ですが、このように受け身の形で人からあたえられた問題(わからないこと)が解けたからといって、知識が自分のものになるわけではありません。本当の意味でのわかる・わからないの区別の能力は人からあたえられるものではありません。自分から自発的にわからないことをはっきりさせ、それを自分で解決してゆかないかぎり、自分の能力にはならないのです。

筆者の引用はいつも古すぎて申し訳ありませんが、「十で神童、十五で秀才、二十《はたち》過ぎればただの人」という言葉があります(まちがっていたらごめんなさい)。学校で試験が出来たからといっても、それはあたえられたことをこなしているだけで、その人の能力の尺度にはなりません。社会に出た時、なんやあいつ、と無能をさらすことになります。社会で生きてゆくには自分で自分のわからないところをはっきりさせ、自分でそれを解決してゆく力が必要です。

人間は生物です。生物の特ちょうは生きることです。それも自分で生きぬくことです。知識も同じで、よくわかるためには自分でわかる必要があります。自分でわからないところを見つけ、自分でわかるようにならなければなりません。自発性という色がつかないと、わかっているように見えても、借り物にすぎません。実地の役には立たないことが多いのです。」

(山鳥 重《あつし》『「わかる」とはどういうことか——認識の脳科学』)

問一 □部A・Bにあてはまるものをそれぞれ選びなさい。

1 だから　2 あるいは　3 ところが
4 しかも　5 ところで

問二 ——部「ミステリーは殺人犯という形でわからない部分をまず教えてくれます」とありますが、現実生活においてまずやらなければならないことは何ですか。文章中の言葉を用いて二十字以内で書きなさい。

問三 ——部「自分の手持ちの材料から、犯人探しをやる」とはどのようなことですか。文章中の言葉を用いて三十字以内で書きなさい。

問四 「　」部の内容を、六十字以内で要約しなさい。

問五 「わからないこと」があってそれがおもしろいと感じたあなたの体験を、どのようにおもしろかったかがわかるように百八十字以内で書きなさい。

三

次の各文は、どれも表現が適切ではありません。適切でない理由をそれぞれ後から選びなさい。

ア 私の実力ではとうていAに負けるだろう。
イ 今日はすごい寒いからぶ厚いコートが必要だ。
ウ その店員はそっと近づいてきた人に声をかけた。
エ 私の夢は建築家になって立派な家を建てたいと思っている。

(理由)

1 主語と述語が正しく対応していない
2 修飾《しょく》語の形が修飾される語に正しく対応していない
3 修飾語がどこにかかっているかがはっきりしない
4 うち消しの表現を必要とする修飾語がうち消しがないのに用いられている

1 先生にあだ名をつけたことが明らかになって学校からばつを受けることへの恐怖
2 容ぼうをからかうあだ名をつけるような軽はくなことをして河田師範からにくまれることへの恐怖
3 皆から自分がいくじなしであると言われてしまうことへの恐怖
4 河田師範に新しいあだ名がつくことで自分のつけたあだ名が否定されてしまうことへの恐怖
5 河田師範に悪意を持っていた男が、いつか自分をもぶじょくする日が来ることへの恐怖
6 先生のあだ名をつけたのが自分であることを当の先生に知られてしまうことへの恐怖

二 **次の文章を読んで後の問に答えなさい。**

世に有名なイギリス、ロンドンはウエストエンドのベーカー通り二二一番地に居を構えるシャーロック・ホームズという私立探偵《てい》はどんな難事件でも解決してしまう変な男です。

「金色の鼻眼鏡《めがね》」という事件では、ある老学者の論文の口述筆記をするためにやとわれた優秀《しゅう》な青年が何者かに殺されてしまいます。首筋をさされ、血まみれになって死ぬのです。手には不思議な眼鏡、女物の金色の鼻眼鏡がしっかりとにぎられていました。しかも、その眼鏡はものすごく度が強く、それがなくてはとても、日常の生活が出来そうにありません。そう査が進むにつれ、青年には恋《こい》人がいて、その恋人と激しいけんかをしていたことがわかります。**問一** A 、その恋人は鼻眼鏡をかけています。さっそく警察へ引っ張られますが、その眼鏡はかざりみたいなもので、たいした度ではありませんでした。どうもちがうようです。老学者は病気で、一日ベッドで暮らしています。庭に出ることもありますが、車いすを使わなければならず、それも召使《めしつかい》がかかえ上げて乗せてやらなければなりません。とても、犯罪を起こせる状態ではありません。老学者の部屋に何か犯人がねらうような高価なものがあるのかと、警察もホームズも考えますが何もありそうにはありません。警察は頭をかかえてしまいます。ホームズは考え続けます。ホームズの頭は、それがないと日常生活が出来ないくらい強い近眼、老学者の机の引き出しのかぎ穴のまわりに乱雑につけられたきず、老学者のベッド付近で見つけた婦人のものらしいくつあと、という三つの事実をひとつにまとめようとさかんに回転します。どうも、老学者がくさいのですが、彼のまわりに女性のかげはありません。

ホームズは必然的な結論にたどりつきます。このひどい近眼の殺人者は街へはにげようがない。なぜなら、まわりがよく見えないからたちまちつかまってしまうはずだ。**問一** B 、犯人は老教授の家の中のどこかにひそんでいるにちがいない、という結論です。可能性は老教授の部屋しかありません。そして、確かに犯人はそこにかくまわれていたのです。

問二 ミステリーは殺人犯という形でわからない部分をまず教えてくれます。そのわからない部分を、少しずつわかるようにしてくれるのがミステリーです。

ミステリーの面白さは話の中に作者がわざとちりばめた手がかりらしいものの中から、どれが本当の手がかりかを見つけ出すことにあります。その手がかりがあれば話がひとつにまとまってしまう、という手がかりです。「金色の鼻眼鏡」の場合は、登場する人物のだれもが犯人でなく、実は犯人はそれまでは一度も登場しなかった人物という設定です。しかも、その人物の存在は度の強い婦人用眼鏡の持ち主、ということで最初から暗示されていたのです。

大きな満足感にひたれるから

2　命名者としての責任にしばられることなく、あちこちでわき上がる賞賛を存分に味わえるから

3　あだ名をつけたのが三吉だとは知らずにおもしろがっている勢力家を、こっそりあざわらえるから

4　三吉が命名者であることをかくすことで乱暴者たちに目をつけられるおそれが消え、気楽になれるから

問九　――部「彼はそれが心配であった」とありますが、「それ」とはどのようなことですか。本文中の言葉を用いて四十字以内で書きなさい。

問十　――部「しかし次のしゅん間には、それと同様のこうげきが彼自身に加えられなければならなかった。彼は自分の顔が独りでにあかくなるのを覚えた」について答えなさい。

①　「それと同様のこうげき」とありますが、「それ」とはどのようなものですか。

1　自分よりはるかに優れた才能を持つその男に対するねたみ

2　悪意やぶべつに満ちた悪口を言うその男に対するにくしみ

3　年長者に向かって生意気なことを言うその男に対する軽べつ

4　実力もないのにえらそうにふるまうその男に対するいらだち

②　「彼は自分の顔が独りでにあかくなるのを覚えた」とありますが、このときの「三吉」の説明としてふさわしいものを選びなさい。

1　その男に敗北してくやしく思っている

2　その男の態度にいきどおりを覚えている

3　自分のライバルがあらわれて興奮している

4　自分の過ちに気づいてはずかしく思っている

問十一　□に入るものを選びなさい。

1　暗中模索《さく》

2　疑心暗鬼《き》

3　自己嫌悪《けんお》

4　自暴自棄《き》

問十二　――部「三吉には『よせよ』という言葉さえ、もう自由には出なかった。彼はそれとなく師範のいる方へ背を向けた」とありますが、このときの「三吉」の説明としてふさわしいものを選びなさい。

1　運動場にいる皆からいくじなしだといわんばかりの視線を浴びせられるので、せめて河田師範とだけは目を合わせないようにして、これ以上みじめにならないようにしている

2　比野が腹黒い人間であることを今さらながら思い出し、不本意ながら比野の仲間に組み入れられてしまったことを認め、自分の中に芽生え始めていた河田師範への謝罪の気持を捨てようとしている

3　比野を刺激《し》してさらにあだ名をさけばれたり自分の本心があらわになったりしかねない事態にきわめてきん張し、河田師範や人人の自分への関心をしゃ断して、にげ出したくなっている

4　もとはと言えばすべて自分の発言が原因であることを思うと比野を責めることもできず、ひたすら自分のおろかさや軽率さばかりが思われるので、静かに人人のいかりや非難を受け止めようとしている

問十三　この作品で、「三吉」にとっての「恐怖」とはどのようなものですか。文章全体をふまえて、ふさわしいものには○、そうでないものには×を書きなさい。

ア 期せずして

1 学級会では私とAさんが期せずして同じ意見を発表した

2 Bさんは自分で注文した本がやっと届いて期せずしてよろこんだ

3 野球大会で最強といわれつづけていたチームが期せずして優勝した

4 つぼみをふくらませていた花が期せずしてさきはじめた

イ 聞きとがめる

1 父は、部屋の片づけが終わったと弟が言ったのを聞きとがめて庭のそうじをたのんだ

2 階下にいる兄は、二階で私が聞いている音楽を聞きとがめて曲名を当てた

3 母は、私が勉強の進み具合についていい加減な返事をしたのを聞きとがめてしかった

4 祖父は、表通りの車のそう音をびん感に聞きとがめていつもうんざりしている

問三 「三吉」の年れいが推測できる部分を十五字以内でぬき出しなさい。

問四 「いよいよ河田師範の顔がそれらの眼の矢面に立ったしゅん間、生徒達はみな急にうれしくなった」（――部A）「いよいよ公然と生徒の前に現れる段になった時、彼らは用意をしていたようにうれしそうな眼付きをしたのである」（――部B）とありますが、このときの「生徒達」のうれしさはどのようなことに対するものですか。

1 たくましい河田師範の豪傑笑いを直接聞ける機会がとうとうやってきたこと

2 笑いを爆発させるための材料となる新任教師が今まさに目の前に現れたこと

3 校長のかた苦しいあいさつから解放されてようやく気楽なふん囲気になったこと

4 自分達のいたずらを大目に見てくれそうな新任教師がやっと着任したこと

問五 ――部「何かをきっかけに爆発したい」とありますが、「何か」とは具体的にどのようなことですか。十五字以内でぬき出しなさい。

問六 ――部「次のしゅん間には彼は自分の思い当たったことで独りでに顔が赤くなった」とありますが、このときの「三吉」の状態を表すものとしてふさわしいものを選びなさい。

1 気をもんでいる　2 気がせいている

3 気持がゆれている　4 気持が高ぶっている

問七 「彼は、皆と一しょに笑えなかった」（――部a）「彼は皆と一しょになって笑えなかった」（――部b）とありますが、同じ内容をくり返すことでどのような効果をあげていますか。

1 河田師範に「にんにく」というあだ名をつけたことが、あとで三吉の心に暗いかげを落とすことを暗示する効果

2 発言者自身の笑い声で場をしらけさせないように、三吉が無理に笑いをこらえていることを明らかにする効果

3 河田師範があだ名の命名者に報復するのではないかという心配が、三吉の心に芽生え始めていることを強調する効果

4 自分の言葉がさえぎられ最後まで言い切ることができなかったことに、三吉が不満を覚えていることを印象づける効果

問八 「三吉」にとって「そのようなよろこびの方がはるかに自由なのであった」（――部）のはなぜですか。

1 自分の知識や才能をかくすことなく表に出すことができて、

三吉は、だんだん師範にあだ名をつけたことが苦い悔《く》いとなっていた。そして多少のはばかりが師範に感ぜられていたものであるから、そこへかけてゆく気にはなれなかった。——

鉄弾《ショット》が、その近くに見物している生徒らの頭より高くあがって、おちるとその一群からははく手や、感たんの声がきこえた。三吉らが話を止めてその方に目をやった時、何を思ったか、その絵の得意な比野という男が、大きな声で、「にんにく」とどなった。

三吉は面食らわざるを得なかった。真顔になって「おいよせよ。」と言ったが、比野はそれをどなると、三吉のかげへ身をかくして、また、「にんにく。」とどなった。

鉄弾《ショット》の方の一群の中の数人が三吉らの方をながめた。それを見ると三吉は、はらはらした。近所にいたものも、両方を見くらべて笑っていた。その視線が三吉には、彼自身の困きゃくしているのをおもしろがって見ているように思われた。

ことにそんなに無鉄ぽうにどなった比野に対しては、「ここに、先生のあだ名をつけた男がいますよ。」と河田師範に知らせる悪意さえ感じた。

三吉は先生に知られるのをおそれていた。またそれをおそれていることが人人にわかるのをおそれていた。それを知ったら人人は思いやりなく、いくじなしだというにきまっていると思われた。彼は人人にいくじなしのように思われるのがいやであったので、ことに、その比野という男がそれを知ったら、何の容しゃもなくそれを種に三吉をおどすだろうと三吉は思っていた。そして比野はそういう方では評判の悪らつ性を持った男であった。

三吉はその比野が悪魔《ま》のような眼で、ちゃんと自分のその恐怖を見ぬいて、こんなことをするのじゃないかと邪《じゃ》推する気持もあった。

問十二 三吉には「よせよ」という言葉さえ、もう自由には出なかった。彼はそれとなく師範のいる方へ背を向けた。

比野ももう満足したらしくどならなかった。しかし彼はさらに手痛い手術を三吉に試みた。

「津田もなかなか傑《けっ》作を作るね。にんにく、とはうまくつけたな。」

彼が以前の彼なら、その賛辞を快く受け入れたであろうが彼にはもうそれが彼の傷口へあらあらしくふれるのであった。

（梶《かじ》井《い》基《もと》次郎《ろう》「大蒜《にんにく》」）

〈注1〉学問や技芸を教える人

〈注2〉長さの単位。一尺は約三十センチメートル

〈注3〉中国、春秋時代の呉《ご》の名臣

〈注4〉中国の旧称《しょう》。今は使わない

〈注5〉中国の長編小説

〈注6〉こっけいさをねらった句

〈注7〉学問・知識があることをひけらかすさま

〈注8〉口ぶり、話しぶり

〈注9〉にぎりしめ、おさえつける

〈注10〉からかう

〈注11〉砲丸《ほうがん》投げの弾

問一 ═══部a・bの意味として正しいものを選びなさい。

a わだかまる

1 落ちて広がる　2 散らばってしずむ

3 たまってとどまる　4 うかんでただよう

b ひとかど

1 大人びていること　2 一人前であること

3 専門的であること　4 人気があること

問二 〰〰部**ア**・**イ**の使い方として正しいものをそれぞれ選びなさい。

問九 彼はそれが心配であった。その気持を彼は前から経験していた。それはその柔道師範に他のだれかが新しいあだ名をつけかけた時に感ずる、自分のあだ名の権威《い》に対こうしようとする者に対するにくしみやしっとの感じであった。この時にも彼はそれを感じたのであったが、そのあだ名の由来を説明してきかせた男の、――その男は級の中のしゃれ者であったが――それをいう時の柔道師範に対する悪意であった。「知らないくせに、生意気に英語を使うからはじをかくんだ」その言葉がもたらす河田師範に対する毒毒しいぶじょくを感じた。それは彼があだ名の対こう者と彼をにくむ感情と共に起こって来たのかも知れなかったが、彼は明らかにその男をにくむべき男だと思ったのであった。

問十 しかし次のしゅん間には、それと同様のこうげきが彼自身に加えられなければならなかった。

彼は自分の顔が独りでにあかくなるのを覚えた。ことに彼は彼の無意識に働いていた意志というものが、河田師範の容ぼうを露《ろ》骨に〈注10〉揶揄《やゆ》したものであると思った時、自分がいかに非紳《しん》士的な男であったかと思った。

次にはその報いが、――自分こそ、河田師範からにくまれねばならない人間なのだ――という考えがうかんだ。彼の心はざんげの気持では止まっていなかった。さらに先生に対する恐怖《きょうふ》に移って行ったのであった。

さらにまたそのざんげの気持は 問十一 □ の状態に――なぜ自分はこんなに軽はくな男なのであるか。なぜ軽はくにも、あの時、自分に、我こそそのあだ名の命名者にならなければならないという気持になったのであるか。――

彼はその考えに責められた。ことに最も身ぶるいするほどたまらなかったのは、その時の自分の衒学的な態度、――ことに救われないように思えたのは、それが衒学でも何でもない自分の軽率な早合点ではあるまいかという考えが彼をさす時であった。

しかし一方では彼の気持とは、まるっきり無関心に彼のあだ名がひろがってゆきつつあった。――と彼には思えた。彼はその考えをひがみだと思いたかったのであったが、それが事実である証こが意地悪く彼の目にふれた。

ある日の正午の休けい時間であった。

冬の寒さにもめげず、運動場には活気がみなぎっていた。蹴《しゅう》球に使われる、まるいボールやゆがんだボールがつぎつぎにけり上げられた。そして生徒達は、運動場にはびこっているゴムマリの野球の陣《じん》をぬいながら争ってそれを取ろうとひしめいていた。また一方には〈注11〉鉄弾《ショット》を投げている一群があった。

三吉は運動が出来ない少年であったが、やはりそんな生徒は一団を造って毎日申し合わせたように風のふかないかげにより合って雑談にふけるのであった。――

その日も三吉はその群の中にいた。そして話に耳を傾《かたむ》けながらも、運動場にもみ合っている生徒達をながめていた。

その時彼は柔道のけいこ着をつけた偉《い》大な体格の男が、鉄弾《ショット》を投げる生徒の中にまざっているのを見つけた。それは疑いもなく河田師範であった。その近所には河田師範が投げるのを見るために人だかりがしていた。

雑談をしていた仲間もそれを見つけると、それを見るためにかけ出して行った。

そしてそこには三吉と、平田と、も一人絵のうまい比野という生徒の三人が残っていた。しかし彼にはそこでその三人がいるということに何か気まずい思いがあった。しかし彼はそこにいた。

にんにくをつるしたような河田の眼。

彼はこの新しい狂句を得てとほうもなく有頂天になってしまった。しかし三吉自身はそのにんにくというものすらもさだかには知っていないのであった。

しかしそれが支那人のたしなむ、ねぎのような臭《しゅう》気を多量にもっているもの、らっきょうのような形をしたもの、薬種屋の店先につるされているもの、とばく然と覚えていた。しかしその知識をどこから得たか、また彼が一度でもそれを見、それをかいだか、また一度でも確かに薬種屋の軒《のき》でそれを見たかということにはどれにも確実な記おくを持たなかった。

そうなれば彼の解しゃくもあいまいなものなのであったが、彼はかえってそれが一種の霊感のように思えたのであった。

にんにくをもてはやしている生徒達も、そんなことにはとん着がなかった。

しかしそのにんにくという言葉の音《おん》、そのいやしく舌にこびるような音を彼らが舌の上で味わって見て、次にそれを河田師範の風ぼうの上におっかぶせる時、彼らはとつ然うれしそうに笑い出すのであった。――少なくとも三吉の友達の比野という生徒の意見はそうであった。彼はやはりそのにんにくなる言葉はきいたことがあるが、博物学的の知識を欠いていた一人であった。

三吉が比野からその意見をきいた時、三吉は例の由来の委細を、その根きょのあいまいなのにも気付かずに、得意になって〈注7〉衒《げん》学的な〈注8〉口吻《こうふん》で語ってきかせたのであった。

しかしそれでもにんにくには陰《いん》な力があって人人の口から口へ伝わってゆく。――この想像は三吉に気持のいいものであったし、それは事実でもあった。三吉はその証こを新しく目げきするたびに彼が**問一b**ひとかどの諷刺《ふうし》家になりすました気持であった。群《むら》がっているコイに一片の麩《ふ》を投げあたえた。コイの群《むれ》にたちまち異常な喧轟《センセイション》が起こされる。――彼はそのように想像するのがうれしかった。そして一切が彼に味方しているように感じていた。

しかし彼のその得意にはだんだん暗い陰《かげ》がさしていった。そして彼をあまやかし、彼をおだて、彼に与《くみ》していた一切のものが彼を裏切り、彼に敵意を持っていると思わねばならない時がだんだんやって来た。

ある日彼らの級の柔道の時間が来たとき、その河田師範は、柔道の選手の一人を相手として寝業《ねわざ》の教授をした。

師範がいろいろ説明してきかせたなかに生徒には何だかさっぱりわからないことがあった。それはチャンスという言葉なのであったが、師範がその選手の首を片手で〈注9〉扼《やく》して、残りの手で相手のうでの逆をとるという業を示した時師範はその機会という英語を使って、「こうすればチャンスだ。」といって皆の顔をうかがったのである。

ある者はそれが耳の聞きちがいだろうとも思わず聞き流していた。またある者は機会《チャンス》がどうしたのだといぶかしんでいた。

しかし中にそれを意地悪く**問二イ**聞きとがめた者がいた。その男が近所の者に、「先生、玉つきとまちがってるぜ。」といった。その男の話によると玉つきでは両天びんの玉をチャンスというので、それは彼の説によるとチャンスの意味を取りちがえた玉つきの通用語なのであった。

「将棋《ぎ》のように王手飛車とでもいえばいいのに生意気に英語を使ったりするからはじをかくんだ。」といってその男はあざけった。

それが口火になって級の者が「ハハハ、チャンスか。」といってうち興じていた時、三吉にはそのチャンスというあだ名がやがて彼の命名したあだ名を圧とうするのではないかというけねんが生じた。

笑いの爆発の用意が堤《つつみ》を切ったように解放せられた。三吉の言葉は、そうなれば全部いってしまうのを要しなかったのである。

「蒙古、はっははははは」

「水滸伝、はっははははは」

このような笑いのうず巻の中心に位して、三吉は我ながら顔が赤くなるのを覚えた。問七a彼は、皆《みな》と一しょになって笑えなかった、我ながら自分の言葉が効果が強く反きょうしてしまったものだから。――彼の皆を笑わせたい欲望が、我ながら感心するような警句を生み、あまりに見事に当たりをとってしまったものだから、彼は一種のきまり悪さを感じたのであった。

問七b彼は皆と一しょに笑えなかった。ただ「えへへへへへへ。」と笑ったのみだった。

式が済んでしまってからも鳴りどよもしているその笑い。離れ離れにすわっていた生徒達の親しい者同志が顔を見合わせた時、双《そう》方はここでもうれしそうな顔をした。

「変な顔だね。」言葉は省かれても両方の心は一致《ち》していた。

三吉は、やはりそんな一対が出会うやいなや冒《ぼう》頭を省いて「にんにく、はははは。」といって笑い出すのを見て満足の頂点にいた。しかも彼らはだれがそんなうまいことをいったのか知らなかった。

三吉は、五年級の運動家で、日ごろ勢力をふるっている乱暴者が、赤んぼうのように楽しそうにしてそのあだ名の命名者におしげもなく大声で賛仰《ぎょう》の声を放っているのをぼう観した時、「ここでも認められている。」という気がしてうれしさが加わった。

その男はその命名者が三吉であるとは知らない、それを三吉自身が何くわぬ顔をしている――その気持が彼にはゆ快であった。また三吉にはそんな勢力家に面と向かってほめられるよりは、問八そのようなよろこびの方がはるかに自由なのであった。

にんにくをつるしたような伍子胥の眼。

この〈注6〉狂《きょう》句か川柳かわからないものが三吉の記おくに留まったのは、いつごろかまたどこからかわからなかった。しかしそれは彼の記おくの中にわけのわからないものとして変に問一aわだかまっていたのであった。

彼にはその記おくが、河田師範の顔を見たしゅん間に、問二ア期せずしてかびの生えているような古い記おくのたい積からうかび上がって、その疑問を氷解したことが何よりうれしかった。それは彼に霊《れい》感――そういうものの存在を肯《こう》定せしめたほどであった。彼にはその解しゃくがもう疑うべからざるものに思えたのであった。

彼はいい気持になってその解しゃくが成り立った段階を分せきしていた。

それによると、彼が河田師範を見たしゅん間に連想したものは、これもいつ見たか、どこで見たか知れない水滸伝の絵であった。その中に活やくしている豪傑の姿であった。それはことにまなじりがさけてそのはしが上の方へつるし上がっている所で、河田師範の容ぼうと一致していた。――それが彼自身の解しゃくでは蒙古人種の特ちょうなのであった。

そしてその連想にぴったりと合うべく伍子胥なる人物――それはもう水滸伝の豪傑にちがいないと彼には思えた――その伍子胥のにんにくをつるしたような眼が、その不可解のままでしかも変に忘れがたく、意識の底にこびりついていたその狂句の記おくから、ぽっかりとうかび上がって来たのであった。

そしてそれらが三つどもえになってもみ合い、やがてこん然とゆう合されたのであった。

二〇二一年度　フェリス女学院中学校

【国　語】（五〇分）〈満点：一〇〇点〉

《注意》一、句読点や記号などは字数にふくめます。
二、解答用紙の一行のわく内には二行以上書かないようにしてください。

一　次の文章を読んで後の問に答えなさい。

校長の簡単なしょうかいが済んで、当の新任柔《じゅう》道〈注1〉師範《はん》河田三段があいさつのために壇《だん》へ登った時、その講堂の中にうやうやしく並《なみ》いた生徒達の眼《め》はみな好奇心にかがやいていた。たいていの眼はいたずら者らしい光を帯びていた。

そして問四Aいよいよ河田師範の顔がそれらの眼の矢面に立ったしゅん間、生徒達はみな急にうれしくなった。

後の方にすわっているものの中には、わざわざこしをのばしてながめたものもあった。そしてその眼は同じくうれしそうになって生徒達の頭の中へまた割りこんで行った。

河田師範の顔が見られたのは、本当をいえばそれが最初ではなかった。校長に導かれて、羽織はかまで着席した時にも、またその朝体操の先生達のいる部屋の中で豪傑《ごうけつ》笑いをしているときにも、河田師範は生徒の視線に六〈注2〉尺近くの巨躯《きょく》をさらしていたのではあったが、問四Bいよいよ公然と生徒の前に現れる段になった時、彼《かれ》らは用意をしていたようにうれしそうな眼付きをしたのである。――

生徒達は腹からうれしさがこみ上げて来るのを感じて、「うううう」とのどをつまらせた。それは何か非常にうまいあだ名か警句がだれかから出されるのを待っているのであった。それはごくわずかなものでよかった、ほんの少しの火花のようなもの、それで結構であった。とにかく生徒達は彼らの笑いを爆《ばく》発させたかったのであった。その笑いといっても――笑わずにはいられないというよりも、むしろ笑わねばならない、全部で笑わねばならないという意識から生じて来たものなのであるが――

津《つ》田三吉《きち》もその中の一人であった。彼はその中学の最上級生の五年級の中の一人であった。

――三吉が河田師範の顔を見た時、彼も急にうれしさがこみ上げて来た。そして講堂にみなぎっている、問五何かをきっかけに爆発したいという生徒達の意識を感じると彼は一種の圧ぱくめいたものを感じた。「ここで何かいわなければ……。」そんな欲望が彼をおそった。

次のしゅん間、三吉には心の中になにかしらない、しかし変に河田師範というものと離《はな》るべからざるあるものが思い出されて来たような気がした。それは変な気持であった。

問六次のしゅん間には彼は自分の思い当たったことで独りでに顔が赤くなった。

「にんにくだ、にんにくだ。
にんにくをつるしたような〈注3〉伍子胥《ごししょ》の眼。
これだ。」

三吉のその時の心の中には、そのどこで覚えたか知らない、しかも何の意味だかりょう解が出来ない川柳《りゅう》の記おくと、またどこで見たのかはっきり覚えない〈注4〉支那《な》の〈注5〉水滸伝《すいこでん》の絵図の記おくとがよみがえって来て、当の河田師範の風ぼうと三つどもえになってもみ合い、やがてこん然とゆう合されたのを感じたのであった。

「ほう見事なものだ。あれは蒙古《もうこ》だよ。水滸伝だ。にんにくを…………。」

このようにやや声《こわ》高に三吉が言った時、その近所にこもっていた、

2021年度

フェリス女学院中学校　▶解説と解答

算数　(50分)　<満点：100点>

解答

1 (1) $1\frac{5}{12}$　(2) 42度　(3) 27, 54, 108, 135　(4) ① 800　② 480　(5) ア 191　イ 104　2 ア 18　イ 4　3 (1) 3：5　(2) 1248m　4 (1) 28.26cm²　(2) 10.26cm²　(3) 33.81cm²　5 (1) ア 7　イ 2　ウ 5　エ 3　オ 12　(2) 1020100　(3) 35　(4) 100

解説

1 四則計算，角度，素数の性質，倍数算，周期算

(1) $1\frac{5}{8}\div\frac{13}{14}-\left(0.8\div\frac{4}{3}-\frac{4}{15}\right)=\frac{13}{8}\times\frac{14}{13}-\left(\frac{4}{5}\times\frac{3}{4}-\frac{4}{15}\right)=\frac{7}{4}-\left(\frac{3}{5}-\frac{4}{15}\right)=\frac{7}{4}-\left(\frac{9}{15}-\frac{4}{15}\right)=\frac{7}{4}-\frac{5}{15}=\frac{7}{4}-\frac{1}{3}=\frac{21}{12}-\frac{4}{12}=\frac{17}{12}=1\frac{5}{12}$

(2) 右の図1で，AB，AD，BCは同じ大きさの円の半径だから，同じ長さである。よって，三角形ADBと三角形BACはどちらも二等辺三角形なので，同じ印をつけた角の大きさはそれぞれ等しくなる。したがって，○印をつけた角の大きさは74度だから，●印をつけた角の大きさは，180－74×2＝32(度)とわかる。さらに，三角形BDCに注目すると，㋐の角の大きさは，74－32＝42(度)と求められる。

図1

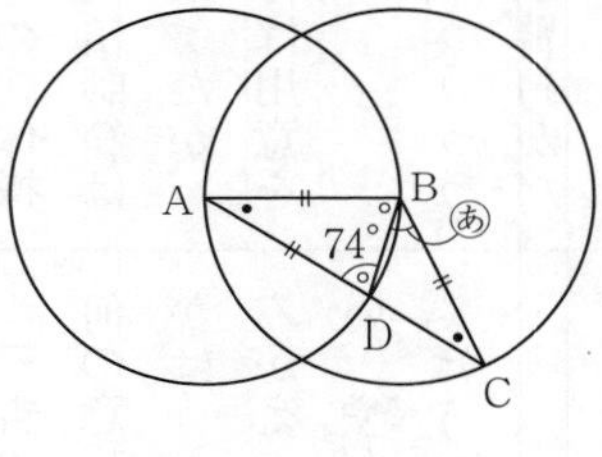

(3) 180を素数の積で表すと，180＝2×2×3×3×5となるので，約分したときに分子が3になるためには，右の図2のように，分子を素数の積で表したときに3が3個含《ふく》まれている必要がある。さらに，△も約分されて1になる必要がある。179÷(3×3×3)＝6余り17より，△は6以下とわかるから，△に入る数は，1，2，2×2＝4，5の4個である。よって，あてはまる分子は，3×3×3×△＝27×△より，27×1＝27，27×2＝54，27×4＝108，27×5＝135となる。

図2

$$\frac{\cancel{3}\times\cancel{3}\times 3\times\triangle}{2\times 2\times\cancel{3}\times\cancel{3}\times 5}=\frac{3\times\triangle}{2\times 2\times 5}$$

(4) ① AとBに入っている水の重さの和は変わらないので，比の和をそろえると下の図3のようになる。すると，そろえた比の，45－32＝13が260gにあたるから，そろえた比の1にあたる重さは，260÷13＝20(g)とわかる。よって，移したあとのBの重さは，20×40＝800(g)である。

図3

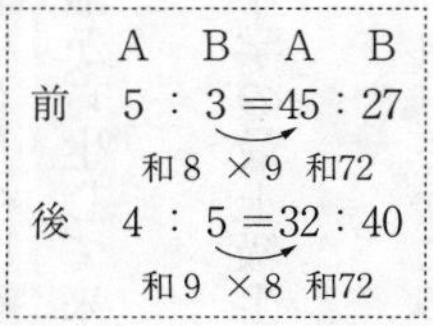

図4

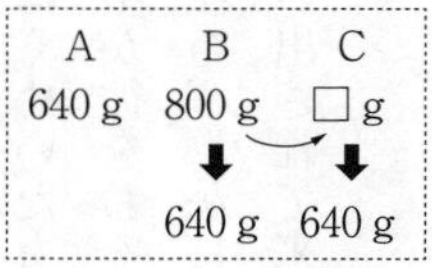

図5

(1，	2，	3，	~~4~~，	5，	6，	7，	~~8~~，	9)
(10，	11，	12，	~~13~~，	14，	15，	16，	~~17~~，	18)
⋮	⋮	⋮	⋮	⋮	⋮	⋮	⋮	⋮

② AからBに移したあと，Aには，20×32＝640(ｇ)，Bには800ｇ入っているので，上の図4のように表すことができる。よって，BからCに移した重さは，800－640＝160(ｇ)だから，はじめのCの重さは，640－160＝480(ｇ)とわかる。

⑸ 3枚ごとに組に分けると，(1，2，3)，(4，5，6)，(7，8，9)，…のように，1つの組に2枚のカードが残る。286÷3＝95余り1より，286と書かれているのは，95＋1＝96(組)の1枚目のカードとわかるので，上から数えて，2×95＋1＝191(枚目)(…ア)にある。次に，3×3＝9(枚)ごとに組に分けると上の図5のようになり，1つの組に4枚のカードが残る。47÷4＝11余り3より，上から数えて47枚目のカードは，11＋1＝12(組)の3枚目のカードとわかる。また，組の中の3枚目のカードは，5に次々と9を加えてできる数だから，12組の3枚目のカードは，5＋9×11＝104(…イ)と求められる。

2 立体図形─表面積，体積

図1

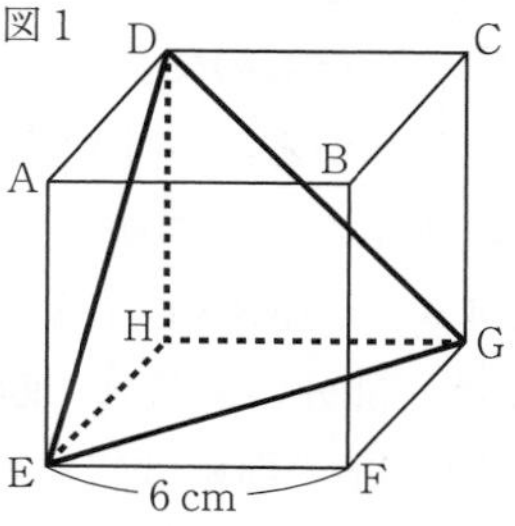

図2

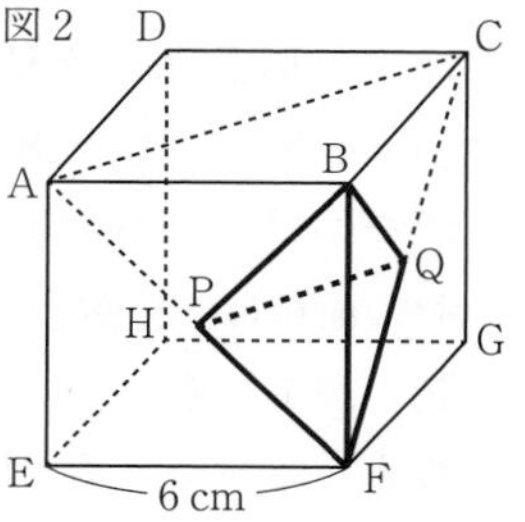

三角すいDEGHと三角すいBFPQは，それぞれ右の図1，図2の太線の立体である。はじめに，図2の三角形FPQと三角形FACは相似であり，相似比は1：2だから，面積の比は，(1×1)：(2×2)＝1：4となる。図2の三角形FACと図1の三角形DEGは合同なので，三角形FPQの面積を①cm^2とすると，三角形DEGの面積は④cm^2になる。次に，三角すいDEGHの表面積は，三角形EGHの面積の3個分と三角形DEGの面積を加えたものだから，6×6÷2×3＋④＝54＋④(cm^2)と表すことができる。また，三角すいBFPQの表面積は，三角形BPFの面積の2個分と三角形FPQの面積の2個分を加えたものである。ここで，三角形BPFの面積は正方形AEFBの面積の$\frac{1}{4}$なので，$6\times6\times\frac{1}{4}=9$($cm^2$)となり，三角すいBFPQの表面積は，9×2＋①×2＝18＋②(cm^2)と表すことができる。よって，三角すいBFPQの表面積の2倍は，(18＋②)×2＝36＋④(cm^2)だから，三角すいDEGHの表面積は，三角すいBFPQの表面積の2倍よりも，(54＋④)－(36＋④)＝54－36＝18(cm^2)(…ア)大きいことがわかる。次に，三角すいDEGHの体積は，6×6÷2×6÷3＝36(cm^3)である。また，三角すいBFPQは，三角形BPFを底面とすると高さは，6÷2＝3(cm)になるので，体積は，9×3÷3＝9(cm^3)と求められる。したがって，三角すいDEGHの体積は，三角すいBFPQの体積の，36÷9＝4(倍)(…イ)とわかる。

3 流水算，速さと比

図1

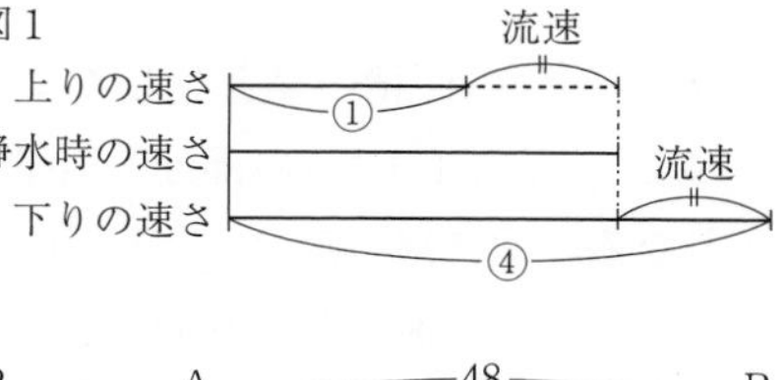

⑴ 遊覧船が下りと上りにかかる時間の比は，6：24＝1：4だから，遊覧船の下りと上りの速さの比は，$\frac{1}{1}:\frac{1}{4}=4:1$となり，右の図1のように表すことができる。よって，流れの速さと遊覧船の静水時の速さの比は，$\left(\frac{4-1}{2}\right):\left(\frac{4+1}{2}\right)=3:5$とわかる。

図2

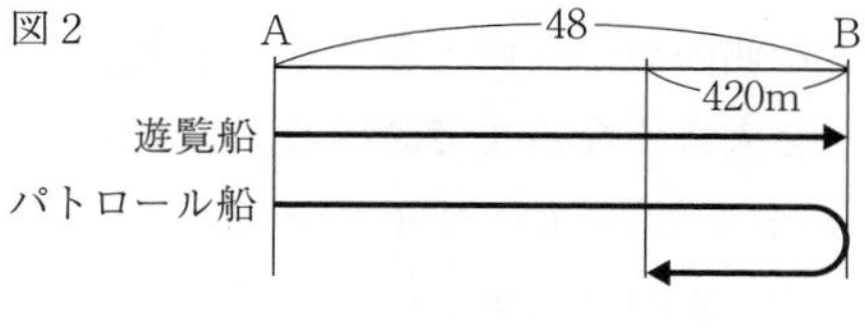

⑵ 流れの速さを毎分3，遊覧船の静水時の速さを毎分5とすると，AB間の距離《きょり》は，(5＋3)×6＝48と表す

ことができる。また，パトロール船の下りの速さは毎分，5×2＋3＝13なので，パトロール船がAB間の下りにかかる時間は，$48\div13=\frac{48}{13}$(分)とわかる。よって，上の図2のように，出発から6分後に遊覧船がBに着いたとき，パトロール船はBから，$6-\frac{48}{13}=\frac{30}{13}$(分)進んでいる。さらに，パトロール船の上りの速さは毎分，5×2－3＝7だから，その間にパトロール船が進んだ距離は，$7\times\frac{30}{13}=\frac{210}{13}$となる。これが420mにあたるので，1にあたる距離は，$420\div\frac{210}{13}=26$(m)であり，AB間の距離は，26×48＝1248(m)と求められる。

4 平面図形─面積，図形の移動

図1

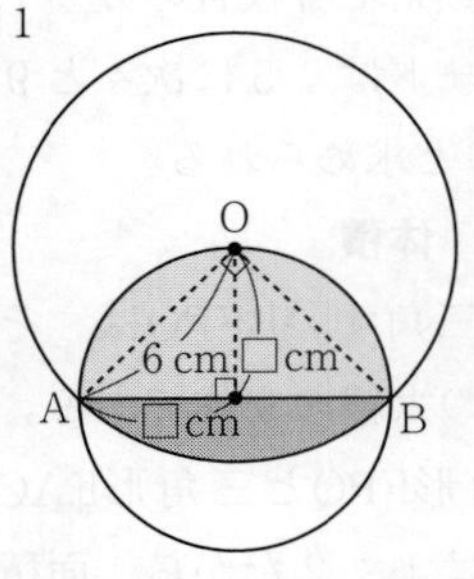

図2

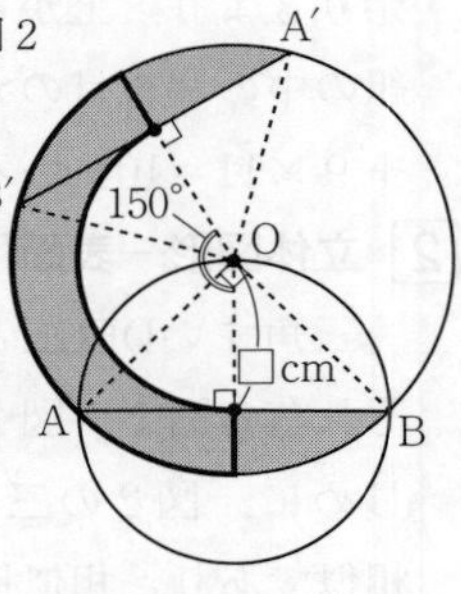

(1) 右の図1で，ABは小さい円の直径だから，角AOBは直角であり，三角形OABは直角二等辺三角形になる。また，小さい円の半径を□cmとすると，□cmを1辺とする正方形の面積は三角形OABの面積と等しくなるので，□×□＝6×6÷2＝18(cm²)とわかる。うすいかげをつけた部分は半径が□cmの半円だから，その面積は，□×□×3.14÷2＝18×3.14÷2＝9×3.14＝28.26(cm²)と求められる。

(2) 図1で濃《こ》いかげをつけた部分の面積は，四分円OABの面積から三角形OABの面積をひいて求めることができる。四分円OABの面積は，$6\times6\times3.14\times\frac{1}{4}=9\times3.14=28.26$(cm²)，三角形OABの面積は18cm²なので，28.26－18＝10.26(cm²)となる。

(3) 図1の濃いかげをつけた部分を点Oを中心にして150度回転させると，上の図2のようになる。図2で，太線で囲んだ部分の面積は，半径が6cmで中心角が150度のおうぎ形の面積から，半径が□cmで中心角が150度のおうぎ形の面積をひいて求めることができるから，$6\times6\times3.14\times\frac{150}{360}-$□×□$\times3.14\times\frac{150}{360}=36\times3.14\times\frac{5}{12}-18\times3.14\times\frac{5}{12}=(36-18)\times3.14\times\frac{5}{12}=7.5\times3.14=23.55$(cm²)となる。また，残りの部分を合わせると図1の濃いかげをつけた部分になるので，その面積は10.26cm²である。よって，全部で，23.55＋10.26＝33.81(cm²)と求められる。

5 約束記号，数列

図1

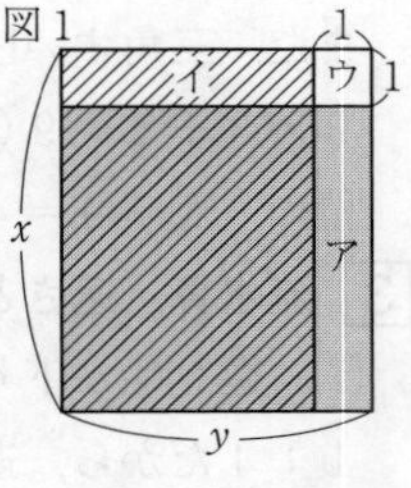

(1) $[x,\ y]=(x-1)\times y-x\times(y-1)$を右の図1で考えると，$[x,\ y]$は，かげの長方形の面積と斜線《しゃせん》の長方形の面積の差にあたることがわかる。また，両方から重なりの部分をひくと，アの部分とイの部分の面積の差と等しくなり，さらに両方にウの部分を加えると，(ア＋ウ)の部分と(イ＋ウ)の部分の面積の差と等しくなる。ここで，(ア＋ウ)の部分の面積は，$x\times1=x$，(イ＋ウ)の部分の面積は，$1\times y=y$だから，$[x,\ y]=x-y$となる。次に，$\langle N\rangle$は，$[N-1,\ 1]+[N-2,\ 2]+[N-3,\ 3]+\cdots$のように，[ ]内の左側の数を1ずつ減らし，右側の数を1ずつ増やした数の和になっている。また，Nが奇数《きすう》の場合は，左側の数が右側の数よりも1大きくなるまで続け，Nが偶数《ぐうすう》の場合は，左側の数が右側の数よりも2大きくなるまで続ける。よって，$\langle8\rangle=[\underline{7},\ 1]+[6,\ \underline{2}]+[\underline{5},\ \underline{3}]=(7-1)+(6-2)+(5-3)=6+4+2=\underline{12}$と求められる。

(2) 2021は奇数なので，最後の[ ]内の2つの数の差は1である。また，[ ]内の2つの数の和はいつでも2021だから，最後の［　］内の右側の数は，(2021－１)÷２＝1010とわかる。よって，〈2021〉＝［2020，１］＋［2019，２］＋［2018，３］＋…＋［1011，1010］＝(2020－１)＋(2019－２)＋(2018－３)＋…＋(1011－1010)＝2019＋2017＋2015＋…＋１となる。これは１から2019までの連続する奇数の和なので，(個数)×(個数)で求めることができる。また，［　］内の右側の数に注目すると個数は1010個とわかるから，〈2021〉＝1010×1010＝1020100と求められる。

(3)　Nが奇数の場合をまとめると右の図２のようになるので，必ず１から連続する奇数の和になることがわかる。また，このときの奇数の個数は，(N－１)÷２と表すことができる。よって，289＝17×17より，〈キ〉は１から連続する17個の奇数の和であることがわかる。したがって，(キ－１)÷２＝17より，キ＝17×２＋１＝35と求められる。

図２

〈３〉＝［２，１］＝１
〈５〉＝［４，１］＋［３，２］＝３＋１
〈７〉＝［６，１］＋［５，２］＋［４，３］＝５＋３＋１

(4)　49×49＝2401，50×50＝2500より，2450は平方数ではないことがわかるから，クは偶数である。そこで，Nが偶数の場合をまとめると右の図３のようになるので，〈N〉は２から連続する偶数の和になることがわかる。よって，はじめに，２＋４＋６＋…＋□＝2450の□にあてはまる数を求める。等号の両側を２で割ると，１＋２＋３＋…＋△＝1225となるから，(１＋△)×△÷２＝1225より，(１＋△)×△＝2450とわかる。また，49×50＝2450より，△の値は49となるので，□＝49×２＝98と求められる。さらに，図３で＿の値は‗の値よりも２大きいから，ク＝98＋２＝100と求められる。

図３

〈４〉＝［３，１］＝２
〈６〉＝［５，１］＋［４，２］＝４＋２
〈８〉＝［７，１］＋［６，２］＋［５，３］＝６＋４＋２

社　会　(30分)＜満点：60点＞

解　答

1　1　鳴門(海峡)　2　タオル　3　小豆(島)　4　ため池　a　①　イ　②　政令指定都市　b　①　果樹園　②　(例)　降水量が少ない気候と，水はけがよく，日当たりにめぐまれた斜面が果樹栽培に適しているから。　c　イ　2　a　愛知(県)　b　石灰石　c　加工(貿易)　d　ウ　e　(例)　海外に生産拠点を移す企業が増えたため，失業や中小企業の倒産が増えた。　f　イ　g　ウ　3　a　ア　b　イ　c　国司　d　エ　e　エ　f　ア　g　正長　h　ウ　i　(例)　城の建築や修復(堤防をつくるなどの治水工事)　j　①　(例)　通信使(慶賀使，謝恩使)　②　イ　k　ア　l　(例)　人力車(ガス灯，帽子，革靴，洋傘)　m　屯田兵　n　(例)　鍋などの金属製品　o　イ，エ　p　①　高度経済成長期　②　(例)　農作業の機械化が進み，農耕馬の需要が減ったため。　4　a　持続可能　b　ア，エ　c　ア　d　条例　e　(例)　家事や育児は女性が担当すべきものであるという考え方が根強くあることと，出産後も仕事を続けたくても，保育施設の不足から働くことができない女性が多いためと考えられる。

解　説

1 瀬戸内地方の地形や特色，日本の工業，地形図の読み取りなどについての問題

1　徳島県鳴門《なると》市と兵庫県南あわじ市(淡路島)の間にある海峡は鳴門海峡で，海峡の最も狭《せま》いところでは渦潮《うずしお》が発生することで知られる。1985年には，本州四国連絡橋の１つである大鳴門橋が開通した。

2　愛媛県今治《いまばり》市は地場産業のタオルの生産がさかんで，質・量ともに日本一を誇《ほこ》り，近年は海外にも輸出されている。

3　淡路島についで瀬戸内海で２番目に大きい島は，香川県の小豆《しょうど》島である。明治時代末期にオリーブの栽培が始められ，現在は国内最大のオリーブの産地となっている。

4　瀬戸内の気候に属する香川県は１年を通して降水量が少なく，県内には大きな河川もない。そこで，県北部に広がる讃岐《さぬき》平野では干害を防ぐため，昔から満濃《まんのう》池など多くのため池がつくられ，かんがいなどに利用されてきた。しかし，水不足が続いていたことから，これを解消するため，讃岐山脈に導水トンネルを通し，吉野川の水を讃岐平野に引く香川用水がつくられた。

a　①　製造品出荷額等が最も少なく，食料品の割合がほかよりも高いアは北九州，製造品出荷額等が最も多く，機械の割合が７割近くを占《し》めるウは中京，機械の割合が50%前後で，化学の割合も比較《ひかく》的高いエは京浜の各工業地帯。残るイが阪神工業地帯で，金属の割合が20%前後を占めている点が特色の１つである。　②　政令指定都市は，政令で指定する人口50万人以上(実際の基準は70万人前後)の市で，行政の権限の一部を都道府県から任されている。2020年までに，全国で20の都市が指定されている。なお，北九州市は1963年２月に門司《もじ》・小倉・若松・八幡・戸畑の５市が合《がっ》併《ぺい》して成立した市で，同年４月に政令指定都市となった。

b　①　は果樹園を表す地図記号で，横から見た木の実を図案化したものである。　②　地図を見ると，果樹園はゆるやかな斜面《しゃめん》に分布していることがわかる。愛媛県北東部に位置する西条市は，降水量が少なく日照時間が長いことが果樹栽培に適しており，水はけがよく日当たりにめぐまれた斜面を中心として，キウイフルーツやかきなどの果樹が栽培されている。

c　小麦の輸入先はアメリカ・カナダ・オーストラリアの３か国でほとんどを占めており，政府が一括《いっかつ》して輸入し，国内の業者に販売している。2019年の輸入額の割合は，アメリカ45.9%，カナダ34.8%，オーストラリア17.7%の順となっている。統計資料は『日本国勢図会』2020／2021年版による。

2 日本の貿易についての問題

a　2019年の輸出額が最も多かった港は愛知県の名古屋港(輸入額と合わせた貿易額の合計では成田国際空港についで２位)である。自動車工業のさかんな中京工業地帯をひかえる名古屋港は，輸出では自動車や自動車部品，輸入では液化ガスと石油が上位を占めている。

b　セメントの原料となるのは石灰石で，鉄鋼の生産にも利用される。日本は石灰石が豊富にあり，自給率は100%となっている。

c　資源や原材料を輸入し，それらを加工して工業製品として輸出する貿易を加工貿易という。長い間，わが国の貿易の特色となってきたが，近年はアジア諸国などから多くの工業製品を輸入するようになってきたことから，その特色がうすれている。

d　１ドル＝100円から１ドル＝200円になるような状況を円安という。この場合，例えば10万円の

商品を輸出すると，海外での販売価格はそれまでの1000ドルから500ドルになるから，輸出は増加する。一方，海外から1000ドルの商品を輸入すると，代金はそれまでの10万円から20万円になるから，輸入は減少する。このように，一般に円安は輸出に有利，輸入に不利となる。したがって，ウが正しい。

e　1980年代以降，円高が進み，輸出に不利な状況が続いたことから，多くの日本企業が人件費の安いアジア諸国などに生産拠点《きょてん》を移すようになった。その結果，国内では工場の縮小や閉鎖があいつぎ，製造業の不振が広がるようになった。このような現象は「産業の空洞《くうどう》化」とよばれ，失業や下請けの中小工場の倒産が増えるといった問題が生じた。

f　1960年代以降，多くの農産物の輸入が自由化されたことから，自給率は全般に減少傾向《けいこう》が続いている。その中にあって自給率90％以上を維持しているアは米，近年，自給率が80％前後となっているイは野菜類，自給率が40％前後まで低下してきているウは果実類，自給率が10％台となっているエは小麦である。

g　表にあてはまる農作物はコーヒー豆。世界一の生産国・輸出国であるブラジルをはじめ，南アメリカの国々からの輸入が中心であったが，近年はベトナムなどアジア諸国からの輸入も増えている。なお，大豆はアメリカからの輸入が７割前後，カカオ豆はガーナからの輸入が７割以上を占めている。

3　各時代の馬と人との関わりを題材とした問題

a　中国の歴史書『宋書《そうじょ》』倭国《わこく》伝には，５世紀に倭(日本)の５人の王が中国南朝の宋にあいついで使者を送り，自分の地位を認めてもらおうとしたことが記されている。そのうち，５番目の王の「武」は雄略《ゆうりゃく》天皇であるとされており，埼玉県行田市の稲荷山《いなりやま》古墳から出土した鉄剣に刻まれた銘《めい》文《ぶん》の「ワカタケル」と同一人物と考えられている。なお，イは１世紀，ウは７世紀初め，エは３世紀にあてはまる。

b　古墳は，３世紀後半から４世紀初めにかけて瀬戸内地方や近畿地方でつくられるようになり，その後，全国各地に広まった。

c　律令制度が整えられた時代，地方は国・郡・里に分けられ，中央の貴族が国司に任じられてそれぞれの国に赴任《ふにん》した。

d　儀式《ぎしき》や年中行事が，朝廷の政治の重要な部分を占めるようになったのは平安時代。この時代の中期以降には，阿弥陀仏《あみだぶつ》にすがることで極楽往生《ごくらくおうじょう》を願う浄土《じょうど》信仰が広まったから，エがあてはまる。アとウは室町時代，イは奈良時代のことがら。

e　「蒙古襲来絵詞《もうこしゅうらいえことば》」は，肥後《ひご》(熊本県)の御家人であった竹崎季長《すえなが》が，元寇《げんこう》のさいの自身の活躍《かつやく》ぶりなどを絵師に描かせたもの。季長は1274年の文永の役において先陣を切るなどの活躍をしたが，十分な恩賞を得られなかったことから，鎌倉に行き幕府の有力者に直訴《じきそ》するなどした。その結果，地頭に任じられるなどの恩賞を受けたので，エがあてはまる。

f　牛馬耕が広まったのは鎌倉～室町時代のことで，イ，ウ，エはいずれもその時期にあてはまる。備中ぐわなどの新しい農具が使われるようになったのは，江戸時代のことである。

g　1428(正長元)年，近江《おうみ》(滋賀県)の坂本で馬借(馬に荷を乗せて運んだ運送業者)が徳政(借金の帳消し)を求めて一揆《いっき》を起こしたことをきっかけに，周辺の農民などがこれに加わって酒屋・土倉などの金融《きんゆう》業者や寺社などを襲《おそ》い，証文や質物を奪《うば》う騒《さわ》ぎとなって近畿地方各地に広がった。これを正長の土一揆といい，「土民(農民など)が蜂起《ほうき》したのは日本が始まって以来，初めてのこと」と記録されるほどの大事件であった。

h　1575年に起きた三河国(愛知県東部)での長篠《ながしの》の戦いは，織田信長・徳川家康の連合軍と甲斐《かい》(山梨県)の武田勝頼《かつより》との争いで，信長の家臣であった羽柴《はしば》秀吉(豊臣秀吉)も参加しているから，ウが正しい。アは，1560年に信長が今川義元を破った桶狭間《おけはざま》の戦いについて述べた文。イについて，鉄砲は南蛮《なんばん》貿易によってポルトガルやスペインから大量に輸入されたものや，国友(滋賀県)，堺(大阪府)など国内で製造されたものが使われたので，誤りである。

i　江戸幕府は，大名の財力を消耗《しょうもう》させるため，お手伝い普請《ふしん》と称して諸大名に大規模な土木工事を負担させた。これには江戸城や名古屋城といった城の建築や修復，大河川に堤防を築いたりする治水工事などがあり，大名にとっては大きな負担となった。中でも，18世紀なかばに薩摩藩(鹿児島県)に行わせた木曽川・長良川・揖斐《いび》川の分流事業はよく知られる。

j　①　江戸時代，将軍の代がわりごとに，朝鮮から通信使(朝鮮通信使)という慶賀の使節が来日した。通信使の一行は瀬戸内海を経て大阪に上陸し，東海道を通って江戸に向かった。また，薩摩藩の命令により琉球《りゅうきゅう》から派遣された琉球使節(将軍の代がわりごとに送られた「慶賀使」と，琉球国王の代がわりごとに送られた「謝恩使」がある)も，同様のルートを通って江戸に向かった。

②　石高《こくだか》とは，その土地の生産高を，１年間にとれると予想される米の収穫量に換算《かんさん》して表示したもので，これをもとに大名や旗本などの領地や武士の俸禄《ほうろく》が決められていた。なお，１石とは「大人１人が１年間に食べる米の量」を基準として定められた体積の単位で，１石＝10斗《と》＝100升《しょう》＝1000合(１合は約0.18Ｌ)とされた。

k　江戸時代末期に薩摩藩の実権をにぎっていた島津久光は幕府と朝廷との協調を重んじる公武合体論者であったが，藩内には攘夷《じょうい》(外敵を国内から追い出して入れないこと)を主張する者も多かった。しかし，1862年の生麦事件ののち，1863年に起きた薩英戦争でイギリスの実力を知り，攘夷が無謀《むぼう》であると認識したことから，藩内では，欧米列強に対抗するには幕府を倒して強力な中央集権国家をつくる必要があるという考えが広がった。やがて，倒幕派の西郷隆盛や大久保利通《としみち》が実権をにぎった薩摩藩は，長州藩(山口県)とともに倒幕運動の中心となっていった。

l　明治時代初期，西洋から多くの文物がもたらされ，生活のさまざまな面で西洋風のものがもてはやされるようになった。都市部を中心に広まったこうした風潮は，文明開化とよばれた。資料の絵は当時の東京・銀座のようすを描いたもので，鉄道馬車やレンガづくりの建物，洋服を着た人々のほか，人力車やガス灯といった新しいものが見られる。また，人々が身につけたり手にしたりしている帽子《ぼうし》，革靴《かわぐつ》，洋傘《ようがさ》なども，このころから見られるようになった。

m　明治新政府は蝦夷《えぞ》地を「北海道」と改め，札幌に開拓使を置いてその開発に着手した。特に，全国から募集した士族などを屯田《とんでん》兵として北海道各地に送り，開拓と北方の警備にあたらせた。

n　太平洋戦争中の日本はさまざまな物資の不足に苦しんだが，特に兵器の生産に必要な鉄などの金属の不足が深刻であった。これを補うため，全国の家庭から鍋《なべ》や釜《かま》といった金属製品のほか，寺院の鐘《かね》なども供出されることになった。

o　日中戦争が長期化する中で，日本軍は戦局の打開のため，1940年９月，フランス領北インドシナ(現在のベトナム北部付近)に進駐《しんちゅう》を開始し，翌41年７月にはフランス領南インドシナに進駐を行い，これを占領した。これに対して，アメリカはイギリスなどとともに日本への経済制裁を実施し，1941年８月，アメリカは日本への石油の輸出を全面的に禁止した。イは日独伊三国同盟の成立で1940年９月(北インドシナ進駐の直後)，エは1939年のできごとなので，それより前ということになる。アは1941年12月のできごとで，これにより日本は太平洋戦争に突入《とつにゅう》した。ウは太平洋戦争初期のできごと。

p　①　1950年代後半から1970年代初めにかけての日本は高度経済成長期にあたり，重化学工業を中心に産業・経済が大きく発展して，国民の生活も豊かになっていった。　②　高度経済成長期には農村で機械化が進んで農作業の効率が上がり，生産量も増えていった。一方で，それまで農耕用に広く使われていた馬は不要となり，それが馬の飼育頭数の減少につながった。

4　**ジェンダー平等を題材とした問題**

a　SDGsは「持続可能な開発目標」の略称で，2015年９月の国連サミットにおいて採択《さいたく》された。SDGsには，2030年に向けた具体的な行動指針として，17の目標と169のターゲット(達成基準)が示されている。

b　ア　日本の「高等教育(大学など)在学率」の指数は0.952になっているが，これは女性の在学率が男性の95.2％であることを示すものであり，９割以上の女性が大学などの高等教育機関に進学するという意味ではない。　イ　日本の「健康寿命《じゅみょう》の男女比」の指数が1.059となっているということは，女性のほうが男性より健康寿命が長いことを意味している。　ウ　日本の「過去50年間の国家代表の在任年数の男女比」の指数が0.000となっているのは，これまで女性の国家代表がいなかったからである。　エ　「管理職につく男女比」の指数は，世界平均が0.356であるのに対し，日本は0.174となっている。

c　衆議院に先議権があるのは予算の審議だけなので，アがまちがっている。

d　地方議会が法律の範囲《はんい》内で制定する，その地域のみに適用されるきまりを，条例という。

e　女性で仕事についている人の割合は，日本の場合，20代後半で最も高く，その後に割合が減って，40代前半で再び上昇することから，「M字型」ともよばれる曲線になっている。そのようになるのは，30代前半で結婚や出産，育児などのために仕事をやめ，子どもに手がかからなくなる40代になって再び働くようになる女性が多いためと考えられる。背景には，女性は結婚したら家庭に入り，家事に専念するべきである，あるいは，育児は女性がおもに担当すべきものであると考える人が現在も相当数いることや，出産後も働きたいと思っても，保育施設の不足などから仕事を断念せざるを得ない女性が多いといった状況があると考えられる。

理　科　(30分)　＜満点：60点＞

解　答

1　**1**　(1)　ア　(2)　(足)関節　**2**　(1)　キ　(2)　シ　**3**　ウ　**4**　(例)　宇宙空間に行くと重力のえいきょうが小さくなるので，背骨をつくっている短い骨どうしの間がのびるから。　**5**　(1)　タ　(2)　ツ　**6**　(例)　宇宙空間では重力のえいきょうが小さくなって血液を頭の方向に流そうとする仕組みの方が強くはたらき，顔に流れる血液の量が増えるから。

2　**1**　2.4m　**2**　(例)　しゃ面を下りきったときの小球の速さは，小球の重さには関係しない。／手をはなす高さが4倍になると，しゃ面を下りきったときの小球の速さは2倍になる。 **3** (例) 小球の重さが同じとき，小球の速さとばねが最も縮んだ長さとは比例する。 **4** (例) 小球の速さが同じとき，小球の重さが4倍になると，ばねが最も縮んだ長さは2倍になる。 **5** 135cm　**3** **1** 水素 **2** ア，ウ **3** 0.5ｇ **4** 120cm^3 **5** イ **6** 下の図1　**4** **1** ⑴ れき岩 ⑵ 火山灰 ⑶ でい岩 ⑷ 二酸化炭素 ⑸ サンゴの化石 ⑹ 砂岩 **2** 下の図2 **3** (例) 1923年の関東大しんさいが原因でたおれたり，地しん後の大火事に見まわれたりした建物などのがれきと考えられる。

図1

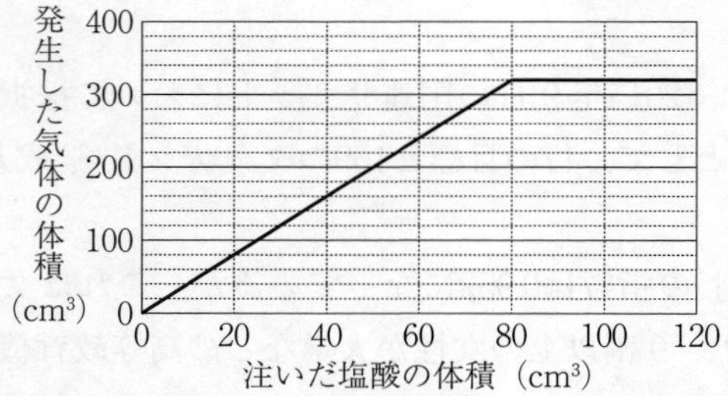

図2

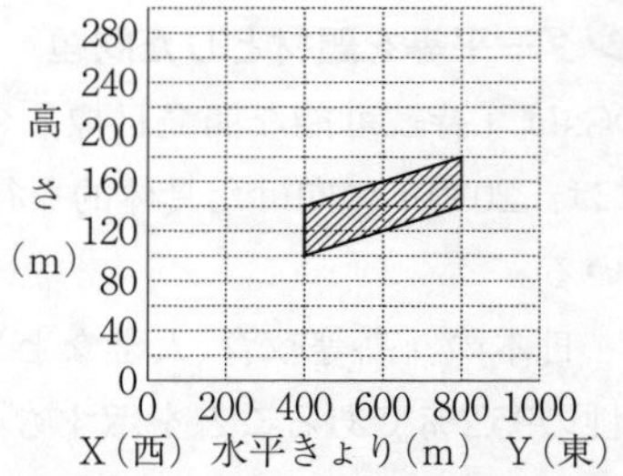

解　説

1 骨や筋肉についての問題

1 ⑴ つま先を上に持ち上げるときは，つま先の骨を引っ張るためにアの筋肉が縮み，逆にイの筋肉はのびる(ゆるむ)。　⑵ 足首にあたるウの部分には，足先がさまざまな方向に曲がるようにいくつもの関節(骨どうしのつなぎ目)があり，まとめて足関節とよばれる。

2 ⑴ Aの部分が動くにはキの骨が動かなければならない。よって，Cの筋肉の先たんBはキの骨についている。　⑵ ケの骨は，ヒトのうでではひじから手首までの骨に対応する。カの骨がヒトの親指に対応し，ケの骨は親指側にあるのでヒトのシの骨に対応する。

3 ヒトの背骨は30個あまりの短い骨が一筋につながってできている。短い骨どうしの間はつい間板というなん骨でつながっていて，しょうげきをやわらげる役割をしている。

4 地球上ではつねに重力がかかり，背骨をつくる短い骨どうしの間がおし縮められているが，宇宙空間では重力のえいきょうが小さくなり，短い骨どうしの間がのびるため，身長が高くなる。

5 小腸から流れてくる血液は心臓の右心房《ぼう》に入り，右心室から肺へ向かって血液が送り出される。図5で，タは右心房，チは左心房，ツは右心室，テは左心室である。

6 地球上では，重力による下向きの流れと，重力に逆らって血液を流す仕組みによる上向きの流れがつり合うようになっているが，宇宙空間では重力のえいきょうが小さくなるため，上向きの流れの方が強くなる。すると，顔の方に流れる血液の量が増えるため，顔が丸くなる。

2 しゃ面を転がる小球の運動についての問題

1 小球は0.2秒あたり48cm進んだので，1秒あたりでは，48÷0.2＝240(cm)＝2.4(m)となる。

2 表1を見ると，手をはなす高さが同じときは，小球の重さが異なっていても，直線部分を1秒あたりに進むきょり(つまり，しゃ面を下りきったときの小球の速さ)が同じになっている。よって，小球の速さは，手をはなす高さによって決まり，小球の重さには関係しない。また，小球の重さが同じとき，手をはなす高さが高くなるほど小球の速さは増えていて，手をはなす高さが15cmから

60cmへ4倍になると，小球の速さは1.7mから3.4mへ2倍になっている(小球の速さが□倍になると，手をはなす高さは(□×□)倍になる)。

3 表2より，小球の速さが1.7mから2.4m，3.0m，3.4mへ，2.4÷1.7＝1.4…(倍)，3.0÷1.7＝1.7…(倍)，3.4÷1.7＝2(倍)になると，ばねが最も縮んだ長さも1.4倍，1.7倍，2倍になっている。よって，小球の重さが同じとき，小球の速さとばねが最も縮んだ長さは比例するといえる。

4 表3より，小球の重さが増えると，ばねが最も縮んだ長さも増えている。さらに，小球の重さが100gから400gへ4倍になると，ばねが最も縮んだ長さは1.0cmから2.0cmへ2倍になっている。

5 表3より，200gの小球の速さが1.7mのとき，ばねが最も縮んだ長さは1.4cmになるので，ばねを4.2cm縮めるには，小球の速さを，4.2÷1.4＝3(倍)にすればよい。よって，表1より，小球の速さが1.7mになるのは手をはなす高さが15cmのときなので，小球の速さを1.7mの3倍にするには，手をはなす高さを，3×3＝9(倍)の，15×9＝135(cm)にするとよい。

3 **鉄と塩酸の反応についての問題**

1 塩酸に鉄を加えると，鉄がさかんに水素を発生しながらとける。

2 水素は，無色とう明でにおいはなく，水には非常にとけにくく，もっとも軽い気体である。とても燃えやすく，試験管に入れた水素に火をつけると，ぽんと音をたてて燃える。

3 表2のはん囲では加えた鉄と発生した気体が比例しているので，0.2×200÷80＝0.5(g)と求められる。

4 表1では気体が200cm^{3}までしか発生していないことと，3のことから，塩酸50cm^{3}と鉄0.5gがちょうど反応して気体を200cm^{3}発生することがわかる。よって，鉄1.2gをすべて反応させるのに必要な塩酸は，50×1.2÷0.5＝120(cm^3)である。

5 ア　塩酸がもとのこさでも2倍のこさでも，0.2gの鉄が反応して発生する気体は80cm^{3}で同じになる。　イ　2倍のこさの塩酸50cm^{3}に鉄は，0.5×2＝1.0(g)まで反応するから，鉄を0.6g加えるとすべて反応し，表2より240cm^{3}の気体が発生する。　ウ　鉄を0.8g加えると気体は320cm^{3}発生し，鉄を1.0g加えると気体は400cm^{3}発生する。　エ　イ，ウより，実験1と同じ結果にはならない。

6 塩酸50cm^{3}と鉄0.5gがちょうど反応して気体を200cm^{3}発生するので，鉄0.8gとちょうど反応する塩酸は，50×0.8÷0.5＝80(cm^3)である。このとき，気体は，200×0.8÷0.5＝320(cm^3)発生する。よって，注いだ塩酸が80cm^{3}になるまでは，注いだ塩酸の体積に比例して気体が発生する。注いだ塩酸が20cm^3，40cm^3，60cm^3，80cm^{3}のときに発生する気体は80cm^3，160cm^3，240cm^3，320cm^{3}になる。また，注いだ塩酸が100cm^{3}のときは，鉄0.8gがすべてとけるため，発生する気体は320cm^{3}となる。以上の数値をグラフに書きこむと，解答に示したようになる。

4 **地層についての問題**

1 (1) 地層(ア)は説明文⑤の時期のもので，川に流されてきた土砂がたい積してできたたい積岩と考えられる。つぶが2mm以上のれきでできているので，れき岩である。　(2) 火山がふん火したときに出たもののうち，2mm以下のつぶを火山灰という。ぎょうかい岩は主に火山灰が降り積もってできる。　(3) 川に流されてきた土砂が海に出ると，つぶの大きく重いものから早くしずむため，最も小さなつぶであるどろは海岸から遠くはなれたところにたい積し，でい岩をつくる。このでい岩がさらにおし固められて，ねん板岩になることがある。　(4) せっかい岩は主に炭酸カルシウムでできており，塩酸をかけると炭酸カルシウムが二酸化炭素のあわを発生しながらとける。　⑸　説明文②の時期にできた地層㈤には，その当時生息していたサンゴの化石が多くふくまれていると考えられる。サンゴの体は主に炭酸カルシウムでできているため，サンゴの遺がいがたい積してせっかい岩ができたといえる。　⑹　地層㈦～㈥はすべてちがう岩石でできている。地層㈥は説明文①の時期にできたものだが，海岸に近い浅せの海底だった(河口付近よりは海岸から遠く，どろがたい積するような海岸から遠くはなれたところでもない)ことから，砂がたい積してできた砂岩と考えられる。

2　水平きょり400mの位置にあるAは，地表面が高さ240mにあり，地層㈤は地表面から100～140mの深さにあるから，高さ100～140mにある。同様に，水平きょり600mの位置にあるBの地層㈤は高さ120～160m，水平きょり800mの位置にあるCの地層㈤は高さ140～180mにある。したがって，地層㈤の断面は解答に示したようになる。

3　図4の「うめたてられてできた公園」とは，本校の近くにある山下公園である。1923年に起こった関東大しんさい(大正関東地しん)では，横浜市内の多くの建物がこわれたり大火事によって焼けてしまったりし，大量のがれきが発生した。そこで，復興《ふっこう》事業としてがれきなどを使って4年がかりで海岸をうめたて，1930年に開園した。

国　語　(50分)　＜満点：100点＞

解　答

一　**問1**　a　3　b　2　**問2**　ア　1　イ　3　**問3**　中学の最上級生の五年級　**問4**　2　**問5**　(何か)非常にうまいあだ名か警句　**問6**　4　**問7**　1　**問8**　2　**問9**　(例)　三吉が命名したにんにくというあだ名がチャンスというあだ名に変わってしまうこと。　**問10**　①　2　②　4　**問11**　3　**問12**　3　**問13**　1　×　2　×　3　○　4　○　5　×　6　○　**二**　**問1**　A　4　B　1　**問2**　(例)　わからない問題を自分で発見すること。　**問3**　(例)　自分の知識や能力を手がかりに自発的に問題を解決していくこと。　**問4**　(例)　自発的にわからないことを見つけ，自分で解決することで身につけた能力や知識こそが社会で生きてゆくうえで役に立つものである。　**問5**　(例)　私の曾祖母はまだ元気で，幼かったころの話をよくしてくれますが，私には「わからない」ことばかりです。まきを使って風呂をわかす，電気がきていなかったのでランプで生活をしていた，スイカなどは井戸で冷やして食べたなど，想像しても実感できないことが次々と語られます。同じ日本なのに昔の生活と今の生活とはまったくちがっているのがおもしろく話を聞くのが毎回楽しみです。　**三**　ア　4　イ　2　ウ　3　エ　1　**四**　**1～5**　下記を参照のこと。　**6**　も(る)　**7**　きざ(む)　**8**　ちょうりゅう

●漢字の書き取り

四　**1**　序列　**2**　招集　**3**　略歴　**4**　仕(える)　**5**　照(れる)

解　説

一　**出典は梶井基次郎《かじいもとじろう》の「大蒜《にんにく》」による。**新任の柔道師範《じゅうどうしはん》に「にんにく」というあだ名をつけ，自

分が命名したものであることを知られないまま，そのあだ名が生徒の間に広まったことを内心喜んでいた三吉《さんきち》は，やがてそのあだ名をつけたのは自分であることが師範に知られることをおそれるようになっていく。

問１　**a**　「わだかまる」は，心の中にいやなことがたまり，気持ちがすっきりしないようす。“とうてい納得《なっとく》できず，心の中には不満がわだかまっていた”のように用いる。　**b**　「ひとかど」は，一人前であること。“子どもながらひとかどの働きをする”のように用いる。

問２　**ア**　「期せずして」は，“思いがけず”“約束をしていたわけでもないのに”という意味。　**イ**　「聞きとがめる」は，“相手の発言に対して，気になったところを問い返したり注意したりする”という意味。

問３　「中学の最上級生の五年級」から三吉の年れいを推測することができる。なお，ここでの「中学」は戦前の「旧制中学」のことで，小学校を卒業した後，五年間通うことになっていた。このことから，三吉は十六，七歳《さい》だったと推測できる。

問４　「生徒達は彼《かれ》らの笑いを爆発《ばくはつ》させたかった」とあるので，２が選べる。

問５　「笑い」の「爆発」の「きっかけ」となる「ほんの少しの火花のようなもの」なので，「非常にうまいあだ名か警句」がぬき出せる。

問６　少し後に「やや声高《こわだか》に三吉が言った」とあることから，三吉が興奮《こうふん》していることがわかるので，４がふさわしい。

問７　１　五番目の大段落の最初に「しかし彼のその得意にはだんだん暗い陰《かげ》がさしていった」とあるので，あてはまる。　２　三吉が「笑えなかった」のは「一種のきまり悪さを感じた」ためであり，「無理に笑いをこらえて」はいないので，ふさわしくない。　３　五番目の大段落の後のほうで三吉は「自分こそ，河田師範からにくまれねばならない人間なのだ」という「報《むく》い」を感じているが，これは自省の結果であり，河田師範の「報復」を心配しているわけではない。　４　「全部いってしまうのを要しなかった」とあるように，三吉の言葉は「さえぎられ」たわけではない。また，「我ながら感心するような警句を生み，あまり見事に当たりをとってしまった」とあるように，三吉は「不満を覚えて」もいない。

問８　１　三番目の大段落のまん中すぎに「彼の解しゃくもあいまいなもの」とあるように，三吉は自分の知識不足を自覚しているので，「自分の知識や才能をかくすことなく表に出すことができて」は合わない。　２　二番目の大段落の「式が済《す》んでしまってからも」から「その気持が彼にはゆ快であった」までの描写《びょうしゃ》と合う。　３　三吉は「日ごろ勢力をふるっている乱暴者」の「賛仰《さんぎょう》の声」を聞いて「うれしさ」を感じているのだから，「勢力家を，こっそりあざわらえる」はふさわしくない。　４　三吉がおそれているのは自分が「あだ名の命名者」であることを河田師範に知られることなので，「乱暴者たちに目をつけられるおそれが消え」は合わない。

問９　「それ」が指しているのは，すぐ前の「チャンスというあだ名がやがて彼の命名したあだ名を圧とうするのではないかという」ことである。ここでは，あだ名の面白さの点で勝る「チャンス」が「にんにく」に取って代わることが，「圧とうする」という言葉で表現されている。

問10　①　すぐ前の一文に「にくむべき」とあるので，「にくしみ」とある２が選べる。　②　次の段落に「自分がいかに非紳士《しんし》的な男であったかと思った」とあるので，「自分の過《あやま》ちに気づいてはずかしく思っている」のだと考えられる。

問11　少し後に「彼はその考えに責められた」とあるので，自分で自分がひどく嫌《いや》になることを表す「自己嫌悪《けんお》」がよい。なお，１の「暗中模索《もさく》」は，暗闇《くらやみ》の中を手さぐりでさがすこと。転じて，確かな方法がわからないままに，いろいろとやってみること。２の「疑心暗鬼《あんき》」は，疑う心が起こると，何でもないことまでも疑わしく恐《おそ》ろしく感じるようす。４の「自暴自棄《じき》」は，失望してやけを起こすこと。

問12　１　三吉が自分を「みじめ」に感じているようすは描《えが》かれていない。　２　三吉は河田師範に対して「多少のはばかり」を感じているが，「謝罪の気持」は感じていない。　３　すぐ前の二つの段落の内容と合う。　４　三吉は「背を向けた」のだから，「人人のいかりや非難を受け止めようとしている」は合わない。

問13　１は「学校からばつを受ける」が，２は「河田師範からにくまれる」が，５は「河田師範に悪意を持っていた男が，いつか自分をもぶじょくする日が来る」が合わない。これらの内容は本文では書かれていない。

二　**出典は山鳥《やまどり》 重《あつし》の『「わかる」とはどういうことか—認識《にんしき》の脳科学』による。**ミステリー小説を例にあげながら，「わかる」ということがどのようなことであるかを説明し，自主的に問題を見つけ解決していくことの大切さを説いている。

問１　**A**　青年の恋人《こいびと》の説明として，青年が「その恋人と激しいけんかをしていたこと」の後に，「その恋人は鼻眼鏡《めがね》をかけています」という内容をつけ加えているので，進展した内容を続ける「しかも」があてはまる。　**B**　「犯人は老教授の家の中のどこかにひそんでいるにちがいない」と考える根拠《こんきょ》となることがらが前の部分で示されているので，続く部分の理由が前にあることを示す「だから」があてはまる。

問２　傍線《ぼうせん》部と同様の内容が少し後で，「ミステリーではわからない部分は犯人探しという形で準備されています」と述べられていることに注意する。その続く部分で，「現実生活では～犯人は準備されていない～わからない部分は自分で発見しなければなりません」と述べられているので，この部分をまとめればよい。

問３　直前の一文で「わからない問題を発見した後は，その解決方法はミステリーの犯人探しと似ています」と述べられているので，「犯人探し」は“問題を解決していくこと”のたとえとわかる。また，「自分の手持ちの材料」については次の段落で，「知識」や「わかる・わからないの区別の能力」があげられている。

問４　三つある形式段落のそれぞれの中心の文を探し，それらの内容をふまえて要点をまとめていくとよい。一つ目の形式段落は「自分から自発的に～自分の能力にはならないのです」，二つ目の形式段落は「社会で生きてゆくには～自分でそれを解決してゆく力が必要です」，三つ目の形式段落は「自発性という色がつかないと～実地の役には立たないことが多いのです」が中心となっている。

問５　文末は，敬体でも常体でもよいが統一すること。また，主語に対して述語がねじれていないか，誤字・脱字《だつじ》がないかなどにも気をつける。

三　**文の組み立て**

ア　「とうてい」は，後に打消しの言葉をともなって“どうしても”という意味になる。ここでは，「とうていAに勝てないだろう」のような表現が正しい。　**イ**　「すごい」という修飾《しゅうしょく》語の形が

「寒い」という修飾される語に正しく対応していない。ここでは，「すごく寒い」とするのがふさわしい。　**ウ**　「そっと」という修飾語が，「近づいてきた」にかかっているのか「声をかけた」にかかっているのかが，はっきりとしていない。このような場合には，読点を用いるか語順を入れかえるかして，「その店員は，そっと近づいてきた人に声をかけた」「その店員はそっと，近づいてきた人に声をかけた」「その店員は近づいてきた人にそっと声をかけた」「そっと近づいてきた人にその店員は声をかけた」のようにするとはっきりする。　**エ**　主語と述語が正しく対応していない。ここでは，「私の夢は建築家になって立派な家を建てることです」とするのがふさわしい。

四　漢字の読みと書き取り

1　成績や地位など，ある一定の基準に従って順序をつけて並べること。　**2**　人々をよび集めること。　**3**　その人の今までの学歴や職歴などを簡略に書いたもの。　**4**　音読みは「シ」「ジ」で，「仕事」「給仕」などの熟語がある。　**5**　音読みは「ショウ」で，「照明」などの熟語がある。　**6**　音読みは「セイ」「ジョウ」で，「盛大」「繁盛《はんじょう》」などの熟語がある。訓読みにはほかに「さか(ん)」などがある。　**7**　音読みは「コク」で，「時刻」などの熟語がある。
8　海水の流れ。また，世の中の動きや成り行き。

Dr.福井の

入試に勝つ！脳とからだのウルトラ科学

歩いて勉強した方がいい？

みんなは座って勉強しているよね。だけど，暗記するときには歩きながら覚えるといいんだ。なぜかというと，歩いているときのほうが座っているときに比べて，心臓が速く動いて（脈はくが上がって）脳への血のめぐりがよくなるし，歩いている感覚が背骨の中を通って脳をつつくので，頭が働きやすくなるからだ（ちなみに，運動による記憶力アップについては，京都大学の久保田名誉教授の研究が有名）。

具体的なやり方は，以下のとおり。まず，机の上にテキストを広げ，1ページぐらいをざっと読む。そして，部屋の中をゆっくり歩き回りながら，さっき読んだ内容を思い出す。重要な語句は，声に出して言ってみよう。その後，机にもどってテキストをもう一度読み直し，大切な部分を覚え忘れてないかをチェック。もし忘れている部分があったら，また部屋の中を歩き回りながら覚え直す。こうしてひと通り覚えることができたら，次のページへ進む。あとはそのくり返しだ。

さらに，この“歩き回り勉強法”にひとくふう加えてみよう。それは，なかなか覚えられないことがら（地名・人名・漢字など）をメモ用紙に書いてかべに貼っておくこと。ドンドン貼っていくと，やがて部屋中がメモでいっぱいになるハズ。これらはキミの弱点集というわけだが，これを歩き回りながら覚えていくようにしてみよう！　このくふうは，ふだんのときにも自然と目に入ってくるので，知らず知らずのうちに覚えることができてしまうという利点もある。

歴史の略年表や算数の公式などを大きな紙に書いて貼っておくのも有効だ。

Dr.福井（福《ふく》井《い》一成《かずしげ》）…医学博士。開成中・高から東大・文Ⅱに入学後，再受験して翌年東大・理Ⅲに合格。同大医学部卒。さまざまな勉強法や脳科学に関する著書多数。

Memo

Memo

2020年度　フェリス女学院中学校

〔電　話〕 (045) 641－0 2 4 2
〔所在地〕 〒231－8660　神奈川県横浜市中区山手町178
〔交　通〕 JR根岸線―「石川町駅」より徒歩８分
みなとみらい線―「元町・中華街駅」より徒歩10分

【算　数】 (50分) 〈満点：100点〉

《注意》 1．答を出すのに必要な図や式や計算を，その問題のところにはっきりと書いてください。
2．円周率を使う場合は3.14としてください。

1 次の問いに答えなさい。

(1) 次の $\boxed{}$ にあてはまる数を求めなさい。

$$\left\{3\div\left(2\frac{1}{22}-1.35\right)-\boxed{}\div17\right\}\div1\frac{2}{3}=1$$

(2) 図において三角形ABCは正三角形です。㋐の角の大きさを求めなさい。

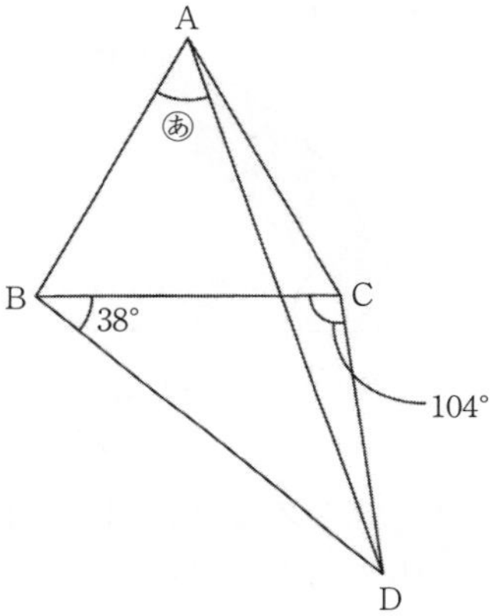

(3) 1からAまでのすべての整数を1回ずつかけ合わせた数を《A》と表します。

例えば，《3》＝1×2×3＝6 です。

次の $\boxed{\text{B}}$，$\boxed{\text{C}}$ には，あてはまる整数はいろいろ考えられますが，$\boxed{\text{B}}$ にあてはまる整数のうち，最も小さいものを答えなさい。

《2》×《3》×《4》×…×《10》×$\boxed{\text{B}}$＝$\boxed{\text{C}}$×$\boxed{\text{C}}$×$\boxed{\text{C}}$

(4) はじめ，容器A，Bに入っている水の量の比は9：7でした。容器A，Bに水をそれぞれ16リットル，12リットル加えると，容器A，Bの水の量の比は17：13になりました。はじめ，容器Aに入っていた水の量は何リットルでしたか。

(5) 同じ長さの7本の矢印を横一列に並べます。

例1　←　←　←　→　→　→　→

例2　←　→　→　←　→　→　→

例1のように，となり合うどの2本の矢印の組も向き合っていないような7本の矢印の並べ方は $\boxed{\text{ア}}$ 通りあります。

例2のように，となり合う2本の矢印の組のうち，1組だけが向き合っているような7本の矢印の並べ方は $\boxed{\text{イ}}$ 通りあります。$\boxed{\text{ア}}$，$\boxed{\text{イ}}$ にあてはまる数を求めなさい。

2 図のように，正三角形ACEと正三角形BDFがあります。3つの頂点B，D，Fは，それぞれ辺AC，辺CE，辺EAの真ん中の点です。点Pと点Qは，それぞれ頂点A，頂点Fを同時に出発します。

点PはA→B→C→D→E→F→Aの順に，点QはF→B→D→Fの順に動き続けます。

次の(1)，(2)の $\boxed{\text{ア}}$ ～ $\boxed{\text{カ}}$ にあてはまる数やアルファベットを求めなさい。

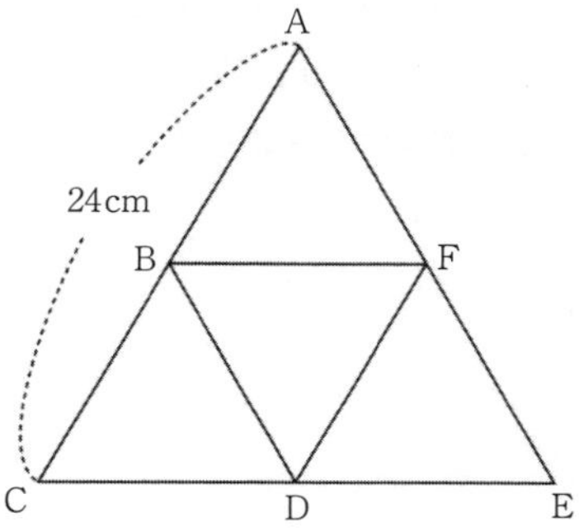

(1)　点Pと点Qの速さはともに秒速12 cmとします。このとき，点Pと点Qが初めて出会う場所は頂点［ア］で，それは出発してから［イ］秒後です。初めて出会った後，［ウ］秒ごとに頂点［ア］で出会います。

(2)　点Pの速さは秒速3 cm，点Qの速さは秒速4 cmとします。このとき，点Pと点Qが初めて出会う場所は頂点［エ］で，それは出発してから［オ］秒後です。初めて出会った後，［カ］秒ごとに頂点［エ］で出会います。

3　次の問いに答えなさい。

(1)　図1のように直線ABを直径とする半円があります。■部分の面積を求めなさい。（求め方も書きなさい。）

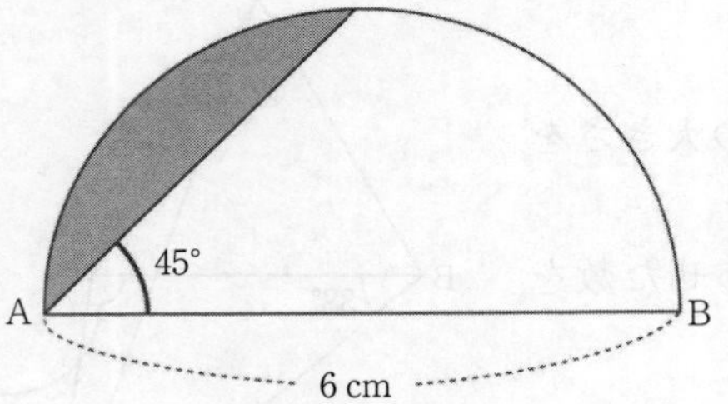

図1

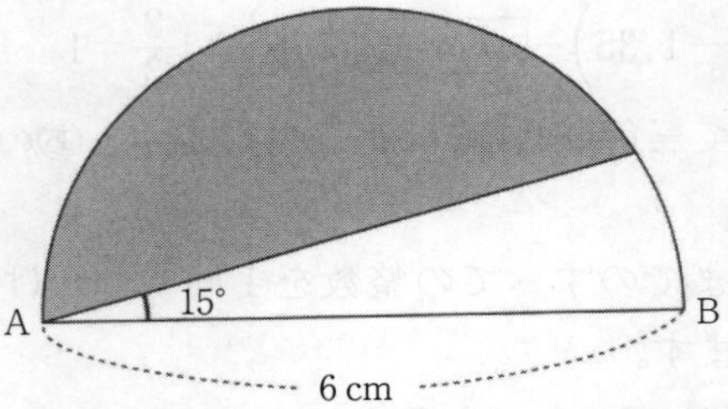

図2

(2)　図2のように直線ABを直径とする半円があります。■部分の面積を求めなさい。（求め方も書きなさい。）

4　1番目の数を10とします。

2番目の数は，1番目の数を$\frac{2}{3}$倍して，10を加えた数とします。

3番目の数は，2番目の数を$\frac{2}{3}$倍して，10を加えた数とします。

このようにして，次々と数を作ります。次の問いに答えなさい。

(1)　4番目の数を求めなさい。

(2)　これらの数と30との差を次のように考えました。次の［ア］～［エ］にあてはまる数を求めなさい。

1番目の数と30との差は　　30－10＝(30－10)×［ア］と表せます。

2番目の数と30との差は　　(30－10)×［イ］と表せます。

3番目の数と30との差は　　(30－10)×［ウ］と表せます。

このように考えると，6番目の数と30との差は［エ］です。

(3)　初めて29より大きくなるのは何番目の数ですか。（求め方も書きなさい。）

5　Aさん，Bさん，Cさん，Xさんの所持金はそれぞれ1600円，3000円，4000円，x円です。Aさんと X さんの所持金の差はa円，BさんとXさんの所持金の差はb円，CさんとXさんの所持金の差はc円です。a，b，cはすべて異なる数です。

次の問いに答えなさい。(1)，(2)は下のわくの中から選んで答えなさい。

①　$a<b<c$	②　$a<c<b$	③　$b<a<c$
④　$b<c<a$	⑤　$c<a<b$	⑥　$c<b<a$

（注意）例えば①は，bがaよりも大きく，cよりも小さいことを表しています。

(1)　a，b，cの大小関係についてありえないものを，上のわくの中の①～⑥からすべて選び，その番号を答えなさい。

(2)　bとcの和がaの2倍に等しいとき，a，b，cの大小関係として考えられるものを，上のわくの中の①～⑥からすべて選び，その番号を答えなさい。

(3)　bとcの和がaの2倍に等しいとき，Xさんの所持金x円はいくらですか。（求め方も書きなさい。）

【社　会】（30分）〈満点：60点〉

1　次の文章は北海道，栃木《とちぎ》県，長野県について述べたものです。文中の（1）～（8）に入る言葉を答え，――a～cについての問いに答えなさい。

北海道の（　1　）民であるアイヌの人たちは，秋に川に戻《もど》って来る魚を食料などとして大切に用いてきました。現在，流氷で有名な網走《あばしり》市など（　2　）海の沿岸地域では，この魚の受精卵を人工的にふ化させて飼育し，稚魚《ちぎょ》を川に放流する（　3　）漁業を行っています。また，網走市の背後《はいご》にある北見地方は，a 日本最大の（　　）の産地です。

栃木県は稲作に適した地域ですが，b 裏作用作物として（　　）の生産が戦後からさかんになり，現在日本一の生産量をほこります。県南部では幕末から（　4　）焼きと呼ばれる陶器《とうき》が生産され，主に台所用品として使われてきましたが，現在は民芸品として有名です。計画的に整備された工場の集積地のことを（　5　）と言いますが，宇都宮《うつのみや》市にある（　5　）は，内陸につくられたものとしては国内最大級です。

c 長野県と山梨・静岡県の境にある（　6　）山脈は南アルプスとも呼ばれ，希少《きしょう》なライチョウが生息しています。また，長野県最大の湖である（　7　）湖の周辺では，（　8　）機械工業がさかんです。そのためこの地域は，この工業がさかんなヨーロッパの国にちなんで「東洋のスイス」と呼ばれたこともあります。

a　次の円グラフは，（　）に入る野菜の全国における生産の割合を示したものです。（　）に入る野菜を答えなさい。

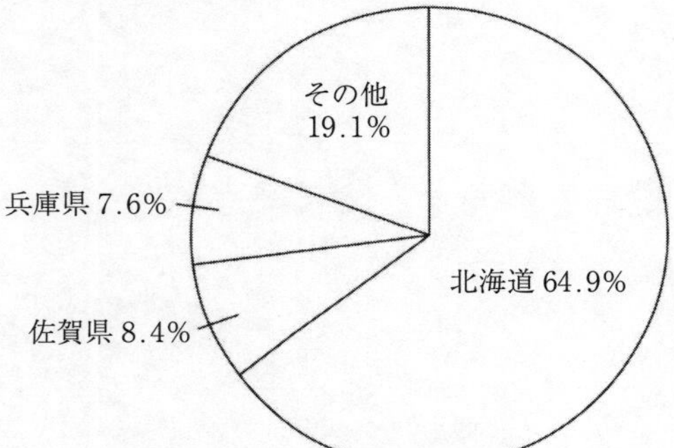

全国　1,228,000トン（2017年）

矢野恒太記念会『日本国勢図会 2019/20年版』より作成。

b　次の表は，（　）に入る農作物の生産量を示したものです。（　）に入る農作物を書きなさい。

順位	県名	生産量（トン）	割合
1	栃木	25,100	15.3%
2	福岡	17,700	10.8%
3	熊本	10,800	6.6%
	全国	163,700	100%

（2017年）

矢野恒太記念会『日本国勢図会 2019/20年版』より作成。

c　長野県では，夏と冬との気温の差や昼と夜との気温の差が大きいという，内陸性気候の特徴《ちょう》がみられます。内陸性気候がこのような気候となる理由を書きなさい。

2　次の地図についての問いに答えなさい。

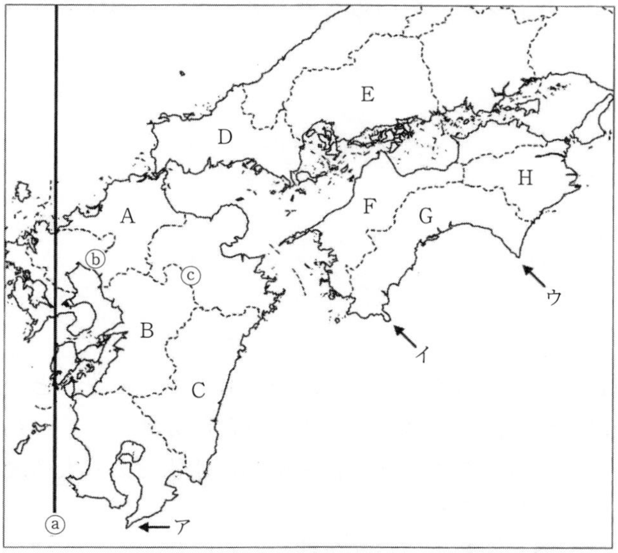

問１　ⓐの経線は東経何度を示していますか。ア～エから選びなさい。
　ア　125度　　イ　130度　　ウ　135度　　エ　140度

問２　ⓑの地域では，網《あみ》目状に用水路がつくられていますが，これを何といいますか。

問３　ⓒにある発電所は，化石燃料に頼《たよ》らない方法で発電しています。ここで行われている発電方法を答えなさい。

問４　室《むろ》戸岬《とみさき》を示しているものを地図中のア～ウから選びなさい。

問５　Ｃ県やＧ県では，ビニルハウスや暖房を利用して野菜をつくることがさかんです。このように費用をかけても，商品が高く売れて利益が得られるのはなぜですか。

問６　次の表中のア～ウは，図中のＢ県で多く生産されている，メロン，すいか，みかんのいずれかについて，上位３位までの道県を示しています。すいかを示しているものはどれですか。

順位	ア	イ	ウ
1	Ｂ県	茨城県	和歌山県
2	千葉県	北海道	Ｆ県
3	山形県	Ｂ県	Ｂ県

（2017年）
矢野恒太記念会『日本国勢図会 2019/20年版』より作成。

問７　次の表は，図中のＢ，Ｅ，Ｆ，Ｈの４県の養殖《ようしょく》業の種類別収獲量を示しています。Ｈ県を示しているものをア～エから選びなさい。

（単位：トン）

	まだい	かき類	わかめ類	のり類
ア	120	95,634	107	3,650
イ	10,254	46	506	38,783
ウ	38,568	645	不明	3,316
エ	不明	61	5,946	1,373

（2016年）
矢野恒太記念会『データでみる県勢 2019年版』より作成。

問8　次の表は，図中のA，D，Gの3県について，県内の人口が多い上位2都市それぞれの，県総人口に占める割合を示しています。A県を示しているものをア～ウから選びなさい。なお，●は県庁所在地です。

	第1位の都市	第2位の都市
ア	●47.1%	6.8%
イ	●29.9%	18.8%
ウ	19.4%	●14.1%

(2018年)

矢野恒太記念会『日本国勢図会 2019/20年版』より作成。

3　次の文章を読み，問いに答えなさい。

奈良の東大寺を訪れると，高さが約15メートルもある大仏に，だれもがおどろくことと思います。ただ大仏は，これまで何度も戦乱で焼け，奈良時代につくられた部分は少ししか残っていません。a世界文化遺産《いさん》にも登録されているこの大仏と大仏を納めた建物である大仏殿《でん》は，今日までどのような歴史をたどってきたのでしょうか。

東大寺に最初に大仏がつくられたのは，今からおよそ1300年前の奈良時代です。b聖武《しょうむ》天皇は，さまざまな社会不安が続くなか，仏教の力で国が安らかになることを願い，国分寺を建てることや大仏をつくることを命令しました。またc僧の行基《ぎょうき》にも協力を命じました。聖武天皇の次の天皇の時代に大仏が完成すると，貴族や僧など1万人が参列し，盛《せい》大な式典が行われました。聖武天皇の遺品を納めた東大寺のd正倉院には，その式典で使われた品々も納められています。

東大寺はその後，平安時代末のe源氏と平氏の合戦で平氏によって焼きうちされ，大半が焼けてしまいました。f『(　　)』によれば，大仏は頭が焼け落ち，胴体《どうたい》は溶けて山のようになったそうです。しかしすぐに僧が民衆から寄付を集めたり，朝廷《ちょうてい》や源頼朝の援助によって大仏はつくり直され，大仏殿も再建されました。またこのとき南大門に安置された運慶《うんけい》・快慶《かいけい》らによるg(　　)は，鎌倉文化の代表的な作品です。

15世紀後半からはh室町幕府がおとろえ，戦国の世となっていきました。この時期，東大寺は再び戦乱にあい，大仏殿は全焼し，大仏はわずかな部分を残してすべて溶け落ちてしまいました。東大寺の僧たちは，天皇やi織田信長の力を借りて寄付を集めようとしましたが，戦乱が続き，再建はかないませんでした。やがて，天下統一を果たした豊臣秀吉は，京都にj方広《ほうこう》寺《じ》という寺を建て，そこに東大寺にならって大仏をつくりました。

その後，江戸時代のk5代将軍徳川綱吉《つなよし》の時代に，東大寺の僧の熱心な活動によって，約130年ぶりに大仏が再建されました。また大仏殿は幕府が中心となり，l諸大名にも費用を負担させ再建されました。当時の記録によれば，m完成した大仏や大仏殿を見るために大勢の人々が奈良を訪れ，大変なにぎわいであったと記されています。ただ，資材となる大木や資金の不足から，奈良時代のものよりも大仏は1メートルほど低く，大仏殿は3分の1ほど小さくなりました。これが現在の大仏ですが，大仏殿はなお，現存する世界最大級の木造建築物とされています。

a　世界文化遺産とは，ユネスコが人類にとって極めて高い価値を持つと認めた歴史的な遺産です。日本の世界文化遺産のうち，「負の遺産」として未来に語り伝える目的から登録されたものを答えなさい。

b　このほか聖武天皇がたびたび行ったあることも，この時期の社会不安が背景にあったと考えられます。あることとは，どのようなことですか。

c　朝廷は行基を僧の高い位につけて，大仏づくりに協力させました。それ以前は，行基は朝廷からどのように見られていましたか。

d　正倉院のように，断面が三角形の木材を横に組み合わせて壁《かべ》をつくる建築法を何といいますか。

e　この合戦で活躍《やく》した源義経《よしつね》は，のちに兄と対立し，ある一族をたよって逃《のが》れました。この一族は何と呼ばれましたか。

f　(　)には，平氏一族が栄え滅《ほろ》びていくさまがつづられた，鎌倉時代に成立した文学作品が入ります。その作品を答えなさい。

g　(　)に入る言葉を答えなさい。

h　次のできごとを起きた順に並べかえなさい。

ア　室町幕府の滅亡《めつぼう》　　イ　桶狭間《おけはざま》の戦い　　ウ　鉄砲の伝来

i　信長の本拠《きょ》であった安土《あづち》について述べた次のア～ウのうち，正しいものを一つ選びなさい。

ア　安土では信長の許可のもと，武士や商人から選ばれた代表が城下町の決まりをつくるなど，自分たちの手で政治が行われた。

イ　安土は南蛮《なんばん》貿易の中心地として栄え，安土城のような洋風建築を取り入れた建物や，南蛮寺と呼ばれた教会などがつくられた。

ウ　安土では琵琶湖《びわこ》の水運を利用した流通が活発となり，商工業者の往来や営業も自由に行うことができたため，経済が発展した。

j　秀吉が，この寺の大仏殿をつくるために利用するとして，行ったことは何ですか。

k　綱吉が仏教の教えに基づいて出した法令で，人々の間では不満が高まったといわれるものは何ですか。

l　大名について述べた次のア～ウのうち，正しいものを一つ選びなさい。

ア　大名は1万石以上の領地をもつ家臣で，そのほとんどは戦国時代以来の領地をそのまま支配することを認められた。

イ　大名は江戸に妻子をおき，みずからも1年おきに家臣をつれて江戸に住み，幕府に仕えなければならなかった。

ウ　徳川氏に古くから仕えていた家臣は，大名の中でも親藩《しんぱん》と呼ばれ，江戸から近い関東や東海地方に領地をもつ者が多かった。

m　江戸時代には，神社や寺にお参りに行く旅を楽しむ庶民《しょみん》が増えました。有名な神社や寺があり，参拝者が多く訪れたことなどから栄えた町を何といいますか。

4　次の文章は，江戸時代以降の日本の教育の歴史を述べています。文章を読んで（1）～（3）に言葉を入れ，――ａ～ｈについての問いに答えなさい。

江戸時代の初めには，幕府は武力を背景にして他の勢力をおさえる政治を行っていましたが，やがて学問や道徳に基づいて世の中を治めるようになっていきました。幕府が特に重視したのは，a儒《じゅ》学の中の朱子《しゅし》学という学問でした。幕府は，儒学をひらいた孔子《こうし》をまつる聖堂の近くに学問所を建て，家臣たちに儒学を学ばせました。各地の大名も，家臣やその子どもたちに教育を施《ほどこ》すために学校を建てましたが，これは（　1　）と呼ばれました。また，庶民に読み書きそろばんを教える寺子屋も，数多く建てられました。

江戸時代後半には，ヨーロッパの学問を学ぶ蘭《らん》学が広まりました。b医者の杉田玄白《げんぱく》は，前野良沢《りょうたく》と一緒にオランダ語の医学書を苦心してほん訳して出版し，その後，オランダ語の入門書や辞書をつくる人も現れました。

明治時代になると，c政府は学校の制度を定め，すべての子どもに教育を受けさせることをめざしました。そして，全国の町や村に小学校が建てられました。大日本帝国憲法発布の翌年には（　2　）が出され，天皇への忠誠《ちゅうせい》や国家への奉仕の精神を養うことが教育の基本方針とされました。

太平洋戦争が始まると，しだいに学校で勉強することが難しくなっていきました。中学生や女学生は工場などで働くことを強《し》いられるようになり，d男子大学生は戦場にかり出されました。また，学童の集団疎開《そかい》も行われました。

戦争が終わると学校が再開されましたが，e初めのうちは，「青空教室」で学ぶ子どもたちも多くいました。民主的な社会をつくるための改革が次々に実施《じっし》され，教育の民主化も進められました。1946年に日本国憲法が公布されましたが，fこの憲法は，第26条で教育を受ける権利を保障しています。また，戦前や戦争中にさまざまな研究が国家によって干渉《かんしょう》された経験から，g日本国憲法は，表現の自由などとあわせて学問の自由を保障しています。

h国際社会でも，教育を受ける権利は基本的人権ととらえられ，1989年に国連総会で採択《さいたく》された「（　3　）条約」は，締《てい》約国が教育についての（　3　）を認め，平等な機会を与えるために具体的にしなければならないことを定めています。

a　朱子学は，幕府が人々を支配するうえでも役に立つと考えられました。その理由としてもっともふさわしいものを，次のア～ウから一つ選びなさい。

ア　主君と家来，父と子などの上下の秩序《ちつじょ》を大切にしていたから。

イ　法を守ることを重視し，社会の安定をめざす教えだったから。

ウ　質素・倹《けん》約を重んじ，ぜいたくを禁じる教えだったから。

b　杉田玄白があとから書いた手記によると，手に入れたオランダ語の医学書をほん訳する決意をしたのは，自身の経験を通じてその必要性を実感したからです。玄白はどのような経験によって何に気づいたのですか。

c　次のア～ウの文のうち，まちがっているものを一つ選びなさい。

ア　学校の制度ができた当時は，授業料の負担が重く，制度に反対して一揆《き》を起こす人たちもいた。

イ　最初は通学する子どもは少なかったが，しだいに増え，明治時代の終わりごろには，ほとんどの子どもが小学校に通うようになった。

ウ　男子は働き手として重要であったため，明治時代を通じて女子よりも小学校に通う割合が低かった。

d　このことを何といいますか。

e　「青空教室」で授業が行われたのは，どのような理由からですか。

f　日本国憲法第26条は，第１項《こう》で教育を受ける権利を保障していますが，第２項では，それを実現するための手だてを定めています。第２項が定めていることを一つ答えなさい。

g　日本国憲法は，精神(心)の自由として「学問の自由」や「集会，結社および言論，出版その他一切の表現の自由」を保障しています。これら以外に憲法で精神(心)の自由として保障されている自由を，一つ答えなさい。

h　教育を受ける権利は，なぜだれもが保障されなければならない基本的人権ととらえられるのですか。あなたの考えを書きなさい。

【理　科】（30分）〈満点：60点〉

1　1　植物は，根から水を吸い上げ，それを葉から水じょう気として空気中に放出しています。この現象を何といいますか。

2　1の現象について調べるため，ホウセンカを育てて実験を行いました。

【実験1】

①　ホウセンカにたくさん葉がついたところで，ホウセンカをまわりの土ごとほり出した。根を傷めないようにしながら，水の中で根についた土を洗い落とした。

②　①のホウセンカを，赤い色水にさした。

③　葉やくきが赤くなったら，図1，2のようにくきを切って，断面を観察した。

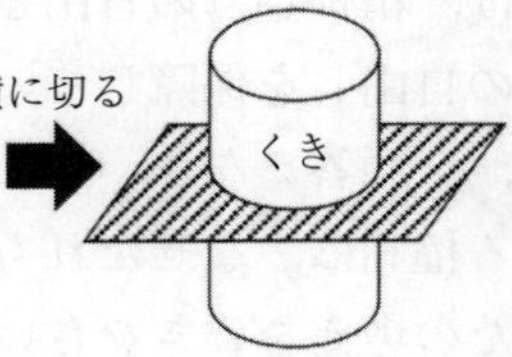

図1

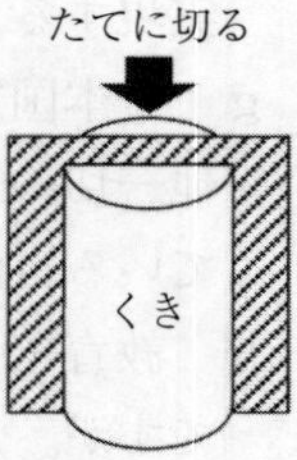

図2

(1)　図1のように，くきを横に切って断面を観察した場合，赤く染まっている部分として最も適したものを下のア～カから1つ選びなさい。図の灰色の部分が，赤く染まっている部分です。

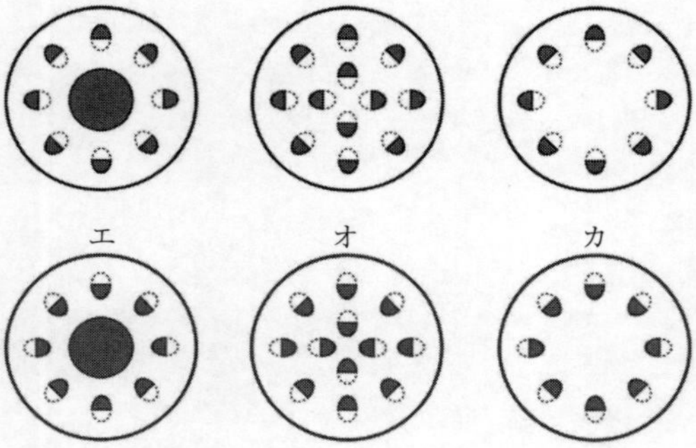

(2)　図2のように，くきをたてに切って断面を観察した場合，赤く染まっている部分を解答用紙の四角形に書きこみなさい。ただし赤く染まっている部分は黒くぬりなさい。なお解答用紙の四角形はくきの断面をあらわしています。

【実験2】

①　ホウセンカの葉から，表面のうすい皮をピンセットではがした。

②　①のうすい皮を，けんび鏡で観察すると，葉の表面に穴が観察された。

(3)　下のア～オを，けんび鏡を使う順番に並べかえなさい。

ア　ステージにプレパラートをのせ，留め金でおさえる。

イ　反射鏡を動かして，視野全体が明るく見えるようにする。

ウ　けんび鏡を日光が直接当たらない，平らな明るい場所に置く。

エ　けんび鏡を横から見ながら，調節ねじを回し，対物レンズとプレパラートの間をできるだけ近づける。

オ　接眼レンズをのぞきながら，調節ねじをゆっくりと回し，対物レンズとプレパラートの間をはなす。

(4)　この実験で観察された，葉の表面にある穴を何といいますか。なお，この穴は1の現象で水じょう気が放出される穴です。

3　1の現象は，天候などの条件に応じて，【実験2】で観察された葉の表面にある穴を開閉することで調節されます。

(1)　1の現象をおさえる必要があるのは，どのような天候のときでしょうか。最も適したものを下のア～ウから1つ選びなさい。

ア　よく晴れて高温になった日

イ　くもりで，ジメジメとした日

ウ　雨が降って，昼でもうす暗い日

【実験2】で観察された葉の表面にある穴は，水じょう気が放出されるだけでなく，呼吸や光合成にともなって出入りする気体の通り道にもなります。

(2)　植物が光合成をするために，気体を多く出入りさせるのは，どのような天候のときでしょうか。最も適したものを(1)のア～ウから1つ選びなさい。

(3)　(1)と(2)で答えたことから，光合成と1の現象の間には，どのような関係があるでしょうか。気づいたことを述べなさい。

2　体で感じる暑さは気温だけでなく，そのときの，しつ度(空気のしめり気)も大きくえいきょうします。同じ温度でもしつ度がちがうと感じ方がちがいます。しつ度が高いときは「暑く」(暖かく)，しつ度が低いときは「寒く」(すずしく)感じます。しつ度は，空気中にふくまれる水じょう気の量の割合で表します。空気中の水じょう気の量は気温によってちがい，空気の体積1立方メートルの中にふくまれる水じょう気の量の限度を「ほう和水じょう気量」といいます。しつ度はその空気の「ほう和水じょう気量」に対する「ふくまれている水じょう気量」の割合を％(パーセント)で表します。なお気温を0℃から40℃まで5℃ずつ変化させたときの「ほう和水じょう気量」は下表のようになります。

気温〔℃〕	0	5	10	15	20	25	30	35	40
ほう和水じょう気量〔g〕	4.8	6.8	9.4	12.8	17.2	23.0	30.3	39.6	51.1

1　上表の結果をまとめた次の文の(　)に語句を入れ，文章を完成させなさい。

空気の出入りがない場所で，ほう和水じょう気量は，気温が高くなるにつれて(①)ので，気温が高くなるほど，しつ度は(②)なると考えられる。

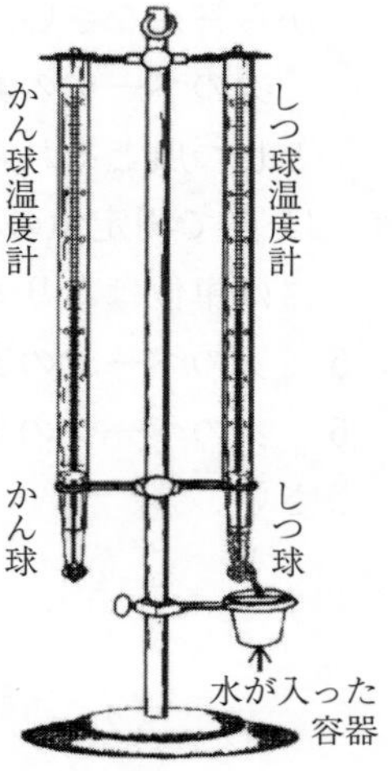

2　水じょう気をふくんだ空気の温度が下がり，空気中の水じょう気量がほう和水じょう気量をこえると水じょう気は何に変化しますか。また，この変化が上空ではなく地上でおきる場合，身近に観察できる例を一つ具体的に示しなさい。

空気のしつ度を測るそう置をしつ度計といいます。しつ度計はいろいろな種類がありますが，「かんしつ計(かんしつ球しつ度計)」がよく使われています。かんしつ計は*右図のようにガラス製の同じ型の温度計(アルコールまたは水銀入り)を2本となり合わせてとりつけます。そのうちの1本の最下部の球の部分を水をふくませたガーゼでおおいしめらせます。しめらせた部分を「しつ球」といい，この温度計は「しつ球温度計」といいます。もう１本の温度計は，通常の使い方で測定し，「かん球温度計」といいます。

しつ度はこれら２本の温度計で測定した「かん球」と「しつ球」の温度差から求められます。気象台でもこの観測器に一部工夫したそう置を使用しています。

＊前のページの図は気象庁ホームページ「気象観測の手引き」より一部改変

3 「かん球」と「しつ球」の温度差に関して説明した下記の文中の(　)にあてはまる語を入れ，{　}からはあてはまる語を選びなさい。

暑いときに，あせをかき，あせがかわいたときや，プールで泳いだ後に，プールの水から出たときに{①　暖かく・冷たく}感じることと同じように，「しつ球」の表面では水分が(②)するため，「かん球」の温度よりも「しつ球」の温度の方が{③　高く・低く}なる。また，空気が{④　かわいて・しめって}いるほど水分が多く(②)するため「しつ球」の温度は{⑤　高く・低く}なる。以上のことから「かん球」と「しつ球」の温度差が大きいほど，しつ度が{⑥　高い・低い}といえる。

体で感じる温度の基準として「不快指数」というものがあります。この指数は今からおよそ60年前に米国の気象局が，冷ぼうや暖ぼうに必要な電気の量を予測するために気候の快適度を数字で表すものとして考案されたものです。気温としつ度を次のように組み合わせて計算するものです。

不快指数＝0.81×気温〔℃〕＋0.01×しつ度〔%〕×(0.99×気温〔℃〕－14.3)＋46.3

下表は不快指数と体で感じる暑さ・寒さの度合いの関連をおおむね示したものです。

不快指数	体で感じる度合い
54以下	寒い
55～59	はだ寒い
60～74	快適
75～79	やや暑い
80～84	暑くてあせが出る
85以上	暑くてたまらない

4 室温が26℃でしつ度が50%のときの不快指数を求め，体で感じる暑さ・寒さの度合いを上表から答えなさい。なお不快指数の答えは小数第１位を四捨五入し整数で答えなさい。

次のページの表とグラフは，横浜《よこはま》の気象台で2018年７月23日に１時間ごとに観測された気温としつ度とそれらの数値から計算された不快指数をグラフにしたものです。なお，気温の単位は℃で測定値の小数第１位を四捨五入し整数にした数値です。しつ度の単位は%，不快指数には単位はありません。

5 次のページの表・グラフのアとイは何を示しているか答えなさい。

6 次のページの表・グラフのイの変化は，気温の変化とどのような関係になっているか答えなさい。

2018年７月23日　横浜での１時間ごとの観測値・計算値

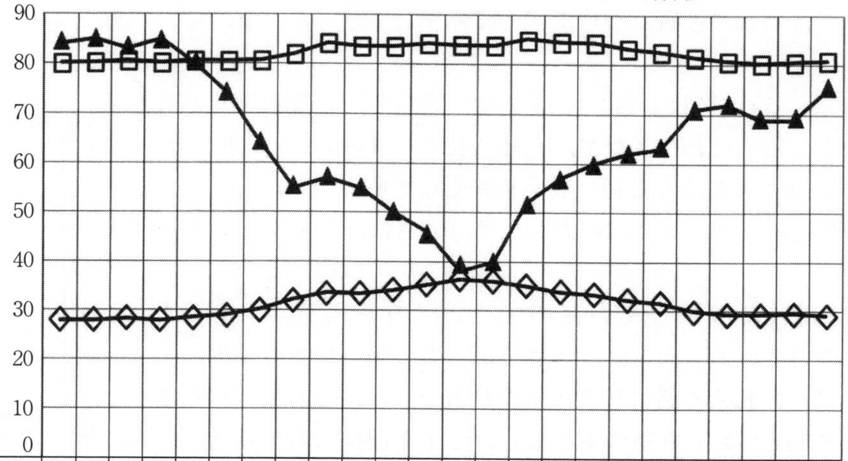

時刻	1	2	3	4	5	6	7	8	9	10	11	12	13	14	15	16	17	18	19	20	21	22	23	24
◇ 気温	28	28	28	28	29	29	30	32	34	33	34	35	36	36	35	34	33	32	32	30	29	29	30	29
□ ア	80	80	81	80	81	81	81	82	84	84	84	84	84	84	85	85	84	83	83	82	81	80	81	81
▲ イ	84	85	83	85	80	74	64	55	57	55	50	46	38	40	52	57	60	62	63	71	72	69	69	75

7　下記の文章は「観測日の９時ごろに天気の変化があった」ことを考察したものです。文章を読んで下記の問に答えなさい。

気象台では屋外で気温やしつ度を観測している。そのため，観測器(温度計とかんしつ計)を周囲の人工物(人がつくったもの)のえいきょうを受けない場所に設置する必要があり，その場所には地面からの熱をさけるために，しば生が植えられている。

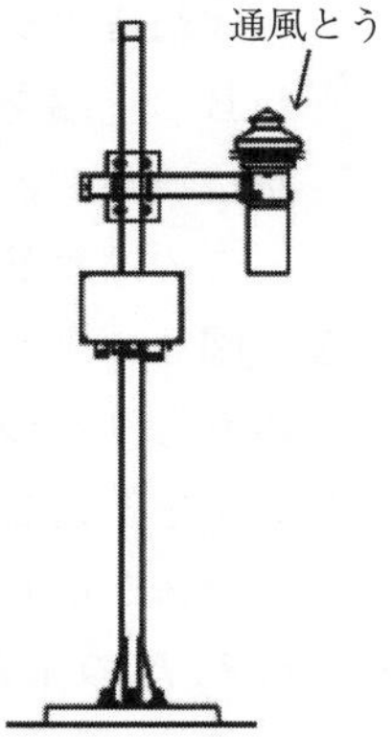

また，*右図のように太陽からの日射をさけるために断熱材を入れた二重の容器(つつ)の中に観測器(温度計とかんしつ計)を入れて，常に一定の風を通している。この容器(つつ)は「通風とう」とよばれ，その通風とうの下部には，地面で反射した日射が直接当たらないようにしゃへい板も付いている。

＊右図は気象庁ホームページ「地上気象観測」より一部改変

以上のような観測方法から上の表・グラフのイの数値の変化は，天気の変化によるものと考えられる。観測日の天気は「晴れ」だったが，９時の天気は，一時的に「晴れ」から「くもり」になったと思われる。なお気象台の天気の記録も確認したところ，９時の天気は「くもり」であった。

問　文中の下線部のように「一定の風を通している」理由を考え，説明しなさい。

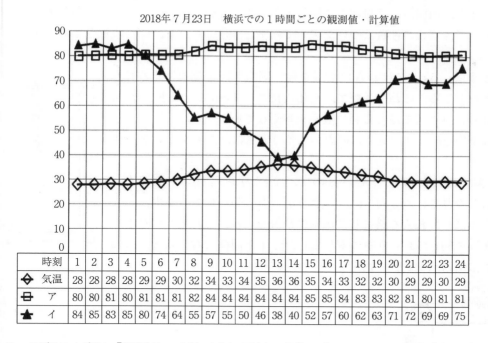

3　1つの物体を，両側から反対向きに同じ大きさの力で引っ張ると，静止して動きません。この原理を用いて，ばねの性質について考えてみましょう。ただし，ばねの重さは考えないものとします。

図1のように，5cmのばねAの上端《たん》を棒に固定し，下端に50gのおもりをつるしたところ，ばねはのびて，全体の長さが7cmになりました。

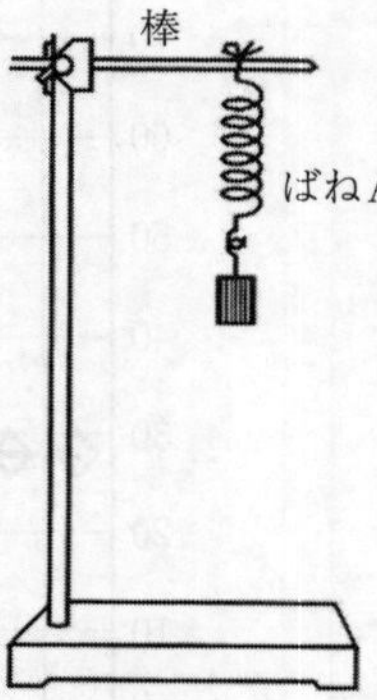

図1

1　以下の文の(　)にあてはまる語や数字を答えなさい。

ばねAは下端を，(ア)gぶんの力で(イ)向きに，おもりから引っ張られています。

このときばねAは静止しているので，上記の原理から，上端を，(ウ)gぶんの力で(エ)向きに，(オ)から引っ張られています。

2　図2のように，ばねAを横にして両端にひもをつけ，それぞれのひもをかっ車にかけて50gのおもりをつるしました。**1**と同様に考えると，ばね全体の長さは何cmになりますか。

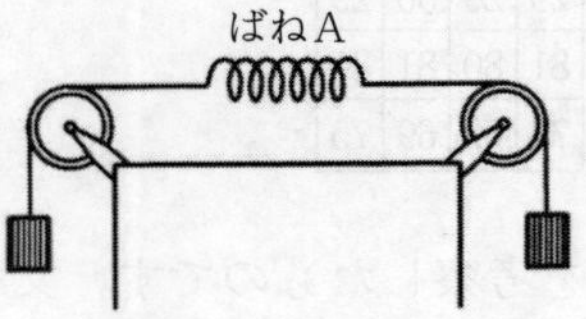

図2

ばねAのかわりに，性質の異なるばねBを用いて，図1と同じ実験をしました。8cmのばねBの上端を棒に固定し，下端に50gのおもりをつるしたところ，ばねはのびて，全体の長さが12cmになりました。

このばねBとばねAの両方を用いて，以下の実験をしました。

3　図3のように，ばねAの下端にばねBをつるし，ばねBの下端に50gのおもりをつるしました。このとき，以下の文の(　)にあてはまる語や数字を答えなさい。

全体が静止しているので，AとBのばねを一つの物体として考えると，ばねAの上端は(カ)gぶんの力で(キ)向きに，ばねBの下端は(ク)gぶんの力で(ケ)向きに引っ張られています。いっぽう，それぞれのばねだけで考えると，ばねAの下端は(コ)gぶんの力で(サ)向きに(シ)から引っ張られており，ばねBの上端は(ス)gぶんの力で(セ)向きに(ソ)から引っ張られています。

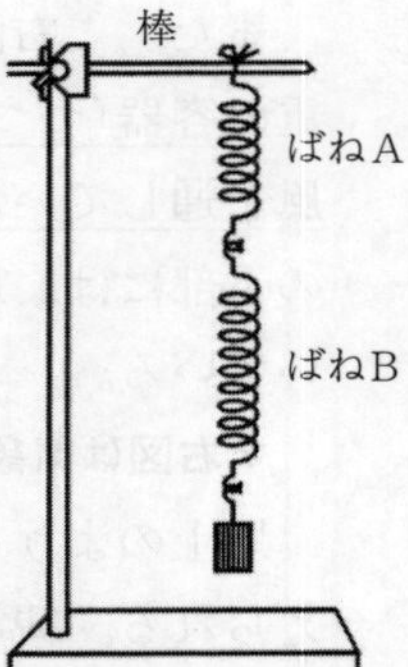

図3

4　**3**のとき，全体の長さは何cmになりますか。

4 ドライアイスは二酸化炭素の固体です。いっぱんにドライアイスは氷と異なり，温度が上がると液体にならずに気体の二酸化炭素になります。ドライアイスは氷よりも低い温度で用いられ，食品の冷温保存にも使われています。

1 ドライアイスを用いて次のような実験を行いました。

【実験１】 ドライアイスを水の入ったコップの中に入れると白いけむりが出た。ドライアイスがとけた後の水にBTBよう液を加えると，水の色が変化した。

【実験２】 ドライアイスに金属製のスプーンをおし当てると，しばらくの間スプーンが細かくゆれた。

【実験３】 右図のような水の入ったペットボトルに二酸化炭素を入れ，ふたをしてふるとペットボトルはへこんだ。

【実験４】 右図のような水の入ったペットボトルにドライアイスを入れ，ふたをしてふるとペットボトルは破れつした。

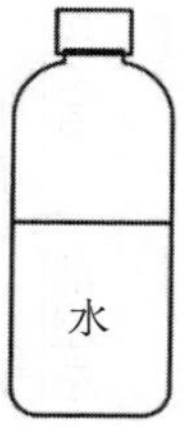

(1) 【実験１】の白いけむりとは何ですか。次のア～エの中から１つ選びなさい。

ア 水じょう気　　イ 氷のつぶ

ウ ドライアイスのつぶ　　エ 二酸化炭素

(2) 【実験１】でBTBよう液を加えた後の水は何色か答えなさい。

(3) 【実験２】でスプーンがゆれるのは，スプーンがふれた部分のドライアイスが気体になり，スプーンをいっしゅんおし上げるためです。この現象は木製のスプーンでは起こりません。その理由を次のア～カの中から１つ選びなさい。

ア 木は金属よりやわらかいから

イ 木は金属よりかたいから

ウ 木は金属より軽いから

エ 木は金属より重いから

オ 木は金属より熱を伝えやすいから

カ 木は金属より熱を伝えにくいから

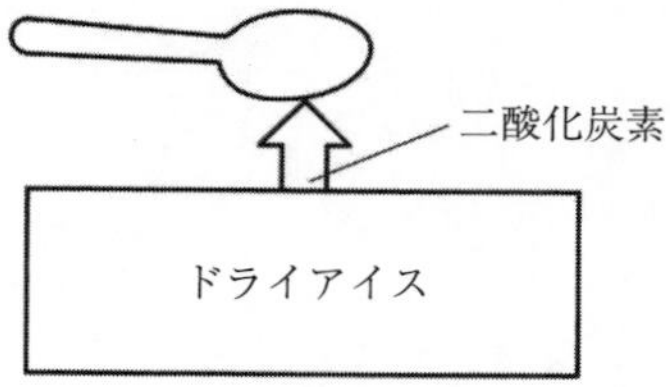

(4) 【実験３】でペットボトルがへこんだのはなぜか答えなさい。

(5) 【実験４】でペットボトルが破れつしたのはなぜか答えなさい。

2 家庭での冷温保存には冷蔵庫が使われています。しかし，現在の電気で動く冷蔵庫がない時代は，氷で冷やす冷蔵庫が使われていました。この冷蔵庫は主に上下２段のたなが付いており，片方に氷を入れて冷蔵庫内部の温度を下げ，もう一方のたなで食品を保存していました。氷を入れていたのは上下どちらのたなだと考えられますか。食品の冷やしやすさを考え，理由とともに答えなさい。

1　XさんはYさんが営む食堂の常連客である
2　XさんとYさんはともに東海道線で通学している
3　XさんはYさんの仕立てたスーツを着ている
4　XさんとYさんは愛し合って結こんした夫婦である

問三　――部「では彼らは時間と空間をどのように考えていたのでしょうか」とありますが、古代、中世の人びとは「空間」をどのように考えていましたか。それがわかる四十字以上四十五字以内の一文をぬき出し、最初の五字を書きなさい。

問四　――部「このような空間をアジール（聖域、避難所）といいます」について答えなさい。

①　「アジール（聖域、避難所）」とはどのような場所ですか。四十字以内で書きなさい。

②　古代、中世の社会におけるアジールの例を本文中から四つぬき出しなさい。

問五　「　」部「現代に生きている私たちは～外国で暮らせるのです」とありますが、ここに示されている現代人の考え方はどのようなものですか。この文章全体の内容をふまえ、本文中の言葉を用いて四十字以内で書きなさい。

問六　あなたが変えたいと思っている現代の常識を一つ挙げ、その常識を捨てたときにどのような変化が起こると思うか、あなたの考えを二百字以内で書きなさい。

三

次の各文から、主語と述語の関係になっている部分をぬき出し、主語、述語の順で記号を書きなさい。

1　**ア**その **イ**本は **ウ**私も **エ**以前に **オ**読みました。
2　**ア**富士山の **イ**よく **ウ**見える **エ**部屋を **オ**予約した。

四

次の――部1～5のカタカナの部分を漢字で、また――部6～8の漢字の読み方をひらがなで書きなさい。

敵に**1**ホウフクする
健康を**2**タモつ
花を**3**ソナえる
大臣が**4**ジショクする
5カンパがとう来する
6分別のつく大人
7枝葉末節
8類まれな才能

＊問題文に使用した作品における難しい漢字表記は、現在一ぱん的に使われている漢字またはひらがなに改めるか、読みがなをほどこすかしてあります。また、送りがなを加えたり取ったりしたものもあります。

はできないことになっています。ひもを通して聖なるモノが神殿の外にいる犯人にも伝わっていると考えられたためでしょう。

問四 このような空間をアジール（聖域、避《ひ》難所）といいます。現在では大使館や赤十字の建物に、かろうじてのこっているくらいですが、古代、中世の社会では個人の家も聖なる場所に近い性質をもっていましたから、いたるところにアジールがあったことになります。

子どもの遊びのひとつおにごっこに、円をえがいたなかにいる子どもを捕らえることはできないというルールがありますが、それも古代、中世のおとなのアジールのルールが現在まで子どもの遊びのなかにのこっているとみることができます。

アジールにはいろいろな形態があって、渡《わた》し舟《ぶね》もアジールでした。追いかけられている人が渡し場に追っ手より先につき、舟にのったとき、あとから追っ手が近づいたばあい、船頭は追いかけられている人を船首にのせ、追っ手を船尾《び》にのせて、対岸につくと船首の客をまずおろし、そののち舟を一回転させて船尾を陸につけて追っ手をおろすことになっているところもあります。

あるいは、追いかけられている人が農具のひとつである馬《ま》ぐわの下でパンを一片食べている間は、追っ手は近づいてはならないというルールもあります。私たちには子どもの遊びのようにみえるかもしれませんが、このアジールは、古代、中世の人びとの人間関係のなかでは、とても重要な役割をはたしていたのです。

「我が家は城なり」という〈注〉法諺《ほうげん》もアジールとしての家を示しているのです。たとえ殺人犯であっても家にのがれ、その家の主人が犯人をかくまっているばあい、警察などの公権力といえども家におし入ることはできないとされていたのです。現在の私たちには理解しにくいこのアジールを説明するためには、中世人の空間、つまり世界についての考え方の輪かくを示しておく必要があるでしょう。

現代に生きている私たちは、世界はひとつだと考えています。たしかに飛行機にのりさえすれば、たいていのところへは十数時間で行けます。どこへ行っても今私たちが使っている時計で時間を計り、円をその国の通貨にかえささえすれば生活できるのです。世界中の人びとの生活の様式がたいへん似てきていますから、あまり抵抗《ていこう》なく外国で暮らせるのです。

このような世界に生きている私たちには、現代の世界の常識を過去にもちこもうとするけい向があります。ところが古代や中世の人びとは、私たちの世界とはひじょうに異なった世界に生きていたのです。

（阿部《あべ》謹也《きんや》『自分のなかに歴史をよむ』）

〈注〉法律についてのことわざ

問一 この文章の展開のしかたの説明としてふさわしいものを選びなさい。

1 はじめに一ぱん的な意見を示し、それを否定したうえで独自の意見を主張する

2 はじめに具体的なことがらを一つあげ、それを根拠《きょ》として結論を導き出してゆく

3 はじめに主張を述べ、それについての具体例をいくつかあげて、最後に主張を確認する

4 はじめに二つの対照的な意見を並べ、それらを対比させつつ一つの結論にまとめてゆく

問二 ——部「人間と人間の関係がモノを媒介として結ばれる関係と、目に見えないきずなによって結ばれるものとの二つの関係からなりたっている」とありますが、次の各文を「モノを媒介として結ばれる」関係と「目に見えないきずなによって結ばれる」関係とに分けた場合、どちらかが一つだけになります。それを選びなさい。

ありますが、「新蔵」にとって、「刀」とはどのようなものですか。

1 幼いころから常に手元にあった、思い入れの強いもの
2 槍よりも軽く、けがをしていても簡単にあつかえるもの
3 どの武器よりも殺傷能力が高く、戦では欠かせないもの
4 自分のうで前を示し、武士としてのほこりとなるもの

問十四 ――部「この日初めての、合戦場にあるじゅう実感がこの時新蔵のひん死の五体をみたしていた」とありますが、このときの「新蔵」の説明としてふさわしいものを選びなさい。

1 この日はずっと捕らわれの不自由な身の上だったので、ようやく自由の身になり解放感を味わっている
2 生きて捕りょになるのは恥だと考えていたので、やっといさぎよく死ぬ場を見つけられて安どしている
3 敵と直接向かい合い、自分の力の限りをつくして戦うことができたことに満足し、喜びさえ感じている
4 たわいない理由で山県昌景を狙撃した兵たちを討ち取り、うらみを晴らして、達成感をかみしめている

二 次の文章を読んで後の問に答えなさい。

問二 人間と人間の関係がモノを媒介《ばいかい》として結ばれる関係と、目に見えないきずなによって結ばれるものとの二つの関係からなりたっているというとき、私たちは現代人としての常識でその関係を理解しようとします。しかし、古代、中世の人びととの関係を頭におきながらこの問題を考えようとすると、現在私たちがもっている「常識」をいったん捨てなければならないのです。

つまり、古代、中世の人間と人間との関係のあり方は、現代人のそれとはたいへん異なっているので、それを理解するためには、私たちの常識をいったんたな上げにする必要があるのです。

たとえば、私たちには時間が均質的でまた直線的に流れてゆくと考えるけい向がありますし、空間は三次元の均質的な場であると考えています。これは現代という特しゅな時代に生きている私たちの常識ですが、古代、中世の人びとは時間と空間をそのようにはとらえていなかったのです。問三 では彼らは時間と空間をどのように考えていたのでしょうか。

具体的な例をとってみましょう。

古代、中世の人びとは空間を均質的な場であると理解してはいませんでした。聖なる空間とそうでない空間があって、前者はおそれをもって接しなければならない空間でした。そのような意識は日本人のばあいは今でも残っていて、床《とこ》の間に上がってはならないということはだれでも知っているでしょう。床の間は日本の家では聖なる場所なのです。

古代、中世の社会では、たとえば神殿《でん》は聖なる場所でしたから、そこにはいった者にもその聖性が移ると考えられていたのです。人殺しをしたり、どろぼうをしたりして追いかけられている人が神殿の中ににげこんだばあい、追っ手は神殿をとり巻いて、犯人が出てくるのを待つのです。神殿にはいって捕らえることはできません。

なぜできないのでしょうか。それは神殿が聖なる領域で、いったんそこにはいった者は聖性を帯びますから、その者を捕らえることはできないと考えられていたからです。その聖性は、神殿のなかにいる間だけそこに留まる者に移っているので、いったん神殿を出ると聖性を失い、すぐに捕らえることができるのです。神殿内には水も食料もありませんから、囲んで待っていれば、飢《う》えとかわきのために犯人はいずれは出てこざるをえないのです。

しかしアテネのキロニーデンの神殿では、聖なる像にひもを結んで、そのひものはしをもって神殿から出ている間は、犯人を捕らえること

3　捕らえられたら潔く死ぬしかないと考えてただ殺せとわめき続けていたため、新蔵には武士の言葉が全く聞こえていなかったこと

4　武士の言葉をたんなる気休めとしか思っていなかった新蔵が、敵の大将が本当に恥ではないと言っているのを知って感激していること

問十　――部「裸でよかったのだ、裸で！」と「新蔵」が考えるのはなぜですか。

1　これまでつちかってきた戦の技術や経験などが何の意味も持たないような合戦には、きちんと武具をつけて臨む価値を見いだせなかったから

2　いとも簡単に敵に敗北して捕りょになってしまう弱い自分は、立派な武具がふさわしいような勇かんな武士ではないと感じられたから

3　ごうかな武具で敵をひるませる従来の戦法が通用しなかったので、武具の威《い》力に頼らず初心に返って武士としてのうでをみがくべきだとさとったから

4　強い武将たちをも一しゅんのうちに殺してしまうような敵に必死にあらがうよりも、武具を捨てていさぎよく降参の意を示すのがよいと気付いたから

問十一　――部「そして、首をはねられようと、仕官しようと、どちらでも構わないが、どちらかに早く決めてもらわなければならぬと思った。こうして蚊にせめ立てられていてはやり切れない」とありますが、このときの「新蔵」の説明としてふさわしいものを選びなさい。

1　命を失うことも武士としてのほこりを失うこともどちらも自分にとってはおそろしいことであり、苦しい選択《たく》をせまられていたたまれなくなっている

2　味方でたった一人生き残ってしまった自分の今後を決する重要な局面で、蚊のようなちっぽけな存在にふり回されてはいられないと気がせいている

3　目の前の蚊のようなささいなことがらが気になり、武士としての生きざまや自分の命の行く末という重大事が二の次になるほどなげやりになっている

4　命を失うのか生き延びられるのかという生死のかかった極限状態にあるが、たとえどのような結末になろうとも静かに受け止めようと覚ごを決めている

問十二　――部「この時、新蔵はしかられている若者より、もっと大きく自分の体がふるえて来るのを感じていた。ほとんど自分で制ぎょできない程、手もあしもどう体もがくがくと大きくふるえて来た」のはなぜですか。

1　合戦の神とまで呼ばれた山県昌景が、見るからに戦に関して素人《しろうと》同然の下級武士にあまりにもくだらない動機で殺されたことに、強いいきどおりを覚えたから

2　堂堂たる山県昌景を討ち取った者たちがただの雑兵であることにおどろき、雑兵でさえ相当の力量を持つような敵軍に捕らえられていることが急におそろしくなったから

3　自軍の宝と言われた山県昌景が一見して技術も実力もない者たちに簡単に殺されたことで、新たな武器の力にしょうげきを受け、自軍再興の望みはないことに絶望したから

4　大きな存在であった山県昌景が自分よりうで前も身分もおとる者たちに討たれて、山県を守れなかった自分のふがいなさを痛感し、くやしさがおさえられなかったから

問十三　――部「刀が欲しかった。槍をすてて、刀が欲しかった」と

何軍ですか。

問三 ――部「多田新蔵の捕らわれの姿は、どう見ても余りかっこうのいいものではなかった」とありますが、どのような姿が「余りかっこうのいいものではなかった」のですか。十五字以内で書きなさい。

問四 ――部「弱い夏の夕陽が斜に落ちていた」はこの文章の中でどのような効果をあげていますか。

1 太陽のように光りかがやくかつての武田軍の栄華《が》を読者に明示する効果

2 武田軍があえなく敗戦に終わってしまったことを読者に印象づける効果

3 武田軍にわずかな勝機がいまだ残されていることを読者にほのめかす効果

4 最後まで立派に戦い抜いた武田軍の兵士たちの美しさを読者にうったえる効果

問五 ――部「こんな合戦ってあるか！」とありますが、この合戦で敵軍はどのような作戦で圧勝したのですか。文章中の言葉を用いて三十字以内で具体的に説明しなさい。

問六 ――部「とつ然新蔵は大声を上げてわめくように泣き出した」のはなぜですか。文章中の言葉を用いて簡潔に答えなさい。

問七 ――部「裸の捕りょは、織田の武士たちに手取り足取り担がれて、三重に張りめぐらされてある柵の設けられてある地帯をこえた」とありますが、ここでの「裸の捕りょ」という言い方はどのようなことを表していますか。

1 新蔵が捕らわれの身であることを強調することで、敵方に自由をうばわれた新蔵が悲しみにうちひしがれていることを表している

2 新蔵と呼ばないことで、とつ然笑ったり泣いたりする不可解な態度の新蔵を敵方がもうまともに相手にしていないことを表している

3 着物も着ないで平気でいる新蔵のさまを言うことで、新蔵のあらあらしいふるまいを敵方がもてあましあきれていることを表している

4 新蔵という名前を出さないことによって、ぬけがらのようになってしまった新蔵を敵方が物のようにあつかっていることを表している

問八 ――部「やがて新蔵の裸身はほのおの光で赤く光った」という一文は、どのような様子を表していますか。

1 先程まで激しい合戦の中にいた新蔵がまだ興奮しており、すぐにでも戦いを再開しようとしている様子

2 いつ殺されてもおかしくない状況《きょう》に置かれてしまった新蔵が、周囲の者を警かいして身構えている様子

3 新蔵が敵の前であっても少しもひるまず、かえって大きないかりを内に秘めていることがわかる様子

4 捕りょとして無様な姿をさらすことを新蔵が強く恥じていることが、だれの目にも明らかである様子

問九 ――部「武士が言いかけた時、初めて『恥』という言葉が、それの持つ正当な意味をもって、新蔵の耳にはいって来た」という一文からはどのようなことがわかりますか。

1 それまで新蔵は裸であることのみを恥だと考えていたので、捕りょになることが恥だと聞かされておどろきをかくせないでいること

2 捕りょとなることが恥であるという戦の常識を忘れさせるほど、新蔵にとって今回の合戦が異常なものであったということ

士たちが入り乱れて横切った。

まっ先にせまって来たのは、槍をうばわれた若い武士だった。ふりかぶった刀の半分が篝火の光の中でひらめいたが、あとはやみの中に消えた。

新蔵は雑木の間をくぐってのがれた。気が付いた時、彼は竹やぶに沿った道路を走っていた。何人かの足音がすぐあとにせまっていた。

「来い！」

新蔵は立ちどまると、槍を小わきにかかえたまま、やみの底をうかがうように、身をおりながら向きを変えた。

一人をついた。太ももらしかった。

また一人をつきさした。十分の手応えを感じている時、新蔵は裸の肩先を横から斬り下げられた。はげしい痛みが全身を走った。

問十三 刀が欲しかった。槍をすてて、刀が欲しかった。

新蔵は重傷を負いながらまた走った。が、何程も走らぬうちに、彼は再び立ちどまると、槍をつえにして立ち、おそらく自分にとって最後であるにちがいない決とうの相手がせまって来るのを待った。

そこは坂の中途《と》らしかった。はるか下の方で、いくつかの〈注13〉たいまつが動いている。叫声と喚《かん》声が、次第に高くなって聞こえて来る。

多田新蔵にとって、ひどくばからしい、ほとんど信じられぬくらいの間の抜けた大会戦の一日は、いま終わろうとしていた。**問十四** この日初めての、合戦場にあるじゅう実感がこの時新蔵のひん死の五体をみたしていた。が、それも長くは続かなかった。多田新蔵は新しい決とうの相手が現れるのを待たないで、ひざを折って、地面にたおれた。

（井上　靖《やすし》「篝火」）

〈注1〉 長さの単位。一尺は約三十センチメートル
〈注2〉 夜、あたりを明るくするために燃やす火
〈注3〉 時間の長さ。三十分
〈注4〉 軍の大将が陣を構える場所
〈注5〉 一段高いところに板をしいて、見物客を座らせるようにしたところ
〈注6〉 赤色の不動明王。いきどおりの形相で、右手に剣《けん》、左手になわを持ち、背に火炎《えん》をおう
〈注7〉 むすこ
〈注8〉 貴人や目上の人などが下したことばや命令
〈注9〉 馬のひづめ
〈注10〉 武士が主君の家来として仕えること
〈注11〉 長さの単位。一間は約一・八メートル
〈注12〉 敵味方入りみだれてのはげしい戦いの場
〈注13〉 マツなどの木をたばねて、火をつけて明かりとしたもの

問一 ＝＝部**A**・**B**・**C**の意味として正しいものを選びなさい。

A 神妙に
1 おとなしく、すなおに
2 きびきびと、すばやく
3 感情を表に出さないで
4 みじめで情けなく

B うやうやしく
1 おおげさに　2 よそよそしげに
3 おもねって　4 へりくだって

C みだりに
1 うっかり不注意に
2 考えもなくむやみに
3 くわだててひそかに
4 予告なくとつ然に

問二 「多田新蔵」はこの合戦で何軍に属していますか。また、敵は

それから、

「お前が他の者に命じたのだな？」

「は」

「なぜ、みだりにそのようなことをした？」

「は」

若者はすっかりおびえ上がって、口もろくにきけないらしく、長いこと口をもぐもぐさせていたが、

「ひ、ひまだったのでございます」

「ひま？」

「あの時、することがなかったのでございます。まことに申しわけございません」

若者は両手を大地についていたが、よほどおびえているらしく、体は大きくふるえていた。

「本来ならきびしくばっするところだが、この度だけは見のがしてやる」

若い武士は言った。

問十二 この時、新蔵はしかられている若者より、もっと大きく自分の体がふるえて来るのを感じていた。ほとんど自分で制ぎょできない程、手もあしもどう体もがくがくと大きくふるえて来た。

新蔵は戦線の左翼《よく》で、山県昌景が飛弾にたおれた時を見ていた。それはぐう然彼の眼にはいった〈注12〉修羅《しゅら》場の一シーンであったが、山県昌景の死の意味は武田軍にとっては、限りなく大きいものであった。合戦の神と言われ、長く武田の至宝と言われた山県昌景の死は、急に武田軍の運命を暗く冷たいものにしたのである。新蔵はその時山県昌景さえたおれてしまったのだからもうこの合戦はだめだと思った。

しかし、それにしても、山県昌景の死は、信じられぬ程あっけないものであった。彼はくずれ立った味方の軍勢に下知するために、馬上に大きく身をうかせた。それはどこから見ていても、山県昌景以外の何人とも見えぬ堂堂たる姿であった。

が、次のしゅん間、彼はいきなり前かがみになったと思うと、たわいなく馬上から転がり落ちたのであった。信じられぬようなあっけない落馬の仕方であった。乱戦の最中だったので、この出来事はたちまちにして戦場の混乱のうずの中に巻きこまれ、あと形もなくなってしまったのである。

ひまだったから狙撃したと言うのか。ひまだったから！　新蔵は自分でも知らぬ間に立ち上がっていた。

新蔵は改めて、そこに居並んでいる五人の雑兵の姿を見つめた。言うまでもなく今日の合戦で、織田方の鉄砲隊に属した武士たちであろうが、武士になってから、そう長い歳《さい》月を送っているものとは見えない。あるいは刀一つ使えないかも知れない。

この雑兵たちは、手持ちぶさたをまぎらわすために、彼らの眼にも目立って見えた一人の武田の武将に照準したのであろう。ばからしいことは百も承知していたが、そのばからしいことの限りが、この時、彼にこの日初めての忿怒《ふんぬ》を点火した。

新蔵はとつ然、大きいうなり声を上げると一しょに、彼らの方へ、篝火の光の輪の中へ身をおどらせた。とっ進した。若い武士はさっと身を背後に退いた。が、その時新蔵の手は、武士の持っている槍にのびていた。

新蔵は槍をうばった次のしゅん間、槍をかかえ直すとみるや、いきなり、立ち上がりかけた若い一人の雑兵のわき腹をつきさしていた。そしてつきさしたまま、二、三間走って行って、立木の根本におし付けるようにして、相手の体から槍を抜いた。

新蔵は叫《きょう》声と怒《ど》声が周囲にわき起こっているのを聞いていた。桟敷から何人かの武士たちがかけ降りた。篝火の光の中を、二、三人の武

「すみへ座らせておけ」

と、他の者に命じた。すぐ暗くなっている樹蔭《いん》から、二、三人の武士が現れると、新蔵の両手を取った。

新蔵はそこから〈注11〉三間程はなれた雑木のしげみのそばに移された。そこに移されると、急に蚊《か》の群れが新蔵の裸身をおそって来た。これはたまらないと思った。

今の場合、新蔵には仕官の問題より蚊のしゅう撃《げき》の方が気にかかった。仕官の方はさして重要な問題ではなかった。仕官を断って首をはねられても、それはもともと予定していたことである。捕まった時、すでにそうした運命が自分にやって来ることを覚ごしていた。だれも彼もみんな相果てたのだから、自分一人が助かっても仕方のないことであった。

しかし、仕官しろというのなら、仕官してもいいと思う。捕りょになったことに恥を感じなかったように、敵方へ仕えることも、今の場合、そこにたいした意味があろうとは思われない。こんどの合戦では、何か重大なものが一本抜けているのだ。今まで通用していたものが、全部通用しなくなっている感じである。

新蔵はうでをやたらに左右にふりまわしていた。**問十一** そして、首をはねられようと、仕官しようと、どちらでも構わないが、どちらかに早く決めてもらわなければならぬと思った。こうして蚊にせめ立てられていてはやり切れない。

ひどくばからしい合戦にふさわしく、その結末も新蔵にはばからしく、こっけいに思えた。

新蔵は暗やみの中で、大きな眼を光らせた。先刻まで自分が座っていた席に、おいぼれ武士が一人現れたかと思うと、何か二言三言言って、丁ねいに頭を下げて立ち去って行ったからである。

すると、こんどは別の武士が現れ、同じように、篝火に半顔を照らされながらそこに座り、また何か言って、桟敷の方に**問一B** うやうやしく頭を下げて立ち去って行った。

それから次から次へと、武士たちは現れた。若い武士も居れば、年取った武士も居た。堂堂たる武士も居れば、貧相なやつも居る。図体の大きいのも居れば、小さいのも居る。階級も雑多であった。中には、手負うた武士も居た。

新蔵はやがて彼らが、今日の合戦で手がらを立てた武士たちであることを知った。彼らは所属している部隊からわざわざここに出向いて来て、何かひと言かふた言、ここにいる武将たちから労をねぎらう言葉をもらい、それに感激して引きさがって行きつつあるのであった。

そうしているうちに、新蔵はおやと思った。

篝火の光の輪の中に、今までとはちがって、いやにおどおどした一見して下級武士と見える五人の武士が現れたからである。こんどの場合だけ、桟敷から先刻新蔵をきつ問した若い武士が降りて来た。

五人の雑兵たちは、罪人のように、そこに一列に並んで座った。百しょうに武具を着けたような品のない連中だった。二人は若く、三人は中年だった。

「お前たちか、山県昌景を狙撃《そげき》したのは」

若い武士は言った。その言葉ははっきりと新蔵の耳にはいって来た。

「は」

五人の中では、一番ましに見えている二十二、三の若者が答えた。

「命令もないのに、なぜ狙撃した？」

「は」

若者は顔を上げた。

「以後、気を付けます」

「気を付けますでは相すまぬ。全軍の統制を破って、**問一C** みだりに発砲《ぽう》するとは何事だ。不届至極である」

る」

「斬れ！」

「恥じるには――」

問九 武士が言いかけた時、初めて「恥」という言葉が、それの持つ正当な意味をもって、新蔵の耳にはいって来た。

「恥？」

「恥じるにはおよばぬと言うのだ」

「恥じる？　だれが恥じるか！　ばか！」

新蔵はどなった。実際に彼は自分が捕らわれたことを少しも恥じていなかった。恥じるようなまともな合戦ではなかった。

どこか一点正常でない狂ったところがあった。高阪昌澄《さかまさずみ》も、内藤《とう》昌豊《とよ》も、みんなあっけなく一しゅんにして相果てたのだ。信ずべからざることが起こったのだ。土屋昌次も、原昌胤《たね》も死んだ。馬場信春も死んだ。その他大勢の優れた武将たちがみんな銃火の中に息を引き取ったのだ。主君勝頼《より》でさえどうなったかわかったものではない。

新蔵はばからしいといった気持しか持っていなかった。死んだ者がみなこっけいに見えた。昼間、彼は馬防柵のところで号泣したが、味方一万五千の将士の死を悲しんだのではない。

それとは少しちがっていた。柵をこえることのできなかった無念さが、ただ火のように胸をつき上げて来たのだ。柵さえこえることができたら、おそらく武田勢は織田、徳川の連合軍を〈注9〉馬蹄《てい》の下にふみにじっていたことであろう。この合戦では討死しても恥でないと同様に、捕らわれようが、にげようが、いっこうに恥ではないのだ。

「俺がなぜ裸になったか、貴様は知っているか」

新蔵はどなった。逆に彼は若い武士に質問したのだ。

「そんなことを知るか」

「わからんだろう、お前には」

新蔵は大きな裸身をふるわすようにして笑った。そして、ぷっつりと笑いをとめると、

「ばからしいのだ。こんな合戦は裸でたくさんなのだ。裸で、赤ふんどし一本でたくさんなのだ」

実際に、よろいを着たり、馬に乗ったり、槍を持ったりしたことが、今思えばこっけいに思える。問十 裸でよかったのだ、裸で！

その時、ぷっつりとなわは切られた。新蔵はふいに体の自由を得て、前にのめった。

「生命はたすけてやる。〈注10〉仕官しろ」

武士は言った。

「仕官!?」

「上様の有難いお情けを終生忘れるな」

新蔵は地面に前のめりになったままの姿勢でいた。体を起こさなかった。仕官をすすめられようとは、全く思いも寄らなかったからである。

「返事をしろ。――異存はあるまいな」

また若い武士は言った。

新蔵は槍の柄が横から自分の胸に当たったのを感じた。それに支えられるようにして体を起こした。

どうして生命をたすけて、仕官をすすめるのであるか。信長が父多田淡路守を知っているためであるか。あるいは自分が赤ふんどし一本の異様な姿でいるためであるか、それが勝利者の気まぐれな心をしげきしたのか。

新蔵がなおも返事をしないでいると、若い武士は、

「考えておけ。仕官すればよし、そうでなければ首をはねる。とくと考えておけ」

それから彼は、

中し、文字通りしかばねの山を築いた織田、徳川連合軍の陣《じん》地の馬防柵《さく》の近くまで来ると、問六 とつ然新蔵は大声を上げてわめくように泣き出した。彼のほこりにまみれた顔を、なみだがうす黒いしずくとなっていくすじも流れ落ちた。

死体は一歩一歩柵に近付くごとに多くなった。武田の武士ばかりだった。新蔵の胸に、合戦時に自分をいく度となくおそった無念だった思いが、火となってふき上げて来た。

新蔵自身、いく度、この柵にせまったことか！　馬をおどらせた。柵は高かった。馬から降りて柵を抜こうとした。新蔵ばかりでなく、武田の何千の将士が同じことをした。するとと天地をとどろかして銃火が、あたりにさくれつした。何回も何回も同じことをくり返して、武田の騎馬隊は、そのほとんどが全くこの馬防柵のところでついえたのである。

柵の前まで来た時、新蔵はついに動かなくなった。大地にしゃがみこんだ。問七 裸の捕りょは、織田の武士たちに手取り足取り担がれて、三重に張りめぐらされてある柵の設けられてある地帯をこえた。

（中略）

おびただしい〈注2〉篝火《かがりび》のたかれている地帯のまん中を、新蔵は五人の武士たちにまもられて引き立てられて行った。原野の何十という酒宴《えん》場では、武士たちがよっぱらってさわいでいた。折れた槍《やり》の柄が飛んで来たり、大きな酒盃《はい》が肩をかすめたりした。と言っても、それらは必ずしも新蔵をめがけて投げられたものではなかった。大殺りくの行われた日の夜の興奮が、酒のよいであおり立てられ、彼らを狂《きょう》人にしているのであった。

新蔵が〈注3〉小半刻《こはんとき》歩かされて連れて行かれたのは、極楽寺山のふもとの信《のぶ》長の〈注4〉本営であった。ここでも、あかあかと篝火はたかれ、酒宴は開かれていた。

そこは寺の境内のようなところであった。丁度〈注5〉桟敷《さじき》のように一段と高く造られた板敷の席には、何十人かの武将たちがずらりと居並んで、たがいに酒盃を交わしていた。

新蔵は庭先に引きすえられた。一人の中年の武士が庭へ降りて来ると、篝火を新蔵の近くに移すように命じた。問八 やがて新蔵の裸身はほのおの光で赤く光った。顔も体もさながら〈注6〉赤不動のように見えた。

こんどは別の一人の、身分のありそうな若い武士が降りて来た。

「多田淡《あわ》路守《じのかみ》の〈注7〉せがれと言ったのは本当か」

「うそを言って何とする？」

「上様はご存じだぞ」

「上様とはだれだ」

「言葉をつつしめ」

槍の石づきで背中をひとつ小づかれた。この時、新蔵は初めて自分が信長の面前に引き出されていることを知った。が、桟敷の上のどこに信長が居るかわからなかった。大勢の武将の居ることだけはわかったが、新蔵の居るところからでは、一人一人の顔を判別することはできなかった。

若い武士はいったん去って行ったが、また現れた。

「捕らわれの身になっても、いっこうに恥じることはないという有難い〈注8〉御諚《ごじょう》だぞ」

それには構わず、

「早く斬れ！」

と、新蔵はさけんだ。

「斬られたいのか？」

「早く斬れ！　殺せ！」

「ばかなやつだな。恥じるにはおよばぬと上様はおっしゃっておられ

二〇二〇年度　フェリス女学院中学校

【国語】（五〇分）〈満点：一〇〇点〉

《注意》一、句読点や記号などは字数にふくめます。
二、解答用紙の一行のわく内には二行以上書かないようにしてください。

一　次の文章を読んで後の問に答えなさい。なお、一部本文の省略があります。

問三 多田新蔵の捕《と》らわれの姿は、どう見ても余りかっこうのいいものではなかった。〈注1〉六尺近いみごとな体は、いたるところにこぶをつけたように筋肉が盛り上がっていたが、なんと言っても、赤いふんどし一本の裸《はだか》姿である。

両手は体ごとあらなわでぐるぐる巻きにしばられていたが、右手の第二関節から手首へかけてだけが自由にされていた。新蔵はそのわずかに自由を許された手で、肩《かた》に担いだ抜《ぬき》身の大刀の柄《つか》をにぎっていた。要するに彼《かれ》は赤ふんどし一本の姿で、大きな抜身の刀を肩に担いで、引き立てられて行ったのである。

彼が連れられて行く原野の風はまだ生ぐさかった。いたるところに討死した武田方の将士の死体が横たわっていて、そこに**問四**弱い夏の夕陽《ひ》が斜《ななめ》に落ちていた。

問五こんな合戦ってあるか！べらぼうな話だ！

新蔵は一日中彼の心を去来した思いを、いまも胸にいだいていた。敗戦の悲しみもなかったし、捕らわれの恥《はじ》も恐怖《きょうふ》もなかった。あるものは、奇妙《きみょう》な戦とうが行われ、奇妙な結果になり、みんな死んだ中に、自分一人が生き残っているという変てこな感がいだけであった。

彼が歩いて行く原野に横たわっている武士たちの死体は、今まで彼が見て来たいかなるものともちがっていた。斬《き》って斬って、斬りまくった果てに、力つきて斬《ざん》死したといった納得の行く姿ではなかった。みんな不得要領のうちに、相果てたといった奇妙な死様をしていた。どれもこれも、みんな銃弾《じゅうだん》に射抜《ぬ》かれている。中には刀さえ抜いていないやつがある。死顔はみんなみにくかった。

べらぼうな話だ！こんな合戦ってあるか！

だから、多田新蔵は自分が奇妙なかっこうで捕《ほ》りょになっても、いっこうに気にかからなかった。恥ずかしくもなければ、怖《こわ》くもくやしくもなかった。

彼はふてくさったように、大きな体をずしんずしんと横へいに運んで行きながら、時時周囲を見まわして、

「水！」

とどなった。

「ぜいたくを言やあがる！」

織田兵は取り合わなかった。

「捕りょのくせに**問一A**神妙に歩け！」

「ばからしくて、神妙に歩けるか！」

新蔵は、時時、周囲の織田兵たちがぎょっとする程大きな声で笑った。無性に腹の底からこみ上げて来る笑いだった。

「狂《くる》ったのか」

だれかが言うと、新蔵はその声の方へ顔をまわして、

「狂った？ばか者めが！ばからしくて狂えるか、一体、なんだ、この合戦は！」

新蔵は路上に横たわっている味方の武士たちの死体をふみこえたり、それにつまずいたりしながら歩いた。

しかし、今日の合戦で、武田の騎《き》馬隊を食い止め、そこに銃火を集

2020年度

フェリス女学院中学校　▶解説と解答

算　数　(50分)＜満点：100点＞

解　答

$\boxed{1}$ (1) 45　(2) 52度　(3) 7350　(4) 18リットル　(5) ア 8　イ 56　$\boxed{2}$ (1) ア B　イ 1　ウ 6　(2) エ D　オ 60　カ 72　$\boxed{3}$ (1) 2.565cm^2　(2) 9.525cm^2　$\boxed{4}$ (1) $24\frac{2}{27}$　(2) ア 1　イ $\frac{2}{3}$　ウ $\frac{4}{9}$　エ $2\frac{154}{243}$　(3) 9番目　$\boxed{5}$ (1) ②，⑤　(2) ③　(3) 2550円

解　説

$\boxed{1}$ 逆算，角度，整数の性質，倍数算，場合の数

(1)　$3\div\left(2\frac{1}{22}-1.35\right)=3\div\left(2\frac{1}{22}-1\frac{7}{20}\right)=3\div\left(2\frac{10}{220}-1\frac{77}{220}\right)=3\div\left(1\frac{230}{220}-1\frac{77}{220}\right)=3\div\frac{153}{220}=3\times\frac{220}{153}=\frac{220}{51}$より，$\left(\frac{220}{51}-\square\div17\right)\div1\frac{2}{3}=1$，$\frac{220}{51}-\square\div17=1\times1\frac{2}{3}=\frac{5}{3}$，$\square\div17=\frac{220}{51}-\frac{5}{3}=\frac{220}{51}-\frac{85}{51}=\frac{135}{51}=\frac{45}{17}$　よって，$\square=\frac{45}{17}\times17=45$

(2)　右の図1で，角BDCの大きさは，180－(104＋38)＝38(度)となり，三角形BCDは，BC＝DCの二等辺三角形とわかる。よって，三角形ACDは，AC＝DCの二等辺三角形で，角ACDの大きさは，60＋104＝164(度)だから，角CADの大きさは，(180－164)÷2＝8(度)となる。したがって，㋐の角の大きさは，60－8＝52(度)と求められる。

図1

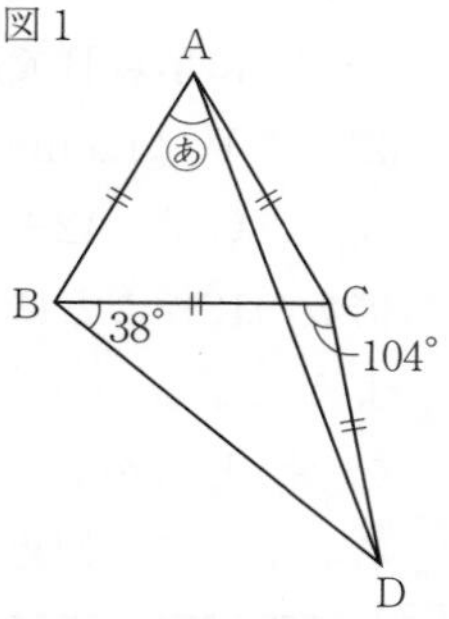

(3)　《2》×《3》×《4》×…×《10》は，2を9個，3を8個，4を7個，5を6個，6を5個，7を4個，8を3個，9を2個，10を1個かけ合わせた数である。また，4＝2×2，6＝2×3，8＝2×2×2，9＝3×3，10＝2×5より，__は2を，9＋7×2＋5＋3×3＋1＝38(個)，3を，8＋5＋2×2＝17(個)，5を，6＋1＝7(個)，7を4個かけ合わせた数になることがわかる。よって，それぞれの数をできるだけ同じ個数になるように3つに分けると，右上の図2のようになり，かげの部分に1個ずつ数を加えれば，それぞれの数の個数がそろう。したがって，__に最小で，2×3×5×5×7×7＝7350をかければ，3つの等しい数の積になる。

図2

2（38個）	3（17個）	5（7個）	7（4個）
13個	6個	3個	2個
13個	6個	2個	1個
12個	5個	2個	1個

(4)　はじめ，容器A，Bに入っていた水の量をそれぞれ，$\boxed{9}$リットル，$\boxed{7}$リットルとすると，($\boxed{9}$＋16)：($\boxed{7}$＋12)＝17：13と表せる。また，$P：Q＝R：S$のとき，$P\times S＝Q\times R$となることを利用すると，($\boxed{9}$＋16)×13＝($\boxed{7}$＋12)×17となり，$\boxed{117}$＋208＝$\boxed{119}$＋204，$\boxed{119}$－$\boxed{117}$＝208－204，$\boxed{2}$＝4とわかる。したがって，$\boxed{1}$＝4÷2＝2(リットル)だから，はじめ，容器Aに入っていた水の量は，$\boxed{9}$＝2×9＝18(リットル)と求められる。

(5)　まず，となり合う矢印が向き合わない並べ方を考える。矢印が１本の場合は，(←)，(→)の２通り，矢印が２本の場合は，(←←)，(←→)，(→→)の３通りである。また，矢印が３本の場合は，２本の場合の並べ方の右に(→)をおいた，(←←→)，(←→→)，(→→→)の３通りと，すべて(←)になる(←←←)の１通りだから，全部で，３＋１＝４(通り)になる。以後同様に，直前の本数の並べ方の右に(→)をおくものと，すべて(←)になるものがあるので，矢印が４本の場合は５通り，５本の場合は６通り，６本の場合は７通り，７本の場合は８通り(…ア)とわかる。次に，１組だけが向き合っている並べ方を考える。(→←□□□□□)や(□□□□□→←)のような場合は，□□□□□の部分はとなり合う矢印が向き合わない並べ方になるので，それぞれ６通りある。また，(□→←□□□□)や(□□□□→←□)のような場合は，□が２通り，□□□□が５通りあるので，それぞれ，２×５＝10(通り)となる。さらに，(□□→←□□□)や(□□□→←□□)のような場合は，□□が３通り，□□□が４通りあるので，それぞれ，３×４＝12(通り)である。よって，全部で，６×２＋10×２＋12×２＝56(通り)(…イ)と求められる。

2　図形上の点の移動，速さ，調べ

(1)　三角形ABF，BCD，FDEは正三角形であり，１辺の長さは，24÷２＝12(cm)なので，点Ｐ，Ｑはどちらも12cmの辺１本分を進むのに１秒かかる。よって，１秒後にどちらの点も頂点Ｂにくるから，初めて出会う場所は頂点Ｂ(…ア)で，それは出発してから１秒後(…イ)である。また，頂点Ｂにきた後，点Ｐは12cmの辺６本分，点Ｑは12cmの辺３本分を進むと再び頂点Ｂにくるから，点Ｐは６秒ごと，点Ｑは３秒ごとに頂点Ｂにくる。したがって，６と３の最小公倍数の６秒ごと(…ウ)に頂点Ｂで出会う。

(2)　点Ｐは12cmの辺１本分を進むのに，12÷３＝４(秒)かかり，点Ｑは，12÷４＝３(秒)かかる。そこで，４と３の最小公倍数の12秒ごとに点Ｐと点Ｑがいる頂点を調べると，右の表のようになるから，点Ｐと点Ｑが初めて出会う場所は頂点Ｄ(…エ)で，それは出発してから60秒後(…オ)とわかる。また，点Ｐは，４×６＝24(秒)ごと，点Ｑは，３×３＝９(秒)ごとに頂点Ｄにくる。よって，初めて出会った後，24と９の最小公倍数である72秒ごと(…カ)に頂点Ｄで出会う。

時間(秒後)	12	24	36	48	60
Ｐがいる頂点	D	A	D	A	D
Ｑがいる頂点	B	D	F	B	D

3　平面図形―面積

(1)　右の図１で，点ＯをABの中心とすると，三角形AOCは，OA＝OC＝６÷２＝３(cm)の直角二等辺三角形になる。よって，おうぎ形OACの面積は，$3\times3\times3.14\times\frac{90}{360}=7.065(\mathrm{cm}^2)$で，三角形AOCの面積は，$3\times3\div2=4.5(\mathrm{cm}^2)$だから，かげをつけた部分の面積は，$7.065-4.5=2.565(\mathrm{cm}^2)$と求められる。

図１

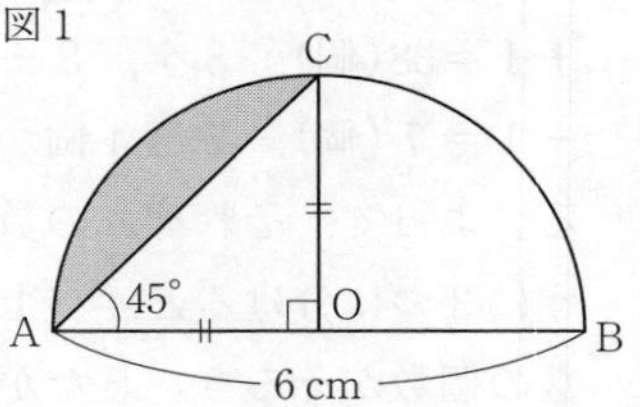

(2)　右の図２で，点ＯをABの中心とすると，三角形AOCは，OA＝OC＝６÷２＝３(cm)の二等辺三角形であり，角AOCの大きさは，180－15×２＝150(度)となる。よって，おうぎ形OACの面積は，$3\times3\times3.14\times\frac{150}{360}=11.775(\mathrm{cm}^2)$である。また，図２のように，点ＣからOBと直角に交わる直線CHを引くと，角COHの大きさは，180－150＝30(度)，角OCHの大きさは，180－(90＋30)＝60(度)となる。すると，三角形OCHは正三角形を２等分した直角三角形だから，CHの

図２

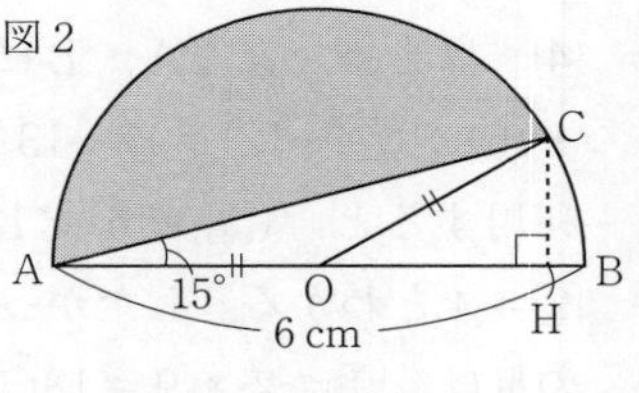

長さはOCの半分で，3÷2＝1.5(cm)とわかる。したがって，三角形AOCの面積は，3×1.5÷2＝2.25(cm^2)なので，かげをつけた部分の面積は，11.775−2.25＝9.525(cm^2)と求められる。

4 数列

(1)　2番目の数は，$10\times\frac{2}{3}+10=\frac{20}{3}+\frac{30}{3}=\frac{50}{3}$，3番目の数は，$\frac{50}{3}\times\frac{2}{3}+10=\frac{100}{9}+\frac{90}{9}=\frac{190}{9}$なので，4番目の数は，$\frac{190}{9}\times\frac{2}{3}+10=\frac{380}{27}+\frac{270}{27}=\frac{650}{27}=24\frac{2}{27}$となる。

(2)　1番目の数と30との差は，30−10＝(30−10)×1(…ア)である。2番目の数と30との差は，$30-\frac{50}{3}=\frac{40}{3}$なので，$\frac{40}{3}\div(30-10)=\frac{2}{3}$より，$(30-10)\times\frac{2}{3}$(…イ)と表せる。また，3番目の数と30との差は，$30-\frac{190}{9}=\frac{80}{9}$なので，$\frac{80}{9}\div(30-10)=\frac{4}{9}$より，$(30-10)\times\frac{4}{9}$(…ウ)となる。さらに，4番目の数と30との差は，$30-\frac{650}{27}=\frac{160}{27}$だから，$\frac{160}{27}\div(30-10)=\frac{8}{27}$より，$(30-10)\times\frac{8}{27}$と求められる。ここで，(30−10)にかけた数に注目すると，1，$\frac{2}{3}$，$\frac{2}{3}\times\frac{2}{3}=\frac{4}{9}$，$\frac{4}{9}\times\frac{2}{3}=\frac{8}{27}$，…のように，直前の数の$\frac{2}{3}$倍になっているので，30との差も$\frac{2}{3}$倍になることがわかる。よって，5番目の数と30との差は，$\frac{160}{27}\times\frac{2}{3}=\frac{320}{81}$だから，6番目の数と30との差は，$\frac{320}{81}\times\frac{2}{3}=\frac{640}{243}=2\frac{154}{243}$(…エ)となる。

(3)　できた数が初めて29より大きくなるのは，30との差が初めて1より小さくなるときである。(2)と同様に考えると，7番目の数と30との差は，$\frac{640}{243}\times\frac{2}{3}=\frac{1280}{729}$，8番目の数と30との差は，$\frac{1280}{729}\times\frac{2}{3}=\frac{2560}{2187}$，9番目の数と30との差は，$\frac{2560}{2187}\times\frac{2}{3}=\frac{5120}{6561}$となり，ここで初めて1より小さくなる。よって，初めて29より大きくなるのは9番目の数である。

5 条件の整理，和差算

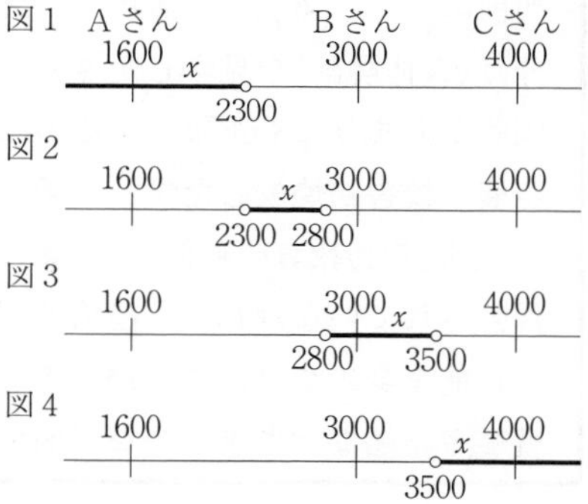

(1)　AさんとBさんの所持金の平均は，(1600＋3000)÷2＝2300(円)，AさんとCさんの所持金の平均は，(1600＋4000)÷2＝2800(円)，BさんとCさんの所持金の平均は，(3000＋4000)÷2＝3500(円)である。数直線で考えると，右上の図1のように，Xさんの所持金(x)が2300円より少ない場合は，Xさんと所持金の近い人が，Aさん，Bさん，Cさんの順になる。つまり，$a<b<c$の関係が成り立つから，①があてはまる。同様に，Xさんの所持金が2300円より多く，2800円より少ない場合は，右上の図2のように，Bさん，Aさん，Cさんの順に所持金が近いから，$b<a<c$の③となる。また，Xさんの所持金が2800円より多く，3500円より少ない場合は，右上の図3のように，Bさん，Cさん，Aさんの順に所持金が近いから，$b<c<a$の④となる。さらに，Xさんの所持金が3500円より多い場合は，右上の図4のように，Cさん，Bさん，Aさんの順に所持金が近いから，$c<b<a$の⑥となる。これ以外の場合はないから，ありえないものは②と⑤とわかる。

(2)　bとcの和がaの2倍に等しいとき，$(b+c)\div2=a$となり，aはbとcの平均になる。つまり，$b<a<c$か，$c<a<b$の関係になるが，(1)より，$c<a<b$の関係にはならないから，$b<a<c$の③と決まる。

(3)　(2)より，bとcの和がaの2倍に等しいときは，$b<a<c$の関係になるから，図2の場合で

ある。すると，a，b，cは右の図５のようになり，$a+b=3000-1600=1400$(円)となる。また，$c-b=4000-3000=1000$(円)より，$c=b+1000$と表せる。そこで，

図５
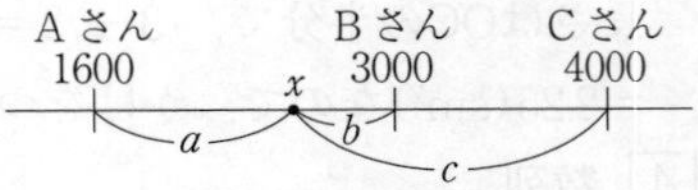

$(b+c)\div 2=\{b+(b+1000)\}\div 2=(2\times b+1000)\div 2=b+500$となり，これが$a$と等しいから，$a-b=500$とわかる。つまり，$a$と$b$は和が1400で差が500になるので，$a=(1400+500)\div 2=950$(円)であり，$x=1600+950=2550$(円)と求められる。

社　会　(30分)＜満点：60点＞

解　答

1　**1**　先住　**2**　オホーツク　**3**　栽培　**4**　益子　**5**　工業団地　**6**　赤石　**7**　諏訪　**8**　精密　**a**　たまねぎ　**b**　いちご　**c**　(例)　海と比べて，陸地は暖まりやすく，冷めやすいから。　**2**　**問１**　イ　**問２**　クリーク　**問３**　地熱発電　**問４**　ウ　**問５**　(例)　季節をずらして野菜をつくり，ほかの産地のものが出回らない時期に出荷・販売できるから。　**問６**　ア　**問７**　エ　**問８**　イ　**3**　**a**　原爆ドーム　**b**　(例)　都をたびたび移したこと。　**c**　(例)　朝廷の指示に従わず，勝手に行動する問題のある僧。(民間への布教を制限していたにもかかわらず，弟子たちと家々をまわって邪教を説き，人々をまどわす僧。)　**d**　校倉造　**e**　奥州藤原氏　**f**　平家物語　**g**　金剛力士像(仁王像)　**h**　ウ→イ→ア　**i**　ウ　**j**　刀狩　**k**　生類憐みの令　**l**　イ　**m**　門前町　**4**　**1**　藩校　**2**　教育勅語　**3**　子どもの権利　**a**　ア　**b**　(例)　腑分け(人体解剖)を見学したさい，持参したオランダ語の医学解剖書『ターヘル・アナトミア』の図版があまりにも正確であるのにおどろいたこと。　**c**　ウ　**d**　学徒出陣　**e**　(例)　空襲で校舎が焼失した学校が多かったから。　**f**　(例)　保護する子女に普通教育を受けさせる義務(義務教育の無償)　**g**　(例)　思想・良心(の自由)　**h**　(例)　教育を受ける権利が保障されていなければ，経済的理由などで教育を受ける機会が十分にあたえられず，必要な知識や技能を身につけることができないまま社会に出ざるを得なくなる。その結果，そうした人々は就職や結婚などさまざまな場面で不平等なあつかいを受けることになるから。

解　説

1　**北海道・栃木県・長野県を題材とした問題**

1　北海道の先住民族であるアイヌの人々は，独自の言語と文化をもち，狩猟《しゅりょう》と漁労を中心とした生活を送っていたが，明治時代以降は政府により日本人への同化政策が進められ，その言語や文化が失われていった。近年はその文化を維持しようとする動きが高まり，アイヌ文化振興《しんこう》法(1997年制定)やアイヌ新法(2019年制定)などの法律により，アイヌの人々の文化や伝統の振興がはかられている。

2，**3**　網走《あばしり》市が面しているのはオホーツク海。人工的にふ化して育てたさけなどの稚魚《ちぎょ》を川や海に放流し，自然の中で大きく育ったものをとる漁業は栽培漁業とよばれ，オホーツク海沿岸ではさけの栽培漁業がさかんである。

4　栃木県南部で生産される陶器《とうき》は益子《ましこ》焼。江戸時代末期に始まり，当初は水がめや火鉢《ひばち》，つぼなど日用品の生産が中心であったが，20世紀になると花器や茶器などの民芸陶器がさかんにつくられるようになった。

5　地方自治体などにより計画的に整備された工場の集積地は，工業団地とよばれる。宇都宮市には東京から高速道路を利用して2時間あまりで行けるという地理的利点を生かして多くの工場が進出するようになり，平出地区や清原地区などに大規模な工業団地が形成されている。

6　南アルプスともよばれるのは赤石山脈。3000m級の山々が長野・静岡・山梨3県の県境付近を南北に走っている。

7，8　長野県最大の湖は，県中央部にある断層湖の諏訪《すわ》湖である。諏訪湖の周辺に広がる諏訪盆地では第二次世界大戦後，岡谷や諏訪で時計やカメラなどをつくる精密機械工業がさかんになった。近年は電子工業も発達している。

a　北海道が全国生産量の6割以上を占《し》め，佐賀県・兵庫県が第2位・第3位となっていることから，たまねぎと判断できる。北見市は全国一のたまねぎの産地となっている。

b　栃木県と福岡県が第1位・第2位を占める農作物はいちごで，栃木県の主力品種は「とちおとめ」，福岡県の主力品種は「あまおう」である。

c　内陸部で夏と冬の気温差，昼と夜の気温差が大きくなるのは，海と比べて陸地は暖まりやすく，冷めやすいという性質があるためである。周囲を山地に囲まれた長野県の盆地では，典型的な内陸性気候の特徴《とくちょう》がみられる。

2　九州・中国・四国地方の地理についての問題

問1　ⓐは東経130度の経線。兵庫県明石《あかし》市を通る経線が東経135度，秋田県の八郎潟や千葉県の房総半島の西よりなどを通る経線が東経140度であることが理解できていれば判断できる。

問2　ⓑは筑紫《つくし》平野。筑後《ちくご》川下流域などの低湿地には，かつてクリークとよばれる灌漑《かんがい》と排水をかねた水路が張りめぐらされていたが，現在は減っている。

問3　ⓒは大分県のくじゅう連山付近。この地域の八丁原《はっちょうばる》や大岳《おおたけ》には，地熱発電所が設けられている。地熱発電は地中の熱水や高温の水蒸気を利用してタービンを回し，発電する方法である。

問4　室戸岬を示すのは地図中のウ。イの足摺《あしずり》岬との間には土佐湾が広がり，沖合を黒潮(日本海流)が流れる。なお，アは佐多岬である。

問5　高知県(図中のG)の高知平野や宮崎県(図中のC)の宮崎平野は冬でも比較《ひかく》的暖かく，その気候とビニルハウスなどの施設を利用し，夏野菜を秋から春にかけて生産・出荷する促成栽培がさかんに行われている。暖房費のほか，大消費地に出荷するための輸送費などもかかるが，ほかの産地のものが出回らない時期に出荷できるため高値で販売することができ，利益を上げることができる。

問6　図中のBは熊本県，Fは愛媛県。熊本・千葉・山形の各県が上位を占めるアはすいか，茨城県・北海道・熊本県が上位を占めるイはメロン，和歌山県と愛媛県が第1位・第2位を占めるウはみかんである。

問7　図中のEは広島県，Hは徳島県。かき類の収獲量が多いアは広島県，のり類の収獲量が多いイは熊本県，まだいの収獲量が多いウは愛媛県と判断できる。残るエが徳島県で，徳島県のわかめ類の収獲量は，宮城県・岩手県についで全国第3位となっている。

問8　図中のAは福岡県，Dは山口県。県庁所在地の都市の人口が県全体の半分近くを占めているアは高知県，人口が第１位と第２位の都市で県総人口の約半分を占めるイは福岡県，県庁所在地の都市の人口が県内第２位となっているウは山口県である。なお，2018年における各県の人口第１位と第２位の都市は，高知県が高知市(33.2万人)と南国《なんこく》市(4.8万人)，福岡県が福岡市(152.9万人)と北九州市(96.1万人)，山口県が下関市(26.6万人)と山口市(19.3万人)である。

3 東大寺の大仏を題材とした問題

a　日本にある世界遺産のうち「負の遺産」とよばれるのは広島県の原爆ドーム。第二次世界大戦末期の1945年８月６日，アメリカ軍によって広島市に原子爆弾が投下され，市内は一瞬にして壊滅《かいめつ》的な被害を受けた。爆心地近くにあった広島県産業奨励《しょうれい》館も例外ではなく，骨組みと外壁を残すだけとなった。焼け跡は原子爆弾による惨禍《さんか》を示すシンボルとしてそのままの姿で保存され，いつしか，「原爆ドーム」とよばれるようになった。1996年，人類史上初めて使用された核兵器の恐ろしさを後世に伝えるため，「負の遺産」として世界文化遺産に登録された。

b　聖武天皇は740年に平城京から恭仁《くに》京(現在の京都府木津川市)へと都を移した。その後，難波《なにわ》宮(現在の大阪市)や紫香楽宮《しがらきのみや》(現在の滋賀県甲賀市)へと都を移したが，745年には平城京へもどった。聖武天皇がこのように次々と都を移した理由は明らかになっていないが，当時は皇族や貴族の間で争いが絶えず，疫病《えきびょう》や飢饉《ききん》がたびたび起こるなど不安な時代であったため，そうした争いや疫病を避《さ》ける意味があったととらえる見方もある。

c　奈良時代には寺院や僧は朝廷の管理下におかれていたため，僧が朝廷の許可を得ずに民衆に直接布教活動を行うことは許されていなかった。そのため，各地をめぐって民衆に仏教の教えを説いた行基は，「小僧(つまらない僧)行基」として朝廷から弾圧を受けることとなった。

d　正倉院に用いられている断面が三角形の木材を組み合わせて壁をつくる建築法は，校倉《あぜくら》造とよばれる。建築材や，箱に用いられていた木の調湿機能のおかげで，内部の宝物が良好な状態で保たれていたといわれる。

e　平氏を倒した源義経は，その後，兄の頼朝と対立し，追われる身となったことから，奥州藤原氏の秀衡《ひでひら》をたよって平泉(岩手県)に逃《のが》れた。しかし，秀衡の死後，頼朝の要求をこばみきれなかった秀衡の子の泰衡《やすひら》によって攻められ，自害に追いこまれた。

f　『平家物語』は鎌倉時代に成立した軍記物語で，平氏一族の繁栄《はんえい》から滅亡までが描かれており，琵琶法師たちによって民衆の間に語り伝えられた。

g　東大寺の南大門に安置されている仏像は金剛《こんごう》力士像(仁王《におう》像)で，運慶・快慶ら慶派一門の手による左右２体の木造彫刻《ちょうこく》である。

h　アは1573年，イは1560年，ウは1543年のできごと。アは，織田信長が室町幕府の第15代将軍足利義昭を京都から追放したことによる。

i　安土について正しく述べている文はウ。南蛮《なんばん》貿易の根拠《こんきょ》地として栄え，有力な商人たちによる自治が行われたのは堺(大阪府)と博多(福岡県)なので，アとイが誤っている。

j　豊臣秀吉は1588年に刀狩令を出し，農民から刀や槍《やり》，鉄砲などの武器を取り上げた。秀吉はこのとき，集めた刀などは大仏殿を建てるさいの釘《くぎ》などに利用するとして，刀狩をおし進めた。

k　徳川綱吉は，極端な動物愛護令である生類憐《しょうるいあわれ》みの令を出して特に犬を大切にさせ，違反者を厳しく罰した。そのため，この法令に苦しんだ人々はかげで綱吉を「犬公方《くぼう》」とよんでばかにした。

l　ア　江戸幕府は親藩や譜代《ふだい》大名を要地に配置し，外様《とざま》大名は江戸から遠い地域においた。また，大名の国がえもひんぱんに行った。　イ　第３代将軍徳川家光は武家諸法度《しょはっと》を改定し，参勤交代を制度化した。これによって大名の妻子は江戸の屋敷に住むことを命じられ，大名自身も１年おきに江戸と領国を往復することが義務づけられた。　ウ　親藩は徳川氏の一門の大名で，徳川氏に古くから仕えていた家臣が大名となったのは譜代大名である。

m　有力な神社や寺の門前を中心に発達した町を門前町という。善光寺のある長野市(長野県)や伊勢神宮のある伊勢市(三重県)などがよく知られる。

4　**江戸時代以降の教育の歴史を題材とした問題**

1　諸藩が藩士の子弟を教育するために設立した学校を，藩校という。

2　1890年に出されたのは教育勅語《ちょくご》で，儒教《じゅきょう》的道徳思想をもとに天皇制国家を内面から支える役割をはたしたが，敗戦後の1948年に廃止された。

3　1989年に国連総会で採択《さいたく》され，児童(18歳未満の者)の権利について規定した条約は，子どもの権利条約とよばれる。

a　朱子《しゅし》学は宋《そう》の時代の中国で生まれた儒学の一派で，主君と家臣，父と子などの上下の秩序《ちつじょ》を重んじる考え方が幕府の支配体制を強化するのに都合がよかったことから，江戸幕府はこれを学ぶことを武士に奨励した。したがって，アが正しい。

b　杉田玄白《げんぱく》や前野良沢《りょうたく》らは死刑囚《しゅう》の腑《ふ》分《わ》け(解剖《かいぼう》)を見学したさい，持参したオランダ語の医学解剖書『ターヘル・アナトミア』の図版が，それまでの漢方の五臓六腑《ろっぷ》説と異なり，あまりに正確なことにおどろき，これを翻訳《ほんやく》することを決意した。

c　1872年，明治政府によって学制が公布され，すべての国民に小学校教育を受けることが義務づけられたが，人々の間に女子に教育は必要ではないという考え方が根強かったこともあり，明治時代を通じて男子より女子の就学率が低かった。よって，ウがまちがっている。

d　第二次世界大戦時も大学生は徴兵が免除されていたが，戦局が悪化した1943年，理・工・医・教員養成系をのぞく専門学校・大学・高等学校の学生の徴兵延期制度が撤廃《てっぱい》され，在学中の学生が徴兵され戦地へ送られるようになった。これを学徒出陣という。

e　1945年８月に第二次世界大戦が終わり，９月以降，学校教育もしだいに再開されていったが，特に都市部ではアメリカ軍による空襲《くうしゅう》で校舎が焼失した学校も多かったことから，校庭で授業が行われることも多く，そうした授業は「青空教室」などとよばれた。

f　日本国憲法第26条２項の規定は「すべて国民は，法律の定めるところにより，その保護する子女に普通教育を受けさせる義務を負ふ《(う)》。義務教育は，これを無償《むしょう》とする」というものである。

g　日本国憲法が国民に保障する自由権のうち，精神の自由に分類されるのは，思想および良心の自由(第19条)，信教の自由(第20条)，集会，結社および言論，出版その他一切の表現の自由(第21条)，学問の自由(第23条)である。

h　教育を受ける権利が保障されていなければ，特に経済的な理由などから教育を受ける機会が十分にあたえられず，最低限必要な知識や技能，一般常識などを身につけられないまま社会に出ざるを得なくなる。その結果，就職や結婚などさまざまな場面で不平等なあつかいを受けることになり，社会の中で格差が拡大することにもつながってしまう。そのように考えれば，教育を受ける権利は最も重要な基本的人権の１つであることがわかる。

理 科 （30分）＜満点：60点＞

解 答

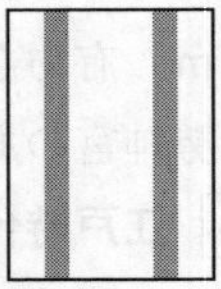

[1] **1** じょう散　**2** (1) カ　(2) 右の図　(3) ウ→イ→ア→エ→オ　(4) 気こう　**3** (1) ウ　(2) ア　(3) (例)　よく晴れて高温になると，光合成もじょう散もさかんに行われるが，雨が降って昼でもうす暗いと，光合成もじょう散もあまり行われなくなる。　[2] **1** ① 多くなる　② 低く　**2** **変化**…水　**具体例**…(例)　氷水の入ったガラスのコップを置いておくと，ガラスの外側に水てきがつく。　**3** ① 冷たく　② じょう発　③ 低く　④ かわいて　⑤ 低く　⑥ 低い　**4** **不快指数**…73　**度合い**…快適　**5** **ア** 不快指数　**イ** しつ度　**6** (例)　気温が高くなるとしつ度は低くなり，気温が低くなるとしつ度は高くなるという関係。　**7** (例)　通気とうの中と外で空気が入れかわりにくいので，常に一定の風を通さないと，そのときどきの空気のようすが正しく観測できないから。　[3] **1** **ア** 50　**イ** 下　**ウ** 50　**エ** 上　**オ** 棒　**2** 7 cm　**3** **カ** 50　**キ** 上　**ク** 50　**ケ** 下　**コ** 50　**サ** 下　**シ** ばねB　**ス** 50　**セ** 上　**ソ** ばねA　**4** 19cm　[4] **1** (1) イ　(2) 黄色　(3) カ　(4) (例)　二酸化炭素が水にとけ，ペットボトル内の圧力が小さくなったから。　(5) (例)　ドライアイスが気体の二酸化炭素にもどり，ペットボトル内の圧力が大きくなったから。　**2** (例)　氷によって冷やされた空気は下の方へ流れていくので，氷を上のたな，食品を下のたなに入れると，食品を効率的に冷やすことができる。

解 説

[1] 植物のはたらきについての問題

1 植物が葉などから水じょう気を空気中に放出するはたらきをじょう散という。じょう散は，からだの温度や水分を調節したり，根からの水の吸収をうながしたりするのに役立っている。

2 (1) 根から吸い上げた水(やそれにとけている養分)は，道管を通ってからだ全体に運ばれる。よって，赤く染まるのは道管のところである。ホウセンカは双《そう》子葉類で，くきの断面を見ると，道管と師管のたば(維管束《いかんそく》)は形成層にそって輪状に並んでおり，道管は形成層の内側にある。よって，カのように染まる。　(2) くきをたてに切った断面では，道管はくきにそってたてにのびているので，左右の端《はし》より少し内側に入ったところがたてに赤く染まる。　(3) けんび鏡を置き，反射鏡で視野の明るさを調整したら，プレパラートをのせる。そして，対物レンズとプレパラートをできるだけ近づけ，対物レンズをプレパラートから遠ざけるようにしながらピントを合わせる。　(4) 気こうは葉などの表面にある小さな穴で，じょう散のほか，呼吸や光合成を行うさいの気体の出入り口となる。

3 (1) ここではじょう散のはたらきが最も低くなる天候を選ぶ。じょう散は，晴れて気温が高くなるとさかんに行われるが，雨降りで気温が上がらず，うす暗いときには行われにくい。　(2) 光合成は太陽光が強くあたるときにさかんに行われる。よって，よく晴れた日には光合成による気体の出入りもさかんになる。　(3) 光合成もじょう散も，よく晴れたときにはさかんに行われるが，雨降りでうす暗いときには行われにくい。

2 しつ度についての問題

1　表を見ると，気温が高くなるにつれて，ほう和水じょう気量は多くなっていることがわかる。また，空気中にふくまれる水じょう気量が変わらないときは，気温が高くなるほど，(空気中にふくまれる水じょう気量)÷(ほう和水じょう気量)×100で求められるしつ度は低くなる。

2　空気の温度が下がっていき，空気中にふくまれる水じょう気量がその温度でのほう和水じょう気量を上回ると，空気中にふくみ切れなくなった水じょう気が水にもどる。この現象は上空では雲の発生として見られる。地上では，冷たいものの周囲に水てきがつく(たとえば，冷えたコップの側面では，側面にふれている空気が冷やされることで水てきが側面につく)，寒い朝には植物の葉などに露《つゆ》が降りる，冬には窓ガラスの内側に水てきがつくなどの現象として見られる。

3　あせをかいたりプールから出たりすると，はだの表面の水がじょう発するさいに周囲から熱をうばうため，冷たく感じられる。これと同様に，しつ球の場合も，ガーゼの水がじょう発するときに球部から熱をうばうので，しつ球の温度はかん球の温度より低くなる。また，空気がかわいているほど，ガーゼの水がたくさんじょう発し，それだけうばわれる熱も多くなって，しつ球の温度は低くなる。したがって，かん球としつ球の温度差が大きいほど，空気はかわいていることになり，しつ度が低いといえる。

4　示された不快指数の計算式を使って求めると，0.81×26＋0.01×50×(0.99×26－14.3)＋46.3＝73.08より，73となる。この値は「快適」に相当する。

5　イのグラフは，昼過ぎに40を少し下回っているが，もしこれが不快指数だとすると「寒い」に相当する。ところが気温は30℃をこえていることから，不快指数のグラフとしてふさわしくない。よって，アのグラフが不快指数，イのグラフがしつ度となる。

6　気温のグラフとイのしつ度のグラフを見比べると，午前中は，気温が高くなっていく一方でしつ度が低くなっていき，昼過ぎから夜にかけては，気温が低くなるにつれてしつ度が高くなっていることが読みとれる。

7　通風とうの中は空気が入れかわりにくいので，何も工夫をしなければ，通風とうの中の空気と外の空気で気温・しつ度がちがってしまい，正しく観測できない。それを防ぐため，通風とうの中には常に一定の風を通して，通風とうの中の空気が外の空気と同じものになるようにしている。

3 ばねと力のつり合いについての問題

1　“1つの物体を両側から反対向きに同じ大きさの力で引っ張ると静止して動かない”という原理から考えると，図1のばねAは，下端《かたん》をおもりによって50gぶんの力で下向きに，上端を棒によって50gぶんの力で上向きにそれぞれ引っ張られているため，静止している。

2　図2のばねAは，左端はおもりによって50gぶんの力で左向きに，右端はおもりによって50gぶんの力で右向きにそれぞれ引っ張られているため，静止しているといえる。つまり，ばねAには50gぶんの力がはたらいているので，ばね全体の長さは7cmである。

3　図3において，ばねAは，下端をばねBによって50gぶんの力で下向きに，上端を棒によって50gぶんの力で上向きにそれぞれ引っ張られている。また，ばねBは，下端をおもりによって50gぶんの力で下向きに，上端をばねAによって50gぶんの力で上向きにそれぞれ引っ張られている。

4　ばねAにもばねBにも50gぶんの力がはたらいているので，2本のばねを合わせた全体の長さは，7＋12＝19(cm)となる。

4 ドライアイス，冷蔵庫内の冷やし方についての問題

1 (1) ドライアイスが水にあたためられて気体の二酸化炭素にもどるため，ドライアイスからは二酸化炭素のあわが発生する。このあわが水中を上がっていくとき，あわには水面(あわと水が接した面)から水じょう気が入りこみ，その水じょう気が冷やされて細かい氷のつぶや水てきとなるので，あわの中が白く見える。そして，あわが水面に達するとはじけ，その中の氷のつぶや水てきの集まりが白いけむりとなってあらわれる。 (2) ドライアイスから発生した気体の二酸化炭素の一部が水にとけこみ，弱い酸性の炭酸水となるため，BTBよう液を加えると黄色を示す。

(3) 金属製のスプーンをドライアイスにおし当てると，金属製のスプーンからドライアイスに熱がすばやく伝わり，さかんに二酸化炭素が発生するため，スプーンが細かくゆれる。木製のスプーンを使った場合は，木製のスプーンからドライアイスに熱が伝わりにくく，二酸化炭素が発生しにくいため，スプーンが細かくゆれる現象が起こらない。 (4) 二酸化炭素は水にとけやすいので，ペットボトルに水と二酸化炭素を入れ，ふたをしてふると，中の二酸化炭素が水にとけこむ。すると，中の気圧が下がるため，外の気圧(大気圧)におされてペットボトルがへこむ。 (5) ドライアイスが気体の二酸化炭素になると，体積が約750倍にもなる。よって，ペットボトル内に発生した二酸化炭素がたまって中の気圧が非常に高くなり，ペットボトルが圧力にたえられなくなって破れつしたと考えられる。なお，非常に危険なので，これと同様の実験を自分では行わないこと。

2 上のたなに氷，下のたなに食品を置くと，氷によって冷やされた空気は下の方へ行って食品を冷やし，同時に食品を冷やした後の空気が上の方へ行って再び氷に冷やされるという対流が起こり，効率的に食品を冷やすことができる。上のたなに食品，下のたなに氷を置いた場合は，冷やされた空気が下の方にとどまったまま食品に届かないため，食品を冷やしにくい。

国 語 (50分) <満点：100点>

解 答

一 **問1** A 1 B 4 C 2 **問2** **新蔵**…武田(軍) **敵**…織田，徳川連合(軍) **問3** (例) 赤ふんどし一本で刀を担いだ姿。 **問4** 2 **問5** (例) 武田の騎馬隊を馬防柵で食い止め，そこに銃火を集中させる作戦。 **問6** (例) 馬防柵をこえられなかった無念さが胸をつき上げて来たから。 **問7** 4 **問8** 3 **問9** 2 **問10** 1 **問11** 3 **問12** 1 **問13** 4 **問14** 3 **二** **問1** 3 **問2** 4 **問3** 聖なる空間 **問4** ① (例) 聖なる領域で，そこに入れば聖性を帯び，だれも捕らえられない，追われる者の避難所。 ② 神殿／個人の家／渡し舟／馬ぐわの下 **問5** (例) 時間は均質的でまた直線的に流れ，空間は三次元の均質的な場であるとする考え方。 **問6** (例) 私が変えたいと思う常識は，買い物をしたときに使われるプラスチック製のレジ袋を受け取ることです。現在，プラスチック製品のごみが海洋を汚染し，海洋で生きる生物に大きな影響をあたえていると聞きます。この問題を解決するためには，私たち人間ができるだけプラスチック製品の使用をひかえるしかありません。エコバッグの利用などが新しい常識になれば，プラスチック製品のごみを確実に減らすことができると思います。 **三** **1** **主語**…ウ **述語**…オ **2** **主語**

…ア　**述語**…ウ　**四**　**1～5**　下記を参照のこと。　**6**　ふんべつ　**7**　しようまっせつ　**8**　たぐい(まれな)

●漢字の書き取り

四　**1**　報復(する)　**2**　保(つ)　**3**　供(える)　**4**　辞職(する)　**5**　寒波

解　説

一　**出典は井上靖《いのうえやすし》の『真田軍記』所収の「篝火《かがりび》」による。**武田軍の一員として織田，徳川連合軍と戦い，捕《ほ》りょとして捕《と》らえられた多田新蔵という武士のようすや思いがえがかれている。

問1　**A**「神妙《しんみょう》に」は，おとなしくして，すなおにしたがうようす。　**B**「うやうやしく」は，相手を敬い，へりくだった態度でいるようす。　**C**「みだりに」は，“やたらに”“むやみに”という意味。

問2　後のほうに，「今日の合戦で，武田の騎馬《きば》隊を食い止め，そこに銃火《じゅうか》を集中し，文字通りしかばねの山を築いた織田，徳川連合軍」「新蔵自身，いく度，この柵《さく》にせまったことか！　馬をおどらせた」とあるので，新蔵は武田軍に属し，敵は織田，徳川連合軍とわかる。

問3　少し後に，「赤ふんどし一本の姿で，大きな抜身《ぬきみ》の刀を肩《かた》に担《かつ》いで」引き立てられて行ったとあることに注目する。新蔵は騎馬隊に属していた武士であり，戦とう中はよろいや兜《かぶと》を身に着けていたはずなので，裸で刀を担いでいる姿は異様といえる。

問4　武田軍の兵士たちの中には，「刀さえ抜いていない」ような状態のまま，新兵器の鉄砲で一方的に倒《たお》されてしまった者もいるのだから，「あえなく」とある2が選べる。「あえない」は，あっけないこと。

問5　敵軍(織田，徳川連合軍)の作戦については，「馬防柵」を用いて「武田の騎馬隊を食い止め，そこに銃火を集中し，文字通りしかばねの山を築いた」とえがかれている。

問6　すぐ後に，「新蔵の胸に，合戦時に自分をいく度となくおそった無念だった思いが，火となってふき上げて来た」とある。そして，この「無念だった思い」については，信長の面前に引き出されたときの場面で，「昼間，彼《かれ》は馬防柵のところで号泣《ごうきゅう》したが，味方一万五千の将士の死を悲しんだのではない」「柵をこえることのできなかった無念さが，ただ火のように胸をつき上げて来たのだ」と説明されている。「柵さえこえることができたら，おそらく武田勢は織田，徳川の連合軍を馬蹄《ばてい》の下にふみにじっていたことであろう」という思いがあったので，なおさら「柵をこえることができなかった」ことが無念に感じられ，泣き出したのだと考えられる。

問7　1　新蔵は，「敵方に自由をうばわれた」ことではなく，あまりにも一方的に負けたことを無念に感じているのだから，合わない。　2，3　この後，織田の武士たちは新蔵に「仕官しろ」と言って味方につけようとしているので，「敵方がもうまともに相手にしていない」「敵方がもてあましあきれている」はふさわしくない。　4　すぐ前に「柵の前まで来た時，新蔵はついに動かなくなった。大地にしゃがみこんだ」とあるように，新蔵は無念さのあまりに動けなくなっている。そのようすにあてはまる。

問8　1，2　新蔵は，「早く斬《き》れ！」と言っていることからわかるように，殺されることを覚ごしている。よって，「すぐにでも戦いを再開しよう」「周囲の者を警かいして」は合わない。　3

直後に「顔も体もさながら赤不動のように見えた」とあり，〈注6〉で「赤不動」は「いきどおりの形相《ぎょうそう》」をしていると説明されている。「いきどおり」と「いかり」は同じ感情なので，あてはまる。　4　後のほうに「実際に彼は自分が捕らわれたことを少しも恥《は》じていなかった」とあるので，「捕りょとして～恥じている」は合わない。

問9　新蔵は，今回の合戦は「恥じるようなまともな合戦ではなかった」と思っている。よって，「新蔵にとって今回の合戦が異常なものであった」とある2が選べる。

問10　1　後のほうに「今まで通用していたものが，全部通用しなくなっている感じ」とあり，すぐ前に「よろいを着たり，馬に乗ったり，槍《やり》を持ったりしたことが，今思えばこっけいに思える」とあるので，あてはまる。　2　新蔵は，「自分が捕らわれたことを少しも恥じていなかった」のだから，自分のことを「勇かんな武士ではないと感じ」てはいなかったはずである。　3　新蔵の属していた騎馬隊の戦法は，大きくて速い「馬」を戦とうに用いる点が特徴《とくちょう》であり，「ごうかな武具で敵をひるませる」戦法ではない。　4　新蔵は，「早く斬れ！」と言っているので，「降参の意」がなかったはずである。

問11　1　新蔵は「命を失うこと」を「おそろしい」と思っていないので，合わない。　2　すぐ前に「敵方へ仕えることも，今の場合，そこにたいした意味があろうとは思われない」とあるように，この時点で新蔵は敵と味方の区別にこだわっていないので，「味方でたった一人生き残ってしまった」という感情は持っていないはずである。　3　新蔵は現在の自分が置かれている状《じょう》況《きょう》を「ばからしく，こっけい」と思っており，その説明として正しい。　4　新蔵は「生き延びられる」ことにこだわっていないので，ふさわしくない。

問12　後のほうに「そのばからしいことの限りが，この時，彼にこの日初めての忿怒《ふんぬ》を点火した」とあるので，「いきどおり」とある1が選べる。「忿怒(憤怒)」は，はげしくいきどおること。大いに怒《いか》ること。

問13　「雑兵《ぞうひょう》たち」を見た新蔵は，「武士になってから，そう長い歳月《さいげつ》を送っているものとは見えない。あるいは刀一つ使えないかも知れない」と思っている。このような考え方には4が合う。

問14　新蔵にとっての「合戦場にあるじゅう実感」とは，本文の最初のほうでえがかれているような，たとえ戦死するにしても「斬って斬って，斬りまくった果てに，力つきて斬死《ざんし》したといった納《なっ》得《とく》の行く」感覚である。このような感覚には3がふさわしい。

二　**出典は阿部謹也《あべきんや》の『自分のなかに歴史をよむ』による。**古代，中世の人間と現代人では時間や空間に対する「常識」が異なるということを，「アジール」を具体例に示しながら解説している。

問1　最初の三段落で筆者の主張が述べられており，それについての具体例が「具体的な例をとってみましょう」以降であげられている。そして，最後の二段落で筆者の主張が繰《く》り返されている。よって，3が選べる。

問2　1と3は料理やスーツという商品(および対価としてのお金)，2は東海道線という交通手段が仲立ちする，「モノを媒介《ばいかい》として結ばれる」関係である。それに対して4は，愛情という「目に見えないきずなによって結ばれる」関係である。

問3　「古代，中世の人びと」の「空間」の考え方については，すぐ後で，「聖なる空間とそうでない空間があって，前者はおそれをもって接しなければならない空間でした」と説明されている。

問4　①「このような」とあるので，前の部分で取り上げられている「神殿」の例を参考にまとめればよい。　②　本文では，古代，中世の社会におけるアジールの例として，「神殿」のほかに「個人の家」「渡《わた》し舟《ぶね》」「馬《ま》ぐわの下」があげられている。また，現在のアジールの例として，「大使館」「赤十字の建物」があげられている。

問5　問１で見たように，最初の三段落と最後の二段落で筆者の主張が述べられており，その中で，「古代，中世の人びと」の考え方とは対照的な「現代人の考え方」が説明されている。これをふまえ，「時間の流れも空間のあり方も均質的であるとする，世界は一つである，という考え方」のようにまとめる。

問6　自分自身の生活をふりかえって，できるだけ身近な「常識」をあげるとよい。

三　主語と述語

1　「何(だれ)が」を表す文節を主語，「どうする」「どんなだ」「何だ」を表す文節を述語という。示されている文では，まず，述語の「読みました」に着目し，「だれが」にあたる部分を探す。主語になる文節は，「～が」「～は」という形のほかに，「ぼくも行くよ」「君こそ適任だ」「私しかいない」のように，「～も」「～こそ」「～しか」などの形もある。　**2**　部分の主語であることに着目する。「富士山の」は「富士山が」と言いかえることができ，「富士山が」→「見える」という形で，主語と述語の関係になっている。なお，「予約した」の主語は省略されている。

四　漢字の読みと書き取り

1　相手の攻げきなどに対して，し返しをすること。　**2**　音読みは「ホ」で，「保温」などの熟語がある。　**3**　音読みは「キョウ」「ク」で，「供給」「供養」などの熟語がある。訓読みにはほかに「とも」がある。　**4**　つとめていた職を自分から辞めること。　**5**　非常に冷たい空気のかたまり。　**6**　ものごとのよい悪いに対する判断ができること。なお，「ぶんべつ」と読むと，“種類ごとに区別する”という意味になるので，注意する。　**7**　ものごとの主要ではない部分。　**8**　音読みは「ルイ」で，「種類」などの熟語がある。「類まれな」は，めったにないほどすぐれているようす。

Dr.福井の 入試に勝つ！脳とからだのウルトラ科学

入試当日の朝食で，脳力をアップ！

朝食を食べない学生は，朝食をきちんと食べる学生に比べて成績が悪かった――という研究発表がある。まあ，ちょっと考えればわかると思うけど，朝食を食べないということは，車にガソリンを入れないで走らせようとするようなものだ。体がガス欠になった状態では，頭が十分に働くわけがない。入試当日の朝食はちゃんと食べよう！　朝食を食べた効果があらわれるように，試験開始の２時間以上前に食べるようにするとよい。

では，入試当日の朝食にふさわしいものは何か？

まず，脳の直接のエネルギー源はブドウ糖だけであるから，それを補給するためのご飯やパン，これは絶対に必要だ。また，砂糖や果物の糖分は吸収されやすく，効果が速くあらわれやすいので，パンにジャムをぬったり果物を食べたりするのもよいだろう。

次に，タンパク質。これは脳の温度を上げる作用がある。温度が低いままでは十分に働かないからね。タンパク質を多くふくむのは肉や魚，牛乳，卵，大豆などだが，ここでは大豆でできたとうふのみそ汁や納豆をオススメする。そして，記憶力がアップするDHAを多くふくんでいる青魚，つまりサバやイワシなども食べておきたい。

生野菜も忘れてはならない。その中にふくまれるビタミンBは，ブドウ糖を脳に吸収しやすくする働きを持つので，結果的に脳力アップにつながるんだ。

コーヒーや紅茶，緑茶は，カフェインという成分の作用で目覚めをうながすが，トイレが近くなってしまうので，飲みすぎに注意！　試験当日はひかえたほうがよいだろう。眠気を覚ましたいときはガムをかむといい。脳が刺激《しげき》されて活性化し，目が覚めるんだ。

Dr.福井（福井《ふくい》一成《かずしげ》）…医学博士。開成中・高から東大・文Ⅱに入学後，再受験して翌年東大・理Ⅲに合格。同大医学部卒。さまざまな勉強法や脳科学に関する著書多数。

2019年度　フェリス女学院中学校

〔電　話〕(045) 641－0 2 4 2
〔所在地〕〒231－8660　神奈川県横浜市中区山手町178
〔交　通〕JR根岸線―「石川町駅」より徒歩８分
みなとみらい線―「元町・中華街駅」より徒歩10分

【算　数】（50分）〈満点：100点〉

《注意》　1．答を出すのに必要な図や式や計算を，その問題のところにはっきりと書いてください。

2．円周率を使う場合は3.14としてください。

1　次の問いに答えなさい。

(1)　次の□にあてはまる数を求めなさい。

$$\frac{21}{32}\div\left\{1.75\div\left(\boxed{}-\frac{7}{6}\right)\right\}\times\frac{26}{35}=\frac{1}{8}$$

(2)　白色，黄色，赤色のさいころがそれぞれ１個ずつあります。この３個のさいころを同時に投げます。次の ア ， イ にあてはまる数をそれぞれ求めなさい。

①　どの２個のさいころの出る目の差も４以下となるような，目の出方は ア 通りです。

②　出る目の最も大きい目が５であるような，目の出方は イ 通りです。

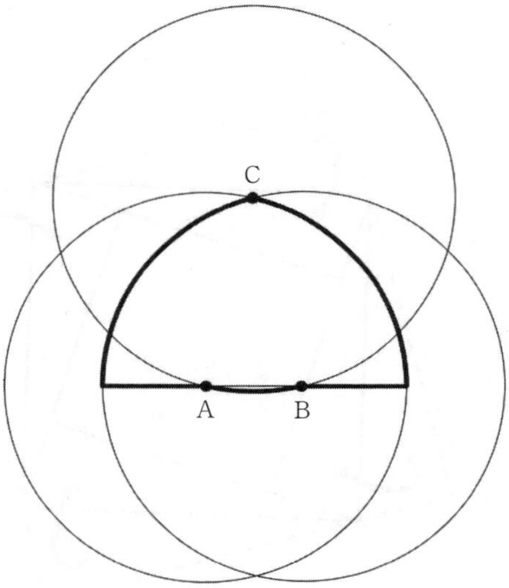

(3)　右の図の３つの円はどれも半径が４cmで，それぞれの中心は点A，B，Cです。点A，Bを中心とする円は，どちらも点Cを通り，直線ABの長さは２cmです。図の太線の長さは□cmです。

□にあてはまる数を求めなさい。

(4)　$\frac{\boxed{\text{ア}}}{5}$ と $\frac{\boxed{\text{イ}}}{\boxed{\text{ウ}}}$ はどちらも約分できない分数で，$\frac{\boxed{\text{ア}}}{5}$ は１より大きく，$\frac{\boxed{\text{イ}}}{\boxed{\text{ウ}}}$ は１より小さいです。この２つの分数の差は $\frac{1}{3}$ に等しいです。次の問いに答えなさい。

①　ウ にあてはまる整数を求めなさい。

②　ア ， イ にあてはまる整数をそれぞれ求めなさい。

(5)　A，B，C，Dの４人の家は，図のように２本の直線道路でつながっています。

Aさんは，自分の家からCさんの家まで分速150mの速さで移動し，すぐにDさんの家まで分速90mの速さで移動しました。Bさんは，自分の家からCさんの家まで分速90mの速さで移動し，すぐにDさんの家まで分速150mの速さで移動しました。AさんとBさんは同時に自

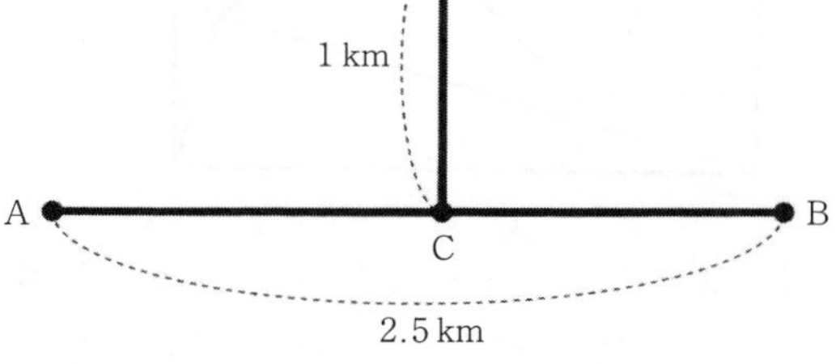

分の家を出発し，同時にDさんの家に着きました。AさんとCさんの家は何mはなれていますか。

2　濃《こ》さが6％の食塩水Aと，濃さが［ア］％の食塩水Bがあります。食塩水Aと食塩水Bを5：3の割合で混ぜ合わせ，800gの食塩水を作り，そこに100gの水を加えて混ぜ合わせると，濃さが8％になりました。また，700gの食塩水Aと，550gの食塩水Bからそれぞれ［イ］gの食塩水を取り出し，Aから取り出したものはBへ，Bから取り出したものはAへ入れて混ぜ合わせると，2つの食塩水の濃さが同じになりました。

［ア］，［イ］にあてはまる数をそれぞれ求めなさい。

3　1辺の長さが31cmの正方形の紙と，1辺の長さが23cmの正方形の紙を，図1のように正方形に折ったものをそれぞれA，Bとします。Aの，紙が二重でない部分にBをすき間なく重ねると，図2のようになりました。▒部分の面積が84cm^2のとき，次の問いに答えなさい。

図1

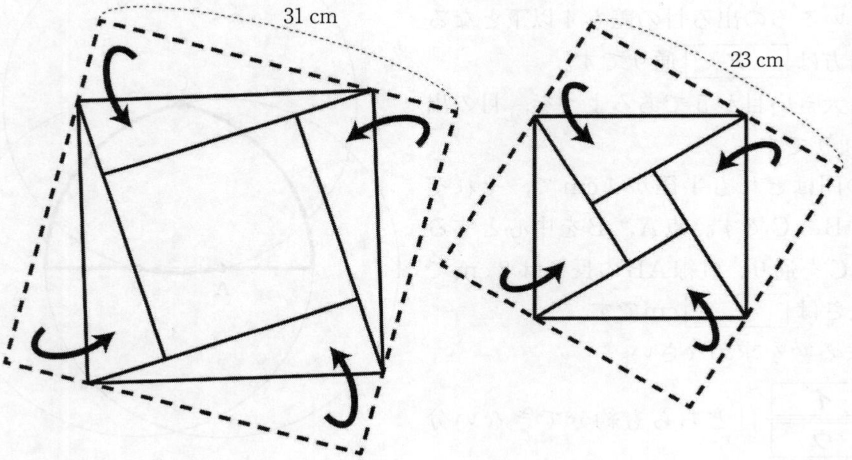

図2

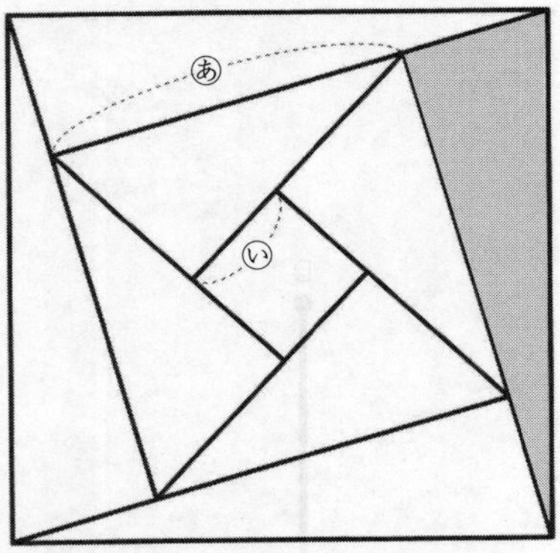

(1)　あの長さを求めなさい。（求め方も書きなさい。）

(2)　いの長さを求めなさい。（求め方も書きなさい。）

4 図のように，一直線上に10cmはなれた点A，Bがあります。次の問いに答えなさい。

(1) 同じ直線上でAの左側に点Pがあり，Bの右側に点Qがあり，AとBの間に点Rがあります。この2点P，Qは17cmはなれています。P，Q，RのA，Bからの距離のすべての合計AP＋AQ＋AR＋BP＋BQ＋BRを求めなさい。（求め方も書きなさい。）

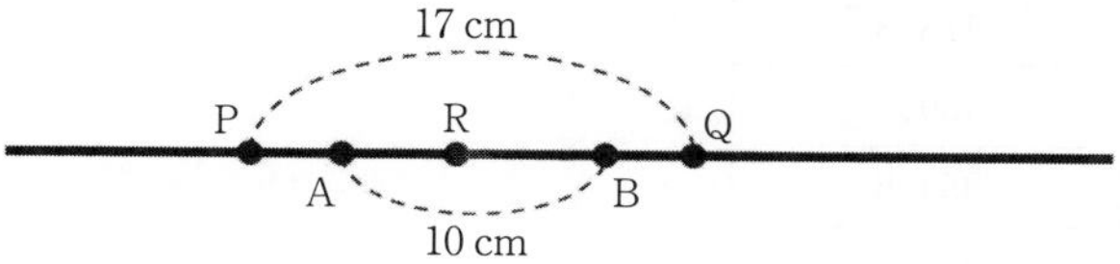

(2) (1)のPとQのように，Aの左側とBの右側に，17cmはなれた点の組が何組かあります。また，AとBの間にも点が何個かあり，この直線上には，A，B以外に点が全部で30個あります。この30個の点の，A，Bからの距離のすべての合計は468cmです。AとBの間の点はいくつありますか。（求め方も書きなさい。）

5 図1は，透明《とうめい》な正六角柱です。これを，長方形GABHが正面となるように見ると，図2のようになります。このとき長方形KEDJは長方形GABHと完全に重なって見えます。次の問いに答えなさい。

図1

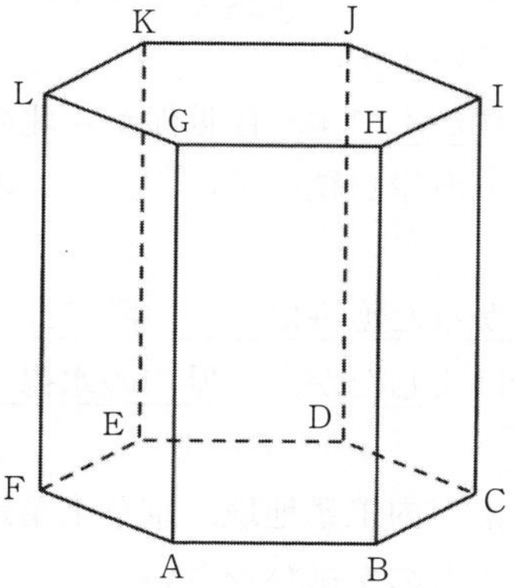

図2

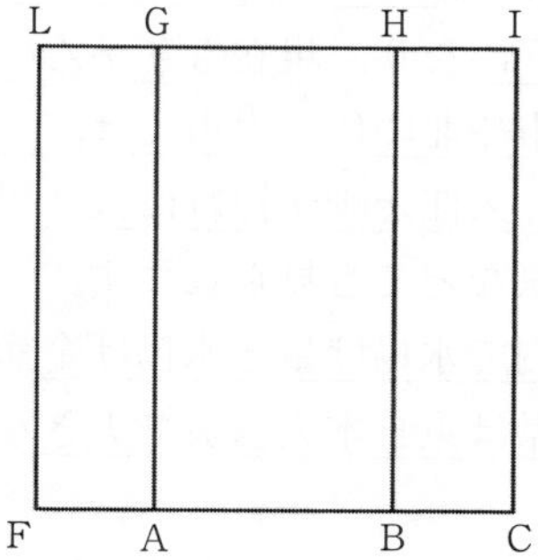

(1) この正六角柱の頂点から，3つの頂点を選び直線で結んで三角形を作ります。図2の向きから見たとき図3の太線のように見える三角形は，全部でいくつありますか。

図3

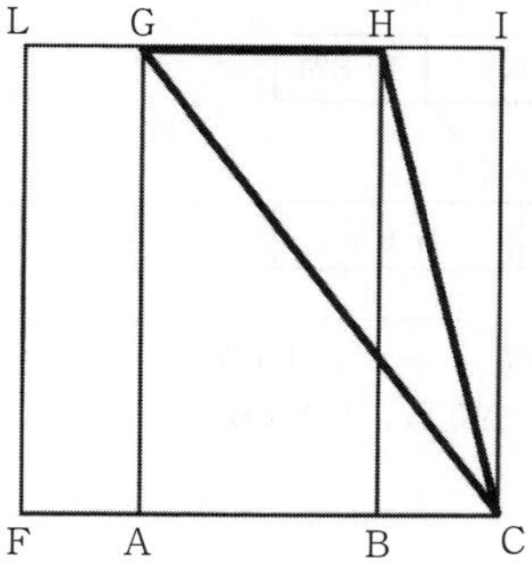

(2) (1)のすべての三角形の面積の合計が60cm^2のとき，最も面積が小さい三角形の面積を求めなさい。（求め方も書きなさい。）

【社　会】（30分）〈満点：60点〉

1　A　下の表は，2017年に水揚げ量と水揚げ金額の多かった全国の漁港の上位8位までを示しています。この表をもとに以下の文の――a～jについての問いに答えなさい。

水揚げ量（万トン）	漁港	順位	漁港	水揚げ金額（億円）
28.1	銚子《ちょうし》	1	焼津《やいづ》	478.8＊
15.4	焼津	2	福岡	450.2
14.0	釧路《くしろ》	3	長崎	354.5
13.6	長崎	4	銚子	278.6
12.8	境港《さかいみなと》	5	根室《ねむろ》	228.7
11.3	〔　　〕	6	三崎《みさき》	222.6
10.0	八戸《はちのへ》	7	〔　　〕	208.3
9.3	枕崎《まくらざき》	8	境港	205.8

＊焼津の金額は税抜き

『銚子市統計書　平成29年度版』全国主要漁港水揚高順位より作成。

水揚げ量が日本一の銚子港は，すぐ北にある鹿島《かしま》臨海工業地域と，a 南西にある京葉工業地域にはさまれた場所にあります。b この港の先にある犬吠埼《いぬぼうざき》灯台は世界的にも有名です。c 銚子港は水揚げ量が全国で1位ですが，水揚げ金額は4位です。また，d 銚子では江戸時代からしょう油が作られるようになり，現在もさかんに製造されています。

e 長崎港のある長崎市や北の佐世保《させぼ》市では，（　　）業がさかんです。佐世保から北の f 平戸《ひらど》までは，九十九《くじゅうく》島など g 入江と岬《みさき》が複雑に入り組んだ（　　）海岸が続いています。このような海岸は，三重県や岩手県などでも見られます。

2017年に，h 宮城県内で水揚げ量と水揚げ金額が最も多かった漁港は〔　　〕港で，2位は気《け》仙沼《せんぬま》港でした。i 宮城県は東日本大震災で大きな被害を受けましたが，j 県内の水揚げ量は少しずつ回復しています。

a　次のア～ウのグラフは，2015年の関東内陸工業地域，瀬戸内工業地域，京葉工業地域の製品出荷額等の割合を示しています。京葉工業地域に当たるものを選びなさい。

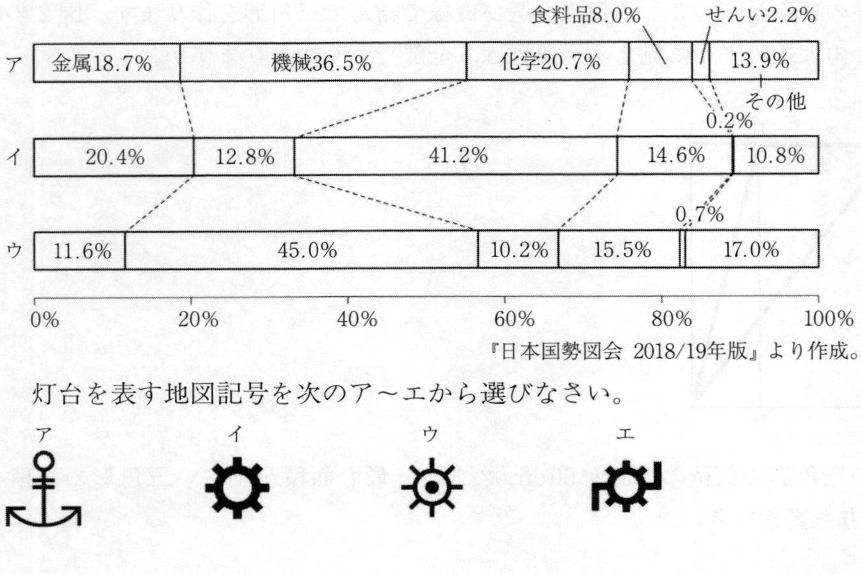

『日本国勢図会 2018/19年版』より作成。

b　灯台を表す地図記号を次のア～エから選びなさい。

c　上の表を見ると，この漁港に限らず，多くの漁港で水揚げ量の順位と水揚げ金額の順位が同じではありません。このようなことが起こる理由を答えなさい。

d　日本は，しょう油の原料である大豆の多くを輸入に頼っています。日本の輸入先を示した右の表の中で，**A**に入る国名をア～エから選びなさい。

ア　ブラジル

イ　中国

ウ　オーストラリア

エ　ロシア

国名	輸入量（千トン）
アメリカ	2349
A	521
カナダ	322
世界計	3218

（2017年）

『日本国勢図会 2018/19年版』より作成。

e　（　）に入る工業の種類を答えなさい。

f　ここでは和牛の生産も行われています。2017年に肉用牛の頭数が国内1位だった都道府県を，ア～エから選びなさい。

ア　宮崎県　　イ　北海道

ウ　熊本県　　エ　岩手県

g　（　）に入る言葉を答えなさい。

h　〔　〕内には表中の〔　〕と同じ漁港名が入ります。その名前を答えなさい。

i　東日本大震災の時に，震災の被害を受けていない九州などの自動車工場でも生産ラインが止まりました。その理由を答えなさい。

j　東北地方の被災都市に支所を置き，被災した地方公共団体などに支援を行っている国の行政機関の名前を答えなさい。

B　次の文章を読んで，文中および表中の――a～fについての問いに答えなさい。

2017年に日本を訪れた外国人の数は，過去最高を記録しました。下の表を見ると，外国人旅行者がよく訪れる都道府県の上位には，a国際空港や，箱根・京都などの観光地がある都道府県が入っています。最も多くの旅行者が訪れる東京では，観光のほか，b百貨店（デパート）やドラッグストアでの買い物も人気です。

c豊かな自然が広がる北海道も多くの観光客をひきつけます。冬にはニセコ町などに，良質な雪を求めて南半球のdオーストラリアからスキー客が訪れます。また，e下の表中の〔　　〕県には，韓国との間で高速船が運行されていることもあり，韓国からの旅行者が多く訪れます。

訪日外国人都道府県別訪問率ランキング（2017年）	順位	入国外国人旅行者国（地域）別ランキング（2017年）
東京都	1	中国
大阪府	2	韓国
千葉県	3	（台湾）
京都府	4	（香港）
〔　　〕県	5	アメリカ
愛知県	6	fタイ
神奈川県	7	オーストラリア
北海道	8	マレーシア

JNTO（日本政府観光局）資料などにより作成。

a　世界各国から国際線が乗り入れ，また，国内の路線も集中している拠点空港のことを何といいますか。

b　右のグラフは百貨店，コンビニエンスストア，大型スーパーの年間販売額を示しています。百貨店の説明として正しいものをア～ウから一つ選びなさい。

ア　景気の低迷《ていめい》や人々の生活様式の変化により，販売額が少なくなってきた**A**が百貨店である。

イ　自動車が普及《ふきゅう》し，郊外で買い物をする人々が増えたことで販売額が増加した**B**が百貨店である。

ウ　日本に来る外国人旅行者が多くの買い物をしているため，販売額が急増している**C**が百貨店である。

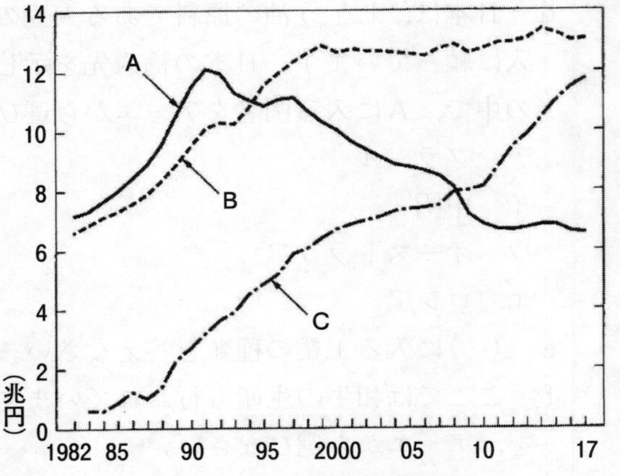

『日本国勢図会 2018/19年版』より作成。

c　北海道で，希少な動植物の生息地となっていることから，世界遺産に登録された場所はどこですか。

d　オーストラリアのシドニーでは夏の間，1時間時刻を進めるサマータイムを導入しています。シドニーでサマータイムが実施されているとき，日本とシドニーとの時差について正しいものをア～エから一つ選びなさい。なお，シドニーは東経150度の経線を時刻の基準としています。

ア　日本とシドニーの時差はなくなる。

イ　日本とシドニーの時差は1時間になる。

ウ　日本とシドニーの時差は2時間になる。

エ　日本とシドニーの時差は3時間になる。

e　〔　〕内には表中の〔　〕と同じ県名が入ります。その県名を答えなさい。

f　次の地図中の**ア**～**エ**からタイを示しているものを選びなさい。

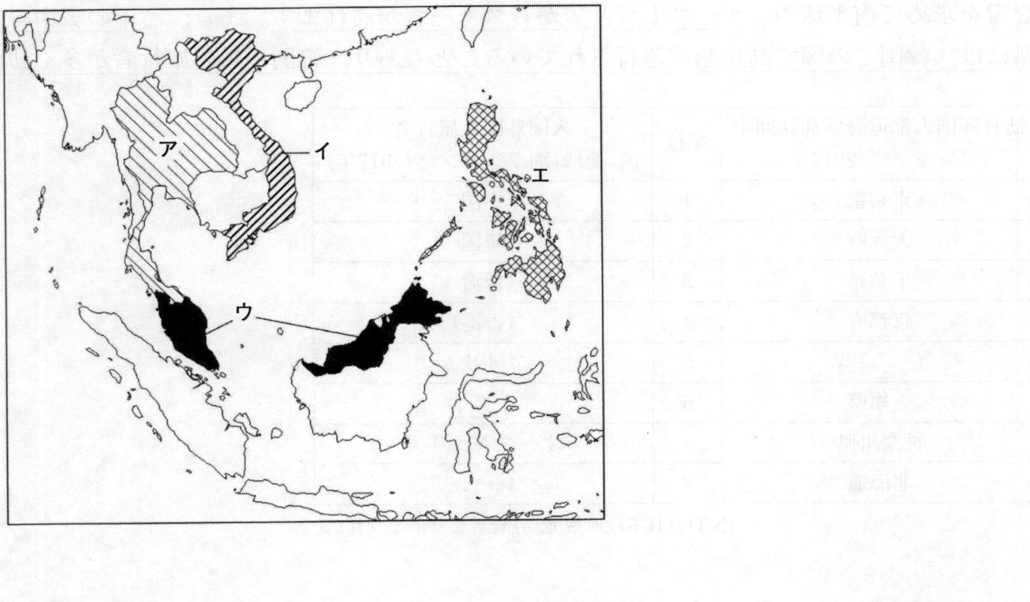

C　次の文を読んで，―― a ～ d についての問いに答えなさい。

Ａさん：最近，仮想通貨という言葉をよく聞きますが，本物のお金なのですか。

先　生：仮想通貨とは，私たちがふだん使う紙幣《しへい》や硬貨とは異なる種類のお金です。千円札をよく見ると「日本銀行券」と書いてありますね。紙幣は日本の中央銀行(日本銀行)が発行し，その量を管理して価値を保っています。一方，仮想通貨は a インターネット上でやりとりされるデジタルのお金で，国による信用の裏づけはありませんが，ネットワークを利用して管理されています。

Ａさん：お金の信用ってどういうことですか。

先　生：この千円札は，本来はただの紙切れですよね。でも国がこれを千円の価値があると保証して，みんなもそれを信じているからお金として使われているのです。つまり，紙幣や硬貨でなくても，信用されるものであればそれはお金になりえます。

Ａさん：大昔《むかし》は，塩や布がお金として使われていたと聞いたことがあります。

先　生：その通り。塩や布は腐《くさ》らないから保存ができるし，持ち運んで，ほしいものと交換できる。それに塩や布はみんなにとって貴重なものだから，価値があると思われて，お金の役割を果たしたのです。

Ａさん：では仮想通貨もそういった条件を満たせばお金として利用できるのですね。そのうちふだんの買い物だけではなく，b 税金や c 社会保険料の支払いにも仮想通貨が使えるようになるかもしれませんね。

先　生：それはまだわかりません。仮想通貨が持つさまざまな危険性も指摘されていますし，注意してあつかう必要がありますね。

Ａさん：これからもしっかり d お金のことを考えていきたいと思います。

a　インターネットが発達し，私たちの生活は便利になった一方で，新たな問題も出てきました。その問題の一つに「デジタルデバイド」があります。この言葉の意味として正しいものをア～エから一つ選びなさい。

ア　誤った情報が簡単に拡散してしまうこと

イ　個人情報が流出してしまうこと

ウ　情報を得やすい人とそうでない人との間に格差が生じること

エ　インターネットに夢中になる若者が，実際の社会との関わりを絶《た》ってしまうこと

b　税金についての説明としてまちがっているものをア～ウから一つ選びなさい。

ア　所得税は，地方に納める税金で，収入が多くなるほど高い税率になる。

イ　固定資産税とは，所有する土地や建物に対してかかる税のことである。

ウ　消費税は，商品の値段に一定の割合で課せられるため，収入の少ない人ほど負担が大きいと指摘される。

c　40歳から加入が義務づけられている社会保険はどれですか。次のア～エから一つ選びなさい。

ア　国民年金　　イ　健康保険　　ウ　生命保険　　エ　介護《かいご》保険

d　本文を読み，「お金」に必要な条件として，適当でないものをア～エから一つ選びなさい。

ア　価値があると信用できる。　　イ　商品と交換することができる。

ウ　蓄《たくわ》えることができる。　　エ　目に見える物として存在している。

2 次のA～Eの史料を読み，各問いに答えなさい。（史料は一部だけをぬき出して，わかりやすく書き直してあります。）

A

> 養老《ようろう》7年(723年)の規定により，開こんした土地は，期限が来たら国におさめることになっている。そのため農民はなまけてしまい，開こんした土地がもとのように荒れてしまう。これからは開こん地を自分の財産とすることを認め，(　　)というような規定をあてはめることなく，永久に取り上げないことにせよ。　（天皇が出した命令）

問1　(　)に当てはまるものを，次のア～エから選びなさい。

ア　公地公民　　イ　大宝律令《たいほうりつりょう》

ウ　三世一身《さんぜいっしん》　　エ　班田収授《はんでんしゅうじゅ》

問2　この命令によって私有地を持つことが認められ，おもに(　　)や(　　)などが，開こんを進めていくようになりました。(　)に入る言葉を，次のア～エから二つ選びなさい。

ア　武士　　イ　貴族

ウ　農民　　エ　寺院

問3　この法令を出した天皇が行ったできごとを，次のア～ウから選びなさい。

ア　国ごとに国分寺をつくらせる。

イ　坂上田村麻呂を東北地方に派遣《はけん》する。

ウ　富本銭《ふほんせん》を発行する。

B

> 近ごろの関東の政治は大変乱れている。将軍といっても幼《おさな》く名ばかりである。それで北条義時《よしとき》は，何事でも北条政子の命令であるということにして，ほしいままに政治を行い，朝廷が定めたきまりを忘れたかのように勢いをふるっている。これはまさしくむほんであろう。早く全国に命令して北条義時をうて。　（朝廷が出した命令）

問1　この命令を出した人物を答えなさい。

問2　下線部は，何代目にあたる将軍のことですか。

問3　この命令をうけて幕府は朝廷と戦うことになりますが，その際，北条政子はどのような働きをしましたか。

C

> 第3条　下田・函館《はこだて》のほか，神奈川・長崎・新潟・兵庫を開港する。
> 第4条　日本への輸出入品に対しては，別に定める通り日本の役所に関税を納めること。
> 第6条　(1)人に対して罪をおかした(2)人は，アメリカ領事裁判所において(3)の法律で罰《ばっ》すること。　（アメリカと結んだ条約）

問1　この条約を結ぶために，幕府と交渉《こうしょう》したアメリカ人の名前を答えなさい。

問2　(　)に入る国名の組み合わせとして，正しいものを次のア～ウから選びなさい。

ア　1＝アメリカ　2＝日本　　3＝日本

イ　1＝日本　　2＝アメリカ　3＝アメリカ

ウ　1＝アメリカ　2＝日本　　3＝アメリカ

問3　この条約が結ばれた時期のことがらとして，正しいものを次のア～ウから一つ選びなさい。

ア　貿易が開始されると，はじめは輸出額よりも輸入額が上回った。

イ　薩摩《さつま》藩は開国に反対し，下関で外国船を砲撃《ほうげき》する事件を起こした。

ウ　幕府は，これに続いてほかに4か国とも，同様の条約を結んだ。

問4　この条約には不平等な内容がありました。その内容がすべて対等なものに改正されるまでには，およそ何年かかりましたか。次のア～エから選びなさい。

ア　約10年　　イ　約30年　　ウ　約50年　　エ　約70年

D

> 日本は同盟条約の義務によって参戦しなければならない立場にはいない。…ただ，一つは（ 1 ）からの依頼にもとづく同盟のよしみと，一つは日本がこの機会に，（ 2 ）の根拠地を東洋から一掃《いっそう》して，国際的に一段と地位を高めることの利益と，この二点から参戦にふみ切るのが良い策であると信じる。　（1914年の閣議における外務大臣の発言）

問1　文章中の（1）・（2）に入る国を，次のア～オからそれぞれ選びなさい。

ア　イギリス　　イ　オランダ　　ウ　フランス　　エ　ドイツ　　オ　ロシア

問2　下線部のような考えから，日本は参戦して中国などに出兵しますが，その結果を述べた文としてまちがっているものを，次のア～ウから一つ選びなさい。

ア　中国では日本に対する反発が高まり，はげしい抵抗運動が起こった。

イ　アメリカは，中国で勢力を拡大しようとする日本の動きに警戒《けいかい》を強めた。

ウ　ヨーロッパ諸国は，中国における自国の利益を日本に守ってもらおうと期待した。

問3　この戦争の終わりごろ，日本国内では各地で大きな民衆運動が起き，政府が軍隊を用いて鎮圧《ちんあつ》しました。この民衆運動は，どのような状況に対して起こったものですか。

E

> 日中両国の国民は，両国の間にあった不正常な状態を終わらせることを強く望んでいる。戦争状態の終結と日中国交の正常化という両国国民の願望の実現は，両国関係の歴史に新たな一頁《ページ》を開くこととなるだろう。…
>
> 1　日本国と中華人民共和国との不正常な状態は，この共同声明が出される日に終了する。
>
> 2　日本政府は，中華人民共和国政府が中国の唯一《ゆいいつ》の合法政府であることを承認する。
>
> （日本と中国が出した声明）

問1　上の文書が出されたころ，急速に普及した電化製品を，次のア～エから一つ選びなさい。

ア　デジタルカメラ　　イ　電気洗濯《たく》機　　ウ　パソコン　　エ　カラーテレビ

問2　サンフランシスコ講和会議で平和条約が結ばれても，この時まで中国との講和が結ばれていなかったのはなぜですか。次のア～ウから一つ選びなさい。

ア　中国が講和会議に招かれなかったから。

イ　中国が平和条約の調印を拒否したから。

ウ　会議で調印された平和条約が，中国国内で承認されなかったから。

問3　国交を長く結べなかったため，終戦前後の中国で混乱のなか家族と生き別れた日本人の子供たちが，肉親を探し始めるのに長い年月がかかりました。

①　中国人に預けられ，育てられたこのような人たちは，何とよばれますか。

②　終戦直前に，家族と生き別れるほどの混乱が起きた理由を説明しなさい。

【理　科】（30分）〈満点：60点〉

1　表は各温度において，水100ｇにとける食塩の量を示したものです。

水温(℃)	20	40	60	80
食塩(ｇ)	36.0	36.6	37.0	37.6

1　次のア～エのうち，正しいものをすべて選びなさい。

ア　食塩や砂とうなどが水にとけているものを水よう液という。

イ　水よう液はすべて無色である。

ウ　水よう液はすべてとう明である。

エ　ものが完全にとけた水よう液のこさは，上の方も底の方もすべて同じである。

2　次のア～エのうち，「食塩が水にとける」と同じ意味の「とける」を表しているものを１つ選びなさい。

ア　鉄くぎを塩酸に入れるととけた。

イ　氷がとけて水になった。

ウ　アルミニウムはとかしてリサイクルされる。

エ　炭酸水には二酸化炭素がとけている。

3　食塩をできるだけとかした40℃の食塩水300ｇがあります。この食塩水の水を25ｇ蒸発させると，結しょうとして出てくる食塩は何ｇですか。小数第二位を四捨五入して小数第一位まで答えなさい。

4　食塩をできるだけとかしたある温度の食塩水300ｇがあります。この食塩水の水を25ｇ蒸発させた後，温度を40℃とすると食塩7.8ｇがとけ残っていました。はじめの食塩水の温度を次のア～エから選びなさい。

ア　20℃

イ　40℃

ウ　60℃

エ　80℃

5　海水には食塩などがとけています。ここでは海水を食塩水とみなし，そのこさは海水100ｇあたりに食塩が3.0ｇとけているものとします。

　20℃の海水を300ｇ用意し，そこに食塩を少しずつ加えます。すると，ある量より多く加えたときに食塩のとけ残りが見られました。ある量とは何ｇですか。小数第一位を四捨五入して整数で答えなさい。

6　食塩は料理の味付けだけでなく，冷蔵庫がない時代は食料の保存にも使われていました。石川県の能登《のと》では，海水から食塩を取り出す塩づくりが行われています。

　①～⑤はその方法の一部を示したものです。

①　海水を桶《おけ》でくみ，大きい桶にためる。

②　ためた海水を砂の上にまく。

③　陽にあててかんそうさせた砂を集め，ろ過をできる箱に入れる。

④　箱の上から海水を流しこみ，ろ過をする。

⑤　ろ液を大きい釜《かま》で加熱して，水を蒸発させる。

(1) 方法②では，熊手《くまで》のような道具で下図のように砂に筋目を入れます。これは，まいた海水の水分を早く蒸発させるためですが，なぜ早く蒸発するのか答えなさい。

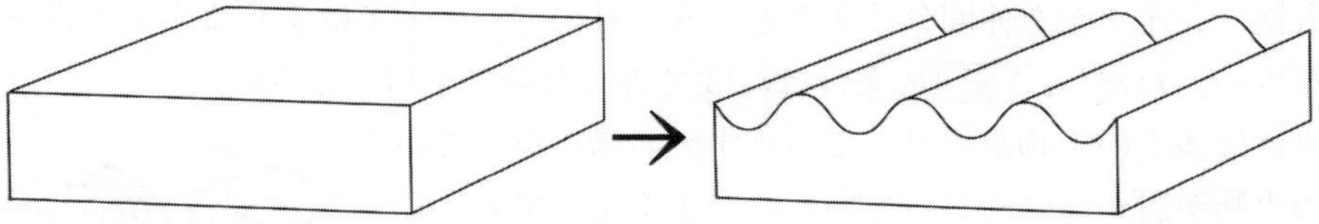

(2) 桶でくんだ海水をそのまま加熱して食塩を得るのではなく，方法①～④によって得られるろ液を加熱するのはなぜか答えなさい。

2 生物には，様々な特ちょうがあります。次の８種類の生物を，図１のように上から順番にＡ～Ｈに仲間分けをしました。Ａ～Ｈにはそれぞれ１種類の生物があてはまります。

＜生物＞			
アサガオ	アヒル	クジラ	クモ
トンボ	ハエ	ミカヅキモ	メダカ

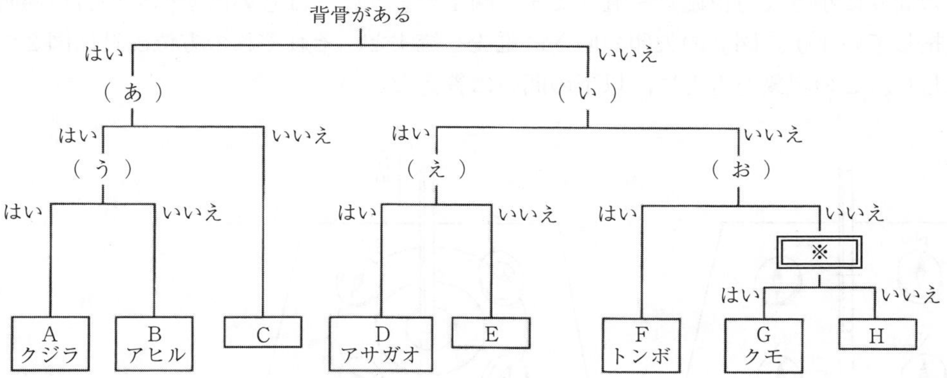

図１

1 (1) 図１の(あ)～(お)の仲間分けの条件を，以下の１～10から選び，番号で答えなさい。ただし，同じ番号は一度しか答えることはできません。

1 卵を産み，仲間を増やす
2 親と似た姿の子を産み，仲間を増やす
3 種子をつくり，仲間を増やす
4 光合成をおこなう
5 歩いたり，泳いだり，飛んだりして，自分で移動することができる
6 はね，またはつばさを２枚持つ
7 はね，またはつばさを４枚持つ
8 さなぎの時期がある
9 えらで呼吸する
10 肺で呼吸する

(2) 図１のＣ，Ｅ，Ｈにあてはまる生物の名前をそれぞれ答えなさい。

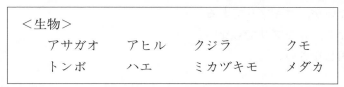

(3)　図１の［※］の仲間分けの条件を答えなさい。ただし，体のつくりを条件とし，(1)の１～10以外の条件を答えなさい。

(4)　図１の方法でシイタケを仲間分けすると，Ａ～Ｈのどこにあてはまりますか。Ａ～Ｈの記号で答えなさい。ただし，［※］の条件は，(3)で答えた条件を用いなさい。

2　海岸の岩場には多くの生物が生息しています。岩場を歩いていると，図２の生物が岩かげに向かっていきおいよく走っていました。

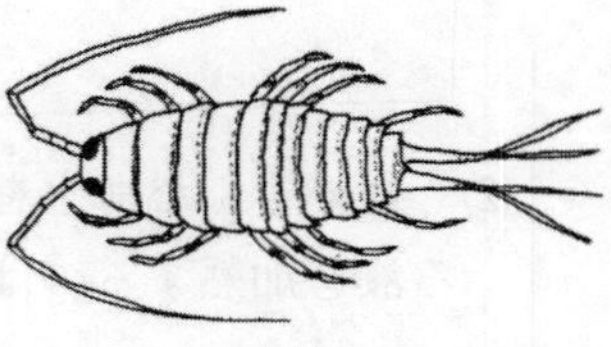
図２

(1)　図２の生物の説明として正しいものを，以下のア～エから１つ選び，記号で答えなさい。

ア　図２の生物は，こん虫であり，ゴキブリでもある。

イ　図２の生物は，こん虫であるが，ゴキブリではない。

ウ　図２の生物は，こん虫でないが，ゴキブリである。

エ　図２の生物は，こん虫でなく，ゴキブリでもない。

(2)　(1)の答えを選んだ理由を説明しなさい。

3

導線の周りに小さな方位磁針を置きます。図１のように，はじめはすべての方位磁針のＮ極が北を指しています。図２の矢印の向きに電流を流すと，それぞれの方位磁針は図２のようにふれました。この現象をもとに，以下の問いに答えなさい。

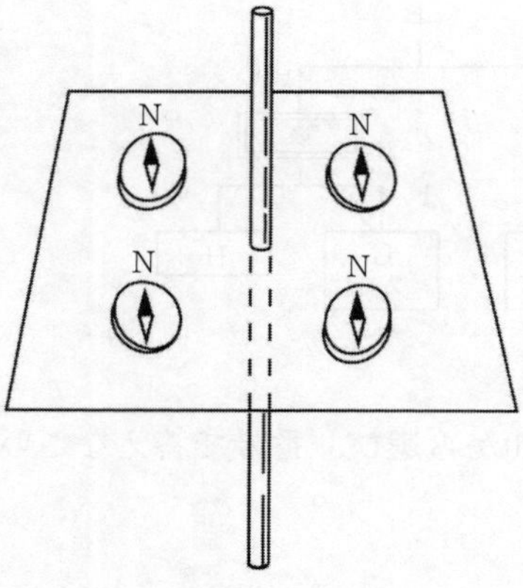

図１

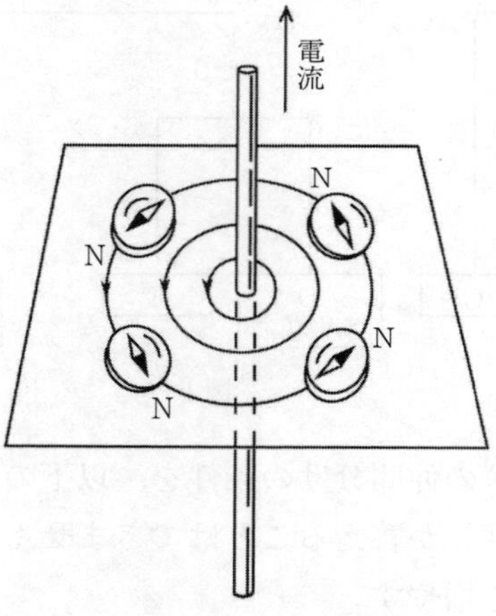

図２

1　図３のように導線の下に方位磁針を置きます。図４はそれを上から見た図です。電流を流す前，方位磁針は図の状態になっていましたが，電流を流すと針がふれました。

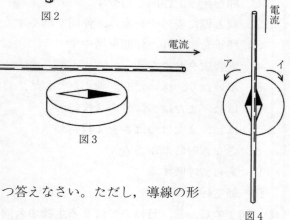

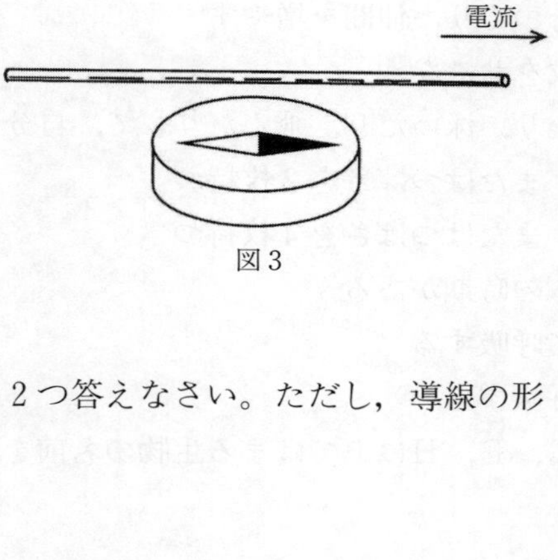

図３

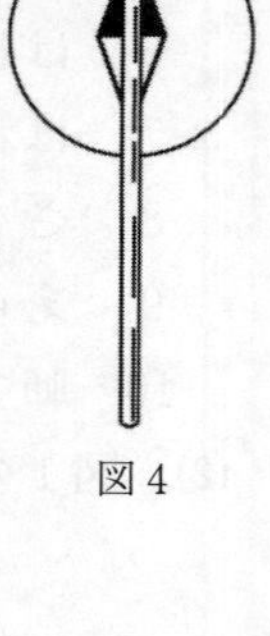

図４

(1)　針は図４のア・イのどちらにふれますか。

(2)　針のふれる角度を大きくする方法を２つ答えなさい。ただし，導線の形は変えないものとします。

2　導線の形を変えて**1**と同じ実験をしました。以下の(1)～(3)のそれぞれの場合，針はア・イのどちらにふれますか。ふれない場合は解答らんに×と書きなさい。ただし，導線は太い線で，電流の向きは太い矢印で示してあります。

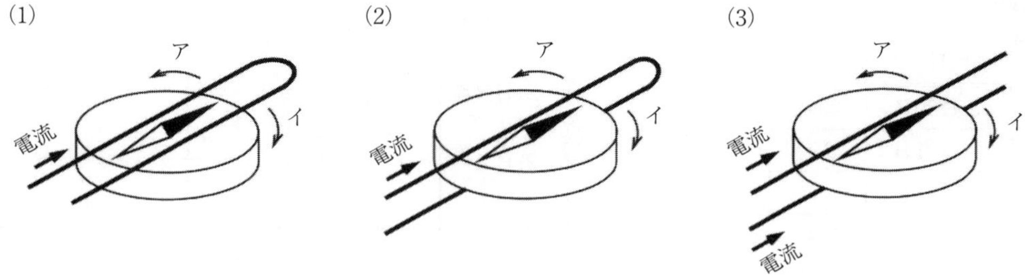

4　人々は大昔から太陽や月など天体の動きを観測して，時刻を定め，暦《こよみ》(カレンダー)をつくってきました。現在，時刻は天体の動きとは関係なく，より精度の高い時計によって定められていますが，日本をふくむ多くの国で使われている暦は，地球が太陽のまわりを１周するおよそ365日を１年とする「太陽暦《れき》」とよばれるものです。

1　昨年(2018年)の春分の日は３月21日で，横浜《よこはま》での日の出は５時44分，日の入りは17時54分でした。この春分の日の昼の時間と夜の時間を比べた下記の文中の(　)にあてはまる数字を入れ，{　}からは一番あてはまる語を選びなさい。

昼の時間は(①)時間(②)分で，一方，夜の時間は(③)時間(④)分であるので，{⑤　**昼**　　**夜**}の時間の方が(⑥)分長いといえます。

春分の日にもかかわらず，昼と夜の時間が等しくならない原因は２つ考えられます。１つは，太陽の{⑦　**上辺**　　**中心**　　**下辺**}の部分が，水平線(地平線)と重なったときを，日の出と日の入りの時刻としていることによります。もう１つの原因は太陽からの光が大気(空気)の中で少し曲がり，太陽の位置が実際の位置よりも少し{⑧　**上**　　**下**}に見えることも関係しています。

2　昨年(2018年)の春分の日は３月21日でしたが，春分の日が３月20日の年もあります。日本の祝日を定めている「国民の祝日に関する法律」によると，春分の日は「春分日」にもとづくとされています。「春分日」というのは天文学のよび名で，次のように定義されます。

右図は地球を中心に宇宙で「天球」という空間を考え示したものです。その球面上に地球から見た太陽の位置を１年間かけて結びました。それを「黄道《こうどう》」とよび，１年間の「太陽の通り道」を示しています。

また地球の赤道を天にまで延長したものを「天の赤道」といいます。黄道と天の赤道は，たがいにかたむいているため，２点で交わり，その交点のうちの一方を「春分点」とよびます。

そして，太陽が春分点の上を通過する時刻がふくまれる日を「春分日」としています。

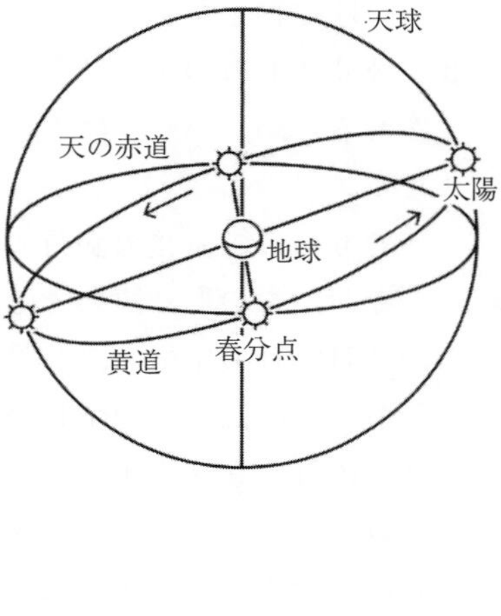

表は2009年から2018年までの10年間に太陽が春分点の上を通過した日時を示しています。なお時刻は日本時間で通過時刻に近い時刻です。

年	日	時
2009年	3月20日	20時
2010年	21日	2時
2011年	21日	8時
2012年	20日	14時
2013年	20日	20時
2014年	21日	2時
2015年	21日	8時
2016年	20日	14時
2017年	20日	20時
2018年	21日	2時

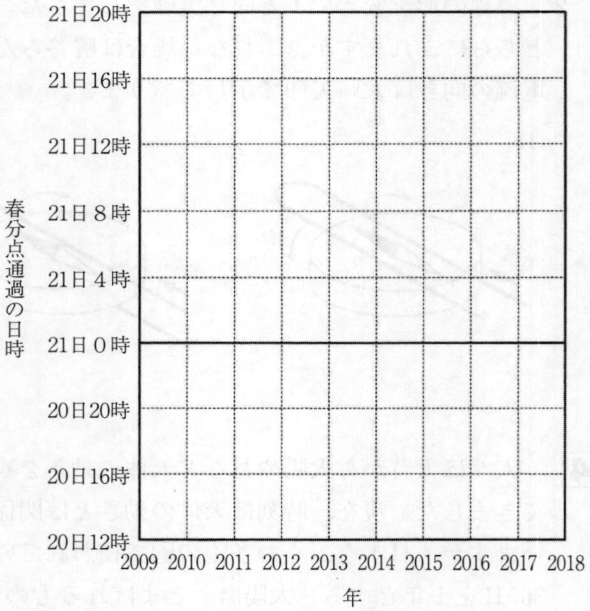

(1)　1年ごとの太陽の春分点通過の日時を，右上と同じ解答用紙のグラフに示しなさい。どのように変化していくのか，グラフの日時を示す点を結びなさい。なお，定規は使えませんので点を結ぶ線は曲がってもかまいません。

(2)　(1)のグラフからわかったことを下記の文にまとめました。文中の(　)にあてはまる数字を入れ，{　}からは一番あてはまる語を選びなさい。

太陽の春分点通過の日時は毎年(①)時間ずつ{② **早く**　**おそく**}なるので，そのままの日付で「春分の日」を決めると，暦(カレンダー)と季節がずれてしまいます。そのため(③)年間に1回1日前の日付になるようにしています。

(3)　上記の下線部に関して，暦(カレンダー)では具体的にどのように調整しているか説明しなさい。

(4)　地球は太陽のまわりをいつも同じ速さで回っています。地球が太陽のまわりを1周する時間はおよそ365日ですが，(3)の調整を合わせると，365日0時間よりも何時間長くなる，または短くなるでしょうか。長くなる場合は＋(プラス)をつけて短くなる場合は－(マイナス)をつけて答えなさい。

3　キリスト教のイースター(復活祭)の日はクリスマスのように毎年決まった日ではなく，毎年変わるため，わかりにくいのですが，一部の教会を除いて，次の「　」のように決められています。

「春分の日の直後の満月の日の次にくる最初の日曜日」

なお，この取り決めでは，春分の日は毎年3月21日に固定され，暦(カレンダー)で春分の日が3月20日の年でも，3月21日を春分の日としてイースターの日を決めていきます。また，春分の日(3月21日)の曜日が日曜日以外で，その日が満月であれば，その直後の日曜日がイースターの日になります。

以上のことからイースターの日が，一番早い場合と一番おそい場合，それぞれ何月何日になるか下記のように考えました。解答用紙の□の中に月日の数字を，(　)の中に曜日を書き入れなさい。

一番早い場合

春分の日：［　月　日］→満月：［　月　日］→イースター：［　月　日］

（　曜日）

一番おそい場合

春分の日：［　月　日］→満月：［　月　日］→イースター：［　月　日］

（　曜日）

〈注1〉 三人が向かい合って話すこと

〈注2〉 旧ソ連の大脳生理学者パブロフが、イヌに一定の波長の音を聞かせたときに食物をあたえ続けると、後にはこの音を聞かせただけでもだ液が出ることに気づいた

〈注3〉 近代に生まれた進歩や機能を第一とする考え方を批判し、脱《だつ》近代をめざすけい向

〈注4〉 ここでは、情報を記録することのできる電子機器のこと

問一 ――部「不可逆にして不可分の一つの時間」とありますが、ここではどのような時間のことを言うのですか。

問二 ――部「音楽を何かしら命あるものとして感じている」とありますが、「命あるもの」とはどのようなものですか。

1 聴き手の五感を刺激するもの
2 聴き手の人生経験を豊かにするもの
3 聴き手の感情と結びつきをもつもの
4 聴き手の自由な空想を広げるもの

問三 「三輪眞弘」は「着メロ」について「シグナルみたいなもの、パブロフの犬みたいなもの」（――部）と言っていますが、筆者はどのような言葉で言っていますか。本文中から五字以上、十字以内でぬき出しなさい。

問四 この文章で筆者は、音楽体験とはどのような体験であるべきだと主張していますか。わかりやすく四十字以内で書きなさい。

問五 テレビ・ラジオのコマーシャルソングや電車の発車メロディーのような、一部分だけを用いた音楽について、良い点と悪い点の両方を挙げながらあなたの考えを二百字以内で書きなさい。

三

次のA・Bの文の――部と言葉の働きが同じであるものを選びなさい。

A セミの声を聞くと、子供のころの夏休みのことが思い出される。

1 いつもは元気なのに今日は欠席している友人の様子が気づかわれる。
2 東京から福岡までは新幹線と飛行機のどちらでも行かれる。
3 ぼくは他人から冷たい人と思われるようなことだけはしたくない。
4 この春退職して故郷へ帰られる先生の送別会を計画している。

B 学校の門の前で待ち合わせよう。

1 雨が降りそうであわてて帰った。
2 君は一人ではない、友がいる。
3 たのんでおいた本がようやく届いた。
4 子供たちは公園で遊んでいる。

四

「たとえ」「断じて」という言葉を両方用いて三十字以内の文を一つ作りなさい。

五

次の――部1～5のカタカナの部分を漢字で書きなさい。また――部6～8の漢字の読み方をひらがなで書きなさい。

座席へ1ミチビく　約束を2シツネンする
長年の3コウセキをたたえる　畑を4タガヤす
5シガイチの中心に公園がある　定期券を6拾得する
規則に7基づく　山の8頂

※問題文に使用した作品における難しい漢字表記は、現在一ぱん的に使われている漢字またはひらがなに改めるか、読みがなをほどこすかしてあります。また、送りがなを加えたり取ったりしたものもあります。

二　次の文章を読んで後の問に答えなさい。なお、一部本文の省略があります。

　自分が音楽にどう反応《のう》しているかをきちんと聴《き》き取ってあげる——実はこれはそんなに簡単なことではない。マスメディア時代に生きる私たちは、音楽を聴くより以前にすでに大量の情報にさらされているし、知らないうちに「音楽の聴き方」についていろいろなことを刷りこまれている。それに他人の意見や反応だって気になる。そして私自身が音楽を聴くときの目安にしているのは何かといえば、それは最終的にただ一つ、「音楽を細切れにすることへのためらいの気持ちが働くか否か」ということである。細切れとはつまり、演奏会の途中で席を外したり、CDなら勝手に中断したりすることだ。何かしら立ち去りがたいような感覚と言えばいいだろうか。音楽という**問一**不可逆にして不可分の一つの時間を、音楽とともに最後まで共体験しようという気持ちになれるかどうか。自分にとってそれが意味／意義のある音楽体験であったかどうかを測るサインは、最終的にこれ以外ないと思うのである。

　これは「分かる」とか「よかった」とか「ぐっと来る」とか、そういうこととは必ずしも関係ない。すぐにはピンと来ないかもしれない。だが、たとえ一ぱん的な意味で「よかった！」という感想を持つわけではなかったとしても、「これは最後まで聴いてあげなくてはいけないものだ」という感情がどこかにわいてきたとすれば、それこそが「縁《えん》」というものだ。それは音楽を通して一つの時間を自分とともに体験する隣《りん》人——音楽の作者や演奏者もふくむ——への敬いの気持ちであり、**問二**音楽を何かしら命あるものとして感じている証《あかし》なのだと思う(中略)。

西村朗《あきら》および小沼《こぬま》純一との〈注1〉鼎《てい》談で三輪眞弘《まさひろ》は、次のようなことを言っている(雑誌『洪《こう》水』第三号、二〇〇八年)。

「たとえば着メロとか、僕はそうとうたえがたいんです。なぜかというと、曲が始まって、途中で切らなければならないわけです。もし音楽が好きだという人がいたら、そんなことがどうしてできるんだろうとまずは思うわけです。つまり好きなグループの作品を着メロにしたとする。好きなグループなのにどうして途中でばっさり切れるのという、そういう感覚を僕は持っているんです。そういう意味で、多分その人にとっての着メロは僕が考えている音楽とはちがうものなんだろうと。たぶんなんらかの情緒《ちょ》を喚《かん》起するものであるだろうけど、**問三**シグナルみたいなもの、〈注2〉パブロフの犬みたいなものであって、僕が考えている音楽とはかけはなれているものだと思います」。

近年、〈注3〉ポストモダン的な「自由な聴《ちょう》取」をことさらにもてはやすような風潮があって、最新の録音／再生〈注4〉メディアが可能にしたところの、聴き手が元の音源を好き勝手に切ったりはったり、重ねたり反復したりする聴き方によって、まるで音楽体験の新しい地平が切り開かれるかのような論調を目にすることも、まれではない。だが三輪と同じように私は、「時間の一回性／不可分性／不可逆性の共有」——後にもう一度ふれようと思うが、私はこの「不可分性」の定義をかなり広くとっている——こそが、音楽が音楽であり続けるための最後のとりでだと信じている。この一線をこえてしまったら、それこそ音楽は三輪の言う「パブロフの反射反応」＝「シグナル」に堕《だ》してしまうだけではないか。確かに音楽は生理的な次元に大きく左右される。だが音楽体験のすべてが単なる刺《し》激／反応に還《かん》元されてしまったら、それはもはや音楽ではない。別の言い方をすれば、もし何らかの演奏会やCDを中座／中断しても何の痛痒《よう》も感じなかったとすれば、その人にとってそれは音楽＝生命ではなく、ただのシグナル＝モノだったということだ。

(岡《おか》田暁生《あけお》『音楽の聴き方』)

6 ゴカイをやるから自分の代わりに魚をつれ

問十一 ——部「僕はしだいに自分のこんなバカな思い付きを後かいし始めていた」とありますが、なぜですか。

1 自分の自尊心を守ることしか考えられず子供たちを追いつめ過ぎ、結果的に彼らの自尊心をふみにじってしまっていることに気づいたから

2 せっかく子供たちのことを思いやった自分の行為《い》が台無しになりそうで、かたくなに反こう的な態度をとり続ける子供たちにいきどおりを感じたから

3 ゴカイを盗まれた被《ひ》害者である自分の方からわざわざ子供たちに歩み寄ろうとするのは、やはり筋ちがいでふさわしくないと思い直したから

4 子供たちにおだやかな口調で声をかけようとしたがきん張してぶっきらぼうになり、かくしていた敵意がむき出しになったから

問十二 ——部「その時とつ然、兄の方がいやにはっきりと答えた。『いらん！』」とありますが、このとき「僕」は「兄」の様子をどのようにとらえていますか。

1 物ほしげにえさを見ていたわけでもないのに僕がしつこくえさをやると言うのでめんどうになり、早く追いはらおうと威嚇《いかく》している

2 先日ゴカイを盗んだ犯人だと自分たちを疑っているから近づいてきたのだと察し、自分たちの潔白を僕にわかってもらおうとうったえている

3 僕の申し出が悪意からであろうが好意からであろうが、すきを見せて決して心を許すまいと必死にきょ絶する姿勢をとっている

4 とつ然手のひらを返したようにおだやかになった僕の態度に、うす気味悪さを感じおびえているが、僕にさとられまいと虚勢を張っている

問十三 ——部「赤くもつれ合ったゴカイは、ひとかたまりのまま緑色を帯びた海水に落ち、そこでやわらかくほぐれ、数条の赤い模様をつくり、美しくのび縮みしながら、しずかにしずんで行った。しずんで見えなくなるのを見届けて、僕は子供に背を向けた」とありますが、このときの「僕」の説明としてふさわしいものを選びなさい。

1 僕からも子供たちからも捨てられたゴカイが、海の中でしなやかにのび縮みするいきいきとした姿を取りもどしたのとは対照的に、何をしても子供たちと良好な関係を築けなかった自分の無力さを痛感した

2 もつれ合ったゴカイがやわらかくほぐれて海にしずんで行く様子を見て、子供たちとの間で複雑にからみ合っていた思いもゆっくりと消えてゆき、これまでの出来事が終わりをむかえたと自覚した

3 えさを盗んだにくらしい子供たちに見せつけるように投げ捨てたゴカイが、緑色の海の底に広がりながらしずんでいく様子を見て、子供たちへの復しゅうを完全に成しとげたように感じ満足した

4 赤く色あざやかなゴカイが緑色の深い海の底へとしずんで行く美しさに目をうばわれて、子供たちとのいざこざでジタバタし続け弱っていた僕の心もなごみ、すべてのことが心温まる思い出になると感じた

ているうちに、管理のあまかった自分自身にも思い当たって反省し始めている

3 あくまでも自分の方が正しいと必死に自分に言い聞かせるが、子供たちにふり回されてまったく正義が通らなかったことにむなしさを覚えている

4 ゴカイを盗んだくせに平気な顔をしている子供たちのことはどうにも許せないが、子供相手にケンカをするのも大人げないので平常心を取りもどそうとしている

問七 ――部「やはりくもったような天気のハッキリしない日だった」という一文は、この文章の中でどのような効果をあげていますか。

1 魚の引きを楽しむために防波堤にやってくる何の変てつもない僕の日常がくり返されることを印象づける効果

2 先日子供たちにゴカイを盗まれたのと同じようなしゃくにさわる出来事が再び起こることを暗示する効果

3 くもって日光がささないような日はゴカイの色もあざやかに見えず、僕の気持も乗らないことをほのめかす効果

4 その日はつりに向いていない天気で、いつまでねばっても魚は一匹もつれるはずがないことを強調する効果

問八 ――部「次の瞬間、その自分のやり方が急にあらあらしく僕に反発してきた」とありますが、このときの「僕」の説明としてふさわしいものを選びなさい。

1 自分のつりの楽しみをじゃましている子供たちなのに、えさをかくして彼らが二度と悪事を働かないように気をつかっている自分の人のよさにあきれ果て、いやけがさしてきた

2 口下手なあまり子供相手にうまくやれるはずがないと最初からあきらめて、どうしても人と関わらないようにしようとする内気な自分に気づき、悲しくなってきた

3 えさを盗んでも悪びれない子供たちの厚かましさに圧とうされてしまった自分の気の小ささを思い出し、日ごろからいだいていたゆううつな気分がますます強まってきた

4 子供たちの姿を見ただけでまたえさを盗られるかもしれないと警かいし、こっそりえさをかくすようにした自分自身のいくじのなさが情けなく、腹立たしくなってきた

問九 ――部「今日はこちらからえさをわけてやる」とありますが、ここから「僕」のどのような気持が読み取れますか。

1 大人げなく動ようしてしまった前回とは異なって、すべてを受けとめるおだやかな大人でいたい気持

2 盗んだことをさとしもしなかった前回とは異なって、子供たちの方から謝るように仕向けたい気持

3 何も言えずに引っこんだ前回とは異なって、相手の意表をついて先制こうげきし優位に立ちたい気持

4 にらむことしかできなかった前回とは異なって、二度と盗みを許すつもりはないとわからせたい気持

問十 ――部「『えさをやろうか。え?』さり気なく言ったつもりだが、あるいは兄弟はその語調のうらに、なにか底意を感じたのかも知れない」とありますが、「兄弟」がどのような「底意」を感じたと「僕」には思われたのですか。ふさわしいものを二つ選びなさい。

1 持ち帰るのがめんどうだからゴカイをおしつけよう

2 人のえさを盗むほど貧しいとはあわれだ

3 盗みを働いたと親に言いつけてやろう

4 えさで手なずけてつりの秘けつを聞き出そう

5 自分たちがゴカイを盗んだ犯人だと白状しろ

身を固くしている

2　弟は動き回ってつりのじゃまをしたことをしかられるかもしれないという不安で泣き出しそうになっており、兄は幼い子供には手を出せまいとたかをくくっている

3　弟はゴカイがいなくなってとほうに暮れている僕が気の毒でいたたまれなくなっており、兄はめんどうに巻きこまれまいと知らず顔をきめこんでいる

4　弟はゴカイを盗んだことがばれたのではないかという恐怖感《きょうふ》で逃《に》げ出したくなっており、兄はゴカイを盗んだことをかくし通そうと気を張っている

問五　――部「向こうも内心ジタバタしているが、別の意味でこちらもジタバタしている」について答えなさい。

①「向こうも内心ジタバタしている」とありますが、「僕」はこのときの「兄」をどのように見ていますか。

1　僕が見つめているので逃げるに逃げられないし、さおを引き上げたら盗んだゴカイが見えてしまうし、動きが取れずうろたえているが、動ようを見すかされまいと平静をよそおっている

2　ゴカイを盗んだのが自分たちであることに僕が気づいているのかどうか知りたいが判断がつかず、これからどのような行動に出たらよいかわからなくて僕の様子を注意深く観察している

3　自分から近づいてきたのに声をかけるわけでもなく、それでいて何か言いたげに自分たちのそばに張りついてくる僕の存在にへきえきし、わざと獲《え》物をのがして関心をそらそうとしている

4　ゴカイを盗んでしまったことを非常に後かいしているが今さら謝ることもできず、かといって僕に無言でにらまれると謝らないわけにもいかず、なやむあまりつりに身が入らないでいる

②「別の意味でこちらもジタバタしている」とありますが、このときの「僕」の説明としてふさわしいものを選びなさい。

1　すぐにゴカイを返して謝ろうともせず僕の存在を無視してつりを続ける子供たちのふてぶてしい態度におどろきあきれている

2　盗みを認めようとしない子供たちがにくいはずなのに、にらみつける僕におびえる子供たちを見るとふびんにも思われ困わくしている

3　子供たちにいかりをぶつけることも大人らしく事態をおさめることもできず、どうしてよいかわからなくてあせりを感じている

4　絶対に子供たちがゴカイを盗んだと確信しているのに、子供たちを犯人として追いつめる決定的な証拠《こ》が見つからずむきになっている

③このときの「子供たち」と「僕」の様子を象ちょう的に表している一文をぬき出し、最初の五字を書きなさい。

問六　――部「ひざ頭までひたす海水を、はねのけるような気持で進みながら、何だかやり切れない感じがしだいに強くなって来た」とありますが、このときの「僕」の説明としてふさわしいものを選びなさい。

1　ゴカイを盗まれたことで生じたむしゃくしゃした気持をすべてふりはらおうとやっきになっているうちに、何もかもがいやになってきている

2　ゴカイを盗まれたことに対するくやしさを辺り一面にぶつけ

のままゴカイを放り出すようにして海面に捨てた。三人の視線は一度にその方に動いた。

問十三 赤くもつれ合ったゴカイは、ひとかたまりのまま緑色を帯びた海水に落ち、そこでやわらかくほぐれ、数条の赤い模様をつくり、美しくのび縮みしながら、しずかにしずんで行った。しずんで見えなくなるのを見届けて、僕は子供に背を向けた。

（梅崎《ざき》春生《お》「魚の餌《えさ》」）

〈注1〉糸巻きにつり糸を巻きつけて糸をくり出したり巻き取ったりする装置がついているさお

〈注2〉取った魚を入れるための器

〈注3〉つり糸につけて魚がえさに食いついたのを知らせる目印

問一　えさがなくなった出来事の前、「僕」は防波堤で出会った「兄弟」をどのような子供たちだと感じていましたか。

1　本職の漁師にも負けないほどのうでを見せつけようとしている生意気な子供たち

2　貧しい家庭に暮らし、日ごろから魚をつって家計を助けている子供たち

3　毎日のように防波堤に通ってつりに夢中になっているむじゃきな子供たち

4　漁師の家に生まれ、つりの技術を一生けん命にみがいている子供たち

問二　――部「えさ屋で買うゴカイが、つぶがそろって生きがよければ、僕の心はおどる」とありますが、なぜですか。

1　いきいきとしたゴカイを自分の思い通りにできると思うと、活力をあたえられる気がするから

2　新せんなゴカイが手に入ればあらゆる魚がつれると思うと、うれしさがこみあげてくるから

3　つぶがそろって赤い色があざやかなゴカイだと、ぶきみな形でも気持悪く感じないですむから

4　質の良いゴカイをふんだんに使えると、つりの玄人になったようなほこらしい気分になるから

問三　――部「盗ったな！　僕ははっとあたりを見回した」とありますが、このときの「僕」の説明としてふさわしいものを選びなさい。

1　たくさんいたはずのゴカイが、つり糸を垂らしながらぼうっと考え事をしているうちにいなくなっていたので、我に返りだれが盗ったかあわてて確かめようとした

2　戦争中で物が不足している時代だったので、貴重なえさであるゴカイが盗まれたことをどうしても許せず、何が何でも犯人を見つけてやると息巻いていた

3　兄弟が大人《おとな》以上に魚をたくさんつりあげる理由がやっとわかったと同時に、他人のえさを盗むというひれつな手を使うことにいきどおりを覚えた

4　えさ箱があらされ、自分の心をおどらせてくれたゴカイがうばわれたことにいかりを覚え、えさがなくなってひまを持て余している子供たちのしわざだととっさに確信した

問四　――部「ふり返って僕をながめていたらしい小さい方の子供の視線と、僕の視線がパッと合った。急におびえた表情になって、視線を外らして、すこし身体を兄の方にずらすようにした。兄の方は、だまってつり糸を垂れたまま、じっとうきをながめている」とありますが、「僕」はこのときの「兄弟」の様子をどのように見ていますか。

1　弟は他人の顔をじろじろ見ていたぶしつけな態度を見とがめられてあわてふためいており、兄はばつの悪さをごまかそうと

た自分がやり切れなかったのか。そしてあいつらは、えさを盗《ぬす》むのに、たくさんの中からよりによってこの俺《おれ》をえらんだ。どういう目安で俺に白羽の矢を立てたのか。そういうことを考えることは、あまりゆ快なことではなかった。連れでもいたら、その連れに話すことで、いく分気持は軽くなるだろうが、僕はその時ひとりだった。口下手《べた》な僕は、ことにそのころは性質もしめっていて、防波堤でもどの常連とも会話すら交わしたことはなかったのだ。

　まあその日から一週間ばかりたった。**問七**やはりくもったような天気のハッキリしない日だった。前の日とちがって、魚の当たりが悪かった。潮加減がよくなかったのだろう。僕は朝からつれないでいい加減くさっていた。その上岩にひっかけて、糸を何本も切らしていた。昼の弁当を食い終わっても、僕のびくはほとんど空だった。そこでもう今日は止めて帰ろうと思ったのだ。

　そしてふとふり返った時、そこにこの間の子供がいたのだ。この前と同じように、兄弟並んで、ぼんやりと海をながめている。その時僕は、ほとんど無意識に、そして彼らに気付かれないように、自分のえさ箱をわきに引き寄せていたのだ。**問八**次の瞬《しゅん》間、その自分のやり方が急にあらあらしく僕に反発してきた。れいのジタバタが始まった。

「ふん」

　と僕は思った。そんならあの子供たちに、**問九**今日はこちらからえさをわけてやる。そんな思いつきがとたんに頭をかすめた。もうどうせ帰るのだから、残りのゴカイは不用なわけだ。ゴカイというやつは、とても条件を良くしないと、翌日まではもたないのだ。

　僕は立ち上がった。えさ箱をぶら下げて、ためらわずに兄弟に近づいて行った。

　足音を聞いて、兄弟はふり向いた。警かいするように二人の表情はとつ然するどくなった。兄の方は、よりそってきた弟をかばうように、身体を動かして構えた。その兄の目付きは、僕をたじろがせるほどはげしかった。

問十「えさをやろうか。え？」

さり気なく言ったつもりだが、あるいは兄弟はその語調のうらに、なにか底意を感じたのかも知れない。

「えさがないのだろう。いらないのか」

　子供のかたわらのえさ箱は空で、底には小量のどろがかさかさにかわいている。兄は警かいの色をますます深め、じっと僕をにらんでいる。にらむとこの子はやや眇《すが》目になるのだ。弟の方の顔はしだいにくずれて、今にも泣き出しそうな顔になった。しかし泣き出しはしなかった。目をキラキラさせて、くちびるをかみしめている。**問十一**僕はしだいに自分のこんなバカな思い付きを後かいし始めていた。しかしこのままではひっこみがつかない。僕は少しいらだって来た。

「えさ、欲しくないのか」

　笑って見せようとしたが、笑い顔にならなかったかも知れない。僕はえさ箱を目の前につき出そうとした。**問十二**その時とつ然、兄の方がいやにはっきりと答えた。

「いらん！」

　そうか、と僕は言い、しかし俺はもう帰るし、どうせえさは捨てるんだから、要るのなら置いてゆくよ、とまだ言い終わらないうちに、

「いらん」

　とも一度兄が言った。ほとんど同時に弟がくちびるを曲げるようにして、

「いらないぞ」

　とつけ加えた。兄の声は、前ほどつっけんどんではなく、やや弱々しくひびいた。そうか、としかし僕もすこしむっとした。しばらく視線を合わせていたが、僕はつき出したえさ箱のかっこうがつかず、そ

りつくして、ほとんど見当たらない。そこでゴカイ。

毎日毎日魚つりをつづけている中に、初めはあまり気持良くなかったが、僕はしだいにゴカイという虫が好きになってきた。ゴカイというのは、形はムカデに似ていて、赤い色の虫だ。まったく見慣れると、ゴカイは女体のようになまめかしい。**問二**えさ屋で買うゴカイが、つぶがそろって生きがよければ、僕の心はおどる。身もだえするゴカイにつり針をさすのは、一種のふしぎな快感があった。

で、その日はくもっていた。沖《おき》の方が暗くて、夕立が来そうな気配もあった。僕は沖の方に向いてつっていたのだ。防波堤の外側と内側とでは、その日によってつれ方がちがうし、またつれる魚の種類もちがう。その日は外側の方が当たりが良くて、皆《みな》そちら側にさおを出していたというわけだ。

その子供たちは、えさを使い果たしたのか、人の〈注2〉びくを見て回ったり、足を組んで沖をながめたり、そんなことばかりしていたんだが——、ふと僕はえさをつけかえようとして、かたわらのえさ箱を見た。するとゴカイがいなくなっている。

まだ十匹《ぴき》余りいたはずなのに、それが、二、三匹になっていて、その二、三匹も箱のふちにひっかかって、だらしなくのび縮みしている。

問三盗《と》ったな！ 僕ははっとあたりを見回した。その子供たちは、内側の方にこしかけている。**問四**ふり返って僕をながめていたらしい小さい方の子供の視線と、僕の視線がパッと合った。急におびえた表情になって、視線を外《そ》らして、すこし身体《からだ》を兄の方にずらすようにした。兄の方は、だまってつり糸を垂れたまま、じっと〈注3〉うきをながめている。

さっきまでつりは止めて、そこらをウロチョロしていたし、またぼんやり海をながめていたではないか。今海面を見つめている兄のこわばった顔は、痛いほど僕の視線を感じているにちがいないのだ。僕は意地悪く、しばらくじっとそこから視線を放さないでいた。そう言えば先刻、僕のかたわらで何かかすかな音がした。僕はそれに気をとめないでいたのだ。あの足音は至極かるかった。そうか。えさを盗るのに、弟を手先に使ったな。そう僕は判断した。僕はそっと立ち上がった。弟がその僕をちらと横目で見た。僕はさおをたたんで帰り支度をした。えさ箱をびくにしまい、かぶっているムギワラ帽《ぼう》の中からたばことマッチを出し、火をつけた。それからそろそろと子供たちの方に近づいた。

僕が近づくと、二人は急にきん張したようだった。かたくなに僕の方を見ないようにして、ことに弟の方は背をかたくして、あきらかにおそれに満ちた表情でそっぽを向いている。子供のえさ箱の中には、僕のと大体同じ型の同じ大きさのゴカイが、ぐにゃぐにゃともつれ合っていた。そして子供のうきがビクッと大きく動いた。

「そら、引いてるじゃないか」

そう僕は言いかけて、途中で止《と》めた。兄はつりざおを上げようとはしない。じっとしている。うきが動かなくなって、それからそろそろとさおを上げた。糸の先は針ばかりになっている。えさをとられたのだ。

「バカだな。しっかりしろ」

そう言おうとして、僕はやはり言わなかった。**問五**向こうも内心ジタバタしているが、別の意味でこちらもジタバタしている。その意識が急に僕の口辺をこわばらせた。僕はそのまま背を向け、ふり返らず、まっすぐに防波堤を岸の方に歩いた。防波堤は岸に近づくにつれて低くなり、満潮時だから海水に没《ぼっ》している。**問六**ひざ頭までひたす海水を、はねのけるような気持で進みながら、何だかやり切れない感じがしだいに強くなって来た。子供たちからなめられたような気がしたのか、子供の所業がしゃくにさわったのか、またその所業を見のがし

二〇一九年度 フェリス女学院中学校

【国語】（五〇分）〈満点：一〇〇点〉

《注意》一、句読点や記号などは字数にふくめます。
二、解答用紙の一行のわく内には二行以上書かないようにしてください。

一 次の文章を読んで後の問に答えなさい。

それはもう十年も前のことになる。

十年前というと、まだ戦争中のことだ。戦争中だというのに、大の男がせっせと防波堤《てい》に通って、魚をつる。それも僕《ぼく》だけじゃなく、防波堤の常連とでも言ったようなのが、十人近くいた。それに半常連。フリの客など。それに本職の漁師も時にこれに加わる。その本職の漁師たちは、おたがいに大阪《さか》弁で会話した。その海は九州のある湾《わん》だから、すなわち彼《かれ》らは他国者だというわけだ。

つまり何かの事情で移住してきたこれらの漁師たちは、その湾の漁場は土地の漁師にしめられ、また舟《ふね》を持つ余ゆうもないらしく、余ぎなくこの防波堤にも仕事にやってくる。大体そういうことらしい。移住してきた事情は聞かなかった。彼らは総じて身なりも貧しく、態度も粗野《そや》だった。大阪弁がかえってその粗野な感じを助長した。それに彼らは僕らを、防波堤の常連たちを、敵視しているような気配もあった。その連中の多くは、防波堤の礎《そ》石についた赤貝を採る。四月や五月、そんな水の冷たい季節でも、平気で水にもぐる。ヒラメのように体を平たくしてしずんで行き、二分も三分ももぐっている。それらが時につりざおをたずさえて、僕らの仲間入りをする。

これら本職のやり方を見ていて、僕は素人《しろうと》と玄人《くろうと》のつり方の差をはっきりと知った。

つまり本職のつり方は、あらゆる合理的な考えの上に立っている。だいいちつれそうな天候や潮具合《あい》の時しか来ないのだ。ところが素人常連のは、魚の引きを楽しむためにわざと弱いさおを用いたり、必要でもないのに〈注1〉リールざおを使用したりする。まあこれは一種の頽廃《たいはい》だ。その中にあって『是《ぜ》が非でも』つり上げようとする漁師たちのやり方は、はっきりと目立った。それによって生活を支えるか支えないかの差異だろう。それに体格もちがっていた。彼らのはだは赤《しゃく》銅色で、手足もたくましかった。僕らは、老人もいたし若いのもいたが、概《がい》して虚《きょ》弱な感じの者ばかりだった。戦争中のことだから、生きのいいのは大てい兵隊とか工場に引っぱられている。のん気に魚つりなんか出来るのは、病気上がりの虚弱者なのだろう。この僕がそうだった。胸の病気のあとで、しばらくのんびりと魚つりでもして暮らせと、医者から言われたのだ。

その子供たちが、この漁師のだれかの息子《むすこ》かどうか、僕は知らない。しかしかれらは子供のくせに、やたらに魚つりがうまかった。僕などにくらべて、いつも二倍か三倍もつり上げてゆく。玄人級だ。身なりもよくないし、つり道具もお粗末なものだ。それでたくさんつる。二人とも体にくらべて頭が大きい。貧相な感じの子供だった。頭が似ているから、兄弟なのにちがいない。上は数え年で十二か十三、小さい方は十歳《さい》ぐらいか。

それは七月ごろだったかしら。そのころはメバルはすでに遠のいて、セイゴ、キスゴ、平あじ、ハゼなどの雑魚《ざこ》が来ていた。日によってはボラが群をなしてやってくる。よくつれてえさが足りなくなることもある。僕の使うえさは大ていデコかゴカイ。デコやゴカイよりも岩虫の方が適当だが、これはなかなか手に入らない。さらに防波堤のへりに付着する黒貝の肉、これが最上なのだが、これは常連がおおむね取

2019年度 フェリス女学院中学校 ▶解説と解答

算　数　(50分)　<満点：100点>

解　答

1 (1) $1\frac{8}{13}$　(2) ア 186　イ 61　(3) 16.56　(4) ① 15　② ア 6　イ 13　(5) 1312.5m　2 ア 14　イ 308　3 (1) 17cm　(2) 7 cm　4 (1) 44cm　(2) 6 個　5 (1) 4 個　(2) 10cm^2

解　説

1 逆算，場合の数，長さ，条件の整理，速さと比

(1) かけ算とわり算だけの計算は順番を入れかえることができるから，等号の左側は，$\frac{21}{32}\div\left\{1.75\div\left(\square-\frac{7}{6}\right)\right\}\times\frac{26}{35}=\frac{21}{32}\times\frac{26}{35}\div\left\{1.75\div\left(\square-\frac{7}{6}\right)\right\}=\frac{39}{80}\div\left\{1.75\div\left(\square-\frac{7}{6}\right)\right\}$ となる。よって，$\frac{39}{80}\div\left\{1.75\div\left(\square-\frac{7}{6}\right)\right\}=\frac{1}{8}$，$1.75\div\left(\square-\frac{7}{6}\right)=\frac{39}{80}\div\frac{1}{8}=\frac{39}{80}\times\frac{8}{1}=\frac{39}{10}$，$\square-\frac{7}{6}=1.75\div\frac{39}{10}=1\frac{3}{4}\div\frac{39}{10}=\frac{7}{4}\times\frac{10}{39}=\frac{35}{78}$ より，$\square=\frac{35}{78}+\frac{7}{6}=\frac{35}{78}+\frac{91}{78}=\frac{126}{78}=\frac{21}{13}=1\frac{8}{13}$ と求められる。

(2) ① 目の差が５以上になるのは１と６だけなので，１と６が同時に出なければよい。つまり，どのさいころも{1，2，3，4，5}のいずれかが出る場合と，どのさいころも{2，3，4，5，6}のいずれかが出る場合が考えられる。{1，2，3，4，5}のいずれかが出るとき，白色の目の出方は５通り，黄色の目の出方は５通り，赤色の目の出方は５通りあるから，５×５×５＝125(通り)となる。{2，3，4，5，6}の場合も同様なので，これらを合わせると，125×２＝250(通り)となる。ただし，この中には{2，3，4，5}のいずれかが出る場合が２回ずつ含《ふく》まれている。このような目の出方は，４×４×４＝64(通り)あるから，全部で，250－64＝186(通り)と求められる。　② 最も大きい目が５であるような目の出方は，{1，2，3，4，5}のいずれかが出る場合から，{1，2，3，4}のいずれかが出る場合を除いたものである。①から，{1，2，3，4，5}のいずれかが出る目の出方は125通り，{1，2，3，4}のいずれかが出る目の出方は64通りとわかるので，全部で，125－64＝61(通り)と求められる。

(3) 右の図１で，おうぎ形ADCの中心角は角CADであり，おうぎ形BCEの中心角は角EBCである。また，おうぎ形CABの中心角は角ACBなので，３つのおうぎ形の中心角の和は，三角形ABCの内角の和に等しく180度とわかる。よって，３つの弧《こ》DC，CE，ABの長さの和は，$4\times2\times3.14\times\frac{180}{360}=4\times3.14=12.56$(cm)となる。さらに，BDとEAの長さはどちらも，４－２＝２(cm)だから，太線の長さは，12.56＋２×２＝16.56(cm)と求められる。

図１

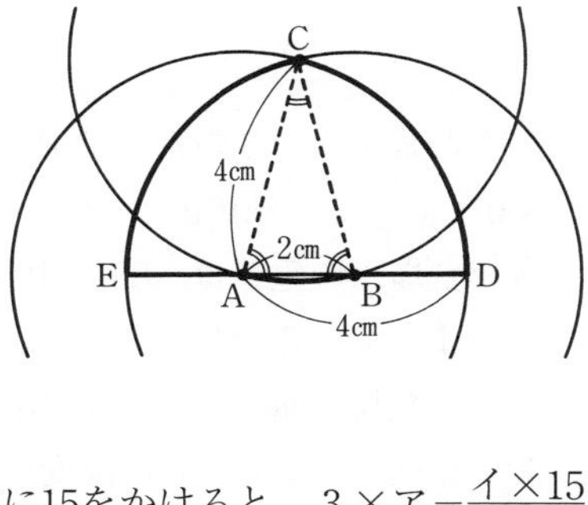

(4) ① $\frac{ア}{5}$が$\frac{イ}{ウ}$より大きいから，$\frac{ア}{5}-\frac{イ}{ウ}=\frac{1}{3}$となり，等号の両側に15をかけると，$3\times ア-\frac{イ\times15}{ウ}$

＝5(＊)となる。ここで，(3×ア)は整数なので，＊の式の答えが5になるためには，$\frac{\text{イ}\times 15}{\text{ウ}}$も整数になる必要がある。また，イとウは約分できないから，考えられるのはウが15の約数のときである。ウが1のとき，$\frac{\text{イ}}{\text{ウ}}$は1より小さい分数ではないので，条件に合わない。また，ウが3のとき，＊の式は，3×ア－5×イ＝5となり，ウが5のとき，＊の式は，3×ア－3×イ＝5となるが，どちらの場合も，アは5より大きく，イはウより小さいという条件に合うア，イの組はない。よって，ウは15とわかる。　② ウが15のとき，＊の式は，3×ア－イ＝5となる。これを満たすア，イの組は右の図2のようになる。このとき，アは5より大きく，イは15より小さいという条件に合うのはかげをつけた部分であり，ア＝6，イ＝13とわかる。

図2

ア	2	3	4	5	6	7
イ	1	4	7	10	13	16

〔ほかの解き方〕 右の図3のように，$\frac{\text{ア}}{5}$と1の差を$\frac{\text{エ}}{5}$とすると，$\frac{1}{3}>\frac{\text{エ}}{5}$，$\frac{5}{15}>\frac{3\times\text{エ}}{15}$，5＞3×エより，エ＝1と決まる。よって，$1+\frac{1}{5}=\frac{6}{5}$より，ア＝6となり，$\frac{6}{5}-\frac{1}{3}=\frac{13}{15}$より，イ＝13，ウ＝15と求めることもできる。

図3

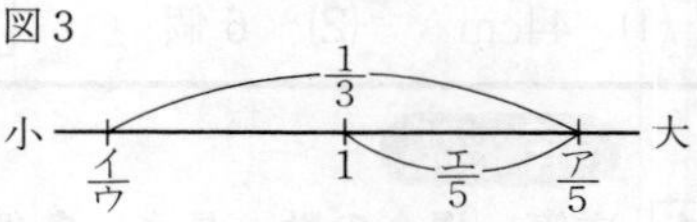

(5) 右の図4で，AさんがCD間にかかった時間は，$1000\div 90=\frac{100}{9}$(分)であり，BさんがCD間にかかった時間は，$1000\div 150=\frac{20}{3}$(分)だから，AさんがBさんよりも，$\frac{100}{9}-\frac{20}{3}=\frac{40}{9}$(分)早くC地点を通過したことがわかる。よって，AさんがC地点を通過したときにBさんがいた地点をPとすると，BさんはPC間を$\frac{40}{9}$分で移動したので，PC間の道のりは，$90\times\frac{40}{9}=400$(m)とわかる。また，AC間とBP間の道のりの比は，この部分を進むときのAさんとBさんの速さの比に等しく，150：90＝5：3である。この和が，2500－400＝2100(m)だから，AC間の道のりは，$2100\times\frac{5}{5+3}=1312.5$(m)と求められる。

図4

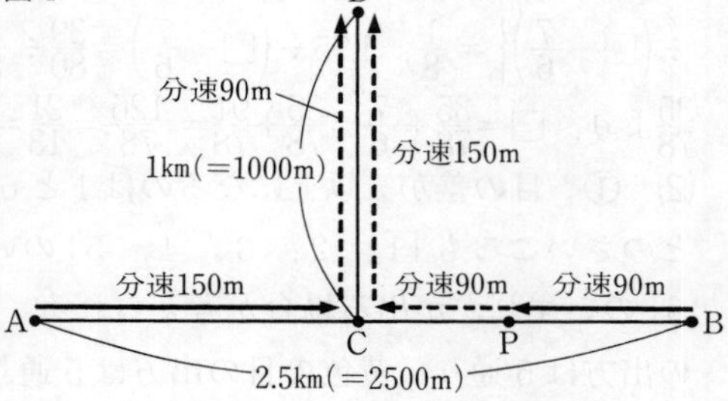

2 濃度《のうど》

図1

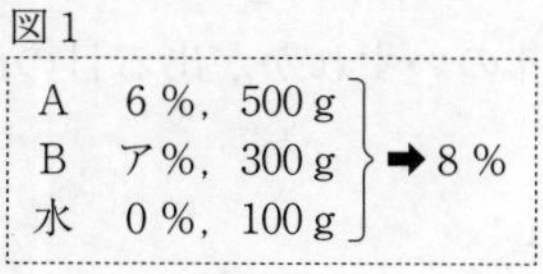

図2

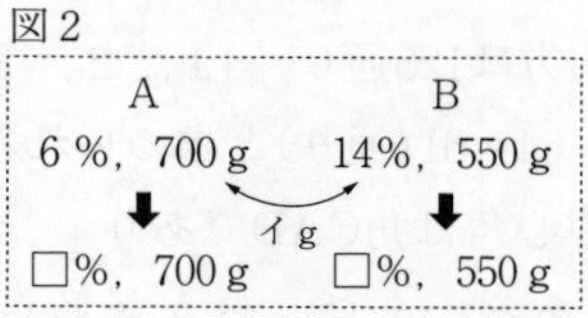

図3

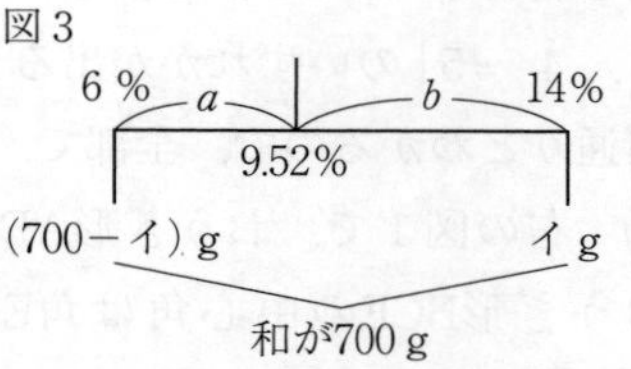

AとBを5：3の割合で混ぜ合わせて800gの食塩水を作ったから，上の図1のように，Aを，$800\times\frac{5}{5+3}=500$(g)，Bを，800－500＝300(g)混ぜ合わせたことになる。これに水を加えてできた食塩水の重さは，800＋100＝900(g)であり，この食塩水の濃度が8％なので，できた食塩水に含まれている食塩の重さは，900×0.08＝72(g)と求められる。このうち，はじめにAに含まれていた食塩の重さは，500×0.06＝30(g)だから，はじめにBに含まれていた食塩の重さは，72－30＝42(g)となり，Bの濃度(ア)は，42÷300×100＝14(％)とわかる。次に，AとBからイgずつ

取り出して交換《こうかん》したときのようすは，上の図２のようになる(同じ重さずつ交換するので，それぞれの食塩水の重さは変わらない)。図２で，等しくなったときのＡとＢの濃度(□)は，はじめのＡとＢをすべて混ぜ合わせたときにできる食塩水の濃度と等しくなる。ここで，はじめにＡとＢに含まれていた食塩の重さの和は，$700\times0.06+550\times0.14=119$(g)であり，ＡとＢの食塩水の重さの和は，$700+550=1250$(g)だから，$\square=119\div1250\times100=9.52$(%)と求められる。よって，Ａに注目して図に表すと，上の図３のようになる。図３で，$a:b=(9.52-6):(14-9.52)=11:14$なので，６％の食塩水と14％の食塩水の重さの比は，$\frac{1}{11}:\frac{1}{14}=14:11$とわかる。この和が700ｇだから，ＡとＢから取り出した食塩水の重さ(イ)は，$700\times\frac{11}{14+11}=308$(g)と求められる。

3　平面図形―構成，長さ

⑴　Ａを作ったときのようすは，右の図①のようになる。図①で，正方形CDEFの面積は，$31\times31=961$(cm²)であり，かげをつけた三角形の面積はすべて84cm²だから，正方形GHIJの面積は，$961-84\times8=289$(cm²)と求められる。よって，$289=17\times17$より，㋐の長さは17cmとわかる。

図①

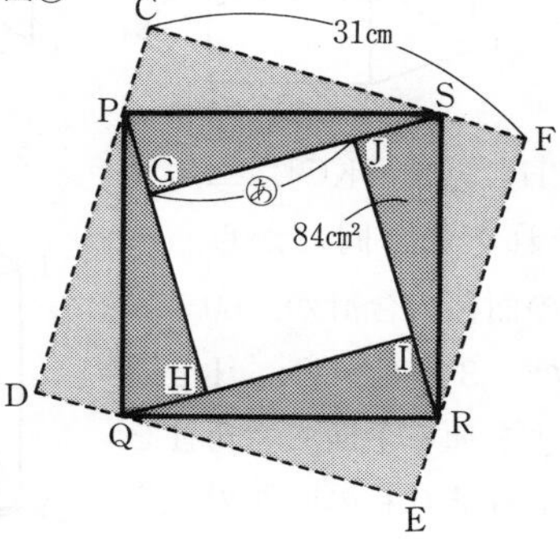

図②

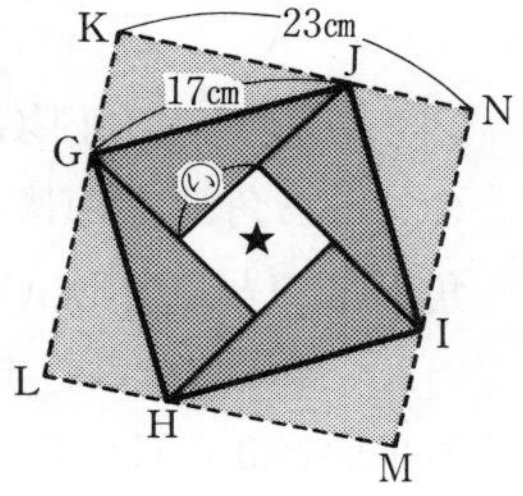

⑵　Ｂを作ったときのようすは右の図②のようになる。図②で，正方形KLMNの面積は，$23\times23=529$(cm²)であり，正方形GHIJの面積は289cm²なので，かげをつけた三角形４個分の面積は，$529-289=240$(cm²)とわかる。よって，★の部分の正方形の面積は，$289-240=49$(cm²)だから，$49=7\times7$より，㋑の長さは７cmとなる。

4　長さ，つるかめ算

⑴　右の図１で，AP＋AQ＝PQ，BP＋BQ＝PQ，AR＋BR＝ABと表すことができるから，(AP＋AQ)＋(BP＋BQ)＋(AR＋BR)＝PQ＋PQ＋AB＝$17+17+10=44$(cm)と求められる。

図１

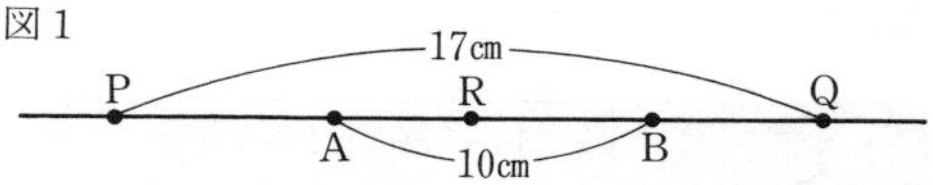

⑵　右の図２のように，17cmはなれた点の組が１組あるとき，ＡとＢの間にある点の数は，$30-1\times2=28$(個)になる。これらの点をP_1，Q_1，R_1～R_{28}とすると，ＡからP_1，Q_1までの距離《きょり》とＢからP_1，Q_1までの距離の合計は，$(AP_1+AQ_1)+(BP_1+BQ_1)=17+17=34$(cm)となる。また，Ａから$R_1$，$R_2$，…，$R_{28}$までの距離とＢから$R_1$，$R_2$，…，$R_{28}$までの距離の合計は，$(AR_1+BR_1)+(AR_2+BR_2)+\cdots+(AR_{28}+BR_{28})=10+10+\cdots+10=10\times28=280$(cm)となるから，合わせて，$34+280=314$(cm)と求められる。次に，上の図３のように，17cmはなれた点の組を１組増やすと，Ａ，Ｂからの距離の合計は34cm増える。また，このときＡとＢの間にある点の数は２個少なくなるので，Ａ，Ｂからの距離の合計は，$10\times2=20$(cm)減る。よって，17cmはなれた点の組を１組増やすごとに，Ａ，Ｂからの距離の合計は，

図２

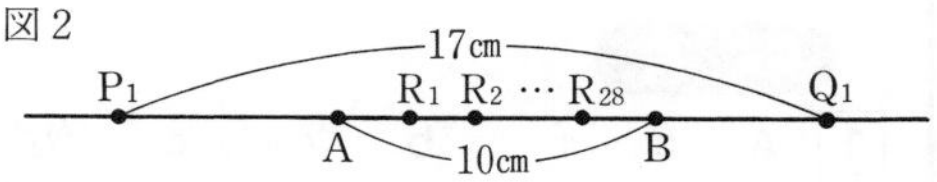

図３

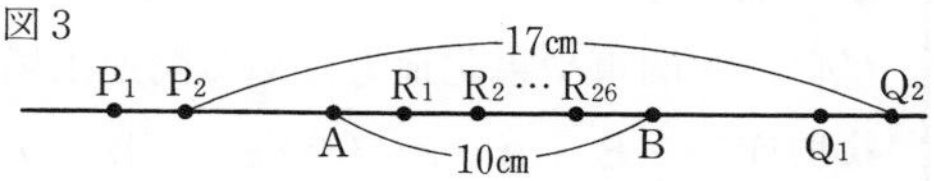

34－20＝14(cm)ずつ増えることがわかる。したがって，距離の合計が468cmになるのは，17cmはなれた点の組を，(468－314)÷14＝11(組)増やしたときだから，ＡとＢの間にある点の数は，28－2×11＝6(個)と求められる。

5 立体図形―分割，面積

(1) 下の図①のように，三角形GCH，三角形KCJ，三角形GCJ，三角形KCHの4個ある。

図①

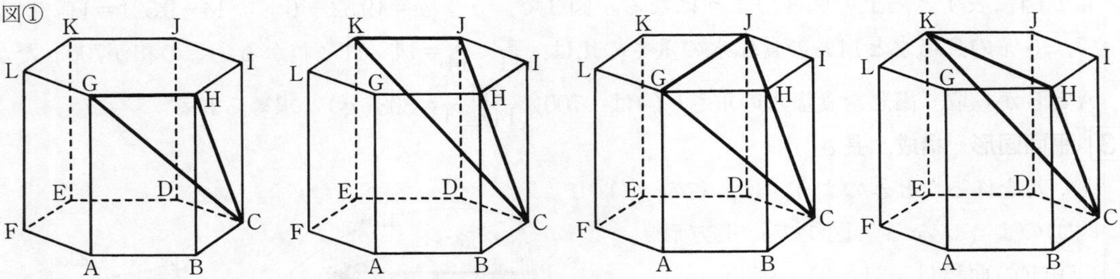

図②

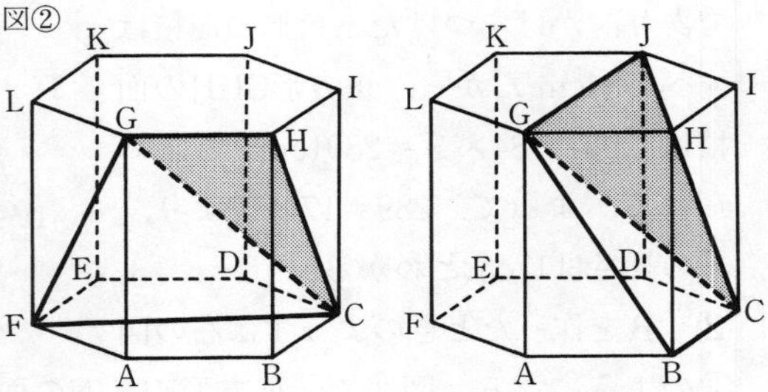

(2) 図①で，三角形GCHと三角形KCJ，三角形GCJと三角形KCHはそれぞれ合同だから，三角形GCHと三角形GCJの面積の合計が，60÷2＝30(cm^2)になる。また，3点G，C，Hを通る平面と3点G，C，Jを通る平面で六角柱を切断すると，切断面はそれぞれ右の図②のようになる。これは合同な台形だから，三角形GCHと三角形GCJは高さが等しい三角形とわかる。さらに，GHとGJの長さの比は1：2なので，三角形GCHと三角形GCJの面積の比も1：2となり，最も面積が小さい三角形(三角形GCHと三角形KCJ)の面積は，$30\times\frac{1}{1+2}=10$(cm^2)と求められる。

社 会 (30分) ＜満点：60点＞

解 答

1 **A** **a** イ **b** ウ **c** (例) 水揚げされる魚の種類によって，取り引きされる価格が異なるから。 **d** ア **e** 造船 **f** イ **g** リアス(式) **h** 石巻 **i** (例) 北関東や東北地方にある関連工場が被災し，自動車部品の供給が止まったため。 **j** 復興庁 **B** **a** ハブ空港 **b** ア **c** 知床(知床半島) **d** ウ **e** 福岡 **f** ア **C** **a** ウ **b** ア **c** エ **d** エ **2** **A** **問1** ウ **問2** イ，エ **問3** ア **B** **問1** 後鳥羽上皇 **問2** 4(代目) **問3** (例) 動揺する御家人たちを前に亡き頼朝の恩を説き，団結して朝廷方と戦うよう訴えた。 **C** **問1** ハリス **問2** イ **問3** ウ **問4** ウ **D** **問1** **1** ア **2** エ **問2** ウ **問3** (例) シベリア出兵を見こした米商人たちが米の買い占めや売りおしみを行ったため，米価が急上昇したこと。 **E** **問1** エ **問2** ア **問3** ① 中国残留孤児 ② (例) ソ連の満州侵攻に対し，満州にいた日本軍はほとんど抵抗できないまま撤退し，開拓民などが自力で逃げのび，帰国することを強いられたため。

解　説

1　日本のおもな漁港，訪日外国人，仮想通貨を題材とした総合問題

A　a　化学工業の割合が40%以上を占《し》めているイが京葉工業地域である。東京湾東部の臨海部に広がる京葉工業地域は，市原市を中心に石油化学コンビナートが広がり，特に化学工業の出荷額が多い。なお，化学工業の割合が20%を超《こ》えているアは瀬戸内工業地域。機械工業の割合が高いウは関東内陸工業地域である。　**b**　「灯台」の地図記号はウ。上から見た灯台が周囲に光を照射するようすを図案化したものである。アは「重要港」，イは「工場」，エは「発電所・変電所」である。　**c**　水揚《みずあ》げ量の順位と水揚げ金額の順位が異なるのは，水揚げされる魚の種類によって取り引きされる価格が異なるためである。たとえば2017年の場合，水揚げ量では銚子《ちょうし》港(千葉県)が第１位，水揚げ金額では焼津《やいづ》港(静岡県)が第１位となっているが，これは，銚子港ではアジ，サバ，イワシなど比較《ひかく》的価格の安い魚の水揚げが多く，焼津港では価格の高いマグロやカツオの水揚げが多いことが関係している。さらに，水揚げ量では第８位以下の福岡港が水揚げ金額では第２位となっているが，これは，福岡港では高級魚であるトラフグやマダイなどの水揚げが多いことによるものである。　**d**　表中のＡはブラジル。2017年における大豆の輸入量の国別割合は，アメリカ71.6%，ブラジル13.8%，カナダ13%の順となっており，この３か国で輸入量の約99%を占めている。統計資料は『日本国勢図会』2018／19年版による(以下同じ)。　**e**　長崎市と佐世保市はともに港湾都市として知られており，造船業も発達している。　**f**　2017年における肉用牛の飼育頭数の都道府県別割合は，北海道20.7%，鹿児島県12.9%，宮崎県9.8%の順である。　**g**　長崎県の北西部沿岸には，入り江と湾が複雑に入り組んだリアス海岸が発達している。リアス海岸は山地が沈降《ちんこう》し，谷間だったところに海水が入りこんでできた出入りの複雑な海岸地形である。　**h**　宮城県で水揚げ量と水揚げ金額が最も多い漁港は石巻港。江戸時代には米の積み出し港として栄えたが，明治時代以降は漁港として発展し，現在は全国有数の漁港となっている。　**i**　ある商品が生産されてから消費者の手に渡るまでの一連の流れ(原材料の調達，製造，輸送，販売など)をサプライチェーンという。わが国の自動車工業においてはそのしくみが特に発達しており，全国各地に分布する関連工場で生産された２～３万点にのぼる部品が組み立て工場に集められ，自動車が生産されている。東日本大震災のさいには北関東や東北地方にある多くの関連工場が被災し，部品の供給がストップしたことから，各地の組み立て工場の生産ラインが停止する事態となった。　**j**　東日本大震災の復興業務を円滑《えんかつ》に行うことを目的として創設され，2012年２月に発足した行政機関は復興庁。その長は内閣総理大臣で，復興大臣がこれを補佐する。本庁は東京に置かれたが，地方機関として岩手・宮城・福島の各県に復興局が，３県の沿岸部６か所に支局が置かれている。なお，復興庁は震災から10年を迎える2021年３月31日に廃止されることになっているが，引き続き復興事業を担当する新しい行政機関の設置が検討《けんとう》されている。

B　a　多くの国際線や国内線の路線が乗り入れ，それらの間の乗り換《か》えや貨物の積み替えの拠点《きょてん》となる空港は，ハブ空港とよばれる。ハブとは自転車などの車輪の「車軸《しゃじく》」のこと。多くの路線がその空港を中心として放射状にのびるようすが車輪のように見えることから，車軸(ハブ)の位置にある拠点空港をハブ空港とよぶようになった。　**b**　1990年代以降，年間販売額が減っているＡ

は百貨店(デパート)，1990年代以降，急速に年間販売額をのばしているCはコンビニエンスストア，残るBは大型スーパーである。　**c**　北海道東部にある知床半島は，海の生態系と陸の生態系が連鎖する，世界でも類を見ない貴重な地域であることから，2005年に「知床」という登録名で世界自然遺産に登録された。　**d**　東経150度の経線を標準時子午線としているシドニーと，東経135度の経線を標準時子午線としている日本との経度差は15度。経度15度で１時間の時差が生じるから，本来の時差は１時間であるが，夏の間，シドニーはサマータイムを導入して時刻を１時間進めているから，時差は２時間となる。なお，より東に位置するシドニーのほうが，日本より時刻が先行する。　**e**　韓国との間で高速船が運航されているのは福岡県。水中翼船《よくせん》によって博多―プサン(釜山)間が約３時間で結ばれている。なお，プサンとは大阪や下関(山口県)などとの間でも定期フェリーが運航されている。　**f**　タイは地図中のア。日本とは友好関係にあり，多くの日本企業が進出している。なお，イはベトナム，ウはマレーシア，エはフィリピンである。

C　**a**　コンピューターやインターネットを使いこなせる人々とそうでない人々との間で生じる格差は，デジタルデバイドとよばれる。「情報格差」ともよばれる問題で，若い世代と高齢者，高所得者層と低所得者層などの間で，就業の機会や収入，便利なサービスを受けられるかどうかなど，さまざまな面で格差が生じる可能性があることが指摘《してき》されている。したがって，ウが正しい。

b　所得税は個人の収入に対して課せられる税で，国税(国に納める税)の中心となる税であるから，アがまちがっている。なお，ウは消費税の逆進性について述べた文である。　**c**　介護《かいご》保険は2000年に始められた社会保険の一種で，要介護認定を受けた人が訪問看護や特別養護老人ホームへの入所などの介護サービスを受けられるもの。40歳以上の国民が納める保険料と税金をもとに運営される。　**d**　本文で述べられている「仮想通貨」のように，目には見えないが存在する貨幣もあるわけであるから，エが適当でない。

2　各時代の史料を用いた問題

A　問１　史料は，743年に出された墾田《こんでん》永年私財法。723年に出された三世一身《さんぜいっしん》の法では，新たに溝《みぞ》や池を開発して開墾した土地は３代にわたって，また，もとからあるかんがい施設を修理して開墾した土地は本人１代に限って私有が認められたが，期限つきであったためあまり効果があがらなかった。そのため，墾田永年私財法では「三世一身を論ずることなく」開墾地の永久私有が認められることとなった。

問２　墾田永年私財法が出されると，大寺院や貴族などは多くの家人や農民などを使って土地を開墾し，私有地として広げていった。このような土地は，のちに荘園とよばれるようになった。

問３　墾田永年私財法を出したのは聖武天皇。聖武天皇は741年，国分寺建立《こんりゅう》の詔《みことのり》を出し，地方の国ごとに国分寺と国分尼《に》寺をつくらせているから，アがあてはまる。なお，イは桓武天皇が行ったこと。ウは７世紀末，天武天皇のときに発行された日本最古と考えられている貨幣《かへい》。

B　問１　史料は，1221年に後鳥羽《ごとば》上皇が出した院宣《いんぜん》(上皇が出す命令)。上皇は全国の武士に第２代執権《しっけん》北条義時を討《う》つ院宣を出し，承久《じょうきゅう》の乱が始まった。

問２　第３代将軍源実朝《さねとも》が暗殺され，源氏の将軍が３代で絶えると，北条氏は藤原摂関《せっかん》家や皇室から形だけの将軍を迎え，みずからは執権の地位を独占して政治の実権をにぎった。このうち第４代将軍となったのは関白九条道家《みちいえ》の子の藤原(九条)頼経《よりつね》で，続く第５代将軍頼嗣《よりつぐ》(頼経の子)とともに藤原将軍(摂家将軍)とよばれた。さらにその後は，皇族から迎えた皇族将軍(親王将軍)が４代続くことになった。

問３　承久の乱が起きると，朝廷方と戦うことになって動揺《どうよう》する御家人たちを前に，頼朝の妻であった北条政子は涙ながらに亡き頼朝の恩を説き，団結して戦うよう訴《うった》えたと伝えられている。

Ｃ　問１　史料は，1858年に結ばれた日米修好通商条約。1856年，アメリカ総領事として下田(静岡県)に着任したハリスは，翌57年，江戸幕府に強い態度で通商条約の調印をせまったため，幕府は朝廷の許可を得ないまま1858年に日米修好通商条約を結んだ。

問２　この条約の第６条は，いわゆる領事裁判権(治外法権)に関する規定。日本人に対して罪をおかしたアメリカ人は，日本の裁判ではなく，アメリカ領事が設置する領事裁判所により，アメリカの法律にもとづいて裁かれるという不平等なものであった。

問３　ア　通商条約が調印され，貿易が開始されると，日本から多くの生糸や茶などが輸出されたことから，輸出額が輸入額を上回る年が続いた。　　イ　1863年に下関で外国船を砲撃《ほうげき》する事件(下関事件)を起こしたのは長州藩である。　　ウ　幕府はアメリカに続いて，イギリス・フランス・ロシア・オランダとも同様の通商条約を結んだ。それらをまとめて「安政の五か国条約」とよぶこともある。

問４　1911年，外務大臣小村寿太郎《じゅたろう》がアメリカとの間で関税自主権の回復に成功し，念願の条約改正を達成した。したがって，すべて対等なものに改正されるまで，50年余りかかったことになる。

Ｄ　問１　史料は1914年に第一次世界大戦が起こったさい，第二次大隈《おおくま》内閣の外務大臣加藤高明が閣議で行った発言。加藤は日英同盟にもとづき日本も参戦すべきことと，これを機会に中国におけるドイツの権益を奪《うば》うことを主張しており，実際，その通りの政策が実行された。

問２　第一次世界大戦に参戦した日本は，中国の山東《シャントン》半島にあったドイツの根拠地やドイツ領の南洋諸島を占領。1915年には中国に二十一か条の要求を突《つ》きつけ，ドイツが中国で持っていた権益を日本にゆずることなどを認めさせた。これに対して，中国国内では激しい反日運動が起きたほか，日本の大陸進出にアメリカなどが強い警戒《けいかい》感を持つこととなった。したがって，ウがまちがっている。

問３　1917年にロシア革命が起きると，革命の拡大をおそれた欧米列強はこれに干渉《かんしょう》するためシベリア出兵を行った。1918年，日本もシベリア出兵に参加することが決定すると，出兵を見こした米商人たちが米の買い占めや売りおしみを行ったことから，米価が急上昇した。こうした状況に不満が高まった富山県魚津の主婦たちが米の安売りなどを要求して行動を起こすと，同じような騒《さわ》ぎが全国各地に広がった。これを米騒動《そうどう》といい，政府は軍隊まで出動させてこれを鎮圧《ちんあつ》した。

Ｅ　問１　史料は，1972年に調印された日中共同声明。田中角栄首相が北京《ペキン》を訪れて中国首脳との間で調印したもので，これにより日本と中華人民共和国の国交がおよそ半世紀ぶりに正常化した。1970年前後は３Ｃとよばれたカラーテレビ，自動車(カー)，クーラー(エアコン)が多くの家庭に普《ふ》及《きゅう》した時期であった。なお，イは1960年前後に普及した「三種の神器」の１つ。アとウが普及したのは1990年代以降である。

問２　1951年，日本はサンフランシスコで開かれた講和会議で連合国側の48か国とサンフランシスコ平和条約を結び，独立を回復した。この会議にはソ連・ポーランド・チェコスロバキアも出席したが，内容を不服として条約には調印しなかった。また，中華民国(台湾)・中華人民共和国(1949年に成立)ともに会議に招かれなかった。その後，日本は台湾の中華民国政府とは1952年に日華《にっか》平和条約を結び国交を回復したが，中華人民共和国はこれを承認しない立場を取り続けたため，同国との国交は開かれないままであった。したがって，アがあてはまる。

問3　①，②　満州事変以降，多くの日本人が開拓移民として満州に渡っていた。1945年８月８日，ソ連が日ソ中立条約を無視して日本に宣戦布告すると，翌９日，ソ連軍はいっせいに満州や南樺《から》太《ふと》・千島列島への侵攻《しんこう》を開始した。これに対し，関東軍(満州にいた日本軍)はほとんど抵抗《ていこう》できないまま撤退《てったい》。多くの日本の民間人が満州に取り残され，自力での帰国を強いられることとなった。混乱する状況のなか，中国人に養子に出されるなどして家族と生き別れになる子どもも多かった。こうした子どもたちは「中国残留孤児《こじ》」とよばれたが，戦後，この問題は長く忘れられた形となっていた。1981年以降，ようやく本格的な調査が始まり，孤児であった人々の来日と肉親探しが行われ，永住帰国も認められるようになった。

理　科　(30分)＜満点：60点＞

解　答

[1] **1**　ア，ウ，エ　**2**　エ　**3**　9.2ｇ　**4**　ア　**5**　96ｇ　**6**　(1)　(例)　日光にあたる表面積が大きくなるため。　(2)　(例)　塩分濃度を高くしたほうが，加熱したさいに効率よく食塩を取り出せるから。　[2] **1**　(1)　**あ**　10　**い**　4　**う**　2　**え**　3　**お**　7　(2)　**C**　メダカ　**E**　ミカヅキモ　**H**　ハエ　(3)　(例)　体が頭胸部と腹部の２つの部分からなる　(4)　H　**2**　(1)　エ　(2)　(例)　ゴキブリはこん虫で６本のあしを持つが，図２の生物はこん虫の特ちょうにあてはまらないから。　[3] **1**　(1)　ア　(2)　(例)　導線に流れる電流の大きさを大きくする。／方位磁針を導線に近づける。　**2**　(1)　×　(2)　ア　(3)　×　[4] **1**　①　12　②　10　③　11　④　50　⑤　昼　⑥　20　⑦　上辺　⑧　上　**2**　(1)　解説の図を参照のこと。　(2)　①　6　②　おそく　③　4　(3)　(例)　４年に１度，１年の日数を366日にするために２月に29日をもうける。　(4)　＋6　**3**　**一番早い場合**…春分の日：３月21日→満月：３月21日(土曜日)→イースター：３月22日　**一番おそい場合**…春分の日：３月21日→満月：４月18日(日曜日)→イースター：４月25日

解　説

[1]　食塩のとけ方，海水から食塩を取り出す方法についての問題

1　水よう液は，水に食塩や砂とうなどの物質がとけたもので，とけたものが見えなくなってとう明である。また，物質が完全にとけた水よう液では，同じ容器内のどこもこさが同じであり，時間がたってもこさのかたよりはできない。ただし，水よう液は青色をした硫酸《りゅうさん》銅水よう液のように色がついているものもある。

2　エの炭酸水は二酸化炭素を水にとかした水よう液，食塩水は食塩を水にとかした水よう液で，この２つの「とける」は同じ意味の「とける」現象(よう解という)である。なお，アは鉄が別の物質に変化している化学変化，イとウは水やアルミニウムが固体から液体などに状態が変化している状態変化である。

3　ある温度で食塩をとかせるだけとかした水よう液をほう和食塩水という。40℃のほう和食塩水の水25ｇを蒸発させたとき，この水25ｇにとけていた食塩が結しょうとして出てくる。食塩は40℃の水100ｇに36.6ｇとけるので，結しょうとして出てくる食塩は，$36.6\times\frac{25}{100}=9.15$より，9.2ｇと求められる。

4　ある温度のほう和食塩水300ｇから水を25ｇ蒸発させて温度を40℃にしたとき，食塩が7.8ｇとけ残ったので，40℃のほう和食塩水が，300－25－7.8＝267.2(ｇ)できている。このほう和食塩水にとけている食塩は，$267.2\times\frac{36.6}{100+36.6}=71.59\cdots$より，71.6ｇだから，はじめのほう和食塩水300ｇには食塩が，71.6＋7.8＝79.4(ｇ)とけていて，水が，300－79.4＝220.6(ｇ)あるとわかる。よって，水100ｇあたりにとけている食塩の量は，$79.4\times\frac{100}{220.6}=35.99\cdots$より，36.0ｇと求められ，表よりはじめの食塩水の温度は20℃と考えられる。

5　20℃の海水300ｇには，食塩が，$3\times\frac{300}{100}=9$(ｇ)，水が，300－９＝291(ｇ)ふくまれている。20℃の水291ｇにとかすことができる食塩は，$36.0\times\frac{291}{100}=104.76$より，105ｇなので，20℃の海水300ｇに食塩を加えていったときにとけ残りが見られはじめるのは，105－９＝96(ｇ)を加えたときである。

6　**(1)**　砂に筋目を入れることで砂の表面積が広くなり，太陽のあたる面積が広くなって海水から水分が蒸発しやすくなる。また，風通しもよくなるため，早く蒸発しやすくなる。　**(2)**　桶《おけ》でくんだ海水をそのまま加熱して食塩を得ようとすると，火力(エネルギー)や時間がかかりすぎる。方法①～④をおこない，あらかじめ塩分濃度《のうど》を高くした液を加熱することで，少ない火力や時間で効率よく食塩を得ることができる。

2　生物の仲間分けについての問題

1　**(1)**，**(2)**　８種類の生物のうち，背骨がある生物はクジラ，アヒル，メダカなので，Ｃはメダカである。「あ」はクジラとアヒルにあてはまり，メダカにあてはまらない仲間分けの条件なので，「肺で呼吸をする」が選べる。「う」は，ほ乳類であるクジラにあてはまり，鳥類であるアヒルにあてはまらない条件だから，「親と似た姿の子を産み，仲間を増やす」があてはまる。次に，「い」は，背骨がない生物のうち，アサガオにあてはまり，トンボとクモにあてはまらない条件なので，「光合成をおこなう」が適している。光合成をおこなう生物には，アサガオとミカヅキモがあてはまるので，Ｅはミカヅキモとなる。そして，「え」は，アサガオにあてはまり，ミカヅキモにあてはまらない条件だから，「種子をつくり，仲間を増やす」ことである。なお，ミカヅキモはふつう分裂《ぶんれつ》で増える。背骨がなく光合成をしない生物にはトンボ，クモ，ハエがあてはまるため，Ｈはハエである。「お」は，トンボにあてはまり，クモとハエにあてはまらない条件なので，「はね，またはつばさを４枚持つ」が選べる。なお，ハエは４枚のはねのうち２枚が退化しており，見た目にははねが２枚しかない。　**(3)**　クモにあてはまり，ハエにあてはまらない条件として，体が頭胸部と腹部の２つの部分からなることやあしが８本あることなどがあげられる。　**(4)**　シイタケは菌類《きんるい》で，背骨がなく，光合成をせず，はねまたはつばさを持たない。また，(3)で考えた条件にもあてはまらない。よって，Ｈにあてはまる。

2　ゴキブリはこん虫の仲間で，こん虫は体が頭部，胸部，腹部の３つに分かれており，６本のあしを持つ。図の生物は，海岸の岩場にすむフナムシで，14本のあしを持ち，体がたくさんの体節に分かれているワラジムシなどの仲間なので，こん虫でもなくゴキブリでもない。

3 電流がつくる磁界についての問題

1 (1) 導線に電流が流れると，そのまわりには磁界(磁石の力がはたらく空間)ができる。この磁界には向きがあり，図2にある同心円の矢印のように，電流の流れる向きに対して時計回りとなる。導線の近くに方位磁針を置くと，この磁界の向きにN極がふれる。よって，図4では，方位磁針のN極がアの向きにふれることになる。 (2) 電流がつくる磁界の強さは，導線に流れる電流が大きいほど，また，導線に近いほど強くなる。

2 (1) 図の奥側にある導線の下側では磁界が方位磁針のN極をア側にふれさせる向きで，手前側の導線の下側では磁界が方位磁針のN極をイ側にふれさせる向きとなる。つまり，方位磁針を置いたところでは2本の導線の磁界が打ち消し合う向きとなっていて，方位磁針の針はふれない。
(2) 方位磁針のN極は，方位磁針の上にある導線の磁界によりア側にふれようとし，また下にある導線の磁界によってもア側にふれようとする。よって，方位磁針の針はアの向きにふれる。 (3) 方位磁針の上にある導線の下側では磁界が方位磁針のN極をア側にふれさせる向きで，下にある導線の上側では磁界が方位磁針のN極をイ側にふれさせる向きとなる。そのため，方位磁針の針はふれない。

4 暦《こよみ》についての問題

1 ①～⑥ 昼の時間は，17時54分－5時44分＝12時間10分となり，夜の時間は，24時間－12時間10分＝11時間50分である。よって，昼の時間のほうが夜の時間よりも，12時間10分－11時間50分＝20分長い。 ⑦，⑧ 日の出と日の入りの時刻は，太陽の中心が水平線(地平線)と重なったときではなく，太陽の上辺の部分が水平線と重なったときの時刻である。春分の日において，昼の時間が夜の時間より長くなる原因の1つは，太陽の半径分が出てくるまでの時間と太陽の半径分がしずむまでの時間だけ，昼の長さが長くなることにある。また，太陽光が大気によってくっ折し(曲げられ)，太陽の位置が実際の位置よりも上にうき上がって見えていることも関係している。

2 (1) 表の日時に点を記し，それぞれの点を線で結んでいくと，右の図のようなグラフとなる。 (2) 2009年から2011年，2012年から2015年，2016年から2018年より，太陽の春分点通過の日時は，1年で6時間ずつおそくなっていると考えられる。そのままの日付で「春分の日」を決めると，3月20日，21日，22日…としだいにずれていき，暦(カレンダー)と季節がずれてしまう。そのため，24÷6＝4より，4年間に1回1日前の日付になるようにして，季節がずれないようにしている。 (3) 原則4年間に1度，2月の日数を29日にして，1年の日数を366日にすることで，暦と季節がずれないように調整している。 (4) 地球が太陽のまわりを4周する間に，(365×4)日に約1日(24時間)を追加して調整するため，地球が太陽のまわりを1周する時間は，24÷4＝6(時間)より，365日より6時間長くなるといえる。

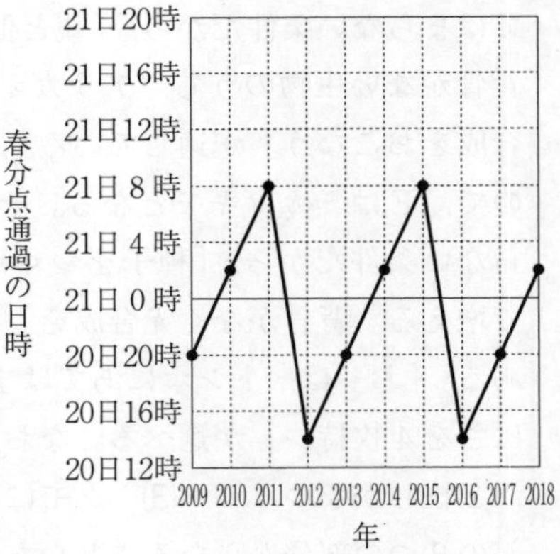

3 **一番早い場合**…3月21日が春分の日で，この日が満月で日曜日以外であったとする。その直後の日曜日がイースターになるため，一番早くイースターをむかえるのは，満月の日が3月21日で土

曜日である場合で，イースターは３月22日となる。　**一番おそい場合**…３月21日が春分の日で，この日が満月の日の翌日だったとする。つまり，３月20日が満月の日である。教会の定める暦では，この満月から次の満月まで29日かかるため，次の満月は，３月20日＋29日＝４月18日となる。この日が日曜日の場合，一番おそくイースターをむかえることになり，次にくる最初の日曜日の４月25日がイースターとなる。

国語　（50分）＜満点：100点＞

解答

一　**問１**　2　**問２**　1　**問３**　4　**問４**　4　**問５**　①　1　②　3　③　子供のえさ　**問６**　1　**問７**　2　**問８**　4　**問９**　3　**問10**　2，5　**問11**　1　**問12**　3　**問13**　2　二　**問１**　（例）　後もどりも分割もできない一回限りの時間。　**問２**　3　**問３**　単なる刺激／反応　**問４**　（例）　音楽という時間に命やかけがえのなさを感じ，隣人と共に最後まで大切に共有する体験。　**問５**　（例）　一部分だけを用いた音楽には印象的なメロディーが多く使われているので，広く受け入れられ人々の心に残りやすい。その曲に興味を持つきっかけになる点では良いと思う。しかし，一方では，曲の主題は全体を通して表現されているはずだから，部分だけが一人歩きをすると作者の思いが十分伝わらないおそれもある。聴き手の都合に合わせて作品をつまみ食いし，わかったつもりになるのは危険であるうえ，作者に対して失礼だと思う。　三　**A**　1　**B**　4　四　（例）　たとえ何回失敗しても，断じてあきらめてはならない。　五　**1～5**　下記を参照のこと。　**6**　しゅうとく(する)　**7**　もと(づく)　**8**　いただき

●漢字の書き取り

五　**1**　導(く)　**2**　失念(する)　**3**　功績　**4**　耕(す)　**5**　市街地

解説

一　**出典は梅崎春生《うめざきはるお》の「魚の餌《えさ》」による。**病後の静養につりを始めた「僕《ぼく》」は，貧しげだがつりのうまい兄弟と出会う。

問１　「兄弟」については，「身なりもよくないし，つり道具もお粗末《そまつ》」で「貧相な感じの子供だった」が「やたらに魚つりがうまかった」とある。貧しい家に育ち，日ごろから家計のために魚をとっており，つりがうまくなったものと考えられるので，２が選べる。

問２　前後から読み取る。「女体のようになまめかし」く，「身もだえするゴカイにつり針をさすのは，一種のふしぎな快感があった」とあるとおり，ゴカイが生き生きとしていれば，それだけ「快感」も強まり活力が増すように感じられたのだから，１がふさわしい。

問３　前の部分に注目する。えさを使い果たしたのか，手持ち無沙汰《ぶさた》なようすでうろついていた子供たちと，知らぬ間にゴカイが減って荒《あ》らされた自分のえさ箱の状態を結びつけ，「僕」はとっさに子供たちのしわざだと思ったのである。よって，４が正しい。

問４　弟が「おびえた表情」で「すこし身体《からだ》を兄の方にずらすようにした」ようすからは，盗《ぬす》みがばれたのではないかという恐怖《きょうふ》とにげ出したい気持ちが読み取れる。一方，兄は「だまって」「じ

っとうきをながめ」ることで，あくまでも知らないふりを通そうとしているものと考えられるので，4が合う。

問5　①　せっかく獲物《えもの》がかかったのに，兄が「つりざおを上げようとはしな」かったのは，上げれば盗んだゴカイが見えてしまうし，盗みを疑う「僕」が注視しているので緊張《きんちょう》と不安で身動きがとれなかったからである。動揺《どうよう》する気持ちを悟《さと》られまいと，ひたすら「じっと」していたのだから，1がよい。　②　①でみたように，「僕」は動揺している兄に対し，「そら，引いてるじゃないか」とつりざおを上げるよううながすことも，えさをとられてしまったことに「バカだな。しっかりしろ」と言うこともできないでいた。表立って子供たちを怒《おこ》ることも，大人として気の利いた対応もできなかった自分にあせりを感じたものと推測できるので，3が選べる。　③　①，②でみたように，盗みについては，子供たちと「僕」のどちらにもそれぞれの事情や思惑《おもわく》があり，それらがからみあって事態を複雑にしている。少し前で描《えが》かれた，子供のえさ箱にある「僕のと大体同じ型の同じ大きさのゴカイ」が「ぐにゃぐにゃともつれ合って」いるようすは，複雑にからみあう双方《そうほう》の思いを象ちょうしているのだろうと考えられる。

問6　問5の②と関連している。ゴカイを盗まれたものの，子供たちに何の対応もできなかったむしゃくしゃした気持ちをぶつけるように海水をはねのけて歩いたが，「子供たちからなめられたような気がした」ことや盗みを「見のがした」こと，子供たちがわざわざ自分を選んだのではないかといった憶測《おくそく》などから生じたやりきれない気持ちが募《つの》るばかりで，どうしようもなくなってしまったのである。

問7　ぼう線部中に「やはり」とあることに注意する。以前，えさを盗まれて嫌《いや》な思いをしたのは「くもった」日だったが，「一週間ばかりたった」その日も同じような天気だったとすることで，同様にしゃくにさわるできごとが起きることを暗示しているのである。

問8　「自分のやり方」とは，この間の兄弟にまた盗まれては困るとばかりに，「僕」が自分のえさ箱をそっと引き寄せたことを指す。こうした自分の受け身で弱気な態度が情けなく，腹立たしかったのだから，4がふさわしい。

問9　前回，子供たちにえさを盗まれたとき何もできなかったむしゃくしゃした気持ちに加えて，問8でみたような情けない自分への反発もあり，今日は自分から先に動いて手を打とうと思っているのである。よって，3が合う。

問10　子供たちのえさ箱が空だったことに注目する。「僕」に「えさをやろうか。え？」と言われた兄は，「じっと僕をにらんで」いたが，そう言われた子供たちからすれば，貧しさをあわれまれているとともに，えさを恵《めぐ》んでやるから盗んだことを白状するよう迫《せま》られているものと感じたはずである。よって，2と5が選べる。

問11　「バカな思い付き」とは，問9でみたように，「相手の意表をついて先制こうげきし優位に立ちたい」という気持ちから，「僕」が無駄《むだ》になってしまうゴカイを貧しい兄弟にやろうとしたことを指す。しかし，「僕」の「えさをやろうか。え？」という言葉のうらに「なにか底意」を感じた兄は「じっと僕をにら」み，弟は「今にも泣き出しそうな顔」になってしまった。そのような，「自分の自尊心を守る」ためだけにした行為《こうい》が子供たちを追いつめてしまったことをおろかだったと「後かい」したのだから，1がふさわしい。

問12　問11と関連している。「僕」の申し出の真意はわからないが，盗みを認めたくないし，いくら貧しくても自尊心があるため，施《ほどこ》しを受けるのはまっぴらだという気持ちで兄は精一杯の虚勢《きょせい》を張って拒否《きょひ》しているのである。よって，3が正しい。

問13　差し出したゴカイを兄から拒否されてひっこみがつかなくなった「僕」は，それを海に投げ捨てることで決着をつけようとした。もつれあったゴカイが「やわらかくほぐれ」「しずかにしずんで行った」という描写《びょうしゃ》は，子供たちと「僕」との間に繰《く》り広げられた複雑で苦い思いのやりとりがおさまり，ゴカイをめぐる一連のできごとが終わったことを暗示している。

二　**出典は岡田暁生《おかだあけお》の『音楽の聴《き》き方―聴く型と趣味《しゅみ》を語る言葉』による。**音楽を着メロのように細切れにして使う風潮を批判している。

問1　「不可逆」は後もどりできないことをいい，「不可分」は分けられないという意味なので，これをふまえ，「二度ともどらない，分割できない時間」のように書けばよい。

問2　音楽に対し，「これは最後まで聴いてあげなくてはいけないものだ」と思えたのならば，音楽は聴き手の感情と結びついたのだといえるので，3が合う。

問3　細切れにした音楽は，パブロフの犬のように，その部分を聞くと反射的にある情緒《じょうちょ》をよび覚ますだけのものだと「三輪眞弘《まさひろ》」は語っているが，最後の段落で，筆者は「『パブロフの反射反応』＝『シグナル』」を「単なる刺激《しげき》／反応」と言い表している。

問4　筆者は音楽の不可逆性を強調し，細切れにした音楽は生命を失ったただの「シグナル＝モノ」になってしまうと訴《うった》えている。意義のある音楽体験とは，音楽という時間のかけがえのなさに気付き，途中《とちゅう》で切ったりせず「最後まで共体験しようという気持ちになれる」こと，そして，音楽にかかわった人への敬意もふくめてそこに生命を感じ取ることである。

問5　全体のうちの「一部分だけ」を切り取って用いられた音楽について，どのように考えるか自由に書いてよいが，必ず「良い点と悪い点の両方」をあげながら自分の意見を述べることに注意する。

三　**品詞の意味・用法**

A　心の中に自然にその気持ちがわいてくるという「自発」の助動詞なので，1が同じになる。なお，2は「～することができる」と言いかえられる「可能」の助動詞，3は「～される」という意味の「受け身」の助動詞，4は「尊敬」の意味を表す。　**B**　「場所」を表す格助詞なので，4が同じ。なお，1はようすを表す助動詞「そうだ」の連用形の一部。2は「断定」の助動詞「だ」の連用形。3は接続助詞「て」がにごったもの。

四　**短文づくり**

「たとえ」は後に「～ても」「～とも」などの言葉をともない，ある場合を仮定し，その場合でも結論は変わらないことを表す。また，「断じて」は後に打ち消しの語をともない，“絶対に～ない”という意味になる。

五　**漢字の読みと書き取り**

1　音読みは「ドウ」で，「指導」などの熟語がある。　**2**　うっかり忘れること。　**3**　てがら。　**4**　音読みは「コウ」で，「耕作」などの熟語がある。　**5**　人家の密集した地域や街。　**6**　落し物を拾うこと。　**7**　音読みは「キ」で，「基本」などの熟語がある。　**8**　音読みは「チョウ」で，「頂上」などの熟語がある。訓読みにはほかに「いただ(く)」がある。

Memo

Memo

Memo

2018年度　フェリス女学院中学校

〔電　話〕（045）641－０２４２
〔所在地〕〒231－8660　神奈川県横浜市中区山手町178
〔交　通〕JR根岸線―「石川町駅」より徒歩８分
みなとみらい線―「元町・中華街駅」より徒歩10分

【算　数】（50分）〈満点：100点〉

《注意》 1．答を出すのに必要な図や式や計算を，その問題のところにはっきりと書いてください。
2．円周率を使う場合は3.14としてください。

1 次の問いに答えなさい。

(1) 次の□にあてはまる数を求めなさい。

$$4\frac{2}{9}\times\left(2.6\div\square-\frac{7}{10}\right)-1\frac{2}{3}=2\frac{2}{15}$$

(2) 図のように，長方形ABCDがあります。点E，Fはそれぞれ辺AB，辺AD上の点で，三角形CEFは直角二等辺三角形です。直線CEの長さは何cmですか。

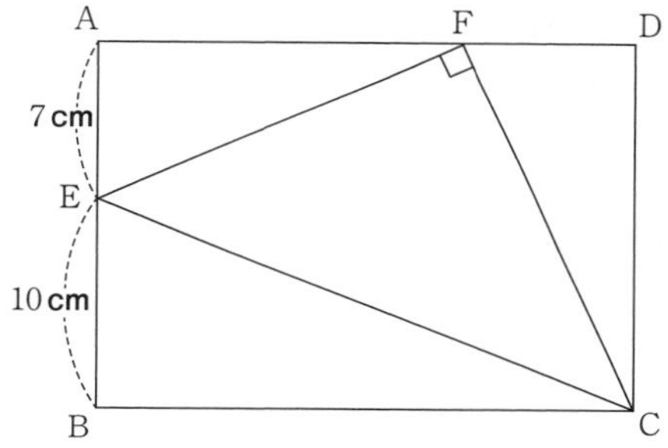

(3) 夏休みの宿題が□問出ました。はじめの10日間で，全体の$\frac{2}{9}$と１問を解きました。次の10日間で，残りの$\frac{3}{8}$と２問を解きました。さらに次の10日間で，残りの$\frac{4}{7}$と３問を解きました。すると残りは，54問となりました。

□にあてはまる数を求めなさい。

(4) ボールが何個かあります。ボールが44個入る箱Aと，ボールが49個入る箱Bがあります。箱Aの数は箱Bの数より１多いです。これらのボールを箱Aに入れていくと，34個入りません。これらのボールを箱Bに入れていくと，23個入りません。ボールは何個ありますか。

(5) １から178までの各整数のけた数をすべて足し合わせると［ア］になります。２けたの整数Mから３けたの整数Nまでの各整数のけた数をすべて足し合わせると2018になるようなMとNの組は［イ］組あります。［ア］，［イ］にあてはまる数をそれぞれ求めなさい。

2 点Oを中心とする半径4.5cmの大きい円の周上に点P，半径3.6cmの小さい円の周上に点Qがあります。はじめ3点O，P，Qは，図のように一直線上に並んでいます。はじめの位置から点Pは反時計回りに大きい円の周上を，点Qは時計回りに小さい円の周上を同時に出発して同じ速さで進み，同時にはじめの位置に戻ったときに止まります。次の[ア]～[ウ]にあてはまる数をそれぞれ求めなさい。

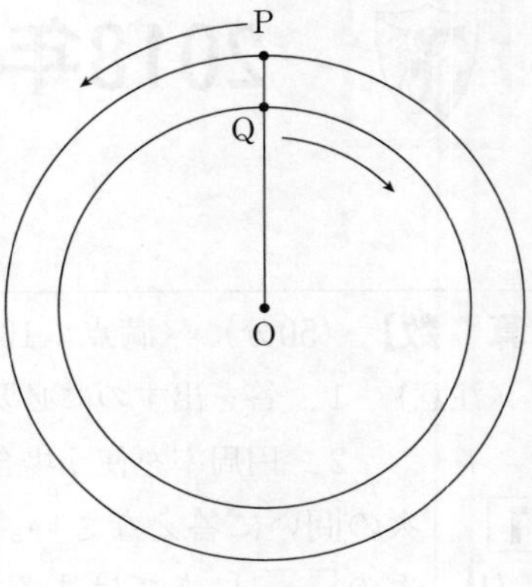

はじめてO，P，Qが一直線上に並ぶまでに点Pが進む道のりは[ア]cmです。三角形OPQの面積が最も大きくなるとき，その面積は[イ]cm^2であり，このような場合は[ウ]回あります。

3 四角形ABCDを，あ図のように矢印の向きに回転させ，四角形EFGDと重なるように動かすことを，「四角形ABCDを点Dのまわりに，時計まわりに90°回転させる」といいます。次の[ア]，[イ]，[ウ]にあてはまる数をそれぞれ求めなさい。

あ図

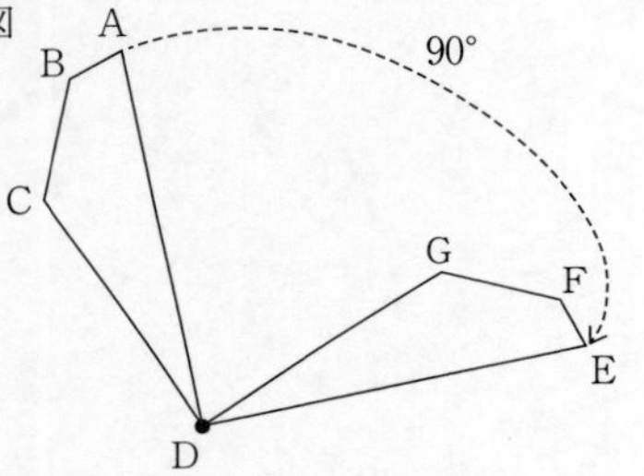

(1) い図は，ある四角形を点Oのまわりに，時計まわりに90°回転させるとき，その四角形が通るところを表したものです。曲線$\overset{\frown}{PR}$は点Oを中心とする円の一部です。3つの点Q，O，Rは一直線上にならんでいます。また，直線PQの長さと直線QOの長さは等しいです。この四角形の角のうち，最も小さい角の大きさは[ア]°です。(求め方も書きなさい。)

い図

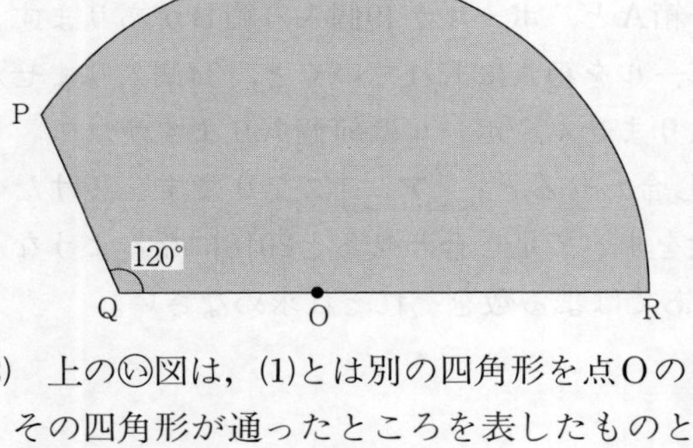

(2) 上のい図は，(1)とは別の四角形を点Oのまわりに時計まわりに[　　]°回転させたとき，その四角形が通ったところを表したものと考えることもできます。[　　]にあてはまる数のうち，最も小さいものは[イ]で，そのときの四角形の角のうち，最も小さい角の大きさは[ウ]°です。(求め方も書きなさい。)

4 図のように，立方体ABCDEFGHがあります。

点L，M，Nは，それぞれ辺BC，辺AB，辺ADの真ん中の点です。

次の問いに答えなさい。

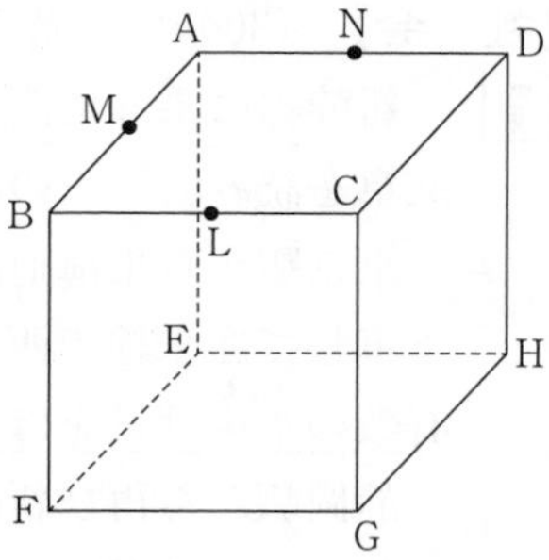

(1) この立方体の辺の上や頂点に点Pをとります。三角形ABPが二等辺三角形になるような，点Pのとり方は何通りありますか。

(2) この立方体を，3つの点L，N，Gを通る平面で切ったとき，2つに分かれた立体の表面積の差は，もとの立方体の表面積の [ア] 倍です。また，2つに分かれた立体の体積の差は，もとの立方体の体積の [イ] 倍です。[ア]，[イ] にあてはまる数をそれぞれ求めなさい。（求め方も書きなさい。）

(3) この立方体の1辺の長さを6 cmとします。この立方体を3つの点M，N，Gを通る平面で切ったとき，切り口の形は [ウ] です。頂点Aを含む方の立体の体積は [エ] cm^3 です。[ウ] にあてはまる図形を，次の①～④から選び番号で答え，[エ] にあてはまる数を求めなさい。（求め方も書きなさい。）

① 三角形　② 四角形　③ 五角形　④ 六角形

5 ある町の人口を2000年から2015年まで5年ごとに調べたら，表のようになりました。次の問いに答えなさい。

2000年	10000人
2005年	
2010年	12000人
2015年	17280人

(1) 2015年の人口は，2010年の人口の何倍ですか。（求め方も書きなさい。）

(2) 2010年の人口は，2005年の人口の1.25倍に増えていました。2005年の人口は何人ですか。（求め方も書きなさい。）

(3) 仮に，2000年から2015年まで5年ごとに，同じ倍率で人口が変化したと考えたとき，次の問いに答えなさい。（求め方も書きなさい。）

① この倍率は何倍ですか。

② ①で求めた倍率を用いて，この町の2020年の人口を予測すると，何人ですか。

【社　会】（30分）〈満点：60点〉

1　新幹線に乗って西に向かい，静岡県，岡山県，そして九州を訪ねてみました。次の**A**～**C**の文章を読み，――の問いに答えなさい。

A　東京駅から東海道新幹線の「ひかり」号に乗ると，約１時間で静岡駅に到着します。ここで下車して在来線で西に向かうと，焼津《やいづ》港の最寄《もよ》り駅である焼津駅があります。a 焼津港は日本有数の水揚《あ》げ量をほこる漁港です。

静岡駅から再び新幹線に乗り次の掛川《かけがわ》駅に向かう途中に，b 茶畑が見えてきます。掛川駅から先の c 浜松駅で下車して在来線を西に少し行くと，淡水《たんすい》と海水が混じった汽水湖である d（　　）湖があります。浜松駅のすぐ東を流れる e（　　）川を北上して長野県との境に広がる山々まで足をのばすと，f 全国有数の美しい人工林が広がっています。江戸時代には，ここでとれた材木の多くはこの川を下って運ばれました。

a　①　この港は遠洋漁業の基地として有名ですが，遠洋漁業とは海岸から（　）をこえる距離の海で行う漁業のことです。（　）に入る言葉を答えなさい。

②　2016年の焼津港の水揚げ量は全国第２位でした。第１位となった千葉県にある漁港の名前を答えなさい。

b　静岡県は2016年に茶の生産で日本一でしたが，静岡県に次いで生産量が多い府県をア～エから選びなさい。

ア　鹿児島県　　イ　高知県　　ウ　三重県　　エ　京都府

c　下の地図は浜松駅周辺を示したものです。次のア～エのうち地図の中にはない施設《しせつ》を一つ選びなさい。

ア　交番　　イ　郵便局　　ウ　博物館　　エ　消防署

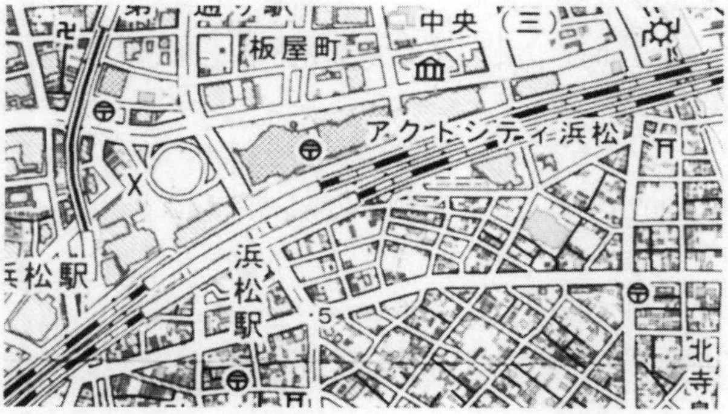

国土地理院発行の
２万５千分１地形図
「浜松」（2016年発行）

d　（　）に入る湖の名前を答えなさい。

e　（　）に入る川の名前を答えなさい。

f　人工林では定期的に間ばつが行われ，間ばつ材は出荷されていましたが，近年ではそのまま山に放置して出荷しないことがあります。その理由を答えなさい。

B　新大阪から「のぞみ」号に乗ると，約45分で岡山駅に到着します。岡山駅からバスに乗り，15分ほどで a 岡山後楽園《こうらくえん》や岡山城に着きます。岡山後楽園と岡山城の間の旭《あさひ》川は，児島《こじま》湾に流れ込みます。b 児島湾は古くから干拓《かんたく》が行われてきましたが，この地域では，稲作ではなくおもに綿花が栽培《さいばい》されてきました。岡山県ではこの綿花をもとにせんい産業が発達し，国産ジーンズ発祥《はっしょう》の地となりました。岡山駅から c 瀬戸大橋線に乗り，倉敷《くらしき》市の児島駅まで行くと，ジーンズを扱《あつか》うお店がたくさんあります。

児島駅から西に向かうと，d（　　）地区があります。ここは，e石油化学工業などが発達し，かつては大気汚染《おせん》が問題となりましたが，現在では夜景が楽しめるスポットとして人気があります。

岡山駅から在来線で東に向かうと，40分ほどで岡山の伝統工芸品であるf（　　）焼が有名な地域に着きます。

a　岡山後楽園のほか，水戸の偕楽《かいらく》園，金沢の兼六《けんろく》園は三名園とよばれています。次の表は，三名園のある県の農業産出額と，農業産出額に占《し》める米，野菜，畜《ちく》産，の割合を示しています。ア～ウは，岡山県，茨城県，石川県のいずれかを示していますが，岡山県を示しているものを選びなさい。

	農業産出額（億円）	米の割合（%）	野菜の割合（%）	畜産の割合（%）
ア	1235	21.9	15.2	43.4
イ	475	49.7	18.9	19.4
ウ	4292	17.8	39.8	28.0

『データでみる県勢2017年版』より作成。

b　干拓されてすぐの土地は稲作に適しませんが，その理由を答えなさい。

c　次の表中のア～エは四国の4県を示していますが，瀬戸大橋がかかる四国側の県を示しているものを選びなさい。

	人　口（千人）	人口密度（人/km^2）	耕地率（%）	漁業生産額（億円）	養殖《ようしょく》業生産額（億円）
ア	750	181	7.3	62	62
イ	972	518	16.5	65	118
ウ	1375	242	8.9	254	550
エ	721	102	4.0	278	218

『日本国勢図会2017/18年版』などにより作成。

d　（　）に入る地区名を答えなさい。

e　日本は原油の多くをサウジアラビアから輸入しています。近年サウジアラビアは，観光業にも力を入れ始めていますが，それはどのような理由からですか。

f　（　）に入る焼き物の名前を答えなさい。

C　a博多駅から九州新幹線の「さくら」号に乗ると，20分弱で久留米《くるめ》駅に到着します。久留米市の周囲に広がる平野では，b米と麦の栽培が1年を通じてさかんです。c久留米はとんこつラーメン発祥の地として知られ，この近辺ではとんこつラーメン専用の小麦なども栽培されています。

新幹線で久留米から南に向かい熊本駅で在来線に乗りかえて東へ向かうと，d日本有数の活火山である（　　）山に着きます。この山のふもとからは，地下水が流れ出ています。熊本県ではこの水を利用する産業がさかんで，e「シリコンアイランド」とよばれる九州で，中心的な位置を占めています。

熊本駅から新幹線「さくら」号で20分ほど行くと，新水俣《みなまた》駅に到着します。f水俣では過去に大きな公害病が発生しましたが，現在では市民の努力によって海の環境《かんきょう》は元にもどりました。

a　この新幹線は2011年に開業しましたが，その建設費用の一部は国が公共事業費として負担しました。

①　右の円グラフは2017年度の国の歳出《さいしゅつ》を示していますが，ア～ウには，公共事業費，地方財政の援助《えんじょ》，社会保障費のいずれかが入ります。公共事業費を示すものを選びなさい。

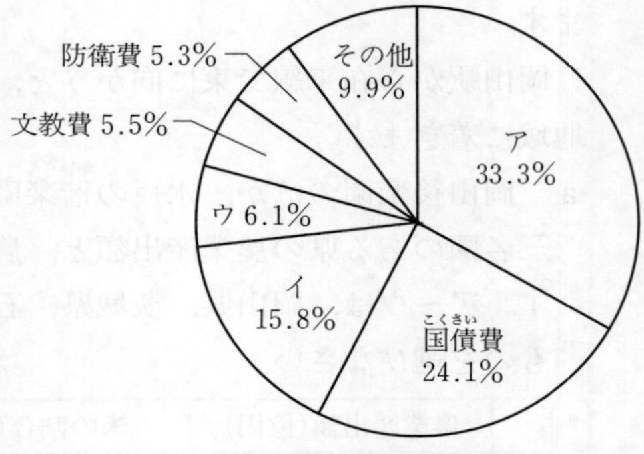

『日本国勢図会2017/18年版』より作成。

②　国の予算は国会で決められます。そのほかの国会の仕事としてまちがっているものを，ア～エから一つ選びなさい。

ア　内閣総理大臣を指名する。

イ　内閣が外国と結んだ条約を承認する。

ウ　裁判官をやめさせるかどうかの裁判を行う。

エ　天皇の国事行為に助言と承認をあたえる。

b　次の三つの文は，日本の農業に関して述べたものです。これらには共通するおもな原因があると考えられますが，それはどのようなことですか。

・九州地域の稲作では，これまでの稲の品種がうまく育たなくなってきたため，より良く育つ新品種の作付けが増加している。

・2010年ごろから，北海道や青森県で高級ブランド米の生産がさかんになってきた。

・2060年には青森県の平野部で，りんごの生産が困難になるという予想も出てきている。

c　地元でとれた農産物や水産物を，その地域で食べたり使用したりすることを何といいますか。

d　(　)に入る山の名前を答えなさい。

e　①　「シリコンアイランド」で作られた工業製品は世界中に輸出されています。次の表は，2016年の日本のおもな輸出入の相手国ですが，**A**と**B**の国名を答えなさい。

輸出相手国(2016年)

順位	国　名	輸出額(億円)	全体に占める割合(%)
1	A	141429	20.2
2	B	123614	17.7
3	韓国	50204	7.2

輸入相手国(2016年)

順位	国　名	輸入額(億円)	全体に占める割合(%)
1	B	170190	25.8
2	A	73221	11.1
3	オーストラリア	33211	5.0

『日本国勢図会2017/18年版』より作成。

②　九州は現在，「カーアイランド」とよばれるほど自動車工業もさかんです。ここ30年の間に日本の自動車の輸出台数は減ってきていますが，海外での日本車の生産台数は大きく増加しています。日本の自動車産業が海外で生産する利点として，生産や輸送，そして関

税にかかる費用を安くおさえられるということがありますが，これ以外の利点を一つ挙げなさい。

f　この公害病は日本だけでなく，南アメリカ大陸のある川の周辺でも発生しています。それはこの川の土砂から砂金がさかんに採取・精錬《せいれん》されているからですが，世界最大の流域面積を持つこの川の名前を答えなさい。

2　次のA～Hは，歴史の中で戦いを担《にな》ってきた人々について述べた文章です。読んで問いに答えなさい。

A　奈良時代，a平城宮には多くの役所がおかれ，そのなかには軍事の役所もありました。農民たちは，律令にもとづいてさまざまな税や労働を負担しましたが，兵士として警備を行う仕事もありました。その一つであるb防人《さきもり》は，７世紀後半に起きた白村江《はくすきのえ》の戦いをきっかけに置かれるようになったものです。

a　平城宮の正門は（　　）門とよばれ，そこから南に幅《はば》70mの（　　）大路《おおじ》がまっすぐにのびていました。（　）には同じ言葉が入りますが，その言葉を答えなさい。

b　白村江の戦いが，なぜ防人を設置するきっかけになったのですか。戦いの結果にふれて説明しなさい。

B　平安時代の半《なか》ばから，地方の役人や有力者が，自分の領地を守るために自《みずか》ら武装したり，武装した人を家臣として従えたりするようになりました。こうしてa武芸をもって戦うことを仕事とする武士が現れました。武士の集団のなかには，朝廷や貴族に仕え，大きな力をつける者もいました。b保元《ほうげん》の乱は，天皇家や藤原氏が兄弟の間で対立し，武士を動員して争われましたが，この戦いで活躍《かつやく》し，その後平治《へいじ》の乱で源頼朝の父義朝《よしとも》を破ったc平清盛は，武家として初めて太政《だいじょう》大臣となって政治を行うようになりました。

a　10世紀半ばに，武士による初めての戦乱があいついで起こりました。その舞台《ぶたい》となった地方を，次のア～オから二つ選びなさい。

ア　東北地方　　イ　関東地方　　ウ　東海地方　　エ　近畿《きんき》地方　　オ　瀬戸内地方

b　保元の乱で勝利した天皇は誰《だれ》ですか。漢字で答えなさい。

c　平清盛の政治は，それまでの貴族の政治とあまり変わりませんでしたが，なかには独自の取り組みもありました。経済的な利益を目的として，平氏が注目し，積極的に取り組んだことがらを答えなさい。

C　a源頼朝が朝廷から征夷《せいい》大将軍に任命され，b武士による政権が成立しました。将軍の家来となった御家人《ごけにん》たちは，先祖伝来の土地を将軍に認めてもらい，また，てがらを立てると新たに領地を与えられました。そのかわりに彼らは，将軍から戦いの命令が出されると，かけつけて幕府のために戦いました。

元軍が襲来《しゅうらい》したときには，御家人たちは必死に戦いましたが，新しい領地をほとんどもらえませんでした。一方でc戦いなどの費用を負担しなければならず，生活がきびしくなり，幕府への不満がつのっていきました。

a　征夷大将軍という言葉は，このころから幕府の長のことを示すようになりましたが，もともとはどのような役職を示す言葉でしたか。

b　御家人を統制し，軍事や警察の仕事をする役所として鎌倉に置かれた機関を答えなさい。

c　戦いや警備をする費用のほかに，九州の御家人たちは，幕府に命じられた仕事をするのにかかる費用も負担しなければなりませんでした。一度目の元軍の襲来のあとに命じられたこの仕事はなんですか。

D　室町時代，a（　　）は任命された国を自分の領地のように支配し，大名とよばれるようになりました。15世紀半ばには，将軍家の後継《つ》ぎ争いに有力な武士たちも加わって b京都で応仁の乱が起こりました。このの5各地で国内を独自に支配する戦国大名が生まれました。戦国大名の一人として力をのばした織田信長は，長篠《ながしの》の戦いでは，鉄砲を使って武田氏の騎《き》馬隊を破り，c全国統一を目指しました。

a　（　）に入る言葉を答えなさい。

b　応仁の乱で荒れ果てた京都を復興させていったのは，おもにどういう人たちですか。次のア～エから一つ選びなさい。

ア　主君を倒《たお》して力をつけた武士　　イ　多くの土地を所有していた大寺院

ウ　公家《くげ》とよばれた京都の貴族　　エ　町衆《まちしゅう》《ちょうしゅう》とよばれた商工業者

c　このなかで，織田信長は石山本願寺を10年の戦いの末に降伏《こうふく》させました。石山本願寺は，どのような勢力の中心地でしたか。

E　豊臣秀吉の時代に，武士と百姓の身分の違《ちが》いは明確にされていきました。江戸幕府は，全国の大名を従え，大名は支配を認められた領地の石高《こくだか》に応じて軍事的な役目を負担しました。しかし，平和な時代が続くようになると，各藩《はん》の大名は，a戦いのかわりに江戸城の改築工事や大きな堤防《ていぼう》工事などにかり出されるようになりました。このことには，各藩に財力をたくわえさせず，b幕府が圧倒的な経済力をもって支配する目的もありました。

a　徳川家光は，江戸城の改修工事を大名たちに命じましたが，家光について書いた次のア～ウのうち，まちがっているものを一つ選びなさい。

ア　天皇や公家に対する法令を定めて，朝廷《ちょうてい》を統制した。

イ　日本人が海外へ渡航《とこう》することや，海外から帰国することを禁止した。

ウ　武家諸法度《はっと》を改め，参勤交代の制度や，大きな船の建造禁止などの内容を加えた。

b　幕府は，全国の米の生産量の約四分の一にあたる領地を支配し，また，京都や大阪，長崎などの重要な都市も支配していました。そのほかに，どのようなところを直接支配しましたか。

F　明治維新《いしん》ののち，新政府は，日本が欧米《おうべい》に負けない強い国となることを目標とし，富国強兵を唱えてさまざまな改革を行いました。その一つとして徴兵令《ちょうへいれい》が出され，それまでの武士にかわり，近代的な軍隊が整えられました。また a大日本帝国憲法には，兵役《へいえき》が国民の義務であることが定められました。bこの時代の後半には，近代になって最初の外国との戦争が起こり，清《しん》やロシアと戦いました。

a　右の図は，大日本帝国憲法のもとでの国のしくみを表したものです。軍隊は，右のア～ウのどこに位置づけられていましたか。

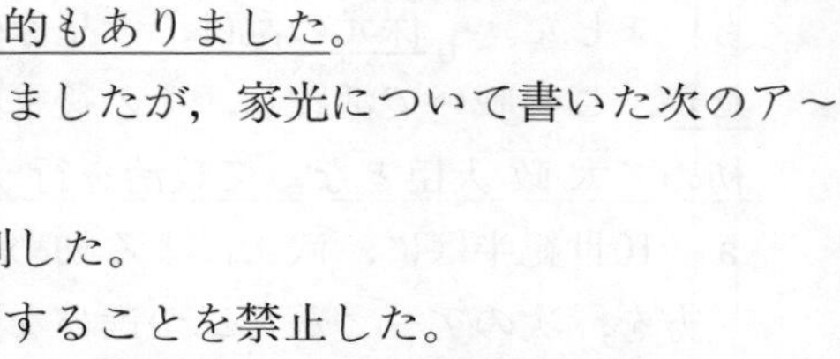

b　日清戦争と日露戦争について述べた次のア～ウのうち，まちがっているものを一つ選びなさい。

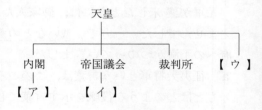

ア　日清戦争後，軍備の増強がはかられ，清から得た賠償金《ばいしょうきん》のほとんどを，そのための費用として用いた。

イ　日露戦争の前に，重工業が発達し，大型の機械や兵器なども国内で生産できるようになった。

ウ　日露戦争は，日清戦争以上の戦費がかかり税金が引き上げられたため，戦後，人々の生活はますます苦しくなった。

G　昭和のはじめ，$_a$日本は国内の不景気を解消するため大陸へ進出し，やがて日中戦争へと発展しました。この戦争が長引くなか，$_b$多くの男性が軍隊にかり出されるようになりました。さらに太平洋戦争が続き兵力が不足すると，大学生まで徴兵され，戦地に送られるようになりました。$_c$戦争の終わる１年ほど前からは，アメリカによる日本本土への空襲《くうしゅう》が始まり，一般市民も大きな被害《ひがい》を受けるようになりました。

a　この過程《かてい》で日本は国際連盟から脱退《だったい》しました。これは国際連盟が日本のある行いを問題視したためですが，それはどのような行いですか。

b　国民に軍隊への入隊を命令する通知を召集令状《しょうしゅうれいじょう》といいましたが，またのよび名を何といいますか。

c　アメリカはこのころから，空襲によって直接日本を攻撃《こうげき》できるようになりましたが，それはなぜですか。

H　敗戦によって，日本はアメリカを中心とする連合国軍に占領《せんりょう》され，軍隊は解散されました。また$_a$女性の参政権が認められるなど民主化の改革が進められ，新たに制定された$_b$日本国憲法では，その原則の一つに平和主義が定められました。やがて$_c$冷戦の対立を背景に，アメリカは日本を独立させ，再び軍備を持たせる方針に転換《てんかん》しました。そのなかで自衛隊が発足し，国の防衛や災害救助にあたることとされました。自衛隊はのちに$_d$国連の平和維持《いじ》活動などにも派遣《はけん》されるようになり，近年の安保法制の改定で，その任務はさらに拡大していくことが考えられます。

a　この改革によって，それまで低い地位におさえられていた人々の権利が拡大され，生活の向上がはかられました。この対象は，女性のほかどのような人々でしたか。二つ挙げなさい。

b　次の文は，日本国憲法の第９条です。文中の（　）には同じ言葉が入りますが，何という言葉ですか。

「日本国民は，正義と秩序《ちつじょ》を基調とする国際平和を誠実《せいじつ》に希求《ききゅう》し，国権の発動たる戦争と，（　　）による威嚇又《いかくまた》は（　　）の行使《こうし》は，国際紛争《ふんそう》を解決する手段としては，永久にこれを放《ほう》棄《き》する。」

c　日本はサンフランシスコ講和会議で48か国と平和条約を結び，独立を回復しました。次のア～ウから，平和条約の内容として正しいものを一つ選びなさい。

ア　日本は千島列島・南樺太《からふと》などを放棄する

イ　日本の独立後もアメリカ軍が日本にとどまる

ウ　日本の国際連合への加盟《かめい》を認める

d　この活動への参加として，自衛隊は2012年から2017年まで，アフリカに新しくできたある国に派遣されていました。ある国とはどこですか。

【理　科】（30分）〈満点：60点〉

1　うすい塩酸とうすい水酸化ナトリウム水よう液を，次のア～エのように試験管に入れました。試験管は３本ずつ用意しました。

ア　塩酸を５mL

イ　塩酸４mLと水酸化ナトリウム水よう液１mLを混ぜたもの

ウ　塩酸2.5mLと水酸化ナトリウム水よう液2.5mLを混ぜたもの

エ　水酸化ナトリウム水よう液を５mL

これらの水よう液にアルミニウムの小さい板，鉄の小さい板，石灰石の小さいかたまりを入れて，試験管内の様子を観察しました。表はその結果です。

	アルミニウム	鉄	石灰石
水よう液ア	キ	①	キ
水よう液イ	キ	②	キ
水よう液ウ	カ	③	カ
水よう液エ	キ	④	カ

【結果】カ：何も起きなかった

キ：気体が出て，固体がとけた

ク：気体は出なかったが，固体はとけた

1　表の実験結果について，次の問いに答えなさい。

(1)　鉄を入れた実験の①～④で観察されることとして正しいものを，【結果】カ～クから選びなさい。

(2)　アルミニウムを水よう液ウに入れた結果がカになった理由を説明しなさい。

2　アルミニウムを水よう液ア～エに入れた後，約10分たってから，試験管内の水よう液を２mLずつ取り，蒸発皿に入れてガスバーナーであたためました。しばらくすると水分が蒸発し，どの水よう液からも固体が出てきました。

(1)　水よう液イから出てきた固体には２種類がふくまれています。それぞれどのようにしてできたものですか。説明しなさい。

(2)　ガスバーナーの炎の大きさを変えるときには，ガスの量を調節します。ガスの量を調節するときに回すねじは，図のサとシのどちらですか。

(3)　ガスバーナーの火を消すときには，図のサとシのどちらのねじを先に閉めますか。

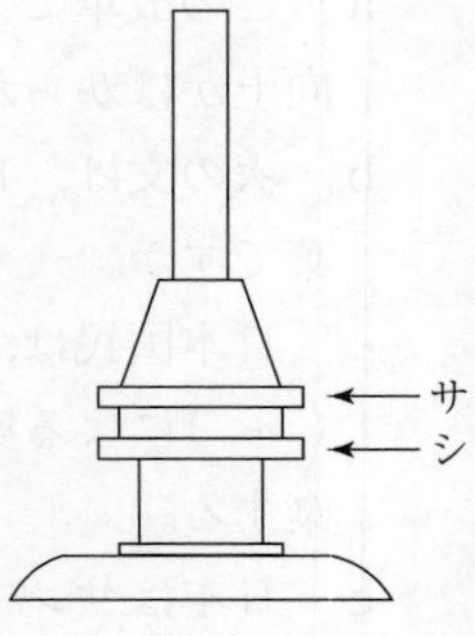

3　石灰石を入れたときに出た気体を調べたところ，二酸化炭素だとわかりました。二酸化炭素であることを確かめる実験を２つ考え，どのような実験結果が観察されるか，それぞれ答えなさい。ただし，気体検知管は使わないことにします。

2 図１のように，弦(げん)におもりをつけて，コマを用いて木の台に張った楽器があります。コマからコマまでの長さを弦の長さといい，弦の長さはコマを移動することで変えることができます。また，音を出すときは弦の長さの中央をはじくことにします。同じ材料で太さ(直径)の異なるＡ，Ｂ，Ｃの３種類の弦を用いて以下の実験をしました。

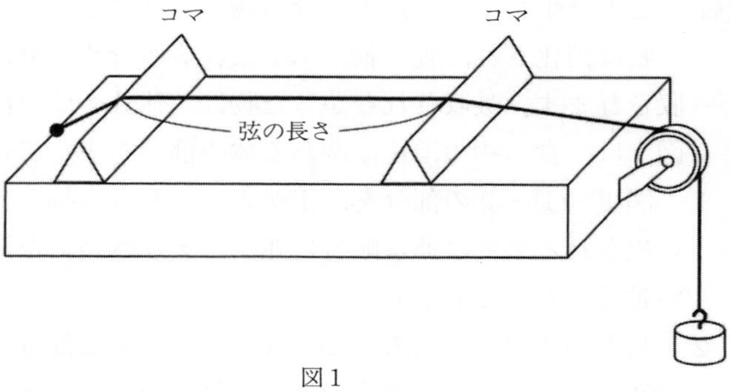

図１

【実験１】

弦Ａにおもりを１個つけて張り，弦の長さを20cmにして，はじいて音を出しました。１回目にはじいたときと，２回目にはじいたときの弦のしん動のようすをよく観察したところ，図２のようになりました。

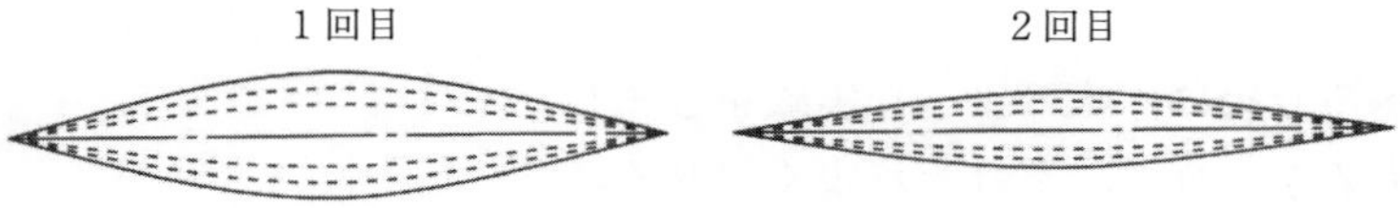

図２

1　１回目と２回目では，音にどのようなちがいがありますか。

【実験２】

弦Ａについて，おもりの個数は１個のまま弦Ａの長さを長くすると，音の高さが低くなりました。弦Ａの長さとおもりの個数を変えて，同じ高さの音が出るときを調べると，表１のようになりました。

表１

弦Ａの長さ	おもりの個数
20cm	１個
40cm	４個
60cm	９個

2　弦Ａの長さが80cmのとき，表１と同じ高さの音を出すためには，おもりを何個つければよいですか。

【実験３】

弦Ａ，Ｂ，Ｃについて，おもり１個をつけたとき，同じ高さの音が出る弦の長さを調べると，表２のようになりました。

表２

弦の種類	弦の直径	弦の長さ
Ａ	0.3mm	80cm
Ｂ	0.6mm	40cm
Ｃ	1.2mm	20cm

3　おもりの個数が同じで同じ高さの音が出るとき，弦の直径と弦の長さとの間には，どのような関係がありますか。

4　弦の長さとおもりの個数を同じにしたとき，弦Ａ，Ｂ，Ｃのうちで，最も高い音の出る弦はどれですか。

5　弦Ｂの長さが50cmのとき，表１の場合と同じ高さの音を出すには，弦Ｂにおもりを何個つければよいですか。

6　弦Ｃにおもりを１個つけたとき，表１の場合と同じ高さの音を出すには，弦Ｃの長さを何cmにすればよいですか。

3　ヒトは生きていくために食べ物をとります。口から入った食べ物は消化され，食べ物にふくまれる水分や養分は，体内に吸収されます。吸収されなかった物は，体外へはい出されます。図１は，食べ物の消化に関わる体の部分を表しています。

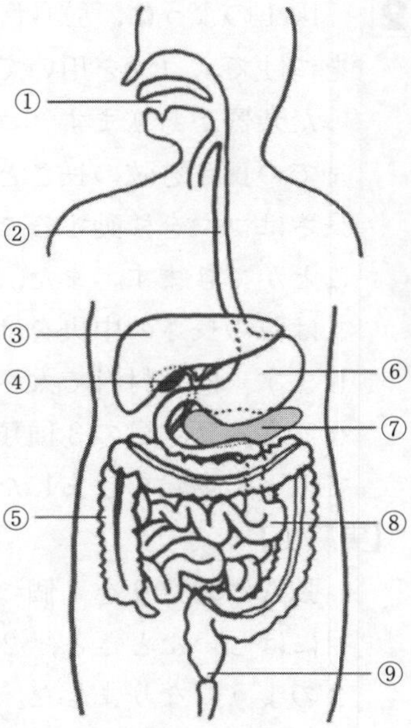

図１

1　図１の①～⑨の部分を，①から入った食べ物が⑨で体外へはい出されるまでに通る順番に並べかえなさい。ただし，使わない番号があってもよい。

2　ヒトの体内で，次の(1)(2)のはたらきをする部分を，図１の①～⑨よりそれぞれ１つずつ選び，答えなさい。また，その部分の名前を答えなさい。

(1)　主に食べ物にふくまれる養分を吸収する

(2)　体内に吸収された養分をたくわえたり，体にとって害になるものを分解する

3　よくかんで食べたほうが，消化によい理由を２つ説明しなさい。

だ液のはたらきについて調べるために，次のような実験をしました。

【実験】　試験管ア～ウに次のものを入れて，それぞれよく混ぜる。

試験管ア	つぶしたごはん１gに水２mLを加える。
試験管イ	つぶしたごはん１gにだ液１mLと水１mLを加える。
試験管ウ	つぶしたごはん１gにだ液１mLとうすい塩酸１mLを加える。

試験管ア～ウを約40℃の湯につけ，10分後，それぞれの試験管にヨウ素液をたらして反応を観察する。

4　試験管アと試験管イで予想される結果と，それら２つの結果をくらべてわかることを説明しなさい。

5　試験管イと試験管ウの結果をくらべることで何について調べることができますか。

4　1　川原や海岸にある土や石を分類するとき，その大きさ(直径)が２mm以上のものを「れき」といいます。特に256mm以上ある大きなれきを「巨《きょ》れき」といいます。また，２mmより小さなものは「砂」に分類され，$\frac{1}{16}$mmすなわち0.0625mmより小さなものは「どろ」に分類されます。

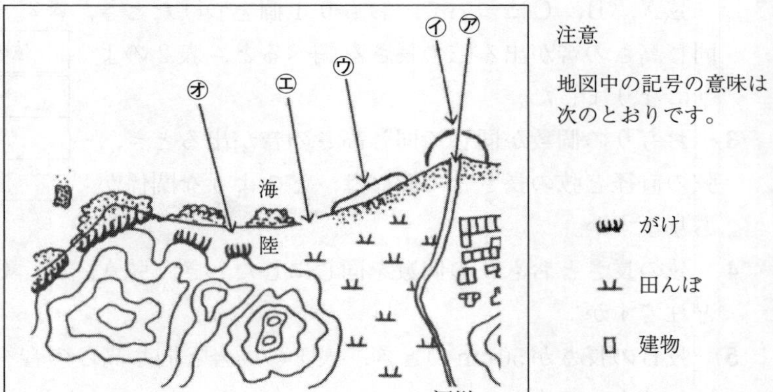

注意
地図中の記号の意味は次のとおりです。

図１

(1)　前ページの図１は海岸の地形を上空から見て地図に表したものです。図中の㋐～㋔の位置で巨れきがある場所，砂が１番多くある場所，どろがある場所を，それぞれ１つ選びなさい。

(2)　川原と海岸の砂をそれぞれ集め，水洗いをしてかんそうさせたもののうち，つぶの大きさが４mmより小さいものを100ｇはかりとって，ふるい(図２のように底にあみがはってある容器)にかけました。この実験では，底のあみの穴の大きさが２mm，１mm，$\frac{1}{2}$mm，$\frac{1}{4}$mm，$\frac{1}{8}$mmと異なる５つのふるいを使いました。

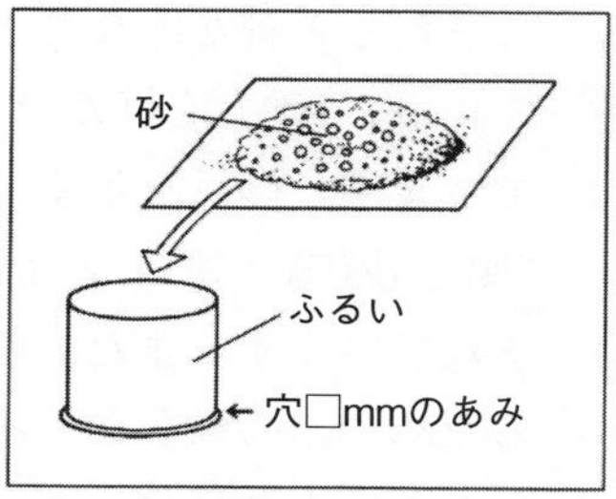

図２

そのふるい分けた結果を右のようなグラフに表しました。グラフの横じくはふくまれている砂つぶの大きさを表し，縦じくは100ｇはかりとった全体の量に対する割合を示しています。

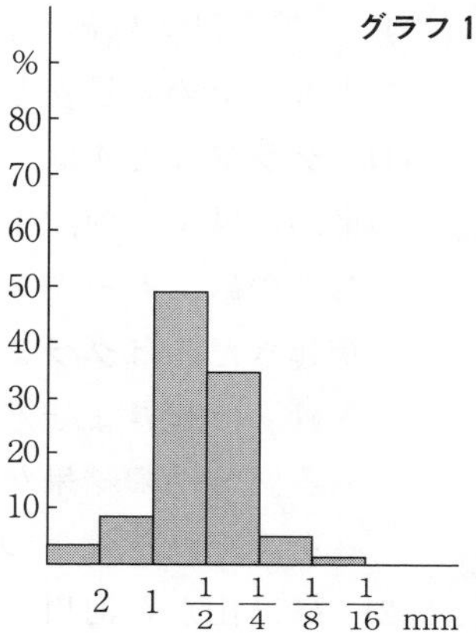

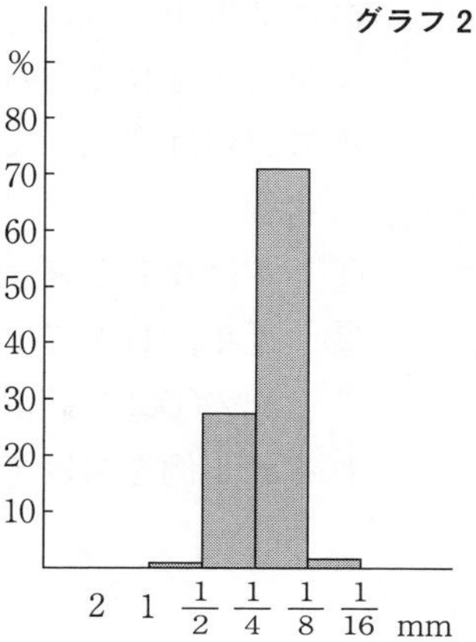

①　ふるい分ける砂は１回だけ100ｇはかりとることとします。５つのふるいをどのように使うと，この実験は手早く失敗することなくできるでしょうか。解答らんに５つのふるいを図で示し，図中に言葉でも説明しなさい。なお，ふるいの容器はすべて同じ大きさです。

注意
右図のわくは①の図の下書き用です。

②　**グラフ１**は川原の砂，**グラフ２**は海岸の砂をふるい分けた結果です。２つの結果をくらべ，そのような結果になった原因を考えなさい。そして，下記の文の下線部に語句を入れ，文章を完成させなさい。

２つの結果をくらべると

海岸の砂は＿＿＿＿＿＿＿＿＿＿＿＿＿＿＿＿＿＿＿＿

川原の砂は＿＿＿＿＿＿＿＿＿＿＿＿＿＿＿＿＿＿＿＿

その原因として考えられることは

海岸では＿＿＿＿＿＿＿＿＿＿＿＿＿＿＿＿＿＿＿＿

川では＿＿＿＿＿＿＿＿＿＿＿＿＿＿＿＿＿＿＿＿

2　「白砂青松《はくしゃせいしょう》」という言葉は日本の海岸の特ちょうを表したものです。白い砂浜に松の木が生えている風景で,「白い砂」はカコウ岩に由来します。地表にあるカコウ岩は長い間,風にさらされると細かくなります。その中で多く存在するセキエイというつぶが「白い砂」の正体です。「白い砂」をけんび鏡で見るととう明なガラス状のつぶであるセキエイを確認することができます。砂浜を歩くと足元から「キュッ！　キュッ！」という音がひびくことがあります。「鳴き砂(鳴り砂)」とよばれる現象です。「鳴き砂」が起きる砂浜の砂は,セキエイが多くふくまれています。また,砂の表面がきれいな海水で洗われ,よせてはかえす波に何度もみがかれるためつぶの大きさもそろってきます。

そこに人の足裏の力が加わると,砂つぶどうしがこすれ合い音が発生すると考えられています。「鳴き砂」は砂がほんの少しよごれただけで鳴らなくなるので,きれいな砂浜の自然環境をまもるための目安となります。

(1)　**グラフ3**と**4**は,同じ海に面した2カ所の海岸で,それぞれ集めた砂を,前記**1**(2)の方法でふるい分けをした結果です。どちらの砂にもセキエイが多くふくまれていましたが,「鳴き砂」が起きたのは**グラフ3**の砂だけでした。**グラフ4**の砂では「鳴き砂」は起きませんでした。この2つの違いは何によるのか,ふるい分けの結果からわかることと自然環境から考えられることを,それぞれ1つずつ書きなさい。

グラフ3

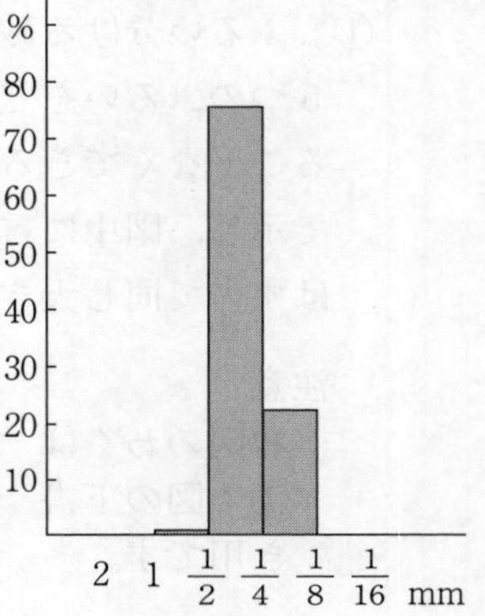

グラフ4

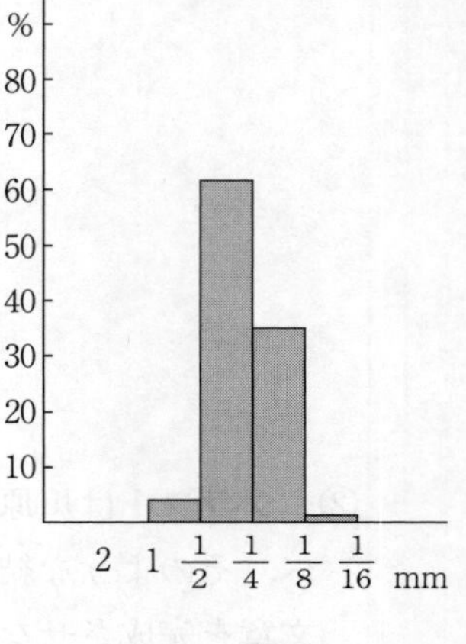

(2)　砂は山から河川を通じて長い時間をかけて海に流れ出ます。砂浜は川から流れてくる砂の量と海に流れ出ていく砂の量のバランスがとれている場所ですが,そのバランスがくずれると砂浜の面積は変化していきます。

<状態>

①　冬になると夏よりも砂浜はせまくなる

②　近年,日本では海水浴ができる砂浜が減っている

上記の①②の砂浜の状態を生み出したと考えられる原因をそれぞれ1例をあげて説明しなさい。

る」とありますが、「はるかに豊じょうな意味に満ちた現実」とは具体的にはどのようなものですか。八十字以内でぬき出し、最初と最後の五字を書きなさい。

三 **次のA～Cの各文と文の組み立てが同じものをそれぞれ選びなさい。**

A まっ白に雪をいただいた富士山が緑のおかの向こうに見える。

B 世界中の船が集まる横浜《はま》港は、代表的な日本の港だ。

C 空には鳥の歌う声が響きわたり、地には虫の鳴く声がわき上がる。

1 去年の秋に私の植えた球根は赤いチューリップの球根だ。

2 夜明けの時間がしだいに早くなり、気温も少しずつ高くなってきた。

3 『源氏物語』は千年もの間多くの人によって読みつがれてきた。

四 **次の――部1～5のカタカナの部分を漢字で書きなさい。また――部6～8の漢字の読み方をひらがなで書きなさい。**

まだ日が**1**アサい

配りょを**2**カく

見学の**3**ジュンロ

4エイキュウ不変

5ヒガンを達成する

6注ぐ

7工面する

8養生する

る私が、つねに変容し得る可能性をもつ営みなのである。

ところで、私たちは何を求め、何と出会いたいと思い、フィールドに出るのだろうか。

社会調査の決まりきった見方では、ある社会問題をめぐる仮説があり、その仮説を検証するために調査をするということになる。検証のために、精緻《ち》に設計された計量的手法で質問紙調査を行えば、確かめたいことに関連するデータは得られるだろう。まさに〝確かめるための〟調査が実施《し》できるわけである。

しかし、ある人が生きてきた歴史や生活をその人から聞き取るという、生活史の「聞き取り」や、調査する者自身が調べたい現実に入りこみ、そこで〝生きられている〟人びとの現実を詳《しょう》細に観察する「参与観察」など、いわゆる質的な調査では、**問五**フィールドにおいて、私たちが確かめたいと考える仮説より、はるかに豊じょうな意味に満ちた現実に出会うことになる。

そこで暮らしている人びとの姿を詳細に見つめ、生活や文化をめぐる語りにしっかり耳をかたむけるならば、自分がそれまで考え、想像していた人びととの暮らしや、彼らが生きているさまざまな問題に対する解釈が、いかに平板で限定されたものであるのかが実感されるのだ。

その場に出かけ、人びとの暮らしや、人びとがさまざまな問題を生きる状きょうを参与観察したり、多様な人びとから暮らしをめぐる聞き取りをしたりすると、「人びとの知恵」としか言いようのないもの――そこで〝生きられた〟人びとの日常をしっかり意味づけている暮らしの技法や人間関係をめぐる作法、共同体のちつ序を維《い》持するために必要な規はんや価値、方法などに出会える。

言いかえれば、調査研究する私がそれまでに考えていたことを軽やかにこえていくような〝生きられた知〟と出会うことこそ、フィールドワークの**問二b**だいごみなのである。

（好井《よしい》裕《ひろ》明『違《い》和感から始まる社会学』）

〈注〉危険

問一 □部**ア・イ**にあてはまるものをそれぞれ選びなさい。

1 そこで　2 および　3 ところで
4 しかも　5 だから　6 しかし
7 あるいは　8 つまり

問二 ‖‖**a・b**の意味として正しいものを選びなさい。

a 無償
1 きわめて貴重で他にかえがきかないこと
2 見返りとしてのお礼やお金がいらないこと
3 行動に個人的な目的や意図がないこと
4 責任が重くて取り組むのが簡単でないこと

b だいごみ
1 期待される良い結果や効果
2 物事の根本的な意味
3 本当の良さやおもしろさ
4 そのものだけにある長所

問三 ――部「自らの存在を透明にできる」とありますが、どのようなことですか。三十字以内で書きなさい。

問四 ――部「フィールドワークする私を、つねに『あけておく』必要があるのだ」について答えなさい。

① ここでいう「あけておく」とはわかりやすくいうとどのようなことですか。三十字以内で書きなさい。

② 「あけておく」ことでどのようなことが起こりますか。文章中の言葉を用いて二十字以内で書きなさい。

問五 ――部「フィールドにおいて、私たちが確かめたいと考える仮説より、はるかに豊じょうな意味に満ちた現実に出会うことにな研究者は、異なる言語や文化をもつ人びとが生活する場所へ出かけ、まずそれを学び、そのうえで、彼らが生きている文化や生活の特ちょうや問題などを論じる。

そのとき、すでに人類学のなかで議論されてきているように、フィールドワーカー自身の位置や立場性が問題となる。また、フィールドワーカー自身がそれまでに生きてきた文化や生活をめぐる価値や規はんなどと、調べている対象が、相互にどのように関連しているのかということも大きな問題となる。

問一［ア］、人類学にせよ社会学にせよ、他者が生きている現実を調べようとするとき、客観的な調査方法を守りさえすれば、科学的な研究が可能だという信奉《ぽう》は、すでに明らかな幻《げん》想だということである。

調査研究する者が、自らが生活者として生きてきた歴史や、そこで使ってきた自明なるもの（常識的な知識や、さまざまな思いこみや決めつけをめぐる価値など）からまったく影響を受けないことはあり得ないし、自らの存在をあたかも透《とう》明人間のように消し去って、他者への影響が一さいないように、現実に入りこむことなどできはしない。

フィールドワークする者にとって、問三 自らの存在を透明にできるようなふへん的な方法などない。だから、自らの存在と調べようとする現実との関係性や相互の影響のありようを、研究の実せんのなかで反省的にとらえ返していく作業は、必須《す》であり、基本なのである。

こうした課題に関連し、フィールドワークにとって必須の要件がある。それは「つねに自分をできる限りオープンにしておくこと」だ。目の前に展開する出来事、あるいは人びととの語りで感じ取る新たな何かなど、未知なるものに対して、問四 フィールドワークする私を、つねに「あけておく」必要があるのだ。

もちろん、これまで従って生きてきた規はんや大切だと思う価値からすれば、簡単に理解したり、承認したりすることができないような出来事もあるだろう。ふだんであれば、それは、「理解する必要のないもの」として、その時点で関係を断ったり、きょりをとったりできるはずだ。しかし、フィールドワークには、そうした〝常識的対応〟はなじまないのである。

たとえば、ネットワーク組織論者である金子郁《いく》容は、かつてボランティアとは何かを論じ、その本質を「つねに自分の窓をあけておくこと」だと述べている（金子郁容『ボランティア――もうひとつの情報社会』岩波新書、一九九二年）。ただだれかのためになりたい、貢献《こうけん》したいというだけでは、ボランティアは続かない。ボランティアをすることで、私が新たに何を得ることができるのかが大事だというのだ。

つまり、ボランティアは問二a 無償の貢献ではあるが、同時にそれを実せんする私にとっても確実にプラスになり、よりよく生きていくうえでさまざまな寄与《よ》があるのだ。その意味で、ボランティアは他人《ひと》のためではなく、自分のために行うとも言いかえられる。

私をつねに「あけておく」ことで、新たな、異なる空気が流れこんでくる。どんな空気かはわからない。新鮮《せん》でおどろきに満ちたものかもしれないし、よどんでにごったどうしようもないものかもしれない。しかしいずれにせよ、その空気を自分のなかにとりこみ、その意味を考えることを通して、私自身がさまざまなかたちに変容する可能性が広がっていくのである。

私をつねに「あけておく」ことは、私にとって新鮮でおどろきに満ちたことだろう。問一［イ］それは同時に、つねに未知の出来事にそうぐうし、どうすべきかをなやみ考えるという〈注〉リスクを引きうけることでもあるのだ。

フィールドワークをすることは、ボランティアをすることではない。しかしフィールドワークは単に何かを調べることではなく、調べてい

った「ぼくと山口」は、現実のすべての人間たちを足の下に見下すことによって、貧しい者どうし逆境に負けず強く生きてゆこうとはげまし合っているということ

3 野球選手になることをひそかに目ざしているという共通点を持った「ぼくと山口」は、現実のすべての人間たちを足の下に見下すことによって、だれよりも強い選手になることをちかい合っているということ

4 地上の生活になじめずに現実からにげているという共通点を持った「ぼくと山口」は、現実のすべての人間たちを足の下に見下すことによって、かろうじて自分たちのみじめさを受け入れることができているということ

問十三 ――部「ぼくは、山口とぼくの関係を、それまでより親しいものにしようとは決して努めなかった」とありますが、なぜですか。

1 一つの弁当を分け合うという行為なしに、山口と親しい関係を保てる自信がもてなかったから

2 ぼくと山口が親しくなればなるほど食事を分け合うのが当たり前になり、山口が感謝しなくなるから

3 食事をもらうために山口がぼくに親しげにふるまうような、対等でない関係になるのがいやだったから

4 山口が食事以外のことまでもぼくにたよるようになったら、ぼくの負担が大きくなりすぎるから

問十四 ――部「無言で協定したおしばいじみた約束」を具体的に表している一文を本文中からぬき出し、最初と最後の五字を書きなさい。

問十五 「ぼくと山口」の友情について、あなたが思ったことを百八十字以内で書きなさい。

二 **次の文章を読んで後の問に答えなさい。**

フィールドワークという言葉がある。社会学では現地調査、野外調査と言ったりするが、基本は、何かを調べたい人が調べたい場所に出かけ、調べたい現実に入りこんだり、現実を観察したり、調べたい人からくわしく話を聞き取ったりする営みのことだ。

私の大学院時代、指導をしてくれた先生は「社会学者は野良《のら》仕事をしなければならない」と口ぐせのように言っていた。先生自身は調査に動く研究者ではなく、どちらかといえば理論志向だったので、現場に出て調査することへのあこがれや思いこみから、フィールドワークを〝野良仕事〟と語っていたのだろう。

いずれにせよ、社会学は世の中をなんらかの方法で調べ、その結果をもとに研究する営みだと私は考えている。もちろん、調べ方は多様で、その対象となる現実や問題に合わせなければならないし、これが一番という方法はない。

フィールドワークというと、人類学を連想する人も多いだろう。現に、人類学のテキストには、必ずフィールドワークという言葉が登場する。人類学誕生の経緯《い》を考えれば、それは当然といえるかもしれない。たとえばイギリスが世界中に植民地を増やし、帝《てい》国としてはん栄していた時代、多くの異なる民族を統治支配するために、それぞれの土地で暮らす人びとの生活や文化を知る必要があった。結果的にはキリスト教や西欧《おう》文化が地元の宗教や文化をはかいしていったが、その過程でさまざまな未開の地を調べる知的実せんとして、人類学がかたちを整えていったのだ。

研究者が、ある土地へ出かけ、土地の人と同じように暮らすために、土地の言語や習慣を学ぶ。土地の人からすれば、研究者はまったくのよそ者という立場から、自分たちと言語や文化を共有し、それらをおびやかす危険性のない知り合いのよそ者へと変ぼうしていくのだろう。

すが、「ぼくの強さ」とは具体的にどのようなことですか。文章中の言葉を用いて書きなさい。

問七 ――部「その笑顔には、秘密のわかち合いめいたものが、力無くではあったが、ふくまれていたのだ。――友人になれる」とありますが、「友人になれる」と思ったのはなぜですか。

1 人目をぬすんで屋上で過ごしているぼくの秘密を知っても何も言わず静かに笑顔を見せた山口なら、ぼくの秘密をすべてわかってくれると確信したから

2 秘密にしていたはずの素のままの自分を見せてしまったぼくを、やはり秘密をかかえているらしい山口が受け入れてくれたように感じたから

3 病弱な仲間たちに調子を合わせていつも陰うつな顔しか見せなかった山口が、本当は気のやさしい素直な一面を持ち合わせていると気づいたから

4 それまで高圧的な態度でぼくを見下していた山口がぼくのかくれた運動能力の高さを認めたことで、山口よりも優位な立場になれたような気がしたから

問八 ――部「何の気なしにその姿勢をおぼえていながら、その理由にいままで気づかなかったぼくは、なんてバカだ」とありますが、「その理由」とはどのようなことですか。簡単に書きなさい。

問九 「　」部「実を言えば、～むしろ非礼である。」の部分にあらわれている「ぼく」の「山口」に対する気持としてふさわしいものを選びなさい。

1 山口に弁当をすすめることで、かえって彼がより空腹を感じることがないようにしよう

2 無理に仲間に引き入れるようなことをして、孤独を愛する山口の世界をふみにじらないようにしよう

3 繊細でほこり高い山口に不用意に弁当をすすめて、彼を傷つけないようにしよう

4 気難しい山口にひとりよがりな言葉をかけて、友情をこわすことがないようにしよう

問十 ――部「……激高が、ぼくをおそった。先刻の思りょや後かいの予感も忘れ果てて、恥をかかされたように、ぼくの頭とほおに血がのぼった」のはなぜですか。

1 一度は心が通い合ったように感じた山口が、再びぼくをこばんだように感じられたから

2 せっかく気をつかってやっているのに、山口がぼくを見下すような態度をとったから

3 本気で心配して弁当をすすめているのに、山口がいつまでもすねているように思われたから

4 素直にぼくについてきた山口が、今になってぐずぐずした態度に変わったから

問十一 ――部「――ぼくらはどうしてわざわざ空ッ風のさむい屋上などを密会所に定めたのだろう」とありますが、「ぼく」はその理由をどのように推測していますか。一文でぬき出し、最初と最後の五字を書きなさい。

問十二 ――部「……すべての人間たちを、自分らの足の下にかんじることが、せめてものその代償なのかもしれなかった」とは、わかりやすく言うとどのようなことですか。

1 病弱であるため仲間といっしょに働けずみなから白い目で見られているという共通点を持った「ぼくと山口」は、現実のすべての人間たちを足の下に見下すことによって、働くことができない後ろめたさを解消しようとしているということ

2 貧しくて満足に食事をとることができないという共通点を持

1 暗かった町なみが日の出をむかえて少しずつうつろにかがやき出してきた
2 心配事をかかえているA君は、授業中に窓の外をうつろにながめていた
3 早春の公園ではうつろにかおっているウメの花をたくさんの人人が楽しんでいる
4 友だちの誕生祝いは何にするかと、子どもたちがうつろにささやき合っている

イ 威丈高に
1 テニスの試合で優勝したA君は、大喜びで表しょう台に上がり、威丈高に手をふった
2 Bさんは、転んで泣いている妹を急いで助け起こそうと、威丈高に手をさしのべた
3 集合写真に写ったCさんは、列のいちばん後ろで威丈高になってほほえんでいた
4 D君は、連日の野球の練習でつかれ果てた部員を休ませず、威丈高に命令を下した

問二 ――部「秘密の、そこはぼくのホーム・グラウンドであり」とありますが、わかりやすく言うと、「ぼく」にとってどのような場所ですか。
1 ずっと自分の心の中だけで大切にしてきた、思い出がたくさんつまった場所
2 自分以外にはだれも訪れる人がいないので、じっと静かにしていられる場所
3 他のだれにも知られず、自分がいちばん自分らしくいられる場所
4 自分しかまだ見つけておらず、しかもだれにも教えたくない場所

問三 ――部「全身全霊をうちこんで、という表現がピッタリするような感覚に、たしかに、いつもぼくはかわいていた」とありますが、「ぼく」はどのようなことを求めているのですか。
1 心も体も健康で毎日の生活がじゅう実し、何の心配もなく自分のしたいことに熱中できること
2 他の仲間たちといっしょに精一ぱい勉強して、社会の役に立つような人間に成長すること
3 体がじょうぶでなくても、せめて気持には張りがあって、毎日好きなことをして楽しく過ごすこと
4 落ちこみがちな自分の気持を奮い立たせて、一流の野球選手になるために練習にはげむこと

問四 ――部「自然ぼくは居残りの一員としての毎日をつづけなければならなかった」とありますが、「ぼく」の目から見ると、他の「居残り」の人たちはどのようなようすに見えますか。二十字以内で書きなさい。

問五 ――部「ぼくは秘事を暴かれたような羞恥を平手打ちのようにかんじて」とはどのようなことですか。
1 自分だけの楽しい空想の世界にとつ然よそ者が入ってきて、自尊心が傷つけられたこと
2 今までだれにも言っていなかった将来の夢をとつ然他人に知られ、非常に困わくしたこと
3 ふだん見せていない自分のおどけた一面をうっかり人に見せてしまい、自分でもおどろいたこと
4 警かい心を解いた自分の姿を他人の前にさらけ出したことに気づき、精神的な痛手を受けたこと

問六 ――部「ふりかえって、ぼくはぼくの強さの確認と」とありま

たのを見届けたとき、ほとんど感謝にまで成長した。——ぼくは彼が〈注6〉けんかいなヒネクレた態度を固執《しつ》せずに、気持よくぼくに応えてくれたことがうれしかった。

ぼくと山口とは、それからというもの、毎日屋上を密会の場所と定めて、いつも弁当を半分コするようになった。

問十一 ——ぼくらはどうしてわざわざ空ッ風のさむい屋上などを密会所に定めたのだろう。その小学校には、かなりひろい赤土の運動場も、動員で空ッぽになった教室もあったし、また、運動場のうしろのくすんだ濃《のう》緑の林におおわれた小丘《きゅう》には、秘密のあいびきには好適の場所がいくらでもあった。そしてさらにその向うには、ほとんどいつも人気のない草ぼうぼうのF邸《てい》のしき地が、なだらかにつづいていたのだ。

しかし、ぼくと山口とは、それから毎日、きまって午後の授業が始ったとき、別別の階段から屋上でおちあい、そこで昼食をともにしたのだった。屋上。——おそらくその最初のぐう然の場所をはなれなかったのは、その下界を見下ろして、自分と同じ高さにはただ空ばくたる空しかないという位置に、地上の現実をきらうぼくと彼との趣《しゅ》味が、いっちしたことのせいではないだろうか。——雨の日など、ぼくらは屋上への階段の、てっぺんの一段に足をのせて、階下に向って並んでこしを下した。ぼくはそうしてわずかな食事をわけあうぼくと山口とに、まるで人目をしのぶどろぼうネズミどうしのような、みすぼらしい友情がつながっているのをかんじる。問十二 ……すべての人間たちを、自分らの足の下にかんじることが、せめてものその代償《しょう》なのかもしれなかった。

しかし 問十三 ぼくは、山口とぼくの関係を、それまでより親しいものにしようとは決して努めなかった。どちらかといえばぼくはすぐに無我夢中になりやすい人なつっこい甘えんぼで、ザックバランな話相手は欲しかったのだが、山口が、食餌《じ》を提供される引きかえのように、そのぼくの態度をとることがさけたかった。だからぼくと山口とは、毎日弁当を二分するときだけ、それまでと別人のような親密な会話をかわしながら、それ以外は全くそれまでの無関心で冷たんな表情でおし通した。それはまた、山口自身も望んでいたことであったらしい。他の同僚たちと、ぼくは時時ピンポンなどをつき合ったが、彼は絶対にそんな仲間にも加わろうとはせず、そんな場所に顔を出すこともしない。詰所の陰《いん》気な空気のなかで、ぼくと毎日一つ弁当の飯をくうことなど忘れ果てたような顔で、そのくせ子供っぽいびんしょうな目をするどく光らせ、いつもほの白くだまりこくっている彼を見ると、ぼくは時時、彼はぼくとの間に 問十四 無言で協定したおしばいじみた約束を、内心たのしんでいるのではないかと思った。彼も無為《い》な日常にたいくつして、そんな遊びを必要としているのではないかと思った。

青カビの色をした表紙の微積分の本に目を落としていたり、またさも人人がうるさそうに新聞で顔をかくしてねむっていたりしている山口を見ると、ぼくはよく子供ぎらいの年寄りを連想した。彼の動作にはそんな片意地なエネルギイのないにおいがした。

(山川方夫《まさお》「煙突《えんとつ》」)

〈注1〉ゼロ点で負けること
〈注2〉小麦をひいたときにできる種皮のくず
〈注3〉足首からひざまでまきつけて使う細長い布
〈注4〉気持をかくさず言動をかざらないようす。率直であるようす
〈注5〉自分の力や才能などを信じて持つほこり
〈注6〉がんこで自分の意志を曲げず人と仲良くしないこと

問一 ═══部**ア**・**イ**の言葉の使い方として正しいものをそれぞれ選びなさい。

ア うつろに

善いことをするときの、あの後ろめたさだった。

つづいて、ぼくに弁当をわたすために昼食をぬいている、母へのざい悪がはじまる予感が来た。おそらくこれは習慣になってしまうだろう……。すると、帰途《と》の汽車の中での、あの痛みに似たセツない空腹、そして空ききって痛みもなにもなくなり、どこにも力の入れようのない立腹感がからだ全体にただよいだしたような、あのその次の状態が、ぼくによみがえった。……だが、結局ぼくに弁当を分けることを止《よ》させたのは、神経質で孤高でプライドの強い山口が、ぼくのおし売りじみた親切に、そのまま虚《きょ》心に応えっこないというおそれだった。——ぼくは思った。ぼくは一人で朗らかに弁当を食おう。それはぼくの権利の〈注4〉フランクな主張であり、彼の〈注5〉矜持《きょうじ》のフランクな尊敬である。あたりまえのことをするのに、あたりまえの態度でしよう。人間どうしのつき合いのうえには、決してふれてはいけぬ場所にふれることは、むしろ非礼である。……思いながら、ぼくの足はもう、彼の横にまでぼくを運んできてしまっていた。

「……あすこ、日当りがいいな。行こう」

それ以上何も言わずに、ぼくは晴れた冬の日がしずかにキラキラとたまっている、屋上のすみにあるいた。返事はなかったが、山口はおとなしくぼくにつづいてきた。へんに反こうして、見透かされたくないのだろうか。ぼくは彼の意外な素直さに、そう思った。

ぼくはだまっていた。彼もだまっていた。だまったまま弁当のふろしき包みを解いたとき、ぼくの腹がク、ルル、と鳴った。異様なきん張の気がゆるんで、ぼくは大声をあげて笑った。……それがいけなかった。アルマイトのふたをめくり、いつものとおり細いイカの丸煮《に》二つと、粟の片手ニギリほどの六つがコソコソと片寄っている内味を見たとき、ぼくの舌は、ごく自然にぼくをうらぎってしまっていた。

「良かったら、食べろよ。半分」

山口はきみょうな微笑にほおをコワバらせて、首を横にふった。それは、意志的な拒《きょ》否というより、首のすわらない赤ンぼうが見せるような、あの意味もなにもない反射的な重心の移動のように、ぼくの目にはうつった。

「食べなよ。いいんだ」

山口は振幅《しんぷく》を心持大きくして、もう一回首をふった。こう着した微笑は消え、なにかウツケたような表情で、目を遠くの空へ放した。

問十 ……激高が、ぼくをおそった。先刻の思りょや後かいの予感も忘れ果てて、恥をかかされたように、ぼくの頭とほおに血がのぼった。

ぼくはくり返し低く、強く言った。

「ぼくは素直な気持で言ってるんだ。おせっかいなことくらい、わかってる。でも、腹が減ってるんだったら、だめだ、食べなきゃ。……食べなきゃ……、食べたらいいだろ？　食べたかったら」

言葉につまって、やっとぼくは興奮から身をはなすべきだと気づいた。ぼくはにぎり飯のひとつをとって、ほお張って横を向いた。もうどうにでもなれ、とさえ思った。こんなバカとは、ツキアイきんない。

——そのとき、山口の手が、ごく素直な速さで、弁当箱にのびた。

「——ありがとう」と彼はぼくの目を見ないで言った。あり得ないことが起ったように、ぼくはひとみのすみで山口が食べるのをながめていた。一口で口に入れて、彼はわざとゆっくりとかんでいるようであった。

ある照レ臭《くさ》サから、相手の目を見たくない気持はぼくにもあった。だまったまま、ぼくらは交互《ご》に弁当箱に手をのばした。当然の権利のように、彼はイカの丸煮も、ちゃんとひとつツマんだ。……じょじょにぼくはかれが傷つけられていないことに、またそうふるまってくれていることに、ある安どと信らいとをいだきはじめた。それは、最後に残った山口のぶんのひとつに、ちゅうちょなく彼のやせた手がのび年が変っても、同級生らの動員はいっこう解除されなかった。**問四**自然ぼくは居残りの一員としての毎日をつづけなければならなかったが、ぼくにはそれはかえって好都合とも思えた。リーグ戦が、あと三ゲエムほど残っていたのだ。

一月の中旬《じゅん》がすぎるころ、あと残された試合はワセダとの決勝戦だけになった。

よく晴れた午後であった。その日いっしょに挙行するはずのリーグ戦の閉幕式の考えに夢中になって、ぼくが弁当とボールとをもって階段をかけ上ると、屋上の金あみに幽《ゆう》霊のような姿勢で両手の指をつっこんだまま、広尾《お》方面の焼あとをじっと見下している一人の先客の背が目に入った。山口であった。「若き血」の口笛をふいていたことに、**問五**ぼくは秘事を暴かれたような羞恥《しゅうち》を平手打ちのようにかんじて、口をとがらせて立止った。

不ゆ快ははなはだしかった。だが、今さら階下へおりて、同僚の不健康な口臭《しゅう》や、無気力でしみったれた笑声や、「年ごろ」の会話を手つきたくみにコネまわしている暗い物置のような詰《つめ》所で、同じようなくすんだ仏頂面をならべてだまりこくる気分に、とうていもどりたくはなかった。ぼくはボールをポケットにねじこみ、再び応えん歌の口笛をふき鳴らしつつ、屋上の中央へと歩みはじめた。

ぼくと同様、山口もちょっとふりむいただけでぼくを黙《もく》殺した。黒い手編みの丸首のセーターが、うすっぺらな学生服のえりからはみ出し、色白な秀《しゅう》才タイプの彼《かれ》の首を、よけいか細く繊《せん》弱に見させていた。〈注3〉ゲートルをつけてない彼の宮廷《てい》用ふうの細長いズボンの下には、ふつりあいなほど巨大な、重たそうな赤いぶた皮の編上靴《へんじょうか》がならんでいた。

ぼくは山口の向うをむいたかたくなな背に、ある敵がい心をかんじた。彼に目もくれず、ぼくは一人で壁に向って早慶戦をはじめた。真向からふきつけてくる青く透《す》きとおった風にむかって、おこったように力いっぱいで投げつづけた。……彼を無視する強さを、ぼくはかく得しようとしたのだ。

山口は何も言わず、そうかと言って下りて行くでも散歩するでもなく、ただじっと金あみごしの下界をながめつづけている。しかし、ぼくは次第に、その彼の不動の存在を忘れて、早慶戦に熱中しだしていた。

四対零《ゼロ》。慶應のリードで三回は終った。さあ。飯をたべよう。

問六ふりかえって、ぼくはぼくの強さの確認と、専心していたスポーツに一段落のついたそう快で無心な気分から、ほがらかに山口を見て笑った。すると、彼は意外にも、ぐう然ぼくと目を合わしたのを恥《は》じるように、軽い雲影《えい》がうつるような、無気力な微《び》笑をうかべた。……彼のそんな笑顔なんて、ぼくには初めての経験であった。**問七**その笑顔には、秘密のわかち合いめいたものが、力無くではあったが、ふくまれていたのだ。——友人になれる。そんなむじゃきな直観が、ぼくを陽気にした。拾った弁当箱を片手に、ぼくは山口のほうに近寄ろうとした。

そのとき、弱弱しく視線を落した山口の目が、ぼくの弁当にふれると、急にそれをすべりぬけて流れた。はッと、はじめてぼくはあることに気づいた。そうだ。彼はいつも昼食をたべてないのだ。——昼休みのはじまるころになると、彼はいつでもスーッと部屋を出て行ってしまう。**問八**何の気なしにその姿勢をおぼえていながら、その理由にいままで気づかなかったぼくは、なんてバカだ。——だが、果していま、彼に弁当を半分すすめたものだろうか？

問九実を言えば、そのときぼくをちゅうちょさせたものは、外ならぬぼく自身の空腹を想像したことではなかった。そんなことはぼくの頭に、そのしゅん間はなかったのだ。それは、恥ずかしいことだが、

二〇一八年度 フェリス女学院中学校

【国語】（五〇分）〈満点：一〇〇点〉

《注意》一、句読点や記号などは字数にふくめます。
二、解答用紙の一行のわく内には二行以上書かないようにしてください。

一 **次の文章を読んで後の問に答えなさい。一部、語句の改変があります。**

（終戦直後、中学三年生の「ぼく」は、同級生らが戦争で被《ひ》害を受けた工場の後始末に動員されるなか、病弱であるために数人の学生たちとともに学校に残されている。）

小学生や低学年生たちの授業時間に、ぼくはだから玄《げん》関わきの小部屋からぬけ出し、屋上に出て、時時ひとりその平面に特大のマッチ箱のような形でとっ起した出入口の、それもやはり半分から上を黒くぬられている壁《かべ》に、ボールをぶッつけて遊んだ。校舎は森閑《かん》としていて、時として屋上にはりめぐらされた金あみの向うに、校庭で体操をしている幾《いく》組かのそう音や、軽いさけびや、霞《かすみ》町の方から走ってくる小型の都電のきしんだような音響《きょう》までが、アブクのように**問一ア**うつろにうかび上ってくる。人気のない平たんな白い石の砂ばくのような静かな屋上に、ボールはポクンと壁にあたって、ぼくの足もとまで転げてかえってくる。……同じ音程でくりかえすきみょうなつぶやきに似たボールのひびきこそが、つまりはぼくの存在を確証する孤《こ》独なこだまだった。そして、それは比かく的に青空のようないちずな気分になれる、ぼくの好きな遊びだった。「あせをかきたい」というしょう動が起こるたびに、だからぼくはボールをにぎってひとり屋上にかけ上った。

壁には、ちょうどストライクのあたりに、黒いしみがあった。ぼくはそこを目がけて、投げる。――えい、打たしちまえ。レフト、バック。などとつぶやきつつ、一人でカウントを取り、ぼくはそうして六大学のリーグ戦を挙行したのだ。無意識のうちに手加減をしてしまうのか、どうしても母校の慶應《けいおう》は負けなかった。ぼくは熱心に敵方のときも大まじめで投げているので、それが不思議でならなかったが、それでも相手方を〈注1〉スコンクにおさえたときの気分は、なんとも言えないほどうれしかった。

屋上には、たいていあらい風がひとりで**問一イ**威丈高《いたけだか》にかけめぐっていたが、閑静でもあったし、晴れた日には日当りが良かった。だれ一人あらわれない授業時間に、ぼくがそこで過す時間は多くなった。**問二**秘密の、そこはぼくのホーム・グラウンドであり、ぼくはその壁の直角になったすみに背をもたせて本を読んだり、弁当をたべたりもした。――同僚《りょう》はたいてい白米のキッチリつまったごうかな弁当をひろげていたが、ぼくのはたいてい〈注2〉フスマのパンか、粟《あわ》飯のパラパラなのを防ぐためにそれをオニギリにしたやつであった。ぼくはがまんして、ひとり、たいてい五時間目の終るころに食べた。さもないと帰りの汽車の中で目が回るほど空腹になるのだった。しかし、ぼくは元気だった。……その日の分の一冊を読み終えたときなど、ぼくははげしい速度感をためしてみたい健康へのウズウズした気持にまけて、ひと一人居ないのを幸いに、一人でくるったようにさけびながら、屋上を疾《しっ》走してまわったりする。なにか、それでも物足りはしない。**問三**全身全霊《れい》をうちこんで、という表現がピッタリするような感覚に、たしかに、いつもぼくはかわいていた。

2018年度

フェリス女学院中学校 ▶解説と解答

算　数　(50分) ＜満点：100点＞

解　答

1 (1) $1\frac{5}{8}$　(2) 26cm　(3) 279　(4) 562個　(5) ア 426　イ 30　2 ア 6.28　イ 8.1　ウ 18　3 (1) 60　(2) イ 75　ウ 52.5　4 (1) 7通り　(2) ア $\frac{1}{3}$　イ $\frac{1}{2}$　(3) ウ ③　エ 141　5 (1) 1.44倍　(2) 9600人　(3) ① 1.2倍　② 20736人

解　説

1 四則計算，面積，長さ，相当算，差集め算，場合の数，数列

(1) $4\frac{2}{9}\times\left(2.6\div\square-\frac{7}{10}\right)-1\frac{2}{3}=2\frac{2}{15}$より，$4\frac{2}{9}\times\left(2.6\div\square-\frac{7}{10}\right)=2\frac{2}{15}+1\frac{2}{3}=2\frac{2}{15}+1\frac{10}{15}=3\frac{12}{15}=3\frac{4}{5}=\frac{19}{5}$，$2.6\div\square-\frac{7}{10}=\frac{19}{5}\div4\frac{2}{9}=\frac{19}{5}\div\frac{38}{9}=\frac{19}{5}\times\frac{9}{38}=\frac{9}{10}$，$2.6\div\square=\frac{9}{10}+\frac{7}{10}=\frac{16}{10}=\frac{8}{5}$　よって，$\square=2.6\div\frac{8}{5}=\frac{13}{5}\times\frac{5}{8}=\frac{13}{8}=1\frac{5}{8}$

(2) 右の図で，DCの長さは，7＋10＝17(cm)である。また，角AEFの大きさを○，角AFEの大きさを●とすると，○と●の大きさの和は90度だから，図のようになる。よって，三角形AEFと三角形DFCは合同なので，AFの長さは17cm，FDの長さは7cm，BCの長さは，17＋7＝24(cm)となる。したがって，長方形ABCDの面積は，17×24＝408(cm^2)，三角形EBCの面積は，24×10÷2＝120(cm^2)，三角形AEFと三角形DFCの面積の和は，17×7÷2×2＝119(cm^2)となり，三角形CEFの面積は，408－(120＋119)＝169(cm^2)と求められる。次に，ECの真ん中の点をGとすると，三角形CEFの面積は，EGを1辺とする正方形の面積と等しくなる。よって，EG×EG＝169＝13×13より，EGの長さは13cmとなり，CEの長さは，13×2＝26(cm)と求められる。

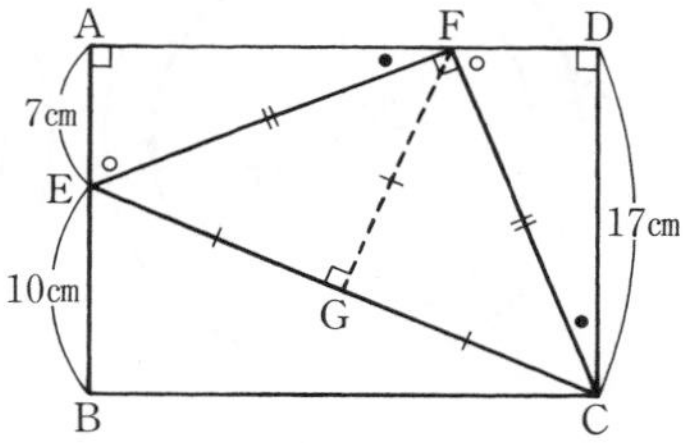

(3) 全体の問題数を①，はじめの10日間で解いた後の残りの問題数を□1，次の10日間で解いた後の残りの問題数を1として図に表すと，右のようになる。この図で，$1-\frac{4}{7}=\frac{3}{7}$にあたる問題数が，54＋3＝57(問)だから，1にあたる問題数は，$57\div\frac{3}{7}=133$(問)と求められる。同様にすると，□1にあたる問題数は，$(133+2)\div\left(1-\frac{3}{8}\right)=216$(問)となり，①にあたる問題数は，$(216+1)\div\left(1-\frac{2}{9}\right)=279$(問)とわかる。

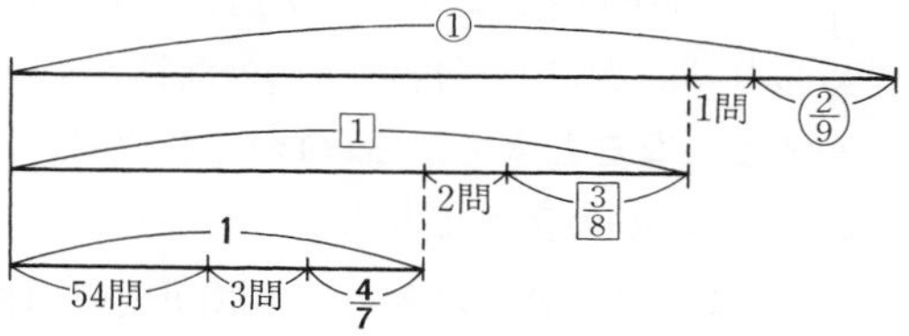

(4) 図に表すと右のようになる。箱の数をBにそろえると，｜の右側の個数は，箱Aが，44＋34＝78(個)，箱B

箱A	44，44，…，44	44 ➡	34個あまる
箱B	49，49，…，49	➡	23個あまる

が23個なので，箱Ａの方が，78－23＝55(個)多くなる。よって，｜の左側の個数は箱Ｂの方が55個多くなる。これは，49－44＝５(個)の差が箱Ｂの数だけ集まったものだから，箱Ｂの数は，55÷５＝11(個)とわかる。したがって，ボールの個数は，49×11＋23＝562(個)と求められる。

(5)　右の図１で，ａの部分には１けたの整数が９個並び，ｂの部分には２けたの整数が，99－９＝90(個)並び，ｃの部分には３けたの整数が，178－99＝79(個)並ぶ。よって，図１のけた数の和は，１×９＋２×90＋３×79＝426(…ア)となる。次に，右の図２のように，２けたの整数Mから99までの個数をm個，100から３けたの整数Nまでの個数をn個とすると，$2\times m+3\times n=2018$と表すことができるので，(m，n)の組は右の図３のようになる。ここで，mは３で割ると１あまる数だから，３×□＋１と表すことができる(ただし，□は整数)。また，２けたの整数は90個しかないので，mの値は90以下である。したがって，(90－１)÷３＝29.6…より，□に入る数は０～29とわかるから，(m，n)の組は，29＋１＝30(組)となり，(M，N)の組も30組(…イ)とわかる。

図１

a：1，2，…，9，　b：10，11，…，99，　c：100，101，…，178

図２

10，11，…，M，…，99，100，101，…，N，…，999
（M，…，99 が m個，100，101，…，N が n個）

図３

m	1	4	7	
n	672	670	668	

（mは＋3，＋3，nは－2，－2）

2　図形上の点の移動，長さ，面積，周期算

図１

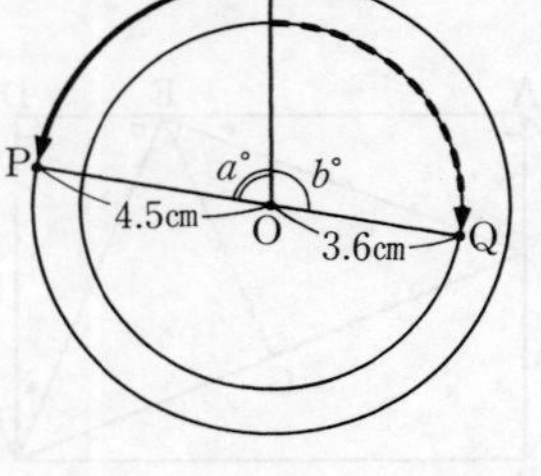

図２

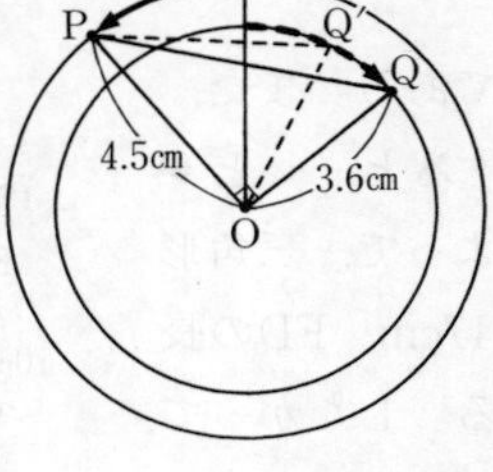

図３

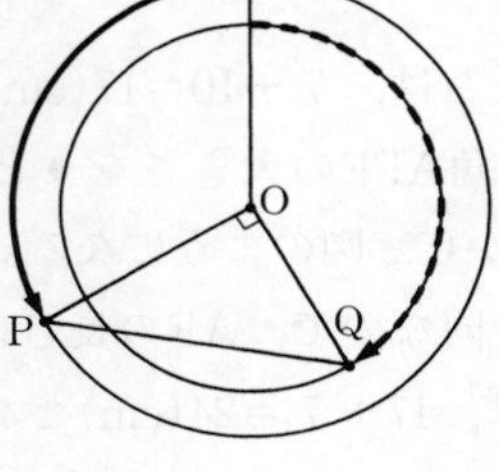

図４

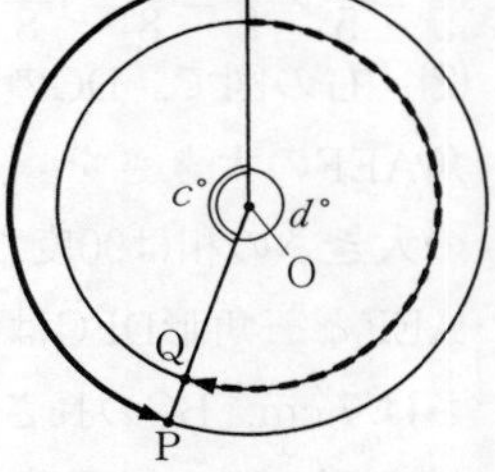

はじめてＯ，Ｐ，Ｑが一直線上に並ぶのは，ＰとＱが上の図１のように動いたときである。ここで，ＰとＱの速さは同じだから，Ｐが動いた長さとＱが動いた長さは同じになる。よって，Ｐ，Ｑが動いた部分の中心角をそれぞれa度，b度とすると，$4.5\times2\times3.14\times\frac{a}{360}=3.6\times2\times3.14\times\frac{b}{360}$と表すことができるので，$4.5\times a=3.6\times b$より，$45\times a=36\times b$，$5\times a=4\times b$，$a:b=\frac{1}{5}:\frac{1}{4}=4:5$とわかる(つまり，中心角と半径は反比例する)。この和が180度だから，$a=180\times\frac{4}{4+5}=80$(度)となり，Ｐが進む道のりは，$4.5\times2\times3.14\times\frac{80}{360}=2\times3.14=6.28$(cm)(…ア)と求められる。次に，三角形OPQの面積が最も大きくなるのは，上の図２のように，角POQの大きさが90度になるときである(Ｑがこれ以外の点Q′の位置にあったとすると，OPを底辺と考えたときの高さはOQの長さよりも短くなるので，三角形OPQ′の面積は三角形OPQの面積よりも小さくなる)。よって，最も大きい三角形OPQの面積は，4.5×3.6÷２＝8.1(cm^2)(…イ)である。この後，上の図３のように進んだときに再び最大になり，上の図４のように進んだときにOPとOQがはじめて重なる。その後は同じことがくり返されるから，図２から図４までを１周期と考えると，三角形OPQの面積が最大になるのは，１周期に２回あることになる。また，図４で，cとdの比も４：５だから，$c=360\times\frac{4}{4+5}=160$(度)である。つまり，Ｐは１周期で160度回転する。さらに，Ｐ

とQがOのまわりを回転する速さの比は4：5だから，PとQが同時にはじめの位置に戻《もど》るのは，Pが4周，Qが5周したときである。この間にPは，360×4＝1440(度)回転するので，1440÷160＝9(周期)より，求める回数は全部で，2×9＝18(回)(…ウ)となる。

3 平面図形―図形の移動，角度

図1

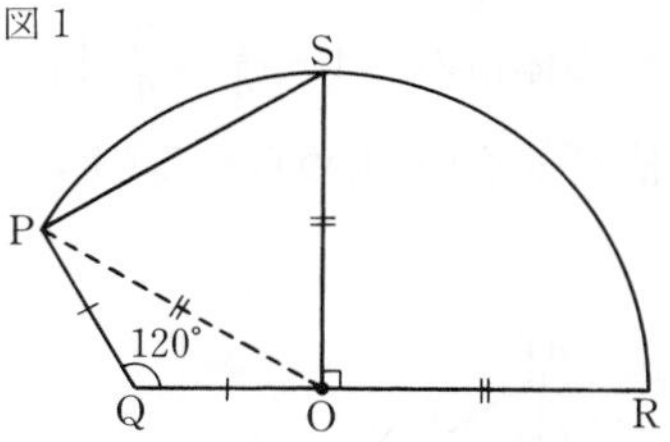

図2

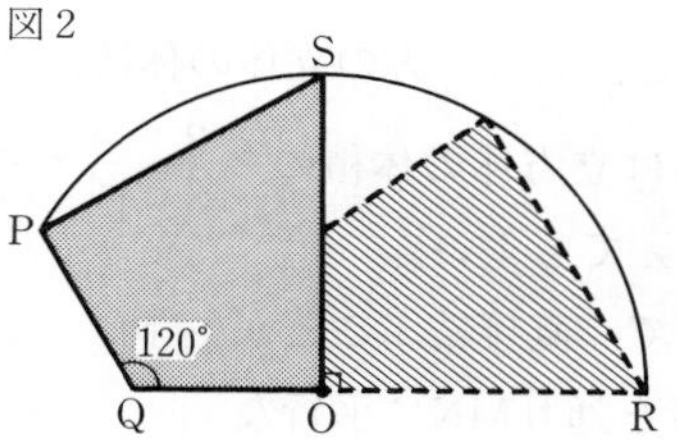

図3

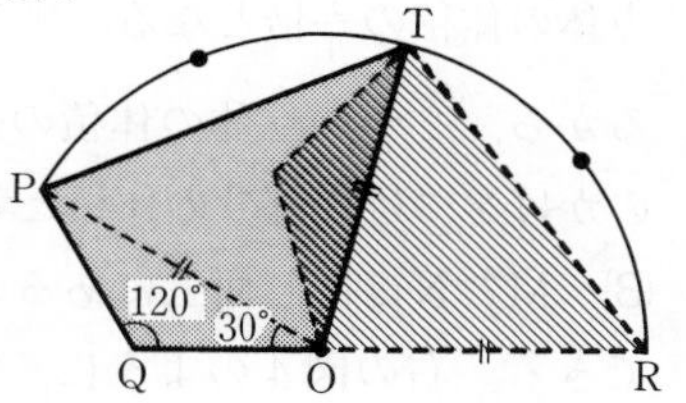

(1) 上の図1で，弧《こ》PRはOを中心とする円の一部だから，OPとORの長さは等しい。また，元の四角形をOのまわりに時計回りに90度回転させた位置に四角形の辺ORがあるので，逆に，辺ORをOのまわりに反時計回りに90度回転させたOSの位置に元の四角形の辺がある。よって，元の四角形はQOSPである。図1で，三角形QOPは二等辺三角形だから，角QOPの大きさは，(180－120)÷2＝30(度)となり，角POSの大きさは，90－30＝60(度)とわかる。したがって，三角形OSPは正三角形なので，最も小さい角の大きさは60度(角OSP)になる(上の図2のように回転させたことになる)。

(2) 上の図3のように，弧PRの真ん中の点をTとして，四角形QOTPをOのまわりに時計回りに回転させると，条件に合う。このとき，角PORの大きさは，180－30＝150(度)であり，角POTと角TORの大きさは等しいから，角TORの大きさは，150÷2＝75(度)とわかる。よって，回転させた角の大きさは75度(…イ)である。また，角POTの大きさも75度であり，三角形OTPは二等辺三角形なので，四角形QOTPのうち最も小さい角OTPの大きさは，(180－75)÷2＝52.5(度)(…ウ)と求められる。

4 立体図形―構成，分割，表面積，体積

図1

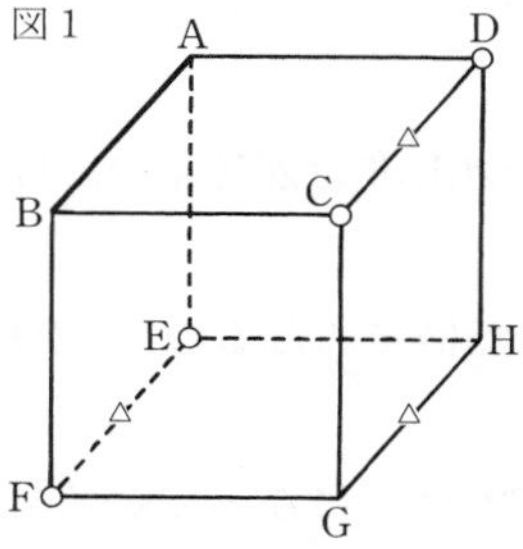

図2

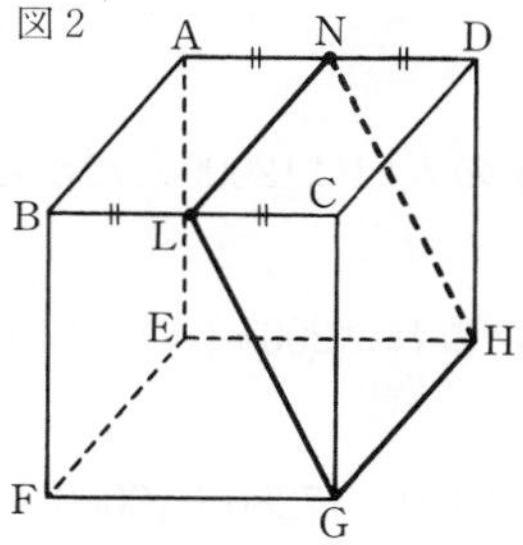

図3

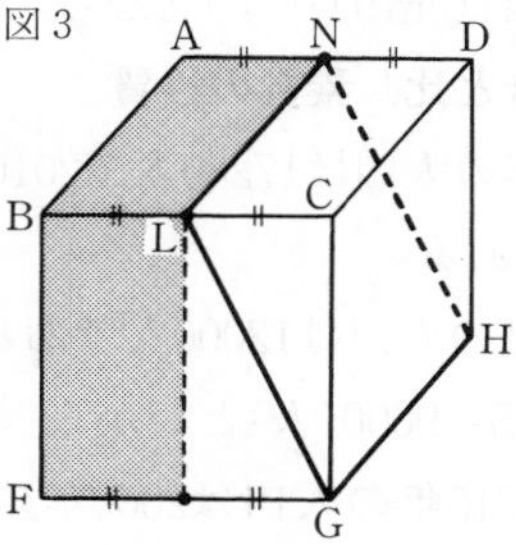

(1) 上の図1の○印の位置に点Pをとると，三角形ABPは直角二等辺三角形になる。また，△印の位置(辺の真ん中)に点Pをとると，三角形ABPはPAとPBの長さが等しい二等辺三角形になる。よって，全部で，4＋3＝7(通り)ある。

(2) 切り口は上の図2の長方形NLGHになる。小さい方の立体から切り口の面をのぞいた面は，長方形NLCD，三角形LGC，三角形NHD，正方形CGHDの4つである。このうち，＿の3つを合わせると1つの正方形になるから，これらの面積の合計は正方形の面積2つ分になることがわかる。一方，大きい方の立体から切り口の面をのぞいた面積の合計は，(立方体の表面積)－(小さい方の立

体から切り口の面をのぞいた表面積の合計)で求めることができるので，正方形の面積，6－2＝4(つ分)になる。さらに，切り口は両方の立体に共通しているから，2つの立体の表面積の差は正方形の面積，4－2＝2(つ分)となることがわかる。これは立方体の表面積の，$2\div6=\frac{1}{3}$(倍)(…ア)である。次に，三角形LGCの面積は正方形の面積の$\frac{1}{4}$倍なので，小さい方の立体の体積は立方体の体積の$\frac{1}{4}$倍となる。すると，大きい方の立体の体積は立方体の体積の，$1-\frac{1}{4}=\frac{3}{4}$(倍)となるから，2つの立体の体積の差は立方体の体積の，$\frac{3}{4}-\frac{1}{4}=\frac{1}{2}$(倍)(…イ)と求められる(上の図3のかげをつけた部分の体積と考えてもよい)。

⑶　MとNは同じ面上にあるので，直接結ぶことができる。右の図4のように，Gを通りMNに平行な直線を引き，これがEF，EHを延長した直線と交わる点をそれぞれI，Jとする。さらに，MとI，NとJを結ぶ直線がBF，DHと交わる点をそれぞれP，Qとすると，切り口は五角形PGQNMとなる(ウには③があてはまる)。次に，EA，IM，JNを延長して交わる点をOとすると，4つの三角すいO－AMN，P－FIG，Q－HGJ，O－EIJは相似になる。このとき，AN＝6÷2＝3(cm)，FG＝HJ＝6cmなので，相似比は，AN：FG：HJ：EJ＝3：6：6：(6＋6)＝1：2：2：4となり，体積の比は，(1×1×1)：(2×2×2)：(2×2×2)：(4×4×4)＝1：8：8：64とわかる。よって，頂点Aを含《ふく》む方の立体の体積は，三角すいO－AMNの体積の，(64－1－8－8)÷1＝47(倍)になる。さらに，三角すいO－AMNと三角すいO－EIJの相似比が1：4だから，OA：AE＝1：(4－1)＝1：3となり，OAの長さは，$6\times\frac{1}{3}=2$(cm)と求められる。したがって，三角すいO－AMNの体積は，3×3÷2×2÷3＝3(cm^3)なので，頂点Aを含む方の立体の体積は，3×47＝141(cm^3)(…エ)となる。

図4

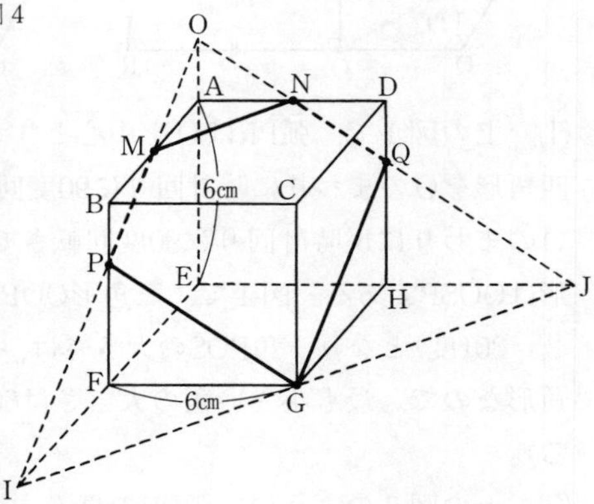

5　表―割合と比，素数の性質

⑴　2015年の人口は17280人，2010年の人口は12000人だから，2015年は2010年の，17280÷12000＝1.44(倍)である。

⑵　2010年の人口は12000人である。これは2005年の人口の1.25倍にあたるので，2005年の人口は，12000÷1.25＝9600(人)とわかる。

⑶　①　2015年の人口は2000年の人口の，17280÷10000＝1.728(倍)になっている。よって，5年間で□倍になったとすると，1×□×□×□＝1.728と表すことができる。そこで，1728を素数の積で表すと右の計算のようになるから，1728＝(2×2×3)×(2×2×3)×(2×2×3)＝12×12×12となることがわかる。したがって，1.2×1.2×1.2＝1.728となるので，□＝1.2倍と求められる。　②　2020年は2015年の1.2倍になるので，17280×1.2＝20736(人)とわかる。

2) 1728
2) 864
2) 432
2) 216
2) 108
2) 54
3) 27
3) 9
3

社　会 (30分)＜満点：60点＞

解　答

1 A a ① 200海里　② 銚子(港)　b ア　c エ　d 浜名(湖)　e 天竜(川)　f (例) 林業就業者の高齢化が進み，後継者も不足しているため。　B a ア　b (例) 干拓地はもともと海底であったため土の中に塩分が残り，塩害が起こりやすいから。　c イ　d 水島(地区)　e (例) 原油価格が下がってきているため，他の産業で収益を上げる必要があるから。(将来，石油資源が枯渇すると心配されているから。)　f 備前(焼)　C a ① ウ　② エ　b (例) 地球温暖化　c 地産地消　d 阿蘇(山)　e ① A アメリカ合衆国　B 中国(中華人民共和国)　② (例) 貿易摩擦の解消につながる。(為替相場の変動による影響を受けにくくなる。)　f アマゾン(川)　2 A a 朱雀　b (例) 日本が唐・新羅の連合軍に大敗したことで，唐や新羅が九州にせめてくるのではないかと考えたから。　B a イ，オ　b 後白河(天皇)　c (例) 瀬戸内海の航路を整備し，宋と貿易を行って利益を上げること。　C a (例) 蝦夷を平定するための軍を指揮する臨時の将軍職。　b 侍所　c (例) 博多湾沿岸などに石塁を築くなどして，九州の防衛にあたること。　D a 守護　b エ　c 一向一揆　E a ア　b (例) 佐渡などの重要な鉱山　F a ウ　b イ　G a (例) 満州事変を引き起こして満州を占領し，満州国の成立を宣言してその実権をにぎったこと。　b 赤紙　c (例) サイパン島などを占領し，そこを根拠地とすることで，長距離爆撃機のB29を使って日本本土まで往復することができたから。　H a 農民(小作人)，労働者　b 武力　c ア　d 南スーダン

解　説

1 東海・瀬戸内・九州地方の地理，各時代の歴史的なことがらについての問題

A a ① 静岡県の焼津《やいづ》港は遠洋漁業の基地として知られる。遠洋漁業は，かつて「日本から離れた海域で数か月以上かけて行う漁業」を指すことが多かったが，近年では，日本の200海里水域(排他《はいた》的経済水域)の外で行う漁業を意味するようになっている。なお，200海里は約370kmである。② 2016年における水揚《あ》げ量全国第1位の漁港は，銚子《ちょうし》港(千葉県)であった。　b 2016年における茶の生産量の都道府県別割合は，静岡県38%，鹿児島県31%，三重県8%の順である。統計資料は『日本国勢図会』2017／18年版による。　c それぞれの地図記号は，交番が(X)，郵便局が(〶)，美術館・博物館が(🏛)，消防署が(Y)である。したがって，ここでは消防署だけが地図中にない。　d 浜松駅の西にある汽水湖は浜名湖。なお，汽水湖の多くは，海であったところが砂州の発達などにより外海から切り離されてできた潟《せき》湖である。浜名湖はかつて淡水《たんすい》湖であったが，1498年に起こった地震と津波により湖と外海をへだてていた砂州が決壊し，遠州灘《なだ》とつながって汽水湖となった。　e 浜松駅の東を流れるのは天竜川。長野県中央部の諏訪《すわ》湖を水源とし，愛知県・静岡県を流れて遠州灘に注いでおり，中流域には天竜すぎなどの森林が広がっている。

f すぎなどの人工林は定期的に枝打ちや間ばつなどを行う必要があるが，国内産木材の価格が下がって採算が合わないことや，林業就業者の高齢化が進んで，後継《こうけい》者が不足していることなどから

手入れが行き届かず，放置されたままの森林が多く見られるようになっている。

B　a　畜産の割合が高いアは，北部の山間部で畜産業がさかんな岡山県，米の割合が高いイは，冬に雪が多く，水田単作地帯となっている石川県，農業生産額が最も多く，野菜の割合が高いウは，近郊農業がさかんな茨城県である。　b　干拓《かんたく》は，遠浅の海岸などを堤防《ていぼう》でしきり，堤防内の海水を排水して陸地化すること。干拓された土地はもともと海底であったため土に塩分をふくんでいる場合が多く，作物を枯《か》らしてしまう塩害が発生しやすい。稲は特に塩害に弱い作物で，干拓地で稲作を行うさいには，塩分をうすめるために土の改良を行ったり，常に水を田に流し入れる「かけ流し」という方法を行ったりする。　c　本四連絡橋３ルートのうち，瀬戸大橋がかかるのは香川県。四国４県のうち漁業生産額が多いのは愛媛県と高知県で，表中のウとエが両県と判断できる。そのうち，マダイ，ハマチ，真珠などの養殖業生産額が特に多いウは愛媛県，人口が最も少ないエが高知県である。残る２つのうち，人口の少ないアが徳島県で，人口密度が高く，耕地率も高いイが香川県ということになる。　d　倉敷市の水島地区には1960年代に工業地区が建設され，現在は鉄鋼と石油化学のコンビナートが形成されている。　e　サウジアラビアは世界最大級の石油埋蔵《まいぞう》量と輸出量をほこる国で，日本にとっても原油の最大輸入先となっている。しかし，近年は世界的に脱《だつ》化石燃料の動きが広がり，石油の消費量が減っていることから，原油価格が低迷して利益が減少している。そのため，観光業など他の産業にも力が入れられている。また，石油資源はいずれ枯渇《こかつ》(ものがつきてなくなること)することが予想されており，そうした事態に備えてのこととも考えられる。　f　岡山県南東部に位置する備前市の伊部《いんべ》地区では，平安時代に起源を持つ備前焼の産地として知られる。

C　a　①　近年，国の歳出で大きな割合を占《し》めているのは，社会保障関係費・国債《こくさい》費・地方交付税交付金などの地方財政費の３つである。公共事業費はこれらにつぐ割合を占める場合が多い。

②　天皇の国事行為に助言と承認をあたえるのは，内閣の仕事である。　b　いずれも，農産物を育てるさいの気温が以前より高くなったことで起きている現象だから，その背景には地球温暖化の問題があると考えられる。　c　地元でとれた農産物や水産物などをその地域で販売・消費する運動は，地産地消とよばれる。消費者からすると新鮮で安心できるものが安い値段で入手でき，生産者からすると消費者の信頼を得ることで，安定した供給ができるなど，地域経済の活性化にもつながることから，望ましい流通のあり方として注目されている。　d　熊本県にある日本有数の活火山は阿蘇《あそ》山。南北25km，東西18kmにおよぶ世界最大級のカルデラを持つことで知られる。現在も中央火口丘群の中岳で活発な火山活動が続いており，2015年９月と2016年10月にも噴火が起きている。　e　①　表中のAはアメリカ合衆国，Bは中国である。日本にとって，長い間アメリカが最大の貿易相手国であったが，2002年からは輸入額で，2009年からは輸出額で，ともに中国が最大の貿易相手国となった。このうち輸出については，2013年以降はアメリカが再び第１位となっている。　②　1980年代，特にアメリカとの間で，日本から輸入される自動車に高い関税をかけたり，日本側に輸出規制を求めたりする貿易摩擦《まさつ》の問題が発生した。そのため日本の自動車会社はアメリカ国内に工場を建て，現地の労働者を雇《やと》って生産を行うようになった。現地生産にはこのように，貿易摩擦をやわらげる効果がある。また，円高になると海外で販売される日本製品の価格が上がるため，輸出がしにくくなるが，現地生産を行うとそのような心配はないから，為替《かわせ》相場の変動の影響を受けにくいということも，利点の１つとしてあげられる。　f　世界最大の流域面

積を持つのは南アメリカのアマゾン川。その流域では砂金の採取・精錬《せいれん》がさかんであるが，砂金を精錬するには水銀を泥《どろ》に混ぜ，砂金と反応させて合金をつくり，これを熱して水銀を蒸発させ，金を取り出す。そのさい，水銀の残った泥がそのまま捨てられるなどして環境に深刻な影響をあたえており，水銀中毒の患者《かんじゃ》が発生する事態を引き起こしている。

2 各時代の戦いを題材とした問題

A a 平城京の御所(大内裏《だいだいり》)である平城宮の南面中央側には朱雀《すざく》門がおかれ，そこから南北に幅《はば》約70mの朱雀大路《おおじ》がまっすぐにのびていた。なお，朱雀とは中国の陰陽《おんみょう》道における南方の守護神。東の青竜《せいりゅう》・北の玄武《げんぶ》・西の白虎《びゃっこ》とともに四神《しじん》の1つとされる。 **b** 663年，朝廷は百済《くだら》を助けるため朝鮮半島に水軍を送ったが，白村江《はくすきのえ》の戦いで唐(中国)・新羅《しらぎ》の連合軍に大敗し，以後，朝鮮半島から手を引くこととなった。その後，唐や新羅が日本にせめてくることをおそれた朝廷が，九州北部の防備を固めるために配備した兵士を防人《さきもり》といい，おもに東国の農民から選ばれた。

B a 10世紀前半の935年，関東で平将門《まさかど》が反乱を起こし，常陸《ひたち》(茨城県北東部)や下野《しもつけ》(栃木県)，上野《こうずけ》(群馬県)の国府(国司のいる役所)をせめ落とすなどして一時は関東地方の大部分を支配下においたが，平貞盛《さだもり》や藤原秀郷《ひでさと》らによって倒《たお》された。また同じころ，瀬戸内海で藤原純友《すみとも》が反乱を起こし，海賊《かいぞく》となって沿岸部を荒らし，大宰府《だざいふ》を襲撃《しゅうげき》するなどしたが，小野好古《よしふる》らによって倒された。この2つの反乱は合わせて承平《じょうへい》・天慶《てんぎょう》の乱ともよばれ，東西でほぼ同時に起こったことから朝廷に大きな衝撃《しょうげき》をあたえた。 **b** 1156年の保元の乱は，崇徳《すとく》上皇と弟の後白河天皇の対立に，関白の藤原忠通《ただみち》とその弟の頼長《よりなが》の対立がからんで起きたもの。上皇・頼長方と天皇・忠通方の両者が源氏や平氏などの武士を味方につけて戦ったが，戦いは天皇方の勝利に終わり，崇徳上皇は讃岐《さぬき》(香川県)に流された。 **c** 平清盛は大輪田泊《おおわだのとまり》(現在の神戸港の一部)を修築するなど瀬戸内海の航路を整備し，宋(中国)と貿易を行って大きな利益を上げた。

C a 征夷《せいい》大将軍は蝦夷《えみし》(東北地方などに住む朝廷の支配にしたがわない人々)を平定するために設けられた臨時の将軍職で，8世紀末に坂上田村麻呂《さかのうえのたむらまろ》が任じられた例がよく知られる。源頼朝がその地位についてからは，武家の棟梁《とうりょう》(かしら)として政治を担当する者にあたえられる職名となった。 **b** 鎌倉幕府における中央機関のうち，御家人の統率と軍事・警察の仕事を担当したのは侍所《さむらいどころ》である。 **c** 1274年に起こった文永の役のあと，幕府は元軍が再びおそってくるのに備え，九州の御家人たちに異国警固番役を命じるとともに，博多湾沿岸などに石塁《せきるい》(防塁)を築かせて防衛体制を強化した。

D a 室町幕府は鎌倉幕府と同様，地方の国ごとに守護をおいたが，南北朝の争いが続くなか，足利尊氏が荘園や公領(幕府の支配がおよぶ土地)から徴収《ちょうしゅう》される年貢《ねんぐ》の半分を軍費として調達する権限を守護にあたえたことなどから守護の力が強大化し，国内の地頭や武士を家臣として領国を支配するような者も現れた。このように領主化した守護を守護大名という。 **b** 1467年から11年続いた応仁の乱により京都の大半は焼け野原となったが，やがて町衆とよばれた商工業者などの手により復興が進んでいった。9世紀以来続いていた祇園《ぎおん》祭は応仁の乱により中断していたが，町衆たちの協力により1500年に復活している。 **c** 摂津《せっつ》(現在の大阪府北西部と兵庫県南東部)の石山本願寺は一向宗(浄土真宗)の総本山であり，各地に広がっていた一向一揆の根拠地でもあった。

E a アは1615年，第2代将軍徳川秀忠《ひでただ》の名で出された禁中並公家諸法度《きんちゅうならびにくげしょはっと》のこと。イとウはいずれも家光が将軍であった1635年のできごとである。 **b** 江戸幕府は佐渡(新潟県)の金山や生野《いくの》(兵庫県)の銀山など，全国の主要な鉱山も直接支配した。

F **a** 大日本帝国憲法第11条で「天皇ハ陸海軍ヲ統帥《とうすい》ス」と定められていたように，統帥権(軍隊を指揮監督する権限)は天皇が持っていたから，軍隊は天皇に直属する組織であると位置づけられていた。 **b** 1901年に官営の八幡製鉄所が操業を開始しているが，日本の重工業が本格的に発達するのは日露戦争後のことであるから，イがまちがっている。

G **a** 1931年，日本は満州事変を引き起こし，満州(現在の中国東北部)の大部分を占領。翌年にはこれを満州国として独立させ，その実権をにぎった。これに対し，中国が満州事変は日本の侵《しん》略《りゃく》行為であると国際連盟に訴《うった》えたことから，連盟はリットン調査団を派遣。連盟はその報告にもとづき満州国の成立を認めず，日本軍の満州撤退《てったい》を勧告《かんこく》したため，1933年，日本はこれを不服として連盟を脱退した。 **b** 軍隊の召集令状は通常赤い紙が用いられたことから，「赤紙」ともよばれた。 **c** 小笠原《おがさわら》諸島(東京都)の南方に位置するサイパン島は，第一次世界大戦後に日本の委任統治領となったマリアナ諸島の中心となる島で，第二次世界大戦時には日本軍の重要拠点の1つであった。1944年6月，アメリカ軍はこの島への攻撃を開始し，激戦のすえ，7月にこれを占領した。マリアナ諸島占領後は，サイパン島などの基地にアメリカの長距離爆撃機Ｂ29(ボーイング29)が配備され，日本本土への空襲が本格化することとなった。

H **a** 太平洋戦争後，連合国軍最高司令官総司令部(GHQ)の指令にもとづいて行われた日本の民主化政策のうち，農地改革では多くの小作農が自作農となり，農民の地位が大きく向上した。また，労働組合法，労働関係調整法，労働基準法が整備されたことにより労働者のさまざまな権利が認められ，その地位や生活が向上することとなった。 **b** 平和主義について具体的に定めた日本国憲法第9条1項の条文で，戦争と武力による威嚇《いかく》および武力の行使を永久に放棄《ほうき》することが規定されている。 **c** 1951年，サンフランシスコで開かれた講和会議で日本は連合国48か国と平和条約を結び，独立を回復した。この条約では日本の領土が限定され，日本は台湾，朝鮮，南樺太《からふと》，千島列島を放棄することを認めた。したがって，アが正しい。なお，イは同時に結ばれた日米安全保障条約の内容。ウの日本の国際連合加盟が認められたのは，ソ連との国交が回復した1956年のことである。 **d** 南スーダンは2011年にスーダンから分離独立した国。建国当初から国内の政治状況などが不安定であったため，国連による平和維持活動(PKO)が行われており，日本の自衛隊も2012年からこれに参加してきたが，再び治安が悪化してきたこともあり，2017年5月に撤退《てったい》している。

理 科 (30分)＜満点：60点＞

解 答

[1] **1** ⑴ ① キ ② キ ③ カ ④ カ ⑵ (例) 塩酸と水酸化ナトリウム水よう液が完全に中和したから。 **2** ⑴ (例) 塩酸と水酸化ナトリウム水よう液が中和してできた。／塩酸とアルミニウムが反応してできた。 ⑵ シ ⑶ サ **3** (例) 発生した気体を石灰水に通す実験で白くにごることが観察される。／発生した気体を通した水に水草を入れて光を当てると，さかんにあわが出ることが観察される。 [2] **1** (例) 1回目の方

が２回目より音が大きい。　**2**　16個　**3**　(例)　弦の直径と弦の長さとの間には反比例の関係がある。　**4**　A　**5**　25個　**6**　5 cm　**3**　**1**　(①→)②→⑥→⑧→⑤(→⑨)　**2**　(1)　⑧，小腸　(2)　③，かん臓　**3**　(例)　だ液の分泌がうながされ，デンプンの消化が進むから。／食べ物が細かくくだかれ，だ液とふれあう面積がふえるから。　**4**　**試験管アの結果**…青むらさき色になる。　**試験管イの結果**…うすい茶色のまま変化しない。　**2つをくらべてわかること**…(例)　だ液によってデンプンが別の物質に変化すること。　**5**　(例)　だ液は中性と酸性にした場合でどちらがよくはたらくかということ。　**4**　**1**　(1)　**巨れき**…㋔　**砂**…㋑　**どろ**…㋒　(2)　①　解説を参照のこと。　②　(例)　(海岸の砂は)大きさが$\frac{1}{4}$～$\frac{1}{8}$mmの小さなつぶが多く，大きさがそろっているが，(川原の砂は)大きさが1～$\frac{1}{4}$mmの大きなつぶが多く，大きさにばらつきがある。(その原因として考えられることは海岸では)波によってしん食を受け砂のつぶが小さくそろっていくが，(川では)上流からさまざまな大きさのつぶが運ばれてくるためである。　**2**　(1)　**ふるい分けの結果からわかること**…(例)　グラフ3の海岸の方が砂のつぶの大きさがそろっている。　**自然環境から考えられること**…(例)　グラフ3の海岸の方がきれいな砂浜である。　(2)　①　(例)　冬は夏より降水量が少なく，川によって運ばれる砂の量が減るから。　②　(例)　ダムの建設や護岸工事により，川によって運ばれる砂の量が減ったから。

解説

1　塩酸と水酸化ナトリウム水よう液の反応についての問題

1　水よう液アや水よう液エのように，アルミニウムは塩酸にも水酸化ナトリウム水よう液にもとけて，気体(水素)が発生する。また，塩酸と水酸化ナトリウム水よう液を混ぜると中和が起こり，食塩と水ができる。アルミニウムは食塩水にとけないので，水よう液ウでは塩酸と水酸化ナトリウム水よう液が完全に中和(過不足なく反応)し食塩水になっていて，何も起きていない。このことから，水よう液イは中和後に塩酸が余っていることになる。鉄は塩酸にはとけて水素が発生するが，食塩水や水酸化ナトリウム水よう液にはとけないので，水よう液アと水よう液イでは鉄を入れると固体がとけて気体が発生し，水よう液ウと水よう液エでは鉄を入れても何も起きない。

2　(1)　水よう液イは，塩酸と水酸化ナトリウム水よう液が反応してできた食塩水と，中和後に余った塩酸の混合液である。この混合液にアルミニウムを入れると，アルミニウムと塩酸が反応してアルミニウムとは別の物質(塩化アルミニウム)ができ，この物質は水にとける。したがって，水よう液イにアルミニウムを入れしばらくしてから取った水よう液を加熱すると，食塩と塩化アルミニウムの2種類の物質が得られる。　(2)，(3)　ガスバーナーは，元せんを開き，マッチに火をつけてから，シのガス調節ねじを開け，マッチの火を近づけて点火する。そして，ガス調節ねじを回して炎《ほのお》の大きさを調整した後，サの空気調節ねじを回し，炎が青白い色になるようにする。一方，ガスバーナーの火を消すときには，点火するときとは逆に，空気調節ねじ，ガス調節ねじ，元せんの順に閉める。

3　二酸化炭素を石灰水に通すと，炭酸カルシウムという水にとけない物質ができ，石灰水は白くにごる。このことを利用すると，発生した気体が二酸化炭素であることを確かめられる。また，二酸化炭素は植物が光合成の材料とすることから，発生した二酸化炭素を多くとかしこんだ水に水草を入れて光に当てると，光合成が行われてさかんに酸素のあわが発生する。

2 弦《げん》の種類と音の関係についての問題

1　弦はしん動のはばが大きいほど大きな音となるので，１回目の方が２回目より大きな音(強い音)が出た。

2　表１より，弦Ａの長さを２倍，３倍にしたときに同じ高さの音を出すには，おもりの個数を，$2 \times 2 = 4$(倍)，$3 \times 3 = 9$(倍)にする必要があるとわかる。よって，弦Ａの長さを20cmの４倍の80cmにして，表１と同じ高さの音を出すためには，$1 \times 4 \times 4 = 16$(個)のおもりをつければよい。

3　表２のように，おもりの個数を同じにして同じ高さの音を出す場合，弦の直径を２倍，４倍にすると，弦の長さは$\frac{1}{2}$倍，$\frac{1}{4}$倍になる。つまり，弦の直径と弦の長さの間には反比例の関係がある。

4　弦の長さとおもりの個数を同じにしたとき，弦の直径が小さいほど，弦のしん動数が多くなって高い音になる。よって，最も高い音が出る弦はＡである。

5　２より，弦Ａの長さが80cmのときに表１と同じ高さの音を出すために必要なおもりは16個なので，表２のそれぞれの弦におもりを16個つるせば表１と同じ高さの音が出る。よって，表２の弦Ｂを長さ40cmから50cmにして表１と同じ高さの音を出すためには，$16 \times \frac{50}{40} \times \frac{50}{40} = 16 \times \frac{5}{4} \times \frac{5}{4} = 25$(個)のおもりをつければよい。

6　５で述べたように，表２の弦Ｃにおもりを16個つけたときに表１と同じ高さの音が出る。そのため，弦Ｃにつるすおもりを１個にして表１と同じ高さの音を出すためには，長さを，$1 \div 16 = \frac{1}{16} = \frac{1}{4} \times \frac{1}{4}$より，$20 \times \frac{1}{4} = 5$(cm)にすればよい。

3 消化器官とだ液のはたらきについての問題

1　消化にかかわる器官のうち，食べ物が通るひとつづきの管を消化管という。①の口から入った食べ物は，②の食道，⑥の胃，⑧の小腸へと進む。その間に，食べ物はさまざまな消化液のはたらきによって消化され，養分は小腸で吸収される。その後，⑤の大腸に送られて水分などが吸収されて，最後に⑨のこう門からはい出される。

2　(1)　⑧の小腸は，食べ物を消化するとともに，消化された養分を吸収している。小腸のかべにはたくさんのひだがあり，ひだの表面には柔毛《じゅうもう》とよばれる無数の突起《とっき》があって，養分は柔毛から吸収される。　(2)　③のかん臓は，ブドウ糖をグリコーゲンに変えてたくわえる，血液中に吸収されたアルコールや薬などを分解(解毒《げどく》)する，人体に有毒なアンモニアを害の少ない尿素《にょうそ》に変える，たん汁《じゅう》(たん液)をつくるなどのはたらきをしている。

3　よくかむことでだ液の分泌《ぶんぴつ》がうながされ，デンプンの消化が進みやすくなる。また，よくかむことで，食べ物が細かくくだかれ，だ液とふれあう面積が大きくなる。

4　ヨウ素液は，デンプンがあると青むらさき色に変わる。ヨウ素液をたらしたときに，試験管アでは青むらさき色に変化し，試験管イではうすい茶色のまま変わらなかったことから，だ液にはごはんに含《ふく》まれるデンプンを別の物質に変えるはたらきがあることがわかる。

5　試験管イではおよそ中性，試験管ウでは酸性の状態にある。そのため，この２つの試験管のようすをくらべると，デンプンに加えただ液が中性と酸性のどちらの状態でよくはたらくかを調べることができる。なお，だ液は中性付近でよくはたらく。

4 川原や海岸の土砂の分類，鳴き砂についての問題

1 ⑴ 巨《きょ》れきは大きさが256mm以上ある大きなれきで，重いため水に流されにくい。図1ではがけの下に岩がくずれ落ちるなどしてできたものがあると考えられる。また，土砂はつぶの大きなものから早くしずむので，流れのゆるやかな河口付近では川の水に流されてきた土砂が，河口付近に近いところから順に，れき，砂，どろに分かれて積もる。このとき，どろなどの小さなつぶは，海底にしずむまでに，潮の流れによってさらに河口からはなれたところまで運ばれることになる。

⑵ ① 右の図のように，大きなバットを下にしき，その上にふるいの穴の一番小さいものを置く。そして，その上にだんだん穴の大きなものを重ねていく。一番上の穴の大きさが2mmのふるいに砂を入れてふるいにかけると，砂を大きさ別に分けることができる。 ② 海岸の砂は，大きさが$\frac{1}{4}$～$\frac{1}{8}$mmの小さなつぶが多く，比かく的つぶの大きさがそろっているが，川原の砂は，大きさが1～$\frac{1}{4}$mmの大きなつぶが多く，その前後の大きさのつぶもあり，大きさにばらつきがある。その原因として，海岸では砂のつぶがよせてはかえす波によってしん食作用を受けて小さくなり大きさがそろっていくが，川では上流からさまざまな大きさのつぶが運ばれてくるからと考えられる。

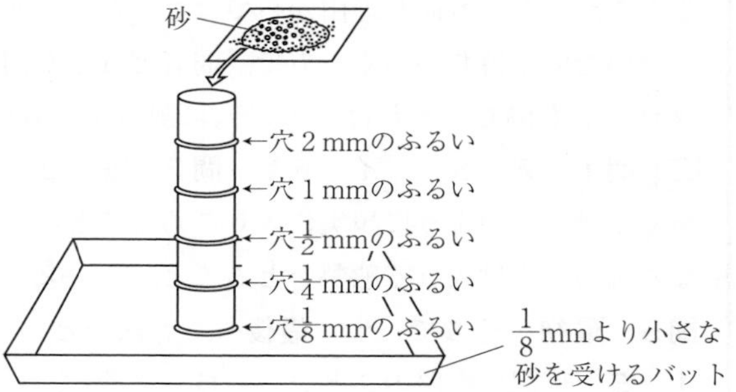

2 ⑴ グラフ3の砂は，つぶの大きさがおよそ$\frac{1}{2}$～$\frac{1}{4}$mmでそろっているが，グラフ4の砂は，$\frac{1}{2}$～$\frac{1}{4}$mmのものと$\frac{1}{4}$～$\frac{1}{8}$mmのものなどが混じっていて，つぶの大きさがそろっていない。ふるい分けの結果から，「鳴き砂」が起きるにはつぶの大きさが$\frac{1}{2}$～$\frac{1}{4}$mm程度でそろっていることが必要だと考えられる。また，「鳴き砂」は砂がほんの少しよごれただけで鳴らなくなると述べられていることから，「鳴き砂」が起きたグラフ3の方が，起きなかったグラフ4の海岸よりもきれいな砂浜といえる。 ⑵ ① 日本では，梅雨《つゆ》や台風・秋雨《あきさめ》の時期に降水量が多く，冬は少ないことが多い。また，冬は雪として降ることが多いため，すぐに川に流れこむ水の量は少ない。その結果，冬は川によって運ばれる砂の量が少なくなり，夏よりも砂浜がせまくなる。また，冬の日本海などは季節風などのえいきょうで波がはげしくなるため，砂浜がしん食されて冬の方がせまくなる場所もある。 ② 川から流れてくる砂の量が，海岸から海に流れ出ていく砂の量よりも少ないと，砂浜は減ってしまう。川にダムが建設されたり川の護岸工事が行われたりして，川が運ぶ土砂の量が減ってしまったことや，海岸のがけくずれを防ぐための消波堤《しょうはてい》(波のエネルギーを弱めるコンクリートブロックなど)が設置されて海中の土砂が運ばれてくる流れがさえぎられたことなどが，近年海水浴ができる砂浜が減った原因と考えられる。

国　語 (50分) ＜満点：100点＞

解　答

一 **問1** **ア** 2 **イ** 4 **問2** 3 **問3** 1 **問4** (例) 不健康で無気力で暗く

不機嫌そうなようす。 **問5** 1 **問6** (例) 山口を無視することができること。 **問7** 2 **問8** (例) 山口は家が貧しいため昼食の弁当を持ってこられないということ。 **問9** 3 **問10** 1 **問11** **最初**…――おそら／**最後**…だろうか。 **問12** 4 **問13** 3 **問14** **最初**…だからぼく／**最後**…し通した。 **問15** (例) 「ぼくと山口」の友情は，病弱さや現実になじめないことなどを共有し認め合うことで生まれたが，一定以上には友情が深まらなかったのも同じ理由からではないだろうか。人間には同じ弱さやつらさを抱えた人とわかり合いたい気持ちがある一方で，弱者どうしが同病相あわれむようなつながりは情けないというプライドも働く。それはこの二人に限らずだれの心にもある心理で興味深いと思った。

二 **問1** **ア** 8 **イ** 6 **問2** **a** 2 **b** 3 **問3** (例) 自分の存在が他者に全く影響しないように現実に入りこめること。 **問4** ① (例) 自分の価値観とは別に未知なるものを受け入れる態勢をとること。 ② (例) 自分自身がさまざまな形に変容すること。 **問5** **最初**…そこで“生／**最後**…，方法など

三 **A** 3 **B** 1 **C** 2

四 **1〜5** 下記を参照のこと。 **6** そそ(ぐ) **7** くめん(する) **8** ようじょう(する)

●漢字の書き取り

四 **1** **浅(い)** **2** **欠(く)** **3** **順路** **4** **永久** **5** **悲願**

解説

一 **出典は山川方夫《やまかわまさお》の「煙突《えんとつ》」による。**終戦直後の学校を舞台《ぶたい》に，ともに病弱で居場所のない「ぼく」と山口のあわい友情をえがいている。

問1 **ア** 「うつろに」は，中身がなく空《むな》しいようす。気持ちがしっかりせずぼんやりしているさまにも使われるので，2が選べる。 **イ** ここでの「威丈高《いたけだか》」は，すさまじい勢いで風がふきめぐるようす。通常は，おどすような態度で相手をおさえつけるようすを表すので，4がよい。

問2 「ホーム・グラウンド」は，よく知っていて得意な分野や，関わりが深くてのびのびとふるまえる場所を表す。「秘密の」ホーム・グラウンドなのだから，3があてはまる。

問3 「ぼく」は元気ではあるものの，病弱なため「居残り」組として不完全燃焼気味の日々を送っているのだから，思い切りしたいことができる，健康でじゅう実した生活にあこがれていたものと考えられる。二つ前の文の「健康へのウズウズした気持」も手がかりになる。

問4 三つ後の段落に注目する。「ぼく」は，階下の詰《つめ》所にいるほかの「居残り」組のことを，「不健康」「無気力」「くすんだ仏頂面」などと感じている。「仏頂面」は，不機嫌《ふきげん》な顔つき。

問5 一人屋上で空想の「リーグ戦」にふけり，やり場のない気持ちをまぎらせていた「ぼく」は，とつ然の山口の出現によって，自分の秘密がばれてしまったような恥《は》ずかしさを感じている。

問6 三つ前の段落に，「彼《かれ》を無視する強さを，ぼくはかく得しようとしたのだ」とある。自分だけの世界だった屋上に山口が現れても，「ぼく」は何の影響《えいきょう》もないように「無視」して，これまで通りボール投げを始めたのである。

問7 「秘密のわかち合いめいたもの」とは，病弱なうえ詰所に居場所もない者どうしが，屋上でこっそりと気晴らしをしていることを認め合い，秘密を守ろうとする気持ちを表している。「ぼく」は自分の秘密の部分を山口に見られてしまったが，同じく事情のあるらしい山口がそれを「笑顔《えがお》」で受け入れてくれたように感じて，仲間意識が芽生えているのである。

問8　山口が昼休みになると部屋から出て行ってしまう理由とは何かをとらえる。二つ前の文に，「彼はいつも昼食をたべてない」とある。「ぼく」自身の家も貧しく，「ぼく」の弁当を用意するために母が「昼食をぬいている」ほどだが，山口の家はそれ以上に貧しいものと推測できる。

問9　「ぼく」は弁当のない山口に自分の弁当を分けてあげようかと考えたが，「神経質で孤高《ここう》でプライドの強い」山口が応じるはずはないと気づき，無理にすすめて山口の「プライド」を傷つけないほうがいいと考え直したのである。

問10　誘《さそ》いについてきた山口の「意外な素直《すなお》さ」におどろいていたところに「ぼく」の腹が鳴り，「異様なきん張の気がゆるんで，ぼくは大声をあげて笑った」と前にある。雰囲気《ふんいき》が和《なご》み山口との距離《きょり》も縮まったような気がしたので，「ぼく」は弁当を「半分」食べるよう山口にすすめたのだが，山口がそれをかたくなにこばんだので，「ぼく」は怒《いか》りを感じたのだと推測できる。

問11　「ぼく」と山口が「屋上」を選んだのは，「地上の現実」をきらい，目前には「空しかない」位置を好む二人の「趣味《しゅみ》」がいっちしたからではないかと，「ぼく」は推測している。

問12　直前の一文に，「人目をしのぶどろぼうネズミどうしのような，みすぼらしい友情」とある。病弱で地上に居場所のない二人は屋上からすべての人間を見下ろすことで，自分たちのみじめさと折り合いをつけていたというのである。

問13　続く部分に注目する。「ぼく」は，山口が「食餌《しょくじ》を提供される引きかえ」として「ぼく」と親しくするといった関係，すなわち，対等ではない関係になるのを「さけたかった」のだと読み取れる。

問14　山口は「ぼく」と毎日一つの弁当を分け合っているのに，詰所では「ぼく」に関わろうとせず，今まで通り「神経質で孤高」なようすを見せている。これは「おしばいじみた約束」を守っているためなので，同じ段落の「だからぼくと山口とは，毎日弁当を二分するときだけ，それまでと別人のような親密な会話をかわしながら，それ以外は全くそれまでの無関心で冷たんな表情でおし通した」という一文がぬき出せる。

問15　自分の感想を自由にまとめる。そのように思った根拠《こんきょ》も書くとよい。

二　**出典は好井裕明《よしいひろあき》の『違和感《いわかん》から始まる社会学―日常性のフィールドワークへの招待』による。**社会学で行われるフィールドワークについて述べている。

問1　**ア**　前で述べた内容をまとめて言いかえているので，“要するに”という意味の「つまり」が合う。　**イ**　自分をつねに「あけておく」ことは「新鮮《しんせん》でおどろきに満ちたこと」だが，「未知の出来事にそうぐう」してなやむ「リスク」もあるというつながりである。したがって，前のことがらを受けて，それに反する内容を述べるときに用いる「しかし」がよい。

問2　**a**　労働などに対するお礼の金品を求めないこと。　**b**　深い味わい。本当のおもしろさ。

問3　直前の段落の「自らの存在をあたかも透明《とうめい》人間のように消し去って～現実に入りこむことなどできはしない」を手がかりにまとめる。つまり，調査研究するさいに，研究者自身が持つ文化や価値観などの影響が一さいないようにすることである。

問4　①　続く部分の内容から，自分が持っている「規はんや大切だと思う価値」にこだわらず，つねに「未知なるもの」を受け入れられるようにしておくことだとわかる。　②　自分を「あけておく」と，「新鮮でおどろきに満ちた」ものも「よどんでにごった」ものも入ってくるが，いずれにしても，その受け入れたものの意味を考えることで「私自身がさまざまなかたちに変容する可能性が広がっていく」と筆者は述べている。

問５　二つ後の段落に注意する。フィールドワークによって出会える「現実」は「『人びとの知恵《ちえ》』としか言いようのないもの」だと述べ，その具体例として，「暮らしの技法」や「人間関係をめぐる作法」，共同体のちつ序を維持《いじ》するための「規はんや価値，方法」などをあげている。

三　文の組み立て

Ａ　主語・述語の関係が，「富士山が」「見える」の一組しかない単文。３も，「『源氏物語』は」「読みつがれてきた」の一組しかない。　**Ｂ**　文全体としての主語・述語関係（「横浜港は」「港だ」）のほかに，主語を修飾《しゅうしょく》する小さな主語・述語関係（「船が」「集まる」）があるので複文。１も，文全体の主語・述語関係（「球根は」「球根だ」）に加えて，主語を修飾する小さな主語・述語関係（「私の（が）」「植えた」）がある。　**Ｃ**　二組の主語・述語関係（「声が」「響《ひび》きわたり」と「声が」「わき上がる」）が並立しているので重文。２も，対等な二組の主語・述語関係（「時間が」「早くなり」と「気温も」「高くなってきた」）をふくんでいる。

四　漢字の書き取りと読み

１　音読みは「セン」で，「浅学」などの熟語がある。　**２**　音読みは「ケツ」で，「欠席」などの熟語がある。　**３**　たどるように定められた道筋。　**４**　いつまでも変わらずに続くこと。　**５**　ぜひとも達成しようと心から願っている願望。　**６**　音読みは「チュウ」で，「注意」などの熟語がある。　**７**　金銭の算段をすること。　**８**　けがや病気がよくなるようにつとめること。

Memo

Memo

平成29年度　フェリス女学院中学校

〔電　話〕(045) 641－0 2 4 2
〔所在地〕〒231-8660　神奈川県横浜市中区山手町178
〔交　通〕JR根岸線―「石川町駅」より徒歩８分
みなとみらい線―「元町・中華街駅」より徒歩10分

【算　数】（50分）〈満点：100点〉

《注意》 1．答を出すのに必要な図や式や計算を，その問題のところにはっきりと書いてください。
2．円周率を使う場合は3.14としてください。

1　次の問いに答えなさい。

(1)　次の計算をしなさい。

$$\left(\frac{13}{24}\div\frac{14}{39}-\frac{5}{12}\times2\frac{4}{7}\right)\times(1\div1.25)$$

(2)　四角形ABCDの対角線が図のように，交わっています。四角形ABCDの面積は何cm^2ですか。

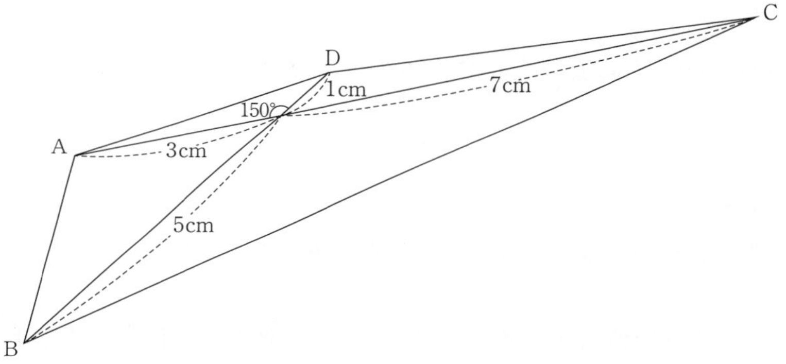

(3)　水の入った３つのタンクA，B，Cがあります。Aに入っている水の量は，BとCに入っている水の合計の$\frac{1}{2}$に等しいです。Bに入っている水の量は，AとCに入っている水の合計の$\frac{1}{3}$に等しいです。

Cに入っている水の量は，AとBに入っている水の合計の$\frac{1}{4}$より26リットル多いです。Cに入っている水の量は何リットルですか。

(4)　整数を次のようにしてならべます。
１番目の数を１とし，２番目の数を３とします。
１番目の数と２番目の数の合計の一の位を３番目の数，
２番目の数と３番目の数の合計の一の位を４番目の数，……とします。
次の問いに答えなさい。

1，3，4，7，1，8，9，7，……

①　45番目の数を求めなさい。

②　45番目の数から81番目の数までの合計を求めなさい。

(5)　次の［ア］，［イ］にあてはまる整数を求めなさい。

$$\frac{1}{101}+\frac{1}{\boxed{ア}}=\frac{1}{\boxed{イ}}$$

2 図のような直角三角形ABCがあります。

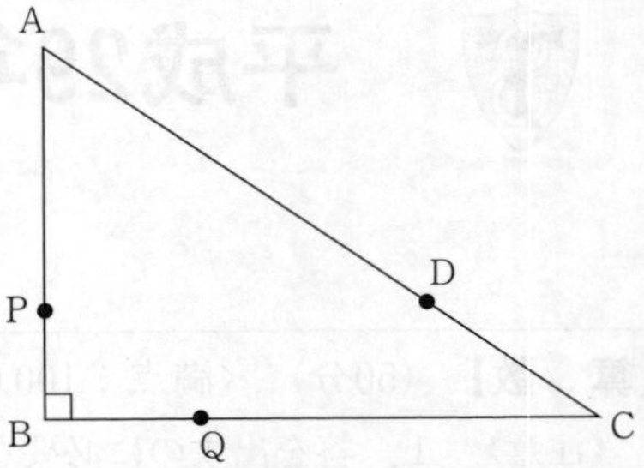

辺ABの長さは９cm，辺ACの長さは15cmです。

点Dは辺AC上にあり，直線ADと直線DCの長さの比は２：１です。

点Pは辺AB上を点Bから点Aまで一定の速さで移動し，点Qは辺BC上を点Bから点Cまで一定の速さで移動します。点Pと点Qの速さの比は３：４です。

２点P，Qが同時に点Bを出発すると，点Pが点Aに着くまでにかかる時間と点Qが点Cに着くまでにかかる時間はどちらも15秒です。

次の問いに答えなさい。

(1) 辺BCの長さを求めなさい。

(2) 三角形BPDの面積が三角形ABCの面積の$\frac{2}{7}$倍になるのは，点Pが点Bを出発してから何秒後ですか。

(3) 三角形AQDの面積が三角形ABCの面積の$\frac{1}{2}$倍になるのは，点Qが点Bを出発してから何秒後ですか。

3 商品Aを売ることを考えます。

はじめ，商品Aの仕入れ値の25％が利益となるように，売り値を決めました。

次の問いに答えなさい。

(1) 売り値が仕入れ値以上となるような値引きを考えます。売り値の何％まで値引きできますか。(求め方も書きなさい。)

(2) 商品Aを１セット10個入りで売っていました。

１セットの売り値は，はじめの売り値の10個分の金額でした。

１セットの売り値はそのままにして，１セットの商品Aの個数を増やして売るサービスを考えます。

利益が出るようにするには，１セットにあと何個まで増やすことができますか。(求め方も書きなさい。)

(3) 商品Aを１セット20個入りで売ることにします。

１セットの売り値は，はじめの売り値の18個分の金額を，さらに６％値引きしたものです。商品Aの１個当たりの利益は，１個当たりの仕入れ値の何％ですか。(求め方も書きなさい。)

4　図のように，正方形ABCDと，直角三角形BEFと，点Oを中心とする半径４cmの円があります。部分の面積の合計は29.16cm^2です。次の問いに答えなさい。

⑴　㋐の角の大きさを求めなさい。

⑵　三角形BEFの面積を求めなさい。（求め方も書きなさい。）

⑶　図の太線の長さの合計を求めなさい。（求め方も書きなさい。）

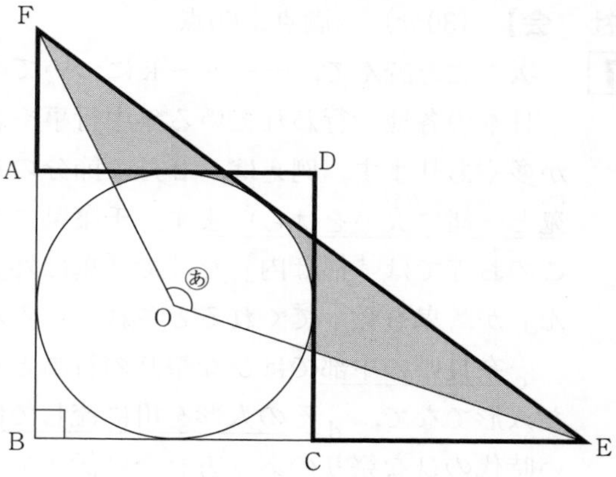

5　図１のように，体積が１cm^3の立方体をすきまなく55個積み重ねてできる立体があります。また，１辺の長さが５cmより長い立方体の水そうに水面の高さが2.5cmまで水が入っています。この水そうに，この立体をゆっくり入れます。

次の問いに答えなさい。

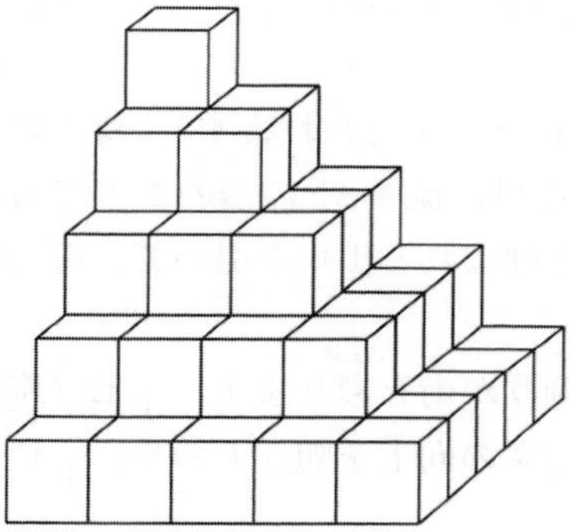
図１

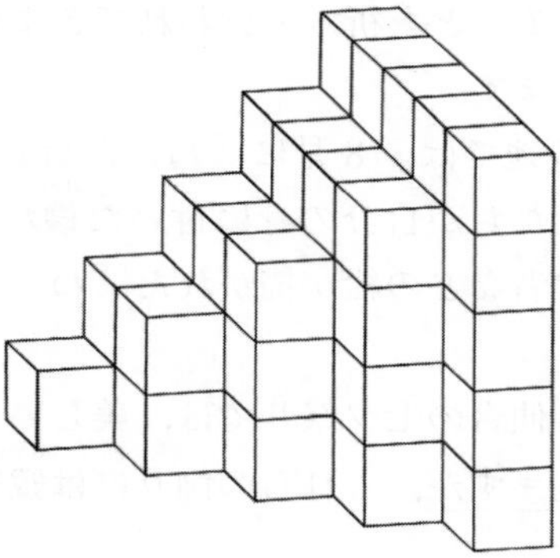
図２

⑴　この立体の，面積が25cm^2の面が水そうの底に重なるように入れると，水そうの底からの水面の高さが3.5cmになりました。水そうの底の面積は何cm^2ですか。（求め方も書きなさい。）

⑵　この立体を図２のようにたおし，面積が15cm^2の面が水そうの底に重なるように入れると，水そうの底からの水面の高さは何cmになりますか。（求め方も書きなさい。）

【社　会】（30分）〈満点：60点〉

1　次の文を読んで，――a～kについての問いに答えなさい。

日本の各地で行われている年中行事やお祭りでは，人々の健康や幸せを祈って行われるものが多くあります。例えば，2月の節分の日に行われるa豆まきでは，子供も大人も豆を投げて鬼《おに》と一緒に災《わざわ》いをはらいます。千葉県にあるb成田山新勝寺《なりたさんしんしょうじ》で行われる豆まきは有名ですが，このお寺では「福は内」だけで「鬼は外」は言いません。このお寺でまつっている「お不動《ふどう》さん」が，鬼も救ってくれるとされているからです。

c奈良県の中部ではひな祭りの行事として，子供，特に女の子が体の痛いところを紙で作った人形でなで，dその人形を川に流して健康を願うことが現在も行われています。これは，古い時代のひな祭りのあり方を今に伝えているとされます。

夏にe東京で行われる隅田《すみだ》川花火大会は，もともと江戸時代に伝染病でたおれた人々を供養《くよう》するために始められた行事でした。花火の火花には，病をはらう力があると信じられたといいます。花火発祥《はっしょう》の地はf愛知県三河《みかわ》地方とされ，豊橋《とよはし》にある古い神社では，昔から伝染病をはらうために花火を打ち上げていたようです。

毎年7月に京都の八坂《やさか》神社で行われるg（　　）祭は，千年以上の伝統を誇《ほこ》る大きなお祭りで，全国から伝染病がなくなることを祈って行われてきました。同じ月には，h福岡でも同様の大きなお祭りが行われています。

i弘前《ひろさき》など青森県の各地では，8月に「ねぷた（ねぶた）祭り」が行われます。「ねぷた」のもともとの意味は，子供たちが自分の身に付いた穢《けが》れなどを川に流す灯《ともしび》の器のことであるといいます。現在では，武者《むしゃ》などの絵が描かれた「ねぷた」と呼ばれる山車《だし》を引いて，町を練《ね》り歩きます。

8月に盛大《せいだい》に行われる仙台の七夕祭りでは，美しい七夕飾りが街を彩《いろど》ります。j七夕飾りは大量の紙を用いて作られますが，これらの飾りには裁縫《さいほう》や学業の向上を願うものや，k豊漁を願うものなどがあります。

a　豆まきに使われる豆は大豆です。日本の2013年における大豆の食料自給率として，正しいものをア～エから選びなさい。

ア　1％　　イ　7％　　ウ　13％　　エ　20％

b　成田山新勝寺のある成田には成田国際空港があります。成田空港は「空の漁港」と呼ばれていますが，ここで輸入されている魚介類に共通する特徴《とくちょう》を一つ答えなさい。

c　この地域には日本有数の杉の人工林があります。日本の森林について，正しいものをア～ウから一つ選びなさい。

ア　人工林でも天然林でも，杉の育つ速さはほとんど同じである。

イ　日本では，林業で働く人も，森林資源の量も，年々減っている。

ウ　日本の人工林ではヒノキなどの針葉樹が多く，天然林ではブナなどの広葉樹が多い。

d　この人形を流す川で，奈良県中部から和歌山県に流れ，その河口に和歌山市がある川の名前を答えなさい。

e　隅田川のある墨田《すみだ》区は製造業がさかんで，その8割以上が中小工場です。中小工場の従業員一人当たりの生産額は大工場より少ないですが，その理由を答えなさい。

f　この地方には，自動車工場とその関連工場がたくさんあります。自動車工場では，「ジャスト・イン・タイム方式」がとられていますが，この方式をとることで，自動車工場に不要となるものはなんですか。

g　(　)に入るお祭りの名前を答えなさい。

h　①　次の表は，九州地方の福岡県，長崎県，宮崎県，沖縄県の産業別人口の構成比および，工業比率を示しています。福岡県を示しているものを，ア～エから選びなさい。

	産業別人口比率(%)			工業比率(%)		
	第1次産業	第2次産業	第3次産業	重工業	化学工業	軽工業
ア	3.4	21.2	75.4	57.9	12.9	29.1
イ	10.8	21.1	68.1	33.9	22.2	43.9
ウ	5.4	16.0	78.6	10.9	44.2	44.5
エ	8.9	21.3	69.8	76.9	2.4	20.7

(2012年)

②　次のア～ウの雨温図は，福岡・福井・松本のいずれかを示しています。福岡を示しているものを選びなさい。

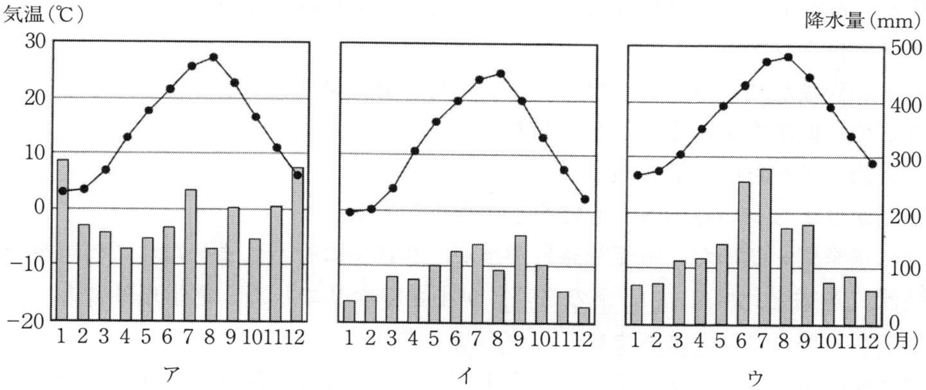

i　①　この都市のある平野の名前を答えなさい。

②　この都市の周辺では，りんごの生産がさかんです。右のグラフはりんごの都道府県別生産量の割合を示したものですが，ア～ウから青森県を選びなさい。

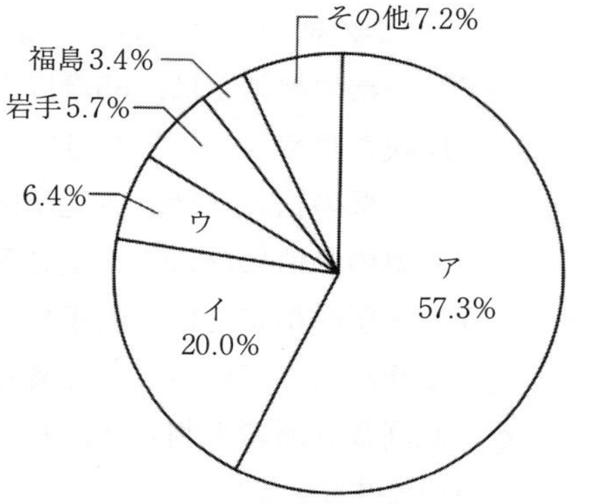

全国総生産量　81万6300トン(2014年)

j　次の表は，日本の製紙用パルプ輸入先上位5カ国を示したものです。Aの国名を答えなさい。

順位	国名	輸入量(千トン)
1	A	444
2	アメリカ	423
3	ブラジル	220
4	チリ	141
5	インドネシア	135

(2015年)

k　①　宮城県から岩手県にかけて伸びる三陸海岸には，日本有数の漁港である大船渡《おおふなと》港があります。この港で2014年に漁獲量が最も多かったものを，ア～エから選びなさい。

ア　アジ　　イ　ブリ　　ウ　カツオ　　エ　サンマ

②　宮城県の海産物で，2014年に広島県に次いで生産量が全国2位のものはなんですか。

2　次のA～Cの文を読んで，――についての問いに答えなさい。

A　2015年の国勢調査の速報結果によると，a総人口に占める65歳以上人口の割合は約（　　）%で，ますます高齢化が進んでいます。そのため，b高齢者がより暮らしやすい社会を実現することが求められています。

a　（　）に入る数字を，ア～エから選びなさい。

ア　13　　イ　20　　ウ　27　　エ　34

b　近年，次の3つの例のように，高齢者だけでなくあらゆる人が暮らしやすい社会を目指して設計された製品が作られるようになりました。このような設計のことをなんといいますか。

<例>

・階段の二段手すり

子供から高齢者まで自分の身長に合ったものをつかめるよう設計されている。

・マグネット付きコンセント

コードの先端《せんたん》がマグネットになっていて，足を引っかけてもすぐに外れるので，電気ポットなどの転倒事故を防ぐことができる。

・多様な言語で表示可能な券売機

日本語が分からない外国人でも安心して利用できる。

B　18歳以上に選挙権を認めたa参議院議員選挙が，2016年に行われました。この選挙では，前回の参議院議員選挙と比べてb「一票の格差」が小さくなりました。選挙以外にも，c人々が政治に参加できる機会にはさまざまなものがあります。

a　日本には参議院のほかに衆議院がありますが，このような二院制の長所を一つ答えなさい。

b　「一票の格差」について，正しいものをア～ウから一つ選びなさい。

ア　一票の格差とは，65歳以上の高齢者の意見の方が，65歳未満の人々の意見よりも政治に反映されやすいことを意味する。

イ　一票の格差とは，各選挙区で選挙権を持つ人の数が違うことから，選挙区によって投じる票の価値にひらきが生じることを意味する。

ウ　一票の格差とは，近年投票率が下がっているために，実際に投票した人の一票の価値がより高まっていることを意味する。

c　最高裁判所の裁判官が，裁判官としてふさわしいかどうかを人々が判断する制度をなんといいますか。

C　2016年に発表されたa世界の難民の数は，6500万人をこえました。特に紛争《ふんそう》が続くb中東地域からヨーロッパへ大勢の難民が押し寄せ，受け入れ国の経済負担や社会不安も高まっています。

a　2011年から現在まで内戦状態にあり，多くの人が難民となっている国はどこですか。ア～エから一つ選びなさい。

ア　サウジアラビア　　イ　イスラエル
ウ　イラン　　　　　　エ　シリア

b　中東地域では多くの人がイスラム教を信仰していますが，イスラム教徒の礼拝所をなんといいますか。

3　次の年表は，せんいや衣服に関することがらを，時代ごとに大まかに記したものです。――a～sに関する問いに答えなさい。

弥生時代	大陸から機織《はたお》りの技術が伝わり，布がつくられるようになる。 a 吉野ヶ里《よしのがり》遺跡から，絹や麻の布切れがみつかる。 b 邪馬台国《やまたいこく》の人々の衣服が，中国の歴史書に書かれる。
古墳時代	c 機織りや養蚕《ようさん》の技術が発展する。 d 豪族《ごうぞく》たちは，上下に分かれた衣服を着る。
飛鳥時代	e 役人を12の位に分け，それぞれの位の冠《かんむり》や服の色を定める。
奈良時代	f 朝廷《ちょうてい》では中国風の衣服が取り入れられる。 g 農民に税として布を納めさせる。
平安時代	日本の気候や生活に合った衣服に変化し，h 貴族の女性は十二単《ひとえ》を着るようになる。
鎌倉時代	庶民《しょみん》の動きやすい衣服がもととなり，i 武士の正装《せいそう》となる。 j いくさの時に身につける，よろいが発達する。
室町時代	朝鮮《ちょうせん》から木綿《もめん》が伝わり，衣服に用いられるようになる。
戦国時代	k 南蛮《なんばん》貿易で，鉄砲や生糸《きいと》などが輸入される。 大名たちの間で南蛮風の帽子《ぼうし》・袴《はかま》・マントなどが流行する。
江戸時代	l 身分により服装が制限され，農民は麻《あさ》・木綿《もめん》以外を着ることは禁止される。 m 綿花の栽培《さいばい》が全国的に広まり，主要な商品作物となる。 n 幕末，外国と貿易が始まり，生糸がさかんに輸出される。
明治時代	役人や軍人・警察官などが洋服を着るようになる。 群馬県富岡に製糸工場，o 大阪に紡績《ぼうせき》会社がつくられる。 p 養蚕農家が多かった埼玉県秩父《ちちぶ》地方で，農民が役所や高利貸しを襲《おそ》う事件が起こる。 q 日清戦争のころから，せんい工業がいちじるしく発達する。
大正時代	関東大震災の後，洋服が庶民の間にも広まる。
昭和時代	r 戦時中，衣服は配給制になり(　　　)がないと手に入らなくなる。 s 1950年代をさかいに，せんい工業が大きく成長し，高度経済成長へと進む。

a　この布切れは，死者を納めた，ひつぎの中からみつかりました。吉野ヶ里遺跡で多くうめられていた，土器でつくられたひつぎをなんといいますか。

b　邪馬台国の女性は，どのような服装をしていたと書かれていますか。

c　機織りの技術は，それまでの原始的な方法から，この時代に飛躍《ひやく》的に発展しました。その理由を説明しなさい。

d　このことは，古墳《こふん》のまわりに立てられた，あるものから推測されます。このあるものとはなんですか。

e　このような位が設けられる以前には，重要な役職につく人はどのようなことで決まっていましたか。

f　当時の朝廷の人々の服装は，ある古墳の壁画《へきが》からうかがうことができます。この壁画は奈良時代の少し前に描かれ，中国や朝鮮の影響を受けているといわれます。なんという古墳の壁画ですか。

g　都で年間10日間働くかわりに布を納める税を，なんといいますか。

h　①　このような女性の姿が多く描かれている，この時代の物語をもとにつくられた絵巻物の名前を答えなさい。

②　貴族の男性の正装をなんといいますか。

i　武士のうち，将軍の家来を御家人といいます。御家人について述べた次のア～ウのうち，まちがっているものを一つ選びなさい。

ア　御家人には，将軍の家来となる前の時代から，守り続けて来た領地があった。

イ　御家人は自分の領地に住み，農民を使って田畑を耕作させ，税を取り立てていた。

ウ　御家人は，源氏の将軍が３代で絶えると，幕府の政治をひきついだ北条氏の家来となった。

j　鎌倉には切通しがつくられていましたが，これにはいくさに備えた工夫がなされていました。どのような工夫がなされていましたか。

k　①　この貿易における日本からの主要な輸出品はなんでしたか。

②　鉄砲は国内でも生産されるようになりましたが，生産の中心地はどこでしたか。一つ答えなさい。

③　生糸は，どの国でつくられたものが輸入されましたか。

l　江戸時代の農民について述べた次のア～ウのうち，まちがっているものを一つ選びなさい。

ア　農民は，村で共同して農業を行い，村役人である武士から，生活をきびしく取りしまられた。

イ　農民は，よその土地に移り住んだり，商人や職人になるなど，職業を変えることは許されなかった。

ウ　農民は，収穫した米の約半分を納めることとされ，町人よりも税の負担が重かった。

m　綿花の栽培に用いられた，魚を原料とする肥料をなんといいますか。

n　①　貿易をするために結ばれた条約では，日本に関税自主権が認められませんでした。すでに工業化が進んでいた国々との貿易で関税自主権がないと，国内にどのような問題が起こると考えられますか。

②　日本は欧米５カ国と条約を結びましたが，貿易が始まると，世界で最も産業がさかんだったある国との貿易が８割を占めました。ある国とはどこですか。

o　この会社をつくった人物は，日本で最初の銀行を設立し，また多くの会社の設立にたずさわって社会事業にも取り組みました。この人物の名前を答えなさい。

p　この事件は，1880年代前半，まゆの値段が下がって生活に苦しむ農民たちによって起こされました。これは，当時起きていたどのようなことと共通した流れのなかで起こりましたか。次のア～ウから一つ選びなさい。

ア　米騒動　　イ　自由民権運動　　ウ　日比谷焼打ち事件

q　この時期に起きた次のア～ウのできごとを，時代順に並べかえなさい。

ア　清が朝鮮の独立を認める。

イ　朝鮮で，国内の改革と外国勢力の撤退《てったい》を求める農民の反乱が起こる。

ウ　ロシア・フランス・ドイツが，日本にリヤオトン半島の返還を求める。

r　(　)に入る言葉を答えなさい。

s　1950年には，綿布・毛布・麻袋などのせんい製品の生産がさかんになりましたが，その理由を説明しなさい。

【理　科】（30分）〈満点：60点〉

1　図１のように，３個の同じ豆電球ア～ウが並んでいる箱があります。箱を開けると内部は図２のような配線になっています。図２の ⊗ は豆電球を，⊣⊢ はかん電池を，●はたん子を表しています。豆電球のたん子どうしを導線でつなぎ，それをかん電池につないで，すべての豆電球が点灯している状態にしてから，ア～ウの豆電球のうち１つを取り外しました。

以下の**1**～**3**のようになったとき，箱の中のたん子が導線でどのようにつないであるか，それぞれ解答らんの図に書き入れなさい。ただし，導線どうしが交差してはならない。

1　アを取り外すと　イとウは同じ明るさでついた
イを取り外すと　アとウは同じ明るさでついた
ウを取り外すと　アとイはどちらも消えた

2　アを取り外すと　イとウは同じ明るさでついた
イを取り外すと　アとウは同じ明るさでついた
ウを取り外すと　アとイは同じ明るさでついた

3　アを取り外すと　イとウは同じ明るさでついた
イを取り外すと　アはつき，ウは消えた
ウを取り外すと　アはつき，イは消えた

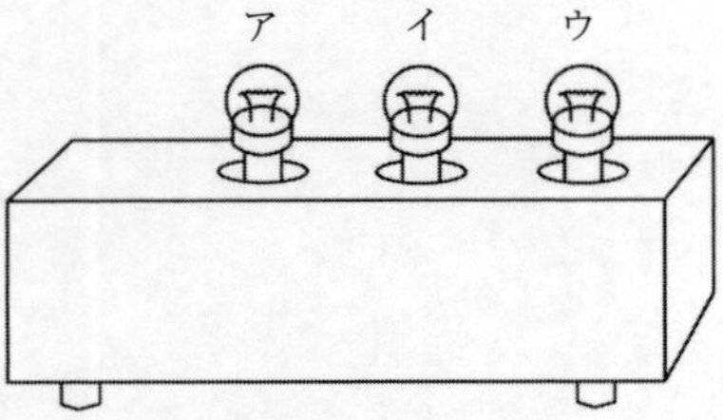

図１

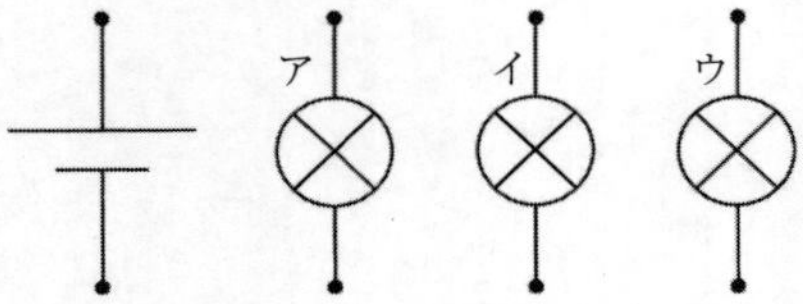

図２

2　「モヤシ」は，植物の種類の名前ではありません。植物の種子に，水を十分にあたえ，暗い場所で発芽させ，しばらく成長させた芽生えを「モヤシ」といいます。ダイズを用いて，次の①～④の方法で，モヤシを育てることにしました。

①　水をたっぷりと入れたガラスのびんの中に，かんそうしたダイズの種子を入れた。
②　12時間後，ガラスのびんの口にネットをかぶせ，輪ゴムでとめて，水を切った。
③　ガラスのびんの口にネットをかぶせたまま，暗い場所に置いた。
④　ネットをかぶせたまま，朝晩２回，びんの口から水を入れてすすぎ，水を切り，びんを暗い場所に置いた。これを数日，くり返した。

このような方法で育てることによって，ダイズは発芽し，モヤシになります。

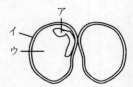

1　右の図は，ダイズの種子の断面図です。ダイズの種子が発芽するときの養分がふくまれている部分を，図のア～ウから選び，記号で答えなさい。また，その部分の名前を答えなさい。

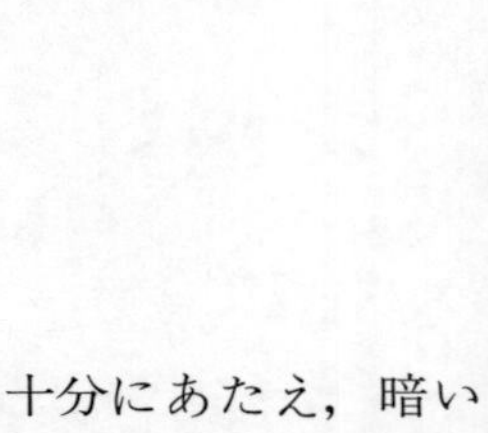

2　②で，水を切らず，ダイズを水の中にしずめたままの場合，ダイズは発芽するか，次のア，イから選び，記号で答えなさい。また，その記号を選んだ理由を説明しなさい。

ア．発芽する　　イ．発芽しない

3　①②の処理をおこなった後，③のようにガラスのびんを暗い場所に置かず，日光が当たる場所に置きました。その後，④の下線部の処理をおこない，びんを日光が当たる場所に置いて，ダイズを育て続けました。日光が当たる場所で育てたダイズは，暗い場所で育てたダイズにくらべて，次の(1)～(3)について，どのような特ちょうがあるでしょうか。記号で答えなさい。

(1)　くきの太さ　：ア．太い　　イ．細い　　ウ．ちがいはない

(2)　背たけの高さ：ア．高い　　イ．低い　　ウ．ちがいはない

(3)　葉の色のこさ：ア．うすい　　イ．こい　　ウ．ちがいはない

4　ダイズを暗い場所で育て続けた場合は，ダイズは花がさくまで成長するか，次のア，イから選び，記号で答えなさい。また，その理由を説明しなさい。

ア．花がさくまで成長を続ける　　イ．花がさく前にかれる

5　青森県の温泉地では，冬でもモヤシの生産が活発におこなわれています。冬であっても，モヤシを生産することができる理由を2つ，説明しなさい。

3　気温が低い冬は，ある種の動物にとっては，活動しにくい季節です。

1　以下の動物が，どのように冬を過ごすか，説明しなさい。

(1)　ナナホシテントウ　　(2)　ヒキガエル　　(3)　ツバメ

2　気温以外では，生物は何によって季節の変化を感じていますか。生物が季節の変化を感じることができるような事がらを，気温以外に1つあげなさい。

4　**1**　何か物体が見えるときには，光が必要です。①物体から光が直接出ている場合もありますが，多くの場合は②物体とは別に光が出ている光源があり，その光源から出た光が物体にあたり，はねかえった光が目に届きます。

(1)　上記下線部①に当てはまる生物の名前を1つあげなさい。また，その生物の光は，どのような場所で見ることができますか。

(2)　わたしたちが望遠鏡を使わないで見ることができる宇宙の物体の中で，上記下線部①と②に当てはまるものを，それぞれ2つずつ名前で答えなさい。ただし，人間が作った物体はのぞきます。

(3)　晴れて空気がすんでいる冬の夕方，下の図1のように地球が太陽の光を反射して月を照らす「地球照《しょう》」という現象が起きます。このとき，地球から月はどのように見えますか，形だけでなく明るさもふくめて図示しなさい。解答らんの点線○内に，明るく見える部分は白で，暗く見える部分にはしゃ線／を入れて表しなさい。

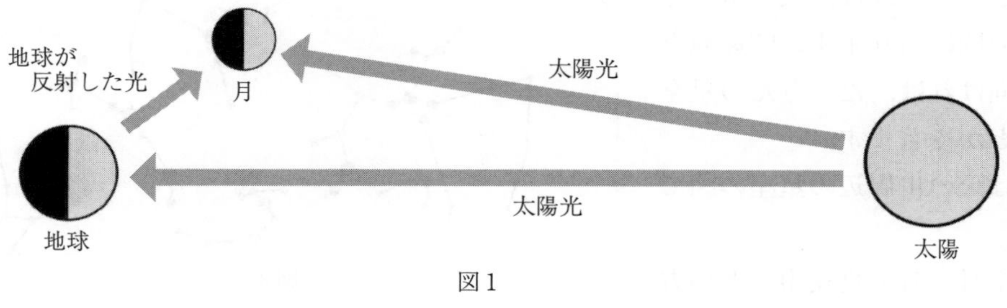

図1

2　星は宇宙の中で１つ１つがバラバラにあるのではなく，大変広いはんいで星の集団をつくっています。その集団を「銀河」とよびます。宇宙には，銀河が無数にあり，私たちのいる銀河は，他の銀河と区別するために「天《あま》の川銀河」や「銀河系」とよばれます。太陽系(太陽と太陽のまわりをまわるわく星(地球，金星，木星など))や，星座を形作る星はすべてこの銀河系の中にあります。銀河系は太陽のような星が1000億個以上集まってできていて，下の図２のような円ばん形をしています。中心部分に星が集中し，上から見ても横から見ても一番明るく見えます。

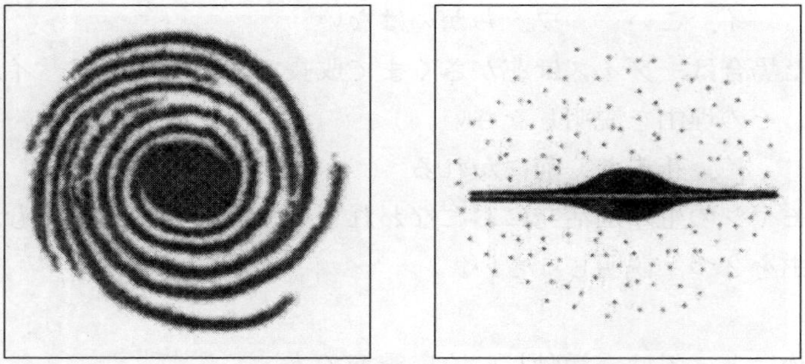

上から見た図　　横から見た図

図２

銀河系の大きさはあまりにも大きいので，光が１年間に進むきょりすなわち「光《こう》年」という単位で表します。上図のように銀河系は円形なので大きさは直径として表されその直径の大きさは約10万光年あります。銀河系のはしからもう片方のはしまで光が進むのに10万年かかるということです。光が進む速さは一定で１秒間に30万 km 進むとしたとき１光年は約□兆△千億 km になります。

⑴　上記下線部の□と△に当てはまる数字を計算して求めなさい。

　ただし百億 km 以下の数字は四捨五入して答えなさい。

地球から見える「天の川」は銀河系を横から見たものです。市街地や月明かりのある日は望遠鏡を使わないで天の川を見ることは難しいですが，七夕の話に登場するおりひめ星とひこ星を見つけることができれば，天の川はその２つの星の間にあります。望遠鏡をその方向に向ければ，たくさんの星を観測することができます。

右の図３は天の川周辺の星座の図です。

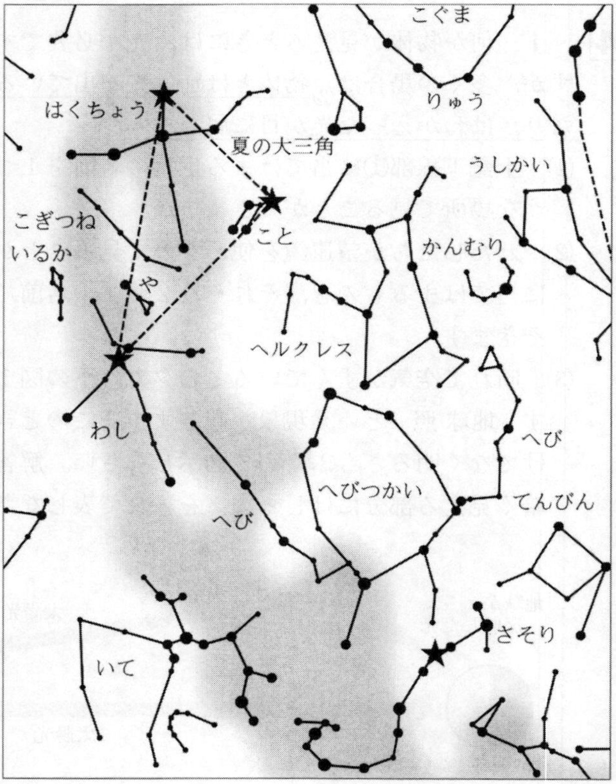

図３

⑵　図３は７月７日の真夜中にどの方

角に見える星座の図でしょうか。４つの方位(東・西・南・北)から１つ選びなさい。

(3)「夏の大三角」をつくる①～③の星の名前をカタカナで答えなさい。

こと座の(①)　はくちょう座の(②)　わし座の(③)

(4) おりひめ星とひこ星の別名をカタカナで答えなさい。

地球(北半球)から天の川は夏だけでなく，冬にも見ることができますが，夏にくらべると大変あわく(うすく)しか見えません。その理由を考えてみましょう。

まず，地球がふくまれる太陽系は銀河系のはしに位置するということが大きな原因です。そして，地球は太陽のまわりを１年かけてまわっています。

(5) 夏と冬の地球の位置から天の川がどのように見えるのか下の図４から考え，次の説明文を完成させ，答は解答用紙に記入しなさい。

【説明文】 夏は＿＿＿＿＿＿＿＿＿＿＿を見ているため明るく見えるが，

冬は＿＿＿＿＿＿＿＿＿＿＿を見ているためあわく(うすく)しか見えない。

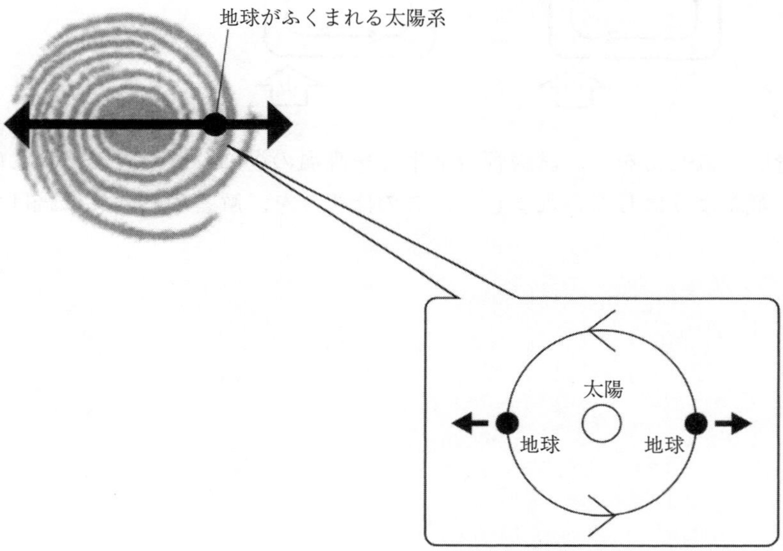

図４

5　1　銅とガラスの板があります。どちらも，一辺が15cmの正方形で，厚みも同じです。

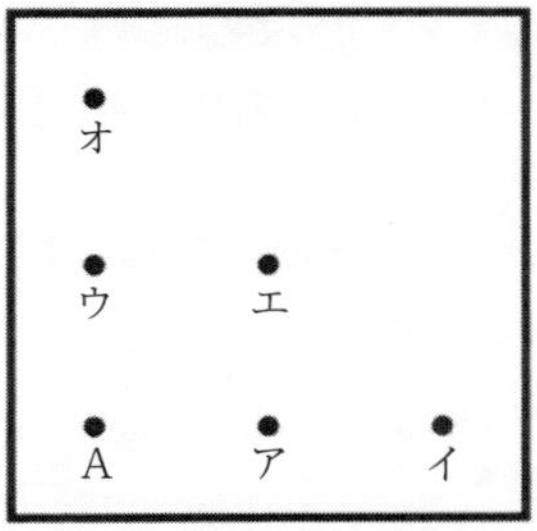

図のように点Aから５cmごとにろうをぬりました。

この点Aを板の裏からガスバーナーの火で温めて，ろうがとけるまでの時間をはかって，熱の伝わり方を調べました。

(1) 銅とガラスで比べると，熱が伝わるのが早いのはどちらですか。

(2) 銅の板で，ろうがとける順番を考えなさい。早いものから矢印を使って順に答え，ほぼ同時になるものは(　)をつけなさい。

答え方の例：タ→チ→(ツ，テ)→ト

2　ガラスの容器に半分ほどジャムが入っていて，金属のふたがしてあるびんがあります。このびんのふたが開きにくいときには，次のカ～ケのどれをすると開きやすくなりますか。また，それを選んだ理由を説明しなさい。

カ．ふたを温める　　キ．ふたを冷やす

ク．容器を温める　　ケ．容器を冷やす

3　ガラスのビーカーに水を半分ほど入れ，おがくずも入れて，ビーカーの底のはしをガスバーナーで温めました。このときのおがくずの動きから，水の動きを調べました。

水の動きは次のサ～スのどれに近い動きになりますか。また，なぜその動きになると考えられるか，理由を答えなさい。

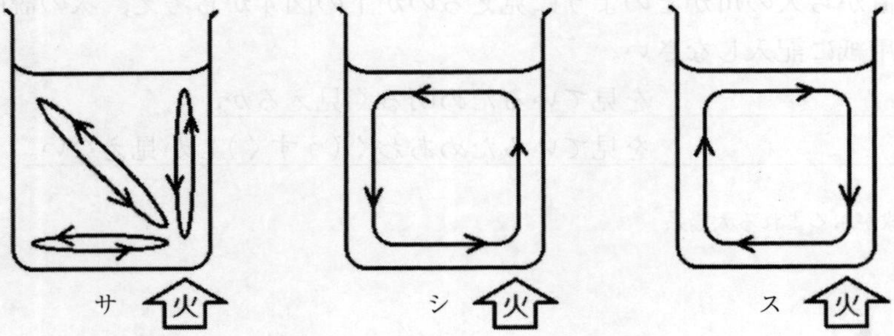

4　ガラスの空の試験管にゴムせんをし，試験管の下半分を高温の湯につけたところ，しばらくするとゴムせんが上に飛ぶようにして外れました。この仕組みを，解答用紙の文に続けて説明しなさい。

三 次の各文の＝部が修飾《しょく》している部分をそれぞれ記号で書きなさい。

1 三年後、ア私たちのイ学校はウ創立エ百五十周年をオむかえます。

2 昨日ア私がイ公園でウ見つけたエウメのオつぼみはカ今日はキもうクほころんでケいた。

四 次の――部1～5のカタカナの部分を漢字で書きなさい。また――部6～8の漢字の読み方をひらがなで書きなさい。

1 モゾウヒンが出まわる

2 ケワしい山道

3 ショチュウみまい

4 セキムを果たす

5 マクがあがる

徳川の6治世

7 禁物

8 白昼夢

てふさわしいものを選びなさい。

1　真智子がもう恭一に心を寄せていないことがわかったので、やっと恭一と対等になることができたと安どしている

2　自分と恭一と真智子が協力していじめっ子を退けることができ、三人の間に生じた連帯感をうれしく思っている

3　真智子と恭一を助けたことで祖母や母が自分を見直し、もうつらく当たることはないだろうとほのかに期待している

4　これまで恭一とばかり仲良くしていた真智子を、いまや自分の方が完全に従えたという満足感にひたっている

問十六　□にはいるものを選びなさい。

1　いばったりはしない

2　彼の相手ではない

3　真智子には近づかない

4　いじめられることはない

問十七　「次郎」はどのような性格ですか。簡単に二つ書きなさい。

問十八　この文章の後に続く「次郎」の物語を、必ず「祖母」と「母」を登場させて、百八十字以内で創作しなさい。

二

次の文章を読んで後の問に答えなさい。

「考える」ってどういうことなのか。私は考えることが商売だから、しょっちゅう考えているが、考えているとき、何をしているのか。実は、何もしていないのである。

あ、いま、すごく誤解されそうなことを言ってしまったかもしれない。断じて、私は、たんにさぼっているわけではない。考えている。しかしそのとき、歩いたり、うなったり、頭をかかえたりしているのであって、そのどれをとっても、これが「考える」ということだ、と言えるものはない。

単純な例だが、何を食べようかと思い、少し考えてチャーハンに決める。考えているしばしの間、私はとくに何かをしたわけではない。ただ、答えを思いつくのを待っていただけである。そう、この「待つこと」こそ、考えることにほかならない。

哲《てつ》学などでもちがいはない。ただ待ち時間が長くなり、一時間、一日、ときに数年におよぶというだけのことだ。その間ずっと、問いのきん張を持続させ、答えが降りてくるのを待つ。

もちろん、ただぼーっとしているわけではない。かかえこんだ問いの観点から、すべてを見、すべてを聞く。ほとんどは問いとは無関係だが、しかしつねにそうやって問いのまなざしで見ていると、「あ、これだ」と思えるものに出会う。思わぬものが問いに結びつき、答えに近づくヒントになる。

考えることは、せっかちな頭には無縁《えん》のことである。その点、現代は難しい時代だろう。分からないことがあるとすぐにネットで調べる。ウェブ上で質問すると誰かが答えてくれたりする。だから、自分でじっくり考えるよりも、どこかにある誰か他の人の答えを探そうとしてしまう。

数学者高木貞治《ていじ》は、第一次世界大戦で専門書や論文が手に入らなくなり、むしろそのおかげで自分の考えに沈潜《ちんせん》することができたという。

私たちも、考えるためには□。

（野矢茂樹《き》『哲学な日々―考えさせない時代に抗して』）

問一　この文章全体の内容をふまえて、筆者が言っている「考える」とはどのような行為《い》かを三十字以内で書きなさい。

問二　筆者は、「現代」にはどのような問題があると言っていますか。本文中の言葉を用いて四十字以内で書きなさい。

問三　□に、「私たちも、考えるためには」の後に続く内容を書きなさい。ただし、一行のわく内に二行以上書いてはいけません。

6　相手を傷つけてやろうとする残こくな気持

問十　――部「つづいて影のようなほほえみが、彼の顔をよこぎった」ときの「次郎」の説明としてふさわしいものを選びなさい。

1　いかなる境ぐうをも受け入れ前向きに生きようという勇気がわきあがった

2　自分をふみにじっている相手に復讐《しゅう》してやろうという決意が固まった

3　これまでのおく病でせん細な自分の姿が次次と頭に浮かび気はずかしくなった

4　敗者の行く末をとことん確かめてやろうとする意地悪な気持が芽生えた

問十一　――部「しかし、それならそれでいい、とも思った」とありますが、「次郎」がそのように思ったのはなぜですか。

1　恭一や俊三が自分に寄りつかないのは次郎が強いと認めているということになり、そのことで自尊心が満たされたから

2　兄弟げんかをする機会がなければ自分が父からなぐられることもないと気づいて、安心して気が楽になったから

3　どこまでも自分のしようとすることをじゃまする母や祖母の仕打ちがくやしくて、ふてくされた気持になってしまったから

4　自分が期待しているような機会がなかなかやってこないので、復讐することが半ばどうでもよくなってきたから

問十二　――部「うめの実が色づくころになった」という一文は、この文章のなかでどのような効果をあげていますか。

1　自然とともに次郎も大きく成長したことを印象づける効果

2　次郎の心のおくの不満がどんどん増していくことをほのめかす効果

3　いよいよ次郎の待つ機会が目前にやってきていることを暗示する効果

4　兄弟げんかをしなくなってから長い時間がたっていることを強調する効果

問十三　――部「彼はしだいになんとかしなければならないような気がしだしてきた」のはなぜですか。

1　仲間の手前、いじめられている兄を放っておくわけにはいかなかったから

2　自分がひそかに思いを寄せている真智子に悲しい思いをさせたくなかったから

3　こわくてにげ出したいという本音を仲間にさとられたくなかったから

4　次郎なら恭一を助けてくれるだろうという真智子の期待を裏切りたくなかったから

問十四　「次郎の目には、正木の家で見た若い地鶏が、いつもちらついていた」(〰〰部**ア**)、「ここでも若い地鶏が彼の目のまえにちらついた」(〰〰部**イ**)とありますが、「若い地鶏」の記おくは、「次郎」にとってどのような意味をもつものですか。

1　世の中の悪に正面から立ち向かって戦えば正義が必ず勝つという意味

2　あえて手出しせずにじっと待っていれば必ず相手が弱点を見せるという意味

3　本能のままに行動すれば何事も自分の思う方向に仕向けられるという意味

4　相手に屈せずこう撃を続ければ最後には支配者になれるという意味

問十五　――部「真智子もこの一隊の後尾にくわわっているのを知って、たまらなくゆかいだった」ときの「次郎」の気持の説明とし

『もういい、もうそれでがまんしておやり』などという」とありますが、この部分から「次郎」にとって「祖母」はどのような人であるとわかりますか。

1　年長者を大事にする昔かたぎの人
2　だれに対しても厳しくしつけをする人
3　男の子の気持がわからないどん感な人
4　他の兄弟ばかりをえこひいきする人

問五　——部「彼は、自分の目が、溶鉱炉のように熱くなり、なみだが氷のようにまぶたにしみるのをおぼえるのである」とありますが、このときの「次郎」の気持としてふさわしいものを三つ選びなさい。

1　ひきょうな相手に対する怒り
2　何も言い返せないつらさ
3　弱い兄弟たちに対するさげすみ
4　味方を失ってしまったさみしさ
5　無理やり敗北を強いられるくやしさ
6　反抗《こう》してもむだだというあきらめ

問六　——部「ふたりの気持はたいていぼくにわかっている」とありますが、「ふたりの気持」とは具体的にどのような気持ですか。本文中から二十字以内でぬき出しなさい。

問七　——部「こんなことを考えながら、次郎はいつのまにか、視線を自分の足先に落としていた」とありますが、このときの「次郎」の説明としてふさわしいものを選びなさい。

1　自分は母や祖母に何を言われてもいっこうにかまわないが、自分に関わったせいでばあやまでもが親たちや学校の先生に無視されるのはたえられず、むしょうに申しわけなく思っている
2　めんどうな勉強からのがれたい一心で母や祖母に逆らったり兄弟に乱暴してしまうだけなのに、父以外に理解してくれる人がだれもおらず、心細くさびしい気持になっている
3　母や祖母の自分に対する不当なあつかいを思い出せば思い出すほど、他の兄弟とちがって自分だけが受け入れられていない存在なのだと身にしみて感じられ、暗く重い気持になっている
4　理由はどうあれ大人たちを敵に回してはとうてい勝ち目がないのだと思うほど、母や祖母に取り入る他の兄弟のやり方がうらやましく、それができない自分をふがいなく思っている

問八　——部「しかし、二回とも地鶏の歩がわるかった。次郎は思わず腰をうかして、『ちくしょう！』とさけんだ」とありますが、このときの「次郎」の説明としてふさわしいものを選びなさい。

1　敵に向かっていく地鶏の力強さに感心し、たとえ負けても自分だけは味方してやろうと意気ごんでいる
2　群れを従えて数の力に任せ、こどくな地鶏をいじめるひきょうな老レグホンに腹を立てている
3　地鶏に自分の姿を重ね、自分が老レグホンの勢いに押されているかのようにくやしく思っている
4　負けそうになっている地鶏にかわって、自分が大声を出して老レグホンをいかくしようとしている

問九　——部「彼の体内には、冷たい血と熱い血とが力強く交流していた」とありますが、「冷たい血」と「熱い血」はそれぞれ何を表していますか。ふさわしいものを一つずつ選びなさい。

1　正義が勝利する様を目の当たりにした興奮
2　予想通りの展開になったことによるそう快感
3　勝負を見届けることができた安心感
4　勝ち目のない自分に対するあざけりの気持
5　敵に立ち向かっていこうとする活力

どちらも手を出そうとはしなかった。

「おぼえてろ」。あいてのひとりがそういって土手をあがった。もうひとりはだまってそのあとについた。次郎はふたりを見送ったあとで、はだかになってひとりで着物をしぼりはじめた。

「みんなでしぼろうや」。仲間たちがぞろぞろと岸におりてきた。恭一と真智子は、しょんぼりと道に立っていた。次郎は、しぼった着物を帯でくくって肩にかつぐと、はだかのまま、みんなの先頭に立って、軍歌をうたいながら帰っていった。

彼は、**問十五**真智子もこの一隊の後尾《び》にくわわっているのを知って、たまらなくゆかいだった。恭一とけんかをしてみようなどという気は、そのときには、彼の心のどのすみにも残っていなかった。

恭一は、もう**問十六**□ような気がしていたのである。

（下村湖人『次郎物語』）

〈注1〉旧制の小・中学校の教科の一つ。道徳教育を授けたもの
〈注2〉長さの単位。一寸は約三センチメートル
〈注3〉長さの単位。一尺は約三十センチメートル
〈注4〉刻みタバコを吸うための道具
〈注5〉長さの単位。一間は約一、八メートル
〈注6〉きょりの単位。一町は約一〇九メートル
〈注7〉財産家。大金持ち

問一　――**ア**・**イ**と同じ意味で用いられているものをそれぞれ選びなさい。

ア　おおぎょうに
1　ご子息が結婚なさったとのこと、おおぎょうにおよろこび申し上げます
2　今年は夏の間天候にめぐまれて、キュウリもトマトもおおぎょうに生育した
3　洪水の危機がせまる中で、町内会長さんはおおぎょうに避《ひ》難を呼びかけた
4　受賞の祝賀会は、あまりおおぎょうにせずに親しい人たちだけで行いたい

イ　はばかる
1　ねている他の乗客をはばかって、私たちは電車内での声高なおしゃべりをやめた
2　話し合いの方向が定まってきたのをはばかって、議長は採決に移ることを提案した
3　ひどく寒そうにしている客の顔色をはばかっていた母は、温かいお茶をすすめた
4　不正をしている人が世間にはばかっているのを見ると、どうにもやりきれなかった

問二　「次郎」は何人兄弟の何番目ですか。

問三　――部「次郎はそのたびに息をはずませては、もどかしがった」とありますが、「次郎」はどのようなことを「もどかしがっ」ているのですか。
1　若い方が強いに決まっているのに、地鶏が老レグホンとの戦いを最初からあきらめてしまっていること
2　こどくな地鶏が遠りょがちに群れに近づいていくのに、老レグホンがじゃまをして近づかせないこと
3　若い地鶏がいまにも飛びかかっていきそうな様子を見せるのに、なかなか飛びかかっていかないこと
4　老レグホンが何度もけしかけているのに、若い地鶏がさそいに乗らず冷静に機会を見極めていること

問四　――部「祖母は、わざわざそのなぐりどくがすむのを待って、双方をひきわけることにしているらしい。しかもぬけぬけと、

みんなの先頭に立って走りだした。

村はずれから学校に通ずる道路のなかほどに、土橋がかかっている。その橋の上に、恭一をはさんで、前後にふたりの子どもが立っていた。次郎の一隊は、橋の五、六〈注5〉間《けん》てまえまでいくと、いいあわしたように立ちどまって、そこから三人のようすをながめた。

恭一は泣いていた。彼をいじめていたふたりは、ふりかえってしばらく次郎たちの一隊を見ていたが、自分たちより年下のものばかりだとみて、安心したように、また恭一のほうにむきなおった。「女ずきのばか！」。そういって、ひとりが恭一のひたいを指先でおした。すると、もうひとりが、うしろから彼の肩《かた》をつかんでゆすぶった。次郎は、これはたいしたいじめかたではないと思った。

が、このとき、橋のむこう半〈注6〉町《ちょう》ばかりのところに、ひとりの女の子が、しょんぼりと立っているのが、ふと次郎の目にとまった。真智《ち》子である。本田の筋むかいの前川という〈注7〉そほう家のむすめで、学校にかよいだすころから、恭一とは大の仲よしであった。学校も同級なため、ふたりは友だちに**問一イ**はばかりながらも、よく連れだって往復することがある。次郎は彼《かの》女が恭一とばかり仲よくするのがしゃくで、ろくに口をきいたこともなかったが、内心では、彼女がひじょうにすきだった。ときたま、彼女のすんだ黒い目で見つめられたりすると、つい顔をあからめて、うつむいたりすることもあった。

彼は、恭一がいじめられているわけが、すぐわかった。そして、真智子のまえではじをかいている恭一の顔を、じっと見つめていたいようなしょう動にかられた。しかし、いじめているふたりに対しては、けっして好感がもてなかった。ことに、真智子のしょんぼりした姿が、どうしても彼をおちつかせなかった。**問十三**彼はしだいになんとかしなければならないような気がしだしてきた。**問十四イ**ここでも若い地鶏が彼の目のまえにちらついた。彼は、やにわに橋の上に走っていって、恭一のまえに立っている子どもをおしのけながらいった。「恭ちゃん帰ろう」。おしのけられた子どもは、しかし、ふりむくと同時に、思うさま次郎のほっぺたをなぐりつけた。次郎はちょっとたじろいた。が、つぎのしゅん間には、彼はもうあいての腰にしがみついた。横綱《づな》とふんどしかつぎのすもうがせまい橋の上ではじまった。

「ほうりこめ！　ほうりこめ！」。恭一のうしろにいた子どもがさけんだ。しかし次郎は、どんなにふりまわされても、あいての帯をにぎった手を放そうとしなかった。

とうとうふたりがかりで、次郎をおさえにかかった。次郎は、かわいた土の上に、あおむけにたおされた。土ぼこりで白ちゃけた頭が、橋のふちからつきだしている。一間《けん》下は、うすみどりの水草をうかしたほりである。しかし次郎は、そのあいだにも、あいての着物のすそをにぎることを忘れていなかった。ふたりはすこしもてあました。そして次郎の指を、一本一本こじおこしにかかった。と、次郎は、やにわに両足で土をけって、自分の上半身を、わざと橋のふちからつきだした。

重心は失われた。次郎のからだは、さかさに落ちていった。着物のすそをにぎられたふたりが、そのあとにつづいた。水草とひしの新芽とが、さんざんに乱れて、しぶきをあげ、うずをまいた。橋の上では恭一と真智子と次郎の仲間たちとが、一列にならんで、青い顔をして下をのぞいた。

三人ともすぐうきあがった。さいしょに岸にはいあがったのは次郎であった。着物のすそがぴったりと足にまきついて、しずくをたらしている。彼は、顔にくっついた水草をはらいのけながら、あとからはいあがってくるふたりを、用心深く立って見ていた。ずぶぬれになった三人は、あしの若芽のなかで、しばらくにらみあっていたが、もう次郎は、それ以来、学校の往復に俊三のお供をすることを、だんじて肯《がえ》んじなかった。そのことについて母がなんといおうと、彼はろくに返事もしなかった。朝になると、わざとのように、みんなのいるまえを通って、ひとりでさっさと学校にいった。帰りには、きまって道草をくった。ただ以前とちがったところは、夕飯の時間までには、ふしぎなほどきちんと帰ってくることだった。しかも彼は、母や祖母にしっぽをおさえられるようなことをめったにしなくなった。彼は、父のまえではそうとうしゃべりもし笑いもしたが、いったいに家庭ではちんもくがちであった。恭一や俊三に対してすら、自分のほうから口をきくようなことはほとんどなかった。そしてなにかしら、すべてに自信あるもののごとくふるまった。それがおばあさんの目にはいよいよにくらしく見えたのである。

お民は、さすがに、おばあさんよりもいくらかものを深く考えた。しかし、考えれば考えるほど、次郎をどうあしらっていいのか、さっぱり見当がつかなくなってきた。そして、おりおり俊亮《すけ》にしみじみと相談を持ちかけるのだった。「いまのままでいいんだよ。おまえたちは、どうもあれをうたぐりすぎていかん」。俊亮の返事はいつもこうだった。しかし、彼とても、次郎のほんとうの気持がわかっているわけではなかった。

問十四ア 次郎の目には、正木の家で見た若い地鶏が、いつもちらついていた。しかし彼は、機会を選ぶことをけっして忘れなかった。めったなことで兄弟げんかをはじめて、また父に〈注4〉きせるでなぐられたりしてはつまらない、と思ったのである。そのかわり、これならだいじょうぶだと思う機会さえ見つかれば、母や祖母がどんなに圧ぱくしようと、こんどこそは死にものぐるいでやってみよう、という決心がついていた。

ところで、そうなると、思うような機会はなかなかやってこない。それに、だれもが、このごろの彼に対して、以前とはちがって警かいの目を見はっている。恭一や俊三は、おばあさんのさしがねもあって、めったに彼のそばによりつかない。みんなが遠まきにして彼を見守っているといったふうである。彼は多少手持ちぶさたでもあり、しゃくでもあった。**問十一** しかし、それならそれでいい、とも思った。そしてあいかわらずむっつりしていた。

問十二 うめの実が色づくころになった。

彼は、例によって、学校の帰りに五、六人の仲間と墓地で戦争ごっこをはじめていた。そこへ、おくれてはせつけた仲間のひとりが、次郎の顔を見ると、**問一ア** おおぎょうにさけんだ。「恭ちゃんが、いじめられているようっ」。

次郎はべつに驚いたようすもなく答えた。「ほっとけよ。つまんない」。彼は、恭一がおりおり友だちにいじめられているのを知っていた。それを彼はべつに気味がいいとも思わなかったし、かといって、同情もしていなかった。つまらない、というのが、実際、彼のありのままの気持だった。

「でも、橋の上だよ、あぶないぜ」。「恭ちゃんはすぐ泣くんだから、あぶないことなんかあるもんか」。彼は、持っていたぼう切れを墓石の上にのせ、射撃をするまねをしながら、そういって、とりあわなかった。

「でもいってみよう。おもしろいや」。戦争ごっこの仲間のひとりがいった。二、三人がすぐそれに賛成した。

「だれだい、いじめているのは」。次郎は、あいかわらず射撃のまねをしながら、おちついてたずねた。「ふたりだよ」。「ふたり？」。次郎は射撃のまねをやめて、ふりむいた。「そうだい、だから恭ちゃん、かわいそうだい」。

「おい、みんないこう」。次郎はなんと思ったか、こんどは自分から、ると、ふた口めには、この子さえいなかったら苦労はないが、という。だからぼくはなるだけ家にはいないことにしているんだ。すると、こんどは、なぜそんなに老人に心配をかけるのかとか、親の心がまだわからないのかとか、まるで、お寺の地ごくの絵にかいてある青鬼《おに》のような顔をして、どなりつける。心配なんかせんでおけばいいじゃないか。

いったい祖母や母がぼくのためになにを心配するというのだ。問六 ふたりの気持はたいていぼくにわかっている。わかっているから、ぼくはなるべく家にいない工面をしているのではないか。

（学校の先生が〈注1〉修身で話してきかせることなんかも、半分はうそらしい。だいいち、親の恩は海よりも深しなんていうが、そんなことは、父にはあてはまるかもしれんが、母にはちっともあてはまらない。それに先生は、ばあやのようないい人のことを、ちっとも話してくれないのがふしぎだ。学校で毎日毎日ばあやの顔を見ているくせに）

問七 こんなことを考えながら、次郎はいつのまにか、視線を自分の足先に落としていた。

と、築山のほうから、きゅうにはげしいはばたきの音が聞こえだした。見ると、地鶏が、いつのまにかレグホンにむかって決死のたたかいをいどんでいる。燃えるようなとさかの周囲に、地鶏は黄の、レグホンは白の、首毛の円をえがいて、三、四〈注2〉寸《すん》のきょりに相対峙《あいたいじ》している。ひまわりとびゃくれんとが、血をふくんで日のなかにふるえているようだ。

とうとう蹴《け》あった。つづけざまに二回。問八 しかし、二回とも地鶏の歩《ぶ》がわるかった。次郎は思わず腰をうかして、「ちくしょう！」とさけんだ。

地鶏は、しかし、にげようとはしなかった。やや間をおいて、白と黄の羽が、三たび地上〈注3〉尺余《しゃくよ》の空にあいうった。こんどは互《ご》角である。つづいて、四回、五回、六回と、蹴あいはあいかわらず互角にすすんだ。次郎は、息をとめ、こぶしをにぎりしめ、首をまえにつきだして、それを見守った。

たたかいはしだいに乱れてきた。さいしょまったく同時であった両者の跳躍《ちょうやく》が、いつのまにか交互になった。そしておたがいにくちばしで敵のとさかをかむことに努力しはじめた。こうなると、若さが万事を決定する。レグホンの古びきった血液は、強れつな本能のにおいをとかしこんだ地鶏の血液に比して、はるかにじゅんかんがにぶい。彼の打撃《げき》はしばしば的をはずれた。地鶏が打撃を二度くわえるまに、彼はいちどしかくわえることができなくなった。そして、どうかすると、ひょろひょろとあいてのまたの下をくぐって、その打撃をさけた。

老雄《ゆう》の自信はついにくだけた。彼は、くろずんだとさかに鮮《せん》血をにじませ、くちばしを大きくあけたまま、ふらふらと築山のおくににげこんだ。若い地鶏は、勝ちに乗じてそのあとを追ったが、やがて、築山の頂に立って大きなはばたきをした。そしてめんどりの群れを見おろしながら、たかだかとのど笛を鳴らした。

次郎はほっとして、立ちあがった。そして大きく背のびをしてから、そろそろと築山のかげにまわってみた。老英雄は、夢にも予期しなかった若い反逆者のために、そのながいあいだの支配権をうばわれて、ひっそりとかき根に身をよせている。築山の上では、地鶏がもういちど勝ちどきをあげた。それから、土をかいて、くっくっとめんどりを呼んだ。

次郎はきゅうに勇壮《そう》な気持になった。問九 彼の体内には、冷たい血と熱い血とが力強く交流した。問十 つづいて影《かげ》のようなほほえみが、彼の顔をよこぎった。

その夕方、彼はだれのむかえもうけないで、きゅうに正木の祖父母にあいさつして、ひとりで自分の家に帰ったのである。

平成二十九年度　フェリス女学院中学校

【国　語】（五〇分）〈満点：一〇〇点〉

（注意）句読点や記号などは字数にふくめます。

一　次の文章を読んで後の問に答えなさい。

ある日、次郎《ろう》は、正木の家の庭石にただひとり腰《こし》をおろして、一心に築《つき》山のほうを見つめていた。築山のあたりには、にわとりが六、七わ、さっきからしきりに土をかいては餌《え》をあさっている。雄《おす》が二わまじっているが、そのうちの一わは、もうこの家に三、四年も飼われている白色レグホンで、次郎の目にもなじみがある。もう一わはそれよりずっと若い、やっと一年ぐらいの地鶏《どり》である。そのよごれのない黄かっ色の羽毛が、ふっくりとからだをつつんで、いかにも元気らしく見える。

ところで、この地鶏は、ぽつんと一わ、さびしそうに群れをはなれて立っている。おりおり首をすっとのばして周囲を見まわし、それからそろそろとめんどりの群れに近づいていくのであるが、すぐ老レグホンのために追われてしまう。追われるまえに、ちょっと首毛をさか立ててはみる。しかしどうも思いきってたたかってみる決心がつかないらしい。が、そんなことをなんどもくりかえしているうちに、地鶏の首毛の立ちぐあいが、しだいに勢いよくなってきた。問三 次郎はそのたびに息をはずませては、もどかしがった。

彼《かれ》は、ふと、喜太郎のひざの肉をかみ切ったときのことを思いおこした。そして、思いきってやりさえすれば、わけはないのに、と思った。が、同時に、彼の心には、恭《きょう》一や俊《しゅんぞう》三とけんかをするときのことがうかんできて、腹がたった。

「次郎、おまえはにいさんに手むかいをする気かい」。彼は母や祖母にいつもそういわれるので、つい手をひっこめてしまう。では、俊三になら遠りょなくかかっていけるかというと、そうもいかない。「次郎、そんな小さな弟をあいてになんです。負けておやりなさい」とくる。どちらにしても次郎にはつごうがわるい。そして、なによりも次郎のしゃくにさわるのは、彼がしかられて手をひっこめたしゅん間に、きまってあいてがひとつかふたつなぐりどくをしてひきあげることである。問四 祖母は、わざわざそのなぐりどくがすむのを待って、双《そう》方をひきわけることにしているらしい。しかもぬけぬけと、「もういい、もうそれでがまんしておやり」などという。そんなときの次郎の無念さといったらない。問五 彼は、自分の目が、溶鉱炉《ようこうろ》のように熱くなり、なみだが氷のようにまぶたにしみるのをおぼえるのである。

（ひとりでは学校にもいけない俊三ではないか。喜太郎のまえでは、口ひとつきけない恭一ではないか。ぼくはなんでこのふたりに負けてばかりいなければならないのだ）

（母や祖母の小言がなんだ。兄に手むかいするのがわるいなら、俊三がぼくに手むかいするのを、なぜとめない。弟に負けてやるのがほんとうなら、恭一がぼくをなぐるのをなぜしからない。ふたりのいうことはいつもとんちんかんだ。それにふたりはぼくが損をしてさえいれば、いつもにこにこしている。ぼくがぼくのすきなことをしたときに、ふたりがうれしそうな顔をしたことなんか、いちどだってありゃしない。そしてなにかといえば「氏より育ち」という。なんのことだかわかりゃしない。おおかたばあやをわるくいうつもりなんだろうが、ばあやはだれよりも正直だ。ぼくのすきなことはばあやもすきだし、ばあやのすきなことはぼくもすきだ。学校で一番になることだって、ぼくはけっしてきらいではない。ただめんどうくさいだけなんだ。——。

いったいふたりはぼくをどうしようというのだろう。ぼくが家にい

平成29年度 フェリス女学院中学校 ▶解説と解答

算　数　(50分)＜満点：100点＞

解　答

1 (1) $\frac{7}{20}$　(2) 15cm²　(3) 40リットル　(4) ① 6　② 186　(5) ア…10100，イ…100　**2** (1) 12cm　(2) $6\frac{3}{7}$秒後　(3) 3.75秒後　**3** (1) 20%　(2) 2個　(3) 5.75%　**4** (1) 135度　(2) 112cm²　(3) 56cm　**5** (1) 52cm²　(2) $3\frac{15}{43}$cm

解　説

1 **四則計算，面積，消去算，数列，分数の性質**

(1) $\left(\frac{13}{24}\div\frac{14}{39}-\frac{5}{12}\times2\frac{4}{7}\right)\times(1\div1.25)=\left(\frac{13}{24}\times\frac{39}{14}-\frac{5}{12}\times\frac{18}{7}\right)\times\left(1\div1\frac{1}{4}\right)=\left(\frac{169}{112}-\frac{15}{14}\right)\times\left(1\div\frac{5}{4}\right)=\left(\frac{169}{112}-\frac{120}{112}\right)\times\left(1\times\frac{4}{5}\right)=\frac{49}{112}\times\frac{4}{5}=\frac{7}{16}\times\frac{4}{5}=\frac{7}{20}$

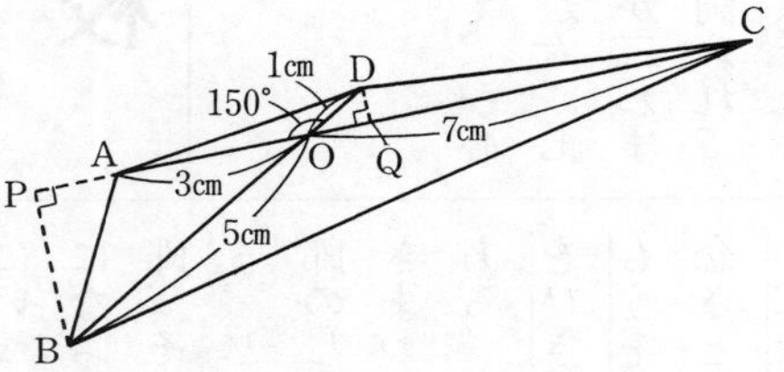

(2) 左の図で，角POB＝180－150＝30(度)より，角PBO＝180－(90＋30)＝60(度)なので，三角形OPBは正三角形を二等分した直角三角形とわかる。よって，PB＝5÷2＝$\frac{5}{2}$(cm)だから，三角形ACBの面積は，(3＋7)×$\frac{5}{2}$÷2＝$\frac{25}{2}$(cm²)となる。同様に，角QOD＝180－150＝30(度)，角QDO＝180－(90＋30)＝60(度)より，三角形OQDも正三角形を二等分した直角三角形だから，QD＝1÷2＝$\frac{1}{2}$(cm)より，三角形ACDの面積は，(3＋7)×$\frac{1}{2}$÷2＝$\frac{5}{2}$(cm²)となる。したがって，四角形ABCDの面積は，$\frac{25}{2}+\frac{5}{2}$＝15(cm²)と求められる。

(3) タンクA，B，Cに入っている水の量をそれぞれaリットル，bリットル，cリットルとすると，aは$(b+c)$の$\frac{1}{2}$に等しいので，右の図の㋐の式が成り立ち，bは$(a+c)$の$\frac{1}{3}$に等しいので，㋑の式が成り立つ。㋐の式より，$(a\times2)+a=a\times3$と，$(b+c)+a=a+b+c$が等しいので，㋒の式が成り立ち，㋑の式より，$(b\times3)+b=b\times4$と，$(a+c)+b=a+b+c$が等しいので，㋓の式が成り立つ。すると，㋒と㋓の式より，$(a\times3)$と$(b\times4)$が等しいとわかるので，$a:b=(1\div3):(1\div4)=4:3$となる。そこで，$a$＝④，$b$＝③とすると，㋐の式より，④×2＝⑧と，③＋$c$が等しいから，$c$＝⑧－③＝⑤とわかる。さらに，$c$は$(a+b)$の$\frac{1}{4}$より26リットル多いから，⑤が，(④＋③)×$\frac{1}{4}$＝$\textcircled{\tfrac{7}{4}}$より26リットル多いことになる。よって，⑤－$\textcircled{\tfrac{7}{4}}$＝$\textcircled{\tfrac{13}{4}}$が26リットルにあたるから，①にあたる水の量は，$26\div\frac{13}{4}$＝8(リットル)となる。したがって，Cに入っている水の量は，8×5＝40(リットル)と求

㋐ $a\times2=b+c$	㋒ $a\times3=a+b+c$
㋑ $b\times3=a+c$	㋓ $b\times4=a+b+c$

められる。

⑷ ① 1，3，4，7，1，8，9，7，…のあとは，6，3，9，2，1，3，…となり，13番目と14番目の（1，3）が，1番目と2番目の（1，3）と同じになっているので，13番目からは1番目からと同じように，1，3，4，7，…と続いていく。つまり，1番目から12番目までの{1，3，4，7，1，8，9，7，6，3，9，2}の12個の数が13番目からもくり返されるので，45÷12＝3余り9より，45番目の数は9番目と同じ6となる。　② 45番目から81番目までには，81－45＋1＝37(個)の数があるので，37÷12＝3余り1より，45番目から81番目までは，6から始まって{6，3，9，2，1，3，4，7，1，8，9，7}の12個の数が3回くり返されたあと，1個の数(6)がならぶ。よって，45番目の数から81番目の数までの合計は，(6＋3＋9＋2＋1＋3＋4＋7＋1＋8＋9＋7)×3＋6＝60×3＋6＝186と求められる。

⑸ $\frac{1}{101}+\frac{1}{\boxed{ア}}=\frac{1}{\boxed{イ}}$のとき，$\frac{1}{\boxed{イ}}-\frac{1}{101}=\frac{1}{\boxed{ア}}$となるので，$\frac{1}{\boxed{イ}}-\frac{1}{101}=\frac{101}{\boxed{イ}\times101}-\frac{\boxed{イ}}{\boxed{イ}\times101}=\frac{101-\boxed{イ}}{\boxed{イ}\times101}$が$\frac{1}{\boxed{ア}}$となればよい。そこで，(101－$\boxed{イ}$)が1となるように，$\boxed{イ}$＝100とすれば，$\frac{101-\boxed{イ}}{\boxed{イ}\times101}=\frac{101-100}{100\times101}=\frac{1}{10100}$となるので，$\boxed{ア}$＝10100，$\boxed{イ}$＝100のとき，$\frac{1}{101}+\frac{1}{\boxed{ア}}=\frac{1}{\boxed{イ}}$になる。

〔参考〕 $\boxed{ア}$＝10100，$\boxed{イ}$＝100のほかに，あてはまる$\boxed{ア}$，$\boxed{イ}$の組み合わせがあるか考える。そのような組み合わせがあるとき，$\frac{101-\boxed{イ}}{\boxed{イ}\times101}$を約分すると分子が1になるが，101は素数で，(101－$\boxed{イ}$)は101より小さいから，(101－$\boxed{イ}$)と101は約分できない。また，(101－$\boxed{イ}$)と$\boxed{イ}$が約分できるとして，約分する整数を$\boxed{ウ}$とすると，(101－$\boxed{イ}$)と$\boxed{イ}$はどちらも$\boxed{ウ}$の倍数なので，(101－$\boxed{イ}$)＋$\boxed{イ}$＝101も$\boxed{ウ}$の倍数となるが，101は素数だから，1と101以外の整数で$\boxed{ウ}$にあてはまる整数はない。よって，(101－$\boxed{イ}$)と$\boxed{イ}$も約分できないので，$\frac{101-\boxed{イ}}{\boxed{イ}\times101}$は約分できない。したがって，$\boxed{ア}$＝10100，$\boxed{イ}$＝100のほかに，あてはまる$\boxed{ア}$，$\boxed{イ}$の組み合わせはないことがわかる。

2 平面図形―図形上の点の移動，辺の比と面積の比

図1
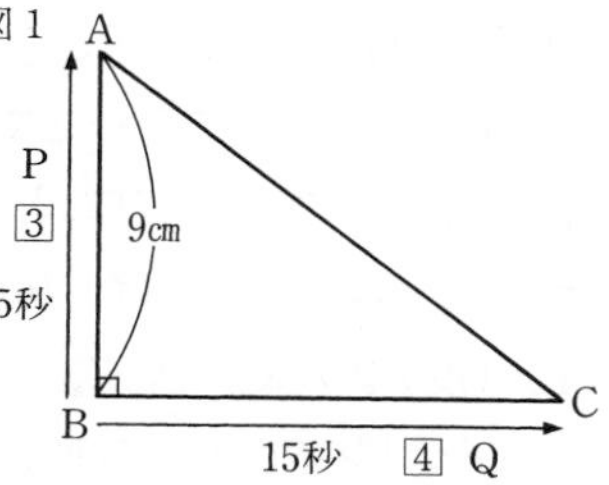

図2
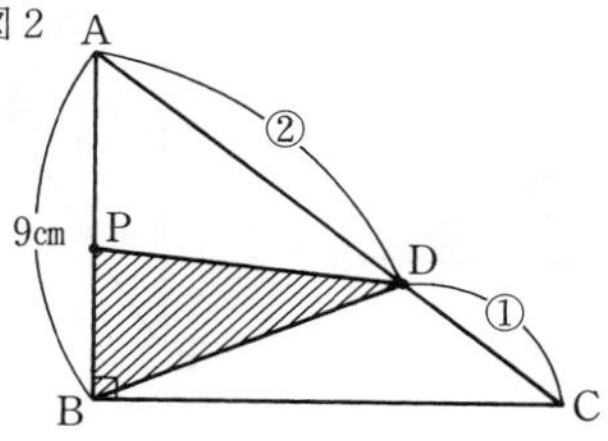

図3
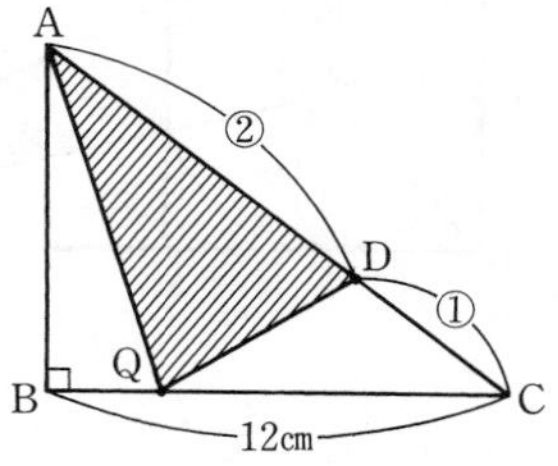

⑴ 上の図1で，点Pの速さは毎秒，9÷15＝0.6(cm)で，点Pと点Qの速さの比は3：4だから，点Qの速さは，$0.6\times\frac{4}{3}$＝0.8(cm)となる。よって，辺BCの長さは，0.8×15＝12(cm)と求められる。

〔ほかの解き方〕 点Pと点Qの速さの比は3：4であり，点PがBからAまで，点QがBからCまで進むのにかかる時間は同じだから，辺BAと辺BCの長さの比も3：4となる。よって，辺BCの長さは，$9\times\frac{4}{3}$＝12(cm)とわかる。

⑵ 上の図2で，AD：AC＝2：(2＋1)＝2：3より，三角形ABDの面積は三角形ABCの面積の$\frac{2}{3}$倍だから，三角形BPDの面積が三角形ABCの面積の$\frac{2}{7}$倍のとき，三角形BPDの面積は三角形

ABDの面積の，$\frac{2}{7}\div\frac{2}{3}=\frac{3}{7}$(倍)となる。よって，BPの長さはBAの長さの$\frac{3}{7}$倍なので，$9\times\frac{3}{7}=\frac{27}{7}$(cm)とわかる。したがって，このようになるのは，$\frac{27}{7}\div0.6=6\frac{3}{7}$(秒後)である。

(3) 上の図3で，AD：AC＝2：3より，三角形AQCの面積は三角形AQDの面積の$\frac{3}{2}$倍だから，三角形AQDの面積が三角形ABCの面積の$\frac{1}{2}$倍のとき，三角形AQCの面積は三角形ABCの面積の，$\frac{1}{2}\times\frac{3}{2}=\frac{3}{4}$(倍)となる。よって，QCの長さはBCの長さの$\frac{3}{4}$倍なので，$12\times\frac{3}{4}=9$(cm)とわかる。したがって，BQの長さは，12－9＝3(cm)だから，このようになるのは，3÷0.8＝3.75(秒後)である。

3 売買損益

(1) 仕入れ値を1とすると，はじめの売り値は，1＋0.25＝1.25と表せるので，仕入れ値は，はじめの売り値の，1÷1.25＝0.8，つまり，80％にあたる。よって，はじめの売り値の，100－80＝20(％)までの値引きであれば，売り値が仕入れ値以上となる。

(2) 1個当たりの仕入れ値を1とすると，1セットの売り値は，1.25×10＝12.5と表せる。よって，この1セットの仕入れ値の合計が12.5より少なければ利益が出るから，12.5÷1＝12.5より，1セットの個数が12個以下ならば利益が出る。したがって，1セットにあと，12－10＝2(個)まで増やすことができる。

(3) 1個当たりの仕入れ値を1とすると，1セットの売り値は，1.25×18×(1－0.06)＝22.5×0.94＝21.15と表せるので，1個当たりの売り値は，21.15÷20＝1.0575と表せる。よって，1個当たりの利益は，1.0575－1＝0.0575と表せるから，1個当たりの仕入れ値の5.75％となる。

4 平面図形―角度，面積，長さ

図1

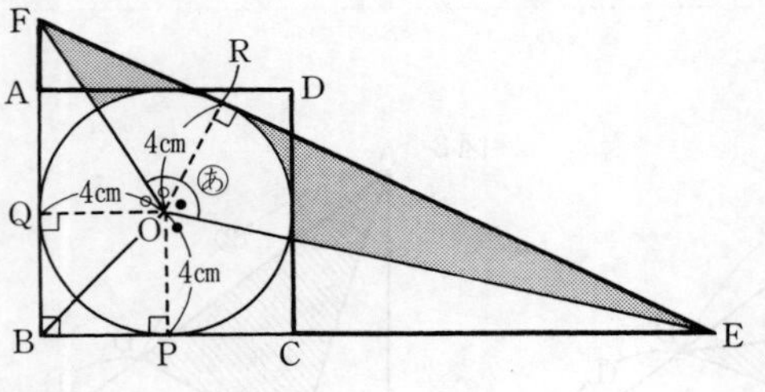

図2

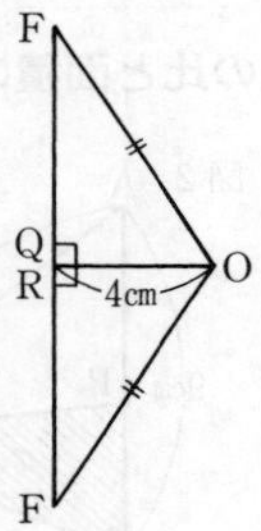

(1) 左の図1のように，辺BE，BF，FEが円と接する点をそれぞれP，Q，Rとし，2つの直角三角形OFQとOFRの辺OQとORを，左の図2のように合わせて1つの図形をつくると，辺FQと辺FRのつくる角の大きさは，90＋90＝180(度)なので，辺FQと辺FRは一直線になっている。よって，図2の図形は二等辺三角形だから，三角形OFQと三角形OFRは合同とわかり，図1の角FOQと角FOR(○の角)の大きさは等しくなる。同様に，三角形OEPと三角形OERも合同で，角EOPと角EOR(●の角)の大きさも等しくなる。さらに，四角形OQBPは正方形で，角QOPの大きさは90度だから，○2つ分と●2つ分の角の大きさは，360－90＝270(度)となる。よって，㋐の角の大きさは，270÷2＝135(度)と求められる。

(2) 三角形OEFの中にあるおうぎ形の面積は，$4\times4\times3.14\times\frac{135}{360}=18.84$(cm²)だから，三角形OEFの面積，つまり，三角形OFRと三角形OERの面積の和は，29.16＋18.84＝48(cm²)とわかる。また，(1)より，三角形OFQと三角形OFR，三角形OEPと三角形OERはそれぞれ合同だから，これら4つの三角形の面積の和は，三角形OFRと三角形OERの面積の和の2倍となり，48×2＝96(cm²)である。さらに，正方形OQBPの面積は，4×4＝16(cm²)だから，三角形BEFの面積は，

96＋16＝112(cm^2)と求められる。

(3) 図１の太線部分のうち，ADはBCと，DCはABと同じ長さなので，太線の長さの合計は三角形BEFの周の長さと等しくなる。また，三角形OBE，三角形OEF，三角形OFBは底辺をそれぞれBE，EF，FBとすると，高さはどれも４cmとなり，それらの面積の和は，(2)より112cm^2だから，BE×４÷２＋EF×４÷２＋FB×４÷２＝112となる。よって，(BE＋EF＋FB)×４÷２＝112より，BE＋EF＋FB＝112×２÷４＝56(cm)となるから，太線の長さの合計は56cmである。

5 立体図形―構成，水の深さと体積

図①

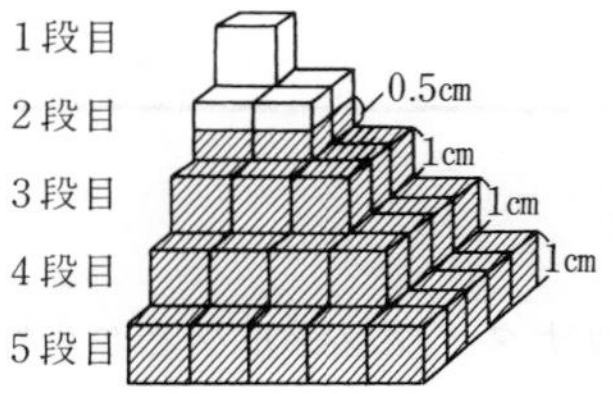

図②

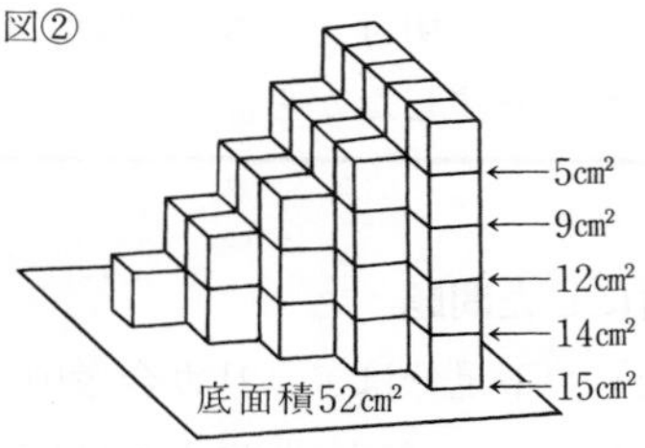

(1) 体積が１cm^3の立方体の１辺の長さは１cmであり，25＝５×５より，面積が25cm^2の面は，１辺１cmの正方形がたてと横に５個ずつ並んでいる面である。その面が水そうの底に重なるように入れて，水そうの底からの水面の高さが3.5cmになるとき，左上の図①のように，上から２段目の部分の下から，3.5－３＝0.5(cm)の高さまで水が入る。また，立体の各部分の底面積は，２段目が，２×２＝４(cm^2)，３段目が，３×３＝９(cm^2)，４段目が，４×４＝16(cm^2)，５段目が25cm^2だから，水の中に入っている部分の体積は，４×0.5＋９×１＋16×１＋25×１＝２＋９＋16＋25＝52(cm^3)である。よって，水そうの底の面積を□cm^2とすると，□×3.5－□×2.5＝52より，□×(3.5－2.5)＝52，□×１＝52，□＝52÷１＝52(cm^2)と求められる。

(2) (1)より，水の体積は，52×2.5＝130(cm^3)とわかる。また，この立体を左上の図②のようにたおして入れると，各部分の底面積は，上から５段目が，１＋２＋３＋４＋５＝15(cm^2)，４段目が，２＋３＋４＋５＝14(cm^2)，３段目が，３＋４＋５＝12(cm^2)，２段目が，４＋５＝９(cm^2)，１段目が５cm^2である。よって，水が入る部分の底面積は，５段目が，52－15＝37(cm^2)，４段目が，52－14＝38(cm^2)，３段目が，52－12＝40(cm^2)，２段目が，52－９＝43(cm^2)だから，水は，５段目，４段目，３段目の部分に，37×１＋38×１＋40×１＝115(cm^3)入り，２段目の部分には，130－115＝15(cm^3)入る。したがって，水面は，２段目の部分の下から，15÷43＝$\frac{15}{43}$(cm)のところにくるので，水そうの底からの水面の高さは，３＋$\frac{15}{43}$＝$3\frac{15}{43}$(cm)となる。

社 会 (30分) ＜満点：60点＞

解 答

1 a イ b (例) 新鮮さの度合いが高く，高値で取り引きされるものが多い。 c ウ d 紀ノ川 e (例) 中小工場は生産規模が小さく，大量生産ができないから。 f 部品の在庫(保管場所) g 祇園(祭) h ① ア ② ウ i ① 津軽(平野) ② ア j カナダ k ① エ ② カキ 2 A a ウ b ユニバーサルデザイン B a (例) 議事を慎重に審議することができる。(一方の議院のいきすぎやあやまちをおさえることができる。) b イ c 国民審査 C a エ b モスク

3 a　かめかん　b　(例)　一枚の布の中央に穴を開け，頭からかぶる貫頭衣とよばれる服装。　c　(例)　大陸から日本に移住した渡来人が進んだ機織りの技術を伝えたから。　d　埴輪　e　家がら(身分)　f　高松塚古墳　g　庸　h　①　源氏物語絵巻　②　束帯(衣冠)　i　ウ　j　(例)　山の尾根を切断して馬が１頭通れるだけの険しい道をつくり，敵が一気に鎌倉へ侵入できないようにする工夫。　k　①　(例)　銀　②　堺(国友・根来)　③　中国　l　ア　m　干鰯(ニシンのしめかす)　n　①　(例)　安く質の良い外国製品が大量に輸入されるので，国内の産業の発展がさまたげられる。　②　イギリス　o　渋沢栄一　p　イ　q　イ→ア→ウ　r　切符　s　(例)　1950年に朝鮮戦争が始まり，国連軍が戦争に必要な物資の多くを日本に発注したから。

解　説

1 日本各地の年中行事や祭りを題材にした問題

a　日本の大豆の自給率は７％と低く，不足分はアメリカ合衆国・カナダ・ブラジルなどから輸入している。統計資料は『日本国勢図会』2016／17年版による(以下同じ)。

b　成田空港であつかう輸入魚介《ぎょかい》類は，冷凍《れいとう》品や加工品が少なく，鮮度の高いマグロ・サケ・ウニ・ウナギが多い。一般に航空機輸送は運賃が高いため，航空機で輸入されるのは高価な魚介類が多い。

c　日本の森林面積は国土の約66％を占《し》め，そのうち人工林が約62％，天然林が約38％となっている。人工林はスギ・ヒノキなどの針葉樹林が多く，天然林はコナラ・ブナなどの広葉樹林が多い。よって，ウが正しい。なお，アについて，人工林の場合，苗木を植えてから下草刈《が》り・間伐《かんばつ》・枝打ちなどの手入れをして育てるので，そのぶん生長は速い。天然林は人手が入らない自然の状態で育つので，生長はおそい。イについて，林業で働く人はこれまで減少傾向にあったが，2005年から2010年にかけては増えている。また，森林面積は昔も今もほとんど変わっていないが，森林資源の量は増えている。

d　紀ノ川は紀伊山地の大台ヶ原山を水源とし，奈良県中南部から和歌山県北部を流れ，和歌山市で紀伊水道に注いでいる。奈良県内では吉野川とよばれる。

e　一般に大工場は生産規模が大きく製品の大量生産が可能であるが，中小工場は規模が小さく生産量にも限度がある。そのため，中小工場は従業員１人当たりの生産額は大工場より少ない。

f　「ジャスト・イン・タイム方式」とは，生産するさいのむだを省き，必要なときに必要なものを必要な量だけ生産する方式をいう。この方式は自動車の組み立て工場などで取り入れられており，部品の在庫を最小限におさえられるという利点がある。

g　「祇園《ぎおん》祭」は京都八坂神社の祭礼で，平安時代の869年に疫病《えきびょう》よけを願って始めたのが起源とされる。室町時代の応仁の乱(1467～77年)で一時中断したが，その後，京都町衆(町組の構成員で，自治的生活を営む商工業者など)により1500年ごろに復活し，現在にいたる。

h　①　福岡県は第１次産業(農林水産業)がふるわず，第３次産業(商業・サービス業)が発達している。また，工業においては，鉄鋼・機械などの重工業がさかんである。よって，これらの条件を満たすアがあてはまる。なお，イは宮崎県，ウは沖縄県，エは長崎県。　②　福岡市は日本海に面しているが，冬の降水量は少なく，梅雨の時期に降水量が多い。よって，ウがあてはまる。なお，アは冬の降水量が多い日本海側の気候に属する福井市，イは１年を通して降水量が少ない中央高地(内陸性)の気候に属する松本市(長野県)の雨温図。

i　①　弘前市は青森県西部に広がる津軽平野の中心都市。　②　津軽平野は日本最大のりんごの産地として知られ，青森県のりんごの生産量は全国の50％以上を占めて最も多い。よって，アがあてはまる。なお，イは長野県，ウは山形県。

j　日本の製紙用パルプは，カナダから最も多く輸入している。

k　①　岩手県の三陸海岸に位置する大船渡港は，サンマの漁獲量が最も多い。　②　宮城県はカキの養殖がさかんで，その生産量は全国の約11％を占め，広島県(約64％)についで全国第２位である。

2　日本の高齢化や暮らしやすい社会，国民の政治参加，世界の難民についての問題

A　a　2015年度における日本の総人口は約１億2711万人で，このうち65歳以上の高齢者が占める割合は26.7％である。　b　文化・言語・国籍の違い，老若男女といった年齢・性別の違い，障害のあるなしにかかわらず，すべての人が使いやすいようにする施設・設備・製品・情報などの設計(デザイン)を「ユニバーサルデザイン」という。

B　a　国会は衆議院と参議院の二院制をとっているが，これは議事を慎重《しんちょう》に審議し，一方の議院のいきすぎやあやまちをおさえるためである。また，２つの議院があることで，違った角度や立場から審議できることや，議事を審議している過程で，世論(国民の意思)を反映しやすいことなどが長所としてあげられる。　b　「一票の格差」とは，議員１人あたりの当選に必要とされる有権者の数が，選挙区によって大きく異なることをいう。公職選挙法により各選挙区ごとの定数が定められているが，人口の急増した地域とそうでない地域の１票の重みに格差が生じ，日本国憲法第14条が保障する「法の下の平等」に反するとして，これまで何度か訴訟《そしょう》が起こされてきた。

c　最高裁判所の裁判官(長官をふくめて15名)は，任命後に初めて行われる衆議院議員総選挙のときと，その後10年を経過して初めて行われる衆議院議員総選挙のときごとに，国民の投票によって適任かどうかを審査される。投票の過半数が不適任と判断したとき，その裁判官は辞めなければならない。

C　a　シリアは中東に位置する国で，2011年から内戦状態にあることや，イスラム過激派の「イスラム国(IS)」が勢力を拡大していることから，多くの難民が発生している。　b　イスラム教の礼拝所は「モスク」とよばれ，教徒は１日５回礼拝をする。

3　せんいや衣服の歴史を題材にした問題

a　吉野ヶ里《よしのがり》遺跡は佐賀県東部にある弥生時代の大規模な環濠《かんごう》集落跡で，「かめかん」とよばれる大型の土器のかめを用いたひつぎが多数出土している。

b　３世紀末の邪馬台国《やまたいこく》のことを記した中国の歴史書『魏志倭人《ぎしわじん》伝』によれば，邪馬台国の女性は１枚の布の中央に穴を開けて頭からかぶり，腰の部分でひもを結ぶ「貫頭衣《かんとうい》」を用いていた。

c　古墳時代，大陸から日本に移住した渡来人によって，機織りや養蚕《ようさん》・製陶《せいとう》・建築・土木など，さまざまな大陸の進んだ技術がもたらされた。

d　埴輪《はにわ》は古墳の周りや頂上に置かれた素焼きの土製品で，土止め用に使われたと思われる円筒《えんとう》形の円筒埴輪や，人物・動物・家などをかたどった形象《けいしょう》埴輪がある。形象埴輪は当時の人びとの生活を知る貴重な資料となっている。

e　大和政権のもとでは，氏姓制度とよばれる身分秩序《ちつじょ》にもとづいて政治が行われていた。「氏《うじ》」は豪族の首長である氏上《うじのかみ》を中心とした同族集団の名称で，そのような氏の名には蘇我《そが》氏や物部《もののべ》氏などがある。朝廷を構成する氏は，家がらや政治的地位・官職に応じて，臣《おみ》・連《むらじ》など「姓《かばね》」とよばれる称号をあたえられ，その特権的地位を世襲《せしゅう》した。

f　「ある古墳の壁画《へきが》」とは，奈良県明日香《あすか》村で1972年に発見された高松塚古墳の壁画を指す。7世紀末から8世紀初めころに築かれた古墳の石室の壁には，極彩色《ごくさいしき》で男女の群像が描かれており，その服装は中国・朝鮮文化の影響を受けているといわれる。

g　律令制度のもとで農民は朝廷から口分田を支給され，租《そ》・庸《よう》・調などの税や労役・兵役の義務を課された。税のうち「租」は収穫の約3％にあたる稲を地方の役所に納める税，「庸」は都で10日間働くかわりに布を納める税，「調」は地方の特産物を納める税で，庸と調は農民がみずから都まで運んで納めなければならなかった。

h　①　女性の姿が多く描かれた平安時代の絵巻物とは，「源氏物語絵巻」のことで，紫式部の長編小説『源氏物語』を題材にしている。　②　平安時代の貴族の正装は，女性は十二単《ひとえ》，男子は束帯《そくたい》・衣冠《いかん》である。

i　鎌倉時代，将軍と御家人とは土地を仲立ちとして，御恩《ごおん》と奉公《ほうこう》の関係で結ばれていた。源氏の将軍が3代で絶えた後，北条氏が将軍を補佐する執権《しっけん》のままで政治の実権をにぎったが，御家人が北条氏の家来になったわけではない。よって，ウがまちがっている。

j　鎌倉は一方が海に面し，三方が山に囲まれた天然の要害の地だったが，幕府をおくにはこの地形が障害となった。鎌倉に通じる道はそれまで2つしかなく，新たに道をつくれば要害の地の機能が十分はたせなくなる。そこで山の尾根を切断して馬が1頭通れるだけのせまい道(切通し)をつくり，敵がせめてきても容易に鎌倉に侵入《しんにゅう》できないようにした。鎌倉の入口にあたる丘陵《きゅうりょう》には7つの切通しが設けられ，鎌倉の七口《ななくち》とよばれた。

k　①　南蛮《なんばん》貿易では，鉄砲・火薬や中国産の生糸・絹織物などが輸入され，日本からは銀や刀剣・海産物・漆器《しっき》などが輸出された。　②　1543年，中国船に乗ったポルトガル人が種子島《たねがしま》(鹿児島県)に流れ着き，鉄砲が伝えられた。当時，日本は戦国時代だったこともあり，新兵器の鉄砲はまたたく間に各地に広がった。鉄砲づくりの中心となったのは，堺(大阪府)や国友(滋賀県)，根来(和歌山県)などである。　③　①の解説を参照のこと。

l　江戸時代の農村では，おもに名主(庄屋)・組頭・百姓代の村方三役が村役人として村を運営した。村役人は武士ではないので，アがまちがっている。

m　綿花などの商品作物の栽培が本格化すると，金肥《きんぴ》(お金を払って買い求める肥料)が用いられたが，金肥には菜種の油かすや，イワシ・ニシンを日干しにした干鰯《ほしか》，ニシンのしめかすなどがあった。

n　①　関税自主権がないと，自主的に関税がかけられないので，工業化の進んだ国から安く質の良い製品が大量に輸入されることになる。発展途上にある国にとって，そのような外国の製品が出回ると，国内の産業が発展しにくくなる。　②　江戸時代末の貿易では，当時「世界の工場」とよばれたイギリスが最大の貿易相手国であった。これに対し，アメリカの貿易額はのびていないが，これはアメリカ国内で南北戦争(1861〜65年)が起きていたためである。

o　渋沢栄一は埼玉県の豪農の家に生まれた実業家で，幕臣をへて明治政府に出仕し，大蔵省(現在の財務省)で金融《きんゆう》制度の改革などにあたった。退任後，第一国立銀行・大阪紡績《ぼうせき》会社など500におよぶ会社の創設や経営にかかわり，教育・社会事業にも力をつくした。

p　秩父《ちちぶ》事件(1884年)は，生活に困った埼玉県秩父地方の農民らが自由党急進派の影響のもとで起こした大規模な暴動で，政府は軍隊まで出してこれをしずめた。自由民権運動は，板垣退助らが1874年に「民選議院設立建白書」を政府に提出したことをきっかけに始まった政治運動で，国会の開設や地方自治の確立・地租の軽減などを主張した。1881年，10年後の国会開設が決まると，板垣退助を総理(党首)とする自由党が結成され，国会開設に備えた。

q　アについて，清(中国)が朝鮮の独立を認めたのは，日清戦争の講和条約である下関条約(1895年)においてである。イについて，朝鮮で起こった農民の反乱(甲午《こうご》農民戦争・東学党の乱，1894年)は，日清戦争のきっかけとなった。ウの三国干渉は，下関条約が結ばれた直後，ロシアがフランス・ドイツをさそい，下関条約で日本が清から譲《ゆず》り受けたリヤオトン半島を返還するよう勧告したものである(日本はやむなくこれを返還)。よって，年代の古い順は，イ→ア→ウとなる。

r　戦時中，日本国内では食料や生活必需《ひつじゅ》品が不足したため，政府はこれらを統制して配給制にした。ガソリンや砂糖・マッチ・衣服などの生活必需品は切符制がとられ，割りあてられた切符がないと手に入れることができなかった。

s　朝鮮民主主義人民共和国(北朝鮮)と大韓民国(韓国)の間で朝鮮戦争(1950～53年)が起こると，日本を占領していたアメリカ軍が国連軍の主力として朝鮮半島に派遣されることになり，戦争に必要な軍需品の多くを日本に発注した。この特需景気で日本の産業に活気がもどり，せんい工業では綿布・毛布・麻袋などの生産がさかんになった。

理　科　(30分)　＜満点：60点＞

解　答

[1]　**1**　解説の図①を参照のこと。　**2**　解説の図②を参照のこと。　**3**　解説の図③を参照のこと。　[2]　**1**　ウ，子葉　**2**　イ／理由…(例)　水の中では発芽に必要な酸素が得られないから。　**3**　(1)　ア　(2)　イ　(3)　イ　**4**　イ／理由…(例)　光合成を行えず，成長して花をさかせるまでに必要な養分を作り出せないから。　**5**　(例)　モヤシを成長させるときには日光を必要としないから。／温泉の熱を利用して温度を調節し，モヤシを育てられるから。　[3]　**1**　(1)　(例)　落ち葉の下や岩かげで成虫が身を寄せ合うようにしている。(2)　(例)　土に穴をほり，土の中で冬眠する。　(3)　(例)　親子で南の土地に渡り，活発に活動する。　**2**　(例)　日照時間の変化　[4]　**1**　(1)　(例)　ホタル／場所…水のきれいな川辺　(2)　①　(例)　太陽，北極星　②　(例)　月，金星　(3)　右の図

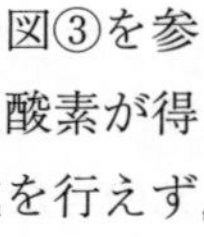

2　(1)　□…9　△…5　(2)　南　(3)　①　ベガ　②　デネブ　③　アルタイル　(4)　**おりひめ星**…ベガ　**ひこ星**…アルタイル　(5)　(例)　(夏は)銀河系の中心の方向(を見ているため明るく見えるが，冬は)銀河系のはしの方向(を見ているためあわく(うすく)しか見えない。)　[5]　**1**　(1)　銅　(2)　(ア，ウ)→エ→(イ，オ)　**2**　カ／理由…(例)　金属のふたがぼう張してガラスの容器との間にすき間ができるから。　**3**

シ／理由…(例)　温められた水がぼう張して上昇し，そこに冷たい水が入りこむから。　**4**　(例)　(試験管内の下半分の空気が温められると)試験管内の空気がぼう張して気圧が高まり，ゴムせんが試験管の内側から押されるのにたえ切れなくなるから。

解　説

1　回路と豆電球の明るさについての問題

1　豆電球がすべて点灯している状態から，ウを取り外すとアとイは消え，アやイを取り外しても残りの２つの豆電球は同じ明るさでつくことから，下の図①のように，アとイは並列につながっていて，その部分とウが直列につながっている。

2　ア～ウのいずれか１つを取り外したときに，残りの２つの豆電球が同じ明るさでつくためには，下の図②のように，３つの豆電球が並列につながるようにすればよい。

3　アを取り外してもイとウはつくことや，イやウを取り外してもアはつくことから，アはイやウと並列につながっている。また，イを取り外すとウが消え，ウを取り外すとイが消えるため，イとウは直列につながっている。そのようすを表すと，下の図③のようになる。

図①

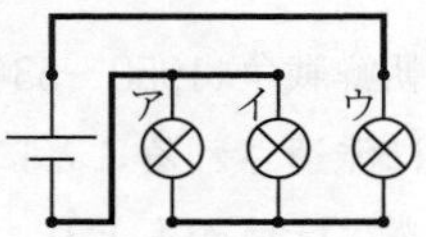

図②

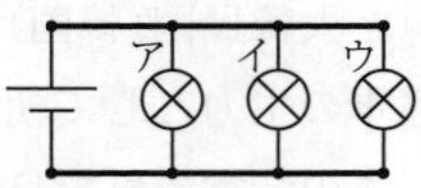

図③

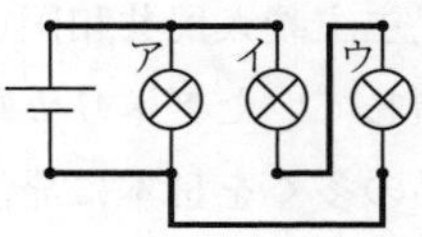

2　ダイズの種子の発芽についての問題

1　ダイズの種子は無はい乳種子で，発芽のための養分を子葉にたくわえている。図のアは幼芽，イは種皮，ウは子葉である。

2　種子の発芽には酸素(空気)が必要で，水の中に種子をしずめると，発芽に必要な酸素が得られないため発芽しない。

3　モヤシを光の当たらない暗い場所で育てた場合，光を求めて背たけは高くなるがくきは細くなり，光合成ができないので葉緑素が作られず，葉の色はうすい。一方，光が当たる場所で育てると，光の当たらない場所で育てた場合よりも，背たけは低く，くきは太く，葉の色はこくなる。

4　発芽してしばらくは種子の中にふくまれている養分で成長できるが，その後は光合成によって作られる養分を使って成長する。そのため，光が当たらない暗い場所で育てると，成長して花をさかせるのに必要な養分を作ることができず，花がさく前にかれてしまう。

5　青森県では冬場，日照時間が短く，気温が低くなる。青森県の温泉地でモヤシの生産が活発におこなえるのは，モヤシを成長させるために日光を必要としないことや，温泉の熱を利用してモヤシが育つのに適した温度を得ることができることによる。

3　動物の冬ごしについての問題

1　(1)　ナナホシテントウムシは，落ち葉の下や岩のすき間などに成虫が集まり，身を寄せ合うようにして冬をこす。　(2)　ヒキガエルは変温動物なので，気温が低くなると活動がむずかしくなる。冬が近づくと穴をほり，土の中で冬眠《とうみん》する。　(3)　夏を日本でくらし，冬を南の土地で過ごす渡《わた》り鳥を夏鳥という。ツバメは夏鳥で，夏は日本で卵を産んで子育てをし，冬は暖かい南の土地に親子で渡り，ほかの季節と同じように活動する。

2　多くの生物は季節の変化などを感じ取り，子孫を残すのに適した時期にさかんに活動する。季節の変化は気温のほかに，日照時間(昼の長さや夜の長さ)の変化，日光の強さ，湿度《しつど》の変化などでも感じ取ることができる。

4　光を放つ生物や天体，銀河系についての問題

1　⑴　ホタル(ゲンジボタルやヘイケボタルなど)は水のきれいな川辺に生息している。腹部に発光器をもち，成虫だけでなく，幼虫もさなぎも光る。また，オワンクラゲは海の中をただよっている生物で，体内に発光する細胞《さいぼう》をもっている。　⑵　①　みずから光を放つ天体は恒星《こうせい》とよばれ，太陽や星座を作る星があてはまる。1等星から6等星までの星は肉眼で見ることができ，太陽をのぞき全天で最も明るく見える恒星はシリウスである。ほかにも，北極星やベテルギウス，リゲル，アンタレスなどが望遠鏡を使わないで観察できる。　②　太陽の光を反射して光っている天体には月や惑星《わくせい》がある。太陽系の惑星のうち，地球よりも太陽の近くを公転する水星や金星は明け方や夕方ごろに見られることがあり，火星，木星，土星も望遠鏡を使わずに見ることができる。天王《てんのう》星は条件がそろえば肉眼で見ることができるが，観測するのはむずかしい。　⑶　地球照は，月の欠けて暗いはずの部分がうっすら光って見える現象で，地球からの照り返しによって起きる。図1は三日月のように見え，太陽に照らされている部分は明るく，太陽に照らされていない部分は地球に照らされてうっすら見える。また，夕方に見ているため，この月は南西の空にあり，明るい部分を少し地平線側にかたむけている。

2　⑴　光が進む速さは1秒間に30万kmなので，1光年は，30万×60×60×24×365＝94608億より，9兆5千億kmとなる。　⑵　7月7日の真夜中ごろには，図3のように，夏の大三角が天頂近くに見え，南の空低くにS字型をしたさそり座が横たわるのが見える。　⑶　こと座のベガ，はくちょう座のデネブ，わし座のアルタイルの3つの1等星が作る三角形を，夏の大三角という。
⑷　おりひめ星はこと座のベガ，ひこ星はわし座のアルタイルである。　⑸　図4より，夏は星が多くある銀河系の中心の方向を見ているため，天の川が明るく見えるが，冬は銀河系の中心の方向とは反対のはしの方向を見ているため，天の川はあわくしか見えない。

5　ものの温まり方についての問題

1　⑴　熱が温度の高い方から低い方へ順に熱が伝わることを伝導という。銅などの金属はガラスに比べて熱が伝導しやすい。　⑵　点Aを温めると，熱は同心円状に伝わり，温めたところから同じきょりのところは同じように温まる。よって，熱が伝わってろうがとける順は，(ア，ウ)→エ→(イ，オ)となる。

2　ガラスと金属では，金属の方が温めたときにぼう張する割合が大きい。そのため，金属のふたを温めると，金属のふたがぼう張して，ガラスの容器との間にすき間ができて開きやすくなる。

3　温められた水はぼう張して軽くなって上昇《じょうしょう》し，温められている部分にはまわりから冷たい水が入りこむ。これをくり返して，水全体が移動しながら温まっていく。このような熱の伝わり方を対流という。ビーカーのはしを熱しているので，おがくずはシのように動く。

4　気体は，液体や固体よりも温められたときにぼう張する割合が大きい。試験管内の下半分の空気が温められると，試験管に閉じこめられた空気がぼう張して，試験管内の気圧が高くなる。このとき，ぼう張した空気によって試験管の壁《かべ》やゴムせんが押されることになり，その力にたえ切れな

くなると，ゴムせんは上に飛ぶようにして外れる。

国　語　（50分）＜満点：100点＞

解　答

一 **問１**　**ア**　４　**イ**　１　**問２**　三(人兄弟の)二(番目)　**問３**　３　**問４**　４　**問５**　１，２，５　**問６**　この子さえいなかったら苦労はない　**問７**　３　**問８**　３　**問９**　**冷たい血**…６，**熱い血**…５　**問10**　２　**問11**　１　**問12**　１　**問13**　２　**問14**　１　**問15**　４　**問16**　２　**問17**　（例）　正義感が強い／意地っ張り　**問18**　（例）　はだかのまま帰ってきた次郎は，母にも祖母にも何があったか説明しなかった。どうせ悪さをしたのだろうと決めつけていた母と祖母に，恭一は自分を助けてくれた次郎の活やくを話した。それを聞いた母は次郎を見直し，気骨のある次郎の長所を，おりおりにほめるようになった。恭一は，相変わらずえこひいきする祖母から，次郎をかばうようになり，次郎もしだいに母や兄に心を開いていった。　**二** **問１**　（例）　すべて問いの観点で見聞きし，自分の答えがうかぶまで待つ行為。　**問２**　（例）　自分でじっくり考えなくとも，ネットで検索すればすぐ他人の答えが探せるという問題。　**問３**　（例）　少し情報をしゃ断しなければいけない　**三** **１**　オ　**２**　ウ　**四** **１～５**　下記を参照のこと。　**６**　ちせい　**７**　きんもつ　**８**　はくちゅうむ

●漢字の書き取り

四 １　模造品　２　険(しい)　３　暑中　４　責務　５　幕

解　説

一 **出典は下村湖人《しもむらこじん》の『次郎《じろう》物語』による。**正木の家(母方の実家)の庭で，老レグホンに若い地鶏《じどり》が立ちむかうようすを見た次郎が，ある決心をして実行しようとするさまがえがかれている。

問１　**ア**「おおぎょう」は，大げさなようす。大がかりなようす。ここでは前者の意味で使われているので，“祝賀会を大げさにしたくない”という文意になる4が選べる。　**イ**「はばかる」は，遠りょすること。増長すること。ここでは前者の意味で用いられているので，“ほかの乗客に遠りょしておしゃべりをやめた”という文意になる１が同じ。

問２　兄の恭一《きょういち》，弟の俊三《しゅんぞう》がいて，次郎は次男にあたる。

問３　次郎はこのとき，群れに近づこうとしている若い地鶏のようすをながめている。この地鶏は群れに近づくたびに，この家に以前から飼われている老レグホンに追われ，「首毛をさか立てて」いるが，「思いきってたたかってみる決心」はつかないようすである。次郎はそれを「もどかしがった」のだから，３が合う。「もどかしがる」は，じれったく感じること。地鶏の姿に自分自身の経験を重ね，「思いきってやりさえすれば，わけはないのに」と思っていることも参考になる。

問４　祖母は，次郎が兄に「手むかいをする」ことを責める一方で，弟とけんかしたときには「負けておやりなさい」と命じると前にある。次郎をそのようなことでしかりつけながら，兄や弟には同じことを求めない祖母の態度に，次郎が理不尽《りふじん》さを感じ取っていることをおさえる。さらには，兄や弟に理があったかのように「なぐりどく」をさせて「もうそれでがまんしておやり」などと言

うのだから，４の「えこひいきする人」がふさわしい。

問５　母や祖母がいつでも兄や弟の肩《かた》を持ち，自分が兄弟げんかで負けを強《し》いられてばかりいることを思い，次郎は腹をたてて「無念さ」に泣いている。「無念」は，くやしく思うこと。つづく部分からも，母や祖母にひいきされているだけの兄や弟，理不尽な「小言」を放つ母や祖母への反発が読み取れるので，「溶鉱炉《ようこうろ》のように」はげしい感情を表す１，２，５が合う。

問６　直前の段落に，次郎が母や祖母に常々聞かされている「この子さえいなかったら苦労はない」という言葉があげられており，これが「ふたりの気持」にあたる。ぼう線部の後に，「わかっているから，ぼくはなるべく家にいない工面をしている」とつづくのもヒントになる。

問７　１　次郎は，母たちや先生がばあやを尊重しないことを，自分のせいだとは思っていない。　２　次郎の反抗《はんこう》や乱暴は，勉強からのがれるためではない。　４　次郎は，母や祖母に取り入りたいとは思っていない。「取り入る」は，相手に気に入られようとして機嫌《きげん》を取ること。

問８　最初の場面で，老レグホンのせいで群れに入れない若い地鶏を次郎はもどかしがり，「思いきってやりさえすれば，わけはないのに」と内心で応援《おうえん》している。ここでも，老レグホンが優勢なようすを見て，「ちくしょう！」とくやしがったのだから，３がよい。「歩《ぶ》がわるい」は，不利なようす。二わしかいない雄《おす》の一騎《いっき》打ちで，老レグホンは２のような「数の力」には任せていない。

問９　地鶏の戦いぶりに刺激《しげき》を受けた次郎は，この後，「兄弟げんか」への心構えを固めている。恭一や俊三を相手に「兄弟げんか」をする機会があったら，「母や祖母がどんなに圧ぱくしようと，こんどこそは死にものぐるいでやってみよう」と決心したのである。ただし，「母や祖母にしっぽをおさえられるようなこと」は慎重《しんちょう》にさけ，機会をねらっている。つまり，５のような，敵に立ちむかおうという活力が「熱い血」で，６のような，相手を傷つけようとねらう非情さが「冷たい血」にあたる。

問10　「影《かげ》のような」というたとえは，暗くひそやかな感じを表し，次郎の「ほほえみ」の陰湿《いんしつ》なようすをえがいている。問９で見たように，母や祖母が兄と弟の肩を持ち，自分は不当なあつかいを受けてきたことに次郎は不満を抱《いだ》いており，機会をつかんで「死にものぐるいで」仕返しする決心をしたのだから，２がふさわしい。

問11　「それ」とは，直前にえがかれた，次郎に対する周囲の対応を指す。理不尽なことにはしたがわないと決意した次郎は，「兄弟げんか」の機会を待ち，父のまえでしか口をきかずに，「しっぽをおさえられ」ないよう「自信」ありげにふるまっている。こういう次郎に対して，父以外はみんな「遠まき」に「警かい」し，恭一や俊三は「そばによりつかない」のである。「兄弟げんか」の機会がこないため，多少は「手持ちぶさた」で「しゃく」だが，「警かい」されることを「それでいい」と認めているのだから，１が合う。「手持ちぶさた」は，時間を持て余すようす。

問12　「～になった」という語尾は，前とちがう状態に変化したことを意味し，ぼう線部全体で「うめの実」が熟したこと，季節が移り変わったことを表す。つづく場面で，次郎は恭一がいじめられていると聞いても，「ほっとけよ。つまんない」「だれだい，いじめているのは」と「おちついて」言っている。母や祖母のひいきをうらみ，「兄弟げんか」の機会をうかがっていたころに比べて，大人びた態度だと言えるので，１がよい。

問13　真智子《まちこ》といっしょに下校途中《とちゅう》だった恭一をいじめっ子たちがからかい，橋の上で小づいている場面である。次郎は最初，恭一が「真智子のまえではじを」かくのを見ていたいと，意地の悪い気分になっていた。しかし，ひそかに「ひじょうにすき」な真智子の「しょんぼりした姿」を見て，「なんとかしなければ」と思い始めたのだから，２があてはまる。次郎はいじめっ子たちより年下なので，４のような真智子の「期待」は合わない。

問14　次郎が正木の家の庭で見たのは，若い地鶏が老レグホンからくりかえし追われながらも，にげずに立ちむかって勝利したようすである。波線部アの場面では，地鶏の戦いぶりに触発《しょくはつ》された次郎が，母や祖母の理不尽な仕打ちにも負けず，「死にものぐるい」で「兄弟げんか」をする決意を固めている。波線部イの場面でも，弱い者いじめをする年上のふたりの子どもにひとりで立ちむかい，追いはらったのだから，１が合う。なお，次郎は，４のように「支配者」になろうとはしていない。

問15　いじめっ子たちをやっつけた後，次郎が仲間の「先頭に立」ち，勝利の行進をしている場面である。恭一と仲のよい真智子を，次郎も内心では「ひじょうにすきだった」のだから，真智子が「一隊の後尾《こうび》にくわわっている」のを「ゆかい」に思ったのは，恭一より優位に立ったと感じたためだと推測できる。４が，この状況《じょうきょう》に合う。

問16　直前の一文に，「恭一とけんかをしてみようなどという気は～心のどのすみにも残っていなかった」とある。母や祖母から負けを強いられていた次郎は以前，恭一と本気でけんかする決意をしていたが，今では，恭一をいじめる相手に年下ながら立ちむかい，追いはらっている。つまり，恭一より次郎が強いのは明らかだから，けんかをする必要などなくなったのである。よって，２がよい。

問17　相手が年上でも大人でも，理不尽な仕打ちには負けたくないと考えるまっすぐなはげしい気《き》性《しょう》である。また，弱虫の恭一を積極的にかばうつもりはなくとも，恭一ひとりをふたりがかりでいじめていると聞いたとたん，現場にかけつけるような正義感の強さもある。また，すきな真智子が恭一とばかり仲がよいのを「しゃく」に思い，「ろくに口をきいたこともなかった」ような意地っ張りでもある。

問18　「自信」たっぷりにふるまい，口をきかなくなっていた次郎を，母も祖母も「遠まき」に「警かい」していたことをおさえ，着物をぬらしてはだかで帰った次郎への，母らしい態度，祖母らしい態度を想像する。また，次郎がいじめっ子をやっつけてくれたことを真智子から聞いた親の自然な対応，助けられた恭一の次郎に対する態度などを考える。母と祖母の態度を中心に，順を追ってまとめればよい。

二　**出典は野矢茂樹《のやしげき》の『哲学《てつがく》な日々―考えさせない時代に抗《こう》して』による。**「考える」とはどういうことかを述べ，現代のように自分で考えるのが難しい時代にはどうすればいいかということを説明している。

問１　第三段落で，「考える」とは「答えを思いつく」のを「待つこと」だと述べている。ただし，「ぼーっと」待つのではなく，「問いのきん張を持続させ」「かかえこんだ問いの観点から，すべてを見，すべてを聞く」ことが必要であり，さらに，その「答え」も「他の人の答え」ではなく「自分」のものでなくてはならないことを，第四段落以降で説明している。よって，「すべてに問いの観点で接し，自分の答えがうかぶのを待つ行為《こうい》」「自分の答えが出るまで問いのきん張を保って過ごし，待つ行為」のようにまとめられる。

問２　最後から二つ目の段落で，「自分でじっくり考える」ことは，「現代」のように「せっかちな」時代には「難しい」と述べている。具体的には，「ネット」で調べれば「他の人の答え」が探せるので，「自分でじっくり考え」なくなっているのである。これを整理してまとめればよい。

問3　直前の一文に，大戦中に「専門書や論文が手に入ら」なかったおかげで「自分の考えに沈潜《ちんせん》することができた」という数学者のエピソードが紹介《しょうかい》されている。つまり，情報過多の現代に生きる私たちは，「考える」ために，「他の人の答え」にふり回されないようにしなくてはならないのだと言える。これをふまえると，「少し情報をしゃ断しなければいけない」「自分から情報を制限する必要がある」といった内容がふさわしいとわかる。

三　言葉のかかり受け

1　「三年後」は，オの「むかえます」にかかり，いつそうするかを表す。　**2**　「昨日」は，ウの「見つけた」にかかり，いつそうしたのかを表す。

四　漢字の書き取りと読み

1　本物に似せてつくったもの。　**2**　音読みは「ケン」で，「危険」などの熟語がある。　**3**　暑い盛り。　**4**　責任と義務。　**5**　音読みしかない漢字。ほかに「バク」という音読みがあり，「幕府」などの熟語がある。　**6**　政治が行き届いておだやかな世の中。　**7**　してはならないものごと。好ましくないものごと。　**8**　目が覚めているときに，夢に似た意識状態が現れるもの。

Dr.福井の
入試に勝つ！脳とからだのウルトラ科学

意外！　こんなに役立つ“替え歌勉強法”

病気やケガで脳の左側（左脳）にダメージを受けると，字を読むことも書くことも，話すこともできなくなる。言葉を使うときには左脳が必要だからだ。ところが，ふしぎなことに，左脳にダメージを受けた人でも，歌を歌う（つまり言葉を使う）ことができる。それは，歌のメロディーが右脳に記憶されると同時に，歌詞も右脳に記憶されるからだ。ただし，歌詞は言葉としてではなく，音として右脳に記憶される。

そこで，右脳が左脳の10倍以上も記憶できるという特長を利用して，暗記することがらを歌にして右脳で覚える“替え歌勉強法”にトライしてみよう！

歌のメロディーには，自分がよく知っている曲を選ぶとよい。キミが好きな歌手の曲でもいいし，学校で習うようなものでもいい。あとは，覚えたいことがらをメロディーに乗せて替え歌をつくり，覚えるだけだ。メロディーにあった歌詞をつくるのは少し面倒かもしれないが，つくる楽しみもあって，スムーズに暗記できるはずだ。

替え歌をICレコーダーなどに録音し，それを何度もくり返し聞くようにすると，さらに効果的に覚えることができる。

音楽が苦手だったりして替え歌がうまくつくれない人は，かわりに俳句（川柳）をつくってみよう。五七五のリズムに乗って覚えてしまうわけだ。たとえば，「サソリ君，一番まっ赤は，あんたです」（さそり座の１等星アンタレスは赤色――イメージとしては，運動会の競走でまっ赤な顔をして走ったサソリ君が一番でゴールした場面）というように。

Dr.福井（福井《ふくい》一成《かずしげ》）…医学博士。開成中・高から東大・文Ⅱに入学後，再受験して翌年東大・理Ⅲに合格。同大医学部卒。さまざまな勉強法や脳科学に関する著書多数。

Memo

Memo

平成28年度　フェリス女学院中学校

〔電　話〕 (045) 641－0 2 4 2
〔所在地〕 〒231－8660　神奈川県横浜市中区山手町178
〔交　通〕 JR根岸線—「石川町駅」より徒歩８分
みなとみらい線—「元町・中華街駅」より徒歩10分

【算　数】 (50分) 〈満点：100点〉

《注意》 1．答を出すのに必要な図や式や計算を，その問題のところにはっきりと書いてください。
2．円周率を使う場合は3.14としてください。

1　次の問いに答えなさい。

(1)　次の□にあてはまる数を求めなさい。

$$\frac{11}{21}\times\left(\frac{5}{6}+\square-\frac{7}{9}\right)\div 2\frac{4}{9}=\frac{1}{6}$$

(2)　図のように，円周上に５つの点A，B，C，D，Eがあります。点Oは直径ACと直径BDが交わってできる点です。㋐，㋑の角の大きさをそれぞれ求めなさい。

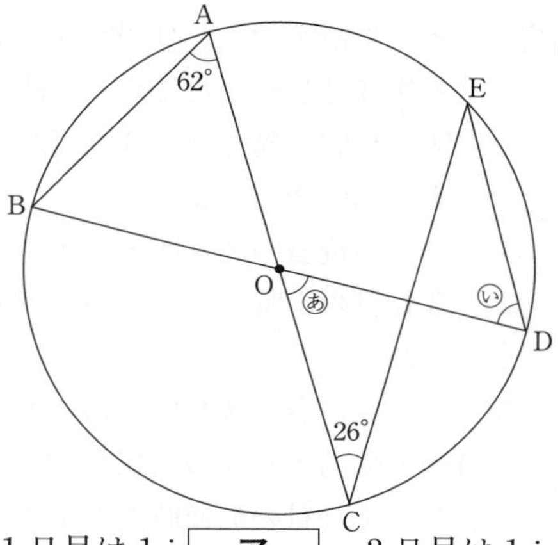

(3)　Aさんは，２日続けて家から図書館まで同じ道のりを往復しました。行きの速さは２日とも同じでしたが，１日目の行きと帰りの速さの比は1：2，２日目の行きと帰りの速さの比は3：5でした。１日目の往復の平均の速さは２日目の往復の平均の速さより１時間あたり0.3km速いことがわかっています。

①　行きにかかった時間と帰りにかかった時間の比は，１日目は1：［ア］，２日目は1：［イ］です。

［ア］，［イ］にあてはまる数をそれぞれ求めなさい。

②　行きの速さは時速何kmですか。

(4)　図のように，１から５までの異なる整数が書かれた５枚のカードをA，B，C，D，Eの５人が１枚ずつひきました。自分がひいたカードについて５人は次のようにそれぞれ言いました。ただし，１人だけが本当のことを言っていません。

A「私のカードに書かれた数は，Dのカードに書かれた数とEのカードに書かれた数の間の数です。」

B「私のカードに書かれた数とCのカードに書かれた数の差は２です。」

C「私のカードに書かれた数は２です。」

D「私のカードに書かれた数は５ではありません。」

E「私のカードに書かれた数はCのカードに書かれた数より１だけ小さい数です。」

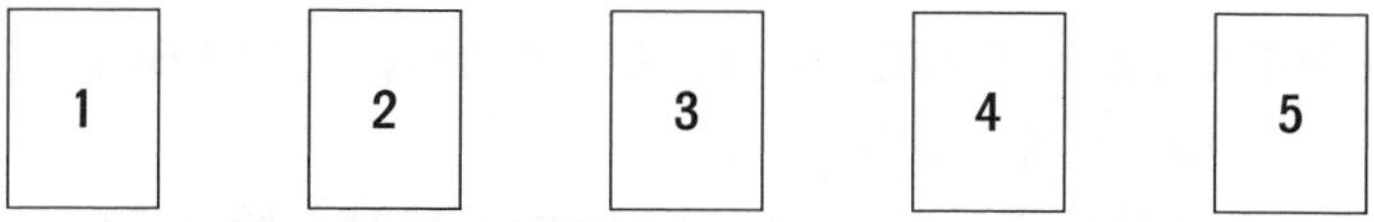

①　Dだけが本当のことを言っていないとすると，［1］～［5］のカードをそれぞれだれがひきましたか。

② Cだけが本当のことを言っていないとすると，[1]～[5]のカードをそれぞれだれがひきましたか。

(5) 図のように，半径6 cmの半円の周上に点B，Cがあります。点Oは直径ADのまん中の点です。

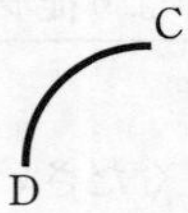

線の長さと
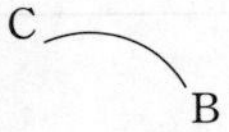

線の長さの比は2：3です。

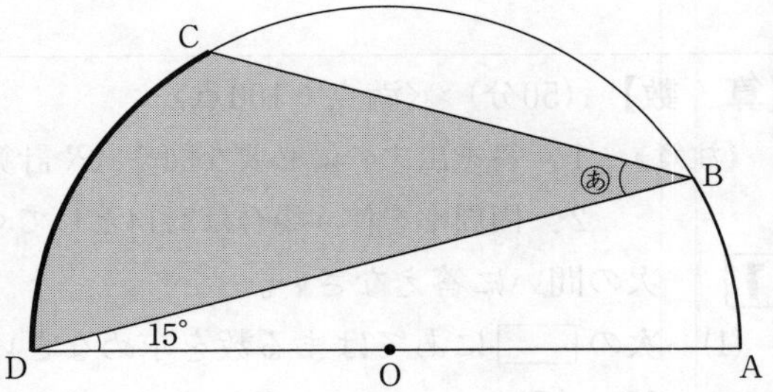

① あの角の大きさを求めなさい。

② 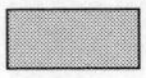 部分の面積を求めなさい。

2 ある美術館で，3日間だけの展覧会を行いました。2日目も3日目も，入場者数の前日に対する比は等しかったため，3日目の入場者数は180人で，1日目の1.44倍でした。また，3日とも開館時間が異なり，3日目の開館時間は2日目の1.5倍でした。

次の問いに答えなさい。

(1) この展覧会の3日間の入場者数の合計を求めなさい。

(2) 3日目の1時間あたりの入場者数の平均は，2日目の1時間あたりの入場者数の平均の何倍ですか。

(3) この展覧会の3日間を通しての1時間あたりの入場者数の平均は，14人でした。また，1日目の1時間あたりの入場者数の平均と2日目の1時間あたりの入場者数の平均の比は10：9でした。1日目の開館時間を求めなさい。

3 図のように，台形ABCDと長方形EFGHがあります。

台形ABCDは毎秒0.5 cmの速さで，長方形EFGHの方向へ移動します。

長方形EFGHは動きません。4点A，D，E，Hはつねに同じ直線上にあり，4点B，C，F，Gもつねに同じ直線上にあります。次の問いに答えなさい。

(1) 台形ABCDと長方形EFGHが重なる部分は，どんな図形になりますか。①～⑥の中からすべて選びなさい。

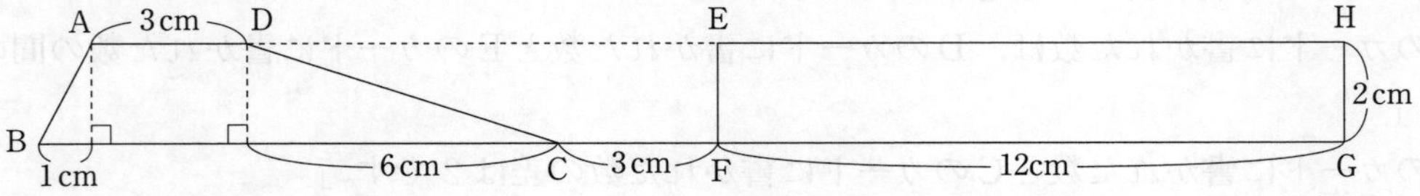

① 正方形　② 長方形　③ 台形

④ 五角形　⑤ 二等辺三角形　⑥ 直角三角形

(2) 台形ABCDと長方形EFGHが重なる部分の面積が6 cm²となるのは，台形ABCDが移動を始めてから何秒後ですか。すべての場合を答えなさい。

(3) 直線CDが長方形EFGHの面積を2等分するのは，台形ABCDが移動を始めてから何秒後ですか。

(4)　台形ABCDと長方形EFGHが重なるとき，直線BFと直線CGの長さの比が1：2となるのは，台形ABCDが移動を始めてから何秒後ですか。すべての場合を答えなさい。（求め方も書きなさい）

4　図1は，1辺の長さが6cmの立方体です。点Oは，直線BHのまん中の点です。図2は，ある立体の展開図です。これは，図1の四角形ABCDと合同な四角形4つと，図1の三角形OABと合同な三角形8つからできています。

次の問いに答えなさい。

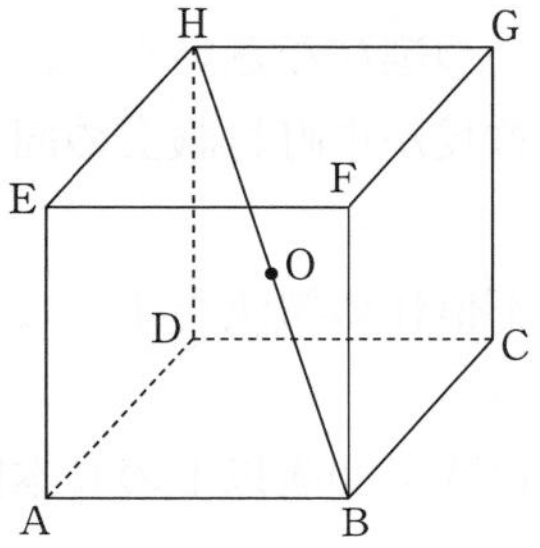

図1

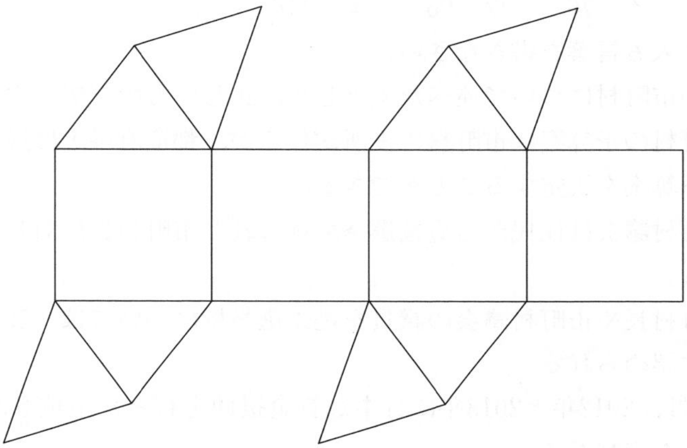
図2

(1)　図1で，四角すいOABCDの体積を求めなさい。（求め方も書きなさい）

(2)　図2の展開図からできる立体は何通りありますか。（求め方も書きなさい）

(3)　(2)の立体のうち，最も体積の小さい立体の体積を求めなさい。（求め方も書きなさい）

5　ある学年の男子の人数と女子の人数は等しいです。この学年をAグループとBグループに分け，テストをしました。それぞれのグループの男女の人数の差は7人です。各グループの男女の平均点は，表のようになりました。この学年の男子の平均点は，女子の平均点よりも低くなりました。

	男子	女子
Aグループ	70点	65点
Bグループ	40点	35点

次の問いに答えなさい。

(1)　各グループの男女の人数について述べた①～④の中から正しいものを1つ選びなさい。

①　どちらのグループも男子が女子より7人多い。

②　どちらのグループも男子が女子より7人少ない。

③　Aグループでは男子が女子より7人多く，Bグループでは男子が女子より7人少ない。

④　Aグループでは男子が女子より7人少なく，Bグループでは男子が女子より7人多い。

(2)　この学年の人数は最も少ない場合で［ア］人，最も多い場合で［イ］人です。

［ア］，［イ］にあてはまる数をそれぞれ求めなさい。（求め方も書きなさい）

(3)　この学年の人数が60人であるとすると，学年全体の平均点は最も低い場合で何点ですか。（求め方も書きなさい）

【社　会】（30分）〈満点：60点〉

1　次の文を読み，下線の問いに答えなさい。

国に納められた税金は，財務省が他の省庁と相談してその使いみちの案を作ります。内閣がこの案を検討し，予算案として国会に提出します。2015年度の当初の予算案の総額は a（　　）兆3420億円です。予算案は衆議院でも参議院でも，まず b（　　）で先に審議《しんぎ》され可決された上で，本会議に提出されます。予算の使いみちはさまざまで，c 全国の都道府県や市町村の財政を支援したり，国連や d 発展途上国への資金援助にも使われています。

a　（　）に入る数字をア～エから選びなさい。

ア　56　　イ　76　　ウ　96　　エ　116

b　（　）に入る言葉を書きなさい。

c　日本の市町村について述べた文として，正しいものをア～ウから一つ選びなさい。

ア　市町村の予算案は市町村の役所が作るが，都道府県とは違い，首長が市町村議会の同意なしに予算案を決定することができる。

イ　市町村議会は住民から直接選挙で選ばれた市町村長に対して，不信任の議決をすることができる。

ウ　市町村長や市町村議会の議員を選ぶ選挙権については，2016年以降も20歳以上の日本国民にだけ認められる。

d　次の表は，2012年と2013年に日本が資金援助を行った上位5か国を表しています。**A**の国をア～エから選びなさい。

2012年

国名	全体に占《し》める割合
A	25.9%
アフガニスタン	13.8%
インド	11.1%
イラク	5.7%
バングラデシュ	4.8%

2013年

国名	全体に占める割合
ミャンマー	29.7%
A	15.3%
アフガニスタン	9.7%
イラク	8.2%
インド	7.8%

ア　中国　　イ　ブラジル　　ウ　エジプト　　エ　ベトナム

2　次の各文章は，さまざまな工夫で発展に取り組んでいる地域について述べています。＿＿a～lについての問いに答えなさい。

a 北海道の十勝《とかち》平野は，大雪《たいせつ》山の南，（　　）山脈の東に広がる平野です。この山脈の北西には b 夕張《ゆうばり》山地があります。c 十勝地方の中心都市は，十勝産の食材を使ったお菓子の生産地としても知られています。その都市の南にある中札内《なかさつない》村では，十勝産の牛乳を使ったチーズの生産など，農家が原材料の生産から食品の加工，そして販売まで手がけることで，人気商品を生むことができました。

（2013年）

	生産量（トン）	全体に占める割合
北海道	167900	11.5%
千葉	158100	10.9%
青森	124300	8.5%
鹿児島	103700	7.1%
宮崎	96100	6.6%

a　①　（　）に入る山脈の名前を書きなさい。

②　十勝地方は野菜の生産がさかんです。右の表は，

十勝地方で多く生産されるある野菜の生産上位5位の道府県を表していますが，この野菜をア～エから選びなさい。

ア　大根　　イ　じゃがいも　　ウ　玉ねぎ　　エ　トマト

b　夕張山地一帯では，以前はある鉱物の採掘《さいくつ》がさかんでした。2011年現在，その世界生産の約6割を中国が占めていますが，この鉱物はなんですか。

c　この都市の名前をア～ウから選びなさい。

ア　旭川《あさひかわ》市　　イ　帯広《おびひろ》市　　ウ　釧路《くしろ》市

山梨県の中央に広がる d(　　)盆地は，斜面《しゃめん》が多いため水はけがよく，一年における気温の差が大きいため e果樹の栽培に適しています。県北部の北杜《ほくと》市や南部の忍野《おしの》村では，首長が企業の呼びこみに努力し，最新の科学技術を持つ会社が進出しています。 fそこで生産された製品は，世界に向けて輸出されています。

d　(　)に入る盆地の名前を書きなさい。

e　次の表はあるくだものの生産の多い上位5県を示していますが，このくだものはなんですか。

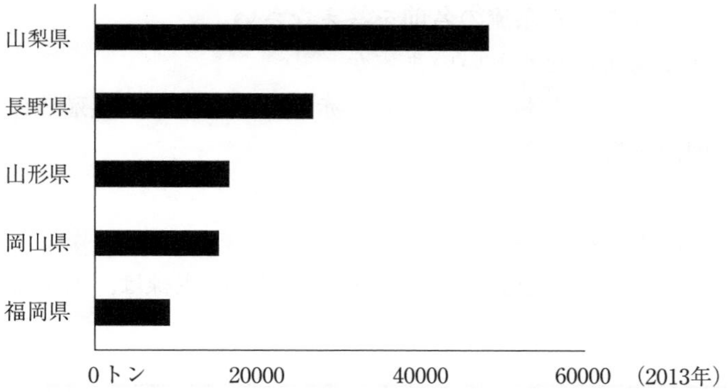

f　次の表は，2011年から2014年までの日本の輸出品と輸入品全体の取りあつかい額を示しています。アとイのうち，輸出品の取りあつかい額を表しているものはどちらですか。

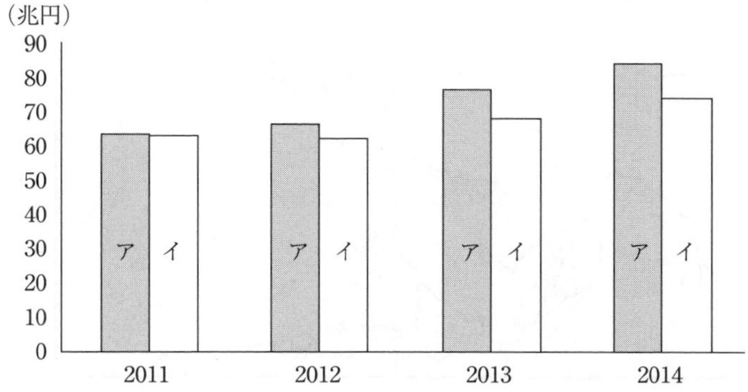

熊本県は東を g(　　)山地，西を有明《ありあけ》海と h八代《やつしろ》海に囲まれています。温暖で豊かな土壌《どじょう》を持つ熊本県では，野菜や米などを作る農業がさかんです。また阿蘇《あそ》山のふもとにある西原《にしはら》村周辺には， i最先端の技術を持つ企業などが研究開発を行う重要な工場を置いており， j地域の発展に一役買っています。

g　(　)に入る山地の名前を書きなさい。

h　この海の周辺では，かつて有機水銀を原因とする水俣《みなまた》病が発生しました。工場から海に排出された有機水銀は，どのようにして人の体に取りこまれたのですか。

i　例えば，これらの中には，集積回路を製造する機械を作る企業があります。日本における集積回路の生産額のうつり変わりについて，正しく述べている文をア～ウから一つ選びなさい。

ア　1995年から2013年までの集積回路の生産額は，ほぼ横ばいである。

イ　2013年の集積回路の生産額は，1995年に比べて約2倍に増えた。

ウ　2013年の集積回路の生産額は，1995年に比べて約半分に減った。

j　企業や工場があると，その地域の地方公共団体にはどのような利益がもたらされますか。一つ答えなさい。

島根県の北にある隠岐《おき》諸島の沖合は，k北海道とロシアの間の海から下ってくる寒流と，九州と朝鮮半島の間の海峡《かいきょう》から流れてくる暖流がぶつかり，非常によい漁場となっています。隠岐にある海士《あま》町は，島外からの移住者に対して一定期間の生活費を支給し，漁業などの職業訓練を行っています。その結果，l養殖《ようしょく》業などの産業が育ち，減り続けていた人口が2013年には増え始めました。

k　①　北海道とロシアの間の海から流れてくる寒流の名前を答えなさい。

　　②　暖流と寒流がぶつかり合うような場所をなんといいますか。

l　養殖業に大きな被害をもたらすものとして赤潮《あかしお》があります。赤潮が発生すると養殖魚は死んでしまうこともありますが，その理由を答えなさい。

3　次のA～Dの地図についての問いに答えなさい。

A　この地図は，8世紀中ごろのアジアのようすを表しています。地図中の点線は，おもな交通路を示しています。

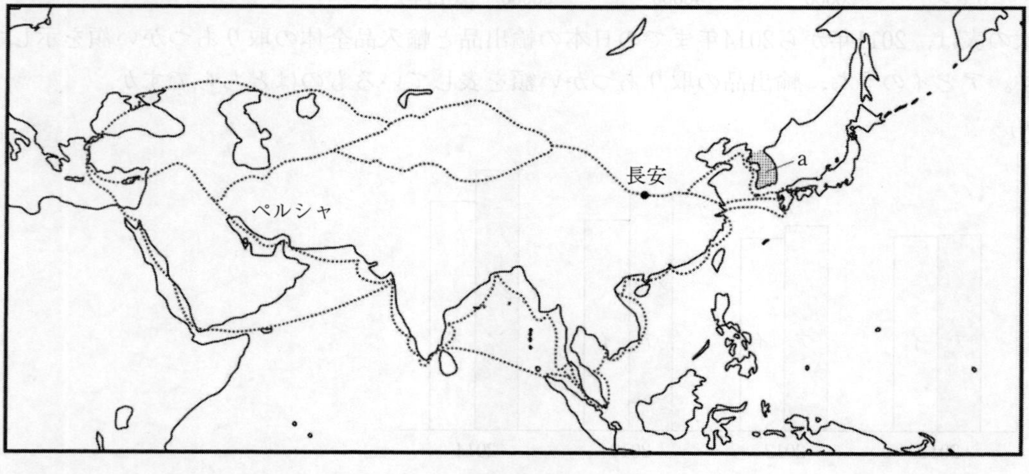

問1　地図中のaの国名を，次のア～エから選びなさい。

ア　高句麗《こうくり》　　イ　百済《くだら》　　ウ　新羅《しらぎ》　　エ　高麗《こうらい》

問2　地図にあるような交通路を通じて，ペルシャなど西アジアの商人たちも，唐《とう》の都にやってきました。日本にもこのような世界の品々が，遣《けん》唐使を通じてもたらされましたが，どうしてそのようなことがわかるのですか。

問3　7世紀末以降，日本でも唐の都にならい，ごばんの目のように区画された都が建設されました。奈良の飛鳥につくられた，最初のこのような都の名をなんといいますか。

問4　この時代，日本では，聖武《しょうむ》天皇の命令で東大寺の大仏がつくられました。大仏をつくるために用いられた金は，おもにどこで採《と》れましたか。次のア～エから選びなさい。

ア　東北地方　　イ　北陸地方　　ウ　中国地方　　エ　九州地方

問5　遣唐使は9世紀の末に廃止されました。そのことはやがて国風文化の発展をもたらしますが，国風文化の説明としてふさわしいものを，ア～ウから一つ選びなさい。

ア　仏教や儒《じゅ》教が伝わる前の，日本古来《こらい》の文化が見直されるようになった。

イ　それまでに伝えられていた中国の文化をもとに，日本の風土にあった文化が生まれた。

ウ　中国との関係が悪くなり，中国の文化に対抗して日本独自の文化が生まれた。

B　この地図は15世紀の東アジアのようすを表しています。地図中の点線は，日本と明《みん》との貿易路を示しています。

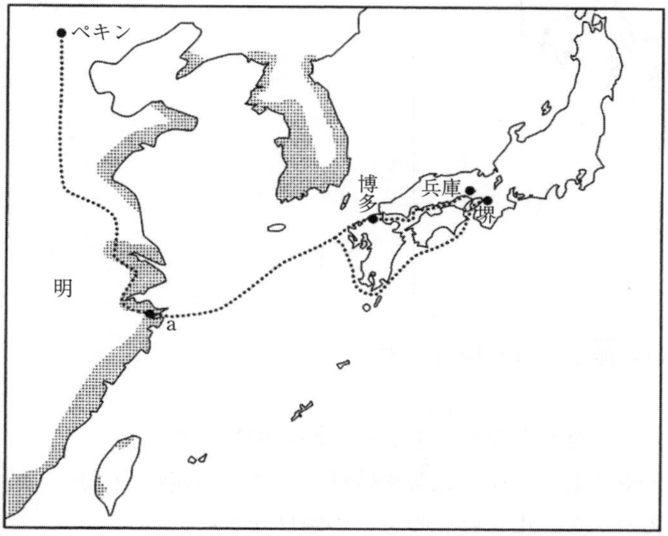

問1　地図の［網かけ］の地域には，当時，日本の海賊《かいぞく》がたびたび現れ，人々からおそれられていました。この海賊はなんと呼ばれましたか。

問2　この時期，幕府は明との貿易を始めました。

①　日本から派遣された船は，aの港に着くと，明の役人に，正式な貿易船であることを示す証明書を見せることになっていました。この証明書の名前から，この貿易はなんと呼ばれましたか。

②　この貿易を始めた将軍の時代について書いた次の文のうち，正しいものを二つ答えなさい。

ア　南北に分かれていた朝廷の対立が終わり，幕府の権力が安定した。

イ　雪舟《せっしゅう》が水墨画《すいぼくが》を独特の画法で描《えが》き，芸術として完成させた。

ウ　将軍のあとつぎ問題などをめぐって，全国の大名をまきこんだ戦乱が京都で起こった。

エ　観阿弥《かんあみ》・世阿弥《ぜあみ》父子が将軍の保護を受け，能を完成させた。

③　幕府の力がおとろえたのち，この貿易は山口の大名が中心となって行われるようになりました。この大名をア～エから選びなさい。

ア　島津氏　　イ　畠山《はたけやま》氏　　ウ　大内氏　　エ　今川氏

問3　16世紀末に豊臣秀吉は朝鮮に出兵しましたが，これに対して明はどのような対応をしましたか。

C　この地図のa～dは，江戸時代の鎖国《さこく》をしていた時期に，外交で重要であった場所を示しています。

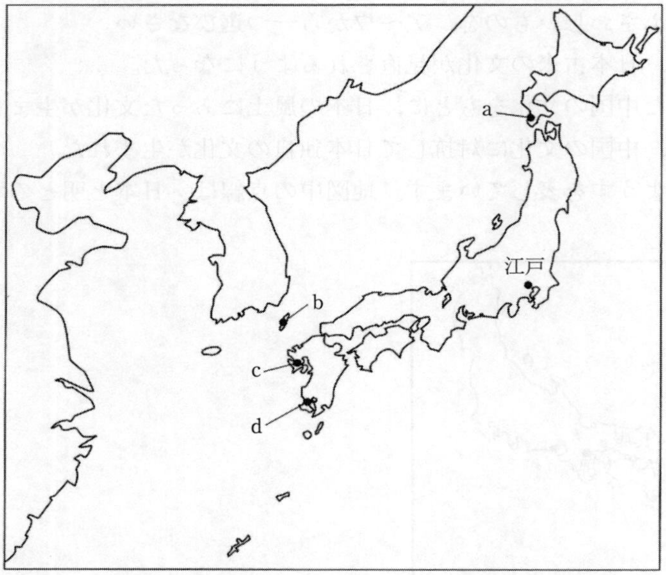

問1　aはアイヌと交易を行っていた藩《はん》があった場所です。

①　この藩の名前を答えなさい。

②　この藩がアイヌから入手していたおもなものをア～エから選びなさい。

ア　木工品や綿布　　イ　米や野菜　　ウ　硫黄《いおう》や砂鉄　　エ　海産物や毛皮

問2　bの藩について書いた次の文のうち，正しいものを一つ選びなさい。

ア　朝鮮通信使を率い，江戸まで連れて行く役割を務めていた。

イ　朝鮮と幕府間の連絡役を務めていた。

ウ　朝鮮に使節を派遣し，従属する立場をとっていた。

エ　朝鮮との貿易で得た利益の一部を，幕府に納めていた。

問3　cは開港地であったため，オランダや中国の商人が住む場所がつくられていました。このうち中国の商人が住み，貿易が行われた場所をなんと呼びましたか。

問4　dの藩はなぜ，外交の重要地だったのですか。

問5　鎖国は17世紀の半ばから約200年間続きました。次のア～エから，18世紀のできごととして正しいものを二つ答えなさい。

ア　将軍吉宗《よしむね》によって，幕府の財政の立て直しや政治の改革が行われた。

イ　日本の近海に来た外国船はすべて打ち払うよう，幕府が命令を出した。

ウ　江戸の人口が100万人をこえ，世界でも有数の大都市となった。

エ　キリスト教信者ではないことを確かめる方法として，絵踏《えふみ》が始められた。

D　この地図は，太平洋戦争で，日本の支配地域が最大になったときの範囲を示しています。

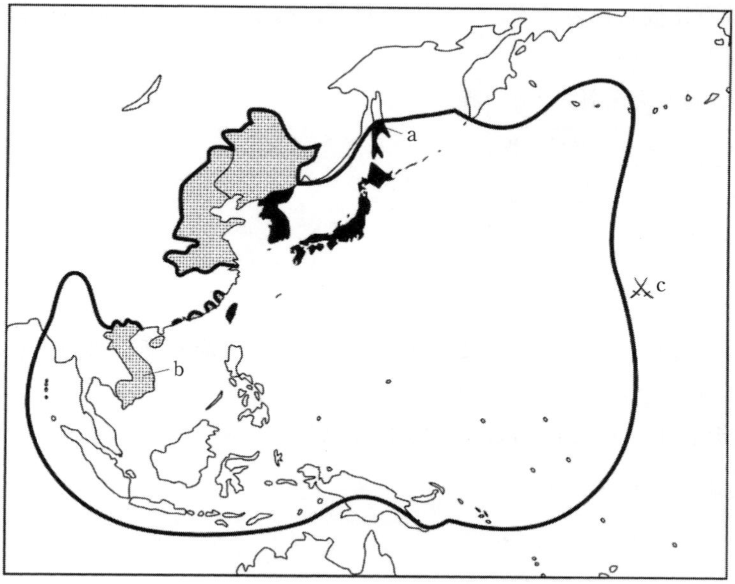

開戦時の日本の領土

開戦時の日本の勢力範囲

問1　aは，当時日本の領土になっていました。そのことを定めた条約の名前を答えなさい。

問2　中国と戦争をしていた日本が，さらに東南アジアに進出したおもな理由を一つ答えなさい。

問3　東南アジアへの進出を決めた日本は，まずbの地域に軍を進めました。ここは，当時どこの国の植民地でしたか。次のア～エから選びなさい。

ア　イギリス　　イ　フランス　　ウ　アメリカ　　エ　ドイツ

(※巡艦…軍艦の一種)

問4　上の資料は，1942年6月にcの地域で行われた海戦に関する新聞記事と，この海戦に参加した日米の※空母《くうぼ》の数を比較《ひかく》した表です。これらを見て，戦争中の新聞報道の特徴《ちょう》について気がついたことを書きなさい。

（※空母…航空機を乗せ，それを発着させる軍艦《かん》）

	海戦時の空母の数	海戦後の空母の数
日本	4	0
アメリカ	3	2

【理　科】（30分）〈満点：60点〉

1　水よう液が入ったビーカーが4つ（A～D）ありますが，ラベルをつけ忘れてしまいました。この中身は次の4種類の水よう液です。これらを見分ける実験をしました。

〔うすい塩酸，うすい水酸化ナトリウム水よう液，食塩水，炭酸水〕

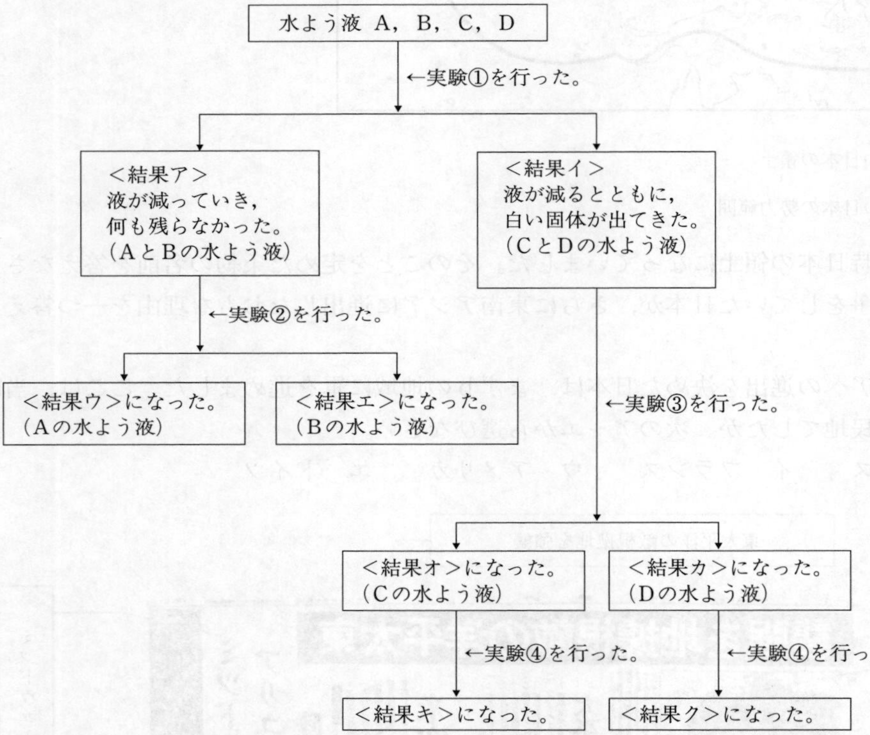

1　実験①では，水よう液を蒸発皿に少量とり，おだやかにしばらく熱しました。

AとBの水よう液を使って行う実験②を考えなさい。

また，その実験②をすると結果ウ・エではどのような事が観察されますか。その結果になる水よう液A・Bは何ですか。それぞれ答えなさい。

2　実験④では，水よう液を赤色リトマス紙と青色リトマス紙につけました。

結果クは，赤色リトマス紙の色が青く変わりましたが，青色リトマス紙の色は変わりませんでした。

CとDの水よう液を使って行う実験③を考えなさい。

また，その実験③をすると結果オ・カではどのような事が観察されますか。その結果になる水よう液C・Dは何ですか。それぞれ答えなさい。

2 物体をひもでつるして液体中に入れると，入れる前に比べて軽くなったように感じます。このことについて，ばねばかりと自動上皿ばかりを用いて以下のような実験をしました。右の図は＜実験＞⑤のようすを示しています。

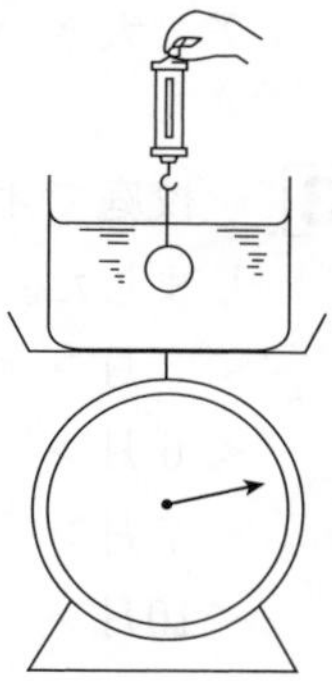

＜実験＞

① 空のビーカーを自動上皿ばかりに乗せて重さをはかります。

② ビーカーに300 cm^3 の水を入れ，全体の重さをはかります。

③ 水を入れたメスシリンダーの中に小石をしずめて，小石の体積をはかります。

④ ③の小石をとり出してひもでつるし，ばねばかりで重さをはかります。

⑤ ばねばかりにつるしたまま，小石をゆっくりとビーカーの水の中にしずめていき，完全に水中に入ったところで，ばねばかりと自動上皿ばかりの目盛りを読みます。

⑥ 水のかわりに，同じ体積のアルコールを用いて同じ実験を行います。

＜結果＞

・①の結果から，ビーカーの重さは160 g であることがわかりました。

・③と④の結果から，小石の体積は50 cm^3 で，重さは150 g であることがわかりました。

・水とアルコールについて，右のような結果が得られました。

		水	アルコール
自動上皿ばかりの読み	小石をしずめる前	460 g	400 g
	小石をしずめた後	510 g	440 g
ばねばかりの読み	小石をしずめる前	150 g	150 g
	小石をしずめた後	100 g	110 g

1 300 cm^3 の水とアルコールの重さは，それぞれ何 g ですか。

2 アルコールの 1 cm^3 あたりの重さは何 g ですか。

3 ばねばかりの読みが変化したのは，小石が液体から押し上げられる力を受けたためと考えられます。その力を「浮力《ふりょく》」と呼びます。

実験について，小石を入れる前と後でどう変化したか，以下の表の空らんに当てはまる数字を答えなさい。{増えた・減った}は，解答らんの正しい方を○で囲みなさい。

		水	アルコール
(1)	自動上皿ばかりの読みの変化	(ア) g イ {増えた・減った}	(ウ) g エ {増えた・減った}
(2)	ばねばかりの読みの変化	(オ) g カ {増えた・減った}	(キ) g ク {増えた・減った}
(3)	浮力の大きさ	(ケ) g	(コ) g
(4)	(3)と同じ重さの液体の体積	(サ) cm^3	(シ) cm^3

4 以上の結果から，物体を完全にしずめたときの浮力の大きさは，実験をしなくても計算によって求められることがわかります。

ある液体Xに物体を完全にしずめたとき，物体が受ける浮力の大きさを計算によって求めるには，この液体Xについて，何を調べたらよいですか。

5 同様の実験を，こい食塩水を用いて行いました。小石を完全にしずめたとき，ばねばかりの目盛りは，水の場合と比べてどうなりますか。以下のア～ウから選び，記号で答えなさい。

ア　大きい　　イ　小さい　　ウ　同じ

3　校庭でオオカマキリのメスとオスの幼虫をつかまえて，それぞれ別々の虫かごで飼うことにしました。次の文章は，観察の記録の一部分です。

＜５月＞　幼虫が，エサとして与えたショウジョウバエを食べていた。

＜６月＞　①幼虫の体がひとまわり大きくなった。

＜７月＞　②幼虫が成虫になった。幼虫と成虫の見た目は，よく似ていた。

＜10月＞　メスとオスを同じ虫かごに入れると，体の大きいメスと，メスよりも体の小さいオスが交びをした。その後，メスがたくさんの卵を産んだ。

1　下線部①で，体がひとまわり大きくなるときに，どのようなことがおこりますか。

2　下線部②について，以下の問いに答えなさい。

(1)　成虫になるとできあがる体の部分の名前を答えなさい。

(2)　オオカマキリのように，幼虫がさなぎにならずに成虫になることを何というか答えなさい。

3　オオカマキリでは産ませるときにだけ，メスとオスを同じ虫かごに入れ，さらに，虫かごにはたくさんのえさと，木の枝を入れます。これについて，以下の問いに答えなさい。

(1)　卵を産ませるとき以外は，メスとオスを別々の虫かごに入れる理由を説明しなさい。

(2)　卵を産ませるときに，虫かごに木の枝を入れる理由を説明しなさい。

4　オオカマキリの卵は，卵のうというスポンジ状の物に包まれて冬をこします。卵が，卵のうに包まれて冬をこす理由を説明しなさい。

5　人では一回に生まれる子どもの数は，平均すると約１人ですが，オオカマキリでは一回にもっと多くの卵を産みます。オオカマキリが，一回に多くの卵を産む理由として考えられることを１つ答えなさい。

6　(1)　オオカマキリの卵は，卵のうで育ちますが，人の受精卵は母親の体内で育っていきます。人の受精卵が育つところを何と呼びますか。

(2)　人の赤ちゃんは母親の体内で育つあいだ，栄養分をどのように取り入れていますか。関係するつくりの名前を解答らんの(　)内に答えて，説明しなさい。

4　陸に近い海上や海に近い陸地において風がほとんどふかない状態を凪(なぎ)といいます。

1　凪が起きる原因は次のように考えることができます。

下の文中の{①}から{④}には，次のア～オのどの語が入るでしょうか。{①}と{②}にはアとイから，{③}と{④}にはウ～オの中から選びなさい。なお同じ語をくりかえし選んでもかまいません。

ア　海水面　　イ　地面　　ウ　上昇《しょう》し　　エ　下降し　　オ　横に動き

昼間，晴れているとき{ ① }の温度が上がり{ ② }の温度よりも高くなります。すると{ ① }付近の空気は{ ③ }，{ ② }付近の空気が{ ① }の付近に移動してきます。一方，夜は{ ① }の温度が下がり{ ② }の温度よりも低くなります。すると{ ② }付近の空気は{ ④ }，{ ① }付近の空気が{ ② }付近に移動してきます。そして，このように空気の移動の向きが変わるとき，凪の状態になると考えられます。１日の中で凪の状態になる時間帯は朝と夕方で，それぞれ朝凪(あさなぎ)，夕凪(ゆうなぎ)といいます。

2　海岸の周辺で気球を上げ風の向き(気流)を観測しました。図１はよく晴れた８月の正午に相模湾《わん》に面したある海岸で観測した結果です。風の向き(気流)を矢印で表しました。図の横じくのア・イ側のどちらかに海と陸があり，点線のところがその境目です。また図の縦じくは海上または地上からの観測点の高さを示しています。

図１

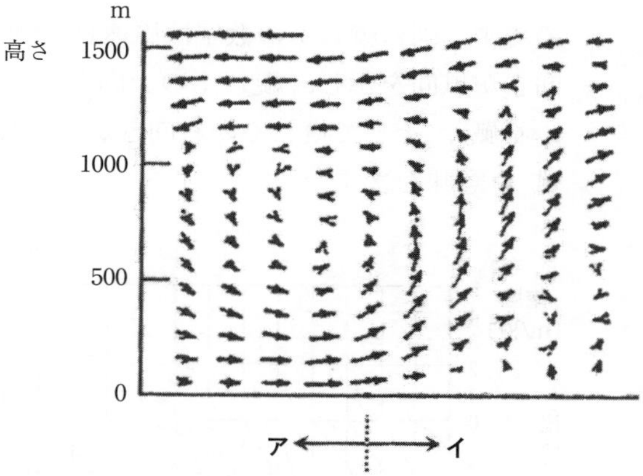

(1)　陸があるのは**ア・イ**のどちら側でしょうか。

(2)　**1**の文中{③}と{④}の空気の移動は，上空何m(メートル)ぐらいまでの高さでおきると考えられますか。次のウ～オの数値から１つ選びなさい。

ウ　500　　エ　1000　　オ　1500

(3)　(2)の高さでは空気の温度・重さは，その下の高さ０m付近とくらべてどうなっていますか。次のカ～コの中から選びなさい。

カ　高い　　キ　低い　　ク　重い　　ケ　軽い　　コ　変わらない

(4)　(2)の高さより高い上空では，空気の流れはその下の高さ０m付近とくらべてどうなっていますか。

(5)　海岸周辺の海からふく風と陸からふく風の向き(気流)は，図１の断面で見た場合，全体的にどうなっているといえますか。

図２

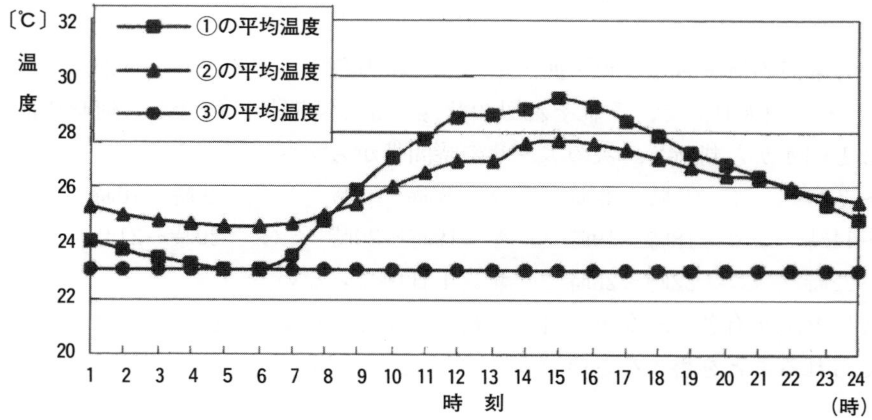

3　夏のよく晴れた日，瀬戸内海に面した広島市では凪の状態になることが多いです。図２はある年の７月一か月間，広島市の平均気温と広島湾の海水温度の平均値を時刻ごとに表したものです。時刻は24時間で表しています。また，平均気温に関しては「晴天日」と「雨天日」の２種類に分けて平均しました。なお「晴天日」は降雨量が１mm未満の日で，一か月で20日ありました。また「雨天日」は降雨量が１mm以上の日で，一か月で11日ありました。

(1) 図2の①～③の線は，どの平均温度でしょうか。次のア～ウの記号で答えなさい。

ア 海水温　　イ 「晴天日」の気温　　ウ 「雨天日」の気温

(2) 図3と図4はそれぞれ「晴天日」と「雨天日」の時刻ごとの風速と風向を矢印で表したものです。図の縦じくの数字は風速(秒速何メートル)の数値を示します。また，図中の矢印の向きが風向を示し，縦じくの上向きが南風(南から北へふく風)，下向きが北風(北から南へふく風)，そして横じくの右向きが西風(西から東へふく風)，左向きが東風(東から西へふく風)を意味します。

図3

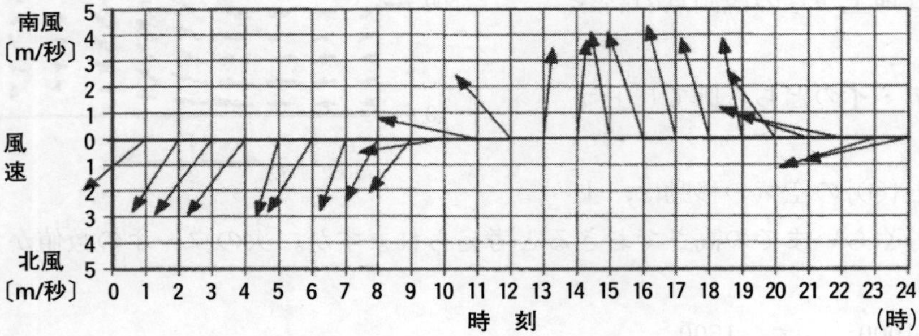

図4

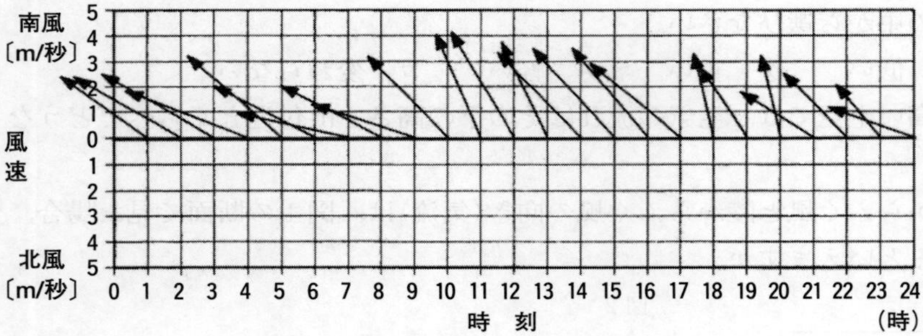

① 広島市から瀬戸内海をみると東・西・南・北どの方角にみえるでしょうか。

② 「晴天日」と「雨天日」で，それぞれ凪の状態になる時間帯は何時から何時の間でしょうか。図3と図4から判断し，次のア～サの時間帯からすべて選びなさい。

ア 6時～7時　　イ 7時～8時　　ウ 8時～9時　　エ 9時～10時

オ 10時～11時　　カ 18時～19時　　キ 19時～20時　　ク 20時～21時

ケ 21時～22時　　コ 22時～23時　　サ 1日中ならない

③ 広島市では夕凪が有名で，夕方，暑さが厳しく感じられます。図2と図3からその理由として考えられることを書きなさい。

4　日本がテレビやクルマやコンピューターなどの工業製品を第三世界に売り続けるせいで、第三世界で農業以外の産業が発展しないこと

問三　――部「おたがいの顔はまったく見えない」とありますが、同じことを言っている部分を本文中から二十字以内でぬき出しなさい。

問四　――部「バナナが大農園で、より〝工業的〟生産が可能なのに対し、エビは広い海、多くの漁民を相手にした産業である。資本の支配力が貫徹しにくい側面がある」とは、わかりやすく言うとどのようなことですか。

1　バナナは植物なので条件さえととのえば安定した収穫が期待できるが、エビは動物なので行動がつかみにくく、一定の条件のもとでも捕獲量にちがいが出てしまうこと

2　バナナ生産は従事する人人の職種にそれほどちがいがないので賃金を計算しやすいが、エビ産業は出荷までの過程が多く職種もさまざまで、賃金体系も複雑になってしまうこと

3　バナナはある程度日持ちがするので多少生産しすぎてもそれほど損失は出ないが、エビは生鮮食品なので日持ちがせず、あまりたくさん市場に出すと大はばな損失が出るということ

4　バナナ生産は区画された農園で決められた方法によって管理することができるが、エビ産業ははん囲を限定できない自然や人人を相手にしていて、一律に管理することがむずかしいということ

問五　――部「〝工業的〟エビ生産」とありますが、従来とはちがうエビの生産はどのような問題を新たに生み出しますか。四十字以内で書きなさい。

問六　現在の日本ではウナギが獲れなくなってきつつあります。なぜこの問題が起こったのか、そしてこの問題に対してどのようなことができると思うか、あなたの考えを百八十字以内で書きなさい。

三

次の各文について敬語の用い方の正しいものには○を、そうでないものには×を書きなさい。

1　ここへいらっしゃるあいだ、雨は降っていらっしゃいましたか

2　ご注文のさいにはお名前様をちょうだいいたします

3　私の父はいまテレビをごらんになっているところです

4　結婚式にはぜひ先生をご招待もうしあげたいと思います

5　どうぞスープが冷めないうちにいただいてください

6　寒さきびしきおり、いかがお過ごしですか

四

次の――部1～8のカタカナの部分を漢字で書きなさい。また――部9～12の漢字の読み方をひらがなで書きなさい。

糸を1タバねる

2キソクを守る

火花を3チらす

投票による4サイケツ

商売の5サイカクがある

6エキシャを建てかえる

鳥の7ス

無実を8リッショウする

あいさつ運動に9呼応する

10干害に苦しめられる

かがやきを11放つ

バスが12混む

だが、エビという身近な題材を、かなりたんねんに追いかけることによって、問二私たちと第三世界との関係の〝歪《ひず》み〟がうかび上がってきた。彼らが獲り、私たちが食べる。獲り、加工する第三世界の人びと、食べる私たち、この両者のあいだには、長い複雑な道のりがあり、問三おたがいの顔はまったく見えない。

ジャワやスラウェシの海辺で稚《ち》エビを獲る漁民は、その小さな稚エビが、親エビに成長し、二〇～三〇倍の値で、三〇〇〇キロはなれた日本人の食卓に供せられると知らされても、実感はわかないだろう。私たちも、スーパーで、きれいにパックされたエビが、三〇〇〇キロはなれた海辺で、漁民が三角網で獲り、貝がらでていねいにすくい、洗面器に入れて養殖池に売られ、成長したものなどと考えてもいない。

人と人とが相《あい》対する世界ではない。資本（カネ）とテクノロジーが、私たちと第三世界を縦に結びつけている。バナナの場合、きょ大な多国籍《せき》企業による第三世界の直接的支配と、〈注2〉寡占《かせん》的生産構造がある。エビは大商社や大水産会社が基本的には生産・流通を支配しているといえるが、もっと広域で、企業の数も多い。また第三世界の側も、バナナより長い流通の経路がある。関わる人の数も多い。漁民はバナナ農園の労働者ほど、むき出しの支配を受けてはいない。エビ成《なり》金ということばは聞くが、バナナ成金ということばは聞いたことがない。

問四バナナが大農園で、より〝工業的〟生産が可能なのに対し、エビは広い海、多くの漁民を相手にした産業である。資本の支配力が貫徹《かんてつ》しにくい側面がある。

だが、エビもはっきりと養殖化の比重が高まってきている。問五〝工業的〟エビ生産は、すでに台湾に見られる。資本・技術の力が大きく作用してくる。

日本の業者は、エビ需《じゅ》要はまだまだのびると予測している。価格がさらに下がり、輸入がいまの二倍位までのびることを期待している。しかし海の漁獲はそれほど増えないだろう。否、減るかもしれない。とすると養殖である。

養殖はマングローブ林を破かいする。高密度養殖のためには、生魚をぎせいにした人工飼料が必要になる。大きな資本と細心のテクノロジーも必要だ。いったいだれがこの競争に勝つのだろうか。マングローブ林や生魚をぎせいにされて困るのはだれなのだろうか。

エビというたった一つの商品からでさえ、ずい分とやっかいな問題が見えてきた。

（村井吉敬《よしのり》『エビと日本人』）

〈注1〉「さあ、輸入しよう」という意味。通産省とは現在の経済産業省にあたる

〈注2〉少数の大企業が特定商品の生産や販《はん》売の大半を支配すること

問一 ――部「私は私たちの生活のありよう、私たちと第三世界との関係のありように根本的な疑問を持たずにはいられない」とありますが、「私たちの生活のありよう、私たちと第三世界との関係のありよう」とはわかりやすく言うとどのようなさまですか。同じ形式段落の中の言葉を用いて四十字以内で書きなさい。

問二 ――部「私たちと第三世界との関係の〝歪み〟」とは、具体的にどのようなことですか。

1 日本が天然の魚を輸入し続けたせいで第三世界の海域があらされ、日本が養殖の魚しか輸入できなくなっていること

2 日本がエビを獲ることに費やす石油量があまりにばく大なものになり、第三世界の人人に必要なだけの石油が供給されなくなってしまっていること

3 日本が高級な食材を輸入することが必ずしも第三世界の利益を生み出さず、かえって日本の飽食けい向ばかりを拡大させていること

めを日本から大量に輸入してきた。魚介《かい》類輸出の五割、輸入の九割を日本に依《い》存している。これも〃外貨獲《かく》得のため〃とだけいえるのだろうか。低所得層ほど、このようなかんづめを食べているという。このかんづめの輸出はすべて日本の商社の手によって行われている。現在、大衆魚かんづめはパプア・ニューギニアに大量に輸出されている。

そもそも、遠い第三世界の海でエビを獲《と》り、あるいは養殖《しょく》し、それを冷凍《とう》加工して日本に運んでくるには、ばく大なエネルギーが消費されている。日本の養殖クルマエビは、大きく育つまでに、自らの体の一〇倍以上の魚介類を食べる。台湾で、そして東南アジアでのウシエビの高密度養殖も、他の魚介類のぎせいの上に成り立っている。

トロール船で獲られるエビは、直接的に大量の石油を消費する。インドネシアのイリアン海域で操業する四〇〇馬力のトロール船が、年二五〇～三〇〇日操業し、エビ四〇トンを獲ると想定して計算すると、エビ一キロの漁獲に対し、何と石油一〇キロが必要になるという(宮内、『エビの社会科学』未公刊、一九八六年)。この数字には、冷凍加工や輸送に要するエネルギー量はふくまれていない。捕獲するだけで、これだけの石油が使われるのである。これに日本に着いてからの、冷凍倉庫や運送のためのエネルギーが必要であることを考えると、エビは一体いくらの石油を消費することになるのだろうか。

遠洋マグロ漁では「マグロ一トンに石油一トン」と言われていたが、エビはその比ではない。トロールにかかった「くず魚」は、エビの七倍も一〇倍もの重さがある。これらは、海にすてられてしまう。ここにもろう費がある。

「からだの半分は輸入カロリー」といわれるほど、私たちは輸入食で暮らしている。そして、食はどんどん〃高級化、ぜいたく化〃してきている。良質な動物性タンパク食品であるエビは、その典型食品である。しかし、私たちの食の高級化の背後には、これまで述べてきたような、さまざまな問題がある。

アジアの零《れい》細な漁民(小漁民)たちが一九七八年に、バンコクに集ってワークショップを行なった。そのとき、マレーシアの小漁民はうったえた。

「トロール網《あみ》は、あらゆる種類の魚を獲ってしまうだけではない。トロール網は、魚の父さん、魚の母《かあ》さん、魚の兄、姉、弟、妹、魚の子ども、魚の孫、ひ孫、そして魚の卵をみんな獲ってしまう」

零細な漁民たちは、ワークショップの最後に「小漁民マニフェスト」を読みあげた。

「私たちは、外国の強力な船隊が私たちの国、私たちの地域の水域に侵《しん》入することに抗議します。また、政府に対して、合弁企《き》業が小漁民や地元の消費者の利益にほう仕しないのならば、その設立を禁止するよう要求します」(発展のためのアジア文化フォーラム(ACFOD)、一九七八年)

私たちがエビを食べること、あるいはエビをたくさん輸入することは、第三世界の小漁民たちの日日の営みと深くつながっている。そのことにむとんちゃくのまま「手を結べ、輸入で世界の国国と。〈注1〉「Import Now!」(通産省の最近のキャンペーン)などと声高に主張してよいものだろうか。サバやイワシのたくさん獲れる第三世界の国国に、テレビやクルマやコンピューターを輸出し、魚のかんづめを売り、その一方で第三世界の自然資源を、「もっと輸入しよう!」とさけんでいるかのようだ。そして、私たちは未来を予見できぬままにたくさんのエビを買い、グルメ志向にはく車をかけている。

輸入エビは食べ過ぎではなかろうか?

エビを追いかけ、アジア・第三世界の人びととの出会いの中で、私たちは〃飽《ほう》食〃を実感せざるをえなかった。

もちろん、エビだけの問題ではない。食べ物だけの問題でもない。

い力がひそんでいること

4　玉浦の海には海面からは見えない潮の流れが底の方だけではげしくうずまいていること

問十一　――部「その時のことを考えると、浩の胸にはひっそりと蜜のようなものが流れたが、そのこと自体はもう先行きの知れない興奮ではなかった」という一文について答えなさい。

①「蜜のようなものが流れる」とはどのようなことですか。本文中の言葉を用いて三十字以内で答えなさい。

②「もう先行きの知れない興奮ではなかった」とはどういうことですか。次の文の［　］に入るふさわしい語句を本文中からぬき出しなさい。

浩にとって和一が［　］になったこと

問十二　――部「新しい気持は浩を自由にし、夕闇が二人をいつもより結びつけているように感じられた」ときの「浩」の説明としてふさわしいものを選びなさい。

1　自分たちを負かした玉浦の少年たちへの対抗心が燃え上がった

2　和一と自分が同じ土地の人間であるという強い連帯感が生まれた

3　和一と自分との間に二人だけの秘密ができたことによいしれた

4　二人で力を合わせて大きなぼう険をした達成感に満たされた

問十三　「日なたの海から影の海へ、波がたえ間なく流れこんでいた。光と影の境に岩が二つあって、黒いくいが並んだかっこうに海鵜がとまっていた」(〰〰部ア)、「十羽ぐらいいた。一羽残らず陸に背を向けて、海を見ていた」(〰〰部イ)、「海鵜の群れもたけだけしい後姿を見せたまま、ほとんど動かなかった。長い時間をおいては、なかの一羽がつばさを思いきりひろげ、あたりを見まわし、海へ入って行った。海鵜たちはそんな在り方を少しも変えないまま、だんだん夕闇にまぎれて行った」(〰〰部ウ)という部分から、この文章で「海鵜」はどのような存在として描かれているとわかりますか。

1　岩の上で何羽も集まって海を見張り、海のすべての生き物を管理しているかのように思わせる存在

2　大きなつばさで自由に世界をかけめぐり、空を飛べない人間に強いあこがれをいだかせる存在

3　昼と夜の世界の橋わたしをして常に止まることなく流れる時間の移ろいを告げ知らせる存在

4　あちら側の世界とこちら側の世界の境目に立ちはだかり行き来をはばんでいると強く感じさせる存在

二

次の文章を読んで後の問に答えなさい。

私たちはエビだけでなく、多くの天然資源や食糧《りょう》を第三世界で買付け、私たちの〝豊かな〟生活を享《きょう》受している。食糧も商品、資本のある者が買うことができると言ってすませるのならば、何も言うべきことはない。しかし、一方で、日本のネコにあたえられる魚のかんづめの中味に、シャム湾《わん》でとれた〝新鮮《せん》なピルチャード〟(イワシに似た魚)が使われ、スーパーに大量にちん列されている。また、東南アジアの漁村で、日本製のイワシのトマトソース煮《に》のかんづめが、やはり大量に売られている。こういうものを見てしまうと、問一私は私たちの生活のありよう、私たちと第三世界との関係のありように根本的な疑問を持たずにはいられない。

中村洋子さんの研究によれば(一九八四年)、フィリピンは、エビ、マグロなどの高級魚を日本に輸出し、サバ、イワシなど大衆魚かんづ

心配になってきたから

問六　――部「いつも大きく見える彼が、一回りしぼんだようだった」とありますが、なぜそのように見えたのですか。

1　和一が実は強がっているだけであることをびん感に感じ取ったから

2　険しくそそり立っている大きな岩の高さは和一の身長の何倍もあったから

3　向うの浜は和一が言うほどみ力的な場所ではないと思い始めたから

4　和一に対する信らい感よりも自分の感じているこわさの方が強かったから

問七　――部「波はガラクタをなぶりものにしていた」という様子は、どのようなことを表していますか。

1　すっかりこわされた生けすのガラクタが波にただよっているのを見て、必死について行こうとする浩が和一から対等にあつかわれていないと気づき始めたこと

2　がんじょうなセメントをも崩してしまう波の強さを見て、未知の世界に足をふみ入れる試練に立ち向かわなければならないと浩が心を奮《ふる》い立たせていること

3　人間の営みを一しゅんにして価値のないものにしてしまう自然を目の当たりにして、ちっぽけなことにこだわらずなりゆきに任せるべきだと浩がさとったこと

4　人間の力などとうていおよばない自然の恐ろしさを目の当りにして、見知らぬ土地で自分にも恐ろしいことが起こりそうなばく然とした不安を浩が感じていること

問八　――部「あてどない悲しい顔だった」ときの「和一」の説明としてふさわしいものを選びなさい。

1　親しみを持っていた玉浦の少年たちに悪《あ》しざまにののしられ、うかつに近づいていった自分のあさはかさをいやというほど思い知らされている

2　なじみの土地であったはずの玉浦が思いがけず自分を受け入れてくれなかったことに傷つき、どうして良いかわからなくなっている

3　たびたびおとずれていた玉浦という土地がらの暗い側面をかいま見たことで、人間というものが信じられなくなり、やけになっている

4　父とのなつかしい思い出があるはずの玉浦なのにだれも父を知っている人がおらず、自分の記おくのたよりなさにがっかりしている

問九　――部「もどりながら彼は、波にもまれている海藻を見た」とありますが、「波にもまれている海藻」は何を表していますか。

1　玉浦の少年たちにさんざん打ちのめされる和一の姿

2　だまって遠くに来たことで親に責められる自分

3　早くにげようとあわてふためいてもつれる自分の足

4　言いがかりをつけてからんでくる玉浦の少年たち

問十　「銀色の水が息をしているように思えただけだった」（═══部a）「底には光のうろこが息をしているようにゆれているだけだった」（═══部b）の「銀色の水」や「光のうろこ」が「息をしているよう」だという表現は、どのようなことを表していますか。

1　玉浦の海には魚がたくさんいて海の底で大きな群れを作って常にうごめいていること

2　玉浦の海にはどんな人をもひきつけるみ力があってだれにでも親しみを感じさせること

3　玉浦の海には意志を持っていると感じられるえたいの知れな

――玉浦の衆は、和一ちゃんちお父さんと一しょの船で死んだのにな。

――ロクな船方はいないさ。ロクな船もないもんで、ひがみっぽいさ。

浩にとって、和一は身近な人になっていた。その日の昼までは、一しょにいると胸がはずんで前後を忘れそうになったが、夕方にはふつうの上級生になっていた。問十二 新しい気持は浩を自由にし、夕闇が二人をいつもより結びつけているように感じられた。

（小川国夫『彼の故郷』）

問一 この文章について答えなさい。

① 季節はいつごろですか。次の中からふさわしいものを選びなさい。

1 春の終わりから夏の半ば

2 夏の終わりから秋の初め

3 秋の終わりから冬の初め

4 冬の半ばから春の初め

② 「浩」は何年生くらいですか。

問二 ――部「浩はまだそこから向うへは行ったことがなかった」とありますが、「そこから向う」は「浩」にとってどのような所ですか。

1 岩が高く険しい危険な世界

2 自分が行くことのできない世界

3 子どもには行くにあたいしない世界

4 父との大切な思い出がある世界

問三 ――部「引潮のようなものが作用した」とありますが、どのようなことを表していますか。

1 ほとんど義務的に足を運んでいること

2 ぴんと張りつめていた気持がやわらいだこと

3 自分でも不思議なほど足が前に進んだこと

4 やはり来なければよかったと後かいしたこと

問四 ――部「海へは陽がさしこんでいて、まるで光のつぼだった」とありますが、どのようなことを表していますか。

1 言葉にできないほど美しい玉浦の風景を初めて目にして、浩が心おどるような感動をおぼえていること

2 とつ然目の前にあらわれた海のかがやきの異様さに圧とうされ、浩の心のおく底にかすかな不安が生まれていること

3 殺風景な玉浦の漁村とは対照的に美しく豊かな海は浩にとってみ力的で、思わずぼう険したくなるようなものだったこと

4 見たこともない美しい玉浦の風景を見せてくれた和一への感謝が浩の胸いっぱいに広がり、和一との友情がより深まったこと

問五 ――部「そこまで行くと、浩はこわくなった」とありますが、なぜですか。

1 和一が話した潮の加減がどうしても理解できず、水の流れがいきなり速くなる様子を想像すると、えたいの知れない無気味さにおそわれたから

2 和一の父のそう難や止め島の話を聞いたり、枯れた一本松を見たりしたことで、玉浦は自分が来てはいけない場所だと改めて感じ始めたから

3 カニがたくさんいるという浜にいざ近づいてみると、多くのカニにはさまれたときの痛さが思いやられて、急におじけづいてしまったから

4 玉浦の子どもたちとはぜひ仲良くしたいと思っているが、力があってすもうが強いという彼らが受け入れてくれるかどうか

ぎれにしか聞えなかった。

――……来んていいじゃん。

――いばりすぎらあ、おれらが行った時……。

――元浜のやつら……。

――一人でそう思ったのか。

などという言葉の破片が浩の耳へささった。それから、砂に足をとられもどかしい走り方で、こっちへにげてきた和一が、岩へとりつこうとして、大きく口を開いた。問八あてどない悲しい顔だった。岩からむしり取られ、和一は自分から転ぶようなかっこうになった。そして、二人に蹴《け》られると、一人の足にしがみついて噛《か》んだが、小倉もめんのズボンの上からだったから、相手は大して痛がりはしなかった。うしろへまわったもう一人に背中を蹴られて、和一はのけぞった。

浩がにげようとしてふり返ると、切り立った岩がユラッと動いたようだった。だがにげ始めたら、せまいひさしの形の通路はこわくなかった。問九もどりながら彼は、波にもまれている海藻《そう》を見た。行く時には、下を見ないようにして横ばいだったのに……。

浜から部落へ入ろうとして、浩は半てんを着た年寄に会った。その人は浩を見つめながら、ゆっくりすれちがって行った。浩はその人に和一のことをいってみようかと思ったが、切りだせなかった。その人もまた気心が知れなかった。だまったまま浩は部落を横ぎって、県道めざして登った。県道へ出るまでは、一度も立ち止らなかった。

彼は、玉浦の一本道を見守っていた。その行く手は、まきや松、岩や屋根をぬって見えがくれしていた。そして、見えるはん囲に時たま人や犬が現れたが、和一ではなかった。浩は急しゃ面の松林をすかして見たが、問十b底には光のうろこが息をしているようにゆれているだけだった。そのすぐ近くに和一はいる、しかし、見えることはあり得なかった。

やがて浩の視界には、夕方の気配がしのびこんだ。止め島の海鵜のフンが澄《す》んだだいだい色に染まって、深い色の海に美しく浮《うか》び上がった。波は彫《ほ》ったように静止して見えた。問十三ウ海鵜の群れもたけだけしい後姿を見せたまま、ほとんど動かなかった。長い時間をおいては、なかの一羽がつばさを思いきりひろげ、あたりを見まわし、海へ入って行った。海鵜たちはそんな在り方を少しも変えないまま、だんだん夕闇《やみ》にまぎれて行った。

――玉浦の衆はキツい。和一ちゃんだってあんなふうにされた、と浩はつぶやいた。

この秋の運動会のことも遠い思い出のようだった。その日は特に、和一は目立つ生徒だった。リレーの選手で、五年一組の最終走者だったが、三人目までは三位だったのに、彼が走って一位にした。カーブではスピードをおさえていて、直線コースですばらしく走った。

問十一その時のことを考えると、浩の胸にはひっそりと蜜《みつ》のようなものが流れたが、そのこと自体はもう先行きの知れない興奮ではなかった。

――帰って来るかしらん、と彼はつぶやいた。

和一が道を登って来るのがわかると、浩はかけ寄った。浩がだまっていると、

――こんなとこへ来んほうがいいっけ、と和一はいった。

泣いたあとの声だったが、なみだはふくんでいない、すがれた調子だった。

――ぼくのせいか、と浩はいった。

――そうじゃあないよ。

――どうされたっけだ。

――いいようにされた。おれら痛くてたまらんっけ。元浜の手合は顔を出すなっていやあがって。

――その前には父ちゃんがよく連れてきてくれたさ。父ちゃんが酒を飲むもんで、帰りに自転車がグラグラしたや。

――夜か。

――夜さえ。海へ落ちそうでおっかないっけや。

二人は部落へ入り、生けがきの間の路地を歩いた。海面は一段低かったから、海近くまで家があった。そしてはずれの家のまきの木は、傷あとのような白い幹をさらしていた。そこからは、海鵜のいる岩がよく見えた。岩の頂きは、しっくいのように白いフンをかぶっていたので、海鵜ははっきり見えた。問十三イ 十羽ぐらいいた。一羽残らず陸に背を向けて、海を見ていた。

――魚をねらっているさ。あそこには魚は多いぜ、と和一はいった。

――つりに行けばいいじゃん。

――止め島だもん。

――止め島ってなんだ。

――潮の加減で、行っちゃあ悪い島ってこんだ。

浩には潮ということがよくわからなかった。人もいうように、海には風と関係のない変化があることを彼は感じてはいたが、彼にはわかりにくいことで、わかることをあきらめていた。

――潮で、岩の間を速く水が流れるんだってな、と浩はいった。

――当り前のことをいうな、と和一はあわれむように浩の目を見ていた。

止め島の手前には、岸近くひし形の岩がそそり立っていた。岸の岩を魚の胴《どう》とすると、尾《お》のような形の岩だった。岸から気まぐれな種が飛んだのだろう、その岩には一本松が立っていたが、枯《か》れてから何年もたった様子だった。難破《ぱ》した船の漁師が立ち上がって死んだかっこうで、その灰色の骨は風によじれていた。枝のさきは、浩が久《く》能山で見たかぶとの角のようにとがっていた。

――向うへ行ってみっか、と浩はいった。

――さっきカニがいるっていった浜はあっちだぞ、と和一はいった。

問五 そこまで行くと、浩はこわくなった。ともするといじけそうになる自分をはげまして、岩に沿って歩いた。和一は身軽に歩いていたが、問六 いつも大きく見える彼が、一回りしぼんだようだった。

二つの岩の間にはコンクリートのせまい橋があって、やがてその橋は、垂直な岩はだに馬蹄《てい》形のひさしとなっていた。そこは井《い》戸を縦に断ち割った地形だった。

――生けすに使っていたけえが、波が崩《くず》いちゃっただって、と和一はいった。

見下ろすと、セメントで工作したあとがわかった。問七 波はガラクタをなぶりものにしていた。そして、一つ所で、おうぎ形にひろがっていた。わき立つあわの上にやわらかな虹《にじ》が静止していた。

和一は馬蹄形のひさしの上を伝わって行った。浩がついて来るのは当然と思っているらしかった。しかし浩は、平気だと自分にいい聞かせてはいたが、

――和一ちゃんと一しょに来るんじゃあないっけ、という内心のささやきをおさえることができなかった。

それでも、ひさしをわたり終った和一がこっちをふり向いてくれた時には、浩は力づけられ、笑って見せた。

和一は向う側の岩の間へ入って、見えなくなった。彼が話していた小さな浜へ下りて行ったのにちがいなかった。それはそうだったが、浩が岩の間へたどり着いて見下ろすと、浜にいたのは和一だけではなかった。彼は二人の少年にはさまれていた。彼らは和一より背が低かった。しかし、和一の方が弱そうだった。彼らにくらべると、和一の体でさえ、日かげの草のように見えた。

浩のうしろでは、波が洞《ほら》に反響《きょう》し続けていたから、彼らの声はきれ

平成二十八年度 フェリス女学院中学校

【国語】(五〇分)〈満点：一〇〇点〉

(注意) 句読点や記号などは字数にふくめます。

一 次の文章を読んで後の問に答えなさい。

二人は崖《がけ》へ向って歩き、大きな青い影《かげ》の中へ身をひたした。遠くから見るとそこは暗かったけれど、中へ入ると、日の当るところよりもかえって、ものの様子がこく明に見えた。

——寒いなあ、と浩《ひろし》はいった。

影のおくには、トンネルが黒黒と口を開けていた。道は登りになってトンネルの上をかすめ、崖の中腹へ出て行った。問二 浩はまだそこから向うへは行ったことがなかった。そこには彼《かれ》をこばもうとする空気があるようだった。しかし、一たん抵抗《ていこう》をおしきって向う側へ入ってしまうと、問三 引潮のようなものが作用した。浩は胸をはずませながら、

——もう玉浦《うら》の近くだもんな、とつぶやいた。

玉浦はそそり立ち、彼を影の中に包んでしまっていた。

父親が青島《チンタオ》の戦役《えき》から持ち帰った双《そう》眼鏡で、浩は玉浦を見たことがあった。遠い海面がいきなり近づき、波がゆっくり流れていた。潮の色が変る境目にカモメが群れていて、鳴き声が聞えないのが不思議だった。七、八羽いたろうか、大部分は波に乗っていて、なかの一羽か二羽がかわるがわるまっていた。その辺はおだやかだったが、崖の冷たい影のおくには、白い波がきばのようだった。しかし、玉浦の漁村は平和だった。とほうもなく高い崖に両側からはさまれ、三角の浜《はま》に二、三十軒《けん》家があって、船も船小屋もあった。うしろの山のしゃ面をつたわって陽光がすべりこんでいて、そこだけが明るく、ゆるんだひものような渚《なぎさ》がかがやいて動いていた。

和一と浩が海だけが見える地点へ出ると、少し風があった。問十三ア 日なたの海から影の海へ、波がたえ間なく流れこんでいた。光と影の境に岩が二つあって、黒いくいが並んだかっこうに海鵜《う》がとまっていた。

崖のたなから細いわかれ道がついていた。その道を下りて行くと、左側には屋根も見えたが、右側は松林で、長い幹は険しいしゃ面とえい角になって、海面近くまで立ち並んでいた。そして、問四 海へは陽《ひ》がさしこんでいて、まるで光のつぼだった。

——あそこにも浜があるぞ。カニがいっぱいいらあ、と和一はいった。

浩は背のびしてのぞいたが、浜は見えなかった。問十a 銀色の水が息をしているように思えただけだった。

——なぜこんなとこに人がいるのかなあ。

——冬、暖かいだってさ。

——ぼくっちもこっちへ住めばいいっけ。

——学校は小さいぞ。一年に五、六人しかいないって。

——運動会もやるのかなあ。

——浜でやるじゃあないのか。

——運動場はないのか。

——あるよ。土俵もあるし、鉄棒もあるけえが……。

——いいな、それじゃあ。

——こっちの青年は力があって、すもうが強いって、父《とう》ちゃんがいってたっけ。おれらん父ちゃんは伊《い》豆の漁場で船がひっくり返って死んだけえがな、ここの衆も一しょだっけ。

——……。

平成28年度 フェリス女学院中学校 ▶解説と解答

算 数 (50分) ＜満点：100点＞

解 答

1 (1) $\frac{13}{18}$ (2) あ 56度 い 54度 (3) ① ア 0.5 イ 0.6 ② 時速3.6km
(4) ① 1…E, 2…C, 3…A, 4…B, 5…D ② 1…D, 2…A, 3…B, 4…E, 5…C (5) ① 30度 ② 27.84cm^2 **2** (1) 455人 (2) 0.8倍 (3) 7.5時間
3 (1) ③, ④, ⑥ (2) 18秒後, 43秒後 (3) 24秒後 (4) 22秒後, $27\frac{1}{3}$秒後
4 (1) 36cm^3 (2) 3通り (3) 144cm^3 **5** (1) ④ (2) ア 18 イ 82
(3) 42点

解 説

1 逆算, 角度, 速さと比, 推理, 面積

(1) $\frac{11}{21}\times\left(\frac{5}{6}+\square-\frac{7}{9}\right)\div2\frac{4}{9}=\frac{1}{6}$より, $\frac{5}{6}+\square-\frac{7}{9}=\frac{1}{6}\times2\frac{4}{9}\div\frac{11}{21}=\frac{1}{6}\times\frac{22}{9}\times\frac{21}{11}=\frac{7}{9}$, $\frac{5}{6}+\square=\frac{7}{9}+\frac{7}{9}=\frac{14}{9}$ よって, $\square=\frac{14}{9}-\frac{5}{6}=\frac{28}{18}-\frac{15}{18}=\frac{13}{18}$

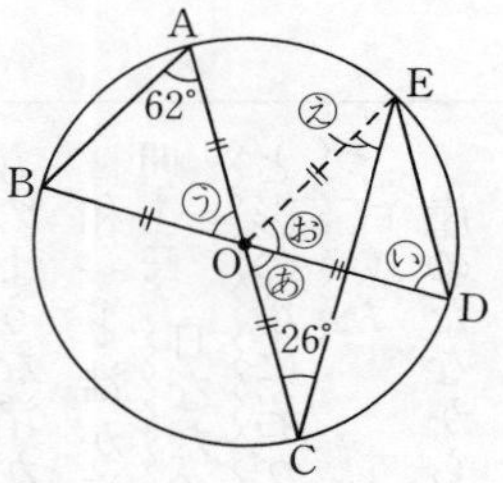

(2) 左の図で, 点Oは直径が交わってできる点なので, 円の中心である。よって, 三角形OABは二等辺三角形だから, ㋒の角の大きさは, 180－62×2＝56(度)となり, ㋐の角の大きさも56度とわかる。次に, 三角形OCEも二等辺三角形なので, ㋓の角の大きさは26度となる。これより, ㋔の角の大きさは, 180－(26×2＋56)＝72(度)とわかる。さらに, 三角形ODEも二等辺三角形だから, ㋑の角の大きさは, (180－72)÷2＝54(度)と求められる。

(3) ① 行きと帰りの道のりは同じで, 行きと帰りの速さの比は1日目が1：2, 2日目が3：5だから, 行きと帰りにかかった時間の比は, 1日目が, $\frac{1}{1}:\frac{1}{2}=1:0.5$, 2日目が, $\frac{1}{3}:\frac{1}{5}=1:0.6$となる。 ② 1日目と2日目で行きの速さは同じだから, 1日目と2日目で行きにかかった時間も同じとなる。よって, ①より, 1日目と2日目で往復にかかった時間の比は, (1＋0.5)：(1＋0.6)＝15：16となるので, 往復の平均の速さの比は, $\frac{1}{15}:\frac{1}{16}=16:15$である。この比の, 16－15＝1にあたる速さが時速0.3kmだから, 1日目の往復の平均の速さは, 時速, 0.3×16＝4.8(km)とわかる。ここで, 1日目の行きと1日目の往復を比べると, 進んだ道のりの比は1：2で, かかった時間の比は, 1：(1＋0.5)＝2：3だから, 1日目の行きの速さと往復の平均の速さの比は, $\frac{1}{2}:\frac{2}{3}=3:4$となる。したがって, 行きの速さは, 時速, $4.8\times\frac{3}{4}=3.6$(km)と求められる。

(4) ① まず, Dが本当のことを言っていないことから, Dは5のカードをひいたとわかる。また, Cの発言から, Cがひいたのは2のカードで, Eの発言から, Eがひいたのは, 2－1＝1より, 1のカードとわかる。さらに, Bの発言から, Bがひいたのは, 2＋2＝4より4のカードとわか

る。よって，残った[3]のカードはAがひいたことになり，これはAの発言の内容とも合っている。したがって，[1]はE，[2]はC，[3]はA，[4]はB，[5]はDがひいたとわかる。　② A，D，Eの発言から，A，D，Eは[5]のカードをひいていないので，[5]のカードをひいたのはBかCである。そこで，[5]のカードをひいたのがBだとすると，Bの発言から，Cがひいたのは，5－2＝3より，[3]のカードで，Eの発言から，Eがひいたのは，3－1＝2より，[2]のカードとなる。これより，AとDがひいたのは[1]か[4]のカードとなるが，どちらの場合もAがひいたカードの数がDとEがひいたカードの数の間にはならない。次に，[5]のカードをひいたのがCだとすると，Bがひいたのは，5－2＝3より，[3]のカードで，Eがひいたのは，5－1＝4より，[4]のカードとなる。さらに，Aがひいたカードの数はDとEがひいたカードの数の間なので，[2]のカードをひいたのはA，[1]のカードをひいたのはDとなり，これはDの発言の内容とも合っている。よって，[1]はD，[2]はA，[3]はB，[4]はE，[5]はCがひいたとわかる。

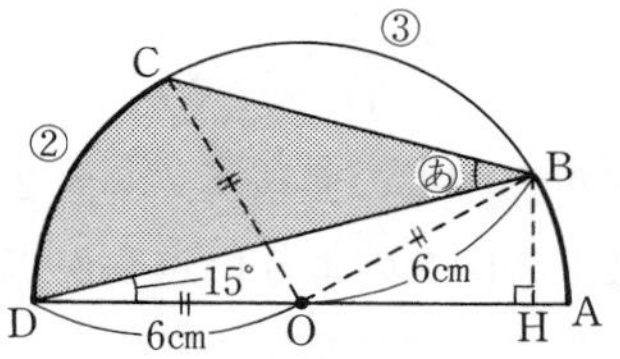

(5) ① 左の図で，点Oは直径ADのまん中の点なので，半円の中心である。よって，三角形OBDは二等辺三角形だから，角OBD＝角ODB＝15度より，角BOD＝180－15×2＝150(度)となる。また，弧《こ》DCの長さと弧CBの長さの比が2：3なので，角DOCと角COBの大きさの比も2：3となり，角DOC＝150×$\frac{2}{2+3}$＝60(度)，角COB＝150－60＝90(度)とわかる。さらに，三角形COBも二等辺三角形なので，角OBC＝(180－90)÷2＝45(度)である。したがって，あの角の大きさは，45－15＝30(度)と求められる。　② かげをつけた部分の面積は，おうぎ形ODCと三角形COBの面積の和から三角形OBDの面積をひけば求められる。まず，おうぎ形ODCは半径が6cm，中心角が60度なので，その面積は，6×6×3.14×$\frac{60}{360}$＝18.84(cm²)となる。また，角COB＝90度より，三角形COBは直角二等辺三角形だから，その面積は，6×6÷2＝18(cm²)となる。さらに，図のようにADと直角に交わる直線BHをひくと，角BOH＝180－150＝30(度)，角OBH＝180－(30＋90)＝60(度)より，三角形BOHは1辺6cmの正三角形を二等分した直角三角形なので，BHの長さは，6÷2＝3(cm)となる。よって，三角形OBDの面積は，6×3÷2＝9(cm²)だから，かげをつけた部分の面積は，18.84＋18－9＝27.84(cm²)と求められる。

[2] 割合と比

(1) 2日目も3日目も入場者数の前日に対する比が等しかったので，2日目の入場者数が1日目の□倍だったとすると，3日目の入場者数は2日目の□倍となる。よって，□×□＝1.44より，□＝1.2(倍)となるから，2日目の入場者数は，180÷1.2＝150(人)，1日目の入場者数は，150÷1.2＝125(人)とわかる。したがって，3日間の入場者数の合計は，125＋150＋180＝455(人)と求められる。

(2) 2日目と3日目の入場者数の比は，1：1.2＝5：6，開館時間の比は，1：1.5＝2：3だから，1時間あたりの入場者数の平均の比は，(5÷2)：(6÷3)＝5：4とわかる。よって，3日目の1時間あたりの入場者数の平均は2日目の，4÷5＝0.8(倍)である。

(3) 3日間を通しての1時間あたりの入場者数の平均が14人で，3日間の入場者数の合計は455人だから，3日間の開館時間の合計は，455÷14＝32.5(時間)とわかる。また，1日目と2日目の入場者数の比は，1：1.2＝5：6，1時間あたりの入場者数の平均の比は10：9なので，1日目と

2日目の開館時間の比は，(5÷10)：(6÷9)＝3：4となる。さらに，2日目と3日目の開館時間の比が，2：3＝4：6だから，1日目，2日目，3日目の開館時間の比は3：4：6とわかる。よって，1日目の開館時間は，$32.5\times\frac{3}{3+4+6}=7.5$(時間)と求められる。

3 平面図形―図形の移動

(1) 台形ABCDと長方形EFGHが重なる部分は下の図1の斜線《しゃせん》部分のように変化するので，重なる部分の図形は，台形，五角形，直角三角形である。

図1

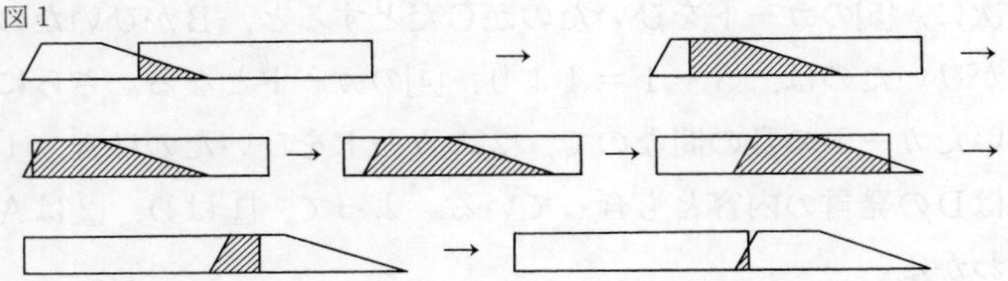

図2

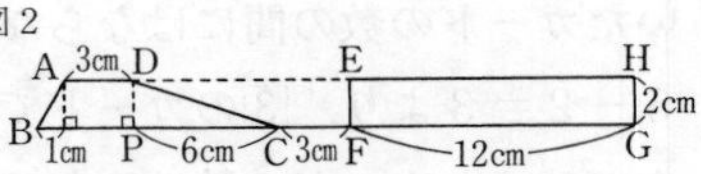

図3

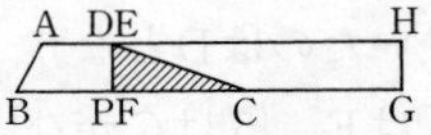

図4

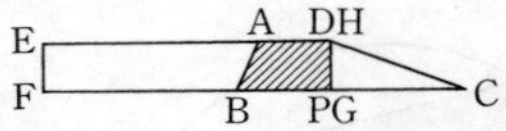

(2) 上の図2のように，辺BC上で点Dのま下の点をPとすると，三角形DPCの面積は，6×2÷2＝6(cm²)だから，重なる部分の面積が1回目に6cm²になるのは上の図3のように点Pが点Fにくるときである。これは，点Pが，6＋3＝9(cm)動いたときなので，移動を始めてから，9÷0.5＝18(秒後)と求められる。また，台形ABPDの面積は，(3＋1＋3)×2÷2＝7(cm²)である。よって，上の図4のように点Pが点Gにくるとき，重なる部分の面積は7cm²となり，これは移動を始めてから，(6＋3＋12)÷0.5＝42(秒後)のことである。このあと，重なる部分の面積が1cm²減ると，その面積は6cm²になる。GHの長さは2cmだから，そのようになるのは，点Pが点Gにきてから，1÷2＝0.5(cm)動いたときとわかる。したがって，重なる部分の面積が2回目に6cm²になるのは，点Pが点Gにきてから，0.5÷0.5＝1(秒後)なので，移動を始めてから，42＋1＝43(秒後)と求められる。

図5

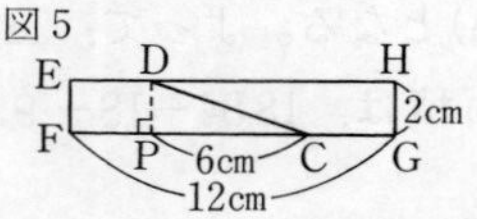

(3) 直線CDが長方形EFGHの面積を2等分するとき，左の図5のようになり，長方形EFGHの面積は，2×12＝24(cm²)だから，台形EFCDの面積は，24÷2＝12(cm²)となる。また，三角形DPCの面積は6cm²なので，長方形EFPDの面積は，12－6＝6(cm²)となる。よって，FP＝6÷2＝3(cm)より，直線CDが長方形EFGHの面積を2等分するのは，点Pが，6＋3＋3＝12(cm)動いたときなので，移動を始めてから，12÷0.5＝24(秒後)と求められる。

図6

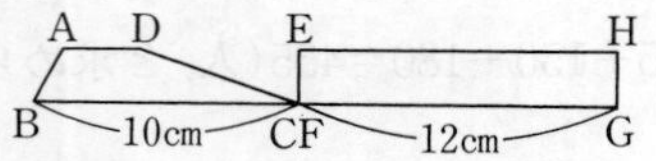

図7

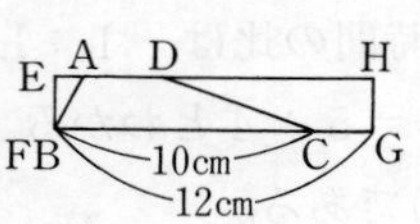

(4) 台形ABCDと長方形EFGHが重なり始めるのは，移動を始めてから，3÷0.5＝6(秒後)で，このとき，左の図6のようになり，BF＝1＋3＋6＝10(cm)，CG＝12cmである。このあと，左の図7のように，点Bが点Fにくるまでは，BF，CGどちらも1秒間に0.5cmずつ短くなるので，BFとCGの長さの差は，12－10＝2(cm)で一定となる。よって，1回目に，BF：CG＝1：2となるとき，比の，2－1＝1にあたる長さが2cmになるから，BF＝2cmとなり，図6の状態からこのときまでに点Bが動いた長さは，10－2＝8(cm)で，これは移動を始めてから，6＋8÷0.5＝22(秒後)とわかる。また，図7のように点Bが点Fにくるのは，移動を始

めてから，6＋10÷0.5＝26(秒後)で，このとき，BF＝0 cm，CG＝12−10＝2(cm)である。このあと点Cが点Gにくるまで，BFとCGの長さの和は2cmで一定だから，2回目に，BF：CG＝1：2となるとき，BF＝$2\times\frac{1}{1+2}=\frac{2}{3}$(cm)となり，これは移動を始めてから，$26+\frac{2}{3}\div0.5=27\frac{1}{3}$(秒後)とわかる。さらに，点Cが点Gにくるとき，BF＝2cm，CG＝0cmで，このあとBF，CGどちらも1秒間に0.5cmずつ長くなるので，BFはCGよりも長くなり，BF：CG＝1：2となることはない。したがって，BF：CG＝1：2となるのは移動を始めてから22秒後と$27\frac{1}{3}$秒後である。

4 立体図形—体積，展開図

図Ｉ

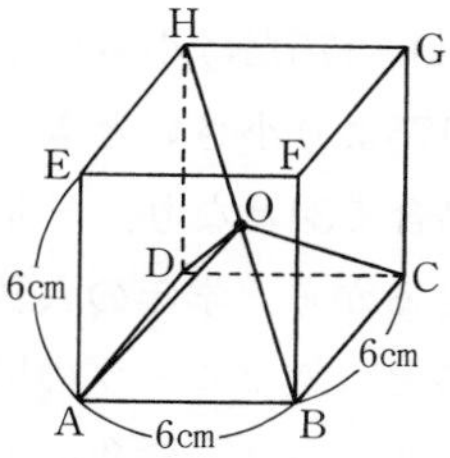

図Ⅱ

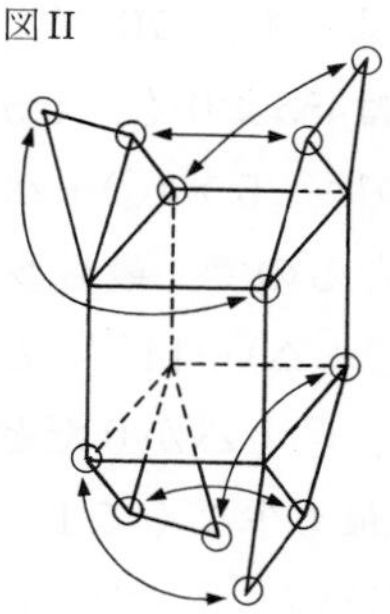

図Ⅲ

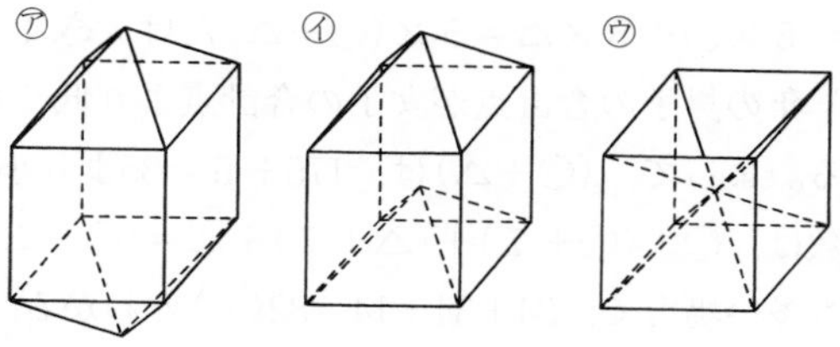

(1) 上の図Ｉで，点Oは直線BHのまん中の点だから，四角すいOABCDの高さは，立方体の高さの半分になり，6÷2＝3(cm)である。よって，その体積は，6×6×3÷3＝36(cm^3)と求められる。

(2) 展開図を途中まで組み立てると，上の図Ⅱのようになる。このあと，上と下の4つの三角形を矢印で結んだ頂点どうしが重なるように組み立てると，それぞれ(1)の四角すいOABCDの4つの側面と同じ形になるが，これら4つの三角形は，外側に出た形にすることも内側にへこんだ形にすることもできる。よって，展開図からできる立体は上の図Ⅲの㋐のように，三角形の部分が2つとも外側に出ているもの，㋑のように，三角形の部分のうち，1つが外側に出て，1つが内側にへこんでいるもの，㋒のように，三角形の部分が2つとも内側にへこんでいるものの3通りある。

(3) 最も体積の小さい立体は図Ⅲの㋒の立体で，これは立方体から(1)の四角すいOABCDと同じ立体を2個とり除いた立体だから，その体積は，6×6×6−36×2＝144(cm^3)と求められる。

5 平均とのべ

(1) ①の場合，学年全体の男子の人数が女子の人数よりも，7×2＝14(人)多くなってしまうので，①は正しくない。②の場合，学年全体の女子の人数が男子の人数よりも，7×2＝14(人)多くなってしまうので，②も正しくない。また，学年の男子と女子の人数が等しく，学年の男子の平均点が女子の平均点よりも低いから，学年の男子の合計点は女子の合計点より低くなる。AグループとBグループで，男子と女子のうち少ない方の人数をそれぞれ○人，△人とすると，③の場合と④の場合で，各グループの男女の平均点と人数は右の表のようになる。③の場合，学年の男子の合計点は，70×(○＋7)＋40×△＝70×○＋40×△＋490(点)，学年の女子の合計点は，65×○＋35×(△＋7)＝65×○＋35×△＋245(点)となるが，(70×

③の場合

	男子	女子
Aグループ	70点	65点
	(○＋7)人	○人
Bグループ	40点	35点
	△人	(△＋7)人

④の場合

	男子	女子
Aグループ	70点	65点
	○人	(○＋7)人
Bグループ	40点	35点
	(△＋7)人	△人

○)は(65×○)よりも，(40×△)は(35×△)よりも，490は245よりもそれぞれ大きいから，学年の男子の合計点は女子の合計点よりも高くなってしまう。よって，③は正しくない。④の場合，学年の男子の合計点は，70×○＋40×(△＋７)＝70×○＋40×△＋280(点)，学年の女子の合計点は，65×(○＋７)＋35×△＝65×○＋35×△＋455(点)となり，(70×○)は(65×○)よりも，(40×△)は(35×△)よりもそれぞれ大きいが，280は455よりも小さいから，学年の男子の合計点が女子の合計点よりも低くなることは考えられる。したがって，正しいものは④とわかる。

(2)　学年の男子の合計点は，(70×○＋40×△＋280)点，学年の女子の合計点は，(65×○＋35×△＋455)点で，(70×○＋40×△)は(65×○＋35×△)よりも，(70×○－65×○)＋(40×△－35×△)＝５×○＋５×△＝５×(○＋△)だけ大きく，280は455よりも，455－280＝175だけ小さいから，学年の男子の合計点が女子の合計点より低くなるのは，５×(○＋△)が175より小さいときとわかる。よって，(○＋△)は，175÷５＝35より小さくなるので，最も多い場合で34となり，学年の人数は，○＋(○＋７)＋(△＋７)＋△＝(○＋△)＋(○＋△)＋14(人)と表せるから，学年の人数は最も多い場合で，34＋34＋14＝82(人)とわかる。また，○と△が０だとすると，Ａグループの男子とＢグループの女子の平均点が出ないので，○と△は最も少なくて１である。よって，学年の人数は最も少ない場合で，１＋(１＋７)＋(１＋７)＋１＝18(人)とわかる。

(3)　学年の人数が60人なので，学年の男子と女子の人数はそれぞれ，60÷２＝30(人)である。また，学年全体の平均点が最も低くなるのは，平均点の高いＡグループの人数が最も少ないときだから，Ａグループの男子が１人，Ａグループの女子が，１＋７＝８(人)，Ｂグループの男子が，30－１＝29(人)，Ｂグループの女子が，30－８＝22(人)のときである。よって，学年全体の合計点は，70×１＋65×８＋40×29＋35×22＝2520(点)なので，その平均点は，2520÷60＝42(点)と求められる。

社　会　(30分)　＜満点：60点＞

解　答

[1]　**a**　ウ　**b**　予算委員会　**c**　イ　**d**　エ　[2]　**a**　①　日高(山脈)　②　ア　**b**　石炭　**c**　イ　**d**　甲府(盆地)　**e**　ぶどう　**f**　イ　**g**　九州(山地)　**h**　(例)　まず魚介類の体内にたまり，その魚介類を食べたことで人の体に取りこまれた。　**i**　ウ　**j**　(例)　企業や工場から事業税収入が得られる。(労働者が移住してくることで住民税の収入が増える。)　**k**　①　リマン海流　②　潮目　**l**　(例)　プランクトンが異常発生して，海水中の酸素が不足するから。　[3]　**A**　**問1**　ウ　**問2**　(例)　西アジア製のガラス器や水差しなどが東大寺正倉院に残されていたから。　**問3**　藤原京　**問4**　ア　**問5**　イ　**B**　**問1**　倭寇　**問2**　①　勘合貿易　②　ア，エ　③　ウ　**問3**　(例)　朝鮮に援軍を派遣し，日本軍と戦った。　**C**　**問1**　①　松前(藩)　②　エ　**問2**　イ　**問3**　唐人屋敷　**問4**　(例)　薩摩藩が琉球王国を支配下に置き，琉球を通じて清との貿易を行っていたから。　**問5**　ア，ウ　**D**　**問1**　ポーツマス(条約)　**問2**　(例)　石油や鉱物などの地下資源を確保するため。　**問3**　イ　**問4**　(例)　実際には日本軍が大損害を受けたにもかかわらず，アメリカ軍の損害を大きく報道することで，あたかも日本軍が勝利したよ

うに印象づけている。

解説

1 予算の使いみちについての問題

a　2015年度における国家財政の一般会計予算(当初予算)は，96兆3420億円であった。統計資料は『日本国勢図会』2015／16年版による(以下同じ)。

b　予算の審議《しんぎ》は必ず衆議院で先に行われ，衆議院で審議・可決された後，参議院に送られる。どちらの議院でも，最初に予算委員会で審議・可決され，本会議に提出される。

c　地方の政治において，市町村長や市町村議会の議員は住民の直接選挙で選ばれる。市町村長は議会が決めた予算や条例に対して審議のやり直しを求めることができ，議会は市町村長の政治や方針に反対であれば，不信任を議決することができる。よって，イが正しい。なお，アについて，市町村の予算は執行《しっこう》機関(長)が作成するが，決定は議会が行う。ウについて，これまで選挙権は20歳以上の男女に認められてきたが，改正公職選挙法が2016年６月に施行されるため，これ以降の選挙では選挙権が18歳以上に引き下げられることになった。

d　先進国が発展途上国の経済発展や福祉の向上を目的に行う資金援助を，ODA(政府開発援助)という。日本のODAの多くはアジア諸国に対して行われており，2012・13年ともベトナムへの資金援助の割合が高い。

2 日本各地の自然や産業についての問題

a　①，②　大雪山の南，日高山脈の東側に広がる十勝平野は，日本を代表する畑作地帯として知られ，大規模な機械化農業が行われている。表が示す大根のほか，じゃがいもや玉ねぎ，小麦，大豆，てんさいの栽培がさかんで(以上の農作物の生産量はいずれも北海道が全国第１位)，酪農《らくのう》も行われている。

b　日高山脈の北西部に位置する夕張山地には，かつて日本一の石炭産出量をほこった石狩炭田があった。特に夕張炭鉱のあった夕張市は石狩炭田の中心都市として栄えたが，石炭産業のおとろえと炭鉱の閉山により人口が激減し，2007年には財政破綻《はたん》した。2011年現在，石炭の産出量は中国(中華人民共和国)が世界の56.5％を占《し》めて最も多い。なお，日本の石炭自給率は0.7％(2014年)と低く，オーストラリア・インドネシア・ロシア連邦などから輸入している。

c　十勝平野の中心都市は帯広市で，平野で生産される農産物や畜産物を利用した食料品加工業が発達している。

d　甲府盆地は山梨県の中央部に位置し，水はけのよい扇状地《せんじょうち》が発達しているため，果樹栽培がさかんである。

e　山梨県は果樹のうち，ぶどう・ももの生産量が全国第１位である。グラフが示すのはぶどうで，山梨県が全国の生産量の25.4％を占める。なお，ももの生産量は全国の31.4％を占め，以下，福島・長野・和歌山・山形の各県が続く。

f　日本の貿易は，2010年までは輸出額が輸入額を上回る輸出超過《ちょうか》が続いていたが，2011年から輸入額が輸出額を上回る輸入超過の状態になっている。よって，グラフで輸出額を表すのはイである。

g　熊本県は東側に九州山地がのび，西側は有明海・八代《やつしろ》海に面している。

h　熊本県南西部の水俣《みなまた》市では，かつて化学工場から水俣湾に流された排水中の有機水銀を原因として，水俣病という公害病が発生した。有機水銀は湾に生息する魚介類の体内に取りこまれて濃縮され，その魚介類を食べた人たちが水銀中毒を発症した。脳や神経系統がおかされ，視野がせまくなったり手足が麻痺《まひ》したりするなどして，重症患者《かんじゃ》の多くが死亡した。なお，新潟県阿賀野川流域でも有機水銀を原因とする公害病が発生し，第二水俣病と命名された。この２つの公害病と，三重県四日市市で発生した四日市ぜんそく，富山県神通《じんずう》川流域で発生したイタイイタイ病は，合わせて「四大公害病」と呼ばれる。

i　九州は，空港周辺や高速道路のインターチェンジ付近を中心にIC(集積回路)工場が各地に建てられたことから，「シリコンアイランド」と呼ばれるようになった。しかし，近年は人件費や土地代が安く生産条件の有利な中国や東南アジア諸国に生産拠点《きょてん》がうつり，日本のIC生産額はこの10年で半減している。よって，ウが正しい。

j　企業や工場がある地方公共団体は，その企業や工場から事業税収入が得られる。また，企業や工場で働く労働者が多く住むことで，住民税収入も増える。

k　①　北海道の日本海側には，ユーラシア大陸に沿って寒流のリマン海流が南下している。
②　暖流と寒流がぶつかり合う場所は「潮目」と呼ばれ，暖流系の魚や寒流系の魚が集まることからよい漁場となる。日本近海では東北地方の三陸海岸の沖合いで，北上する暖流の日本海流(黒潮)と南下する千島海流(親潮)がぶつかり，潮目を形成している。

l　「赤潮」は工場排水や生活排水が海や湖などに流れこむことで水域が富栄養化し，プランクトンが異常発生して水が赤く変色する現象である。プランクトンが異常発生すると，水中の酸素が欠《けつ》乏《ぼう》したり，魚のえらにプランクトンがつまったりして，養殖魚が大量に死んでしまうといった被害が起こる。

3　各時代のアジアと日本のようすを題材にした問題

A　**問１**　８世紀中ごろの奈良時代には，日本から唐(中国)に遣唐使が送られていたが，そのころの朝鮮半島は日本との関係が悪化した新羅《しらぎ》が支配していたため，遣唐使は半島を避《さ》けるルートをとらざるを得なかった。新羅は７世紀中ごろに唐と結び，百済《くだら》や高句麗《こうくり》を滅ぼして朝鮮半島を統一していた。　**問２**　唐の都長安から内陸部を経てペルシャなどの西域にいたる道は「シルクロード(絹の道)」と呼ばれた。長安にはこの道を通って西域の商人が訪れ，多くの品々がもたらされた。これらの品々の中には遣唐使によって日本にもたらされたものもあり，ペルシャ製と考えられるガラスの器や水差しなどが東大寺正倉院に納められた。　**問３**　唐の都として栄えた長安は，最盛期には人口約100万人をかかえる世界最大の国際都市であった。藤原京は長安の都城制を手本として，奈良の飛鳥に初めてつくられた本格的な都で，持統天皇が694年に飛鳥浄御原宮《きよみはらのみや》から都をうつし，710年に平城京へ都がうつされるまで日本の都として栄えた。　**問４**　大仏づくりに必要な資材のうち，大仏の表面にほどこす金が不足して困っていたところ，陸奥《むつ》国(東北地方)の小田郡(宮城県)で産出した金が献上《けんじょう》されたため，聖武天皇は大いに喜んだという。　**問５**　平安時代の894年，菅原道真の進言で遣唐使が廃止されると，中国文化が入ってこなくなり，それまでにたくわえられた唐風文化をもとに，しだいに日本の風土に合った国風文化が発達した。よって，イがふさわしい。

B　**問１**　室町時代の前半，倭寇《わこう》(日本の武装商人団・海賊《かいぞく》)が朝鮮や明(中国)の沿岸を荒らすようになった。　**問２**　①　第３代将軍足利義満は，明が倭寇の取りしまりを求めてきたのに応じるとともに明と正式な国交を開き，1404年から明との貿易を始めた。日明貿易では倭寇と正式な貿易船とを区別するため，「勘合《かんごう》(符《ふ》)」という合い札を用いたことから，この貿易は「勘合貿易」とも呼ばれる。　②　義満の代になると幕府の政権も安定し，義満の呼びかけにより，1392年，南北朝の合一が実現した。また，義満が猿楽能《さるがくのう》を演じる観阿弥《かんあみ》・世阿弥《ぜあみ》父子を保護したことから，のちに能楽が大成されることになった。よって，ア，エの２つが正しい。イ，ウは室町時代後半のできごと。　③　応仁の乱(1467～77年)で幕府の力がおとろえると，山口を本拠とする守護大名の大内氏が，勘合貿易の権利を独占した。なお，アの島津氏は薩摩《さつま》国(鹿児島県)，エの今川氏は駿河《するが》国(静岡県)の戦国大名，イの畠山氏は細川氏・斯波《しば》氏とともに「三管領《かんれい》」(管領は室町幕府で将軍を補佐する役職)となった守護大名。　**問３**　豊臣秀吉は文禄《ぶんろく》の役(1592～96年)と慶長の役(1597～98年)の２度にわたり朝鮮に出兵したが，朝鮮(李《り》氏朝鮮)は宗主国《そうしゅこく》(他の国に対し強い支配権を持つ国のこと)である明に救援をたのんだことから，明は朝鮮に援軍を送って日本軍と戦った。当時の朝鮮は明の属国で，軍事面も明に従属していた。

Ｃ　問１　①　江戸時代，北海道は「蝦夷《えぞ》地」と呼ばれ，松前藩が置かれて先住民族のアイヌと交易を行っていた。　②　この交易で，アイヌは海産物や毛皮などを松前藩に持っていき，米や野菜などと交換したが，松前藩はアイヌから不当な利益を得ていた。　**問２**　対馬《つしま》藩(長崎県)の宗氏は，豊臣秀吉の朝鮮出兵でとだえていた朝鮮との国交回復に努力し，江戸幕府から朝鮮との外交と交易権を認められた。また，朝鮮と幕府の間の連絡役を務め，朝鮮通信使を江戸へ派遣するさいには案内と警護を担当した。よって，イが正しい。　**問３**　鎖国中，長崎を唯一《ゆいいつ》の貿易港として，キリスト教の布教と関係のないオランダと清(中国)に限り，幕府との貿易が認められたが，中国商人は長崎郊外の唐人屋敷《やしき》，オランダ商人は長崎港内の出島(扇《おうぎ》形の埋《う》め立て地)に居住が限定され，自由な行動は許されなかった。　**問４**　薩摩藩は江戸幕府の承認のもと，琉球《りゅうきゅう》王国を支配して属国とし，琉球を通じて清と貿易を行っていた。また，薩摩藩に支配されたのち，琉球は江戸まで使節を派遣する義務を負った。　**問５**　アは第８代将軍徳川吉宗が行った享保《きょうほう》の改革で1716～45年(18世紀)，イの外国船打払令が出されたのは1825年(19世紀)，ウの江戸の人口が100万人をこえたのは18世紀，エの絵踏《えふみ》が始められたのは1629年ごろ(17世紀)である。よって，アとウの２つが18世紀のできごととして正しい。

Ｄ　問１　地図中のａは樺太《からふと》(サハリン)の南半分(北緯50度以南)で，日露戦争(1904～05年)のポーツマス条約により日本がロシアから手に入れた領土である。　**問２**　東南アジアは石油・天然ゴムなどの資源が豊富で，この地域を占領すれば，戦争に必要な物資を確保することができた。

問３　地図中ｂのインドシナ(おもに現在のベトナム・ラオス・カンボジアのこと)は，この当時フランスの植民地であった。第二次世界大戦(1939～45年)でドイツがフランスを占領すると，日本軍は1940年から翌年にかけてインドシナへ進出したが，これは日本の戦争相手国である中国(中華民国)に対し，連合国がこの地域を経由して行っている軍事支援ルートを閉鎖することがねらいであった。　**問４**　太平洋戦争(1941～45年)では，初め日本は優勢に戦争を進めていたが，1942年６月のミッドウェー海戦でアメリカ軍に大敗したのをきっかけに，日本は劣勢《れっせい》に立たされることになった。しかし，国内では国民の戦意高揚《こうよう》のため，政府はマスコミを統制し，事実を伏《ふ》せて日本軍が優勢であるかのように報道させた。この海戦で日本海軍の空母４隻《せき》がすべて撃沈《げきちん》されたのに対し，日本軍はアメリカ軍の空母３隻のうち１隻を沈めたに過ぎなかったのに，この海戦を報道した新聞記事には「米空母二隻撃沈」「わが二空母，一巡艦《じゅんかん》(巡洋艦)に損害」という小見出しがついていた。このように，日本軍の損害を小さく，アメリカ軍の損害を大きく報道することで，あたかも日本が勝利したかのように印象づけたのである。

理　科　(30分)＜満点：60点＞

解　答

[1]　1　(例)　**実験②**…水よう液に石灰水を加える。　**結果ウ**…変化が見られない。　**A**…うすい塩酸　**結果エ**…白くにごる。　**B**…炭酸水　**2**　(例)　**実験③**…水よう液にフェノールフタレイン液を加える。　**結果オ**…変化が見られない。　**C**…食塩水　**結果カ**…赤色に変化する。　**D**…うすい水酸化ナトリウム水よう液　[2]　**1**　**水**…300ｇ　**アルコール**…240ｇ　**2**　0.8ｇ　**3**　(1)　**ア**　50　**イ**　増えた　**ウ**　40　**エ**　増えた　(2)　**オ**　50　**カ**　減った　**キ**　40　**ク**　減った　(3)　**ケ**　50　**コ**　40　(4)　**サ**　50　**シ**　50　**4**　1 cm^3あたりの重さ　**5**　イ　[3]　**1**　(例)　体の外側をおおっているかたい皮をぬぐ。　**2**　(1)　はね　(2)　不完全変態　**3**　(1)　(例)　共食いすることがあるから。　(2)　(例)　メスは木の枝などに産卵するから。　**4**　(例)　卵のうはたくさんの空気をふくんでおり，冬の寒さや乾そうから卵を守ることができるから。　**5**　(例)　親が子の世話をしないため，成虫になるまでに死ぬ割合が多いから。　**6**　(1)　子宮　(2)　たいばん／(例)　母親の体内にいる赤ちゃんは母親の血液中の栄養分を血液中に取り入れている。
[4]　**1**　①　イ　②　ア　③　ウ　④　ウ　**2**　(1)　イ　(2)　エ　(3)　**温度**…キ　**重さ**…ケ　(4)　(例)　(空気の流れは)上空では高さ０ｍ付近と逆になっている。　(5)　(例)　高さ750ｍ付近を中心に円をえがくように循環している。　**3**　(1)　①　イ　②　ウ　③　ア　(2)　①　南　②　**「晴天日」**…オ，コ　**「雨天日」**…サ　③　(例)　気温があまり下がっていない時間帯に海からのすずしい南風がやんでしまうから。

解　説

[1]　水よう液の判定についての問題

1　実験①で水よう液を加熱したときに何も残らないＡとＢは，気体の塩化水素がとけたうすい塩酸か，気体の二酸化炭素がとけた炭酸水のどちらかである。この２つの水よう液を見分けるためにそれぞれの水よう液に石灰水を加えると，うすい塩酸では変化が見られないが，炭酸水では白くにごる。なお，ＡとＢはどちらの水よう液としてもよいが，結果と水よう液が適切に対応するようにする。

〔ほかの考え方〕　ＡとＢの水よう液にスチールウール(鉄)またはアルミニウム片を加えると，うすい塩酸ではそれらがあわを出しながらとけていき，炭酸水ではそれらがとけずに残る。

2　実験①で水よう液を加熱して白い固体が出てきたＣとＤは，固体の水酸化ナトリウムがとけたうすい水酸化ナトリウム水よう液か，固体の食塩がとけた食塩水のどちらかとなる。そして，実験

④より，赤色リトマス紙の色が青く変わったDはアルカリ性のうすい水酸化ナトリウム水よう液で，Cは中性の食塩水とわかる。よって，実験③ではその両方を見分けられることを行っている。たとえば，それぞれにフェノールフタレイン液を加える。すると，食塩水のCでは色の変化が見られず，うすい水酸化ナトリウム水よう液のDでは赤色に変化する。

〔ほかの考え方〕　CとDにアルミニウム片を加えても，CとDを見分けることができる。Cでは変化が見られず，Dではアルミニウムがあわを出しながらとけるようすが見られる。また，緑色のBTB溶液を加えても，Cでは緑色のまま変化が見られず，Dでは青色に変化するため，見分けることができる。

2　浮力《ふりょく》と液体の密度《みつど》についての問題

1　自動上皿ばかりの読みから，160gのビーカーと300cm^{3}の水の重さの合計は460gなので，水300cm^{3}の重さは，460－160＝300(g)である。また，アルコール300cm^{3}の重さは，400－160＝240(g)と求められる。

2　アルコール300cm^{3}の重さが240gなので，アルコール1cm^{3}あたりの重さは，240÷300＝0.8(g)である。

3　水の入ったビーカーに小石をしずめた後，自動上皿ばかりの読みは，510－460＝50(g)増え，ばねばかりの読みは，150－100＝50(g)減っている。これは，小石が水に押し上げられる力(浮力)を受けたためで，その大きさは50gである。水1cm^{3}あたりの重さは，300÷300＝1(g)なので，50gの水の体積は50cm^{3}とわかる。また，アルコールの入ったビーカーに小石をしずめた後には，自動上皿ばかりの読みが，440－400＝40(g)増え，ばねばかりの読みが，150－110＝40(g)減っている。よって，小石がアルコールから受ける浮力は40gとわかる。アルコール1cm^{3}あたりの重さは0.8gなので，40gのアルコールの体積は，40÷0.8＝50(cm^3)である。

4　ある液体Xに物体を完全にしずめたときの浮力の大きさは，液体Xの1cm^{3}あたりの重さがわかれば，(液体1cm^{3}あたりの重さ)×(物体の体積)により求めることができる。

5　水に食塩を加えると，重さは重くなるが，体積はほとんど変わらないため，こい食塩水は水にくらべて1cm^{3}あたりの重さが重い。よって，水の場合にくらべて，こい食塩水に小石を完全にしずめたときの浮力は大きくなり，小石をつるしているばねばかりの読みは小さくなる。

3　オオカマキリの生態についての問題

1　オオカマキリのようなこん虫は，体がひとまわり大きくなるときに，それまで体をおおっていた皮をぬぐ。これを脱皮《だっぴ》という。脱皮直後の皮はやわらかく，皮がかたくなる前に体を大きくしている。

2　(1)　オオカマキリの幼虫と成虫はよく似ている。幼虫にははねのもととなる部分はあるがはねはなく，成虫にははねがある。　(2)　オオカマキリやバッタ，トンボなどは，さなぎになる時期がなく，卵→幼虫→成虫という育ち方をする。このような育ち方を不完全変態という。

3　(1)　オオカマキリは動いているものにおそいかかる習性があり，共食いしてしまうことがある。また，オスはメスにくらべて体が小さく，メスにおそわれやすい。そのため，卵を産ませるとき以外は，メスとオスを別の虫かごで飼育するのがよい。　(2)　カマキリのメスは木の枝やススキなどに産卵するので，卵を産ませるときには虫かごにこれらを入れておく。

4　オオカマキリの卵は卵のうというスポンジ状のものに包まれている。卵のうはたくさんの空気をふくんでおり，断熱効果があるので，卵のうの内側では寒さの影響を受けにくい。また，乾そうや外部のしょうげきからも卵を守っている。

5　オオカマキリは親が子の世話をしないので，成虫になるまでにほかの動物に食べられたり，環境の変化で死んでしまったりする割合が多い。そのため，多くの卵を産んで子孫が残る確率を高める必要がある。

6　(1)　母親の体の中にいる人の赤ちゃん(たい児)は，子宮の中で羊水という液体に浮《う》かんでいる。

(2)　たい児はへそのおという管で子宮のかべにあるたいばんとつながっている。たいばんでは，たい児の毛細血管が母親の血液とふれていて，母親とたい児のあいだで物質の交かんが行われている。成長に必要な酸素や栄養分は母親からたい児へ，二酸化炭素やそのほかの不要物はたい児から母親へわたされる。

4　海風・陸風と凪《なぎ》についての問題

1　陸は海よりもあたたまりやすく冷めやすい。昼間の晴れているときは，太陽の熱で地面の温度が上がり，海水面の温度より高くなる。すると，地面付近の空気はあたためられて軽くなって上《じょう》昇《しょう》し，海水面付近の空気が地面の方に移動するため，海から陸に向かって風がふく。これを海風という。一方，夜は地面の温度が下がり，海水面の温度よりも低くなるため，海水面付近の空気が上昇する。すると，地面付近の空気が海水面付近に移動してきて，陸から海に向かって風がふく。これは陸風とよばれる。また，海風から陸風，陸風から海風に変わるときには，風がほとんどふかない凪の状態になる。

2　(1)　よく晴れた日の正午の観測結果なので，地面付近では空気が上昇し，海水面付近では空気が下降する。よって，ア側は海，イ側は陸である。　(2)　③と④ではあたためられた空気が上昇しており，図1では高さ1000mぐらいまで空気が上昇している。　(3)　空気は温度が高くなると軽くなって上昇するが，上昇した空気は気圧が下がって膨張《ぼうちょう》し，空気の温度が下がる。また，空気はまわりより軽いうちは上昇し続けるので，1000mでの空気の重さはその下の高さ0m付近とくらべて軽い。　(4)　昼間は，地上付近では海から陸に向かって海風がふく。一方，1000mより高いところでは，陸側の方が上昇した空気により海側の同じ高さの空気よりも気圧が高くなるため，陸から海に向かって風がふく。つまり，1000mより高い上空とその下の高さ0m付近では空気の流れが逆になる。　(5)　図1の断面を見ると，海岸周辺の海からふく風と陸からふく風は，高さ750m付近を中心に円をえがくように循環《じゅんかん》している。

3　(1)　図2で平均値がほとんど変化していない③は海水温である。晴天日の気温は，昼間は太陽の熱により地面があたためられて気温が上がり，夜は熱が宇宙へ逃げていきやすく気温が下がるので，1日の温度変化が大きくなる。一方，雨天日の気温は，空が雲におおわれているので，昼間は太陽の熱が地面に届きにくいため気温があまり上がらず，夜間は熱が宇宙へ逃げていきにくいので気温があまり下がらず，1日の温度変化が小さい。よって，①は晴天日の気温，②が雨天日の気温である。　(2)　①　広島市は瀬戸内海の北側に位置しているので，広島市から瀬戸内海を見るには南を向けばよい。　②　図3より，晴天日は，0時から10時までは陸から海へ，11時から22時までは海から陸へ，23時以降はふたたび陸から海へ風がふいている。よって，風の向きが変わるとき，一時的に風がやむ凪の状態になるのは，10時～11時と22時～23時である。また，図4より，雨天日はつねに海から陸に向かって風がふいているので，1日中凪にはならない。　③　気温があまり下がっていないのに，夕凪によって陸上よりも温度の低い海からのすずしい南風がやんでしまうと，昼間の気温の高い空気が居すわって，暑さが厳しく感じられる。

国　語　（50分）＜満点：100点＞

解　答

一　問1　①　3　②　一(年生くらい)　**問2**　2　**問3**　2　**問4**　2　**問5**　2　**問6**　4　**問7**　4　**問8**　1　**問9**　1　**問10**　3　**問11**　①　（例）　リレーで活躍していた和一の姿を思い出し，胸がはずんだこと。　②　身近(な人)　**問12**　2　**問13**　4　二　**問1**　（例）　日本人が，第三世界から天然資源や食糧を大量に買付け，豊かな生活を享受するさま。　**問2**　3　**問3**　人と人とが相対する世界ではない　**問4**　4　**問5**　（例）　マングローブ林や生魚をぎせいにして，現地の人びとの生活をおびやかすという問題。　**問6**　（例）　日本でウナギが獲れなくなった理由には，温暖化による回遊ルートの変化，川の環境悪化による成魚の減少，稚魚の乱獲などがある。どれも人間が引き起こしたものだ。中でも，大量のウナギを消費する日本人は，乱獲に対してもっと意識的になるべきだと思う。絶滅を食い止めるには，漁獲量を公的に規制する必要があるが，一人ひとりが「食」について考えることも大事だ。　三　1　×　2　×　3　×　4　○　5　×　6　○
四　1～8　下記を参照のこと。　9　こおう(する)　10　かんがい　11　はな(つ)　12　こ(む)

●漢字の書き取り

四　1　束(ねる)　2　規則　3　散(らす)　4　採決　5　才覚　6　駅舎　7　巣　8　立証(する)

解　説

一　**出典は小川国夫《おがわくにお》の『彼の故郷』による。**和一について玉浦《たまうら》へ行った浩《ひろし》が，海の美しさやこわさを感じたこと，玉浦の衆との間に起きた事件で，和一に対する見方が変わったことなどを描《えが》いている。

問1　①　本文の最初で，浩が「寒いなあ」と言っている。また，最後のほうでは，「この秋の運動会のことも遠い思い出のようだった」と思っているが，季節や年月日など，時に関《かか》わる言葉に「この～」がつくと，近い過去・近い未来であることを表す。つまり，「秋の運動会」からあまりたっていないのだから，晩秋から初冬にかけての季節である。　②　浩と和一が「ぼくっちもこっちへ住めばいいっけ」「学校は小さいぞ。一年に五，六人しかいないって」と話しているので，一年生くらいと考えられる。

問2　すぐ続けて「そこには彼をこばもうとする空気があるようだった」とあることに注目する。浩は元浜の子でまだ幼く，玉浦の漁村には行ったことがなかった。また，後の部分で，和一が玉浦の少年たちにいじめられていることにも注意する。ぼう線部でも，玉浦の漁村のことを，他から来るものを受け入れない閉鎖《へいさ》的な場所のように感じていたものと推測できるので，2が合う。

問3　問２で見たように，浩は「崖《がけ》の中腹」で「彼をこばもうとする空気」を感じ，ためらっている。それが，一たん「向《むこ》う側」にふみ出すと「引潮のよう」に引いたのだから，先に進む抵抗《ていこう》感が薄《うす》れたのだと推測できる。２が，このたとえを正しくとらえている。

問4　松林にふちどられている「海」を見た場面である。玉浦に初めてふみこむとき，こばまれるような抵抗感を感じたことをおさえておく。初めての土地に来た気後れの中で，きらめく「海」に強い衝撃《しょうげき》を受けたのだから，「異様」なまでの美しさに「不安」を感じたと解釈《かいしゃく》する２が合う。１の「心おどる」気分，３の「ぼう険」したい気分，４の「友情が～深まった」様子は描かれていない。

問5　問２と関連している。浩は玉浦の漁村に自分をこばむような空気を感じていたが，和一から父親がそう難した話を聞いたこと，岩に立つ枯《か》れた「一本松」が「難破した船の漁師が立ち上がって死んだかっこう」に見えたことなどから，改めて玉浦は自分が来てはいけない場所だと思ったのだと考えられる。

問6　浩は「岩の間」を進んでいくのが「こわく」てたまらなかった。先を「身軽に歩いて」いく和一も助けにはならず，「しぼんだよう」に見えるのだから，４がふさわしい。

問7　「ガラクタ」とは，「波」がくだいた「生けす」の残がいのこと。「なぶりもの」は，いいようにいじめられるもののこと。この場合は，「波」という自然の力が人間の作ったものを壊《こわ》し，その残がいが間断なく波をかぶっている様子である。これを岩の間のせまい橋から見下ろした浩は，「来るんじゃあないっけ」と思って，ここまで来たことをくやんでいるのだから，４があてはまる。

問8　「あてどない」は，行くあてのない様子。玉浦に来てすぐの場面で，父親が玉浦に「よく連れてきてくれ」たこと，父親も「ここの衆も一しょ」に「船がひっくり返って死んだ」ことを，和一は話している。つまり，「あてどない悲しい顔」とは，父親とつながりのある玉浦や，玉浦の衆に親近感を持っていたのに，玉浦の少年たちからおどされ，追われて，悲しむ和一の表情だから，１が合う。

問9　「もまれる」は，激しくゆり動かされること。大勢の中で苦労すること。「波にもまれている海藻《かいそう》」に，玉浦の少年たちからおどされる和一の姿が重ねられているので，１がよい。

問10　浩は玉浦で「海」のかがやきに圧とうされ，理解できない「潮」の変化を恐《おそ》れている。つまり，美しいが，生きて「息をしているよう」でこわいのだから，３が合う。

問11　「その時のこと」とは，リレーで和一がすばらしい活躍《かつやく》をしたことを指す。　①　最後の段落に，浩にとって和一は「一しょにいると胸がはず」むような，あこがれの対象だったことが書かれている。この胸がはずむ感じを「蜜《みつ》のようなもの」と表しているのである。これをふまえ，「和一がリレーで活躍したのを思い出し，胸がはずんだこと」のようにまとめる。　②　和一への浩の気持の変化は，最後の段落に語られている。あこがれの対象から「身近な人」になったのである。

問12　浩に「自由」をもたらした「新しい気持」とは，和一を「身近」な「ふつうの上級生」と感じたことである。和一は玉浦の少年たちから「元浜の手合は顔を出すな」とおどされた話をし，浩は「玉浦の衆は，和一ちゃんちお父さんと一しょの船で死んだのにな」と答えている。ここから，自分たちは「元浜」の仲間だという連帯意識が読み取れる。つまり，浩は和一を身近な仲間と感じたのだから，２が合う。

問13　問５や問12を参考に考える。「日なたの海」「影の海」という対比や，「一羽残らず陸に背を向けて」という表現から，元浜の人間である浩と和一をこばむ玉浦の漁村という，自分たちが生活している場所とは別の世界への侵入《しんにゅう》をこばむものの象徴《しょうちょう》的な存在として描かれていると想像できる。

二　出典は村井吉敬《むらいよしのり》の『エビと日本人』による。日本人が第三世界から多くの天然資源や食糧《しょくりょう》を輸入し，豊かな生活を享受《きょうじゅ》していることの背景や問題点を，エビという商品を中心に考察している。

問１　最初の一文「私たちは〜享受している」で，日本人と第三世界の関係を説明している。

問２　ここまでの内容を整理する。日本人は大量に食材を輸入しており，しかも，どんどんぜいたくになって，エビに代表される高級魚の輸入に消費するエネルギーはばく大である。さらに，第三世界の水域で大衆魚のサバやイワシを根こそぎ獲《と》って，加工したかんづめを第三世界に輸出している。つまり，日本人が第三世界相手に行っている食糧の輸出入は，第三世界の利益になるとは言いがたく，日本人の食も飽食《ほうしょく》という「“歪《ひず》み”」におちいっているのである。３が，この内容に合う。

問３　「おたがい」とは，日本人と第三世界の人びとのこと。食糧の輸出入に関し，両者のあいだに「長い複雑」なしくみがあるため，それぞれの「顔」，すなわちそれぞれの状態や考えが直接わからないのである。これを二つ後の段落で，「人と人とが相対する世界ではない」と表現している。

問４　「工業」は，農林水産業や鉱業で生産された自然の原料を，人力や機械力で商品価値のあるものに作りかえる産業。バナナは農作物だが，「大農園」で人力や機械力を計画的に用いることで，エビに比べて生産を管理しやすい。つまり，生産管理のしやすいバナナは「資本(カネ)とテクノロジー」で支配する「工業的」な産業になりうるが，海や多くの漁民が関わるエビは管理しきれないのである。４が，この内容に合う。

問５　ぼう線部は，エビの「養殖《ようしょく》化」を指している。「養殖」についてはこの後，「マングローブ林を破かいする」「生魚をぎせいにした人工飼料が必要」と説明している。さらに，「大きな資本と細心のテクノロジー」が必要なので，きょ大な企業に支配され，現地の小漁民の暮らしに影響《えいきょう》がおよぶことも加えてまとめるとよい。

問６　ウナギの中でも，とくに日本で多く消費されるニホンウナギは，マリアナ海嶺《かいれい》の付近で産卵したものがかえり，成長しつつ黒潮に乗って日本近海に来る。ニホンウナギが減り続けている理由には，乱獲《らんかく》，河川環境《かんきょう》の悪化，地球温暖化を原因とした海流の変化などが考えられる。ただし，温暖化による回遊ルートの変化よりも，全体数の激減が問題である。日本で消費されるウナギはほとんどが養殖だが，人の手で育てた親魚から卵をとって稚魚にする「完全養殖」の技術がウナギでは実用化しておらず，すべて天然の稚魚を海や川から獲ってきて，養殖池の中で大きくするしくみになっている。この天然稚魚の乱獲が，ウナギが激減した大きな原因である。世界のウナギの７〜８割を消費する日本は，乱獲に関する責任が大きい。消費者が乱獲されたウナギ(格安ウナギ)をこぞって購入《こうにゅう》し，企業が供給する流れを食い止めるには，漁獲量と国際取引に公的な規制をかける必要がある。個人にできることは少ないが，絶滅《ぜつめつ》が危惧《きぐ》されるニホンウナギの問題も，温暖化と同様，人間の活動が引き起こしていることだと自覚し，乱獲ウナギを喜ぶ意識を変えることが大事である。内容としては，ウナギの激減に関わる原因と，絶滅を食い止める手だて，消費者としての意識の転換《てんかん》の必要性を入れてまとめればよいだろう。

三　敬語の使い方

1　「～ていらっしゃいます」は,「～ている」の尊敬表現で, 雨には使わない。丁寧《ていねい》表現を用いて「降っていましたか」と言うのが合う。　2　「お名前様をちょうだいいたします」は不自然。「お名前をうかがうことになっております」などがよい。　3　話し手の身内の行為《こうい》だから, 尊敬表現の「ごらんになっているところです」は不適切。丁寧表現の「見ているところです」, 謙譲《けんじょう》表現の「見ております」などがふさわしい。　4　先生を「招待する」のは話し手だから,「ご招待もうしあげたい」と謙譲表現で言うのは正しい。　5　「いただく」は「飲む」などの謙譲語。相手にすすめるときは尊敬表現の「めしあがってください」などを使う。　6　「いかがお過ごしですか」は,「どう過ごしているか」の尊敬表現。相手の状態をたずねるのにふさわしい。

四　漢字の書き取りと読み

1　音読みは「ソク」で,「約束」などの熟語がある。　2　守るべき決まりのこと。　3　音読みは「サン」で,「散歩」などの熟語がある。「火花を散らす」で, 激しく勝敗を競うこと。　4　会議で議案の賛否をとって決定すること。　5　すばやい頭の働き。　6　駅の建物。　7　音読みは「ソウ」で,「営巣」などの熟語がある。　8　証拠《しょうこ》をあげて事実を明らかにすること。　9　あるものの行動にこたえて, もう一方も動き出すこと。　10　日照りの害。　11　音読みは「ホウ」で,「放送」などの熟語がある。訓読みには「ほう(る)」がある。　12　音読みは「コン」で,「混雑」などの熟語がある。訓読みには他に「ま(ざる)」などがある。

Dr.福井の 入試に勝つ! 脳とからだのウルトラ科学

復習のタイミングに秘密あり！

算数の公式や漢字，歴史の年号や星座の名前……。勉強は覚えることだらけだが，脳は一発ですべてを記憶することができないので，一度がんばって覚えても，しばらく放っておくとすっかり忘れてしまう。したがって，覚えたことをしっかり頭の中に焼きつけるには，ときどき復習をしなければならない。

ここで問題なのは，復習をするタイミング。これは早すぎても遅すぎてもダメだ。たとえば，ほとんど忘れてしまってから復習しても，最初に勉強したときと同じくらい時間がかかってしまう。これはとっても時間のムダだ。かといって，よく覚えている時期に復習しても何の意味もない。

そもそも復習とは，忘れそうになっていることを見直し，記憶の定着をはかる作業であるから，忘れかかったころに復習するのがベストだ。そうすれば，復習にかかる時間が一番少なくてすむし，記憶の続く時間も最長になる。

では，どのタイミングがよいか？　さまざまな研究・発表を総合して考えると，1回目の復習は最初に覚えてから1週間後，2回目の復習は1か月後，3回目の復習は3か月後――これが医学的に正しい復習時期だ。復習をくり返すたびに知識が海馬《かいば》(脳の，知識をためる倉庫みたいな部分)にだんだん強くくっついていくので，復習する間かくものびていく。

この計画どおりに勉強するには，テキストに初めて勉強した日付と，その1週間後・1か月後・3か月後の日付を書いておくとよい。あるいは，復習用のスケジュール帳をつくってもよいだろう。もちろん，計画を立てたら，それをきちんと実行することが大切だ。

ちなみに，記憶量と時間の関係を初めて発表したのがドイツのエビングハウスという学者で，「エビングハウスの忘却《ぼうきゃく》曲線」として知られている。

えーと
1週間後
あ，そうだった！
1カ月後
あ，思い出した！
3カ月後
もう，覚えてるよ

Dr.福井(福井一成《ふくいかずしげ》)…医学博士。開成中・高から東大・文Ⅱに入学後，再受験して翌年東大・理Ⅲに合格。同大医学部卒。さまざまな勉強法や脳科学に関する著書多数。

Memo

平成27年度　フェリス女学院中学校

〔電　話〕 (045) 641－0 2 4 2
〔所在地〕 〒231－8660　神奈川県横浜市中区山手町178
〔交　通〕 JR根岸線─「石川町駅」より徒歩８分
みなとみらい線─「元町・中華街駅」より徒歩10分

【算　数】（50分）〈満点：100点〉

《注意》　1．答を出すのに必要な図や式や計算を，その問題のところにはっきりと書いてください。
2．円周率を使う場合は3.14としてください。

1　次の問いに答えなさい。

(1)　次の計算をしなさい。

$$3\frac{16}{51}-2\times\left[\frac{5}{2}\div\left\{3-\left(\frac{1}{2}+\frac{4}{5}\right)\right\}\right]\div 3$$

(2)　花子さんは，国語，社会，理科，算数，英語の５科目のテストを受けました。花子さんの国語，社会，理科の合計得点は222点で，算数の得点は５科目の平均点より1.6点低く，英語の得点は算数の得点より５点高かったです。花子さんの算数の得点は何点ですか。

図１

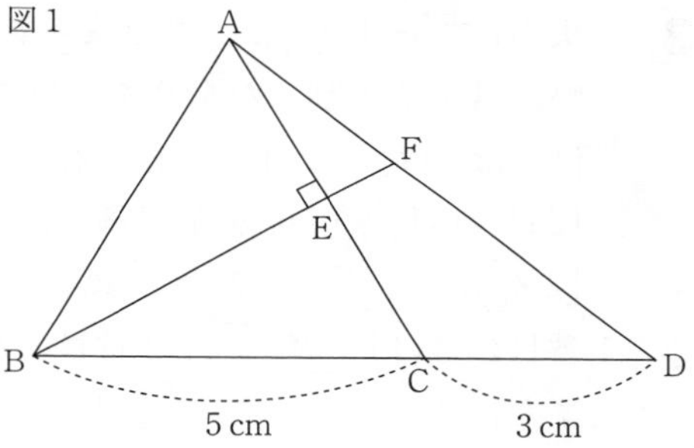

(3)　図１のように，△ABDがあります。点C，Fはそれぞれ辺BD，AD上の点で△ABCは正三角形です。点Eは直線ACと直線BFが垂直に交わってできる点です。△AEFの面積は，△ABEの面積の何倍ですか。

図２

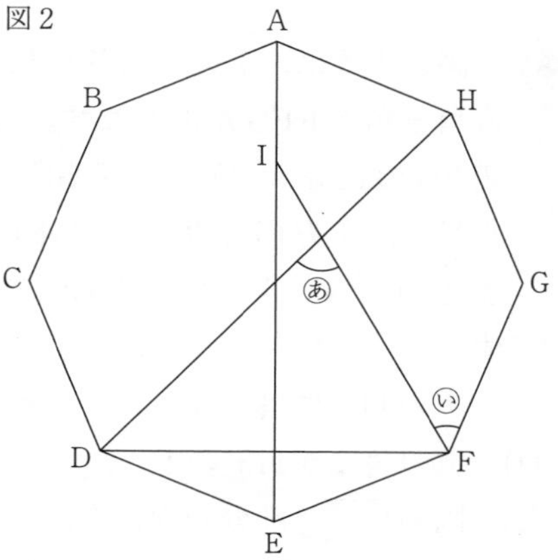

(4)　図２のように，正八角形ABCDEFGHがあります。点Ｉは直線AE上の点で，直線IFの長さと直線DFの長さは等しいです。あ，いの角度をそれぞれ求めなさい。

(5)　東西にかかる橋があります。Aは西から東へ向かって，Bは東から西へ向かって，それぞれ一定の速さでこの橋を渡ります。ある日，AとBが同時に橋を渡り始めると，橋の長さの$\frac{1}{18}$だけ橋のまん中より東がわのところで２人が出会いました。翌《よく》日，AとBが再び同時に橋を渡り始めました。このとき，Aは前日より毎分３mおそく進み，Bは前日の1.2倍の速さで進んだところ，ちょうど橋のまん中で出会いました。

次の問いに答えなさい。

①　前日のAの速さとBの速さの比を，できるだけかんたんな整数の比で表しなさい。

②　前日のAの速さは分速何mでしたか。

2　工場１では何台かのポンプAを使って，工場２では何台かのポンプBを使って，工場３では何台かのポンプBと何台かのポンプCを使って水をくみ上げています。ポンプBの１台が１日当たりにくみ上げる水の量は，ポンプAの１台が１日当たりにくみ上げる水の量より８％少ないです。工場２のポンプBの台数は工場１のポンプAの台数より12％少ないです。工場２のポンプBの台数と工場３のポンプBの台数は等しく，工場３のポンプBとポンプCの台数の比は11：2です。工場３で１日にくみ上げる水の総量は，工場１で１日にくみ上げる水の総量より８％少ないです。

次の□にあてはまる数を求めなさい。

(1)　工場２で１日にくみ上げる水の総量は，工場１で１日にくみ上げる水の総量の□％です。

(2)　ポンプCの１台が１日にくみ上げる水の量は，ポンプAの１台が１日にくみ上げる水の量の□％です。

3　次の ア ～ オ にあてはまる数を求めなさい。求め方も書きなさい。

整数Aを７で割った余《あま》りを$[A]$で表します。

例えば$[17]=3$，$[4]=4$，$[21]=0$です。

$[24]\times[41]\times[74]$を７で割った余りと$[24\times41\times74]$はどちらも ア です。

$[2\times$□$]=2$の□にあてはまる整数のうち，小さいものから順に20個を並べると，１番目の数は イ ，２番目の数は ウ ，……，20番目の数は エ となります。

また，これらについて$[(2\times$ イ $)\times(2\times$ ウ $)\times\cdots\cdots\times(2\times$ エ $)]=$ オ が成り立ちます。

4　図のように，１辺の長さが12cmの正方形ABCDと直角三角形EFGがあります。辺EFの長さは16cm，辺FGの長さは20cm，辺GEの長さは12cmです。点Eは，正方形ABCDの２本の対角線が交わってできる点です。辺BCと辺EFの交わる点をHとします。

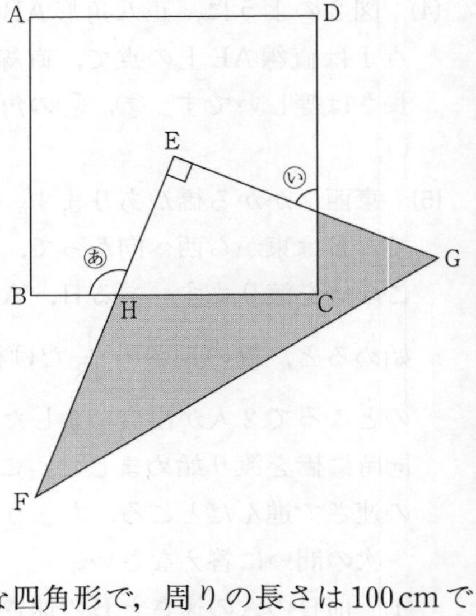

次の問いに答えなさい。求め方も書きなさい。

(1)　あの角度が115°のとき，いの角度を求めなさい。

(2)　図の▒部分の面積を求めなさい。

(3)　直線FHの長さが９cmのとき，▒部分の周《まわ》りの長さを求めなさい。

5　図のように，四角形ABCDは直線ACについて線対称な四角形で，周りの長さは100cmです。また，対角線BDの長さは24cmです。

次の問いに答えなさい。求め方も書きなさい。

(1)　四角形ABCDを，直線ACを軸として一回転させてできる立体の表面積を求めなさい。

(2)　直線ABの真ん中の点をP，直線BCの真ん中の点をQ，直線CDの真ん中の点をR，直線

DAの真ん中の点をSとし，四角形PQRSを直線ACを軸として一回転させてできる立体をKとします。四角形ABCDの面積が480 cm^2 であるとき，立体Kの体積を求めなさい。

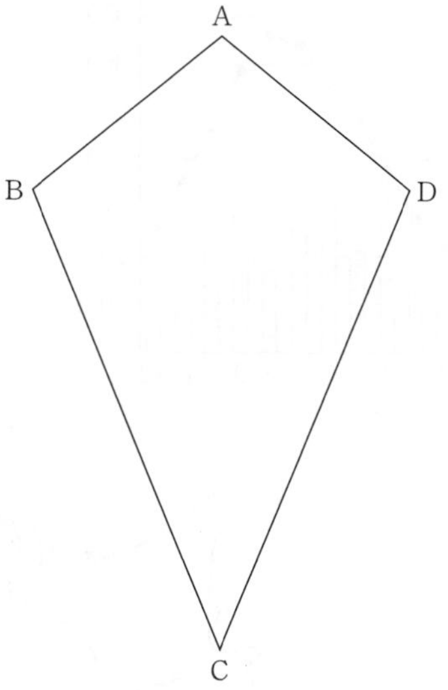

【社　会】（30分）〈満点：60点〉

1　次の文を読んで，——a～gについての問いに答えなさい。

私たちの住む日本の地形は，どのようにしてできたのでしょうか。

地球の表面には厚さ6 km～60 kmほどの地殻《ちかく》があり，さらにその下にマントルとよばれる熱い層があります。マントルが地殻近くまで来て溶《と》けるとマグマとなり，a火山の源となります。b火山が噴火《ふんか》すると，火山灰や流れ出た溶岩《ようがん》などで，周りの地形は大きく変化することになります。

日本列島の山脈や盆地の多くは，長い時間にわたる地殻の変化により形作られてきました。例えば，c中国山地と瀬戸内海，そして四国山地は，南北や東西の方向から力が加わった結果，地殻が波のようにうねってできたものです。高くなった所が中国・四国山地，低くなった所が瀬戸内海であると考えられています。同じように，d下北半島や津軽半島なども，周囲から加わった力のために地殻が波打った結果できたものだと考えられています。

陸地だけでなく海面の高さも，時代により激しく変化してきました。今から約2万年前の氷河期には，e陸地に雪がつもって大量の氷河ができた結果，海水面が低くなり，現在の瀬戸内海をはじめ伊勢《いせ》湾や東京湾なども陸地になっていたと考えられています。氷河期が終わって暖かくなると，fそれらのくぼんだ陸地に水が入って海となり，gその海に各河川が運んだ土砂が積もり，沿岸の各地に平野が作られていきました。日本の地形は現在も少しずつ変化しており，新しい姿を私たちに見せ続けていくことでしょう。

a　火山が多く分布する日本の特徴を生かすものとして，期待されている発電方法はなんですか。

b　1990年から活発に活動している雲仙普賢岳《うんぜんふげんだけ》という火山があります。この火山はなに県にありますか。

c　次のア～ウの図は浜田《はまだ》（島根県），高松，高知の月別平均気温と降水量を示したものです。これらの中から，高松の雨温図を選びなさい。

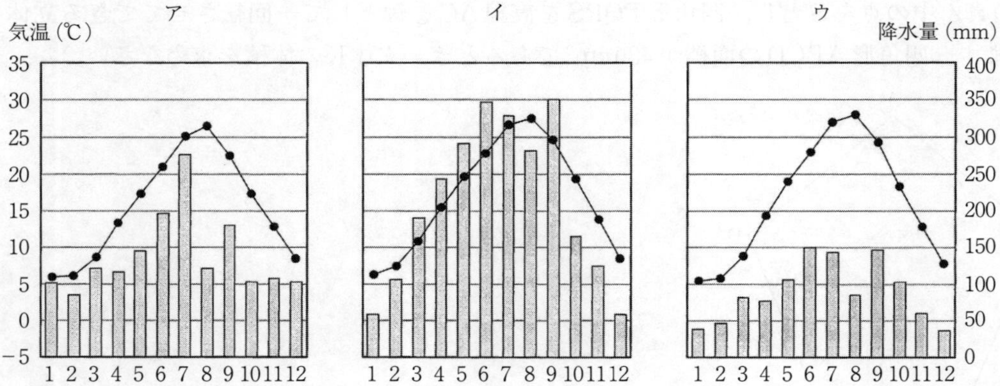

d　①　下北半島を図中のア～オから選びなさい。

②　右の日本地図は1600万分の１の縮尺で描かれています。この地図上の１ミリメートルは，実際には何キロメートルを示していることになりますか。

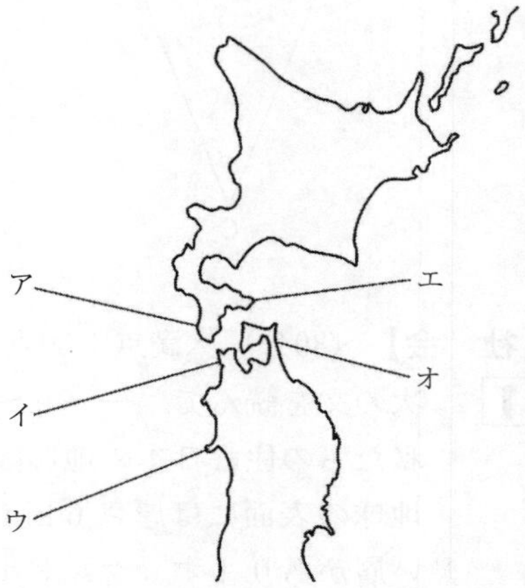

e　2012年に富山県の北アルプスで氷河が見つかりました。北アルプスとはなに山脈のことですか。

f　約２万年前には朝鮮半島と日本列島は陸続きになっていました。そのころ陸地になっていた所は，現在は水没《ぼつ》して大陸棚《だな》となっています。大陸棚のある海はよい漁場となりますが，それはなぜですか。

g　次の地図は，伊勢湾に土砂を運んでいる揖斐《いび》川の支流の一部を示しています。この図の中にないものを，ア～エから選びなさい。

ア　発電所・変電所　　イ　城跡《あと》　　ウ　寺院　　エ　工場

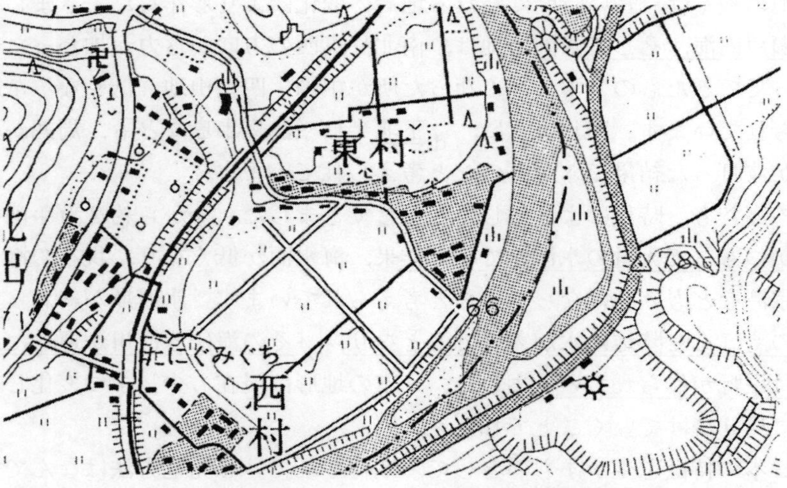

（国土地理院発行２万５千分の１地形図「美濃神海」より作成）

2 次の文を読んで，下の問いに答えなさい。

A 日本の農業や林業や漁業で働いている人の数は減っていますが，近年，林業を目指す人の中に若い人が増えてきたという報告が聞かれるようになりました。

① 日本は森林資源の豊かな国ですが，森林の約４割ほどは，伐採《ばっさい》が禁じられた森林に指定されています。こうした森林の多くは，おもにあることを目的として伐採が禁じられていますが，それはなんですか。

② 林業では，木を育て，木材として出荷するまで，長い時間と手間がかかります。木を育てるにはさまざまな作業が必要ですが，その一つに節《ふし》のない木を育てることを目的として行われる作業があります。この作業をなんといいますか。

B 農業で働いている人の数は，2010年現在，約260万人で，最も就業《しゅうぎょう》者数の多い都道府県は茨城《いばらき》県，次いで北海道，福島県の順となっています。

① 次のア～ウのグラフは，茨城県，北海道，福島県の農業生産額に占める米・野菜・畜産《ちくさん》の割合を示したものです。茨城県を示しているのは，ア～ウのどれですか。

ア	米 11.7%	野菜 20.4%	畜産 51.7%	その他 16.2%
イ	米 34%	野菜 23.6%	畜産 23.2%	その他 19.2%
ウ	米 19.6%	野菜 40.5%	畜産 26.1%	その他 13.8%

（2010年）

② 北海道で米作がさかんな平野を，地図のア～ウから選びなさい。また，その平野の名前を答えなさい。

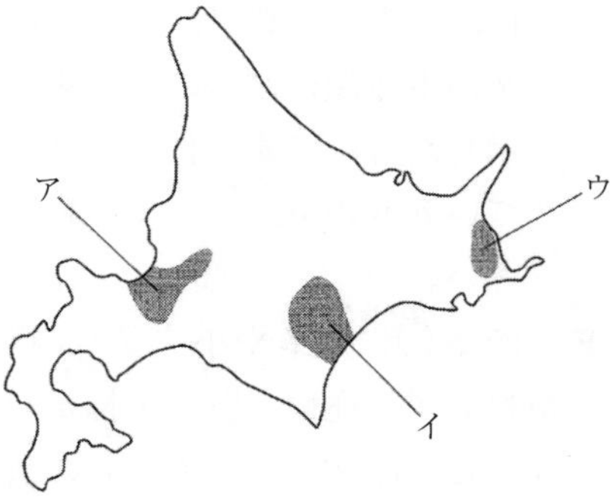

③ 福島県ではくだものの生産がさかんです。次のグラフは，あるくだものの県別生産量の割合を示したものです。このくだものはなんですか。

山梨県 33.1%	福島県 20.3%	長野県 13.7%	その他 32.9%

（2012年）

C 漁業で働いている人の数は，2008年現在，約22万人で，最も就業者数が多い都道府県は北海道，次いで長崎県，青森県となっています。

① 北海道と長崎県では獲《と》れる魚の種類がずいぶん違います。次のア～エから，長崎県で漁獲量の多い魚類を一つ選びなさい。

ア あじ類　　イ まぐろ類　　ウ さけ類　　エ ひらめ・かれい類

② 青森県でさかんな養殖《ようしょく》を，ア～エから一つ選びなさい。

ア うなぎ　　イ ぶり類　　ウ わかめ　　エ ほたて貝

D 鉱業や工業や建設業などで働いている人の数は，1998年を頂点に減っています。工業には金属，機械，化学，食料品，せんいなどがありますが，このうち，就業者数が最も多いのが機械工業，少ないのがせんい工業と化学工業です。

① 機械工業の中でもきわだって就業者数が多いのが自動車工業の分野です。その理由は，自動車の生産台数が多いこともありますが，自動車のつくられ方にも深く関係しています。どういうことか，説明しなさい。

② 次の地図のア～ウは，自動車工業，せんい工業，化学工業のさかんな都府県(2010年の生産額上位5位)を示したものです。せんい工業を示しているものを選びなさい。

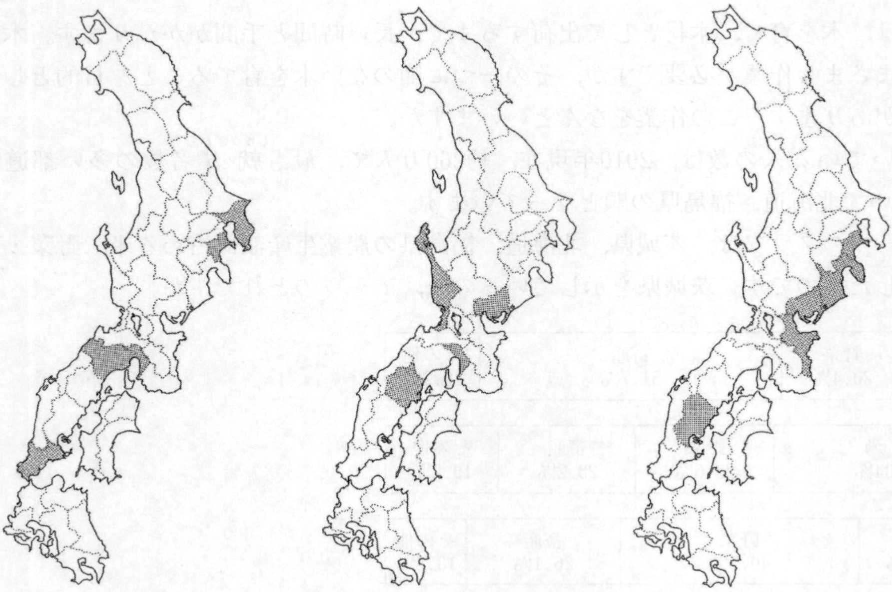

③ 右のグラフは，日本の金属，機械，化学，食料品，せんいの各工業の生産額の割合の移り変わりを示したものです。化学工業を示しているものを，ア～エから選びなさい。

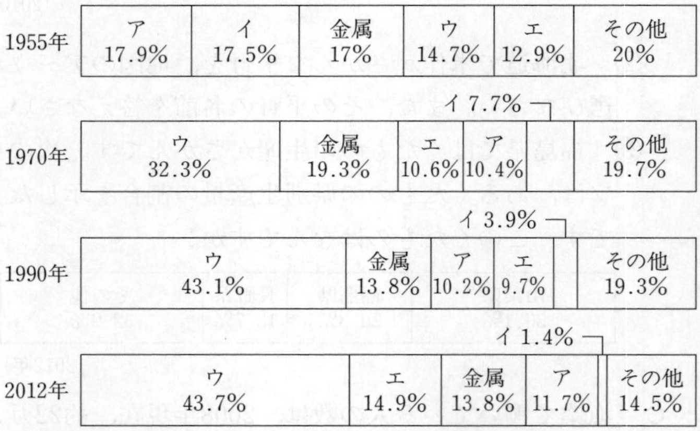

E 商業(卸売《おろしうり》業や小売業)，銀行，情報通信，運輸，医療《いりょう》・福祉《ふくし》などのサービス産業で働く人たちの数は，ほぼ横ばいの状態が続いています。こうしたサービス産業の中で，最近，就業者数が増えてきたのが，医療・福祉の分野です。

① 医療や福祉のサービスをだれもが受けることができる制度が整えられているのは，憲法《けんぽう》が国民の権利としてこれを保障しているからです。憲法第25条は，健康で文化的な生活をする権利を保障していますが，このような権利をなんといいますか。

② 医療や福祉などのサービスを充実させるための社会保障関係費は，現在，国の歳出の最も多くの割合を占めています。こうした国の予算を立てる際に，予算案作成の中心になる省はなに省ですか。

3 次の文を読んで，——a～tについての問いに答えなさい。

人々が集まって社会をつくる際には，さまざまな決まり(法律)が定められてきました。日本の歴史をふり返り，どのような決まりがつくられてきたのか見ていきましょう。

日本で最初の文章で書かれた決まりは，7世紀の初めの聖徳太子によって制定された a十七条の憲法です。これは憲法とは言っても，国のあり方などを定めたものではなく，朝廷《ちょうてい》に仕える役人たちの心がまえを示したものでした。

b この後，大化《たいか》の改新によって，中国の政治制度を手本に，天皇を中心とする国づくりがさらに進められ，その結果，8世紀の初めに大宝律令《たいほうりつりょう》が制定されました。律《りつ》とは刑罰《けいばつ》を定めたもので，令《りょう》とは政治のしくみや税などについて定めたものです。これにより c奈良時代には天皇を頂点とし，全国を統一して支配する体制が確立されましたが，d平安時代になると，律令に基づく政治体制を続けていくことがしだいに難しくなっていきました。

武家の政権ができた鎌倉時代には，e 3代執権《しっけん》となった(　　)が，初めて武士の決まりを定めました。この決まりは，f守護《しゅご》の仕事や領地の支配などについて定めたもので，裁判の基準になりました。

g 戦国時代になると，戦国大名が自分の支配する土地を，独立した国のように治め，その国だけで通用する分国法《ぶんこくほう》とよばれる決まりをつくりました。たとえば h(　　)は，「甲州法度之《こうしゅうはっとの》次第《しだい》」とよばれる分国法を定めました。

江戸時代の初めには，i徳川家康や2代将軍秀忠《ひでただ》が，大名たちの勢力をおさえるため，一国《いっこく》一城令《いちじょうれい》や武家諸法度《ぶけしょはっと》を定めました。その後も将軍がかわるたびに武家諸法度が出され，jこれにそむいた大名はきびしく罰《ばっ》せられました。

k 日本で江戸幕府の政治が行われていたころ，欧米《おうべい》では市民による革命が起こり，国民の意見を反映し，国民の権利を保障する法によって国を治めるべきだという考え方が広まりました。

日本でも，明治時代には，政府に不満を持つ人たちが，国会を開くことを要求するようになりました。こうして始まった l自由民権運動はやがて全国的な運動になり，m政府は，国会を1890年に開くことを約束しました。政府の中心にいた伊藤博文《いとうひろぶみ》は，ヨーロッパに渡ってドイツの憲法を学びました。n伊藤は帰国後，内閣《ないかく》制度をつくって内閣総理大臣になり，その後，憲法の作成にあたりました。こうしてできた大日本帝国憲法は，天皇が大きな権限を持つ憲法でしたが，日本でも憲法にもとづく政治の体制ができあがり，o法律の範囲《はんい》の中で，人々の権利や自由が認められました。しかし，p戦争に向かっていくなかで，人々の自由は著《いちじる》しく制限されていきました。

太平洋戦争が終わると，q日本はアメリカを中心とする連合国軍に占領《せんりょう》され，その指示のもとで日本国憲法が公布されました。この憲法は，大日本帝国憲法との大きな違《ちが》いとして，r主権者は天皇ではなく国民であるとし，s基本的人権を，だれもが生まれながらにして持っている，侵《おか》すことのできない(　　)の権利として保障しました。これらの原則は，平和主義とあわせて憲法の三本柱となりました。そして，t憲法は，国の決まりの中で最高のもので，憲法の決まりに反する法律などは効力を持たないと定められました。

a　この憲法の条文を読むと，仏教や儒教《じゅきょう》が重視されていることがわかります。第一条は「(　　)を大切にし，争わないようにしなさい」という内容で，これは特に儒教の教えにそった言葉です。(　)に入る言葉を漢字一字で書きなさい。

b　大化の改新の際には，ある共通した経験を持つ人たちが，政策《さく》を進めるうえで重要な働きをしました。ある経験とはどのようなことですか。

c　①　この時代に，国の成り立ちを明らかにするため，朝廷によって書物が編さんされました。その書物を一つ，漢字で答えなさい。

②　この時代の聖武《しょうむ》天皇は，世の中の不安をしずめるために，仏教をさかんにする政策を行いました。この当時，災害やききん，貴族の反乱のほか，どのような不安がありましたか。

d　10世紀後半から11世紀中頃までの時期の，政治体制の特徴《とくちょう》を説明しなさい。

e　①（　）に入る人名を答えなさい。

②　この時期の幕府のようすを書いた文として，正しいものを次のア～エから一つ選びなさい。

ア　幕府が朝廷をしのぐ勢力を持つようになり，その支配が西国にまで及ぶようになった。

イ　幕府は，元《げん》との戦いで活やくした御家人《ごけにん》たちに新しい領地を与えることができず，御家人たちが不満を持つようになった。

ウ　元が日本を従えようとして使者を何度も送ってきたが，幕府はこれを退け，九州の守りを固めた。

エ　源氏の将軍が絶え，朝廷が幕府を倒す命令を出したため，御家人たちに動揺《どうよう》が広がり，幕府の結束がゆらいだ。

f　守護の仕事の一つは，任命された国で御家人を統率《とうそつ》して軍事を指揮することでしたが，もう一つはどのような仕事でしたか。

g　室町幕府の力がおとろえ，戦国時代に入るきっかけとなった戦乱の名を答えなさい。

h　現在の山梨県にあたる「甲州」を支配した，（　）に入る戦国大名をア～エから選びなさい。

ア　今川氏　　イ　伊達《だて》氏　　ウ　武田《たけだ》氏　　エ　上杉氏

i　①　これらの将軍の時期に幕府が行った政策として，正しいものを次のア～ウから一つ選びなさい。

ア　参勤交代を制度として定めた。

イ　キリスト教を禁止した。

ウ　東南アジアとの貿易を禁止した。

②　このころから大きな戦いがなくなり，平和で安定した世の中になっていきました。次のア～エのどの戦いを経て，この安定した時期が始まりましたか。

ア　朝鮮出兵　　イ　島原の乱

ウ　関ヶ原の戦い　　エ　大阪の役

j　法度に違反した大名は，おもにどのような処分を受けましたか。

k　フランスでは1789年に，市民たちが革命《かくめい》を起こしました。このときにつくられた（　　）は，人間の自由と平等や，主権在民をうたい，のちの世界の国々の憲法に影響を及《およ》ぼしています。（　）に入る言葉を答えなさい。

l　次の文は，自由民権運動について書いたものです。まちがっているものを，ア～ウから一つ選びなさい。

ア　人々は，自由に意見を言うことが許された新聞や演説会を利用して，運動を盛《も》り上げた。

イ　運動に参加した人々の中には，外国の憲法を学習し，独自の憲法案をつくる人もいた。

ウ　人々は，運動のなかで地租《ちそ》を軽くすることや不平等条約を改正することも要求した。

m　この約束がなされると，板垣退助《いたがきたいすけ》や大隈重信《おおくましげのぶ》は，国会開設にそなえてどのようなことを行いましたか。

n　このように，内閣制度ができた後に憲法が制定され，さらにその後に第一回帝国議会が開かれました。このことからもわかるように，現在の国会が内閣に対して持っている権限が，帝国議会に与えられていませんでした。それはどのような権限ですか。

o　のちに，政治や社会のしくみを変えようとする動きを取りしまる法律ができ，またその適用範囲が広げられていくと，人々の自由は制限されていきました。この法律の名前を答えなさい。

p　日本が行った次のア～エのできごとを，時代順に並べなさい。

ア　北京《ペキン》近くで中国軍と衝突《しょうとつ》し，日中戦争を開始した。

イ　東南アジアや太平洋の島々を占領した。

ウ　満州《まんしゅう》を占領し，中国から切り離《はな》して満州国として独立させた。

エ　ドイツやイタリアと軍事同盟を結んだ。

q　このころから世界は，アメリカを中心とする国々と（　　）を中心とする国々の二つに分かれ，やがて激しく対立するようになりました。（　）に入る国名を，当時のよび方で答えなさい。

r　天皇は内閣の助言と承認にもとづき，憲法に定められた仕事を行うことになりました。次のア～エから，天皇の仕事ではないものを一つ選びなさい。

ア　外国との条約を公布する。

イ　衆議院を解散する。

ウ　最高裁判所の長官を指名する。

エ　勲章《くんしょう》などを授与したり，儀《ぎ》式を行う。

s　（　）に入る言葉を答えなさい。

t　法律や政治が，憲法に違反していないかどうか判断する権限が与えられているのが裁判所です。ここ数年に行われたいくつかの裁判では，裁判所が「違憲状態である」という判断を出したものがありました。これらは，いずれもあることに対する訴えがあって行われた裁判でしたが，あることとはなんですか。

【理　科】（30分）〈満点：60点〉

1　次の文章はそれぞれ，実験で用いる道具の使い方について説明したものです。ア～ウのうち，まちがっている文章をそれぞれ選び，まちがっている点を説明しなさい。

1　電流計の使い方

ア　回路の途中につなぐ。

イ　かん電池の＋極と電流計の＋たん子，かん電池の－極と電流計の－たん子を直接つなぐ。

ウ　電流の大きさが分からないときは，－たん子のうち値がもっとも大きいたん子につないで実験する。

2　アルコールランプの使い方

ア　アルコールの量はランプの３分の１ほど入れておく。

イ　しんの先は５mmぐらい出す。

ウ　ふたをかぶせて火を消した後，一度ふたを外してから再度ふたをする。

3　上皿天びんの使い方

ア　はかりたいものを皿にのせ，もう一方の皿に分銅を重いほうからのせる。
イ　はりのふれはばが分銅側が大きいときは，次に重い分銅を足す。
ウ　はりが真ん中で止まらなくても，はりのふれ方が右と左で等しければ，てんびんは水平につり合っているといえる。

4　そう眼実体けんび鏡の使い方
ア　日光が直接当たらない明るいところにおく。
イ　両目で見ながら調節ねじを回して，はっきり見えるようにピントを合わせる。
ウ　両目で見ながら，接眼レンズのはばを目のはばに合わせ，見えているものがぴったり重なるようにする。

2　箱根の山では，およそ50万年前から大きぼなばく発的なふん火が何度も起き，特ちょう的な地形を作っています。

1　山の中央部分が大きく円形に落ちてくぼんだ地形は「カルデラ」とよばれます。
(1)　カルデラができた原因として考えられる，もっとも正しいものはどれですか。
ア　ばく発のい力で山ちょう部分がふき飛んだから
イ　地しん(ばく発のしん動)により山ちょう部分がくずれたから
ウ　よう岩が山ちょう部分(火口)から大量に流れ出たから
エ　長い年月，水が山ちょう部分をしん食したから
(2)　日本国内で同じような地形が見られる場所(火山)を１つ答えなさい。

2　その後，カルデラの中に，駒ヶ岳《こまがたけ》，神山《かみやま》，二子山《ふたごやま》など小型の火山がたんじょうしました。およそ3100年前，神山のしゃ面(右図×印付近)で大きぼな水じょう気ばく発が起き，山の一部はくずれ，地すべりが起きました。大量の土石がカルデラの平原に流れこみ，川をせき止めた結果，カルデラの一部に水がたまって芦ノ《あしの》湖《こ》ができました。大量の土石は，どの方角へ流れたと考えられますか。

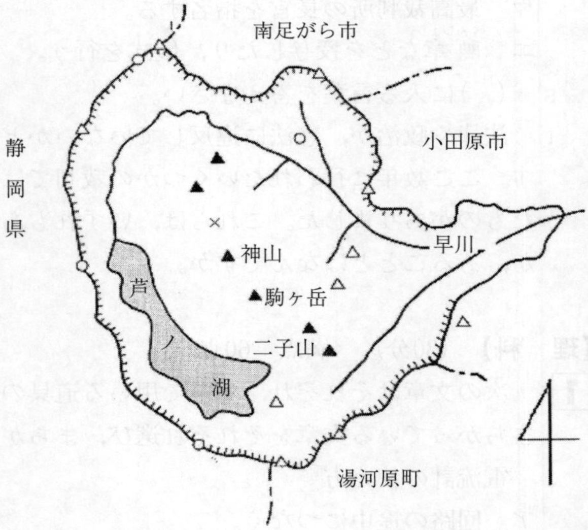

{南東・南西・北東・北西}の中から１つ選びなさい。

3　芦ノ湖の底にはスギなどの大木が何十本もかれたまま立っています。この大木を「湖底木《こていぼく》」といいます。現在では，水面下で湖底木の梢《こずえ》(みきやえだ)は切り取られていて，水面上に出ている湖底木の梢を見ることはできません。

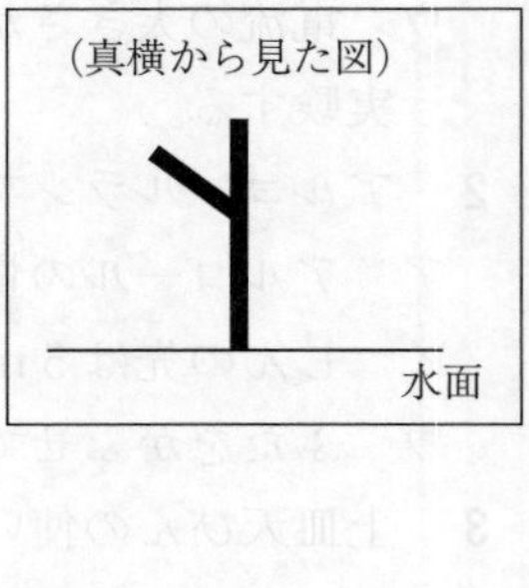

(1)　昔(梢が切り取られる前)は，晴れて風のない日，静かな湖の水面上に右図のように出ている湖底木の梢は水面にどのように映ったでしょうか。

水面の真上から見た図(下図ア～エ)から１つ選びなさい。ただし図の上たんが水面上の梢の位置を示しています。

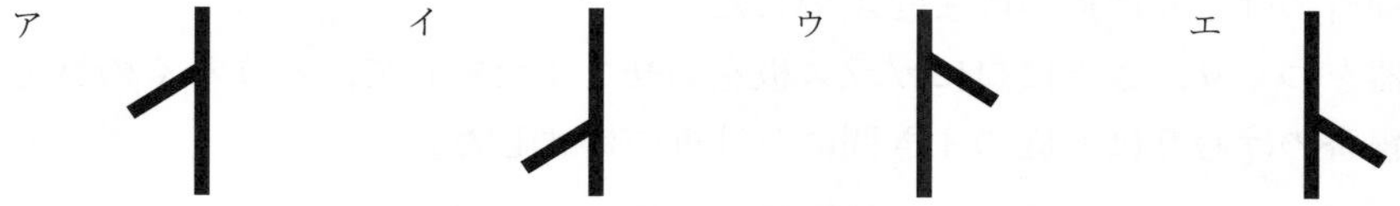

(2)　(1)のように見える理由を説明しなさい。

4　1971年，実際に芦ノ湖にもぐり，湖底木の分布を調査しました。また，湖底木の一部をさい取して年代測定をした結果，すべての湖底木が，湖ができた3100年前から存在したわけではないことがわかりました。箱根の火山爆発ではなく，その後，発生した巨大地震により「山津波」(山の一部がくずれ，地すべりが発生すること)が起き，大木が立ったまま湖の底まで移動してきたと考えられています。

(1)　湖底木の年代測定の結果，大木が移動した時期は下図の①～⑤の年代であることが判明しました。そして，②～⑤の年には関東南部で巨大地しんが発生しています。どのぐらいの周期(最小年数～最大年数)で発生するとすい定できますか。

(2)　最後に大木の移動が起きた1923年に発生した地しんは何月何日に発生しましたか。

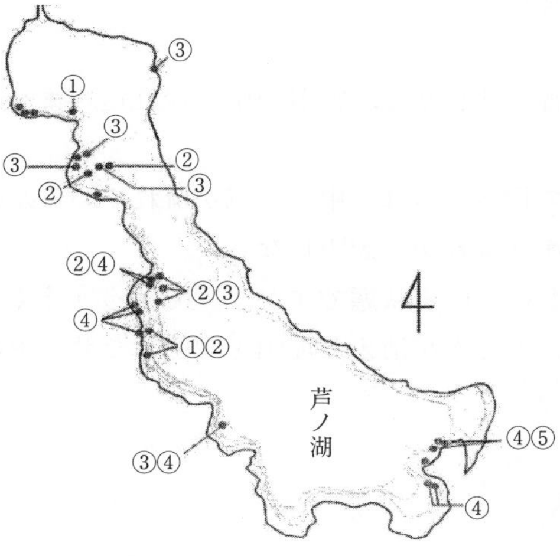

①　紀元前1150年
②　紀元前150年
③　350年
④　900年
⑤　1923年

3　無色とう明の太いつつと細いつつを用意し，その中でろうそくがどのように燃えるか調べました。太いつつは直径約８cm，細いつつは直径約４cmです。

＜実験１＞

太いつつとねん土，線香《こう》，ガラスの板を使って，次のア～エの実験をしました。

ア：つつを平らな板状のねん土にのせて，ねん土を底にした容器をつくりました。底のねん土の上に火のついたろうそくをのせて，ろうそくの火の様子を観察しました。また，上部の容器の口に線香を近づけて，けむりの流れも観察しました。

イ：平らな板状のねん土の一部を切り取ったものにつつをのせて，容器の底が一部あいているものをつくりました。この容器にアと同じく火のついたろうそくを入れて，ろうそくの火の様子を観察しました。また，上部の口と底のすき間に線香を近づけて，けむりの流れも観察しました。

ウ：アと同じ容器をつくり，さらに上にガラス板をのせてふたをして，ろうそくの燃え方を観察しました。線香のけむりは近づけませんでした。

エ：イと同じ容器をつくり，さらに口にガラス板をのせてふたをして，ろうそくの燃え方を観察しました。線香のけむりは，底のすき間にだけ近づけました。

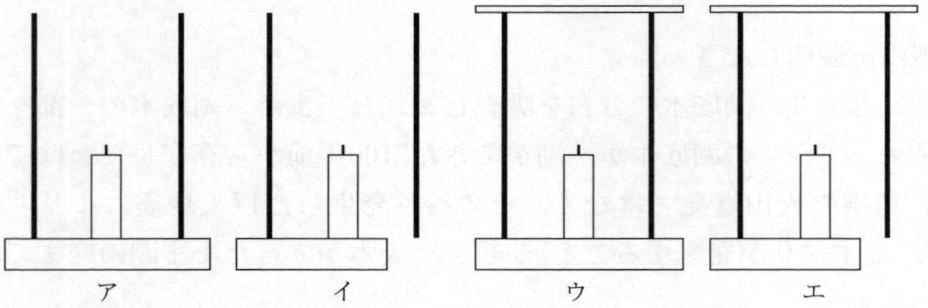

ア～エの観察の結果はそれぞれ次のようになりました。

ア：ろうそくは燃え続けました。線香のけむりは容器の口から中へ流れ込んで，また出ていきました。

イ：ろうそくは燃え続けました。線香のけむりは容器の口からは中へ流れ込まず，容器の底のすき間から流れ込んで，上の口から出ていきました。

ウ：少しするとろうそくの火が消えました。

エ：少しするとろうそくの火が消えました。線香のけむりは，容器の中へ流れ込みませんでした。

1　イで，けむりが容器の底から入り，上から出て行ったのは，中で空気が流れているためだと考えられます。中の空気はどうしてそのように流れるのか，説明しなさい。

2　アとエはいずれも，容器の上か下の片方だけあいている状態ですが，アではろうそくが燃え続けたのに，エではろうそくの火が消えました。エで火が消えた理由を説明したサ～セの文のうち，正しいものを全て選びなさい。

サ：中の酸素が減ったから。

シ：中の二酸化炭素が増えたから。

ス：外から新しい空気が入ってこなかったから。

セ：中の空気が底から出て減ったから。

＜実験２＞

細いつつと平らな板状のねん土，細長いアルミはく製の板を使って，次のオ・カの実験をしました。

アルミ板はアルミはくを数枚重ねてつくりました。アルミ板の大きさは，つつの直径とほぼ同じでつつに入るはば，実験カでつつに入れるときにろうそくの先にとどく長さにしました。また，板の先は少し丸く曲げました。

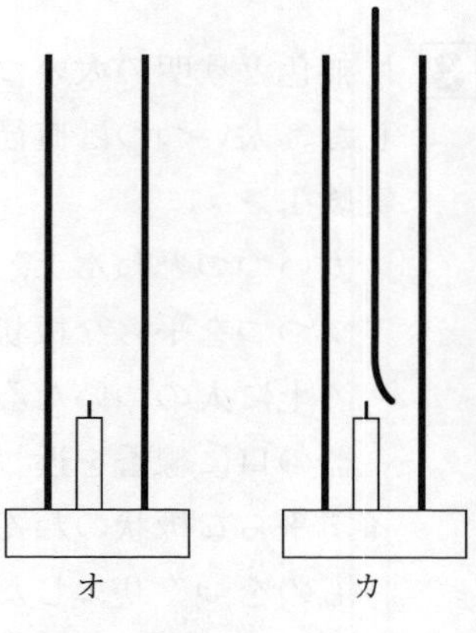

オ：アと同じようにして，細いつつとねん土で容器をつくり，火のついたろうそくを入れて，ろうそくの火の様子を観察しました。結果は，しばらくするとろうそくの火は弱まり，やがて消えました。

カ：オと同じ容器をつくり，火のついたろうそくを入れました。そこにアルミ板を，曲げた先が中に入るようにして火の横まで板がくるように入れて，ろうそくの火の様子を観察しました。結果は，ろうそくの火は燃え続けました。

3　オでは火は消えたのに，カでは燃え続けることができたのはなぜですか。解答らんの(　)内に文を入れ，説明しなさい。

4　直径12cmのとつレンズを，太陽光線が直角に入るように固定し，レンズを通った光が白い紙に当たる様子をしらべました。レンズと紙の距離《きょり》が8cmのとき，光が1点に集まりました。図1は，太陽光のうち，レンズのふちを通った光の道筋をあらわしたものです。また，紙は図1のように太陽光線に対して直角になるように置きます。

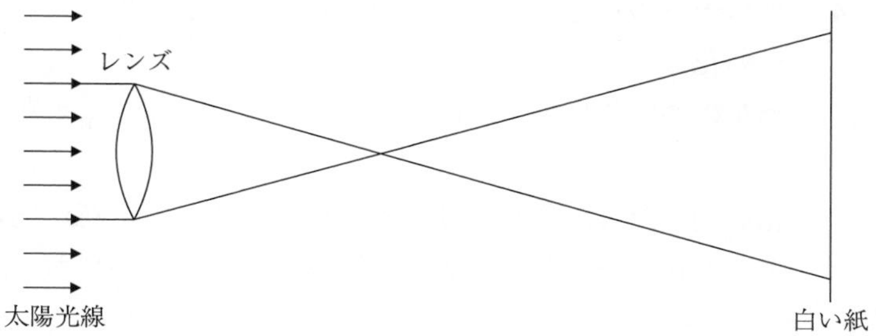

図1

1　レンズから4cmのところに紙を置くと，図2のようになりました。図2の円A，円Bは明るさの境目を，四角いわくは紙を表しています。円A，円Bの直径はそれぞれ何cmですか。

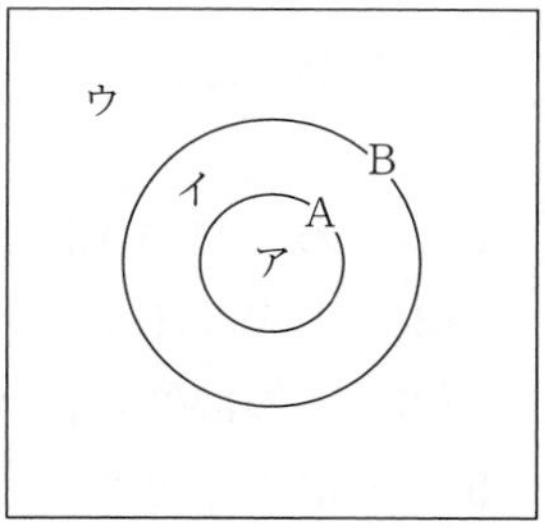

図2

2　紙をレンズから遠ざけていくと，再び**1**と同じ様子になりました。そのとき，紙とレンズの距離は何cmですか。またこのとき図2のア，イ，ウを明るい順に並べなさい。ただし，アは円Aの内側の部分，イは円Aと円Bにはさまれた部分，ウは円Bの外側の部分です。

3　紙とレンズの距離を20cmにしたとき，紙の様子は図3のようになりました。図3のエ，オ，カを明るい順に並べなさい。ただし，エは円Cの内側の部分，オは円Cと円Dにはさまれた部分，カは円Dの外側の部分です。また，点線の円Cはレンズと同じ直径の円を表しますが，そこが明るさの境目になるとは限りません。同じ明るさの場合は，例にならって同じ明るさのものを○で囲みなさい。

例：エとオが同じ明るさで，カがそれよりも暗い場合　エ，オ，カ

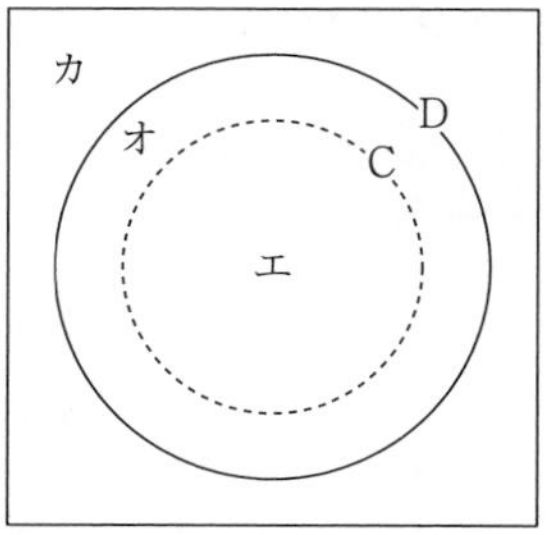

図3

4　紙とレンズの距離をある距離にしたとき，紙全体が同じくらいの明るさになりました。そのときの距離は何cmですか。

5　直径が同じで，レンズの厚みがより厚いレンズを用いて同じ実験をすると，**4**の距離はどうなりますか。

ア　長くなる　　イ　短くなる　　ウ　変わらない

5 カボチャを育て，花がさいたところで，観察を始めました。

1 カボチャの花には，め花とお花の２種類がありました。花の中のおしべやめしべを観察して区別する以外に，花を外から観察した時に，め花だけに見られる特ちょうを１つあげなさい。

2 め花の中のめしべには花粉がつきやすいような性質が見られました。どんなことですか。

3 カボチャの花粉をけんび鏡で観察したら，表面にとげがありました。この特ちょうはどのような点で都合がよいと考えられますか。

4 カボチャの花をつかって，花粉のはたらきを確かめるために，次のような実験をしました。

＜め花Ａ＞

め花のつぼみに袋《ふくろ》をかける。

↓

花が開いたら，袋をとり，お花からとった花粉をめしべの先につける。

↓

②花粉をつけたら，また袋をかけておく。

↓

花がしぼんだら，袋をとる。

＜め花Ｂ＞

①め花のつぼみに袋《ふくろ》をかける。

↓

花が開いても，袋をかけたままにしておく。

↓

花がしぼんだら，袋をとる。

(1) めしべの先におしべの花粉がつくことを何といいますか。

(2) 下線部①で，め花Ｂに袋をかけておいた目的を説明しなさい。

(3) 下線部②で，め花Ａに再び袋をかけておいたのはなぜですか。説明しなさい。

5 カボチャとちがって，一つの花の中にめしべとおしべがついている花をつかって，花粉のはたらきを調べる実験をする場合に，**4**の実験の手順以外にしなければならないことを１つ答えなさい。

のである。

学問といい、教育といい、そこで人間が目標とするのは、問五□的な人間像であろう。切りわけられたようかんだけにしか興味をもつことのない「専門バカ」をつくることは、教育の目標ではない。しかし、それでは、いったい、どうしたらいいのか。

わたしは、まず、こんにちの学問の世界での「専門」とか、その展開応用としての教育における「教科目」とかいったものが、はたしてこのままでよいのか、というところからかんがえてみたい。

（加藤秀俊『独学のすすめ』）

〈注1〉水をくみあげる機械。

〈注2〉一四～一六世紀にかけて全ヨーロッパに広まった、学問・芸術・文化の復興・再生をめざす動き。

〈注3〉広広としてはてしないさま。

問一 ＝＝部A・Bの言葉の意味としてふさわしいものを選びなさい。

A おしなべて

1 多少の推測をまじえて
2 他のものと比べて
3 全体にわたって同じように
4 ひとつひとつ確認して

B ミもフタもない

1 ひどくまちがっていて直しようがない
2 前後のつながりがなく意味がわからない
3 何が本質的なものなのかはっきりしない
4 あからさますぎて味わいもふくみもない

問二 この文章で筆者がいう「学問」とはどのような行為《い》ですか。文章中の言葉を用いて、十字以内で書きなさい。

問三 ――部「ルネッサンスのころまでの『知識人』」とはどのような存在ですか。文章中の言葉を用いて、四十字以内で書きなさい。

問四 ――部「現代という時代に生きるわれわれのものの考え方」とありますが、それはどのような考え方ですか。自分の言葉で書きなさい。

問五 □に入る最もふさわしい語句を本文中から漢字二字でぬき出しなさい。

問六 筆者がこの文章で主張していることを、四十字以内で書きなさい。

問七 あなたがこれまで学校で学んだ教科の中から二つ以上をあげ、それらをゆう合させるとどのようなことが学べると思うかを百八十字以内で自由に書きなさい。

三

次の各文が完成するように、文中の□にひらがな一字ずつを入れなさい。

1 あたかも雪が降ったかの□□□、桜の花びらがちりしいていた。
2 時間に厳しいAさんがよもやちこくしてくることなど□□□□□。
3 せまい家ですが、どうかおくつろぎ□□□□。
4 この様子だと、今夜はおそらく雨が降る□□□。

四

次の――部1～5のカタカナの部分を漢字で書きなさい。また――部6～8の漢字の読み方をひらがなで書きなさい。

旅の1ハて　2ユデンがみつかる
3シチュウを建てる　4シレイを下す
5キリョウのよいむすめ　よくない6風聞がある
空が7白む　8定石通りのやり方

やりとわかれていたけれども、ひとりの人間の内部では、さまざまな領域にわたっての好奇《き》心がひとつに統合されていた。レオナルド・ダ・ヴィンチなどはその典型ともいうべき人物であって、かれはいっぽうでは、〈注1〉揚《よう》水機だのハシゴ車だの飛行機の原型などをつくりながら、他方では人体解剖《ぼう》図をつくったり、流体の研究をしたりもした。そして、人生論も書いたし、あの「モナ・リザ」をもふくめて、たくさんの名画ものこした。かれののこした論考は五千枚におよび、そのテーマは、万華《げ》鏡のごとく多岐《き》にわたっているのである。

だからこそ、ダ・ヴィンチは、しばしば「天才」だ、といわれる。たしかにかれは天才であった。しかし、かれが例外的な頭脳であったことはみとめなければなるまいが、だいたい、問三〈注2〉ルネッサンスのころまでの「知識人」というものは、問一A おしなべていうならば、こうした存在ではなかったのだろうか。「物理学」だの「生物学」だの「機械工学」だのという、もろもろの「学」の名前は、当時の世界では知られていなかった。すくなくとも、こんにちのような意味での厳密な境界線をもってはいなかった。境界線があったとしても、いろんな知的探求の作業はたがいにゆう合しあい、ひとりの人間の内部で統合されていた。

ギリシャ時代には、たくさんの思想家がいた。たとえば、ピタゴラスのように、幾何《きか》学の定理を発見した人もいたし、アルキメデスのように、物理学の探求をした人もいる。アリストテレスのような哲《てつ》学者もいたし、ヒポクラテスのごとき医学者もいた。ギリシャの学問というのは、すばらしい学者たちによって形成されていたのである。しかし、こうした学者たちを、哲学者、物理学者、といったようなことばでひとりひとり、しめくくるのは、ひょっとすると、問四 現代という時代に生きるわれわれのものかんがえかたの投影《えい》にすぎないのかもしれない。ヒポクラテスは、たしかに、人間のからだの仕組みと、健康について論じたけれど、かれじしんがみずからを「医学」の「専門家」とかんがえていたかどうかは、わたしなどにいわせれば、すくなからず疑問だ。こんにちのことばでいえば、ギリシャの学者たちは、それぞれが、ひとりで多面的な知識人であった。ひとりの人間が、こんにちのことばでいえば、「物理学者」、「哲学者」、「数学者」、「政治学者」等等のたくさんの「専門」をかねそなえていた、というのがどうやら歴史的事実というものなのである。プラトンが、おれは「哲学者」なのだから、「専門」外のことは何も知らないよ、などと開きなおっていた、とはわたしには思えない。かれに「哲学者」という名前をあたえたのは、要するに、後世の人びとなのであった。

それとおなじことで、ダ・ヴィンチもまた、みずからをなにがしかの「専門」に閉じこめる、ということはしていなかったのではないか。かれは、あらゆることに興味をもち、その興味のおもむくままに、あらゆることをしてみた、というだけのことなのである。「専門」という名の、ふしぎな制限をもたなかったことがあの、のびやかでゆう大なひとりの人物をつくったのだ。学問とか知識とかいうものは、じっさいは〈注3〉茫洋《ぼうよう》としていて、どこにも境界線なんか、ありはしない。もろもろの「学」というのは、いわば、ようかんを切りわけるごとくに、人間のがわが勝手にその茫洋たる世界を便宜《ぎ》上、わけてみたということにすぎないのであって、学問そのものが、はじめからバラバラに存在していたわけではないのだ。学問は、なんとか「学」という個別の「専門」学である以前に、要するに学問であり、学者は、なんとか「学」者である以前に、要するに学者なのである。切りわけられたひときれのようかんを「学問」だと思いこみ、その「専門」にみずからを閉じこめてしまうのは、学者として、とんでもないカンチがいだ。そのカンチがいを、学生たちが「専門バカ」という、問一B ミもフタもないあらっぽいことばで批判するのも、けっしてまちがいではない

問九　――部「つづいて由井が登場した。川原が登場したが、そのたびにかかる大向こうかけ声は、深井のそれにおとるとも勝らなかった。深井は『それ見ろ』と思った」とありますが、「それ見ろ」とは前に「深井」が考えたことをうけています。その部分を五十字以内でぬき出し、最初と最後の八字を書きなさい。

問十　――部「深井は得意の絶頂から、たちまちにして恥のどん底に放りこまれた」のはなぜですか。

1　夢中になって虎を演じていた自分を息子が見ていたことを知り、息子に対してつねづね感じていた引け目を再び意識してしまったから

2　舞台の上で我を忘れて虎になりきっていたのに、いきなり現実の人間の世界に引きもどされてすっかり興ざめしてしまったから

3　観客のさかんなかけ声に有頂天になっている自分が冷静な息子の目にはどのようにうつっただろうかと思うと、急に不安になったから

4　自分の演技には満足していたが、人間以外の役を演じることは父親としての威厳を失うことだと初めて気づきうろたえたから

問十一　――部「こうして虎と人間の子とは、暗い背景のかげでしばし泣き合った」とありますが、ここからどのようなことが読み取れますか。

1　動物園にいた虎が本来はするどい野生の力を備えながらも現実には暗いおりのなかでその力を発揮できないでいるように、深井と息子も暗く目立たない世界で生きていかねばならないこと

2　深井が本物の虎になりきってかっさいをあびたにもかかわらず、息子はせりふもない虎しか演じることのできない父にふがいなさを感じており、親子の間にいつまでもうまることのない深いみぞがあること

3　深井は動物園で見た本物の虎のように野性味《み》あふれる虎を演じることができるすぐれた動物役者だが、息子から見ればあくまでも尊敬できる一人の温かみのある父親でしかないということ

4　野生の活力をうばわれた動物園の虎に自分の姿を見たことで深井が虎になりきったように、息子もまた、見事に虎を演じきった父の姿を見て父と一体となり、二人の心が深く通じ合ったこと

問十二　「深井」はどんな人物ですか。三つ選びなさい。

1　冷こくである

2　物事に没《ぼっ》頭しやすい

3　プライドが高い

4　おく病である

5　飽《あ》きやすい

6　感受性が強い

二

次の文章を読んで後の問に答えなさい。

わたしは、「教科目」というものを中心にしてかんがえ、たとえば実験学級でおこなわれているような「総合」の必要を論じてきた。しかし、ふりかえってみると、われわれは、はじめから「教科目」というものをもっていたわけではなさそうである。わたしのかんがえでは、およそ「教科目」というのは、ひとつの歴史的な産物であって、こんなみょうちくりんなものにおつきあいしながら「教育」がおこなわれるようになったのは、ごくさいきんのことなのである。

日本でも西洋でも、ついこのあいだまでは「学問」とは、しょせん「学問」ということであり、その「学問」とは、要するに知識を探究する、ということ以外のなにものでもなかった。知識の領域は、ぼん

3　雑誌に自分の写真をのせてもらうことがごくまれにしかなく、しかもそれがお情けであるのに加え、写真自体がいかにも小さくて、自分の活躍がじゅうぶんに息子に伝わらないこと

4　自分が役者としていつまでたっても一人前になれないことで息子が自分をさげすんでいるのをびん感にさとってはいるが、それでも威厳ある父親を演じなければならないこと

問四　――部「頭の中でひらひらと思いうかぶ事」とは何ですか。文章中の言葉を用いて書きなさい。

問五　――部「父もまた子からの解放を喜んだ」のはなぜですか。

1　父としての立場を忘れて、役者として思う存分虎の行動を観察できるから

2　息子との慣れない外出に気疲れし、一人の時間をのんびりと過ごしたくなったから

3　見たくもないカバではなく自分の好きな虎だけをじっくり見物できるから

4　自分の仕事にむりやり息子を巻きこんでしまった罪悪感がうすれるから

問六　――部「一種のあわれみとともに、みょうな愛情さえも生じて来た」について答えなさい。

①　どのようなことに「一種のあわれみ」を感じたのですか。二十字以内で書きなさい。

②　「みょうな愛情さえも生じて来た」のはなぜですか。文章中の言葉を用いて二十字以内で書きなさい。

問七　――部「けれども眼前の虎は、彼にただ一度のあくびを見学させただけで、あとは林のように動かなかった。それでも彼は満足した」のはなぜですか。

1　大きなあくび一つで虎のどう猛な姿を十分表現することができるのだとわかり、思いがけない収かくを得たように感じられたから

2　頭の中で想像していた虎とちがって本物はさほど動かないという事実を目の当たりにし、役作りの方向が明確になったように思われたから

3　虎とひたすら向き合い、いっしゅんなりとも虎のあくびの中に野生の姿を見出したことで、虎の気持がわかったように感じられたから

4　虎を長時間見つめて、本物の強さは実は静けさの中にこそあるのだということに気づき、真の虎の恐ろしさを見たように思われたから

問八　――部「彼はそれを読んだ時、ちょっと一種の憤激に近いものを心に起こした。がしかしそれはすぐ消えて、あとには苦笑となり、次いで晴れやかな微笑へ推移した」とありますが、ここでの「憤激」「苦笑」「微笑」の説明としてふさわしいものをそれぞれ選びなさい。

1　虎の研究のために動物園に行ったことを見すかされたおどろき

2　自分の本領は虎を演じることで発揮できるのだという自信

3　ささいなことを書きたてて読者の気をひく劇評家に対するあわれみ

4　自分の個人的な生活にまで口出しされてこみあげてきたくやしさ

5　真けんに虎を演じようとする自分がばかにされたことに対する怒り

6　自分は虎を演じる程度の実力しかない役者だという自らへのあざけり

「亘！」深井は思わずそういって、息子の身体をひしと引き寄せた。なみだがぬいぐるみの虎斑《ふ》を伝うてぼろぼろと落ちた。……

問十一 こうして虎と人間の子とは、暗い背景のかげでしばし泣き合った。

（久米正雄『虎』）

〈注1〉くいちがうこと。
〈注2〉神が真理を人間にあらわし示すこと。
〈注3〉二間四方のこと。一間は約一・八二メートル。
〈注4〉喜んで行う様子。
〈注5〉しばいで合図としてたたくひょうし木。

問一 ═══ア・イと同じ意味で用いられているものをそれぞれ選びなさい。

ア そそくさと

1 友人の結こん式のスピーチをたのまれたAさんは、とても喜んでそそくさと原こうを書きはじめた
2 クラブの先ぱいにあこがれているBさんは、先ぱいのたん生日のためにそそくさとマフラーを編んだ
3 友人から借りた本を返していないC君は、町で友人の姿を見かけてそそくさとその場を立ち去った
4 ねぼうしてバスに乗りおくれてしまったD君は、必死になって駅への道をそそくさと走っていった

イ ようようとして

1 A先生はとつ然の大地しんにも動じないで、ようようとして生徒のゆう導にあたった
2 金メダルをかく得したB選手は、ようようとして表しょう台のまん中にのぼっていった
3 長年つとめた会社を定年退職したCさんは、ようようとして静かな生活を楽しんだ
4 Dさんは毎月こつこつとおこづかいをためて、ようようとして自転車を手に入れた

問二 ——部「そしてもう晴れ晴れした顔つきをしながら、階下へ下りて行った」ときの「深井」の説明としてふさわしいものを選びなさい。

1 生活のためには役者としてのほこりを捨て、たとえ動物の役であろうとやらないわけにはいかないと、気持をきりかえた
2 演劇の実力者である自分がたかが動物の役であれこれなやむことはないと思いいたり、世間の悪い評判を頭から取りはらった
3 虎などというやりがいのない役を自分におしつけた演劇仲間たちの悪意を感じ、なんとしても彼らをやりこめようと奮起した
4 虎を演じることに恥《は》ずかしさを感じていたが、虎を演じられるのは自分しかいないと考えることによって自信を取りもどした

問三 ——部「彼は息子に対して、いつもながら恥らいを感じた」とありますが、「いつもながら」感じる「恥らい」の説明としてふさわしいものを選びなさい。

1 父としても役者としても自分をしたってくれている息子に対してどちらにおいても優れていたいのに、役者としてはたいした役が回ってこなくて息子にいいところを見せられないこと
2 息子は規則正しい生活をして朝早くから起きているのに、父として息子を教育すべき自分がねぼうをして息子の前でおそい朝食をとることになり、息子にしめしがつかなくなっていること

ぞよりも、もっと切実に虎の気持がわかるのだ」こう彼は心にさけんだ。

やがて彼はそこへもどって来た息子の手をひいて、前よりももっと〈注4〉欣《きん》然としながら、動物園の門を出た。――

翌日彼はふとJ新聞の演芸一夕話《せきわ》といううわさ書きの一らんを見た。するとそこにはれいれいしく、「例の動物役者で売った深井八輔《すけ》は、このごろではすっかり人間ばなれがしてしまって、昼飯はにゃごにゃごいいながらあわび貝で食い、給金はチンチン後足で立ちながら、もらうというこり方だが、いよいよ今度の歌舞伎座《かぶきざ》でも役もあろうに虎一役で大収まりに収まり、動物園に通って熱心に研究中。」と出ていた。それは昨日会った例の劇評家が、筆にまかせて書いた物に相違《い》なかった。

問八 彼はそれを読んだ時、ちょっと一種の憤《ふん》激に近いものを心に起こした。がしかしそれはすぐ消えて、あとには苦笑となり、次いで晴れやかな微《び》笑へ推移した。

「なあにこれがおれの人気なのだ」

そう思うと彼はさらに『虎』一役を成功させる必要を感じた。彼はもうたばこを吸いながらも、飯を食いながらも、ねどこの中にいながらも、ひたすら虎の動作のみを考えていた。

その中にいよいよ初日は来た。そして丁数は進んで彼が虎となって現わるべき三幕目となった。彼は笑い顔一つせずに、虎のぬいぐるみを着て、知らせの〈注5〉柝《き》とともに球江邸《てい》の露《ろ》台上に横たわった。

幕は開いた。まだだれも登場しなかった。ただものうげにねていた虎が、ようやく永い日のねむりから覚めたように、ちょっと身を動かして一声二声「ううっ」とうなった。そのとたんに大向こうから、「深井、深井!」と呼ぶ声が五つ六つかかった。深井は内心すくなからず得意だった。

問九 つづいて由井が登場した。川原が登場したが、そのたびにかかる大向こうかけ声は、深井のそれにおとるとも勝らなかった。深井は「それ見ろ」と思った。そして内心ますます得意だった。

劇は進行した。彼は由井と川原との会話を聞きながら、ひたすら自分が跳躍すべき機を待っている。劇は高潮に達した。そしていよいよ彼の活躍すべきキッカケとなった。

彼はまず猫とも虎ともつかぬ獣の伸《の》びを一回した。それからおもむろに一、二度うなった。そして球江のからかうに連れて、猛然とその胸を目がけておどりかかった。つないであるくさりがぴんときん張するほどに、勢いこんではね狂った。

観客はわき立った。「深井、深井!」と呼ぶ声がずい所に起こった。彼はぬいぐるみを通して、それらのかっさいを聞きながら、ほとんどわれを忘れて跳躍した。もう不平もなかった。憤激もなかった。ゆううつもなかった。恥じょくもなかった。ただ彼の忘我の心の中には、いいようのない快感のみが存在した。

彼のなおも猛然たる跳躍の中に幕は閉じた。見物のかっさいはまだ鳴りひびいていた。彼はすっかり満えつした。そして 問一イ ようようとしてぬいぐるみのまま、舞《ぶ》台を引き上げて来た。するとその暗い書《かき》割《わり》のかげで、不意に彼の片手へすがりつく者があった。彼はちょっとびっくりして、ぬいぐるみののぞき穴から、そっちを見やった。そこには彼の息子の亘が、

「お父さん!」といって立っていた。

問十 深井は得意の絶頂から、たちまちにして恥のどん底に放りこまれた。彼は彼の息子の前で、ぬいぐるみの中の顔を年がいもなく真っ赤にしたが、再び見おろした息子の目には、このふがいない父の一役を、非難するような何物もなかった。かえって父の苦しい境ぐうに同情する、泣きたいような表情が現れていた。

「動物園？」

思わず反問した彼は、問四頭の中でひらひらと思いうかぶ事があった。彼はこの子供の言葉を、一種の〈注2〉啓《けい》示として感謝していいか、一種の皮肉として苦笑していいか、どっちに取るべきかに迷ったが、たとえ子供を通して、神様から笑われているにしても、この機会を利用して、虎の実態を研究しておくのが、昨今の急務だと彼の職業が教えた。

「動物園へカバが来てるんだからさ。ね。連れてっておくれよ」

「そうだな。それじゃたまには亘坊《ぼう》の相手になって、カバでも虎でも見て来ようか」

（中略）

上野の秋は木木も色づいて、広く白い散歩道には、人の流れが所所に日がさをうかして動いていた。屋内にばかりいなれた深井は、青空の下でおのずから気が晴れ晴れした。彼はまっすぐに動物園へ向かった。

園内に入ると、亘は喜んでかけ出そうとした。深井はそれを引き留めて、

「じゃお父さんは虎を見ているから、お前はすっかり見て回ったら帰っておいで」といいわたした。亘は父がなぜそう虎に興味を持つかとせんさくする余ゆうもなく、勇み立って父のもとからの解放を喜んだ。彼はもう走って行って、サルのおりの前にいる多勢の子供の中にまぎれこんでしまった。

問五父もまた子からの解放を喜んだ。そして一人ゆっくり歩を運んで、ずっと前に来た時の記おくをたどりつつ、猛獣《もうじゅう》のおりを探し回った。目ざす虎のいる所はすぐにわかった。

彼はみょうな心持でおりの前へ立った。〈注3〉方《ほう》二《に》間《けん》ほどの鉄のおりの中には、彼の求むる虎そのものが、ものうげに前足をそろえて、うずくまっていた。そのうすよごれた毛並みと、どんよりくもった日のような眼光が、まず彼の目に入った時、彼はちょっとした落たんを感じた。あまりに今まで想像していた、猛獣の威《い》勢とちがったからである。けれどもじっと見つめている間に、彼の心はだんだん虎に同情して来た。問六一種のあわれみとともに、みょうな愛情さえも生じて来た。このほがらかな秋の日を、うすら寒くおりの中にとざされて、あらゆる野性の活力をうばわれ、ただどんよりとうずくまって、人人の見るがままに動きもせぬ獣、その獣こそは自分の境ぐうにも似ているとさえ感じた。しかしどこが似ているのか、彼自身にもわからなかった。

彼はばく然とそんな感がいに打たれて自分がこの虎にふんするのを忘れ、虎の肢態《したい》を研究するのを忘れてじっとおりの前に立っていた。虎も動かなかった。彼も動かなかった。この不思議な対照をなす獣と人とは、ぼんやりたがいに見合ったまま、じっといつまでも動かなかった。しまいには深井は、虎と同じ心持を持ち虎と同じ事を考えているように感じた。

とつ然虎は顔をみょうにゆがめた。と思うとそのとたんに、それだけあざやかな銀色のひげを植えた口を開いて、大きな獣のあくびをした。開いた口の中は鮮紅色《せんこう》で、ぼたんというよりはバラの開いたようだった。がそれも一分間とたたずに、虎はまた元のような静けさに帰った。

ふとわれに帰った深井は、危うく忘れかけた自分の目的を、再び心によみがえらせた。問七けれども眼前の虎は、彼にただ一度のあくびを見学させただけで、あとは林のように動かなかった。それでも彼は満足した。これだけ虎の気持になれればあとは、自分で勝手にはね狂《くる》えるように感じた。

「そうだ。一つ思い切って虎になってやるぞ。おれには色男の気持な

平成二十七年度 フェリス女学院中学校

【国 語】（五〇分）〈満点：一〇〇点〉

（注意） 句読点や記号などは字数にふくめます。

一 次の文章を読んで後の問に答えなさい。

「とにもかくにも、」彼《かれ》はなお床《とこ》の上で考えた。「ふられた虎《とら》一役は、うまくやらなければならない。獣《けもの》にふんすることが、何も恥《ち》じょくというわけではない。獣でも鳥でも、うまくやりさえすれば立派な役者なのだ。そして何といっても、虎をやれる役者は、日本中におれしかないのだ。そうだ。一つ虎をうまくやって見物をわっといわしてやろう。そしてほかの役者どもをけとばしてやろう。今のおれが生きて行くには、そうするよりほかはないのだ」

彼は急いで起き上ると、階下《した》にいる妻を呼んで、着物を着かえた。

問二そしてもう晴れ晴れした顔つきをしながら、階下へ下りて行った。そこの長火鉢《ばち》のかたわらには、黄色いふきんがかけてある、彼のおそい朝の食台が待っていた。彼は急いでようじを使うと、問一アそそくさとその朝飯とも昼飯ともつかぬ物に向かった。

えん側には息子《むすこ》の亘《わたる》が、ひなたぼっこをしながら、古い演芸画報のページを、見るともなくひっくり返していた。その口絵の中には、ごくまれにしかのらぬ、彼の小さい写真姿があるにちがいなかった。お情けでたまにのせてもらう写真。問三彼は息子に対して、いつもながら恥《はじ》らいを感じた。この息子の目に、役者としての自分がどのくらいに映るだろう。そしてそれが父としての自分と、どれだけの〈注1〉抵《てい》触《しょく》を引き起こすだろう。——彼はばく然とそんな事を考えて、はしを運んでいる時に、亘は不意に声をかけた。

「お父さん。今日は稽古《けいこ》がお休みなの」

「ああ立ち稽古までお父さんは休みだ」

こういいながら彼は、覚えなければならぬせりふが一言もない虎の役を、改めて苦苦しく思い起こした。彼は実際稽古場へは出ても、今度は他人とせりふを合わせる必要もなかった。要するに稽古というものは、彼にはいかに虎らしく跳躍《ちょうやく》すべきかを、一人考えればそれでよかった。

がしかし虎というものは、一体どんな飛びはね方をするのだろう。彼は絵に描いた虎は見た。旧劇のある物に出る虎も見たが、実物の虎は、ただそれらを通して、ばく然想像しているに過ぎなかった。いざ自分が演ずるとなると、いかに動物役者の自分にも、まるで特ちょうがわからなかった。いずれ猫属《びょうぞく》に入っている獣だから、勢い立った大きな猫《ねこ》と思えば大差はなかろうが、もし旧劇の猫騒《そう》動なぞに出る、猫のしぐさ以上に一歩も出ないで、口の悪い劇評家なぞから、深井の虎は文字通りに、虎を描いて猫に類するなぞといわれてはしゃくだ。

——彼はまたそんな事を考え続けた。

息子の亘は父がそんな事を思いなやんでいるとは知らず、親におもねる子供の技巧《こう》の、おずおずするようなあまえた口調で、なおも問いを進めて行った。

「それじゃどこへも行くご用はないの」

「うん。まあないな。——だが何だって、そんな事を聞くんだ」

「ぼくね。お父さんがひまなら、今日上野へ連れてってもらいたいんだよ。お天気がいいんだからさ。ね。連れてっとくれよ」

「上野のどこへゆくんだ。あんな所へ行ったって、少しもおもしろくはないじゃないか。子供に絵の展覧会はわからないし。——」

「だってぼく動物園へ入って見たいんだよ。去年からまだ一度も行かないんだもの」

平成27年度
フェリス女学院中学校 ▶解説と解答

算 数 （50分）＜満点：100点＞

解 答

1 (1) $2\frac{1}{3}$ (2) 73点 (3) $\frac{3}{13}$倍 (4) ㋐ 75度 ㋑ 52.5度 (5) ① 5：4 ② 分速75m **2** (1) 80.96 (2) 69 **3** ア 2 イ 1 ウ 8 エ 134 オ 4 **4** (1) 65度 (2) $60cm^2$ (3) 46cm **5** (1) $1884cm^2$ (2) $2260.8cm^3$

解 説

1 **四則計算，平均とのべ，辺の比と面積の比，角度，旅人算。**

(1) $3\frac{16}{51}-2\times\left[\frac{5}{2}\div\left\{3-\left(\frac{1}{2}+\frac{4}{5}\right)\right\}\right]\div3=3\frac{16}{51}-2\times\left[\frac{5}{2}\div\left\{3-\left(\frac{5}{10}+\frac{8}{10}\right)\right\}\right]\div3=3\frac{16}{51}-2\times\left\{\frac{5}{2}\div\left(\frac{30}{10}-\frac{13}{10}\right)\right\}\div3=3\frac{16}{51}-2\times\left(\frac{5}{2}\div\frac{17}{10}\right)\div3=3\frac{16}{51}-2\times\left(\frac{5}{2}\times\frac{10}{17}\right)\div3=3\frac{16}{51}-2\times\frac{25}{17}\times\frac{1}{3}=2\frac{67}{51}-\frac{50}{51}=2\frac{17}{51}=2\frac{1}{3}$

図1

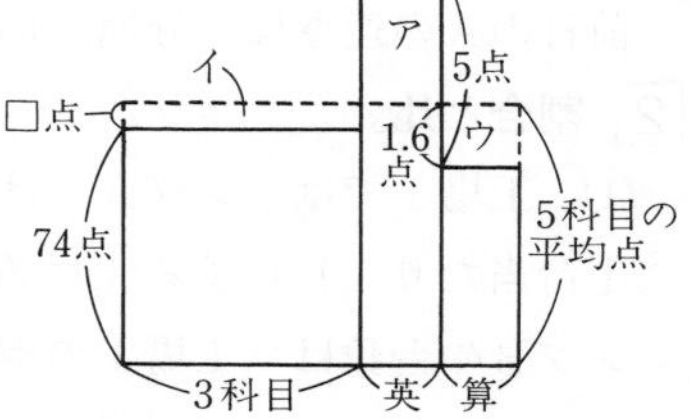

(2) 算数，英語以外の3科目の平均点は，222÷3＝74(点)なので，右の図1のように表せる。図1で，(アの面積)＝(イの面積)＋(ウの面積)だから，イの面積は，(5－1.6)×1－1.6×1＝1.8(点)である。よって，図1の□は，1.8÷3＝0.6(点)なので，算数の得点は，74＋0.6－1.6＝73(点)と求められる。

図2

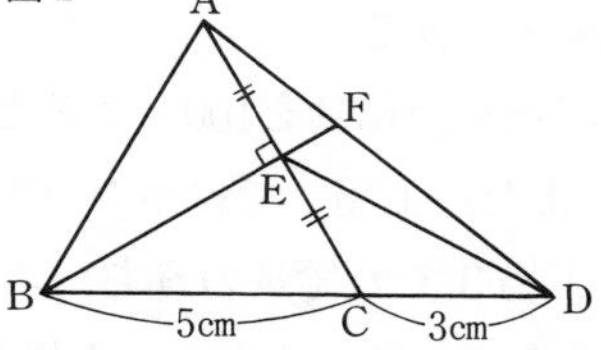

図3

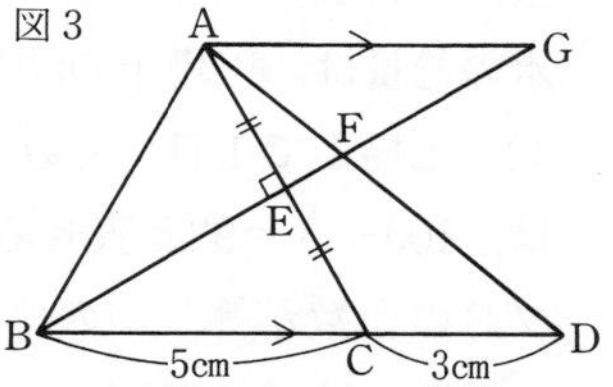

(3) 右の図2で，三角形ABCは正三角形で，角AEB＝90度だから，Eは ACのまん中の点である。これより，三角形ABEの面積を1とすると，三角形BCEの面積も1となり，BC：CD＝5：3なので，三角形CDEの面積は，$1\times\frac{3}{5}=\frac{3}{5}$，三角形BDEの面積は，$1+\frac{3}{5}=\frac{8}{5}$となる。ここで，三角形ABEと三角形BDEについて，BEを底辺とすると，高さの比は，面積の比に等しく，$1:\frac{8}{5}=5:8$となる。よって，三角形AEFと三角形DEFで，底辺をEFとしたときの高さの比も5：8だから，その面積の比も5：8とわかる。三角形ADEの面積は，三角形CDEと等しく$\frac{3}{5}$なので，三角形AEFの面積は，$\frac{3}{5}\times\frac{5}{5+8}=\frac{3}{13}$となる。したがって，三角形AEFの面積は，三角形ABEの面積の，$\frac{3}{13}\div1=\frac{3}{13}$(倍)である。

〔別解〕 右上の図3のように，点Aを通りBCに平行な直線と，BFを延長した直線が交わる点をGとすると，AE＝CEより，三角形AGEと三角形CBEは合同になるから，GE＝BE，AG＝CB＝5cmとなる。また，三角形AGFと三角形DBFは相似なので，GF：BF＝AG：DB＝5：(5＋3)＝5：8となる。よって，BG＝㉖とすると，BF＝㉖×$\frac{8}{5+8}$＝⑯，BE＝㉖×$\frac{1}{2}$＝⑬となるから，

EF＝⑯－⑬＝③である。したがって，BE：EF＝13：３より，三角形AEFの面積は，三角形ABEの面積の$\frac{3}{13}$倍とわかる。

(4)　右の図４で，三角形IDFはIEについて線対称なので，ID＝IFである。これと，IF＝DFより，三角形IDFは正三角形となるから，角IFD＝60度とわかる。また，正八角形の１つの角は，180×（８－２）÷８＝135(度)なので，角HDE＝角CDE÷２＝135÷２＝67.5(度)，角FDE＝(180－角DEF)÷２＝(180－135)÷２＝22.5(度)となる。よって，角HDF＝67.5－22.5＝45(度)だから，(あ)の角度は，180－(60＋45)＝75(度)と求められる。さらに，角DFE＝角FDE＝22.5度なので，(い)の角度は，135－(60＋22.5)＝52.5(度)と求められる。

図４

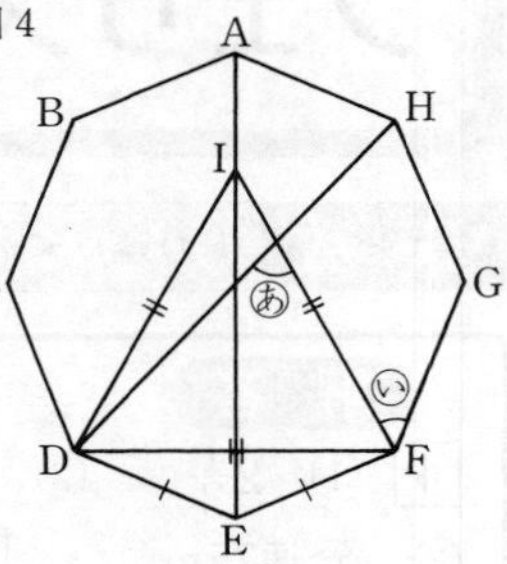

(5)　①　前日は，橋のまん中より東がわで出会ったので，西から出発したＡのほうが多く進んだことになる。よって，ＡとＢが出会うまでに進んだ距離《きょり》の比は，$\left(\frac{1}{2}+\frac{1}{18}\right)：\left(\frac{1}{2}-\frac{1}{18}\right)=\frac{5}{9}：\frac{4}{9}=5：4$となる。速さの比は，同じ時間に進む距離の比と等しいから，前日のＡとＢの速さの比は，５：４である。　②　①より，前日のＡの速さを$\boxed{5}$，Ｂの速さを$\boxed{4}$とすると，翌日のＢの速さは，$\boxed{4}$×1.2＝$\boxed{4.8}$と表せる。また，翌日は，橋のちょうどまん中で出会ったので，２人の速さは同じだったとわかる。これより，Ａは，速さを$\boxed{5}$から毎分３ｍおそくすると$\boxed{4.8}$になったから，$\boxed{5}$－$\boxed{4.8}$＝$\boxed{0.2}$にあたる速さが分速３ｍとわかる。よって，$\boxed{1}$にあたる速さは，分速，３÷0.2＝15(ｍ)なので，前日のＡの速さは，分速，15×５＝75(ｍ)と求められる。

2　割合と比。

(1)　工場１ではポンプＡだけを，工場２ではポンプＢだけを，それぞれ使っている。ポンプＢが，１台当たり１日にくみ上げる水の量は，ポンプＡの，100－８＝92(％)である。また，工場２のポンプＢの台数は，工場１のポンプＡの台数の，100－12＝88(％)である。(１台当たりのくみ上げる量)×(台数)＝(くみ上げる水の総量)だから，0.92×0.88＝0.8096より，工場２で１日にくみ上げる水の総量は，工場１の80.96％とわかる。

(2)　工場１で１日にくみ上げる水の総量を100とすると，工場２での総量は80.96，工場３での総量は，100－８＝92と表せる。また，工場２ではポンプＢだけを使っていて，工場２と工場３のポンプＢの台数が等しいので，工場３での総量のうち，ポンプＢがくみ上げる水の総量は80.96となる。工場３ではポンプＢとＣだけを使っているから，工場３で，ポンプＣがくみ上げる水の総量は，92－80.96＝11.04とわかる。工場３のポンプＢとポンプＣの台数の比が11：２なので，ポンプＢとポンプＣの，１台当たりのくみ上げる水の量の比は，(80.96÷11)：(11.04÷２)＝7.36：5.52＝４：３となる。よって，ポンプＣ１台が１日にくみ上げる水の量は，ポンプＡの，$92\times\frac{3}{4}$＝69(％)と求められる。

3　整数の性質。

24÷７＝３余り３，41÷７＝５余り６，74÷７＝10余り４より，[24]×[41]×[74]＝３×６×４＝72で，これを７で割った余りは２となる。また，[24]＝３，[41]＝６だから，24は，{(７の倍数)＋３}，41は，{(７の倍数)＋６}と表せる。これより，$(A+B)\times C=A\times C+B\times C$となることを利用すると，24×41＝{(７の倍数)＋３}×{(７の倍数)＋６}＝(７の倍数)×{(７の倍数)＋６}＋３×{(７の倍数)＋６}＝<u>(７の倍数)×(７の倍数)</u>＋<u>(７の倍数)×６</u>＋<u>３×(７の倍数)</u>＋３×６と

なり，下線を引いた部分はすべて7の倍数だから，24×41は，(7の倍数)＋3×6と表すことができる。同様に考えると，24×41×74は，{(7の倍数)＋3×6}×{(7の倍数)＋4}となるので，(7の倍数)＋3×6×4と表すことができる。これを7で割った余りは，3×6×4を7で割った余りと等しくなるから，[24×41×74]も2になる。よって，アにあてはまる数は2である。次に，[2×□]＝2の□が整数のとき，2×□は偶数《ぐうすう》である。7で割った余りが2となる偶数を小さいものから順に並べると，2，16，30，…のように，2から14ずつ増えていく。よって，□にあてはまる整数を小さいものから順に並べると，1から始まって，14÷2＝7ずつ増えていくので，イは1，ウは8，エは，1＋7×(20－1)＝134とわかる。さらに，[(2×1)×(2×8)×…×(2×134)]は，{(7の倍数)＋2}を20回かけた数を7で割った余りとなる。24×41×74のときと同様に，{(7の倍数)＋2}×{(7の倍数)＋2}＝(7の倍数)＋2×2，{(7の倍数)＋2}×{(7の倍数)＋2}×{(7の倍数)＋2}＝(7の倍数)＋2×2×2，…のようになるから，{(7の倍数)＋2}を20回かけた数は，(7の倍数)＋(2を20回かけた数)となり，これを7で割った余りは，2を20回かけた数を7で割った余りと同じになる。2を20回かけた数は，2×2×2×2＝16を5回かけた数であり，16÷7＝2余り2より，16は{(7の倍数)＋2}と表せるので，16を5回かけた数は，(7の倍数)＋2×2×2×2×2＝(7の倍数)＋32と表せる。これを7で割った余りは，32を7で割った余りと等しいから，4となる。よって，2を20回かけた数を7で割った余りは4なので，オにあてはまる数は4である。

4 平面図形―角度，面積，長さ。

(1) 右の図で，角EHC＝180－115＝65(度)だから，角EIC＝360－(90＋90＋65)＝115(度)となる。よって，㋑の角度は，180－115＝65(度)と求められる。

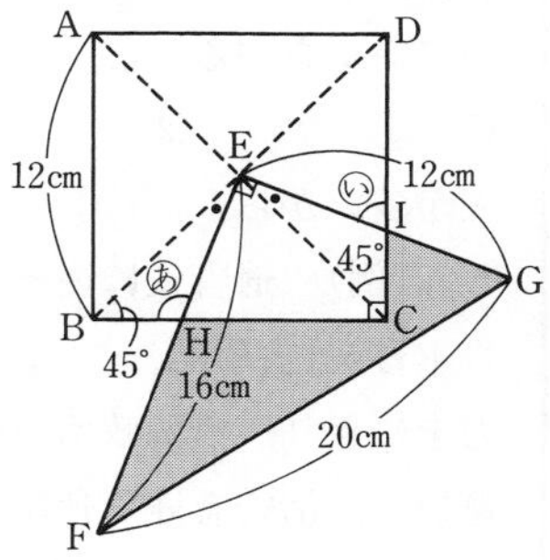

(2) 三角形EBHと三角形ECIに注目する。点Eは正方形の2本の対角線が交わる点なので，EB＝EC，角EBH＝角ECI＝45度である。また，角BEC＝角HEI＝90度だから，角BEH＋角HEC＝90度，角CEI＋角HEC＝90度より，角BEH＝角CEIとなる。これらのことから，三角形EBHと三角形ECIは合同とわかる。よって，四角形EHCIの面積は三角形EBCの面積と等しいので，12×12÷4＝36(cm^2)となる。三角形EFGの面積は，16×12÷2＝96(cm^2)だから，かげのついた部分の面積は，96－36＝60(cm^2)と求められる。

(3) EH＝16－9＝7(cm)で，三角形EBHと三角形ECIは合同だから，EI＝EH＝7cmである。よって，IG＝12－7＝5(cm)となる。また，CI＝BHなので，CI＋HC＝BH＋HC＝BC＝12cmとわかる。したがって，かげのついた部分の周りの長さは，9＋12＋5＋20＝46(cm)と求められる。

図1

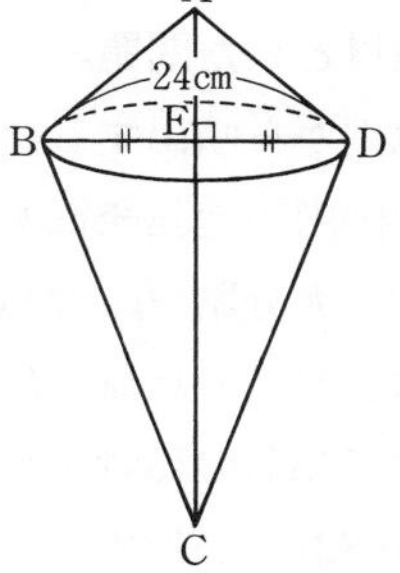

図2

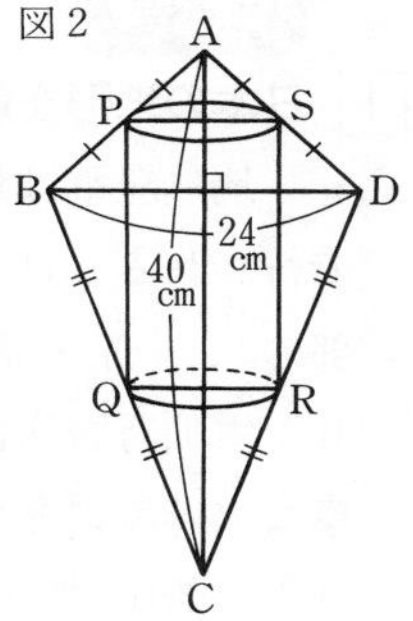

5 立体図形―表面積，体積。

(1) 右の図1のように，ACとBDの交わる点をEとすると，ACとBDは直角に交わり，BE＝EDである。よって，一回転させてできる立体は，底面の半径が，24÷2＝12(cm)で，AB，BCをそれぞれ母線とする2つの円すいを合わせた立体であり，その2つの円すいの側面積の和が，この立体の表面積となる。円すいの側面積は，(母線の長さ)×(底面の半径)×(円周率)で求められるので，この立体の表面積は，AB×12×3.14＋BC×12×3.14＝(AB＋BC)×12×3.14(cm^2)となり，AB＋BC＝100÷2＝50(cm)だから，50×12×3.14＝1884(cm^2)と求められる。

(2) 四角形ABCDは対角線が直角に交わるので，その面積は，(対角線)×(対角線)÷2で求められる。よって，AC×24÷2＝480より，AC＝480×2÷24＝40(cm)とわかる。上の図2で，三角形ABCと三角形PBQは，相似比が2：1の相似な三角形だから，PQはACと平行になり，PQ＝40×$\frac{1}{2}$＝20(cm)となる。同様に考えると，SR＝20cm，PS＝QR＝BD×$\frac{1}{2}$＝24×$\frac{1}{2}$＝12(cm)とわかる。また，PQとSRはACと平行，PSとQRはBDと平行になり，ACとBDが直角に交わることから，角P＝角Q＝角R＝角S＝90度である。よって，四角形PQRSは長方形なので，一回転させてできる立体Kは，底面の半径が，12÷2＝6(cm)，高さが20cmの円柱となる。したがって，その体積は，6×6×3.14×20＝2260.8(cm^3)と求められる。

社会 (30分) ＜満点：60点＞

解答

1 a 地熱発電 b 長崎(県) c ウ d ① オ ② 16キロメートル e 飛騨(山脈) f (例) 魚の産卵に適した海草類がよく育ち，魚のエサとなるプランクトンも豊富だから。 g ア **2** A ① (例) 水源地に水をたくわえることや土砂災害を防いで安全を守ること。 ② 枝打ち B ① ウ ② ア，石狩(平野) ③ もも C ① ア ② エ D ① (例) 自動車に使われる多くの部品をつくる関連工場で働く人が多いから。 ② イ ③ エ E ① 生存(権) ② 財務(省) **3** a 和 b (例) 遣唐使に従って中国に渡り，進んだ政治制度や技術を学んできたこと。 c ① 日本書紀(古事記) ② (例) 伝染病の流行。 d (例) 藤原氏が天皇の外祖父として権力をにぎり，摂関政治を行っていた。 e ① 北条泰時 ② ア f (例) 犯罪人を逮捕し，治安を守る仕事。 g 応仁の乱 h ウ i ① イ ② エ j (例) 領地を没収された。(領地を減らされた。) k 人権宣言 l ア m (例) (自由党・立憲改進党などの)政党を結成した。 n (例) 内閣総理大臣を指名し，内閣不信任案を決議する権限。 o 治安維持法 p ウ，ア，エ，イ q ソビエト連邦(ソ連) r ウ s 永久 t (例) 国政選挙における一票の格差。

解説

1 日本の地形を題材とした問題。

a 地熱発電は地下から噴出する熱水や水蒸気を利用した発電方法で，火山活動がさかんな山岳部で行われる。日本国内の地熱発電所としては，奥羽山脈北部の葛根田《かっこんだ》・松川(岩手県)や九州山地北部の八丁原《はっちょうばる》・滝上(大分県)などが知られる。

b 雲仙《うんぜん》普賢《ふげん》岳は長崎県の島原半島中央部にあり，1990年から火山活動が始まり，翌91年には大規模な火砕《かさい》流の発生で43名の死者・行方不明者を出した。1996年に活動は収束したが，この噴火により平成新山(標高1483m)が形成された。

c　高松市(香川県)は瀬戸内の気候区に属し，夏は南東の季節風を四国山地に，冬は北西の季節風を中国山地にさえぎられるため，年間降水量が少なく，比較的温和な気候である。よって，ウがふさわしい。なお，アは日本海側の気候区に属する浜田市(島根県)，イは太平洋側の気候区に属する高知市の雨温図。

d　①　下北半島(オ)は青森県北東部に位置し，陸奥《むつ》湾をはさんで日本海側の津軽半島(イ)と向かいあう。なお，アは松前半島(北海道)，ウは男鹿《おが》半島(秋田県)，エは亀田半島(北海道)。　②　1600万分の１の縮尺の地図で，地図上の長さが１ミリメートルの実際の距離は，１(mm)×1600(万)＝0.1(cm)×1600(万)＝1600000(cm)＝16000(m)＝16(km)より，16キロメートルになる。

e　北アルプスは飛騨《ひだ》山脈のことで，中央アルプスの木曽山脈，南アルプスの赤石山脈とともに「日本アルプス」と総称される。2012年，飛騨山脈の立山連峰《たてやまれんぽう》で３つの氷河が発見された。

f　大陸棚は水深が200m以内の平坦《へいたん》な海底地形で，日光がよく届くため魚の産卵場所として適した海草類がよく育ち，また，魚のエサとなるプランクトンも豊富であることから好漁場となっている。日本近海では，九州西部の東シナ海に発達している。

g　地形図には，城跡《しろあと》(⊓)・寺院(卍)・工場(☼)が見られるが，発電所・変電所(-☼-)は見られない。

2　さまざまな産業で働く人々を題材とした地理の問題。

A　①　日本の森林面積は国土の約３分の２を占《し》め，森林資源が豊富である。しかし，森林法にもとづき，森林のうちの約４割は保安林として伐採《ばっさい》や開発が制限されている。これは水源地を確保することや，土砂災害を防ぐことがおもな目的である。　②　森林資源を育てるには，植林・間伐・枝打ち・下草刈《か》りなどの手入れが必要である。このうち，下枝を切り落とす枝打ちは節《ふし》のない木を育てるために行う作業。

B　①　茨城県は東京などの大都市に近いため近郊《きんこう》農業がさかんで，県の農業生産額では野菜の占める割合が最も多い。よって，グラフのウがあてはまる。なお，アは畜産《ちくさん》の割合が高いので北海道，イは米の割合が高いので福島県。　②　北海道西部の石狩平野(ア)は，内陸部の上川盆地とともに，日本有数の米の生産地として知られる。なお，イは畑作がさかんな十勝平野，ウは酪農《らくのう》がさかんな根釧《こんせん》台地。　③　福島県は果樹栽培もさかんで，ももの生産量は山梨県に次いで全国第２位である。統計資料は『日本国勢図会』2014／15年版による(以下同じ)。

C　①　長崎県では東シナ海を中心に漁業がさかんに行われており，あじ類やさば類の水揚《みずあ》げ量が多い。なお，北海道では，さけ・ます類やひらめ・かれい類のほか，たら類，かに類，さんま・えび類などの水揚げ量が多い。　②　青森県の陸奥湾ではほたて貝の養殖《ようしょく》がさかんで，ほたて貝の収獲量は北海道に次いで全国第２位である。なお，アのうなぎは鹿児島・愛知，イのぶり類は鹿児島・愛媛，ウのわかめは宮城・岩手の各県が主産地。

D　①　自動車工業は２万～３万点もの部品を組み立てる工業なので，組み立て工場の下には部品をつくる数多くの関連工場が存在する。そのため，関連工場を含《ふく》めると，きわだって就業者数が多くなる。　②　せんい工業の生産額の都府県別割合は愛知県が最も多く，以下，大阪，岡山，福井，石川の各府県が続く。よって，イが選べる。なお，アは化学工業，ウは自動車工業(輸送用機械器具)にあてはまる。　③　化学工業はおもに石油(原油)を原料とする工業で，日本では機械工業に次ぐ第２位の生産額となっている。なお，グラフのアは食料品工業，イはせんい工業，ウは機械工業を示している。

E ① 日本国憲法第25条は生存権についての規定で，すべての国民が人間らしい生活を営む権利を保障している。生存権は教育を受ける権利(第26条)や働く権利(第27条)とともに社会権に含まれる。 ② 予算は内閣が決めて国会に提出するが，その予算原案は財務省が作成する。

3 法律を題材とした歴史の問題。

a 十七条の憲法は聖徳太子が604年に役人(豪族)の守るべき規則として定めた法令で，「一に曰《いわ》く，和を以《もっ》て貴《とうと》しと為《な》し，忤《さか》ふること無きを宗《むね》と為《せ》よ」とあり，人々の和(争うことがなく，まとまっていること)を重視している。

b 大化の改新は645年に中大兄皇子《なかのおおえのおうじ》(のちの天智《てんじ》天皇)と中臣鎌足《なかとみのかまたり》らが蘇我《そが》氏を滅《ほろ》ぼして行った政治改革で，これ以後の政治のしくみ(律令制度)は，遣唐使に従って唐(中国)に渡り，進んだ政治制度や文化，技術などを学んで帰国した人々によってつくられた。

c ①『古事記』は稗田阿礼《ひえだのあれ》が暗記していた国のおこりや系譜《けいふ》，神話，伝承などを太安万侶《おおのやすまろ》(太安麻呂)が書き記し，奈良時代の712年に元明天皇へ献上《けんじょう》したもの。また，『日本書紀』は720年に舎人《とねり》親王らの手によって編さんされた歴史書で，神代から持統天皇にいたるまでの天皇を中心とした国家成立史である。これらはあわせて「記紀」とよばれる。 ② 奈良時代前半，災害やききん，貴族の反乱のほか，伝染病が流行して社会不安が高まった。そこで，仏教を厚く信仰した聖武天皇は仏教の力で国を安らかに治めようと願い，地方の国ごとに国分寺・国分尼《に》寺を建てさせ，都の平城京には総国分寺として東大寺と金銅の大仏をつくらせた。

d 10世紀の後半，藤原氏は自分の娘を天皇のきさきとし，生まれた子(孫)を天皇に立てて皇室との関係を強め，天皇の外祖父として大きな権力をにぎった。そして，天皇が幼いときには摂政《せっしょう》，成人してからは関白として政治を行った。これを摂関政治といい，11世紀前半の藤原道長・頼通《よりみち》父子のころにその全盛期をむかえた。

e ① 鎌倉幕府の第３代執権は北条泰時《やすとき》で，1232年に御成敗式目(貞永式目)を制定した。これは鎌倉幕府を開いた源頼朝以来の武家のしきたりや道理をもとにした51か条からなる初の武家法で，のちの武家法の手本となった。 ② 鎌倉時代前期の1221年，後鳥羽《ごとば》上皇は鎌倉幕府から朝廷に政権を取り戻《もど》そうとして，全国の武士に第２代執権の北条義時を討《う》つ命令を出したが，味方して集まる武士は少なく，頼朝の妻であった北条政子の演説で結束を固めた幕府の大軍にわずか１か月で敗れ，上皇は隠岐《おき》(島根県)に流された。承久《じょうきゅう》の乱とよばれるこの乱の後，幕府は朝廷や公家の動きを監視し，京都の警備にあたるため六波羅探題《ろくはらたんだい》をおき，のちに西国の御家人も統率したことから，幕府の支配が西国にも及《およ》ぶようになった。

f 1185年，源頼朝は不仲になった弟の義経《よしつね》をとらえるという名目で，国ごとに守護を，荘園や公領に地頭をおくことを朝廷に認めさせた。守護は犯罪人の逮捕《たいほ》などの警察と御家人の取りしまりをおもな仕事とし，地頭は土地の管理や年貢の取り立てなどを行った。

g 応仁の乱(1467～77年)は，室町幕府の第８代将軍足利義政の後つぎ争いに，有力守護大名の細川氏と山名氏の対立などがからんで起こった戦乱で，主戦場となった京都の大半は焼け野原となり，幕府の権力がおとろえ戦国時代に入るきっかけとなった。

h 戦国時代，甲州《こうしゅう》(甲斐《かい》国，山梨県)は武田信玄《たけだしんげん》が支配し，信濃国(長野県)へも勢力を広げた。なお，アの今川氏は駿河《するが》国(静岡県)，イの伊達《だて》氏は東北地方，エの上杉氏は越後国(新潟県)の戦国大名。

i　①　1603年に江戸幕府を開いた初代将軍徳川家康，第２代秀忠《ひでただ》の時期，キリスト教の禁止令が発せられた。1612年に幕府領と直属家臣にその信仰を禁止し，翌13年には全国に及ぼすと，1614年にはキリシタンの国外追放を実施した。なお，アの参勤交代の制度化とウの貿易の禁止(鎖国《さこく》)は第３代家光のとき。　②　この時期，大阪の陣(1614，15年)により幕府は豊臣氏を滅ぼした。なお，アの朝鮮出兵は豊臣秀吉の政策，イの島原の乱(島原・天草一揆《いっき》，1637年)は第３代家光のとき，ウの関ヶ原の戦い(1600年)は政治の実権が豊臣氏から徳川氏に移行するきっかけとなった戦い。

j　武家諸法度は江戸幕府が大名を統制するために制定した法令で，1615年，第２代秀忠のときに初めて出された。1635年，第３代家光のときに拡大・強化され，参勤交代の制度，大船の建造禁止などが盛りこまれた。これに違反した大名は，改易《かいえき》(領地の没収)や減封《げんぽう》(領地の削減)などの処分を受けた。

k　フランス革命(1789年)で発せられた人権宣言(人間と市民の権利の宣言)には，人間の自由と平等及び主権在民の原則がかかげられ，この市民革命は人権獲得《かくとく》の歩みにおいて大きな転機となった。

l　自由民権運動は1874年に板垣退助らが「民選議院設立建白書」を政府に提出したことで始まったが，これに対し，政府は1875年に言論を取りしまる讒謗《ざんぼう》律や新聞紙条例を発して自由な言論をおさえようとした。よって，アがまちがっている。

m　1881年，自由民権運動の高まりをおさえきれなくなった政府は10年後の1890年に国会を開設することを国民に約束した。これにそなえて，1881年に板垣退助が自由党，翌82年には大隈重信《おおくましげのぶ》が立憲改進党をつくった。

n　大日本帝国憲法(1889年発布)のもとでの国会(帝国議会)と内閣は，いずれも天皇の政治を助ける機関とされた。現在の国会と内閣の関係では，内閣は国会の信任にもとづいて成立し，国会に対し連帯して責任を負うという議院内閣制のしくみがとられており，国会は内閣に対し，国会議員の中から内閣総理大臣を指名し，衆議院は内閣不信任案(信任案)を議決できるといった権限がある。

o　治安維持法(1925年)は社会主義運動を取りしまることを目的に制定されたが，日本が戦争への道を歩む過程で，政府の政策に反対・批判したり自由主義的な発言をしたりする人々も，取りしまりの対象とされた。

p　アの日中戦争の開始(盧溝橋《ろこうきょう》事件)は1937年，イは太平洋戦争の開始と考えられるから1941年，ウの満州国の建国は1932年，エの日独伊三国軍事同盟は1940年のことである。よって，年代の古い順に，ウ→ア→エ→イとなる。

q　第二次世界大戦(1939～45年)が終わると，アメリカ合衆国を中心とする資本主義諸国とソビエト連邦(ソ連)を中心とする社会主義諸国との対立が激しくなった。この対立は両陣営の直接の戦争というところまでにはいたらなかったため，「冷たい戦争(冷戦)」とよばれた。

r　天皇は政治に対する決定権をいっさいもたず，内閣の助言と承認にもとづいて憲法の定める形式的，儀礼《ぎれい》的な国事行為のみを行う。最高裁判所の長官は内閣が指名し，天皇が任命するから，ウがふさわしくない。

s　基本的人権は人間が生まれながらにしてもっている最も基本的な権利のことで，日本国憲法はこれを「侵《おか》すことのできない永久の権利」(第11条)として保障している。

t　「一票の格差」は選挙区の間で議員１人あたりに占める有権者の数に開きがある問題で，国政選挙が行われる度に訴訟《そしょう》が起こされている。衆議院の小選挙区と参議院の選挙区がその対象で，最高裁判所はこれらの訴訟に対して「違憲状態である」という判断を下している。

理　科　（30分）＜満点：60点＞

解　答

[1]　（記号／まちがっている点の順）　1　イ／（例）　豆電球のような抵抗と直列につながず，電池に直接つないでいる点。　2　ア／（例）　アルコールの量を8分目まで入れずに，3分の1ほどしか入れていない点。　3　イ／（例）　分銅側のふれはばが大きいのに，重い分銅を足している点。　4　イ／（例）　はっきりピントを合わせるときに片目ずつではなく，両目で調節している点。　[2]　1　(1)　ウ　(2)　（例）　阿蘇山　2　北西　3　(1)　イ　(2)　（例）　水面が鏡のように光を反射させて，像が水面に映るから。　4　(1)　500年～1023年　(2)　9月1日　[3]　1　（例）　ほのおにあたためられた空気が上昇し，新しい空気が底から入ってくるから。　2　サ，ス　3　（例）　（オで火が消えたのは，アと比べて容器が細く口がせまくなったことで，中の空気が）上にあがろうとして(，外の空気が)流れこめなかったから(。)／(オと比べると，カで火が燃え続けたのは，容器の口からろうそくまでアルミ板を入れたことで)中の空気が上へあがっていく通り道と外の空気が中に入ってくる通り道ができたから(。)　[4]　1　A…6cm，B…12cm　2　距離…12cm，順…ア，ウ，イ　3　オ，カ，エ　4　16cm　5　イ　[5]　1　（例）　花のつけねに子房のふくらみがある。　2　（例）　めしべの先の柱頭にねばりけがある。　3　（例）　虫のからだにくっつきやすい点。　4　(1)　受粉　(2)　（例）　虫によって，お花の花粉がめしべにつけられるのを防ぐため。　(3)　（例）　めしべの先に花粉をつけること以外の条件をめ花Bとそろえるため。　5　（例）　つぼみのうちに，おしべを取りのぞくこと。

解　説

[1]　実験道具の使い方についての問題。

1　電流計は，豆電球やモーターなどをつないだ回路の途《と》中《ちゅう》に直列につないで用いる。豆電球のような抵抗《ていこう》をつながずにかん電池を電流計に直接つなぐと，非常に大きな電流が流れて，電流計がこわれるおそれがある。

2　アルコールランプのアルコールの量は，少なすぎると容器の中にアルコールの気体がたまり引火するおそれがあるので，ランプの8分目ほど入れる。

3　上皿てんびんは，左右の皿にはかりたいものや分銅をのせ，はりのふれはばが左右等しくなるようにつり合わせることで，ものの重さを調べたり，ある重さにものをはかりとったりすることができる道具である。はりのふれはばが分銅をのせた皿側のほうが大きい，つまり分銅をのせた皿側のほうが重いとき，この皿に重い分銅を足してもてんびんはつり合わない。この場合，分銅を軽いものにのせかえたり，反対側の皿にものを増やしたりする。

4　そう眼実体けんび鏡は，ピントを合わせるとき，右目のピントを調節ねじで合わせ，次に左目のピントを視度《しど》調節リングで合わせる。

[2]　箱根の山とカルデラ湖についての問題。

1　(1)　カルデラは山の中央部分がおよそ円形状に大きく落ちてくぼんだ地形で，山ちょう部分の地下にあるマグマなどが大量に流れ出て，火口周辺がくぼんでできることが多い。　(2)　日本国内でカルデラの地形が見られる場所で特に有名なものに阿蘇《あそ》山がある。ほかに，桜島(姶良《あいら》カルデラ)，十和田《とわだ》火山(十和田湖)なども有名である。

2　地図に見られる早川を土砂がせき止めた結果，カルデラの一部に水がたまって芦ノ湖《あしのこ》ができたので，土砂は×から北西に流れたことがわかる。

3　晴れて風のない日は，湖の水面に波がほとんどなく，水面が鏡のように光を反射する。このとき，実物と像は水面を真ん中にはさんで向かい合っているように見える。ここでは像が梢《こずえ》の手前側にできているので，水面に映る梢はイのように上下が反対になり，左右はそのままとなっている。

4　(1)　②と③の差は，350＋150＝500(年)，③と④の差は，900－350＝550(年)，④と⑤の差は，1923－900＝1023(年)となり，関東南部で巨大地しんが発生する周期は，500年～1023年の周期とすい定できる。　(2)　1923年９月１日に発生したマグニチュード7.9の大正関東地しんは，関東地方南部や静岡県東部などに非常に大きな被害をもたらしたため，関東大しん災とよばれる。

3　ろうそくの燃焼と空気の関係についての問題。

1　ろうそくのほのおがまわりの空気をあたためると，あたためられた空気は軽くなって上昇《じょうしょう》し，容器の底から新しい空気が流れこんでくる。そして，その空気が再びあたためられて上昇する。これをくり返すために，空気の流れができる。

2　ろうそくが燃え続けるためには新しい空気(酸素)が必要である。アでは，線香《せんこう》のけむりが容器の口から中へ流れこんでいるので，新しい空気が容器の中に入ってきて，容器の中にはろうそくが燃え続けるのに必要な量の酸素があったことがわかる。一方，エでは，線香のけむりが容器の口から中へ流れこんでいないため，ろうそくが燃えることで容器内の酸素が減り，火が消えたと考えられる。

3　オはアと比べて容器が細く，口がせまくなったことで，あたためられて上にあがろうとしている中の空気によって，外から入ってこようとする空気が容器の奥底まで流れこめなくなる。すると，空気の入れかわりができないため，ろうそくは燃えるのに必要な酸素が減ってしまい，やがて火が消えた。一方，オと比べてカで火が燃え続けたのは，容器の口からろうそくの上までアルミ板を入れたことで，容器の中の上にあがろうとする酸素の少ない空気が流れる通り道と，容器の外から新しく中に入ってくる空気の通り道が分かれて，容器の奥底にあるろうそくまで酸素が供給されたためである。

4　とつレンズを通る光についての問題。

1　右の図①のように，しょう点とレンズの両端《りょうはし》(直径12cm)がつくる三角形と，しょう点と円Ａの両端がつくる三角形は相似である。よって，円Ａの直径を□cmとすると，８：４＝12：□となり，□＝12×４÷８＝６(cm)と求められる。また，太陽光線は平行光線なので，円Ａの外側には円Ｂのようなレンズの大きさと同じ直径12cmのかげができる。

図①

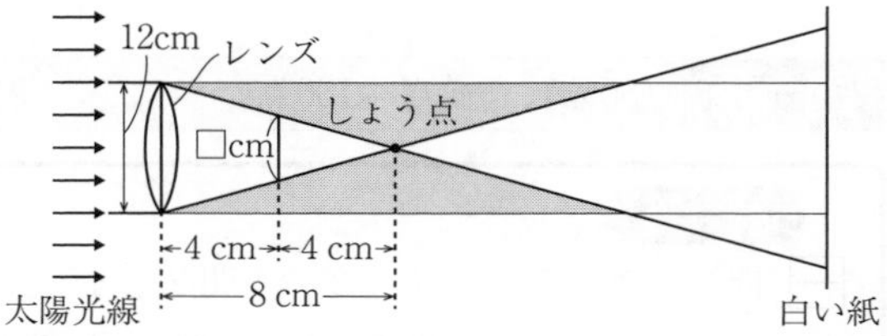

2　紙をレンズから遠ざけていき，再び円Ａの直径が６cmとなるのは，下の図②のように，紙と

レンズの距離《きょり》が，８＋４＝12(cm)となったときである。このときの明るさは，レンズを通さない直射日光が届いているウと比べて，レンズを通った日光が円Ａに集められているアは明るく，光が届かないイは暗い。よって，明るいものから順に，ア，ウ，イとなる。

図②

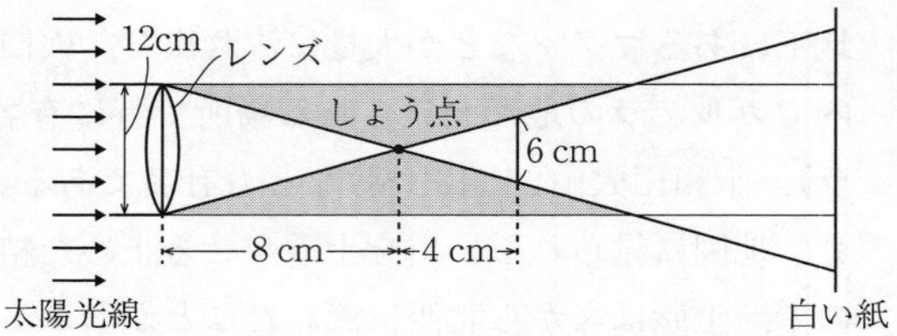

３　レンズを通った光が円Ｄの大きさに拡大されているので，エは直射日光が当たっているカより暗い。また，オはレンズを通った光と直射日光がともに当たっているので，エやカよりも明るくなる。したがって，明るいものから順に，オ，カ，エとわかる。

４　レンズを通って集めた光がしょう点を通り，拡大して，再びレンズと同じ大きさになったとき，紙全体が同じくらいの明るさとなる。このとき，紙を置いた距離はしょう点から８cmとなるので，レンズからの距離は，８＋８＝16(cm)，つまりしょう点距離の２倍の長さである。

５　レンズの厚みがより厚くなると，しょう点距離が短くなるので，しょう点距離の２倍の長さも短くなる。

5　カボチャの花のつくりと受粉についての問題。

１　カボチャは１つのかぶにお花とめ花を別々にさかせる。花のつけ根はめ花ではふくらんでいるが，お花ではふくらんでいない。これは外から観察しても明らかである。このめ花にあるふくらみは子房《しぼう》で，受粉後に実になる。なお，さいた花の中を見ると，め花は先がいくつかに分かれためしべを１本もち，お花はおしべを３本もつ。

２　め花のめしべの先の柱頭は，花粉がつきやすいようにねばりけがある。

３　カボチャの花粉は虫によって運ばれるため，表面にとげをもち，虫のからだにくっつきやすくなっている。

４　(1)　めしべの先におしべの花粉がつくことを受粉という。　(2)　花粉をつけため花Ａと比べて花粉をつけないめ花Ｂがどのようになるかを調べる場合，虫などによってお花の花粉がめしべにつけられるのを防ぐため，め花Ｂは袋《ふくろ》をかけたままにする。　(3)　め花Ａに再び袋をかけておいたのは，めしべの先に花粉をつけること以外の条件を，袋をかけたままにしため花Ｂとそろえるためである。

５　１つの花の中にめしべとおしべがついている花で実験を行うときは，花がさいてしまうと，１つの花の中で受粉が行われてしまう可能性がある。そのため，まださいていないつぼみのうちに，おしべはすべて取りのぞいておく。

国　語　(50分)＜満点：100点＞

解　答

一　問１　ア　３　　イ　２　　問２　４　　問３　１　　問４　(例)　虎の実態を研究すること。　　問５　１　　問６　①　(例)　おりの中で野性の力をうばわれていること。　②　(例)　虎と自分の境ぐうが似ていると思ったから。　　問７　３　　問８　憤激…５，苦笑…６，微笑…2　問9　最初…そうだ。一つ虎を　最後…とばしてやろう。　問10　1　問11　4　問12　2，3，6　二　問1　A　3　B　4　問2　(例)　知識を探究すること。　問3　(例)　さまざまな領域に興味をもち，その知的探求の作業を内部で統合させる多面的な存在。　問4　(例)　学問領域を細かくわけ，その専門の中でものごとをとらえる考え方。　問5　多面　問6　(例)　学問領域に境界線を引いては，教育がめざすべき多面的な人間を育てることはできない。　問7　(例)　家庭科の調理実習で，食材にふくまれているデンプンを実験で確かめたり，火を使う調理と電子レンジの調理を比較し，そのちがいを観察して理科の観点から理由を学んだりすれば，日々の暮らしの技術と科学的なものの見方が総合的に身につくと思います。さらに，社会科ともゆう合させ，食材がどの国から輸入されたかを学べば，身近な食べ物から地球規模の流通や産地へと視野が広がります。　三　1　ように(ごとく)　2　ないだろう(ありえまい)　3　ください　4　だろう　四　1～5　下記を参照のこと。　6　ふうぶん　7　しら(む)　8　じょうせき

●漢字の書き取り

四　1　果(て)　2　油田　3　支柱　4　指令　5　器量

解　説

一　**出典は久米正雄《くめまさお》の「虎《とら》」による。**動物の役しかこないことを，息子に対して恥《は》じていた「彼(深井)」が，息子と上野の動物園に行き，虎の役づくりをして芝居《しばい》に臨む様子が描《えが》かれている。

問1　ア　「そそくさと」は，落ち着かない様子。あわただしくふるまう様子。真剣《しんけん》さや一生懸命《けんめい》さはふくまないので，4のように，「必死になって～走って」いく様子とは合わない。　イ　この場合の「ようようと」は，「意気揚々《ようよう》と」の「揚々」と同じで，得意な様子をあらわす。

問2　直前で語られている「彼」の考えに注目する。虎の役をふられて，「獣《けもの》にふんすることが，何も恥《ち》じょくというわけではない」と自分にいい聞かせ，「虎をやれる役者は，日本中におれしかない」，「虎をうまくやって見物をわっといわしてやろう。そしてほかの役者どもをけとばしてやろう」と，自分を奮い立たせているので，4が選べる。「恥じょく」は，はずかしめ。

問3　「彼」はつづけて，「息子の目に，役者としての自分がどのくらいに映るだろう。そしてそれが父としての自分と，どれだけの抵触《ていしょく》を引き起こすだろう」と気にしている。「彼」は「役者」としては，雑誌に「お情け」で「小さい写真」がのる程度の人気しかない。また，問2で見たように，「獣」の役が割りふられるような役者である。その程度の役者でしかないことが，父親として息子に対して申し訳なく，「恥《はじ》らい」を感じたのである。1が，この状況《じょうきょう》と心情を最もよくまとめている。

問4　直後の一文に，「虎の実態を研究しておくのが，昨今の急務だ」とある。上野の動物園に行きたいと息子にせがまれ，虎を演じるために実物の虎を見て「研究」しようと考えたのである。

問5　「子からの解放」とは，「カバ」を見たいといっていた息子に付きそわなくてもよいということをあらわす。「彼」の目的は，次に演じる虎を観察することなので，1がよい。

問6　つづく部分で，虎の様子と，それを見る「彼」の気持が語られている。　①　虎が「おりの中にとざされ～野性の活力をうばわれ」て見世物になっている様子に，「あわれみ」を感じている。　②　虎のあわれな様子が「自分の境ぐうにも似ている」と感じて，「愛情」が生じたので

ある。

問７　前後の部分から読み取る。「彼」は動かない虎と向き合ううちに，自分が役を演じるために虎を「研究」しに来たことすら忘れ，「虎と同じ心持を持ち虎と同じ事を考えているように感じ」ている。その後，虎が「大きな獣のあくび」を見せると，「彼」はそのあざやかさにはっとし，虎を「研究」しに来たことを思い出したが，「これだけ虎の気持になれればあとは，自分で勝手にはね狂《くる》える」と思ったのだから，３が合う。

問８　「それ」とは，劇評家がＪ新聞の「演芸一夕話《せきわ》」に書いた「彼」の記事を指す。「動物役者」の「彼」が役作りする様子を「人間ばなれ」したおもしろおかしい行動に仕立て，読者の笑いをねらった内容である。　「憤激《ふんげき》」は，大いに怒ること。役作りをばかにされたことへの怒《いか》りだから，５が合う。　「苦笑」は，不快感をおさえて無理に笑うこと。問３で見たように，「彼」は，「動物役者」であることを息子に対し恥じている。記事を読んで卑下《ひげ》する気持がわき，それをおさえて笑ったのだから，６がよい。また，このあとすぐ「晴れやかな微笑」に変わって「これがおれの人気なのだ」と，記事も自分の現実も受け入れたことに注目する。３のように「劇評家に対するあわれみ」によって自信を取りもどすより，自分を卑下する気持をふりはらったと解釈《かいしゃく》する方が自然である。　「晴れやかな微笑」のあと，「これがおれの人気なのだ」と肯定《こうてい》的にとらえ，「『虎』一役を成功させる」と思っているので，２のように自信を持ったのだと推測できる。

問９　「勝るともおとらない」は“それ以上ではあってもおとってはいない”という意味なので，「おとるとも勝らない」はそれと逆に，“それ以下ではあっても勝ってはいない”という意味になる。ここでは，由井と川原が登場したときの「大向こうかけ声」が，虎の「彼」に観客がかけた声より少なかったことをあらわす。「彼」がここで「それ見ろ」と思っているのは，この状況を意図していたからである。その意図は，本文の最初の「そうだ。一つ虎をうまくやって見物をわっといわしてやろう。そしてほかの役者どもをけとばしてやろう」という表現に現れている。

問10　演じている最中は観客から「かっさい」を受けて「いいようのない快感」を覚えたが，演じ終わって息子の顔を見た途端《とたん》，「恥」を感じたのである。この「恥」は，問３で見たような，「動物役者」の自分を父親として息子に申し訳なく思う気持だから，１がふさわしい。

問11　前の部分に，「息子の目には，このふがいない父の一役を，非難するような何物もなかった。かえって父の苦しい境ぐうに同情する，泣きたいような表情が現れていた」とある。「父の一役」とは，深井が演じた虎である。４が，虎になりきった父親への「同情」を最もよくあらわしている。

問12　本文の後半にあるように，「彼」は食事のときもねどこの中でも「ひたすら虎の動作のみを考えて」おり，「没頭《ぼっとう》しやすい」性格だといえる。「没頭」は，一つのことに熱中して，ほかのことをかえりみないこと。また，「虎をやれる役者は，日本中におれしかない」と自分を奮い立たせ，「猫に類する」などと評されたら「しゃく」だと考えているので，「プライドが高い」人物とも判断できる。さらに，動物の役しかこない役者である事を息子に対して「恥」と感じ，おりの中の虎に自分の境ぐうを重ねており，「感受性が強い」といえる。

二　出典は加藤秀俊《かとうひでとし》の『独学のすすめ』による。教育が教科や専門にわかれてしまったのはさいきんのことで，バラバラに切りわけられた知識を得ることは教育の目的ではないと説明している。

問１　Ａ　「おしなべて」は，“全体にわたって”という意味。　Ｂ　「ミもフタもない(身も蓋《ふた》もない)」は，表現があからさますぎて味気ない様子。

問２　第二段落に，「『学問』とは，要するに知識を探究する，ということ」だとある。

問３　第二，第三段落で，レオナルド・ダ・ヴィンチを例に説明している。ルネッサンスのころまでの「知識人」は，現代のように知識の領域を細かくわけず，「さまざまな領域にわたって」好奇心をもち，「いろんな知的探求の作業」を「たがいにゆう合」させ「内部で統合」していた。その様子を，第四段落で「多面的な知識人」とあらわしている。これを整理して，「さまざまな領域に興味をもち，その知的探求の作業を内部で統合させる多面的な存在」のようにまとめる。

問４　アルキメデスやアリストテレスなどの「多面的な知識人」を，現代人が「物理学者」，「哲学者」といったことばでわけてしまうのは，知識の領域に「境界線」を引いているからだと筆者は考えている。また，第五段落では，「茫洋《ぼうよう》たる世界」を勝手にわけて，その「専門」に「みずからを閉じこめ」ている現代の学者の姿勢を批判している。これを整理して，「学問領域を細かくわけ，その専門の中でものごとをとらえる考え方」のようにまとめればよい。

問５　「専門バカ」と対照的な人間像だから，「多面(的)」が合う。

問６　筆者は，本文の最初と最後で，さいきんの教育が「専門」にわかれていることに疑問を投げかけている。また，最後から二つ目の段落では，学問や教育における目標は「多面的な人間像」だと指摘《してき》している。これらをふまえて，「せまい専門に閉じこめる教育では，本来教育がめざすべき多面的な人間を育てられない」のようにまとめればよい。

問７　それぞれの科目で学ぶ内容と，ほかの科目の内容との接点や，結びつけて展開できることがらを考える。たとえば，国語・図画工作・音楽をゆう合させれば，ひとつの演劇を作りあげる総合的な活動が可能である。あるいは，家庭科と理科をゆう合させれば，よごれの種類と洗剤の成分の関係を総合的に学んだり，調理実習の中で食品の成分や消化吸収と調理の関係を総合的に学んだりすることができる。さらに，社会科の視点から，食材がどこから輸入されたかを調べることもできる。

三　呼応の副詞とのべ方。

１　「あたかも」は“まるで”という意味で，たとえを示す「ように」，「ごとく」などと呼応する。

２　「よもや」は“万が一にも”という意味をあらわし，打消しの推量ののべ方と呼応するので，「ないだろう」，「ありえまい」などがよい。　３　「どうか」は丁寧《ていねい》に頼《たの》む気持をあらわし，「ください」などの依頼《いらい》ののべ方と呼応する。　４　「おそらく」は“きっと”という意味で，「だろう」などの推量ののべ方と呼応する。

四　漢字の書き取りと読み。

１　音読みは「カ」で，「結果」などの熟語がある。　２　石油が産出する区域。　３　物を支える柱。つっかえ棒。　４　上位の者から下位の者に命令すること。　５　顔だち。　６　世間のうわさによって伝え聞くこと。　７　音読みは「ハク」「ビャク」で，「空白」「白夜」などがある。訓読みにはほかに「しろ」などがある。　８　囲碁《いご》の言葉で，最善とされる決まった石の打ち方。ものごとを行ううえで，一般《いっぱん》に最善とされている方法。

Memo

Memo

Memo

出題ベスト10シリーズ

①国語読解ベスト10

②漢字合格の2790題

③計算合格の820題

④図形問題ベスト10

■過去の入試問題から出題例の多い問題を選んで編集・構成。受験関係者の間でも好評です！

有名中学入試問題集

●男子校編

●女子校編

■中学入試の全容をさぐる!!
■首都圏の中学を中心に、全国有名中学の最新入試問題を収録!!

※表紙は昨年度のものです。

算数の過去問25年分

■筑波大学附属駒場
■麻布
■開成

○名門３校に絶対合格したいという気持ちに応えるため過去問実績No.1の声の教育社が出した答えです。

都立中高一貫校 適性検査問題集

■都立一貫校と同じ検査形式で学べる！

●自己採点のしにくい作文には「採点ガイド」を掲載。
●保護者向けのページも充実。
●私立中学の適性検査型・思考力試験対策にもおすすめ！

当社発行物の無断使用は固くお断りいたします。御使用の前はまずご相談ください。

当社発行物には500点余の首都圏中・高過去問をはじめ、６点の学校案内、そのほかいくつかの情報誌などがございます。その多くが年度版で、限られたスタッフが来るべき受験シーズン前に余裕を持って受験生へ届けられるよう、日夜作業にあたり出版を重ねております。

その中で、最近、多くの印刷物やネット上において当社発行物からの無断使用が見受けられ、一部で係争化しているところもございます。事例といたしましては、当社の新刊発行を待ち、それを流用して毎年ネット上に新改訂として掲載していたＡ社、当社過去問から三百箇所をはぎ合わせ「自社制作につき無断転載禁止」とし、集客材としてホームページに掲載していたＢ社、当社版誌面を無断スキャンし、記述式解答は一部殆ど丸取りして動画を制作していた家庭教師グループＣ社、当社発行物の表紙を差し替え、内容を複製し配布していた塾のＤ社などほか数社がございます。

当社発行物の全部もしくは一部を無断使用することは固くお断りいたします。

当社コンテンツの中にはリーズナブルな設定でご提供している事例もたくさんございますので、ご利用されたい方はまずは、お気軽にご相談くださいますようお願いします。同時に、当社発行物を無断で使用している媒体などにつきましての情報もお寄せいただければ幸いです（呈薄謝）。

株式会社 声の教育社

スーパー過去問の **解説執筆・解答作成スタッフ（在宅）募集！**

※募集要項の詳細は、10月に弊社ホームページ上に掲載します。

2025年度用
中学スーパー過去問

■編集人 声の教育社・編集部
■発行所 株式会社 声の教育社
〒162-0814 東京都新宿区新小川町8-15
☎03-5261-5061(代) FAX03-5261-5062
https://www.koenokyoikusha.co.jp

※本書の内容についての一切の責任は当社にあります。内容・解説・解答・その他は当社ホームページよりお問い合わせ下さい。

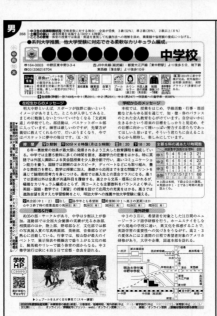

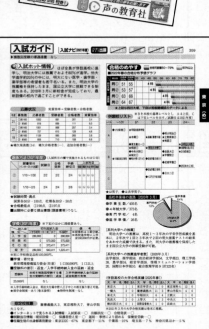

カコを追いかけ
ミライをつかめ
「今の説明、もう一回」を何度でも
web過去問
ストリーミング配信による入試問題の解説動画
もっと古いカコモンないの?
カコ過去問
「さらにカコの」過去問をHPに掲載(DL)
声の教育社
詳しくはこちらから

よくある解答用紙のご質問

01

実物のサイズにできない

拡大率にしたがってコピーすると，「解答欄」が実物大になります。配点などを含むため，用紙は実物よりも大きくなることがあります。

02

A3用紙に収まらない

拡大率164％以上の解答用紙は実物のサイズ（「出題傾向＆対策」をご覧ください）が大きいために，Ａ３に収まらない場合があります。

03

拡大率が書かれていない

複数ページにわたる解答用紙は，いずれかのページに拡大率を記載しています。どこにも表記がない場合は，正確な拡大率が不明です。

04

1ページに2つある

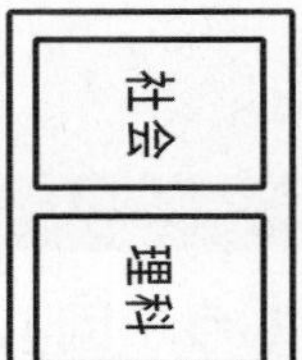

１ページに２つ解答用紙が掲載されている場合は，正確な拡大率が不明です。ほかの試験回の同じ教科をご参考になさってください。

フェリス女学院中学校

【別冊】入試問題解答用紙編

解答用紙は本体からていねいに抜きとり、別冊としてご使用ください。

※　実際の解答欄の大きさで練習するには、指定の倍率で拡大コピーしてください。なお、ページの上下に小社作成の見出しや配点を記載しているため、コピー後の用紙サイズが実物の解答用紙と異なる場合があります。

●入試結果表

— は非公表

年　度	項　目	国　語	算　数	社　会	理　科	4科合計	合格者
2024（令和6）	配点(満点)	100	100	60	60	320	最高点
	合格者平均点	—	—	—	—	—	—
	受験者平均点	74	57	37	34	202	最低点
	キミの得点						—
2023（令和5）	配点(満点)	100	100	60	60	320	最高点
	合格者平均点	—	—	—	—	—	—
	受験者平均点	77	50	37	34	198	最低点
	キミの得点						—
2022（令和4）	配点(満点)	100	100	60	60	320	最高点
	合格者平均点	—	—	—	—	—	—
	受験者平均点	72	37	38	30	177	最低点
	キミの得点						—
2021（令和3）	配点(満点)	100	100	60	60	320	最高点
	合格者平均点	—	—	—	—	—	—
	受験者平均点	72	57	40	37	206	最低点
	キミの得点						—
2020（令和2）	配点(満点)	100	100	60	60	320	最高点
	合格者平均点	—	—	—	—	—	—
	受験者平均点	70	54	41	42	207	最低点
	キミの得点						—
2019（平成31）	配点(満点)	100	100	60	60	320	最高点
	合格者平均点	—	—	—	—	—	—
	受験者平均点	62	47	42	38	189	最低点
	キミの得点						—
2018（平成30）	配点(満点)	100	100	60	60	320	最高点
	合格者平均点	—	—	—	—	—	—
	受験者平均点	60	48	38	35	181	最低点
	キミの得点						—
平成29	配点(満点)	100	100	60	60	320	最高点
	合格者平均点	—	—	—	—	—	—
	受験者平均点	69	46	38	38	191	最低点
	キミの得点						—
平成28	配点(満点)	100	100	60	60	320	最高点
	合格者平均点	—	—	—	—	—	—
	受験者平均点	68	50	40	44	202	最低点
	キミの得点						—
平成27	配点(満点)	100	100	60	60	320	最高点
	合格者平均点	—	—	—	—	—	—
	受験者平均点	66	52	41	34	193	最低点
	キミの得点						—

※　表中のデータは学校公表のものです。ただし、4科合計は各教科の平均点を合計したものなので、目安としてご覧ください。

2024年度 フェリス女学院中学校

算数解答用紙 No. 1

番号		氏名		評点	/100

1 (1)

答

(2)

答 ア　　イ　　ウ

(3)

答 ア　　イ　　ウ　　エ

(4)

答 ア　　イ

(5)

答 ア　　イ　　ウ

2

答 (1)　　(2)　　(3)

２０２４年度　フェリス女学院中学校

算数解答用紙　No. 2

3 (1)（求め方）

答　ア　　イ

(2)（求め方）

答　ウ

(3)（求め方）

答　エ

4 (1)

答　倍

(2) ①

答

②（求め方）

答　cm

（注）実際の試験では，問題用紙の中に設けられた解答欄に書く形式です。
この解答用紙は使いやすいように小社で作成いたしました。

〔算　数〕100点(推定配点)

1　(1)　5点　(2)　ア・イ　5点　ウ　5点　(3)　ア〜ウ　5点　エ　5点　(4)，(5)　各5点×5　**2**　(1)，(2)　各5点×2　(3)　6点　**3**　(1)　5点　(2)，(3)　各6点×2　**4**　(1)　5点　(2)　各6点×2

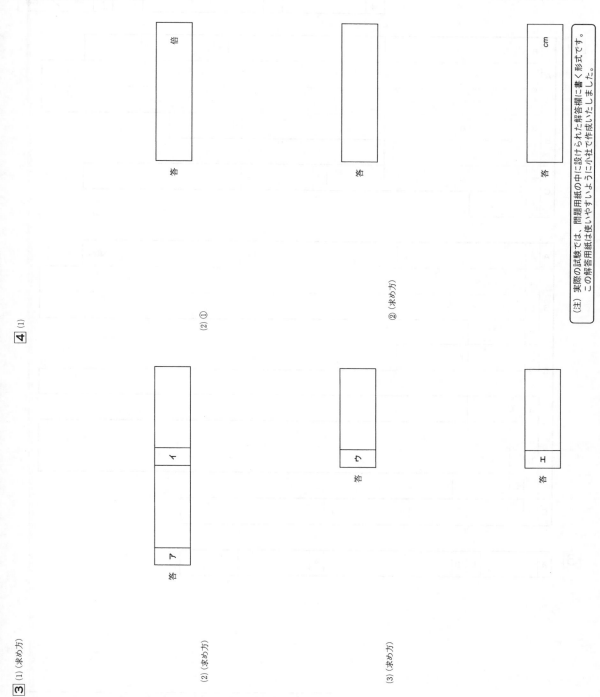

2024年度　フェリス女学院中学校

社会解答用紙

番号		氏名		評点	／60

1

A	a		b		c		d				
A	e										
B	a		b		c		d				
B	e										
C	a		b		c		d		e		
C	f										

2

A	a		b		c	遺跡	
B	a						
B	b						
B	c						
C	a		b				
C	c						
D	a						
D	b	①					
D	b	②					
E	a		b		c		

3

a		b	①		②		c

（注）この解答用紙は実物を縮小してあります。Ｂ５→Ａ３（163%）に拡大コピーすると、ほぼ実物大の解答欄になります。

〔社　会〕60点（推定配点）

1　A　a～d　各１点×4　e　３点　B　a，b　各１点×2　c　２点　d　１点　e　２点　C　各２点×6　2　A　各２点×3<ａは完答>　B　a，b　各２点×2　c　１点　C　a，b　各１点×2　c　２点　D　a　１点　b　①　３点　②　１点　E　各２点×3<ａは完答>　3　各２点×4

２０２４年度　フェリス女学院中学校

理科解答用紙

番号		氏名		評点	／60

1

1	(1)					
	(2)					
	(3)		(4)			
2	(1)	g	(2)	%	(3)	%

2

1	A	2	A	3	A	倍	4	A	倍	
5	ア		イ		ウ	倍				
	エ		オ		カ	倍	キ	A		

3

1	(1)	①	②	③		
		④	⑤			
	(2)		(3)			
2	(1)					
	(2)					

4

1	(1)		(2)	①	さらさら		ざらざら		②	小さい		とても小さい（細かい）	
2	(1)										
	(2)		(3)	①		②		③			
3											

（注）この解答用紙は実物を縮小してあります。Ｂ５→Ｂ４(141%)に拡大コピーすると、ほぼ実物大の解答欄になります。

〔理　科〕60点(推定配点)

1　1　(1)　2点　(2)　3点　(3)，(4)　各2点×2＜(3)は完答＞　2　各2点×3　2　1〜4　各2点×4＜3，4は完答＞　5　各1点×7　3　1　(1)　各1点×5　(2)，(3)　各2点×2＜(3)は完答＞　2　各3点×2　4　1　各1点×3＜(2)は各々完答＞　2　(1)　4点　(2)，(3)　各1点×4　3　4点

2024年度　フェリス女学院中学校

国語解答用紙

番号　　氏名　　評点　／100

一

問一①　年生　問一②

問二　1　2　3　4　5　6

問三

問四　問五

問六　問七　問八　問九　問十

問十一　問十二　問十三

二

問一a　問一b　問二ア　問二イ

問三A　問三B　問四

問五

問六

問七

三

1　2　3　4　5　6

四

1　く　2　3　4

5　う　6　でる　7　8　し

（注）この解答用紙は実物を縮小してあります。B5→A3（163%）に拡大コピーすると、ほぼ実物大の解答欄になります。

〔国　語〕100点（推定配点）

一　問1　各2点×2　問2　各1点×6　問3～問13　各2点×11＜問8は完答＞　二　問1～問4　各2点×7　問5　8点　問6　各2点×2　問7　20点　三　各1点×6　四　各2点×8

2023年度 フェリス女学院中学校

算数解答用紙 No. 1

番号		氏名	

評点
/100

1 (1)

答

(2)

答	ア		イ	

(3)

答	ア		イ	

(4)

答	ア		イ	

(5)

答	ア		イ		ウ	

2

答	ア		イ		ウ	

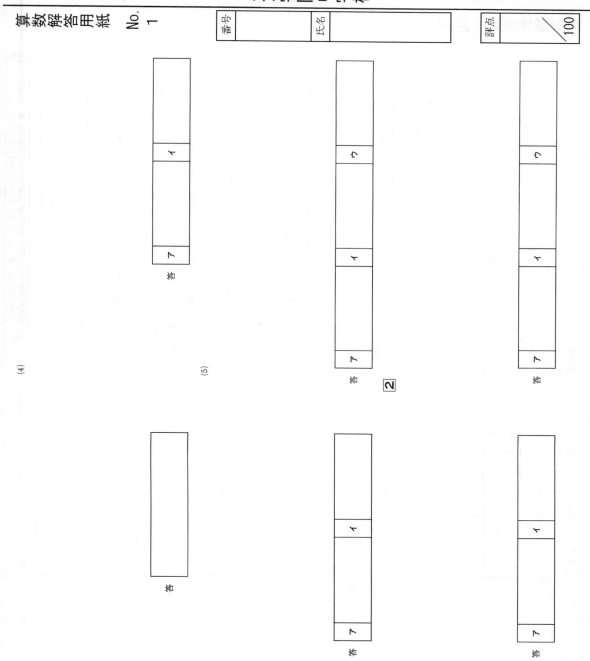

２０２３年度　フェリス女学院中学校

算数解答用紙　No. 2

3 (1)

答

(2) (求め方)

答

(3) (求め方)

答

4 (1) (求め方)

答

(2) (求め方)

答

5

答

(1)	A: 0, B: 1, C: 1, D: 0, E: , F: , G:
(2) ①	
(2) ②	
(2) ③	
(2) ④	A: , B: , C: , D: , E: , F: , G:

(注) 実際の試験では、問題用紙の中に設けられた解答欄に書く形式です。
この解答用紙は使いやすいように小社で作成いたしました。

〔算　数〕100点(推定配点)

1～5　各５点×20＜1の(3)，(5)，5の(1)，(2)の①，②，④は完答＞

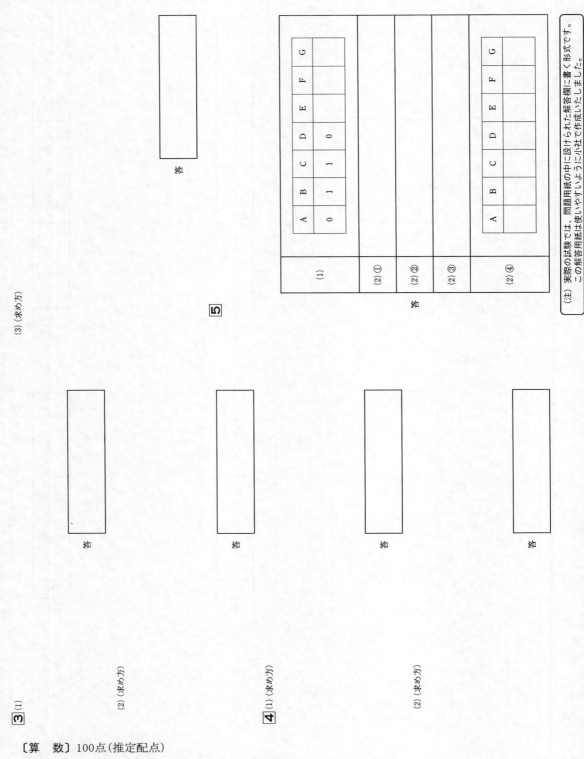

２０２３年度　フェリス女学院中学校

社会解答用紙

番号		氏名		評点	／60

1

ア		イ	川	
a	①			
	②		b	
c				
d				
e		f		

2

a	①	②		b		c	
d		e		f		g	

3

a					
b					
c		d		e	

4

A	a		b		c				
B	a	①		②		b		c	
C	a								
	b		c						
D	a	県	b	①		②		c	
E	a								
	b		c						
F	a		b		c				

（注）この解答用紙は実物を縮小してあります。Ｂ５→Ａ３（163％）に拡大コピーすると、ほぼ実物大の解答欄になります。

〔社　会〕60点（推定配点）

1　ア，イ　各１点×２　ａ　各２点×２　ｂ　１点　ｃ，ｄ　各２点×２　ｅ，ｆ　各１点×２　2　ａ～ｃ　各１点×４　ｄ～ｇ　各２点×４　3　ａ　各１点×２　ｂ　３点　ｃ　２点　ｄ　各１点×２　ｅ　２点　4　Ａ，Ｂ　各１点×７　Ｃ　ａ，ｂ　各２点×２　ｃ　１点　Ｄ～Ｆ　各１点×12

２０２３年度　　フェリス女学院中学校

理科解答用紙

番号		氏名	

評点	／60

1

	実験			水よう液			
組合せ１	①	②	③	A	B	C	D
組合せ２	①	②	③	A	B	C	D
組合せ３	①	②	③	A	B	C	D

2

1	(1)	
	(2)	
	(4)	
2		
3	(1)	
	(2)	
4	理由1	
	理由2	

1 (3)

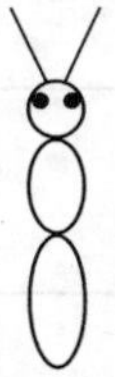

3

1	
2	

3

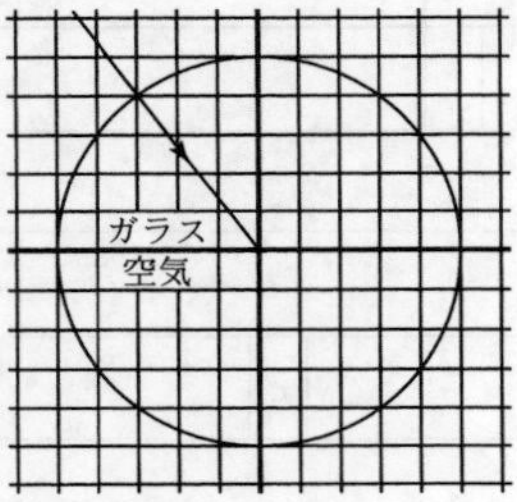

4

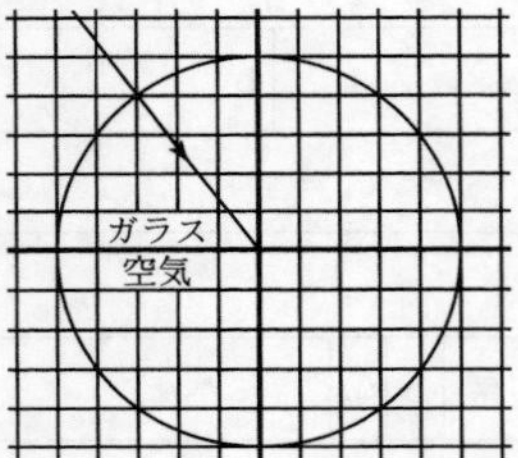

5	①	②	③	④

4

1		2 (1)	(2)
3 (1) 組合せ	水の量　千立方キロメートル	(2)　日	4　m
5 (1)		(2)	
5 (3)			

（注）この解答用紙は実物を縮小してあります。Ｂ５→Ａ３（163%）に拡大コピーすると、ほぼ実物大の解答欄になります。

〔理　科〕60点（推定配点）

1　各３点×３＜各々完答＞　**2**　１　(1)，(2)　各１点×２　(3)，(4)　各２点×２＜(4)は完答＞　２，３　各２点×３　４　各３点×２　**3**　１，２　各２点×２　３～５　各３点×３＜５は完答＞　**4**　各２点×10

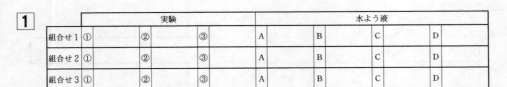

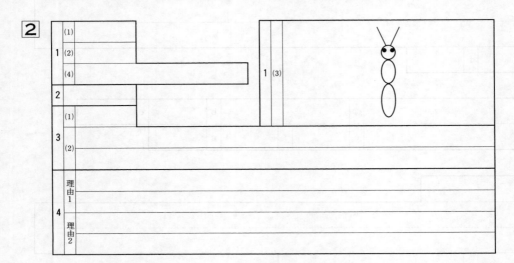

二〇二三年度　フェリス女学院中学校

国語解答用紙

番号		氏名		評点	/100

一

問一	A	B	問二		問三	問四	
問五		問六	ア	イ	ウ		
問七							
問八		問九		問十	問十一	問十二	
問十三①	目	問十三②					
問十三③		問十三④	人				

二

問一①

問一②

問一③

問二

問三

問四

三

A		B	

四

1　ます	2　する	3	4　む
5	6	7	8　る

（注）この解答用紙は実物を縮小してあります。B5→A3（163%）に拡大コピーすると、ほぼ実物大の解答欄になります。

〔国　語〕100点（推定配点）

一　各2点×19　二　問1，問2　各3点×4　問3　10点　問4　20点　三，四　各2点×10

2022年度　フェリス女学院中学校

算数解答用紙　No. 1

番号		氏名	

評点
/100

1 (1)

答

(2) ①

答　ア

②

答　イ

(3)

答　ア　　イ　　ウ

(4)

答

(5)

答　ア　　イ　　ウ

2

答

①	ア		イ	
②	ウ		エ	
③	オ		カ	

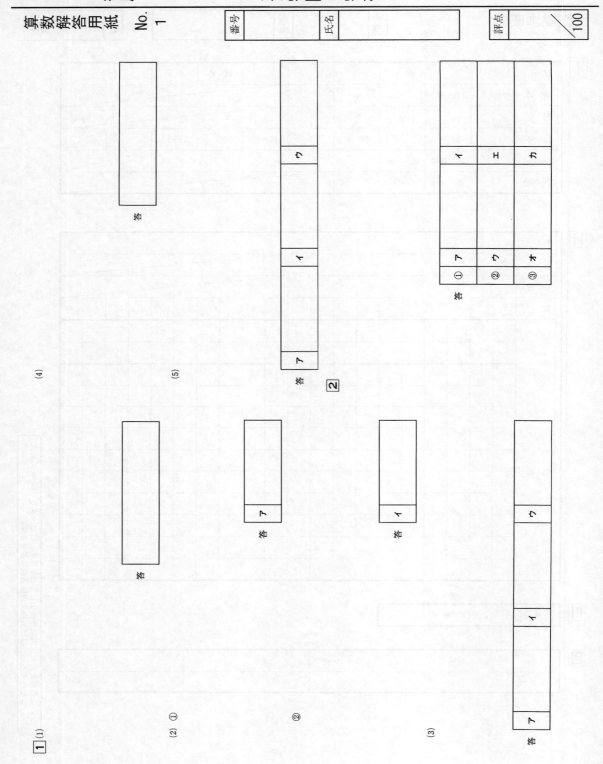

２０２２年度　フェリス女学院中学校

算数解答用紙　No. 2

3 (1)（求め方）

答

(2)（求め方）

答

4 (1)（求め方）

答

(2)（求め方）

答

5 (1) (2)

答	ア		イ		ウ		エ	

(3)（求め方）

答	オ	

（注）実際の試験では、問題用紙の中に設けられた解答欄に書く形式です。
この解答用紙は使いやすいように小社で作成いたしました。

〔算　数〕100点(推定配点)

1　(1)，(2)　各５点×３　(3)　各４点×３　(4)　５点　(5)　各４点×３　2〜4　各５点×７＜2は各々完答＞　5　(1)，(2)　各４点×４　(3)　５点

２０２２年度　　フェリス女学院中学校

社会解答用紙

番号		氏名		評点	／60

1

a ①　②　b　c　県
d
e　f　g
h　i　j　k　l
m
n　o ①　②
p　q

2

1　2　3
a　b　c　d
e
f

3

a　b　c
d　e
f

4

a
b
c　d　e

（注）この解答用紙は実物を縮小してあります。Ｂ５→Ａ３(163%)に拡大コピーすると、ほぼ実物大の解答欄になります。

〔社　会〕60点(推定配点)

1　a　各２点×２＜①は完答＞　b，c　各１点×２　d～g　各２点×４＜ｅは完答＞　h～l　各１点×５　m　２点　n～q　各１点×５　2　1～3　各２点×３　a～d　各１点×４　e，f　各２点×２　3　a～c　各１点×３　d～f　各２点×３　4　a　２点　b　３点　c～e　各２点×３

２０２２年度　フェリス女学院中学校

理科解答用紙

番号		氏名	

評点	／60

1

	生物名	ちがい
1		
2		
3		
4		
5		

2

1	・ ・	
2		
3		
4		
5	℃	
6		g

3

1		理　由	
2			
3	cm		
4			
5			

4

1	①		②		③		④	
2	①		②		③		④	
2	時　刻	①　時　分	②　時　分	③　時　分				
3 (1)	①		②		③		④	
3 (1)	理　由							
3 (2) 問1	①		②		③	時　分	④	月　日
3 (2) 問1	⑤	月　日	⑥					
3 (2) 問2	理　由							

（注）この解答用紙は実物を縮小してあります。Ｂ５→Ａ３（163%）に拡大コピーすると、ほぼ実物大の解答欄になります。

〔理　科〕60点（推定配点）

1　各２点×５＜各々完答＞　2　１～５　各２点×６　６　３点＜完答＞　3　各３点×５＜１は完答＞　4　１　２点＜完答＞　２　①～④　２点＜完答＞　時刻　各１点×３　３　(1)　①～④　２点＜完答＞　理由２点　(2)　問１　各１点×６　問２　３点

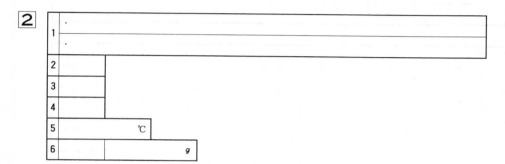

二〇二二年度　フェリス女学院中学校

国語解答用紙

番号　　氏名　　評点 ／100

一

- 問一　a　b
- 問二　ア　イ
- 問三①
- 問三②
- 問四
- 問五
- 問六
- 問七
- 問八
- 問九　1　2　3　4　5　6
- 問十
- 問十一　A　B
- 問十二
- 問十三
- 問十四
- 問十五
- 問十六

二

- 問一
- 問二
- 問三

三

四

- 1
- 2　く
- 3
- 4　む
- 5　る
- 6
- 7
- 8　む

（注）この解答用紙は実物を縮小してあります。B５→A３（163％）に拡大コピーすると、ほぼ実物大の解答欄になります。

〔国　語〕100点（推定配点）

一　問１～問３　各２点×６　問４　４点　問５～問８　各２点×４　問９　各１点×６　問10　４点　問11～問16　各２点×７　二　問１　10点　問２　各３点×２　問３　15点　三　５点　四　各２点×８

2021年度　フェリス女学院中学校

算数解答用紙　No. 1

番号 | 氏名 | 評点 /100

1 (1)

答

(2)

答

(3)

答

(4) ①　②

答 ア　答 イ

(5)

答 ア　イ

2

答 ア　イ

3 (1) (求め方)

答

(2) (求め方)

答

2021年度　フェリス女学院中学校

算数解答用紙　No. 2

5 (1)

答	ア		イ		ウ		エ		オ	

(2)（求め方）

答　カ

(3)（求め方）

答　キ

(4)（求め方）

答　ク

（注）実際の試験では、問題用紙の中に設けられた解答欄に書く形式です。
この解答用紙は使いやすいように小社で作成いたしました。

4 (1)（求め方）

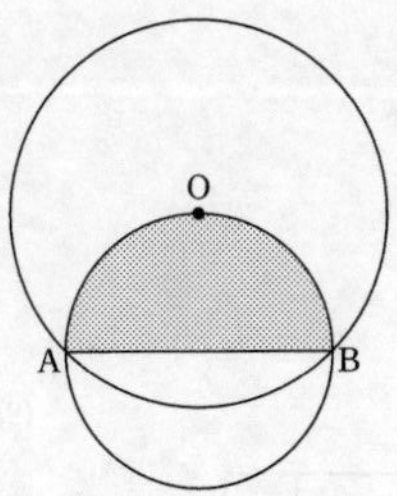

答

(2)（求め方）

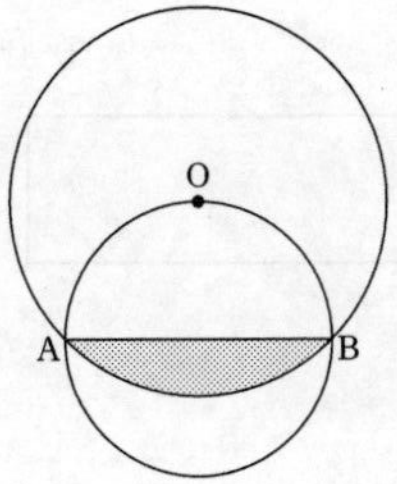

答

(3)（求め方）

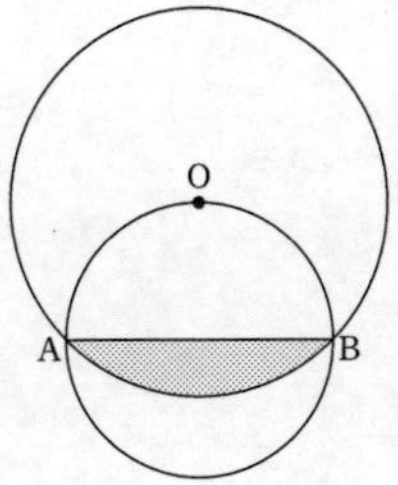

答

〔算　数〕100点(推定配点)

1　(1)～(4)　各6点×5＜(3)は完答＞　(5)　各3点×2　2　各4点×2　3，4　各6点×5　5 (1)，(2)　各6点×2＜(1)は完答＞　(3)，(4)　各7点×2

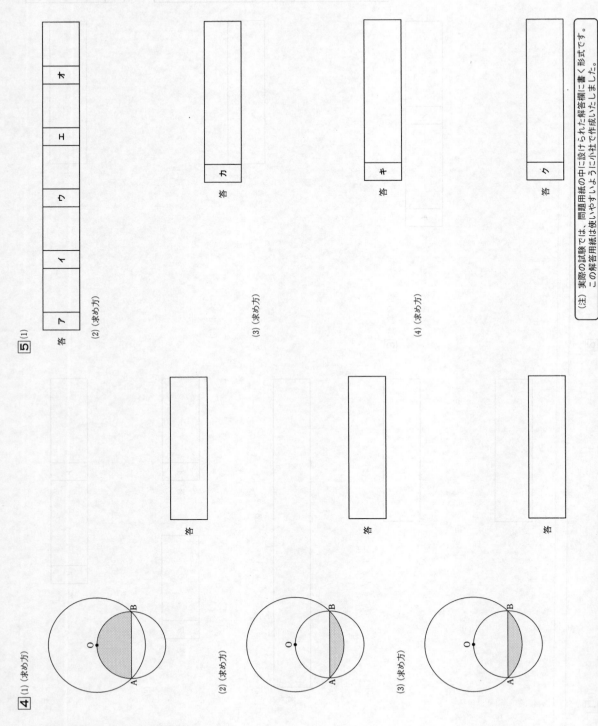

２０２１年度　　フェリス女学院中学校

社会解答用紙

番号		氏名		評点	／60

1

1	海峡	2		3	島
4					
a	①	②		b	①
b	②				
c					

2

a		b		c	貿易
d		e			
f		g			

3

a		b		c		d	
e		f		g		h	
i							
j	①			②		k	
l						m	
n				o		p	①
p	②						

4

a		b		c	
d					
e					

（注）この解答用紙は実物を縮小してあります。Ｂ５→Ａ３（163%）に拡大コピーすると、ほぼ実物大の解答欄になります。

〔社　会〕60点（推定配点）

1　1～4　各１点×4　a　各１点×2　b　各２点×2　c　１点　2　a，b　各２点×2　c，d　各１点×2　e　２点　f，g　各１点×2　3　a～f　各１点×6　g～i　各２点×3＜hは完答＞　j①　２点　②　１点　k，l　各１点×3　m～p　各２点×5＜oは完答＞　4　a～d　各２点×4＜bは完答＞　e　３点

2021年度　フェリス女学院中学校

理科解答用紙

番号		氏名		評点	／60

1

1 (1)　(2)　2 (1)　(2)　3

4

5 (1)　(2)

6

2

1　m

2 ・
・

3

4

5　cm

3

1　2　3　g　4　cm³

5

6

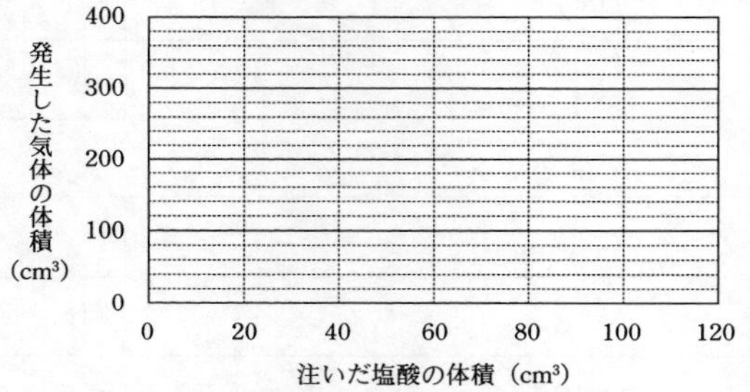

4

1 (1)　(2)　(3)
(4)　(5)　(6)

2

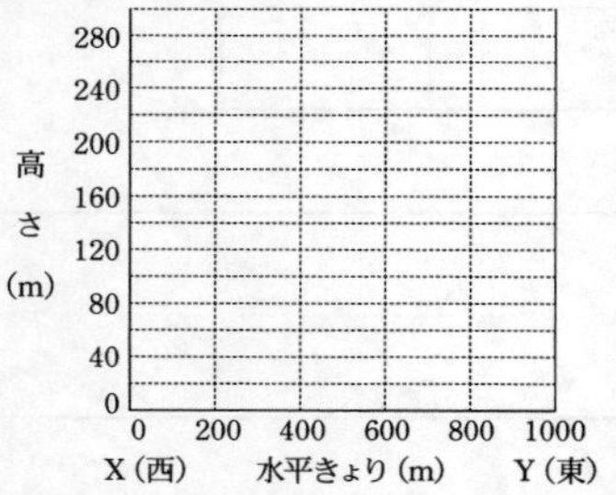

3

（注）この解答用紙は実物を縮小してあります。B５→A３(163%)に拡大コピーすると、ほぼ実物大の解答欄になります。

〔理　科〕60点(推定配点)

1　1～3　各１点×5　4　3点　5　各２点×2　6　3点　2　各２点×6　3　1，2　各２点×2＜2は完答＞　3，4　各３点×2　5　2点＜完答＞　6　3点　4　1　各２点×6　2，3　各３点×2

二〇二二年度　フェリス女学院中学校

国語解答用紙

番号　　　氏名　　　評点　／100

一

- 問一　a　b
- 問二　ア　イ
- 問三
- 問四
- 問五
- 問六
- 問七
- 問八
- 問九
- 問十　①　②
- 問十一
- 問十二
- 問十三　1　2　3　4　5　6

二

- 問一　A　B
- 問二
- 問三
- 問四
- 問五

三

ア　イ　ウ　エ

四

1　2　3　4　える
5　れる　6　る　7　む　8

（注）この解答用紙は実物を縮小してあります。B５→A３（163%）に拡大コピーすると、ほぼ実物大の解答欄になります。

〔国　語〕100点（推定配点）

一　問1，問2　各2点×4　問3　4点　問4　2点　問5　4点　問6〜問8　各2点×3　問9　4点　問10〜問13　各2点×10　二　問1　各2点×2　問2，問3　各4点×2　問4　6点　問5　10点　三，四　各2点×12

2020年度　フェリス女学院中学校

算数解答用紙　No. 1

番号		氏名	

評点	/100

1 (1)

答

(2)

答

(3)

答

(4)

答

(5)

答 ア　イ

2 (1)

答 ア　イ　ウ

(2)

答 エ　オ　カ

3 (1) (求め方)

答

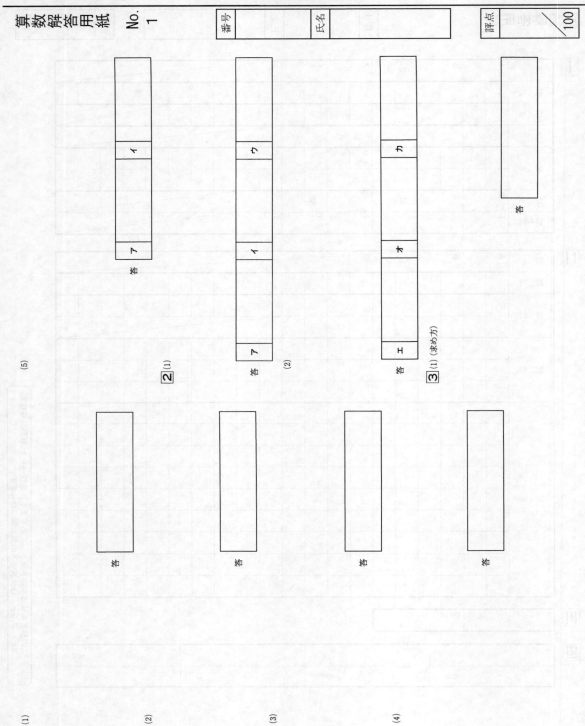

２０２０年度　フェリス女学院中学校

算数解答用紙　No. 2

5 (1)

答

(2)

答

(3) (求め方)

答

(注) 実際の試験では、問題用紙の中に設けられた解答欄に書く形式です。
この解答用紙は使いやすいように小社で作成いたしました。

3 (2) (求め方)

答

4 (1)

答

(2)

答	ア		イ		ウ		エ	

(3) (求め方)

答

〔算　数〕100点(推定配点)

1 (1)～(4)　各６点×４　(5)　各３点×２　2　各２点×６　3　(1)　６点　(2)　８点　4　(1)　６点　(2)　各２点×４　(3)　８点　5　(1), (2)　各７点×２＜各々完答＞　(3)　８点

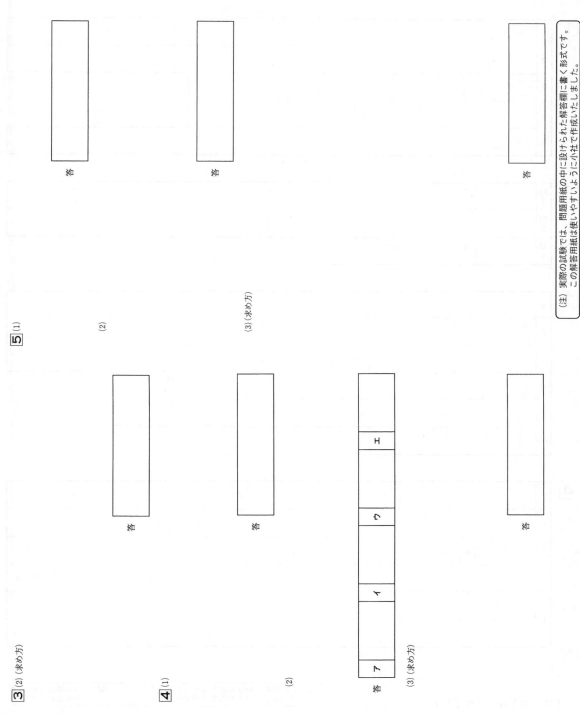

２０２０年度　フェリス女学院中学校

社会解答用紙

番号		氏名		評点	／60

1

1		2		3	
4		5		6	
7		8			
a		b			
c					

2

問1		問2		問3		問4	
問5							
問6		問7		問8			

3

a		b			
c					
d		e		f	
g		h	→ →	i	
j		k		l	
m					

4

1		2		3		a	
b							
c		d		e			
f				g	の自由		
h							

（注）この解答用紙は実物を縮小してあります。Ａ３用紙に154％拡大コピーすると、ほぼ実物大で使用できます。（タイトルと配点表は含みません）

〔社　会〕60点(推定配点)

1　1～8　各１点×8　a，b　各１点×2　c　２点　2　問１　１点　問２，問３　各２点×2　問４　１点　問５　２点　問６～問８　各１点×3　3　a～h　各２点×8＜hは完答＞　i～m　各１点×5　4　1～3　各１点×3　a　１点　b　２点　c，d　各１点×2　e，f　各２点×2　g　１点　h　３点

２０２０年度　　フェリス女学院中学校

理科解答用紙

番号		氏名	

評点	／60

1

1

2 (1)

(2)

(3) →　→　→　→

(4)

3 (1)　(2)

(3)

2

1 ①　②

2 変化

具体例

3 ①　②　③

④　⑤　⑥

4 不快指数　度合い

5 ア　イ

6

7

3

1 ア　イ　ウ　エ　オ

2 cm

3 カ　キ　ク　ケ　コ

サ　シ　ス　セ　ソ

4 cm

4

1 (1)　(2)　(3)

(4)

(5)

2

(注) この解答用紙は実物を縮小してあります。Ａ３用紙に156%拡大コピーすると、ほぼ実物大で使用できます。(タイトルと配点表は含みません)

〔理　科〕60点(推定配点)

1　1　2点　2　(1)　1点　(2)～(4)　各2点×3＜(3)は完答＞　3　(1)，(2)　各1点×2　(3)　2点
2　1　2点＜完答＞　2　変化…1点，具体例…2点　3　各1点×6　4～7　各2点×4＜4，5は完答＞
3　1　各1点×5　2　2点　3　各1点×10　4　2点　4　1　(1)～(3)　各1点×3　(4)，(5)　各2点×2　2　2点

二〇二〇年度　フェリス女学院中学校

国語解答用紙

番号		氏名		評点	/100

一

問一 A　問一 B　問一 C

問二　新　蔵　軍　敵　軍

問三　問四

問五

問六

問七　問八　問九　問十

問十一　問十二　問十三　問十四

二

問一　問二　問三

問四①

問四②

問五

問六

三

1　主語　述語　2　主語　述語

四

1　する　2　つ　3　える　4　する

5　6　7　8　まれな

(注) この解答用紙は実物を縮小してあります。Ａ３用紙に161%拡大コピーすると、ほぼ実物大で使用できます。(タイトルと配点表は含みません)

〔国　語〕100点(推定配点)

一　問１，問２　各２点×4＜問２は完答＞　問３，問４　各３点×2　問５　４点　問６～問14　各３点×9　二　問１～問３　各３点×3　問４　①　４点　②　各２点×4　問５　４点　問６　10点　三，四　各２点×10＜三は各々完答＞

２０１９年度　フェリス女学院中学校

算数解答用紙　No. 1

番号　　氏名

評点　／100

1

(1)

答

(2)

答　ア　　イ

(3)

答

(4) ①

答

②

答　ア　　イ

(5)

答

2

答　ア　　イ

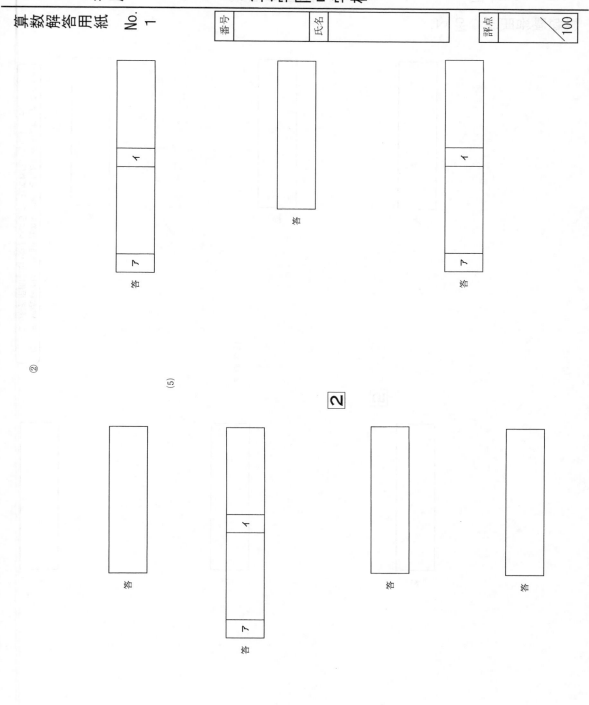

2019年度　フェリス女学院中学校

算数解答用紙　No. 2

3 (1)（求め方）

答

(2)（求め方）

答

4 (1)（求め方）

答

(2)（求め方）

答

5 (1)

答

(2)（求め方）

答

（注）実際の試験では、問題用紙の中に設けられた解答欄に書く形式です。
この解答用紙は使いやすいように小社で作成いたしました。

〔算　数〕100点（推定配点）

1～4　各７点×12<1の(4)の②，2は完答>　5　各８点×２

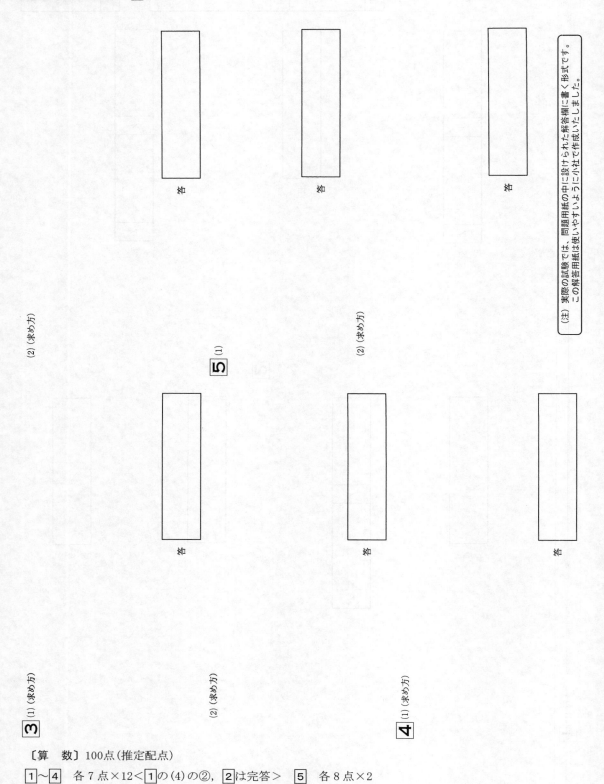

２０１９年度　フェリス女学院中学校

社会解答用紙

番号		氏名	

評点	／60

1

A	a		b					
	c							
	d		e		f		g	
	h							
	i							
	j							
B	a		b		c		d	
	e		f					
C	a		b		c		d	

2

A	問1		問2		問3			
B	問1		問2	代目				
	問3							
C	問1		問2		問3		問4	
D	問1	1		2		問2		
	問3							
E	問1		問2					
	問3	①						
		②						

（注）この解答用紙は実物を縮小してあります。Ａ３用紙に154%拡大コピーすると、ほぼ実物大で使用できます。（タイトルと配点表は含みません）

〔社　会〕60点（推定配点）

1　Ａ　ａ，ｂ　各１点×２　ｃ　２点　ｄ　１点　ｅ　２点　ｆ　１点　ｇ～ｊ　各２点×４　Ｂ　ａ～ｄ　各２点×４　ｅ，ｆ　各１点×２　Ｃ　各１点×４　**2**　Ａ　各１点×４　Ｂ，Ｃ　各２点×７　Ｄ　問１　各１点×２　問２，問３　各２点×２　Ｅ　問１，問２　各１点×２　問３　各２点×２

２０１９年度　フェリス女学院中学校

理科解答用紙

番号		氏名		評点	／60

1

1		2			
3	g	4		5	g
6	(1)				
	(2)				

2

1	(1)	あ		い		う		え		お	
	(2)	C		E		H					
	(3)										
	(4)										
2	(1)										
	(2)										

3

1	(1)		(2)	・	
				・	
2	(1)		(2)		(3)

4

1	①		②		③		④	
	⑤		⑥		⑦		⑧	

2 (1)

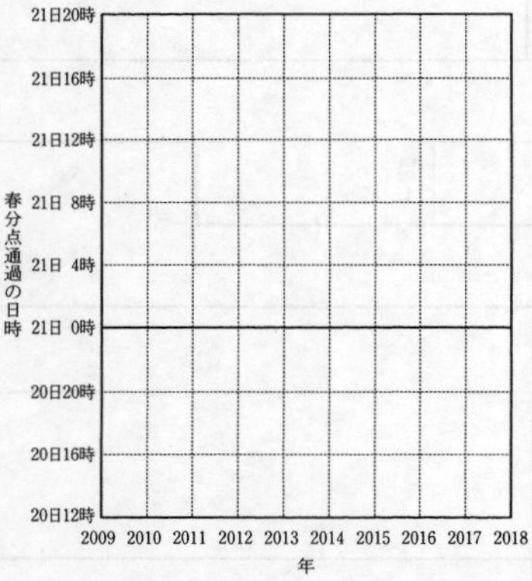

(2)	①		②		③	
(3)						
(4)						

3

一番早い場合　春分の日：　月　日 → 満月：　月　日 → イースター：　月　日
（　　曜日）

一番おそい場合　春分の日：　月　日 → 満月：　月　日 → イースター：　月　日
（　　曜日）

（注）この解答用紙は実物を縮小してあります。Ａ３用紙に159％拡大コピーすると、ほぼ実物大で使用できます。（タイトルと配点表は含みません）

〔理　科〕60点（推定配点）

[1] 各２点×7＜1は完答＞　[2] 1 (1)，(2) 各１点×8　(3)，(4) 各２点×2　2 各２点×2　[3] 1 各１点×3　2 各２点×3　[4] 1 各１点×8　2 (1) 2点　(2) 各１点×3　(3)，(4) 各２点×2　3 各２点×2＜各々完答＞

二〇一九年度　フェリス女学院中学校

国語解答用紙

番号　　氏名　　評点　／100

一

問一　問二　問三　問四　問五①
問五②　問五③　問六　問七
問八　問九　問十　問十一　問十二
問十三

二

問一
問二　問三
問四
問五

三

A　B

四

五

1　く　2　する　3　4　す
5　6　する　7　づく　8

（注）この解答用紙は実物を縮小してあります。A３用紙に152％拡大コピーすると、ほぼ実物大で使用できます。（タイトルと配点表は含みません）

〔国　語〕100点(推定配点)

一　問１～問４　各３点×４　問５　各２点×３　問６～問９　各３点×４　問10　各２点×２　問11～問13　各３点×３　二　問１　７点　問２　３点　問３　４点　問４　８点　問５　10点　三　各２点×２　四　５点　五　各２点×８

2018年度 フェリス女学院中学校

算数解答用紙 No. 1

番号		氏名	

評点	/100

1 (1)

答

(2)

答

(3)

答

(4)

答

(5)

答 ア　イ

2

答 ア　イ　ウ

3 (1) (求め方)

答 ア

算数解答用紙　No. 2

(2)（求め方）

答　イ［　］　ウ［　］

4 (1)

答［　］

(2)（求め方）

答　ア［　］　イ［　］

(3)（求め方）

答　ウ［　］　エ［　］

5 (1)（求め方）

答［　］

(2)（求め方）

答［　］

(3)（求め方）

答　①［　］　②［　］

（注）実際の試験では、問題用紙の中に設けられた解答欄に書く形式です。
この解答用紙は使いやすいように小社で作成いたしました。

〔算　数〕100点(推定配点)

1～5　各５点×20<1の(5)は完答>

2018年度　フェリス女学院中学校

社会解答用紙

番号		氏名		評点	／60

1

A	a	①		②	港	b	c
	d	湖	e	川			
	f						
B	a		b				
	c		d	地区	e		
	f	焼					
C	a	①	②	b		c	
	d	山	e	①	A	B	
	e	②		f	川		

2

A	a						
	b						
B	a		b	天皇	c		
C	a				b		
	c						
D	a		b		c		
E	a		b		F	a	b
G	a						
	b						
	c						
H	a		b		c		
	d						

（注）この解答用紙は実物を縮小してあります。Ａ３用紙に154％拡大コピーすると、ほぼ実物大で使用できます。（タイトルと配点表は含みません）

〔社　会〕60点（推定配点）

1　A　a～e　各1点×6　f　2点　B　a　1点　b　2点　c，d　各1点×2　e　2点　f　1点　C　a　各1点×2　b，c　各2点×2　d　1点　e　①　各1点×2　②　2点　f　1点　2　A　a　1点　b　2点　B　a，b　各1点×3　c　2点　C　a　2点　b　1点　c　2点　D　a，b　各1点×2　c　2点　E　a　1点　b　2点　F　各1点×2　G　a　2点　b　1点　c　2点　H　各1点×5

2018年度　フェリス女学院中学校

理科解答用紙

番号		氏名	

評点　／60

1

1 (1) ①　②　③　④

(2)

2 (1)

(2)　(3)

3 ・

・

2

1

2　個　3

4　5　個　6　cm

3

1 ①→　→⑨

2 (1) 番号　名前　(2) 番号　名前

3 ・

・

4 試験管アの結果　試験管イの結果

2つをくらべてわかること

5

4

1 (1)

巨れき	
砂	
どろ	

1 (2)①

1 (2) ②

海岸の砂は

川原の砂は

その原因として考えられることは

海岸では

川では

2 (1)

ふるい分けの結果からわかること

自然環境から考えられること

(2) ①

②

（注）この解答用紙は実物を縮小してあります。A3用紙に161％拡大コピーすると、ほぼ実物大で使用できます。（タイトルと配点表は含みません）

〔理　科〕60点(推定配点)

1 1 (1) 各1点×4 (2) 2点 2, 3 各2点×5 **2** 各2点×6 **3** 1 2点＜完答＞ 2 各1点×4 3 各2点×2 4 各1点×3 5 2点 **4** 1 (1) 各1点×3 (2) ① 2点 ② 各1点×4 2 各2点×4

二〇一八年度　フェリス女学院中学校

国語解答用紙

番号　　氏名　　評点　/100

一

問一　ア　イ　問二　問三

問四

問五　問六　問七

問八

問九　問十　問十一　最初　最後

問十二　問十三　問十四　最初　最後

問十五

二

問一　ア　イ　問二　a　b

問三

問四①

問四②

問五　最初　最後

三

A　B　C

四

1　い　2　く　3　4

5　6　ぐ　7　する　8　する

（注）この解答用紙は実物を縮小してあります。A3用紙に149%拡大コピーすると、ほぼ実物大で使用できます。（タイトルと配点表は含みません）

〔国　語〕100点（推定配点）

一　問1　各2点×2　問2〜問7　各3点×6　問8　4点　問9〜問14　各3点×6　問15　10点　二　問1，問2　各2点×4　問3　6点　問4　各3点×2　問5　4点　三，四　各2点×11

平成29年度　フェリス女学院中学校

算数解答用紙　No. 1

番号		氏名		評点	/100

1

(1)

答

(2)

答

(3)

答

(4)

答　①　　②

(5)

答　ア　　イ

2

(1)

答

(2)

答

(3)

答

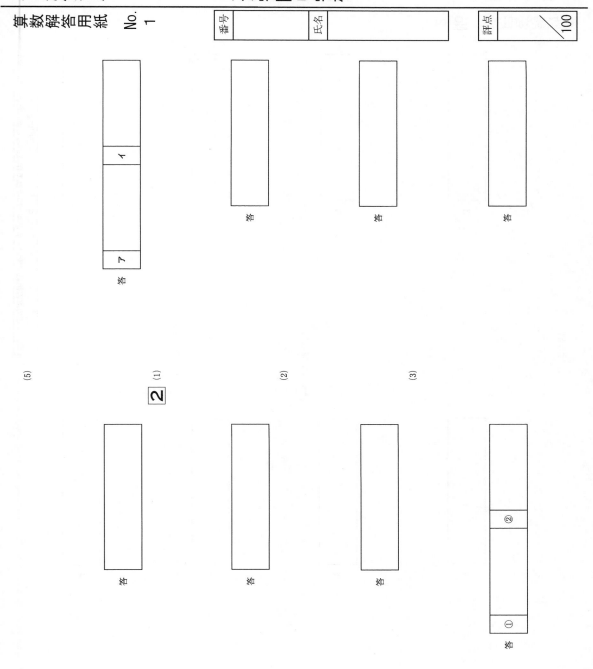

平成29年度　フェリス女学院中学校

算数解答用紙　No. 2

3 (1)（求め方）

答

(2)（求め方）

答

(3)（求め方）

答

4 (1)

答

(2)（求め方）

答

(3)（求め方）

答

5 (1)（求め方）

答

(2)（求め方）

答

（注）実際の試験では、問題用紙の中に設けられた解答欄に書く形式です。
この解答用紙は使いやすいように小社で作成いたしました。

〔算　数〕100点（推定配点）

1　(1)～(3)　各6点×3　(4)　各5点×2　(5)　6点＜完答＞　2～5　各6点×11

平成29年度　フェリス女学院中学校

社会解答用紙

番号		氏名		評点	／60

1

a		b							
c		d							
e									
f				g	祭	h	①		②
i	①	平野	②	j		k	①		②

2

A	a		b	
B	a			
	b		c	
C	a		b	

3

a							
b							
c							
d		e		f			
g		h	①		②		i
j							
k	①		②		③		
l		m					
n	①						
	②						
o		p		q	→ →	r	
s							

(注) この解答用紙は実物を縮小してあります。Ａ３用紙に154%拡大コピーすると、ほぼ実物大で使用できます。(タイトルと配点表は含みません)

〔社　会〕60点(推定配点)

1　a　1点　b　2点　c　1点　d〜g　各2点×4　h，i　各1点×4　j　2点　k　各1点×2

2　A　a　1点　b　2点　B　a　2点　b　1点　c　2点　C　a　1点　b　2点　3　a　1点　b，c　各2点×2　d〜i　各1点×7　j　2点　k〜m　各1点×5　n　①　2点　②　1点　o，p　各1点×2　q　2点<完答>　r　1点　s　2点

平成29年度　フェリス女学院中学校

理科解答用紙

番号		氏名	

評点　／60

1

1 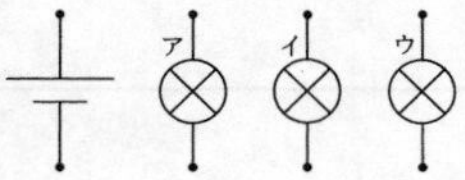

2 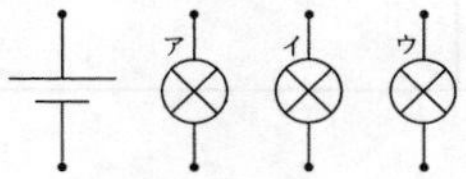

3 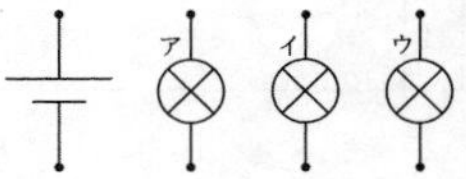

2

1	記号		名前	
2	記号		理由	
3	(1)	(2)	(3)	
4	記号			
	理由			
5	理由1			
	理由2			

3

1	(1)	
	(2)	
	(3)	
2		

4

1	(1)	名前		場所	
	(2)	①		②	
2	(1)	□	△	(2)	
	(3)	①	②	③	
	(4)	おりひめ星		ひこ星	
	(5)	夏は		を見ているため明るく見えるが、	
		冬は		を見ているためあわく（うすく）しか見えない。	

(3)

5

1	(1)	(2)	
2		理由	
3		理由	
4	試験管内の下半分の空気が温められると		

（注）この解答用紙は実物を縮小してあります。Ａ３用紙に156％拡大コピーすると、ほぼ実物大で使用できます。（タイトルと配点表は含みません）

〔理　科〕60点（推定配点）

1 各２点×３　2 1　記号…１点，名前…２点　2　記号…１点，理由…２点　3　各１点×３　4　記号…１点，理由…２点　5　各２点×２　3 各２点×４　4 1 (1)，(2)　各１点×６　(3)　２点　2　(1)　２点＜完答＞　(2)　１点　(3)，(4)　各１点×５　(5)　３点＜完答＞　5 (1)　１点　(2)　２点＜完答＞　2　記号…１点，理由…２点　3　記号…１点，理由…２点　4　２点

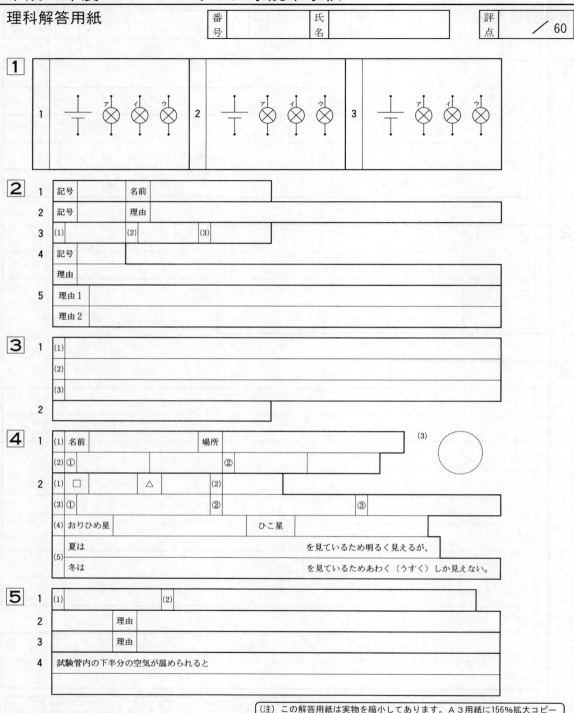

平成二十九年度　フェリス女学院中学校

国語解答用紙

番号		氏名		評点	/100

一

問一	ア	イ	問二	人兄弟の　番目		
問三		問四		問五		
問六						
問七		問八		問九	冷たい血	熱い血
問十						
問十一		問十二		問十三		問十四
問十五						
問十六						
問十七						
問十八						

二

問一	
問二	
問三	

三

1	2

四

1	2　しい	3	4
5	6	7	8

（注）この解答用紙は実物を縮小してあります。A3用紙に149%拡大コピーすると、ほぼ実物大で使用できます。（タイトルと配点表は含みません）

〔国　語〕100点(推定配点)

一　問1　各2点×2　問2～問5　各3点×4＜問5は完答＞　問6　4点　問7，問8　各3点×2　問9　各2点×2　問10～問16　各3点×7　問17　各2点×2　問18　10点　二　各5点×3　三，四　各2点×10

平成28年度　フェリス女学院中学校

算数解答用紙　No. 1

番号		氏名	

評点
/100

1

(1)

答

(2)

答	あ		い	

(3) ①

答	ア		イ	

②

答

(4) ①

答	1	2	3	4	5

②

答	1	2	3	4	5

(5) ①

答

②

答

2

(1)

答

(2)

答

(3)

答

(注) 実際の試験では、問題用紙の中に設けられた解答欄に書く形式です。
この解答用紙は使いやすいように小社で作成いたしました。

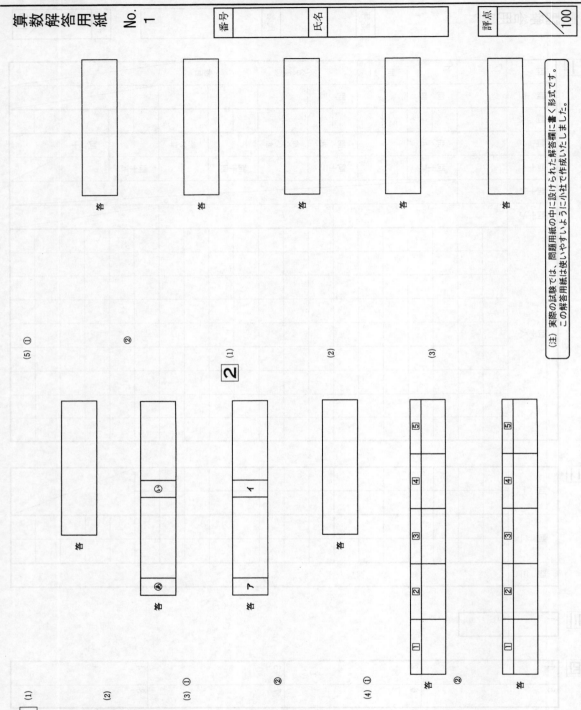

平成28年度　　フェリス女学院中学校

算数解答用紙　No.2

3

(1)

答

(2)

答

(3)

答

(4)（求め方）

答

4

(1)（求め方）

答

(2)（求め方）

答

(3)（求め方）

答

5

(1)

答

(2)（求め方）

答　ア　　イ

(3)（求め方）

答

〔算　数〕100点(推定配点)

1　各4点×10＜(4)は各々完答＞　2　(1)，(2)　各4点×2　(3)　5点　3　(1)～(3)　各4点×3＜(1)，(2)は完答＞　(4)　5点＜完答＞　4　(1)，(2)　各4点×2　(3)　5点　5　(1)，(2)　各4点×3　(3)　5点

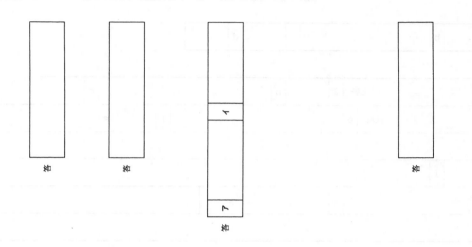

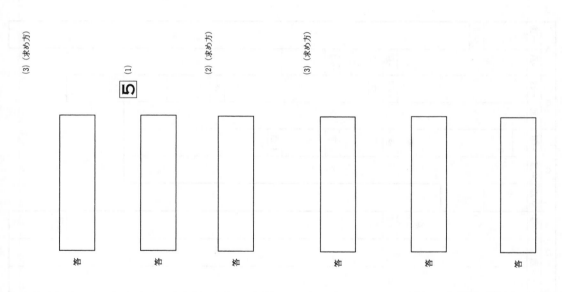

平成28年度　フェリス女学院中学校

社会解答用紙

番号　氏名　評点　／60

1

a　b　c　d

2

a ①　山脈 ②　b　c

d　盆地 e　f　g　山地

h

i　j

k ①　②

l

3

A
問1　問2
問3　問4　問5

B
問1　問2 ①　②　③
問3

C
問1 ①　藩 ②　問2　問3
問4
問5

D
問1　条約 問2　問3
問4

(注)この解答用紙は実物を縮小してあります。A３用紙に154%拡大コピーすると、ほぼ実物大で使用できます。(タイトルと配点表は含みません)

〔社　会〕60点(推定配点)

1　a　1点　b　2点　c，d　各1点×2　2　a　①　2点　②　1点　b　2点　c　1点　d，e　各2点×2　f　1点　g，h　各2点×2　i　1点　j～l　各2点×4　3　A　問1　1点　問2，問3　各2点×2　問4，問5　各1点×2　B　問1　2点　問2　①　2点　②，③　各1点×2<②は完答>　問3　2点　C　問1　①　2点　②　1点　問2　1点　問3，問4　各2点×2　問5　1点<完答>　D　問1，問2　各2点×2　問3　1点　問4　2点

平成28年度　　フェリス女学院中学校

理科解答用紙

番号		氏名	

評点	／60

1

1

実験②			
結果ウ		A	
結果エ		B	

2

実験③			
結果オ		C	
結果カ		D	

2

1 水　　g　アルコール　　g　　2　　g

3

	水	アルコール
(1)	ア（　　）g イ｛増えた・減った｝	ウ（　　）g エ｛増えた・減った｝
(2)	オ（　　）g カ｛増えた・減った｝	キ（　　）g ク｛増えた・減った｝
(3)	ケ（　　）g	コ（　　）g
(4)	サ（　　）cm^3	シ（　　）cm^3

4　　　5

3

1

2 (1)　(2)

3 (1)

(2)

4

5

6 (1)

(2) つくりの名前
（　　　　）

4

1 ①　②　③　④

2 (1)　(2)　(3) 温度　重さ

(4) 空気の流れは

(5)

3 (1) ①　②　③

(2) ①　②「晴天日」　「雨天日」

③

（注）この解答用紙は実物を縮小してあります。Ａ３用紙に167％拡大コピーすると、ほぼ実物大で使用できます。（タイトルと配点表は含みません）

〔理　科〕60点（推定配点）

1　各１点×10　2　1～3　各１点×11　4　２点　5　１点　3　1　２点　2　各１点×２　3～5　各２点×４　6　(1)　１点　(2)　つくりの名前…１点，説明…２点　4　1　各１点×４　2　(1)～(3)　各１点×４　(4)，(5)　各２点×２　3　(1)　各１点×３　(2)　①，②　各１点×３　③　２点

平成二十八年度　フェリス女学院中学校

国語解答用紙

番号　　氏名　　評点 /100

一

問一①　問一②　年生くらい　問二
問三　問四　問五　問六
問七　問八　問九　問十
問十一①
問十一②
問十二　問十三

二

問一
問二
問三
問四
問五
問六

三

1	2	3	4	5	6

四

1　ねる	2	3　らす	4
5	6	7	8　する
9　する	10	11　つ	12　む

（注）この解答用紙は実物を縮小してあります。Ａ３用紙に159％拡大コピーすると、ほぼ実物大で使用できます。（タイトルと配点表は含みません）

〔国　語〕100点（推定配点）

一　問1～問10　各２点×11　問11　①　６点　②　３点　問12，問13　各２点×２　二　問１　６点　問２　２点　問３　３点　問４　２点　問５　６点　問６　10点　三，四　各２点×18

平成27年度　フェリス女学院中学校

算数解答用紙　No. 1

番号		氏名		評点	/100

1

(1)

答

(2)

答

(3)

答

(4)

答　あ　　い

(5) ①

答

②

答

2

(1)

答

(2)

答

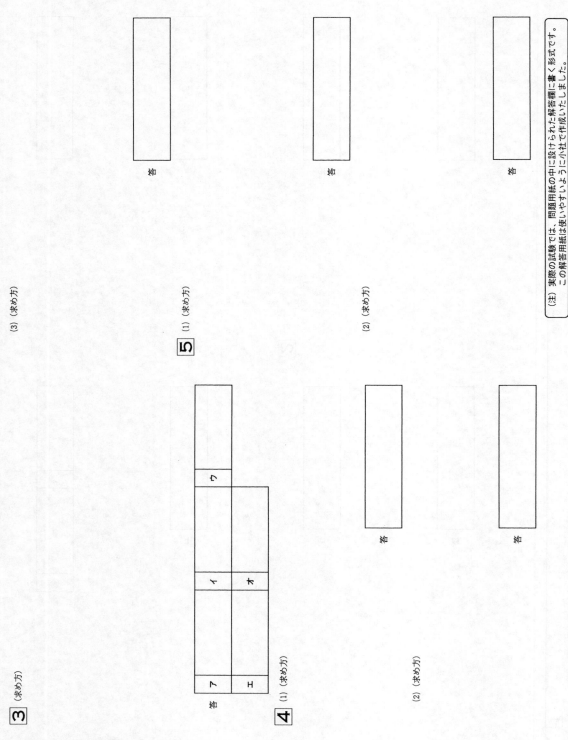

平成27年度 フェリス女学院中学校

算数解答用紙 No. 2

3 (求め方)

答						
	ア		イ		ウ	
	エ		オ			

4 (1)(求め方)

答

(2)(求め方)

答

(3)(求め方)

答

5 (1)(求め方)

答

(2)(求め方)

答

(注) 実際の試験では、問題用紙の中に設けられた解答欄に書く形式です。
この解答用紙は使いやすいように小社で作成いたしました。

〔算　数〕100点(推定配点)

1, 2　各6点×9　3　各3点×5　4　各6点×3　5　(1)　6点　(2)　7点

平成27年度　フェリス女学院中学校

社会解答用紙

番号		氏名		評点	／60

1

a		b	県	c			
d	①		②		e	山脈	
f		g					

2

A	①					②		
B	①	② 記号	平野名 平野	③	C	①	②	
D	①					②	③	
E	① 権	② 省						

3

a		b						
c	①		②					
d								
e	①		②		f			
g		h		i	①		②	
j								
k		l		m				
n		o						
p		q		r		s		
t								

（注）この解答用紙は実物を縮小してあります。Ａ３用紙に154％拡大コピーすると、ほぼ実物大で使用できます。（タイトルと配点表は含みません）

〔社　会〕60点（推定配点）

1　a，b　各２点×２　c　１点　d　①　１点　②　２点　e，f　各２点×２　g　１点　2　A　各２点×２　B　①，②　各１点×３　③　２点　C　各１点×２　D　①　２点　②，③　各１点×２　E　各１点×２　3　a　１点　b　２点　c　各１点×２　d　２点　e　各１点×２　f　２点　g～i　各１点×４　j　２点　k，l　各１点×２　m，n　各２点×２　o～s　各１点×5<pは完答>　t　２点

平成27年度　　フェリス女学院中学校

理科解答用紙

番号		氏名		評点	／60

1

	記号	まちがっている点
1		
2		
3		
4		

2

1　(1)　　(2)

2

3　(1)　　(2)

4　(1)　最小　　　年　～　最大　　　年　(2)　　月　　日

3

1

2

3　オで火が消えたのは、アと比べて容器が細く口がせまくなったことで、中の空気が（　　　　　　）、

外の空気が（　　　　　　）。

オと比べると、カで火が燃え続けたのは、容器の口からろうそくまでアルミ板を入れたことで

（　　　　　　　　　　　　　　　　　　）。

4

1　A　　　cm　B　　　cm

2　距離　　　cm　順

3

4　　　cm

5

5

1

2

3

4　(1)

(2)

(3)

5

(注)　この解答用紙は実物を縮小してあります。Ｂ４用紙に143%拡大コピーすると、ほぼ実物大で使用できます。(タイトルと配点表は含みません)

〔理　科〕60点(推定配点)

1　各２点×4＜各々完答＞　2～5　各２点×26＜2の４の(1)，3の２，4の２の順，３は完答＞

平成二十七年度　フェリス女学院中学校

国語解答用紙

番号　　氏名　　評点　／100

一

問一 ア イ　問二　問三
問四　問五
問六①
問六②
問七　問八 憤激 苦笑 微笑
問九 最初 最後
問十　問十一　問十二

二

問一 A B
問二
問三
問四
問五
問六
問七

三

1　2　3　4

四

1 て　2　3　4
5　6　7 む　8

(注) この解答用紙は実物を縮小してあります。A３用紙に164%拡大コピーすると、ほぼ実物大で使用できます。(タイトルと配点表は含みません)

〔国　語〕100点(推定配点)

一　問１～問３　各２点×４　問４　３点　問５　２点　問６　各３点×２　問７，問８　各２点×４　問９　３点　問10～問12　各２点×５　二　問１，問２　各３点×３　問３　５点　問４　４点　問５　３点　問６　５点　問７　10点　三，四　各２点×12

Memo

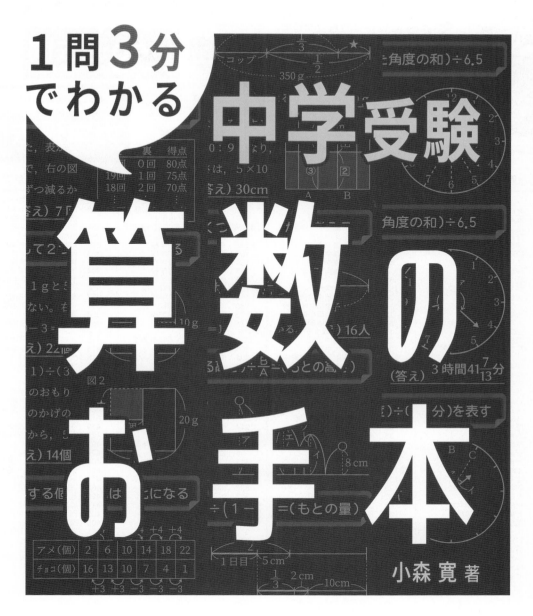

社会情勢の影響で中止の可能性がございます。必ず弊社HPをご確認くださ

◯首都圏最大級の進学相談会

第43回　中・高入試
受験なんでも相談会

主催 声の教育社

日時 6月22日㈯…**中学受験**のみ
6月23日㈰…**高校受験**のみ

1都3県の有名校が参加

会場 新宿住友ビル三角広

交通●ＪＲ・京王線・小田急線「新宿駅」西口徒歩8分
●都営地下鉄大江戸線「都庁前駅」A6出口直結
●東京メトロ丸ノ内線「西新宿駅」2番出口徒歩4分

中学受験 午前・午後の2部制
高校受験 90分入れ替え4部制

特設ページ

入場予約6/8～(先行入場抽選5/31～)
当日まで入場予約可能(定員上限あり)
詳しくは弊社ＨＰ特設ページをご覧ください。

新会場の三角広場は天井高25m、
換気システムも整った広々空間

●参加予定の中学校・高等学校一覧

22日(中学受験のみ)参加校
麻布中学校
跡見学園中学校
鷗友学園女子中学校
大妻中学校
大妻多摩中学校
大妻中野中学校
海城中学校
開智日本橋学園中学校
かえつ有明中学校
学習院女子中等科
暁星中学校
共立女子中学校
慶應義塾中等部（午後のみ）
恵泉女学園中学校
攻玉社中学校
晃華学園中学校
香蘭女学校中等科
駒場東邦中学校
サレジアン国際学園世田谷中学校
実践女子学園中学校
品川女子学院中等部
芝中学校
渋谷教育学園渋谷中学校
頌栄女子学院中学校
昭和女子大学附属昭和中学校
女子聖学院中学校
成城中学校
世田谷学園中学校
高輪中学校
多摩大学附属聖ヶ丘中学校
田園調布学園中等部
東京女学館中学校
東京都市大学付属中学校
東京農業大学第一中等部
豊島岡女子学園中学校
獨協中学校
ドルトン東京学園中等部
広尾学園中学校
広尾学園小石川中学校
富士見中学校
本郷中学校
三田国際学園中学校
三輪田学園中学校
武蔵中学校
明星中学校
山脇学園中学校
立教女学院中学校
早稲田中学校
和洋九段女子中学校
青山学院横浜英和中学校
浅野中学校
カリタス女子中学校
関東学院中学校
公文国際学園中等部
慶應義塾普通部（午後のみ）
サレジオ学院中学校
森村学園中等部
山手学院中学校
横浜女学院中学校
横浜雙葉中学校
光英VERITAS中学校
昭和学院秀英中学校
東邦大学付属東邦中学校
浦和明の星女子中学校
大妻嵐山中学校
開智未来中学校

23日(高校受験のみ)参加校
岩倉高校
関東国際高校
関東第一高校
錦城高校
錦城学園高校
京華商業高校
国学院高校
国際基督教大学高校
駒澤大学高校
駒場学園高校
品川エトワール女子高校
下北沢成徳高校
自由ヶ丘学園高校
潤徳女子高校
杉並学院高校
正則高校
専修大学附属高校
大成高校
大東文化大学第一高校
拓殖大学第一高校
多摩大学目黒高校
中央大学高校
中央大学杉並高校
貞静学園高校
東亜学園高校
東京高校
東京工業大学附属科学技術高校
東京実業高校
東洋高校
東洋女子高校
豊島学院・昭和鉄道高校
二松学舎大学附属高校
日本大学櫻丘高校
日本大学鶴ヶ丘高校
八王子学園八王子高校
文華女子高校
豊南高校
朋優学院高校
保善高校
堀越高校
明治学院高校
桐蔭学園高校
東海大学付属相模高校
川越東高校
城西大学付属川越高校

22・23日(中学受験・高校受験)両日参加校
【東京都】
青山学院中等部・高等部
足立学園中学・高校
郁文館中学・高校・グローバル高校
上野学園中学・高校
江戸川女子中学・高校
学習院中等科・高等科
神田女学園中学・高校
北豊島中学・高校
共栄学園中学・高校
共立女子第二中学・高校
京華中学・高校
京華女子中学・高校
啓明学園中学・高校
工学院大学附属中学・高校
麴町学園女子中学校・高校
佼成学園中学・高校
佼成学園女子中学・高校
国学院大学久我山中学・高校
国士舘中学・高校
駒込中学・高校
駒沢学園女子中学・高校
桜丘中学・高校
サレジアン国際学園中学・高校
実践学園中学・高校
芝浦工業大学附属中学・高校
芝国際中学・高校
十文字中学・高校
淑徳中学・高校
淑徳巣鴨中学・高校
順天中学・高校
城西大学附属城西中学・高校
聖徳学園中学・高校
城北中学・高校
女子美術大学付属中学・高校
巣鴨中学・高校
聖学院中学・高校
成蹊中学・高校
成城学園中学・高校
青稜中学・高校
玉川学園　中学部・高等部
玉川聖学院中等部・高等部
中央大学附属中学・高校
帝京中学・高校
東海大学付属高輪台高校・中等部
東京家政学院中学・高校
東京家政大学附属女子中学・高校
東京女子学院中学・高校
東京成徳大学中学・高校
東京電機大学中学・高校
東京都市大学等々力中学・高校
東京立正中学・高校
桐朋中学・高校
桐朋女子中学・高校
東洋大学京北中学・高校
トキワ松学園中学・高校
中村中学・高校
日本工業大学駒場中学・高校
日本学園中学・高校
日本大学第一中学・高校
日本大学第二中学・高校
日本大学第三中学・高校
日本大学豊山中学・高校
日本大学豊山女子中学・高校
富士見丘中学・高校
藤村女子中学・高校
文化学園大学杉並中学・高校
文京学院大学女子中学・高校
文教大学付属中学・高校
法政大学中学・高校
宝仙学園中学・高校共学部理数インター
明星学園中学・高校
武蔵野大学中学・高校
明治学院中学・東村山高校
明治大学付属中野中学・高校
明治大学付属八王子中学・高校
明治大学付属明治中学・高校
明法中学・高校
目黒学院中学・高校
目黒日本大学中学・高校
目白研心中学・高校
八雲学園中学・高校
安田学園中学・高校
立教池袋中学・高校
立正大学付属立正中学・高校
早稲田実業学校中等部・高等部
早稲田大学高等学院・中学部
【神奈川県】
中央大学附属横浜中学・高校
桐光学園中学・高校
日本女子大学附属中学・高校
法政大学第二中学・高校
【千葉県】
市川中学・高校
国府台女子学院中学・高等部
芝浦工業大学柏中学・高校
渋谷教育学園幕張中学・高校
昭和学院中学・高校
東海大学付属浦安高校・中等部
麗澤中学・高校
和洋国府台女子中学・高校
【埼玉県】
浦和実業学園中学・高校
開智中学・高校
春日部共栄中学・高校
埼玉栄中学・高校
栄東中学・高校
狭山ヶ丘高校・付属中学校
昌平中学・高校
城北埼玉中学・高校
西武学園文理中学・高校
東京農業大学第三高校・附属中学校
獨協埼玉中学・高校
武南中学・高校
星野学園中学校・星野高校
立教新座中学・高校
【愛知県】
海陽中等教育学校

※上記以外の学校や志望校の選び方などの相談は
『受験なんでもサポートコーナー』でお受けします。
※参加校は2024年3月現在。

中学後見返し